GUIDE 2020

ABC DES FILLES

hachette

Rédacteurs : Emmanuelle Lepetit ; Annaïck Fontvielle ; Carole Prieur ; Marie-Émilie Colle ; Nadège Delalieu ; Joséphine Lacasse.

Conception maquette de couverture : Célia Gabilloux.

Conception maquette intérieure : Stéphanie Boulay pour Édiclic.
Mise en pages : Pamela Cauvin pour Édiclic.
Lecture-Correction : Estelle Roquetanière pour Édiclic.
Réalisation : Édiclic.

Illustrations : Marion Vandenbroucke.

Dépôt légal : septembre 2019 – édition 01 – Fabriqué en Chine par LPP.
Loi n° 49-956 du 16 juillet 1949 sur les publications destinées à la jeunesse.

Introduction

L'ABC des filles...

... pour décliner l'alphabet au gré de toutes les questions qui vous préoccupent, vous les jeunes filles d'aujourd'hui :

A comme Acné, Amitié, Amour...

B comme Baiser, Beauté, Blues, Bronzage...

C comme Chagrin, Cheveux, Coup de foudre...

Un ouvrage pour trouver son style, être bien dans sa tête et croquer la vie à belles dents !

Découvrez tout ce que vous n'osez pas demander sur le corps, la psycho, le look, la famille, l'amour, l'amitié, les études, la musique, la drogue...

Votre vie quotidienne est évoquée sans détour, avec un ton sérieux ou léger selon les sujets.

Au fil des pages, vous lirez aussi :

- une mine de conseils futés (mode, beauté, infos techno...) ;
- des témoignages d'ados (filles et garçons) ;
- des repères culturels (citations, lectures, musique, rappels historiques...) pour épater les copines ;
- des suggestions pour prendre vos marques dans la société ;
- une foule d'adresses de sites Internet ;
- des quiz pour mieux vous connaître ;
- de l'humour pour amuser la galerie...

Un guide pour réfléchir, apprendre et se divertir !
Un dictionnaire pour s'éclater entre amies !
Vous allez l'adorer !

PARENTS

Aujourd'hui, la sexualité s'affiche partout, sur les écrans, dans la presse, dans la rue...
La meilleure façon de protéger vos enfants consiste à les informer le plus largement possible.
C'est pourquoi cet ouvrage aborde le sujet sans tabou.
Une fille avertie saura mieux éviter les écueils !

Sommaire

A

B

C

D

E

F

G

H

I

J

L

M

N

O

P

R

S

T

V

Accessoires

Aujourd'hui, nous sommes toutes habillées de la même façon ou presque... Heureusement, les accessoires permettent d'apporter cette touche personnelle qui change tout. Soyez créative !

Un accessoire qui fait la différence

« J'aime être différente des autres. Le matin, j'aime trouver le "plus" qui va accessoiriser ma tenue. C'est ma façon d'être originale et de suivre la mode sans me ruiner ! » explique Léa, 13 ans.
Un collier, un sac, des chaussures ou une paire de lunettes de soleil, chacune a son truc !
Le véritable accessoire est celui qui se remarque à peine mais qui peut « détourner » une tenue ou la mettre en valeur. Agrémentez un ensemble pantalon-veste-chemise tout ce qu'il y a de plus classique d'un sautoir tête de mort en argent, et vous verrez la différence !
Ou bien piquez quelques broches sur ce manteau long qui vous suit depuis deux ans pour lui donner une touche rétro et lui offrir une nouvelle jeunesse.
Tout est possible, il suffit d'avoir une bonne dose d'imagination.

Serre-tête et head-bands

Ringard le serre-tête ? Vous pensez sûrement à celui que vous portiez à l'école primaire. Mais retirez-vous cette idée de la tête. Qu'il soit fin ou épais, coloré, fantaisie ou uni, il s'adapte à toutes les coiffures.
Et si le côté rigide ne vous plaît pas, tournez-vous vers les headbands. Très en vogue, il va donner de l'allure à votre coupe, que vous ayez les cheveux longs ou courts. Adapté à votre tenue, il se porte de différentes façons : comme un bandeau ou bien posé sur le dessus de la tête telle une couronne.

Gants et mitaines

Les mitaines, tout droit sorties des premiers clips de Madonna dans les années 1980, ont de nombreuses variantes. Elles existent dans toutes sortes de tissus et de matières : dentelle, résille, coton, cuir, laine. Vous avez l'embarras du choix.

Pour un look « motarde », pensez cuir ; pour un style rock, adoptez la résille, voire la laine ; pour quelque chose de plus *girly*, choisissez la dentelle.
Côté gants, le cuir apporte tout de suite une touche élégante, avec un manteau par exemple. La laine avec des rayures ou des pois donne un côté plus enfantin et plus joueur.

Ceintures aussi

Là encore, plusieurs styles et donc plusieurs possibilités. Vous pouvez marquer votre taille avec des ceintures larges portées au-dessous de la poitrine sur une robe droite, par exemple.

J'épate les copines

Les accessoires de la « geekette »

Une « geekette » (ou « geekgirl ») est une fille passionnée de nouvelles technologies, de jeux vidéo, d'Internet et autres gadgets high-tech. Contrairement à ce que l'on pourrait penser, elle est loin d'être un garçon manqué. Elle serait même plutôt fashion.

- Coques de portable : les étuis ou écouteurs fantaisie ne manquent pas. Surfez sur le Web ou faites les magasins pour découvrir les marques et les modèles.
- Téléphone portable : habillez-le de strass ou de paillettes avec une housse de protection spéciale. Ou bien attachez-lui un « bijou de portable », lumineux ou en forme de petit personnage, comme c'est la mode chez les jeunes filles japonaises.

Ou, au contraire, laisser tomber cette même ceinture sur vos hanches pour accessoiriser un pull oversize que vous adorez. À moins que vous n'optiez pour un modèle très fin ou un simple lien. Sur un pantalon ou un jean, pourquoi ne pas remplacer la ceinture basique par un foulard noué autour de la taille ? Résultat féminin et original garanti.

Foulards, étoles et écharpes

Les foulards, justement, parlons-en ! Vous pouvez les porter de mille manières : en ceinture, sur la tête, en bandeau, en bracelet de force autour du poignet et bien sûr autour du cou, juste noués ou enroulés sur eux-mêmes. Les étoles et les écharpes fines peuvent aussi dynamiser votre tenue. À condition de choisir la matière et la couleur qui iront le mieux avec vos vêtements.

Broches et badges

Pour agrémenter une veste, rien de tel qu'une ou plusieurs broches. Les modèles ne manquent pas : floraux, *girly*, rétro, chics, rock-and-roll ou kitsch… Tout dépend de la touche finale que vous souhaitez apporter à votre silhouette. La broche se porte aussi sur les tops, les sacs et les chapeaux. Faites plusieurs essais sur vos affaires pour trouver la bonne place !
Pour les badges, c'est la même chose. Vous pouvez afficher sur vos vêtements le nom de votre groupe préféré ou la photo de vos copines. On trouve dans les magasins des badges de toutes les formes, de toutes les tailles et de toutes les couleurs. La variété des dessins et des formules vous permet de vous exprimer, de lancer des messages aux autres. Différents systèmes permettent de les fabriquer soi-même et de créer son propre style.

Chapeaux, bonnets et casquettes

Béret, casquette, bob, chapeau de paille… Tous ont l'avantage de donner une allure différente selon leur style. Le premier pour un style petite fille sage ; la deuxième pour un côté sportif et décontracté ; le troisième et le quatrième en vacances, à la plage ou à la campagne, pour vous protéger du soleil en joignant l'utile à l'agréable. Quant au bonnet, le tricoté main est à la mode : pratique contre les frimas de l'hiver, il se porte romantique avec une petite robe. En bref, pour qui a une tête à chapeaux, les couvre-chefs restent un bon moyen de mettre en valeur un visage, un style et une silhouette.

TU C KOI :-)

Contrairement à ce que vous pourriez penser, l'éventail ne vient pas d'Espagne et n'est pas exclusivement féminin ! Pour preuve, dans l'Égypte ancienne, le roi Toutankhamon en possédait plusieurs. Quant à l'éventail plié, remis au goût du jour par les chaleurs estivales, il a été inventé au IXe siècle par les Japonais et les Chinois. Nous sommes loin des pays latins !

+
Bijoux, p. 45.
Chaussures, p. 63.
Collants et chaussettes, p. 71.
Lunettes, p. 192.
Mode, p. 216.
Sac, p. 300.

Acné

Aujourd'hui, acné rime avec puberté, mais aussi avec complexée, angoissée, désespérée… On déteste ces petits boutons qui nous font des misères et on ne veut plus se montrer. Pourtant, l'acné n'est plus une fatalité et on peut s'en débarrasser.

A

Des hormones en folie

Sous la peau, à la racine des poils, nous avons toutes des petites glandes (appelées glandes sébacées) qui fabriquent un produit miracle : le sébum. Grâce à lui, notre peau ne se dessèche pas. Mais à la puberté, avec l'afflux d'hormones, ce mécanisme si bien huilé perd soudain les pédales. Les glandes sébacées se mettent à produire de plus en plus de sébum et celui-ci s'écoule par un petit canal à la surface de la peau, qui devient plus grasse et luisante. Quand il y a vraiment trop de sébum, c'est l'embouteillage : le canal se bouche et un bouton apparaît.

Points noirs ou… points blancs

En fait, souvent, tout commence avec le point noir, le comédon : c'est la forme la plus simple du bouton d'acné. Mais, sous la peau obstruée par le bouton, le petit canal s'enflamme et le point noir vire au rouge. Enfin, une bactérie (répondant au charmant nom de Propionibacterium acnes) se développe dans le canal et une pointe blanche disgracieuse se forme au sommet. C'est la pustule que nous redoutons toutes. Dans certains cas (surtout si l'on se gratte !), l'infection dégénère et les pustules se mettent à enfler, à se multiplier… une véritable plaie. À ce moment-là, on se sent très mal dans sa peau, à tous les points de vue !

INTOX

• L'acné est contagieuse : archifaux !
Les boutons d'acné contiennent bien une bactérie, mais celle-ci reste cachée sous la peau. On peut donc continuer à se faire des bisous sans échanger ses boutons !
• L'acné serait due à une mauvaise alimentation. Eh non !
Cela n'a jamais été prouvé. On peut donc continuer à grignoter frites et crèmes glacées sans culpabiliser (bon, pas trop quand même car il n'y a pas que les boutons dans la vie : il y a aussi les bourrelets !)
• Il ne faut pas se maquiller quand on a de l'acné. Eh bien encore non, mon coco ! Du moment que l'on utilise des produits de qualité et que l'on n'a pas la main trop lourde sur les poudres (elles sont plus néfastes que le fond de teint), on a tout à fait le droit de se faire belle. Ouf, on respire !

Pourquoi a-t-on de l'acné ?

Le stress et l'anxiété jouent, mais aussi la qualité de la peau, plus ou moins grasse selon les personnes, et la quantité d'hormones…
Les scientifiques n'ont toujours pas déterminé pourquoi cette bactérie responsable des pustules vient se loger sous la peau ! Personne ne sait donc pourquoi certains adolescents ont plus de boutons que d'autres. C'est un mystère de la nature…

Plan de bataille

• **La première étape** concerne l'hygiène de la peau. Quand on a la peau grasse, on pense qu'il faut l'assécher avec des lotions astringentes. C'est faux ! Elle a besoin au contraire d'être chouchoutée : il faut la laver avec des savons doux, type pain surgras vendu en pharmacie, et utiliser une crème de jour non comédogène (en clair : qui ne favorise pas les comédons). De même, fuyez les gommages, les peelings, les masques comme la peste : ils ne font qu'aggraver le problème. En bref : plus la peau est grasse, plus il faut la graisser. Incroyable… et pourtant vrai !

> « Et même s'il a tellement de boutons, qu'on dirait un clafoutis
> Tu peux trop rien dire, des boutons, t'en as aussi ! »
>
> BÉNABAR

PAROLES DE STAR

Chanteuses, mannequins, actrices, beaucoup de stars admirées pour leur beauté ont eu, ou continuent à avoir, des problèmes d'acné en raison de leur vie stressante. Katy Perry, Rihanna, Miley Cyrus, Megan Fox, Keira Knightley... la liste est loin d'être close. La chanteuse et danseuse des Pussycat Dolls, Kimberly Wyatt, sujette à l'acné depuis qu'elle est ado, maîtrise le sujet au point de pouvoir donner des conseils : « Traitez vos boutons avec de l'huile d'arbre à thé, c'est excellent. » Sinon, elle préconise aussi quelques remèdes de grand-mère : « Appliquez du jus de citron ou de l'argile (vendue en pharmacie) sur les boutons. » En tout cas, c'est rassurant de voir que des filles aussi mignonnes ont les mêmes petits soucis que nous !

• **Seconde étape :** n'attendez pas d'être désespérée avant de demander de l'aide. Parlez de vos complexes à vos parents et allez consulter un dermatologue, même si vous avez juste la peau grasse et quelques points noirs. Plus on réagit vite quand l'acné s'installe, plus elle est facile à traiter. Le médecin vous prescrira un traitement local (sous forme de crème ou gel) à base de peroxyde de benzoyle pour lutter contre la prolifération des bactéries. Il peut aussi vous faire un nettoyage de peau pour éliminer points noirs et points blancs. Selon les cas, il propose en plus des cures d'antibiotiques de plusieurs mois, ou la prise de certaines pilules qui réduisent l'acné. Dans les cas les plus sérieux, il prescrit de la trétinoïne (un dérivé de la vitamine A), traitement qui nécessite une contraception efficace.

• Dans tous les cas, il faut s'armer de patience. L'acné ne disparaît pas du jour au lendemain. Et il est très important de suivre le traitement à la lettre (même si parfois on s'en passerait bien !). Autre point important : il paraît qu'il faut éviter le stress... et le tabac (hum !). Le maquillage utilisé pour se faire belle a aussi un rôle à jouer : le dermato peut donner des conseils précieux à ce sujet pour nous orienter vers des produits cosmétiques respectueux de la peau, souvent à base d'eau.

Ce qu'il ne faut pas faire !

• Décaper son visage tous les jours avec des lotions asséchantes : ce nettoyage retarde la cicatrisation des boutons, irrite la peau et stimule la production de sébum. Bref, il empire la situation !
• Trop camoufler ses boutons. C'est normal de vouloir les masquer, mais attention à ne pas abuser du stylo correcteur : plus on en met, moins la peau respire. En plus, à force, ça finit par dégouliner ou bien faire un tas pâteux bizarre au milieu du visage. On ne voit plus que lui !
• Oublier de se démaquiller le soir. Même quand on est très fatiguée, même après une fête, il faut prendre le temps de le faire. C'est ultra-important.

Secrets de filles

• Traitez votre peau de préférence pendant les règles.
• Évitez les huiles à bronzer ou les produits autobronzants.
• Achetez uniquement des marques de maquillage de bonne qualité.
• Évitez de vous tartiner de fond de teint pour masquer les boutons. Laissez votre peau respirer !
• Ne paniquez pas si vous avez aussi des boutons sur le décolleté. C'est normal. Les épaules et le haut du dos sont souvent touchés eux aussi. Soignez-les comme le visage.

Adolescence

Ça rime avec effervescence, impudence, exubérance… Il y a quelques années encore, on la percevait comme une crise, un problème. Aujourd'hui, on a souvent l'impression que les adultes nous envient. Alors c'est quoi au juste, cette drôle de période ?

L'âge des premières fois

Quand devient-on adolescente ? Au-delà des transformations physiques, il y a des signes qui ne trompent pas. Premier téléphone portable. Premier Facebook. Première fringue achetée toute seule ou avec les copines. Parfois première cigarette – en tout cas, on nous la propose. On devient plus mobile : plus besoin de papa et maman pour nous conduire partout, surtout quand on habite en ville. Peu à peu, le cercle familial n'est plus le centre de notre vie. Les ami(e)s prennent le dessus. De drôles d'idées nous agitent la tête, et des désirs nouveaux envahissent notre corps. Nos émotions deviennent plus intenses. Tout prend du relief : nos doutes, nos joies, nos peurs. Aujourd'hui, l'entrée en adolescence est vécue de façon progressive, et souvent précoce : dès l'âge de 9-10 ans, on nous considère comme des « pré-ados ». Elle se termine également plus tard : à 18 ans, est-on vraiment adulte ? En tout cas, on ne se voit pas comme telle. Cet allongement de la durée de l'adolescence peut engendrer des craintes : va-t-on réussir à devenir adulte ? À s'intégrer dans la société, trouver un travail : grandir un jour ? Réussira-t-on notre vie comme l'ont fait nos parents ? Tout semble parfois si incertain. L'adolescence, c'est aussi l'âge des questions.

Plus qu'une crise : une mutation

Même si cette période n'est plus vraiment perçue comme une crise – l'image de l'ado rebelle, c'est du passé –, il n'en reste pas moins qu'elle est marquée par de grands chamboulements personnels. C'est un peu vexant, mais ils expliquent beaucoup de ce qui nous paraît, à nous, inexplicable. Voyons le verre à moitié plein : c'est en même temps très rassurant.

• Notre corps se transforme. Certaines ont attendu cette métamorphose avec impatience : enfin des seins ! Mais nous ne maîtrisons pas encore ce nouveau corps. Il peut nous paraître étranger, voire nous encombrer. En plus, il ne change pas toujours de la manière que nous avions

pas comme ma mère

Le statut des adolescentes a bien changé en 25 ans.

• Autrefois, il fallait écouter les parents, ne pas dire un mot plus haut que l'autre. Les filles étaient rarement informées sur la puberté. Elles ne pouvaient pas sortir, ni recevoir leur petit copain. Résultat : on quittait très tôt ses parents.

• Aujourd'hui, selon un sondage Ipsos réalisé en 2012, 85 % des adolescents déclarent pouvoir parler facilement à leurs parents. La famille est vue comme un havre, plus comme une prison. Cependant, 47 % se sentent sous pression et 25 % mal dans leur peau. Aujourd'hui, seuls 77 % ont la sensation d'avoir de vrais amis (le pourcentage a chuté de 20 % en 10 ans). À l'ère d'Internet et des réseaux sociaux, de plus en plus d'ados ont du mal à se tourner vers les autres. Paradoxal ?

désirée… Bref, difficile d'assumer cette nouvelle peau. Dans la rue, les hommes ne nous regardent plus de la même façon. On est suivies des yeux, voire sifflées, et l'on n'a qu'une envie : disparaître au fond de notre coquille !
Il arrive qu'on se sente dépossédées, qu'on ne sache plus bien qui on est : exposées au monde comme des crevettes nues et fragiles, lors de la mue, ayant perdu leur carapace sans avoir eu le temps de s'en construire une nouvelle. La psychologue Françoise Dolto appelait ça le « syndrome du homard ». Nous, on préfère dire le complexe de la crevette !

- Notre cœur aussi change. On dirait d'un coup qu'il a doublé de volume. Il nous pousse vers l'avant ! Nous avons des élans, des désirs surprenants. Notre sexualité s'éveille – nous rêvons de connaître l'amour physique, ses troubles, ses plaisirs.

Nous voulons être aimées pour nous-mêmes. Pas facile à vivre… surtout quand papa et maman s'en mêlent pour donner leurs conseils ! Ou même les copines. Beaucoup de pression sociale entoure ce délicat sujet et cela nous pèse.

- Dans notre tête, c'est l'ébullition ! Les idées se bousculent. On lit, on surfe sur les forums, on échange… On devient « critiques ». Les parents sont les premières victimes de notre lucidité : un beau jour, ils perdent leur costume de super-héros et on les voit comme ils sont, avec leurs failles, leurs défauts. Parfois, il y a un retour de manivelle : tout ce qu'on a vécu de négatif pendant l'enfance – la séparation de nos parents, par exemple – refait surface. Nous réglons nos comptes.

Trop sages ?

Aujourd'hui, cependant, nous entrons beaucoup moins en conflit avec nos parents que les ados d'autrefois. Les adultes eux aussi ont changé. Ils sont plus permissifs – parfois trop. Nos mères sont à l'écoute – au point qu'il faut souvent leur rappeler qu'elles ne sont pas nos copines ! Beaucoup d'adolescentes ont la sensation de vivre dans une société où les générations sont brouillées. Comment trouver sa place quand les frontières sont floues ? Comment s'inventer une vie différente dans une société en crise, où l'image est reine, où la violence règne jusque dans la cour du collège et les réseaux sociaux, où tout peut déraper d'un simple mot ? Certaines d'entre nous font aussi face à des problèmes sociaux.
Par rapport aux générations précédentes, nous avons l'impression que notre horizon est limité. Que notre droit à l'erreur – à l'insouciance – a été raboté. Et souvent nous avons le sentiment d'être plus mûres que nos propres parents. Un comble !

Tout reste possible

À la fin du collège, nous serons toutes confrontées à la question qui tue : qu'est-ce que tu veux faire plus tard ? Une minorité d'entre nous, habitée par une passion, a déjà la réponse. Mais l'immense majorité ne se sent pas prête du tout à s'imaginer comme adulte. À cet âge, on ne veut pas encore rentrer dans une case. Car cette incertitude qui nous habite, qui nous fait souffrir, nous y sommes aussi attachées. C'est notre liberté. Non, nous ne savons pas qui nous sommes, contrairement aux « grandes personnes », et c'est merveilleux ! Nous avons encore tout à découvrir : la vie, l'amour, nous-mêmes – quelle chance !
Est-ce pour cette raison que tout le monde nous envie ? Que les adultes rêvent d'être d'éternels ados – des « adulescents », comme on dit ? Alors on voudrait leur crier : laissez-nous notre adolescence. Laissez-nous rêver, nous passionner, nous tromper et recommencer. Laissez-nous faire nos expériences. Laissez-nous inventer notre vie.

Adoption

Pour une adolescente adoptée, rien de plus normal que de vouloir être comme les autres ! Mais des questions se bousculent sur les origines et sur les conditions de l'adoption.

A

Un beau cadeau

Pour beaucoup d'enfants, le fait d'être adopté permet de devenir quelqu'un de libre, d'heureux et de responsable.
Cathy (14 ans) parle ainsi de deuxième chance. Elle a été adoptée à 5 ans et vient de Chine. « L'adoption représente pour moi la chance de grandir correctement. Si j'étais restée en Chine, je ne sais pas ce que je serais devenue. J'aurais été placée dans un orphelinat. Pas génial ! Aujourd'hui, je n'ai pas les mêmes traits que mes parents, mais quelle importance… On m'a fait un très beau cadeau. » Lola (17 ans) vient du Rwanda et ses parents ont dû l'abandonner tout bébé. Être adoptée lui a sauvé la vie. Elle était cardiaque, et c'est en France que ses parents adoptifs ont décelé le problème et pu la faire soigner. « Sans eux, je ne serais pas là », dit-elle.

Entre deux cultures

Parfois, vous trouvez cela dur d'avoir une double culture, d'être différente des autres adolescentes. Il faut en parler avec votre famille et vos amis, bien sûr, mais vous pouvez aussi faire des recherches sur vos origines.

C'est en se familiarisant avec les différentes facettes de sa vie que l'on construit sa propre identité. Maya (13 ans) est née en Inde. Pour elle, il n'est pas facile de savoir qui elle est vraiment !
Elle se sent différente des Indiens à cause de sa culture française, mais elle a parfois la sensation d'être déphasée ici. « Par moments, j'ai l'impression d'être à côté de la plaque », avoue-t-elle. Enfin, si cela vous pèse vraiment, rien ne vous empêche de demander à vos parents adoptifs de préparer un séjour dans votre région ou votre pays natals et/ou de vous informer sur vos parents biologiques. S'ils n'ont pas les moyens de vous offrir ce voyage, faites des recherches, trouvez des livres, des films, des documentaires, des associations qui vous relient à votre culture. L'essentiel est de ne jamais se sentir coupée de ses origines !

Parler de ses souffrances

Votre famille d'adoption vous donne l'amour et l'attention nécessaires à votre épanouissement, mais vous souffrez quand même. Cela peut arriver, que vous ayez ou non connaissance de vos racines et de votre histoire. Il n'y a pas de honte à cela ! La règle d'or, c'est de parler de ce qui vous angoisse, de ce que vous ne comprenez pas, l'abandon, par exemple. Anaïs (13 ans) a vécu les choses ainsi. Quand elle était petite, elle se sentait anormale. Sa famille était adorable, elle n'osait donc pas se plaindre… mais elle n'était pas heureuse. Elle a finalement réussi à dire ce qu'elle avait sur le cœur à sa mère adoptive. Ça a été long, mais ensuite

TU C KOI :-)

Je connais un enfant adopté ou des parents adoptifs, que dois-je savoir ?

• Adopter vient du latin ***adoptare,*** qui signifie « prendre par choix ». L'adoption est avant tout l'action d'« admettre », de « recevoir comme sien ». C'est l'envie d'être parent qui motive celui qui adopte. Il faut que cette envie soit très forte, car les démarches et l'attente sont longues. Sur le plan juridique, l'adoptant peut être un couple ou un célibataire et doit avoir au moins 28 ans. Sachez que ceux qui adoptent ne sont pas toujours des personnes qui ne peuvent pas avoir d'enfants !

• Un enfant adopté n'est en rien différent d'un autre ! La « seule chose qui change » pour lui, c'est qu'il est élevé par des parents non biologiques, en général parce que ces derniers n'ont pas pu prendre soin de lui. L'adoption permet donc à l'enfant d'avoir un toit, une éducation et de l'amour ! Chaque histoire est unique et personnelle ; certains enfants adoptés souhaitent la partager, d'autres non. Soyez donc à la fois ouverte et discrète face à l'adoption de quelqu'un que vous connaissez. N'oubliez jamais que c'est simplement une des différentes manières de former une famille !

elle s'est sentie moins seule. En fait, elle pensait que sa mère biologique l'avait abandonnée parce qu'elle la détestait. Sachez que les mots peuvent guérir et lancez-vous !

C'est décidé...

Je ne recherche pas mes parents biologiques

On peut avoir été adoptée et ne pas avoir envie de rechercher celle qui nous a mise au monde. Sans doute parce que l'amour des parents adoptifs suffit et que l'on a trouvé un équilibre sans se poser davantage de questions.

Cette décision n'empêche pas de s'intéresser à sa culture d'origine.

Je rencontre ma mère naturelle

À l'adolescence, le besoin de connaître la mère biologique peut s'affirmer. Il faut être forte pour faire face à la réalité de son passé. Car cette démarche comporte un risque : celui d'être très déçue par les retrouvailles, ou celui de se heurter au refus de la mère de rencontrer l'enfant qu'elle a abandonné. Ce n'est pas par méchanceté, c'est souvent par culpabilité, ou par peur de renouer avec une période de sa vie qui lui semble douloureuse. Parfois, la rencontre est positive et l'on peut rester en contact avec elle – sans pour autant renier ses parents d'adoption.

Que cette recherche ait une issue heureuse ou non, elle aide à comprendre d'où l'on vient, à qui l'on ressemble et qui l'on est exactement.

Je suis née sous X

L'accouchement sous X est la possibilité pour une mère de confier son enfant à l'adoption sans donner son identité. Si elle accepte, elle peut cependant laisser des renseignements sur sa santé et celle du père, les origines de l'enfant et les circonstances de sa naissance, ainsi que son nom, ses coordonnées, une lettre ou un objet dans une enveloppe scellée. Si l'enfant le désire, ces informations pourront lui être transmises, dès 13 ans s'il est accompagné d'un parent adoptif, et à partir de 18 ans s'il est seul. La mère et le père disposent de deux mois pour reconnaître et reprendre l'enfant. Passé ce délai, celui-ci est admis comme pupille de l'État et peut alors être proposé à l'adoption.

FLASH SUR LE NET

www.cnaop.gouv.fr

Le Conseil national pour l'accès aux origines personnelles a été créé par la loi du 22 janvier 2002. Il vous permet d'avoir accès à vos origines, si vos parents biologiques ont levé le secret de leur identité, que vous soyez adoptée ou pupille de l'État. Vous pouvez également faire la demande au président du conseil général qui vous a recueillie.

+ Secrets de famille, p. 302.

Alcool

Quand on était petites et qu'on faisait la fête entre copines, on s'éclatait au Fanta® et au Champomy®. Aujourd'hui, dans les soirées, c'est plutôt prémix et ti' punch. Les temps changent...

« J'te sers quoi ? »

Quand tout le monde fait la fête, être la seule à boire du jus de fruit, c'est pas cool : on passe pour un vrai bonnet de nuit ! Alors, entre 12 et 15 ans, on s'y met : hop, on boit son premier verre. Waouh, ça y est ! On est intronisée. Désormais, on fait partie du monde des grandes. En plus, ça détend. Envolés les soucis, les complexes ! On a l'impression que tout est plus facile. Le monde est beau, les gens sont gentils. On a envie d'aller vers eux, de parler, de danser. C'est vraiment la fête ! On a des étoiles dans les yeux, le sourire canaille... On est un peu pompette et les garçons trouvent ça sexy. Oui mais, ce qui est nettement moins sexy, c'est d'enfiler verre sur verre et de finir sous la table, affalée sur un sofa à côté du dancefloor ou dans la rue, en train de vomir dans le caniveau. Vous vous récriez ? Vous pensez que les filles ne font jamais ça ? En êtes-vous si sûre ?

Gare à la cuite !

C'est vrai que, en matière d'alcool, nous sommes plus raisonnables que les garçons : à 17 ans, seules 5,6 % d'entre nous boivent un coup régulièrement... contre 15,2 % des garçons. Mais, bien souvent, on teste l'alcool avant même l'entrée au collège. Du coup, plus de 1 élève sur 2 en sixième a déjà bu de l'alcool. En quatrième, 17 % des jeunes ont pris une cuite, mais heureusement la consommation régulière d'alcool (au moins 10 fois par mois) passe à 3 %. Et nos boissons consommées évoluent durant les « années collège » : à l'entrée, c'est plutôt du cidre et du champagne ; à la sortie, des bières et des alcools forts.

Quel est le problème ?

En effet, ce n'est pas une cuite qui nous détruit les neurones ou nous rend accro à l'alcool. Mais cela nous expose à certains risques : partir en voiture avec des copains incapables de conduire, accepter des relations sexuelles avec quelqu'un qu'on connaît à peine et qui est aussi ivre que nous... Pas très glamour, tout ça, et surtout dangereux ! La cuite, finalement, ça ne laisse pas un si bon souvenir. C'est même parfois la honte, voire un désastre sur le plan personnel. Alors, un conseil : veillez à ne pas dépasser vos limites !

No stress, on gère !

Le bon conseil, c'est finalement de s'abstenir. Il n'y a rien de plus séduisant qu'une jeune femme qui reste claire en toute occasion ! Et croyez-moi, vous serez étonnées des réactions.

AILLEURS DANS LE MONDE

Le grand truc, outre-Manche ou dans les pays du nord de l'Europe, c'est le ***binge drinking***. Peut-être en avez-vous déjà entendu parler ? Cela consiste, en général le samedi soir, à faire la fête et à boire le plus possible entre amis pour finir complètement ivres. C'est même le but recherché.
En Espagne, c'est le ***botellón***. Le principe ? Les jeunes, qui se connaissent ou pas, se réunissent dans la rue après avoir acheté de l'alcool au supermarché pour le consommer ensuite massivement (à la bouteille et pas dans des verres de préférence, d'où le nom !), car cela revient moins cher qu'en discothèque... Les filles, si on vous propose ces rites glauques, déclinez : il y a d'autres façons de prendre son pied !

+ Cigarettes, p. 69.
Drogues, p. 104.
Santé, p. 301.

Alimentation

On vous répète sans cesse de faire des repas équilibrés et variés ? Ce n'est pas pour vous ennuyer ! À l'adolescence, il faut consommer de tout en quantité suffisante pour couvrir les besoins de l'organisme. Il n'est pas question de se priver, il faut apprendre à bien manger.

AILLEURS DANS LE MONDE

C'est prouvé ! Les habitants du sud de l'Europe mangent mieux que ceux du nord. Avez-vous entendu parler du régime crétois ? De nombreuses études ont montré que les habitants de la Crète, une île grecque, vivent plus longtemps et présentent moins de maladies cardio-vasculaires. Le secret de leur longévité repose sur leur alimentation. Ils cuisinent avec des produits riches en antioxydants comme l'ail, les aromates et les herbes, mangent énormément de fruits et de légumes, source de vitamines, de minéraux et de fibres, et consomment beaucoup de produits issus du blé (pain, pâtes, semoule...), des poissons sauvages, des huiles (d'olive, de noix...).

Pour le plaisir

Un hamburger, un sandwich et un plateau-télé de temps en temps, ce n'est pas interdit ! Il faut seulement que ça reste occasionnel.
Manger est un des grands plaisirs de la vie – un bon repas, la sensation d'être rassasiée, le bonheur de se retrouver ensemble autour de la table – et il n'est pas question de s'en priver. Il faut simplement prendre de bonnes habitudes, et limiter les aliments trop caloriques et peu nourrissants.

Sous influence

À l'adolescence, le corps est en pleine croissance. Les apports nutritionnels sont très importants, ils doivent même être plus élevés que chez une femme adulte !
Mais c'est souvent à cette période qu'on mange le moins bien, car le comportement alimentaire est influencé par l'image qu'on a de son corps, par la mode et par les amies.
Un jour, on fait un régime et, le lendemain, on prend un hamburger-frites plutôt qu'un plat genre poisson-riz-haricots verts !

Secrets de filles

Manger dans un fast-food avec les copines, c'est sympa, mais ça coûte cher en calories (kcal). Alors, je connais par cœur l'apport de quelques aliments pour faire des choix et limiter les dégâts.

- Un verre de soda (250 ml) = 110 kcal
- Une barre chocolatée = 470 kcal
- 100 g de chips = 580 kcal
- Un hamburger = 255 kcal
- Un croque-monsieur = 400 kcal
- 100 g de glace = environ 150 kcal

A

Les apports énergétiques

Si vous ne réussissez pas à manger correctement quand vous sortez avec des amis, faites l'effort à la maison. L'apport énergétique recommandé pour une jeune fille de 13 à 15 ans est d'environ 2 490 calories par jour. Afin que votre corps s'épanouisse harmonieusement, il faut lui apporter ce dont il a besoin : des protéines pour les muscles ; du fer pour les cellules et les globules rouges, surtout en période de règles ; du calcium pour les os ; des lipides et des vitamines. Chez les filles, les déficiences en vitamines B et E sont fréquentes.

Des repas variés et équilibrés

Pour couvrir tous ces besoins nutritionnels, il faut manger un peu de tout et ne sauter aucun des trois repas : petit déjeuner, déjeuner et dîner. Pour éviter les grignotages, il est conseillé de prendre un goûter (un fruit et un yaourt plutôt qu'une barre chocolatée et un soda). Il faut trouver le bon équilibre entre les aliments et varier ses choix. Ainsi, lorsqu'on termine le repas avec du fromage et un fruit à midi, on peut se contenter d'un yaourt le soir.
À vous de piocher dans les familles suivantes :
– produits laitiers, source de calcium : yaourts, lait, fromage… ;
– viande, poisson, œufs, riches en protéines et fer ;
– fruits et légumes, à volonté !
– féculents : pâtes, riz, semoule, pommes de terre, légumes secs (haricots blancs…), pain ;
– matières grasses, sans en abuser : beurre, huile, crème ;
– eau : c'est la seule boisson indispensable, et vous devez en boire 1,5 litre par jour.

pas comme ma mère

• **Dans les années 1970,** les hypermarchés étaient en plein essor. Les conserves et les plats préparés faisaient leur apparition dans les rayons. On ne maîtrisait pas toujours le mode de préparation ni les ingrédients utilisés, et on se souciait encore peu de manger équilibré.
• **Aujourd'hui,** on fait l'apologie d'une nourriture naturelle, d'une cuisine préparée à la maison, et on reproche à l'industrie alimentaire d'enrichir à l'excès ses préparations en ajoutant du sel, du sucre ou d'autres éléments inutiles pour créer des saveurs artificielles.

INTOX

Se priver de petit déjeuner ne fait pas maigrir.
Au contraire, vous risquez de craquer dans la matinée pour des aliments bien plus caloriques que ceux que vous auriez pris le matin, et vous ne compenserez pas les apports énergétiques manquants avec les autres repas. Si c'est une question de temps, faites sonner votre réveil 15 minutes plus tôt ! Il y a trois aliments impératifs : un laitage (lait ou yaourt), un aliment à base de céréales ou du pain, un fruit ou un jus de fruit (frais de préférence), et pourquoi pas une boisson chaude telle que du thé. N'oubliez pas, il vaut mieux un peu de tout que rien du tout.

Bien manger, c'est la santé

Une alimentation équilibrée et un minimum d'activité physique sont nécessaires pour se maintenir en forme et se protéger contre certaines maladies : le cancer, les affections cardio-vasculaires (hypertension, infarctus…), le diabète, l'obésité, l'ostéoporose (fragilité osseuse).
Toutes ces recommandations nutritionnelles ne sont pas si difficiles à suivre. Ce sont des petits gestes auxquels on se plie et qui, avec le temps, deviennent des habitudes. Et on en profitera toute sa vie !

+
Anorexie, p. 32.
Boulimie, p. 50.
Craving, p. 87.
Grignotage, p. 144.
Obésité, p. 227.
Repas familiaux, p. 286.
Végétarienne, p. 363.

Allure

Quelle allure avez-vous, ou quelle allure vous donnez-vous ? Une belle allure ? Une drôle d'allure ? Une fière allure ? Quelques conseils… à toute allure !

Une histoire de look ?

Il n'y a pas que la façon de s'habiller qui donne de l'allure. Il faut y ajouter le maquillage, les accessoires, la coiffure… Bref, le look calculé des pieds à la tête ! C'est sans doute ce que vous pensez. Mais l'allure ne dépend pas que de la réunion de tous ces éléments : d'abord, vous allez vous ruiner (ou du moins ruiner vos parents). Et puis, imaginez : vous vous êtes concocté un look pour que tout le monde vous envie mais vous vous tenez la tête baissée, le dos rond et, si vous pouviez vous cacher dans un trou de souris, vous le feriez. Résultat : personne ne remarque vos efforts !

Un peu de tenue

Pour cela, un mot d'ordre : se tenir droite. Tout le monde vous le répète, c'est bon pour le dos ! Mais, surtout, c'est une façon de s'ouvrir aux autres. Les épaules arrondies et les pieds rentrés sont le signe d'une position de retrait. La démarche aussi est importante. Elle doit être assurée, souple, élégante, et non saccadée, traînante ou militaire. Entraînez-vous en marchant sur une ligne droite imaginaire : mettez un pied devant l'autre en posant d'abord la pointe et sans balancer les fesses. Corsez l'exercice avec un livre sur la tête, pour avoir une démarche équilibrée. Autre chose : s'affaisser sur un canapé, se laisser couler comme une glace en train de fondre n'est pas très élégant… Toutes vos attitudes doivent respirer le bien-être et l'aisance. Certaines disciplines sportives ou artistiques peuvent vous aider : la danse, bien sûr, mais aussi les claquettes, l'escrime, le patin à glace, le yoga, le taïchi…

Ayez confiance

Pour avoir de l'allure, il faut avoir confiance en soi. Tout est dans l'attitude. Quand on est sûre de soi, on s'adresse facilement aux autres, avec un regard franc, un sourire qui éclaire le visage. Un regard fuyant… fait fuir, une moue boudeuse ne donne pas envie ! La confiance en soi se travaille : sur Internet et dans les livres, vous trouverez de nombreuses astuces pour l'améliorer et, en discutant, vous en apprendrez sûrement d'autres.

L'art et la manière

Enfin, les manières donnent aussi une belle allure ! L'impolitesse, les injures, l'insolence, la violence physique sont à bannir si l'on veut que les autres aient envie de s'intéresser à nous !

TU C KOI :-)

Les allures sont parfois trompeuses : Christophe Willem, un garçon dégingandé à l'allure introvertie, a su se dévoiler sur scène et être le gagnant de la *Nouvelle Star 4* !

Chaussures, p. 63.
Confiance, p. 76.
Regard sur soi, p. 279.
Soigner son look, p. 321.

Ambition

A

Aujourd'hui, désir de gloire ou de réussite, l'ambition est l'un des moteurs de la vie. Vous avez chacune votre façon de l'exprimer, plus ou moins ouvertement. L'important, c'est de rester réaliste.

Chacune son histoire

« Je pense être ambitieuse, car on me l'a déjà fait remarquer… Mais ce n'était pas un reproche, au contraire, puisqu'on m'a dit : "C'est bien, tu es déterminée pour ton avenir, essaie de t'y tenir." L'ambition n'est pas de la prétention. Il faut juste essayer de ne pas blesser les gens ni leur marcher sur les pieds pour arriver à ses fins. »

Déborah, 17 ans

Droit au but

Vous avez toutes au fond de vous un petit moteur qui vous permet d'avancer. Ce petit moteur, ce sont les objectifs que vous vous fixez. Ils sont indispensables à votre épanouissement. Être ambitieuse, c'est avoir vraiment envie de réussir, quel que soit le domaine : intégrer une grande école, réussir un examen, faire un métier particulier… Avoir de l'ambition, c'est y croire.

Audace et motivation

Vous seule connaissez vos limites. Vous devez donc vous fixer des objectifs réalistes pour ne pas être déçue : devenir chanteuse quand on a une voix de casserole, c'est mission impossible !
En contrepartie, l'ambition a un effet positif sur vos motivations : elle vous stimule, elle augmente votre envie de réussir et de progresser. Soyez audacieuse, prenez les devants et tentez des choses nouvelles.

Se donner les moyens

Il n'y a pas de secret : ce n'est pas en restant les bras croisés que vous atteindrez votre but. Investissez-vous à fond dans votre projet. Si vous voulez réussir un concours, bossez au maximum. En mettant tous les atouts de votre côté, vous n'aurez pas de regrets.
Si toutefois vos efforts ne sont pas immédiatement récompensés, ne vous découragez pas. Vous avez peut-être mis la barre un peu trop haut, vous avez vu trop grand pour cette fois. À la prochaine !

Attention aux autres

Ce désir de réussite ne doit cependant pas se faire aux dépens des autres. Vous vous battez pour vous-même et pas contre quelqu'un. L'ambition ne doit pas devenir de la prétention ni de l'orgueil. Il n'est pas interdit de parler de ses projets, mais il faut le faire avec modestie.

+ **É**chec scolaire, p. 109.
Effort, p. 112.

Vu par les garçons

« Souvent, je me répète le fameux dicton "quand on veut on peut" ! Je pense être ambitieux, et on me le reproche. Mais, quand on est déterminé à faire quelque chose, il faut foncer. On est le seul à savoir si on en est capable ou non. Il faut avoir de l'ambition dans la vie. Quand on a un objectif, pourquoi ne pas tout faire pour l'atteindre ? »

Théo, 16 ans

Amitié

L'amitié est un lien étroit entre deux personnes qui n'appartiennent pas à la même famille. Qu'elle soit courte ou qu'elle dure toute la vie, c'est toujours un sentiment fort !

A

Une belle aventure

On partage ses fous rires et ses peines, on se sent bien ensemble. On vit les mêmes choses à peu près en même temps et on en parle. Ça fait du bien, surtout quand on a l'impression qu'on ne peut plus échanger avec ses parents comme avant. On se sent moins seule, on a moins peur de l'enfance qui s'évanouit et de l'avenir qui pointe.
De plus, chaque amitié est une histoire unique. Lorsqu'elle commence, c'est une nouvelle aventure : on part à la découverte de l'autre, de ses richesses, de ses forces et de ses faiblesses.

Se faire des amies

L'amitié, c'est comme l'amour : ça ne se commande pas. Parfois, on rencontre une fille et ça colle tout de suite. Parfois, on pensait qu'on ne s'entendrait pas avec telle autre, puis on apprend à se connaître, on se découvre des points communs et c'est parti !

- Si les histoires d'amitié sont souvent faites d'heureux hasards, il est tout de même nécessaire de prendre des risques : si on reste seule dans son coin et qu'on ne parle à personne, il est rare qu'on se fasse des amies. Certes, il arrive qu'on aille au-devant d'une fille avec laquelle on découvre finalement qu'on a peu d'affinités ou qui garde ses distances. Ce n'est pas grave ! Inutile de se dire qu'on est nulle : ce n'était pas la bonne personne, ou ce n'était pas le bon moment.
- Si vous manquez de confiance en vous pour amorcer le dialogue, commencez par dire bonjour, puis lancez un petit « ça va ? », commentez un événement qui s'est passé le jour même ou posez une question simple : « qui as-tu comme professeur ? », « où as-tu acheté ta veste ? », « as-tu réussi le dernier devoir de maths ? » Questionnez-la sur ses centres d'intérêt et ses activités.
- Lorsque vous vous rapprochez des autres avec l'idée de conquérir leur amitié, ne soyez pas trop insistante, rien de pis qu'une fille qui s'impose, qui étouffe par sa présence, elle donne envie de fuir. Sachez vous faire apprécier sans être collante.

PAROLES DE STAR

« Si tu vis jusqu'à cent ans, je veux vivre cent ans moins un jour pour ne pas avoir à vivre sans toi. »
(Winnie l'Ourson – eh bien oui, c'est une star !)

Vu par les garçons

« Les filles, entre elles, c'est "à la vie à la mort". Je voulais sortir avec Diane, je le lui ai dit, mais elle a refusé parce que sa meilleure amie était amoureuse de moi. Tout en m'avouant qu'elle m'aimait beaucoup ! J'ai pensé que j'étais dans un film d'honneur et d'amitié. Il a fallu que j'aille voir son amie, que je lui dise que je n'étais pas attiré par elle et qu'on attende qu'elle s'en remette pour sortir ensemble ! Ça m'a épaté, je ne pouvais avoir que confiance en une meuf comme ça ! Elle ne me trahirait jamais ! »

Lucas, 15 ans

> « L'amitié sans confiance, c'est une fleur sans parfum. »
> Félicité ANGERS

A

Copines ou amies ?

Les copines s'inscrivent moins dans la durée, on les côtoie chaque jour à l'école, on les retrouve pour certaines activités (aller au cinéma, faire du sport…), et on sait qu'on les oubliera peut-être l'année prochaine si elles sont dans une autre classe. De fait, on ne se confie pas à elles. Souvent, les copines se rassemblent en bande. C'est important, à l'adolescence, d'appartenir à un groupe qui partage des valeurs communes, un look identique… Puis, au sein de la bande, se détachent une ou deux amies véritables. Avec elles, on aime parler de tout, de soi, de ses histoires d'amour, on se sent proches.

La meilleure amie

Parmi toutes ses amies, on établit néanmoins une hiérarchie, et l'une d'elles devient la meilleure amie. C'est chouette, on peut tout faire à deux et ça rassure ! On aime chez elle ce qui nous ressemble, mais aussi ce qui nous manque (on peut penser qu'elle est plus belle que nous, qu'elle s'habille mieux…). Et, dès qu'elle est absente, on sent un grand vide. On est souvent tentée par une relation exclusive. Mais attention : s'il s'agit de quelqu'un qui a besoin d'être entouré, vous allez éprouver de la jalousie et cela risque de créer des tensions entre vous. Alors, rencontrez ses amies ou construisez vous aussi d'autres amitiés, ce ne peut être qu'enrichissant. Ne voyez pas les autres comme des rivales : votre amie vous aime pour ce que vous êtes, et vous êtes unique.

Personne ne l'aime

Dans la classe, personne n'apprécie votre amie, parce qu'elle est en tête de classement, parce qu'elle ne parle que d'elle-même… Cette attitude vous rend malheureuse et vous met dans une position difficile. Restez naturelle, et affirmez votre amitié tout en maintenant des relations avec les autres. C'est une façon de marquer votre indépendance d'esprit. Et surtout, aidez votre amie à s'intégrer, en lui expliquant gentiment pourquoi elle est rejetée.

Entre fille et garçon

Les garçons ne vivent pas la puberté comme les filles. Voilà la raison pour laquelle l'amitié entre fille et garçon, à l'âge du collège, n'est pas toujours facile ! De plus, s'installe souvent entre les deux sexes un jeu de séduction qui rend la relation ambiguë. Pourtant l'amitié entre fille et garçon est possible, et même très riche. Être amie avec un garçon permet de mieux comprendre le sexe opposé.

Garder ses amies

Le secret des amitiés durables repose sur deux qualités : le respect et l'honnêteté !

- Dites-leur ce que vous ressentez quand elles vous ont blessée, quand vous vous êtes sentie frustrée, quand vous n'êtes pas en phase avec elles. Si quelque chose ne va pas, parlez-en avec douceur. Ne malmenez jamais vos amies en leur assénant sans ménagement des reproches.
- Dites-leur aussi ce que vous aimez chez elles, faites-leur des compliments sur leur réussite et sur leurs atouts.
- Et, surtout, ne trahissez jamais leur confiance : quand elles vous ont confié un secret, gardez-le ! L'amitié est un trésor qui mérite d'être cultivé.

+ Chagrin d'amitié, p. 55.
Confiance, p. 76.
Confidente, p. 77.
Jalousie, p. 179.

Amour

**Les films, les livres et les chansons parlent d'amour.
On dit qu'il fait tourner le monde...
L'amour, on n'en a jamais assez !**

« L'amour, c'est être égoïstes ensemble. »
Marcel ACHARD

Plusieurs formes d'amour

Avoir envie d'amour, c'est aimer la vie. C'est être positive, se sentir vivante, donner un sens à sa destinée…
Jusqu'à présent, vous aimiez avant tout les membres de votre famille, parce que vous êtes liée à eux par une histoire commune, et vos amis. Ce n'est certes pas le même amour (on choisit ses amis !), et vous ne le dispensez pas avec la même intensité.
La puberté qui arrive vous réserve une belle surprise (enfin !) : vous vous sentez attirée par le sexe opposé. Vous vous mettez à rêver à l'amour avec un grand A (parfois vos rêves sont érotiques), vous aimez regarder les garçons (quel plaisir !), vous êtes dans le fantasme et l'imagination…
Et puis, un jour, le rêve devient réalité : vous tombez amoureuse.

Comment reconnaître l'amour ?

Chacune réagit à sa manière, mais en général l'amoureux occupe toutes les pensées, on est obsédée par lui ! Le corps réagit lui aussi : le cœur bat, on rougit, on transpire, on a l'appétit coupé, on dort mal, on sent une boule à l'estomac… Des sensations inconnues s'éveillent en nous : une euphorie particulière, une impression de puissance, un sentiment de légèreté. Ce qu'on appelle être sur un petit nuage…
Parfois, ces signes nous submergent d'un seul coup : c'est le coup de foudre ! Parfois, ils se révèlent au fil des jours. Ils peuvent durer ou disparaître sans prévenir.

Attirance, désir, flirt…

Souvent, on dit qu'on est amoureuse alors qu'il s'agit simplement d'une attirance. Au milieu d'un groupe, on a remarqué un garçon et on l'a trouvé séduisant. L'attirance que l'on ressent alors est la première marche de l'escalier des sentiments amoureux. Lorsqu'on est plus proche de lui se manifeste le désir, qui est la deuxième marche. À l'adolescence, on joue avec ces deux premières marches : on les monte, on les descend sans cesse… avec des personnes différentes.
Cela s'appelle flirter, et cela permet de se découvrir peu à peu, de prendre confiance en soi. Soit on en reste là, soit on s'attache vraiment et on gravit une à une les marches vers un sentiment plus durable.

Donner et recevoir

Pour être heureux, l'amour a besoin de réciprocité, d'échange. Parfois on donne plus qu'on ne reçoit, parfois c'est l'inverse. L'amour idéal repose cependant sur un équilibre. S'il se crée un véritable déséquilibre, celui ou celle qui donne le plus risque de s'épuiser.
S'aimer, c'est aussi se respecter. Il arrive qu'on se dispute, on ne peut pas être d'accord sur tout, mais il ne faut pas que l'un prenne possession de l'autre, de ses désirs, de ses envies…
L'amour ne signifie pas que l'on s'oublie complètement.

PAROLES DE STAR

À la question de Michèle Manceaux « l'amour peut-il durer ? », le chanteur Bénabar a répondu : « Même si je constate plutôt que l'amour ne dure pas, pour moi, c'est envisageable. » Tout est dit : chacun y croit pour soi et essaie de relever le défi !

Il est nécessaire de conserver son indépendance d'esprit et de continuer à construire son avenir. Le compagnon doit devenir un soutien, un être avec lequel on partage ses peines et ses joies.

L'amour évolue

Au début, l'amour est intense, puis, peu à peu, il devient moins fou. Il évolue au fil de ce que vous vivez ensemble. Une fois écoulée la phase de la découverte de l'autre, l'amour se transforme. Certains pensent que, sans l'intensité du début, il n'y a plus d'amour, mais le secret des couples qui durent réside souvent dans l'acceptation de cette évolution.

Pour la vie ?

On espère toutes que l'amour va durer toute la vie, mais on ne peut jamais être sûre que ce sera le cas. S'engager, c'est prendre des risques parce qu'on ne sait pas ce qui peut se passer, mais ces risques sont tellement excitants ! On doit entretenir son amour, parfois même se battre pour le conserver, le faire grandir. Chacune doit décider s'il en vaut la peine.

Je n'ai jamais aimé

Toutes vos amies ont un amoureux et vous êtes seule ? Patience, on n'est pas toutes prêtes à aimer au même moment. À chacune son rythme. Vous êtes timide avec les garçons, vous n'êtes pas encore à l'aise dans votre corps de jeune fille, vous avez envie de rester à l'abri du cocon familial... Tout cela est normal, prenez votre temps.

Je n'ai jamais été aimée

Vos complexes vous murmurent qu'il est impossible qu'on vous aime. Comme vous vous détestez, vous vous cachez, donc les autres ne vous remarquent pas.
Pour être aimée, il faut avoir un peu d'estime de soi. Puis, quand quelqu'un s'éprend de vous, vous prenez confiance. C'est un cercle vertueux.

J'épate les copines

Il semblerait que l'amour réponde à un processus chimique ! Pour que l'espèce humaine se perpétue (donc se reproduise), le corps sécrète des hormones qui agissent pour faire durer l'amour le plus longtemps possible !
Lorsqu'on tombe amoureux, le corps produit une grande quantité de phényléthylamine, l'« hormone de la passion », qui déclenche des sensations de joie intense. L'effet peut durer jusqu'à 6 ans. Si vous êtes accro à la phényléthylamine, quand l'effet diminue, vous avez envie de le réactiver avec quelqu'un d'autre. Par contre, si vous voulez continuer à aimer la même personne, pas d'inquiétude, les endorphines prennent le relais. Elles seraient les hormones de l'amour durable : on s'attache, on est tranquillisé, le bonheur simple est là... Il faut aussi parler de l'oxytocine, qui est libérée par le cerveau lorsqu'on touche quelqu'un qu'on aime : les étreintes, les câlins, les caresses sont donc nécessaires pour conserver l'amour intact !

+
Amour impossible, p. 25.
Amour physique, p. 27.
Chagrin d'amour, p. 57.
Coup de foudre, p. 85.
Désir, p. 94.
Fidélité, p. 127.
Homosexualité, p. 152.
Je t'aime, p. 181.
Lettres d'amour, p. 189.

Amour impossible

Vous aimeriez sortir avec lui malgré les difficultés qui vous séparent. Peut-être n'êtes-vous pas faits l'un pour l'autre, mais peut-être cet amour réclame-t-il des choix et des compromis...

A

« Le cœur a ses raisons
[q]ue la raison ne connaît pas. »
Blaise PASCAL

Je l'aime, il ne m'aime pas

Vous lui avez révélé votre amour, mais il vous a répondu qu'il n'était pas réciproque ! Vous vous êtes retrouvée plus seule que jamais ! Un chagrin d'amour, c'est difficile, mais, quand on n'a même pas eu sa chance, c'est très douloureux ! Cependant, il faut respecter le choix de l'autre : il a été honnête et n'a pas profité de la situation. Il faut ensuite panser sa blessure, pleurer, confier son chagrin à une oreille attentive ou le coucher sur le papier.

TU C KOI :-)

Le film *L'Aventure de Mme Muir*, de Joseph L. Mankiewicz, raconte l'histoire d'un amour impossible entre Lucy Muir et le capitaine Gregg. Le capitaine n'est pas un homme ordinaire, c'est un... fantôme ! Comment faire pour l'aimer ? Lucy devra-t-elle devenir elle aussi un fantôme et par conséquent mourir ? C'est l'une des plus belles histoires d'amour du cinéma hollywoodien des années 1950 !

Changez-vous les idées : sortez, faites du sport, organisez des soirées pyjama... Vous allez finir par rencontrer un garçon heureux de recevoir votre amour !

Vu par les garçons

« Julie, je la considérais comme une amie. Je n'hésitais pas à lui demander ce qu'elle pensait de telle ou telle autre fille, et elle était super avec ses conseils... Quand je l'ai vue pleurer parce que je venais de lui dire que je sortais avec Anissa, je n'ai rien compris. C'est un pote qui m'a dit : "Mais tu n'as rien remarqué ? Elle est amoureuse de toi !" Je n'en revenais pas. J'avais rien vu ! Elle était vraiment super, et je le lui ai dit, mais mon cœur battait pour Anissa. Depuis, j'ai essayé de garder des contacts avec elle, mais cela la fait souffrir. Alors, pour ne pas lui faire de mal, je me fais rare... »

Florian, 15 ans

La différence d'âge

Quand on est une adolescente en quête d'identité, on admire souvent les « grands », ceux dont la personnalité est déjà affirmée. Vous êtes tombée amoureuse du prof de gym, du père divorcé de votre copine ou encore d'un ami proche de vos parents ?

J'épate les copines

Les Capulet et les Montaigu sont des ennemis héréditaires. La main de Juliette Capulet est promise au comte Paris, mais elle rencontre Roméo Montaigu et le coup de foudre est immédiat. La rivalité des deux familles rend cet amour impossible. L'histoire tourne à la tragédie et s'achève par la mort des deux amants. Cette célèbre pièce de Shakespeare a inspiré un grand nombre de films, opéras et ballets, ainsi qu'un spectacle musical dont les chansons étaient interprétées par Damien Sargue et Cécilia Cara.

Ça arrive, ne vous sentez pas coupable. Malheureusement, vous êtes face à un amour impossible. Il ne s'agit peut-être que d'un fantasme, c'est-à-dire d'un sentiment imaginaire. Cela signifie que vous n'avez pas envie d'avouer votre amour, que vous voulez seulement rêver. C'est une façon pour vous d'apprendre « en images », de vous exercer en rêve.

La distance

Vous vous aimez, mais il a déménagé et vit désormais très loin, est-ce pour autant un amour impossible ? L'amour peut se renforcer avec la distance.
À votre âge, c'est rare, vous avez besoin de la présence de l'autre et d'avancer ensemble. Mais, si vous continuez de communiquer (par chat, SMS, téléphone, courrier), vous pouvez nourrir votre amour. Organisez de temps à autre une rencontre pour vérifier que votre relation tient bon. Cette situation réclame une grande confiance en l'autre : vous aurez peut-être tendance à imaginer que, parce qu'il est loin, il n'est pas fidèle…

Comment savoir ?
S'il ne vous aime plus, vous le sentirez : il vous téléphonera de moins en moins ou trouvera des excuses pour ne plus écrire. Ne restez pas dans le doute. Posez-lui des questions et, lorsque vous serez fixée, il s'éloignera aussi de votre cœur !

Les différences insurmontables

Certaines différences éloignent les êtres qui s'aiment : religion, origines sociales ou culturelles, handicap… L'amour exige une grande tolérance et ne peut être fondé que sur un profond respect mutuel. Il ne faut pas vouloir faire changer l'autre. Les relations qui se construisent sur ces bases ne sont pas toujours des amours impossibles, mais ce sont sûrement des amours difficiles. Un garçon de confession musulmane peut aimer une fille de confession juive, un garçon atteint de surdité peut aimer une fille entendante, mais au prix de concessions et d'efforts quotidiens. Parfois, c'est cette bataille qui soude le couple et nourrit l'amour ! Ce sont souvent des relations riches et intenses.
Les différences de religion et d'origines sont difficiles à surmonter parce qu'elles remettent en cause l'éducation qu'on a reçue, la culture dont on a hérité. En outre, il faut s'attendre à devoir affronter la famille.
La culpabilité s'en mêle et les relations se compliquent ; il faut simplement se montrer déterminé.

Il est gay

Vous aimez un garçon qui aime les garçons. La tentation est grande de vous dire que vous pouvez le changer et lui faire aimer les femmes. Mais, s'il est certain de son homosexualité, votre amour est impossible.
Ne comptez pas sur la bisexualité pour vous sauver. Vous pouvez lui parler de vos sentiments si vous pensez que cela doit vous libérer. Mais il est fort probable qu'il ne puisse rien pour vous et vous devrez respecter ses choix.

TU C KOI :-)

Dans le film *Mauvaise Foi*, Roschdy Zem aborde les problèmes d'un couple dans lequel la femme est juive et l'homme musulman – avec l'autre famille et avec la sienne.

+
Amour, p. 23.
Chagrin d'amour, p. 57.
Coup de foudre, p. 85.
Homosexualité, p. 152.
Passion, p. 237.

Amour physique

À voir tous ces films où des amants s'étreignent en soupirant, on devine que faire l'amour est une expérience unique et merveilleuse. Mais, à notre âge, l'acte charnel est aussi entouré de beaucoup d'appréhensions et de questions !

Ça va se passer comment ?

Aujourd'hui, en matière de sexe, nous sommes surinformées : les livres, les cours de prévention au collège et les films pornos ne laissent aucune forme de doute sur ce qui se passe pendant l'acte sexuel ! Pourtant, toutes ces informations, ces images – parfois crues et choquantes – ne nous aident pas. Elles peuvent même nous angoisser. Et l'acte charnel reste, fondamentalement, mystérieux. Qu'allons-nous éprouver ? Comment notre corps va réagir ? Est-ce qu'on est « normales » ? Va-t-on plaire ? Saura-t-on avoir les bons gestes ? On rêve de cet acte comme d'un moment de fusion totale, d'extase… et on a peur d'être déçues !

Les filles, il y a une chose essentielle à savoir sur l'amour physique, c'est qu'il reste toujours une énigme. Après la première fois, on n'en sait pas tout. Même après 10, 20 ans de vie sexuelle ! On apprend à connaître son propre corps, ce qui lui plaît et ce qui lui déplaît. On apprend aussi à comprendre le corps de son partenaire. Mais le désir, la jouissance, l'attirance, tout ça reste mystérieux ! On ne saura jamais, avant de faire l'amour avec la personne qu'on aime, si ce sera bien ou juste moyen… Et c'est sans doute ce mystère qui fait le piment de l'amour charnel.

Se sentir prête…

Cela va vous sembler un peu rabat-joie, mais faire l'amour suppose une certaine maturité physique et psychologique. Certaines filles l'ont dès 15 ou 16 ans, d'autres l'ont beaucoup plus tard. En moyenne, en France, les filles font l'amour pour la première fois vers 17 ans et 6 mois.Mais peu importe les moyennes ! L'essentiel est de se sentir prête. Il faut sentir que c'est le bon moment.

Respecter son désir

En tant que fille, on a l'impression que les garçons sont des obsédés qui ne pensent qu'à ça. Les choses sont en réalité plus compliquées. Nous, les filles, c'est en général le sentiment amoureux qui nous amène à la rencontre physique. Chez les garçons, c'est l'inverse : ils accèdent au sentiment à travers la relation physique. Ce qui ne veut pas dire qu'il faut coucher avec eux pour qu'ils nous aiment ! Allons même plus loin : le désir n'est pas l'apanage des garçons.
Nous aussi éprouvons des élans sexuels, mais nous avons besoin de les apprivoiser. Certaines veulent passer à l'acte juste pour comprendre, se tester ou faire comme les copines. C'est comme un rite de passage vers l'âge adulte. Seulement, il est préférable d'écouter les nuances de son désir pour faire de cet acte une belle expérience. En clair : n'hésitons pas à dire « non »

Vu par les garçons

« Ma copine et moi, on fait l'amour depuis 6 mois. Au début, on était tendus, c'était la première fois ! On en a parlé avant, on a prévu le jour, on s'est préparés en se faisant beaux… enfin, elle, elle était super belle. Tout s'est bien passé… jusqu'à ce que je la pénètre. Là, j'ai un peu perdu le contrôle et j'ai éjaculé tout de suite. On a recommencé et c'était mieux. Aujourd'hui, on prend du plaisir tous les deux ! »

Antonin, 18 ans

INTOX

- La première fois, ça fait mal. Pas toujours ! Si on est prête, si on en a vraiment envie, si le partenaire est doux, le vagin s'ouvre et se lubrifie (il devient humide).
Alors, ça ne fait pas mal du tout.
- On ne saigne pas toujours au moment du dépucelage.
Quoi qu'il en soit, ce n'est jamais l'hémorragie.
- On peut tout à fait avoir du plaisir sans jouir. Au début, c'est rare d'atteindre l'orgasme, cela ne signifie pas qu'on est frigide !
- Le garçon et la fille jouissent rarement en même temps.
Ce que l'on voit dans les films n'est pas la réalité !
Chacun a son rythme. Une fille met en moyenne 20 minutes pour atteindre l'orgasme.

si l'on n'a pas envie, ou « pas ça » si on nous demande de faire des choses qui nous déplaisent.

Avec qui ?

Le choix du premier partenaire compte énormément car une expérience vide de sens, vécue uniquement sur le plan mécanique, peut nous bloquer pour la suite. Il est important de ne pas se contenter d'une relation de passage pour se jeter à l'eau. Laissons le temps à une histoire sentimentale de se nouer.
La première fois sera d'autant plus épanouissante qu'elle aura été précédée d'une longue complicité, de jeux tendres sans pénétration,pour laisser aux corps le temps de s'apprivoiser, mieux se connaître et dompter le trac.

Oubliez vos complexes

Faire l'amour, c'est d'abord se mettre nu. Le regard de l'autre inquiète. Que va-t-il penser ? Nous avons toutes des bourrelets, des grains de beauté mal placés…
Votre corps vous semble imparfait par rapport à ceux des actrices ! Vous pouvez imaginer qu'en face, le garçon n'en mène pas large non plus… Ce n'est pas Brad Pitt ! Mais faire l'amour n'est pas un concours de beauté. Le désir ne marche pas ainsi. L'important, c'est de s'abandonner, de ne plus faire qu'un avec l'autre.

TU C KOI :-)

Gare aux sextos !
Un nouveau sport se répand dans les collèges et les lycées : celui du « sexting », qui consiste à envoyer des SMS à caractère érotique ou des photos de soi coquines. Cette pratique incite en général à passer à l'acte plus tôt, et pas toujours avec le bon partenaire. Faites gaffe, les filles : si vous recevez un sexto, vous n'êtes pas obligées de répondre. Ça peut paraître amusant, mais en fait c'est glauque. Et n'envoyez jamais des photos de vous dénudées : elles peuvent être copiées et réutilisées ensuite pour vous nuire.

« Le sexe sans amour est une expérience vide. »
Woody ALLEN

Le plaisir

Faire rimer amour physique avec plaisir suppose quelques précautions.
- Ne faites pas l'amour avec n'importe qui juste par défi, pour ne plus être vierge, pour imiter les copines. Choisissez un garçon que vous aimez profondément, que vous connaissez bien et en qui vous avez confiance.
- La première fois, si vous êtes angoissée, parlez-en à votre partenaire. Il se peut qu'il soit mal à l'aise lui aussi, ça vous soulagera tous les deux.
Organisez ce grand moment en choisissant un lieu tranquille.
- Pensez au confort : dans les films, les gens font l'amour par terre, à l'arrière d'une voiture ou dans les escaliers… mais ce sont des acteurs. Les aiguilles de pin qui picotent le dos, ça n'aide pas à se concentrer sur le plaisir.
- Si vous avez mal, dites-le et arrêtez tout. Ce n'est pas un échec… seulement partie remise.
- L'échec, c'est de simuler le plaisir : cela veut dire que vous n'avez confiance ni en vous ni en lui, pour être honnête.

Ce n'est pas l'extase ?

Rassurez-vous. Les premières fois ne sont pas les plus réussies (même s'il y a des exceptions).
Faire l'amour s'apprend.
Si votre amoureux est attentif, vous retirerez un plaisir sensuel de ces premiers moments même sans atteindre l'orgasme.
Détendez-vous : la jouissance viendra toute seule, en son temps.
Vous êtes normale, toutes les filles passent par cette phase d'apprivoisement des sensations.

+ Pratiques sexuelles, p. 249.
Sortir avec un garçon, p. 327.

Angoisse

**Vous vous faites du souci, mais vous ne savez pas pourquoi ?
Une sensation de panique vous envahit, comme si quelque chose de terrible allait arriver ?
Ne cherchez plus, vous êtes angoissée.**

A

Une définition

On compare souvent l'angoisse avec l'anxiété, mais ce sont deux termes différents. L'anxiété est une sensation oppressante qui se manifeste lorsque vous avez peur d'une chose en particulier : vous êtes anxieuse avant un examen ou un rendez-vous amoureux, par exemple. L'angoisse, elle, est plus forte et ne semble venir de nulle part. Passagère ou plus tenace, elle est le signe que quelque chose vous tracasse. Même si vous n'arrivez pas à déterminer d'où elle vient, vous savez qu'elle est là, c'est physique, vous avez une boule dans la gorge et l'estomac noué. Rassurez-vous, tout le monde connaît un jour ces sensations, elles se répètent même plusieurs fois dans une vie. L'angoisse fait partie de la nature humaine, parce qu'il est normal d'avoir des préoccupations et de ressentir des émotions. En quittant l'enfance pour devenir adulte, vous prenez conscience du monde qui vous entoure : la vie, la mort, l'avenir. Finalement, vos angoisses sont intimement liées à votre conscience.

La peur de l'inconnu

En décrivant l'angoisse comme une « réaction inévitable de l'être face à l'inconnu qui l'enserre », Fernand Ouellette[1] avait raison. Ce que l'on ne connaît pas, ou que l'on ne maîtrise pas, peut faire peur. Par exemple, lorsqu'on est confronté pour la première fois à un deuil, il est normal de se poser des questions sur la mort. S'interroger aide à aller de l'avant. Plus concrètement, les guerres, le chômage, les études, le divorce des parents, le dérèglement du climat sont autant de sujets qui peuvent vous préoccuper. Il vous est alors difficile de vous projeter dans l'avenir. Parlez-en avec vos parents : ils sont déjà passés par là ! En discuter avec ses amies est aussi une bonne idée, cela aide à se sentir moins seule. Il faut être positive ! Car, au fond, ces questions qui se bousculent dans votre tête montrent que vous vous impliquez dans la vie. Foncez, votre destin vous appartient !

1. Poète et romancier québécois, né en 1930.

TU C KOI :-)

Des remèdes naturels

Maîtriser son angoisse n'est pas simple. Des méthodes naturelles peuvent vous aider à garder votre calme. Avez-vous essayé la tisane aux vertus apaisantes ?

- Mélangez 50 g de passiflore, 50 g de pavot de Californie et 50 g de tilleul.
- Faites une infusion à raison de 15 g de ce mélange pour 500 ml d'eau bouillante.
- Dégustez au moins une tasse dans la journée.

Ces plantes ont également des effets sur l'anxiété, l'agitation nerveuse et les troubles légers du sommeil. Bref, elles vont vous aider à rester zen ! Vous pouvez aussi essayer les huiles essentielles à diffuser : un mélange de lavande fine, de bois de rose et d'ylang-ylang. Enfin, tournez-vous vers les exercices de respiration antistress, comme la respiration de l'abeille !

Pour vous aider : *Imagine-toi dans la caverne de Platon... : Exercices de méditation à faire au lycée et à la maison* (1 CD audio), de Jacques de Coulon, éditions Payot.

Animal familier

Un animal familier est avant tout un être vivant à qui l'on donne de l'affection. Il peut aussi jouer le rôle d'un confident silencieux. Avec lui, on prend conscience de la vie, de la mort, de l'agressivité et de la sexualité.

A

Une relation affective

S'occuper d'un animal est une vraie responsabilité, qui a aussi des côtés contraignants. L'animal n'est pas un jouet, c'est un être vivant : il faut l'observer pour mieux le connaître, et l'aimer pour ce qu'il est. Communiquer avec lui oblige à affûter son sens de l'observation pour le comprendre (par exemple, ne pas donner à manger à son chien alors qu'il demande à sortir pour faire ses besoins !). Au sein de la famille, bien s'en occuper peut vous permettre de montrer que vous êtes digne de confiance. Être responsable d'un animal, c'est savoir qu'il existe quelqu'un qui compte sur vous et sur qui vous pouvez compter. C'est bénéficier de son affection, s'il s'agit d'un chien ou d'un chat, et de toute façon de sa reconnaissance. C'est construire un lien affectif stable et durable.

Un anti-stress

C'est prouvé scientifiquement ! Votre fidèle compagnon à poils, à plumes ou à écailles veille sur votre santé. Les vertus psychologiques des animaux de compagnie sont reconnues : moins de stress, de dépression… et aussi moins de poids car plus d'action, si vous avez un chien. Ils permettent de traverser de façon plus sereine toutes les difficultés de la vie. Ainsi, certains services hospitaliers les utilisent pour réduire le stress des patients et les aider à retrouver le moral.

AILLEURS DANS LE MONDE

L'animal domestique n'a pas la même place dans tous les pays du monde. Si, en France, le chien est considéré comme un membre de la famille, en Chine on le mange. En Inde, certains animaux sont sacrés : ainsi, les vaches peuvent s'installer en plein milieu d'un carrefour grouillant de voitures et bloquer toute la circulation sans être inquiétées. Au Népal, le rat est vénéré, car il est considéré comme le messager des dieux. Synonyme d'intelligence et de richesse, il est en outre censé apporter la chance.

Chacune son histoire

« J'ai adopté un furet, et je l'adore. C'est super joli, mais c'est difficile à dresser. Et puis ça prend de la place, car il a besoin d'une grande cage. Le plus dur, c'est quand on part en vacances : personne ne veut le garder, parce qu'il sent un peu fort. »

Victorine, 15 ans

« Moi, j'ai eu un hamster. Il s'appelait Ernesto et il était trop chou. Je l'emmenais partout, il ne prenait pas de place, juste une petite cage sur mes genoux. Mais, un jour, au moment de monter dans un avion, le commandant de bord a failli le refuser en disant qu'il allait s'échapper dans la cabine, semer la panique et couper des fils. J'ai dû envelopper sa cage dans du papier journal et jurer de ne pas l'en sortir. »

Hannah, 13 ans

N'oubliez jamais : pour que votre animal soit source de bien-être, vous devez lui apporter du bonheur !

Un compagnon idéal

Pas question de courir à la première animalerie venue pour acheter un doudou à poils vivant sur lequel vous craquez sans réfléchir aux conséquences. Acquérir un animal représente un engagement à long terme. La décision ne doit pas se prendre à la légère. Demandez d'abord conseil à vos amis qui ont des animaux, ou à un vétérinaire. Si votre choix se porte sur un chien ou sur un chat, vous pouvez vous rendre dans un refuge de la SPA (Société protectrice des animaux) : vous ferez un heureux.

Le chien : considéré comme le meilleur ami de l'homme, il est très sociable. Affectueux et respectueux de la hiérarchie, il sait observer son entourage avant d'établir des relations personnalisées avec chaque membre de la famille. Capable de comprendre les sentiments et les émotions, il ressent la peur, la colère ou le plaisir des humains. C'est un modèle de sociabilité.

Le chat : indépendant et hypersensible, il n'est pas très démonstratif quand il s'agit de montrer son affection. Pour vivre en bonne entente avec lui, vous devrez respecter son territoire et son rythme de vie. C'est lui qui choisit les moments d'échanges affectifs et tactiles.

Le poisson : il a une grande capacité d'adaptation. Il nage et se reproduit dans un milieu artificiel (pompe à oxygène, sable aseptisé, algues fluo) comme s'il vivait dans l'océan. La quiétude absolue du poisson rouge fait envie. Le monde peut s'écrouler autour de lui, il ne bouge pas d'une écaille.

Les rongeurs : on connaissait les hamsters, les cobayes, les cochons d'Inde, les chinchillas, mais aujourd'hui, c'est tendance de se promener avec un rat ou une souris sur l'épaule pour se la jouer rebelle ou décalée. Attention toutefois, les rongeurs ne doivent jamais rester en liberté sans surveillance ; ils peuvent grimper partout, faire des dégâts (notamment couper les fils de l'ordinateur), déchirer les vêtements, ronger le panier à provisions…

Les NAC (nouveaux animaux de compagnie) : d'autres animaux ont fait leur apparition dans les foyers. Si vous décidez d'adopter un carnivore (furet, tortue marine), un reptile (python, iguane), un psittacidé (ara, perroquet, cacatoès), un primate (singe-écureuil), il faut bien vous informer avant l'achat. Certains d'entre eux peuvent se montrer agressifs et mordre. Une tortue qui tient dans la main au moment de l'achat va atteindre 30 cm. Un iguane adulte mesure 1,50 m. Un perroquet peut vivre 80 ans. Un serpent a besoin d'espace, de plantes et d'une température tropicales… Renseignez-vous avec précision sur les conditions de vie et le caractère de l'animal avant de vous lancer.

LOL ; -)

- Quel est le comble pour un chat et une chatte ? Être félins pour l'autre !
- Comment fait-on pour faire aboyer un chat ? On lui sert une coupe de lait et il la boit.

Câlins, p. 53.
Mort, p. 219.

Anorexie

Vouloir maigrir à tout prix peut devenir une véritable obsession pour certaines adolescentes. Elles refusent d'ingurgiter toute nourriture pour perdre du poids. On appelle cela l'anorexie mentale.

Chacune son histoire

« Je me sens grosse. J'ai des complexes à cause de mes fesses énormes et de mes cuisses… Dès l'école primaire, j'avais en tête de faire un régime, je ne mangeais presque pas. À la fin de la classe de cinquième, je me suis mise à prendre seulement un yaourt par jour et j'ai perdu 8 kg. Bien sûr, je les ai vite repris. Mais j'arrêterai cette méthode quand j'atteindrai la perfection. Pour le moment, j'aime ma manière de faire, ça ne me fait pas peur. »

Déborah, 13 ans

Fréquente chez les filles

L'anorexie n'est pas une maladie nouvelle. Elle touche environ 1 % des filles entre 12 et 18 ans, et elle est en augmentation chez les garçons, de l'ordre de 11 filles pour 3 garçons. Ce qui est récent, et plus inquiétant, c'est qu'elle se manifeste de plus en plus tôt, dès 10-12 ans. Il y a plusieurs raisons à cela : votre corps grandit et change, et vous avez du mal à l'accepter ; au collège, vos copains se moquent de vos rondeurs et, à la maison, vos parents vous reprochent de grignoter des sucreries.

Un cercle vicieux

Difficile de ne pas culpabiliser. Vous êtes 1 sur 3 à vous sentir trop grosse, sans l'être forcément, et la moitié d'entre vous fait un régime. L'image des mannequins très maigres des magazines n'est jamais loin. Pour leur ressembler, certaines filles font attention à leur nourriture, mais d'autres, qui veulent maigrir plus vite, suivent un régime très strict. C'est là que les problèmes de santé commencent, surtout en pleine croissance.

Guérir par les mots

L'anorexie est très grave : elle peut conduire à la mort. Derrière un déni de la nourriture se cache une souffrance psychologique.

TU C KOI :-)

Besoin de confier votre mal-être ou d'être aidée ? Il existe en France des Maisons des adolescents (MDA) dans chaque département. Leur mission : accueillir, orienter, accompagner, écouter les adolescents en difficulté ainsi que leurs familles. Vous pouvez retrouver la carte de France sur le site Internet : www.anmda.fr

À Paris, la MDA s'appelle la Maison de Solenn. Elle est située à l'hôpital Cochin, reçoit souvent des jeunes souffrant de troubles du comportement alimentaire (anorexie, boulimie…). Elle porte le nom de la fille de Patrick Poivre d'Arvor (ancien journaliste à TF1), qui a livré une longue bataille contre ces deux maladies et s'est suicidée en 1995.

En acceptant de reconnaître sa souffrance et d'en parler à ses proches, puis à un médecin, il est possible de s'en sortir. Ne vous laissez pas influencer par Internet. Des blogs « pro-ana » (abréviation de pro-anorexie) en font la promotion comme choix de vie et dissimulent un danger réel. C'est une mode à ne suivre sous aucun prétexte.

+ **D**épression, p. 92.
Maigreur, p. 196.

Argent

À l'adolescence, l'argent entre dans notre vie, avec sa cohorte de problèmes et de désirs.

Money, money...

En avoir ou pas, tel est désormais le problème. Parce qu'on a envie de sortir, de s'habiller, de se faire belle, d'acheter des CD, des livres, d'aller au ciné, d'avoir un portable, etc. Tout cela a un prix. Jusqu'à un certain âge, l'argent de poche des parents suffisait à notre bonheur : avec quelques bonbecs et un bracelet brésilien, on était les reines du monde !
Aujourd'hui, c'est un peu différent. Nous découvrons que nos moyens sont limités et que nous ne pouvons pas nous offrir la Terre entière. Nous voyons bien que nos parents ne peuvent pas nous payer tout ce que nous voulons. L'argent débarque dans notre vie, et il rime souvent avec frustration et envie. Nous prenons aussi conscience de certaines réalités sociales, que nous avions sans doute perçues avant mais pas avec la même lucidité. Parmi nos camarades, certaines sont plus riches que d'autres. Elles s'habillent mieux, portent des marques. Certaines sont même supergâtées. Pour d'autres, c'est la galère. Le rapport de nos parents à l'argent et au travail nous influence énormément. L'argent est visiblement un gage de réussite sociale, d'indépendance. Mais il suppose un certain effort, qui est parfois mal rémunéré.
Tout cela est troublant et pose des tas de questions : le désir d'argent peut déclencher chez nous une certaine ambition, le désir d'en gagner, d'avoir une vie confortable plus tard. Parfois, c'est l'inverse : on trouve cela répugnant. Juger la valeur d'une personne selon ce seul critère, quelle idiotie ! Ou bien on ressent de la colère, de la honte. Mais, rappelez-vous, l'argent ne fait pas le bonheur… même s'il le facilite. Il est aussi source de pas mal d'ennuis. L'argent, c'est un truc d'adulte responsable : trop y penser, ça pourrit la vie !

TU C KOI :-)

Des études sérieuses (Ipsos, Insee) sont faites sur l'argent de poche reçu par les enfants et les ados en France. Voici les chiffres de 2014 :
- Les moins de 5 ans reçoivent 2 euros par semaine ; les 5-10 ans 5 euros ; les 10-15 ans 10 euros ; et les 15 ans et plus 20 euros.
- 40 % des enfants âgés de 6 ans à 15 ans reçoivent régulièrement de l'argent de poche. L'âge moyen du premier argent de poche est 9 ans.

Mon compte à moi

Finie l'époque où l'on mettait ses sous dans une tirelire en forme de cochon rose. Pour la plupart, nos parents nous donnent un montant d'argent de poche assez conséquent : la moyenne européenne est à 27 euros par mois entre 11 et 14 ans, et 47 euros entre 15 et 17 ans.

A

> « Les seuls problèmes que l'argent peut résoudre sont des problèmes d'argent. »
>
> Kin HUBBARD

INTOX

Aujourd'hui, on vit dans une société très consumériste. Toutes ces pubs, ces produits ultratentants (et superchers !) peuvent nous faire penser que l'on « est » ce que l'on « a ». Si l'on n'a rien, on n'est rien. Du coup, on se sent nulle, honteuse, ou on a la rage et on essaie de gagner de l'argent par tous les moyens. Les filles, ne vous laissez pas manipuler par la publicité et la société de consommation. Vous êtes d'abord ce que vous êtes, vous !

À cela, il faut ajouter les petits billets des grands-parents, les récompenses pour les bonnes notes, l'argent reçu à Noël et pour notre anniversaire. Avant 12 ans, on peut placer cet argent sur un compte d'épargne à son nom (type Livret A). Puis à 12 ans, il existe le Livret jeune qui est associé à une carte de retrait. À partir de 16 ans, on a le droit, légalement, d'ouvrir un compte courant à la banque, de posséder un chéquier et une carte bancaire classique. Tout cela demande une certaine gestion car, vous allez vite le constater, l'argent file entre les doigts ! Évidemment, jusqu'à 18 ans, papa-maman restent responsables financièrement de nos dépenses. Si l'on dépense trop, ce sont eux qui trinquent ! Il faut donc leur autorisation pour ouvrir un compte et effectuer des retraits. Entre 12 et 16 ans, tout va bien : à la demande de la banque, les parents fixent un plafond hebdomadaire et la carte se bloque dès qu'on l'a atteint. Après 16 ans, avec un compte courant, c'est plus compliqué. Un conseil : optez pour une carte anti-découvert afin d'éviter les ennuis, et faites attention à vos dépenses par chéquier. Avoir un compte, c'est l'occasion d'apprendre à gérer son budget et à planifier ses dépenses. Le mieux, c'est de parler cartes sur table avec vos parents : mettez-vous d'accord sur l'usage que vous pouvez faire de votre argent de poche. Cela vous permettra de fixer un montant réaliste et d'être de plus en plus autonome : vous pourrez peu à peu régler vos propres dépenses. Quand on y arrive, c'est très valorisant !

+ **L**oisirs, p. 191.
Petits boulots, p. 244.

Argent trop cher

Envie de cette jolie blouse que vous avez vue dans une vitrine ? Hélas, votre argent de poche ne suffit pas. Plutôt que de demander encore à papa-maman, pensez aux petits boulots : 50 % des adolescentes font du baby-sitting dès 13-14 ans, ou travaillent dans des boutiques. Job d'été, services rendus au voisinage, il y a plein de solutions – même si l'âge légal du travail en France est de 16 ans. Et surtout n'enviez pas les filles à papa qui se paient tout sans lever le petit doigt : un jour ou l'autre, elles devront mettre la main à la pâte ! Dans la vie, il y a d'autres valeurs que la frime, l'argent facile et la poudre aux yeux. Apprendre à être autonome, travailler, faire des choses toute seule, même si parfois c'est pénible, ça donne une formidable liberté !

Secrets de filles

Bien gérer son (petit) budget...

- Essayez de négocier avec vos parents un montant fixe d'argent de poche tous les mois. En échange, acceptez de régler certaines dépenses pratiques : frais de transport par exemple.
- Prévoyez vos dépenses à l'avance : tant pour le ciné, tant pour un CD, tant pour une petite fringue.
- N'oubliez pas votre budget cadeaux.
- Prévoyez toujours une somme pour les dépenses courantes (un pot avec une copine, un achat de cosmétiques ou autres).
- Attendez les soldes pour craquer, en faisant des petites économies en prévision.
- Si vous craquez vraiment, faites un petit boulot ou rendez un service à vos parents pour compenser la dépense.

Audio

**Vous êtes plutôt Deezer, Spotify, Apple Music, Napster ?
Dites-moi comment vous écoutez votre musique,
je vous dirai qui vous êtes !**

A

Le streaming musical

On consomme aujourd'hui la musique comme d'autres biens culturels, le cinéma ou les séries, par exemple.
Un morceau à la mode en chasse un autre, et tout s'écoute, se regarde et s'échange à grande vitesse. Si vous achetez encore parfois quelques morceaux chéris (de plus en plus rarement), il s'agit essentiellement de choisir un abonnement à une plateforme de streaming musical : Spotify, Deezer, Apple Music, etc. Toutes proposent les mêmes prix pour les mêmes services : écoute à la demande, découverte d'un artiste, d'un style de musique, suggestion de playlists selon les occasions et les envies. Vous pouvez également constituer vous-mêmes vos playlists et les modifier à l'infini. Bref, tout est possible et disponible n'importe où et à n'importe quel moment ! Une vraie petite révolution.
La musique à volonté est désormais une évidence pour vous. Et tout ça, bien sûr, sur votre téléphone ! Mais revenons un peu en arrière pour mieux envisager l'avenir : le streaming musical est né en 2001 avec Rhapsody, première plateforme d'achat de musique en ligne. Depuis, bien d'autres ont vu le jour ! Le streaming musical a suivi le mouvement des innovations technologiques et s'est modernisé. Aujourd'hui, le français Deezer compte environ 16 millions d'utilisateurs, quant à Spotify, plateforme lancée fin 2008, plus de 20 millions de personnes l'utilisent.
La création de ces plateformes de streaming a permis d'endiguer le piratage en ligne des œuvres musicales et, ainsi, de rémunérer les artistes et les autres acteurs de la chaîne de production.

J'épate les copines

L'ancêtre du baladeur MP3

Le Walkman, ou premier baladeur autonome, de la marque Sony, a été lancé en 1979. Pour la première fois, il est devenu possible d'écouter de la musique n'importe où. Ce concept révolutionnaire sera ensuite repris avec le CD puis avec le MP3. Pour l'anecdote, l'idée est à mettre au crédit d'Akio Morita, à l'époque P-DG de Sony, et de ses ingénieurs, auxquels il avait demandé de concevoir un « magnétophone à cassette ultraléger muni d'un casque » pour écouter de la musique pendant qu'il jouait au golf.

Le grand retour du disque vinyle

Pour les grandes collectionneuses, les fétichistes de l'objet et les nostalgiques du son « à l'ancienne », le vinyle – pas le CD mais bien le 33 tours de vos parents, voire de vos grands-parents – fait son retour ! Depuis quelques années, les platines connaissent un regain d'intérêt et le « disquaire-day » (journée organisée par les disquaires indépendants, au cours de laquelle ces derniers mettent en vente des vinyles rares édités spécialement pour l'occasion) remporte de plus en plus de succès. Le vinyle des DJ s'est exporté dans les maisons. Un dernier clin d'œil à l'authentique dans notre monde toujours plus dématérialisé ?

Écouter de la musique en toutes circonstances

Bien sûr, il n'est pas question ici de vous inciter à écouter de la musique pendant vos heures de cours, mais plutôt en faisant du sport, par exemple. C'est quand même nettement plus motivant pour se dépasser ! Non ? Alors mode d'emploi ! Au-delà d'un choix impressionnant d'écouteurs parfaitement adaptés, vous pouvez vous procurer un brassard qui vous permettra d'y glisser votre téléphone et ainsi courir en gardant le contact avec vos amis, vos messages, vos morceaux préférés. Il existe également de super étuis waterproof pour nager en musique. Bref, nous pouvons maintenant tout faire ou presque en chansons ! Attention quand même, pour bon nombre de sports, notamment collectifs, impossible d'écouter de la musique !

Connecter son smartphone à une enceinte

Maintenant que nous écoutons tous et toutes de la musique sur nos smartphones, les chaînes Hifi n'existent quasiment plus ! Pour bénéficier d'un son de qualité et pouvoir écouter sa musique sans écouteurs et/ou en compagnie de ses amis, le secret est d'utiliser une enceinte. Il existe de petits modèles, légers et faciles à transporter à des prix tout à fait abordables. Une chouette idée de cadeau ! Tu peux même trouver des enceintes étanches pour te doucher en chanson. Assure-toi simplement que ton enceinte dispose d'une bonne autonomie, pour ne pas passer ton temps à la recharger. Il te suffit de connecter l'enceinte à ton smartphone en Bluetooth, et… en avant la musique !

Les écouteurs

Souvent, les écouteurs sont fournis avec votre smartphone, mais rien ne vous interdit de les changer s'ils ne vous conviennent pas. Leur simple remplacement suffit à métamorphoser la qualité sonore ! À vous de voir ceux que vous préférez : un casque (pour un meilleur son), des écouteurs (plus pratiques à transporter) ou des écouteurs intra-auriculaires (pour l'isolement). Encore une fois, il existe des écouteurs sans fil à connecter en Bluetooth pour pouvoir faire du sport en musique ! Sachez également que de bons écouteurs peuvent rivaliser avec un casque moyen. Et ne succombez pas trop vite à la mode, au détriment de la qualité et du confort. Certaines marques sont très prisées des adolescents, mais pas du tout des mélomanes…

Le son en haute résolution

L'avenir est peut-être à la fin des fichiers compressés, remplacés, comme pour la télévision cathodique par le Full HD, le format audio haute résolution : le High-Res Audio, qui promet de restituer à nos oreilles un morceau tel qu'il a été enregistré en studio ou dans une salle de concert. Les formats porteront les noms un peu barbares de FLAC, ALAC, WAV et DSD… Connu des professionnels, il ne manque à ce format que de pouvoir être stocké (plus d'1 Go pour un seul album !) sur les futurs smartphones, PC et autres chaînes hi-fi.

TU C KOI :-)

Pour prévenir les risques auditifs liés à l'utilisation des baladeurs, une norme européenne relative aux exigences de sécurité des appareils audio, vidéo et appareils électroniques analogues existe. En France, deux amendements récents viennent renforcer les mesures de protection de l'audition : les appareils devront notamment être « conçus de façon à être sans danger pour l'audition de l'utilisateur dans les conditions normales d'utilisation, ou d'utilisation raisonnablement prévisibles ». Ils renforcent les mesures déjà existantes, comme la limitation du niveau de pression acoustique à 100 décibels, ou la présence d'un pictogramme qui incite à baisser le volume et à ne pas écouter plus d'une heure de suite à volume moyen.

+ Musique, p. 220.
Radio, p. 275.
Téléchargement, p. 349 .

Autorité

Qu'elle vienne des parents ou des profs, on a parfois du mal à la supporter à notre âge. On aime la mettre au défi. Mais d'abord, c'est quoi l'autorité ?

INTOX

L'autorité ne s'acquiert jamais par la force ou la violence, car elle se saborde elle-même ; regardez les dictateurs : leur pouvoir est fragile, ils doivent être les plus forts pour rester au top. En général, ils finissent toujours par être renversés par plus puissant qu'eux. Dans la vie, c'est pareil : méfiez-vous des gens violents qui essaient de vous manipuler ou de vous soumettre à leur prétendue autorité par la terreur (comme ces filles dans les cours de récré !). Leur autorité, c'est du pipeau : ils n'ont aucun pouvoir sur vous, car aucun devoir envers vous. Pour avoir de l'autorité, il faut être au service des autres. Cette leçon vaut aussi pour vous : ne jouez pas au petit tyran avec vos copines ou vos parents !

Avoir de l'autorité

Pour avoir de l'autorité, il faut le mériter, montrer l'exemple, inspirer l'admiration, aider les autres à devenir peu à peu responsables d'eux-mêmes et capables de s'affranchir de l'autorité. L'autorité de nos parents ou de nos professeurs leur est conférée par leur fonction. Ils nous aident à grandir, ce sont des garde-fous, mais aussi des guides. Nous en avons besoin et nous le savons bien, au fond. Mais il ne faut pas confondre l'autorité et l'autoritarisme, qui est une façon d'exercer son autorité sans vouloir faire progresser l'autre, en le maintenant sous contrôle.
On a toutes eu un prof autoritaire : en général, on ne l'aimait pas beaucoup… Certains parents peuvent être un peu stricts, limite autoritaires (voire tout à fait). Ce n'est pas pour nous enquiquiner, c'est pour nous surprotéger : malheureusement, le résultat est le même ! L'autorité est aussi une qualité que certaines personnes inspirent naturellement ; d'autres n'en ont pas et ont tendance à hausser le ton.

Comment traiter avec l'autorité ?

Tant que nous sommes mineures, nous n'avons pas le choix : il faut accepter cette autorité, même si nous ne sommes pas en accord avec elle. C'est un apprentissage par lequel nous devons toutes passer car, même adultes, nous ne serons pas totalement libres. Nous devrons respecter d'autres autorités : celles de la police, de l'État, de notre patron. On n'y échappe jamais, sauf à vivre seule dans les bois… Pas très excitant, comme perspective ! Autant l'accepter tout de suite. Mais faire face à une autorité ne signifie pas s'écraser. On peut s'exprimer, dialoguer, faire valoir ce que l'on est… dans certaines limites. Et garder sa liberté de penser ! En fait, étrangement, c'est en apprenant à traiter d'égal à égal avec l'autorité que l'on gagne en autorité et en assurance. Ce n'est pas en hurlant, en insultant, en tapant du poing ou en claquant les portes ! Du reste, vous avez dû le constater, dans la société, ceux qui cassent tout et qui disent m… à tout le monde sont plutôt perçus comme des « loosers » !

Un besoin d'autorité

À l'adolescence, nous sommes en quête d'une vraie autorité, d'un modèle. Nous en avons besoin pour trouver notre propre chemin. On cherche souvent cette autorité chez ses parents, mais, comme on dépend d'eux, elle est plutôt conflictuelle. Un conseil, les filles : choisissez une figure d'autorité extérieure, celle d'un prof, d'une amie plus âgée, de quelqu'un que vous admirez et à qui vous voudriez ressembler. Ce peut être une autorité artistique, intellectuelle, spirituelle (attention quand même aux gourous ou aux chefs de bande !). Vous verrez, cela vous réconciliera avec vous-même en particulier, et avec la vie en général.

+
Conflits avec les parents, p. 78.
Rébellion, p. 277.

premier Baiser

Ce moment de tendresse, on a du mal à l'envisager sereinement. Comment s'y prendre ? Qu'est-ce que bien embrasser ? Faut-il mettre la langue ? Oh là là, ça devient technique !

B

Avec ou sans la langue ?

Du premier piou-piou échangé avec son « amoureux » en primaire (voire en maternelle !) ou au début du collège au vrai bisou avec la langue, il y a tout un monde : celui qui sépare l'enfance de l'adolescence. En moyenne, les filles d'aujourd'hui reçoivent leur premier baiser vers 14 ans – entre 11 et 16 ans, pour la fourchette large. Mais peu importe ce que font les autres ! Ce n'est pas parce que vous êtes la dernière de votre bande de copines à ne pas avoir vécu ce fameux « french kiss » que votre vie future va être ruinée.

Oubliez la technique !

Détendez-vous, les filles. Vous n'êtes pas au cinéma. On ne vous demande aucune performance. Ce baiser qui vous fait si peur, vous en avez aussi très envie, comme votre copain. Depuis quelque temps, il ne pense sans doute qu'à ça ! Sachez que les garçons se mettent énormément la pression et que ce premier baiser les inquiète souvent encore plus que nous. Tout ira mieux si vous êtes sereine et réceptive. Un baiser, c'est un partage d'émotion, de tendresse, de sensations. Une promesse de plaisir. Cela doit rester léger, ludique. Un baiser n'est pas sérieux. C'est un jeu. Bien sûr, on a un peu peur… Peur de mal s'y prendre, d'être « nulle en baiser », bref de décevoir. Mais rappelez-vous que le garçon en face de vous a exactement les mêmes craintes. Votre bouche lui fait envie, vous lui plaisez avant qu'il vous embrasse. S'il y a quelques maladresses, il aura tendance à penser que c'est plutôt sa faute à lui. Concentrez-vous sur ce que vous ressentez. Bref : laissez-vous aller. Vous lui rendrez la tâche nettement plus facile !

La première fois

Rassurez-vous si vous êtes une novice absolue : l'expérience ne compte pas ! En général, vous sentez venir la chose avant qu'elle se produise. Cela fait quelque temps que vous voyez ce garçon. Vous vous doutez bien qu'il y a un « truc »… et vous vous demandez quand la fameuse scène du baiser va avoir lieu. Un conseil : restez spontanée, naturelle. Pour un garçon, rien de pis qu'une fille qui minaude ou qui reste coincée la bouche en cœur, comme si elle n'attendait que ça ! Laissez-vous voler votre premier baiser… Soudain, le garçon va vous prendre par les épaules, rapprocher ses lèvres. Ne vous crispez pas, fermez les yeux… Tout se passera naturellement. Certaines conditions favorisent le bon déroulement du bisou. S'embrasser en pleine rue pour la première fois n'est pas l'idéal. Les endroits les plus propices sont la chambre, la tente en colo (un grand classique !), un lieu en pleine nature… Mais parfois on s'embrasse à l'arraché, entre deux portes, et c'est inoubliable. Il n'y a pas de règle… il faut juste en avoir envie.

> **TU C KOI :-)**
>
> Votre copain et vous, vous sortez depuis un moment ensemble. Vous êtes tous les deux un peu timides, même si vous vous entendez super bien. Vous n'avez jamais osé mettre la langue. Parlez-en pour débloquer la situation. Et commencez par un jeu : faites une bataille de langues. Lâchez-vous, amusez-vous, dédramatisez le truc, sans chercher à être « érotiques ». Vous verrez, ça changera tout…

Quelques conseils

Un french kiss peut être très agréable. Pour le réussir, ce n'est encore une fois pas une question de technique mais de « ressenti ».

« Le baiser est la plus sûre façon de se taire en disant tout. »
Guy DE MAUPASSANT

- Desserrez les dents… et n'oubliez pas de respirer (avec le nez) !
- N'oubliez pas que vous avez un corps, et des mains pour caresser. Ne restez pas les bras ballants.
- Embrasser, ce n'est pas faire des smacks. Entrouvrez les lèvres, collez-les contre les siennes, goûtez la bouche de l'autre, suçotez la lèvre inférieure ou supérieure. N'ayez pas peur de faire des bruits.

Le french kiss viendra tout seul… Le premier baiser est souvent un peu maladroit à cause de l'émotion. Ne vous découragez pas et recommencez. Vous prendrez plus de libertés et, à la fin, ce sera super bon ! Cependant, faire un french kiss ne doit jamais être une obligation. Si vous n'en avez pas envie, dites non, clairement. Sachez aussi que certains garçons n'aiment pas trop ça. Inutile de vouloir à tout prix imiter ce qu'on voit dans les films : on peut s'embrasser de façon langoureuse et très excitante sans la langue ! Il y a même des adultes qui ne le font jamais. Finalement, il reste trois hypothèses à problème :

- Mon copain est très timide : vous êtes dans sa chambre, assis sur le bord du lit. Vous en avez envie tous les deux. Il vous regarde avec des yeux de merlan frit, mais il ne fait pas un geste ! Dans ce cas, vous pouvez débloquer la situation. Prenez-lui la main, caressez-lui la joue ou osez un petit bécot. Il devrait se détendre.
- Il embrasse très mal : il bave, il vous broie les lèvres, il tourne sa langue comme l'essoreuse d'une machine à laver. Pas de panique : il est sans doute un peu tendu. Donnez-lui une seconde chance. Mais, si le problème persiste et si cela finit par vous dégoûter, ne vous obstinez pas. Vous n'êtes peut-être pas faits l'un pour l'autre.

TU C KOI :-)

Les parents nous rebattent les oreilles du risque de la mononucléose infectieuse, aussi appelée « maladie du baiser ». Elle se transmet par la salive et touche de nombreux adolescents. Mais il faut savoir que c'est une infection bénigne. En France, 9 personnes sur 10 ont développé la maladie, la plupart dès la petite enfance, de façon inaperçue. D'ailleurs, elle ne se transmet pas que par le baiser : boire dans le même verre ou échanger ses couverts avec quelqu'un peut suffire. Quand elle se déclare, on peut ressentir une grande fatigue, des maux de gorge, des courbatures… C'est embêtant, mais cela passe au bout de quelques semaines. Et on n'en meurt pas !

- Il veut aller plus loin… mais vous ne voulez pas. Soyez ferme : ce n'est pas parce que vous flirtez que vous devez tout de suite faire l'amour. S'il insiste, ce n'est pas un gentleman ou il veut juste profiter de vous. Un conseil : trouvez-en un autre.

Enfin, n'oubliez jamais que, une fois le flirt installé, vous n'êtes pas obligée de rester comme une potiche à attendre qu'il fasse toujours le premier pas. Si vous avez envie de l'embrasser, faites-le. Car, un baiser, c'est une preuve d'amour.

+ Amour physique, p. 27.

Vu par les garçons

J'ai peur de mal faire

« Moi je n'ai jamais embrassé avec la langue… pourtant, j'ai déjà eu plusieurs copines. Je ne sais pas… je flippe !!! J'ai peur de mal faire… et de me ridiculiser ! Même si je me suis renseigné sur la technique, je n'ose pas encore. »

Loïc, 15 ans

Ce n'est pas une question technique

« Mon premier vrai baiser, avec la langue, je ne l'ai échangé que vers 16 ans. C'était pas terrible, la première fois… Mais bon, j'ai appris à me détendre et maintenant ça va mieux. En fait, au début, on focalise sur la technique. Et puis, peu à peu, on comprend que c'est une question de feeling, on se laisse aller et là, on tient le bon bout ! »

Laurent, 18 ans

Beau-parent

Voici venu le temps de partager l'un de vos parents… avec un adulte ! À peine est-il installé que vous considérez votre beau-père (ou votre belle-mère) comme un intrus. Pourquoi tant de haine ?

B

Mes parents refont leur vie

Le divorce de vos parents vous a remuée et, comme si ça ne suffisait pas, voilà que quelqu'un apparaît à la maison ! Et vous vous doutez bien que, si cela dure avec « l'intrus », les chances d'une réconciliation entre papa et maman flirtent avec le zéro. Cette séparation, au fond, vous ne l'avez pas choisie… pas plus que le fait que votre nouveau beau-père, ou nouvelle belle-mère, finisse par s'installer à la maison. Il est normal dans ce genre de situation de sentir monter le vent de la révolte ! La question à laquelle vous seule pourrez répondre est : laisserez-vous ou non ce vent souffler et même se changer en tempête ? Avant d'employer les grands moyens, réfléchissez au malaise familial que vous allez créer ! Et puis relativisez : ce n'est pas parce que votre père et votre mère ne s'aiment plus qu'ils ne vous aiment plus ! Ce sont toujours vos parents, même si un étranger occupe leurs pensées. Votre animosité est une forme de jalousie.

Pourquoi le détester autant ?

On dit souvent que l'on a peur de ce que l'on ne connaît pas. Qui mieux qu'un beau-parent représente cet inconnu ? Pour ne plus « en avoir peur », analysez ce qui vous dérange chez lui.

Il (ou elle) se prend pour mon père (ou ma mère)

Quelqu'un d'autre que vos parents vous donne des ordres et vous n'aimez pas ça ? C'est compréhensible. Vous avez déjà du mal à supporter l'autorité d'un parent, alors celle d'un étranger… Demandez-vous si son autorité est fondée ou non. S'il y a un problème, pourquoi ne pas lui dire que cela ravive la douleur de la séparation ? Parlez-en aussi avec vos parents.

Il (ou elle) s'incruste chez nous

Si cette personne s'installe de façon permanente dans le domicile familial, sa présence change vos repères et modifie les habitudes de la famille. N'oubliez pas qu'elle ne s'impose pas, c'est votre parent qui l'invite. Et dites-vous que c'est sûrement aussi difficile pour elle que pour vous.

Il (ou elle) ne sait pas s'y prendre avec les enfants

Si cette personne n'a pas eu d'enfants, il n'est pas étonnant qu'elle soit inexpérimentée. Soyez tolérante avec ses maladresses, elle doit faire son apprentissage, c'est une question de temps !

Il (ou elle) monopolise ma mère (ou mon père)

Chacune son histoire

Quels petits noms donnez-vous à vos beaux-parents ?

« Chez nous, on utilise le diminutif du prénom de notre beau-père : JP, pour Jean-Philippe. » Ludivine, 12 ans

« J'appelle l'amie de mon père par son prénom, et, avec mes copines, je la surnomme "la blonde de mon père". Ce n'est pas très sympa, mais bon ! » Laure, 15 ans

« Mes petits frères l'ont surnommé "Dark Victor" parce qu'il imite super bien Dark Vador (Star Wars). Du coup, à la maison c'est Dark V., Vic ou Dark Victor. Apparemment, il aime bien ! » Margot, 17 ans

L'affection, c'est difficile à partager. Ainsi, si l'attention de votre mère vous manque, pourquoi ne pas lui en parler ? Proposez-lui des activités où vous ne serez que toutes les deux. Vous verrez, elle vous aime toujours !

On a pratiquement le même âge !
Si vous êtes dans cette situation, veillez toujours, si une relation amicale se crée, à respecter des limites. En effet, les amis se racontent volontiers les détails de leur vie privée, mais, dans ce cas précis, vous devez respecter l'intimité de votre père ou mère.

Il (ou elle) envahit mon espace
Parfois, le beau-parent finit par se sentir vraiment chez lui et prend ses aises. Si vous avez l'impression que cette attitude empiète sur votre espace, faites-lui comprendre gentiment que vous voulez gérer votre territoire (la chambre) seule. Montrez-lui que vous en êtes capable, que vous savez ranger (même si vous ne le faites pas tous les jours) et que vous pouvez faire le ménage vous-même.

Ils m'obligent à prendre parti
Il est fréquent que vos parents soient en conflit, surtout si le divorce est récent. Le nouveau conjoint n'est évidemment pas impartial. Vous entendez dire du mal du parent absent et vous en souffrez. Si l'on essaie de vous impliquer dans ces discussions, prenez vos distances, ce sont des histoires d'adultes. Et gardez votre libre arbitre.

Pour une entente harmonieuse

- Respectez l'autre et observez les règles de civilité. Que vous aimiez ou non votre beau-parent, cela ne change rien. Comme avec tout individu, la politesse est la règle de base de toute vie sociale !
- Si le courant ne passe pas, vous n'êtes pas obligée d'être hypocrite. Nul besoin de jouer la comédie, cela fausserait tout. Restez naturelle, soyez fidèle à votre caractère et à vos goûts.
- Essayez d'instaurer un dialogue avec le nouveau ou la nouvelle, d'une part pour détendre l'atmosphère, mais aussi pour apprendre à le (ou la) connaître. Ce serait dommage de passer à côté d'une relation enrichissante ou d'un(e) futur(e) confident(e) !
- Si votre beau-parent a des enfants, prenez le temps de les rencontrer avant de les juger. Car ils ont les mêmes a priori que vous ! Et, qui sait, ces enfants deviendront peut-être de vrais frères et sœurs de cœur.

TU C KOI :-)

Les beaux-parents sont de plus en plus nombreux. Selon l'Institut national d'études démographiques, 12 % des adultes sont dans ce cas en France et essaient d'inventer de nouveaux rôles.
La situation n'est pas toujours conflictuelle : certains enfants entretiennent des relations de tendresse et de complicité avec le nouveau conjoint d'un parent divorcé.
Sur le plan social et juridique, ces liens ne sont pas encore reconnus, et des juges réfléchissent pour créer de nouvelles lois qui prennent en compte ce statut. Notamment, en cas de nouvelle séparation, les beaux-parents peuvent obtenir des droits de visite pour rencontrer les enfants de leur ex-conjoint avec lesquels ils ont créé de véritables liens affectifs.

+
Conflits avec les parents, p. 78.
Divorce, p. 101.
Famille recomposée, p. 118.

Beauté

B

Être (la plus) belle, toutes les filles en rêvent. Il suffit parfois d'un regard, qui en dit plus qu'un compliment, pour calmer nos angoisses !

Vous avez dit beauté ?

Pour dire avec certitude ce qui est beau et ce qui ne l'est pas, il faudrait qu'il existe une référence, une sorte de bible de la beauté... Mais heureusement, en matière de beauté, il n'y a pas de norme et l'on ne peut mieux dire qu'Oscar Wilde[1] : « La beauté est dans les yeux de celui qui regarde. »
La beauté est ce qu'il y a de plus subjectif, et tant mieux : il existe donc autant de beautés que de jugements personnels. Cela ne vaut pas seulement pour les êtres humains : un tableau, un animal susciteront l'admiration chez les uns, l'indifférence chez les autres. La beauté est très difficile à définir. Et elle n'est pas forcément liée à l'apparence physique : on parle aussi de beauté de l'âme ou de beauté du cœur. Un garçon peut être attiré par la voix d'une fille, par son caractère, par le charme qu'elle dégage, alors qu'elle n'est pas « canon ». Elle lui plaît, voilà !

Des critères changeants

Les canons de beauté évoluent avec le temps et les individus. Même si certains scientifiques affirment que tout est affaire de symétrie et de proportions, il s'agit surtout d'une affaire de goût, de culture et d'époque. Les statues de Vénus de l'Antiquité ont ainsi bien peu à voir avec les mannequins d'aujourd'hui. À ce propos, toutes les filles qu'on voit dans les magazines et les publicités, si belles, si parfaites, comment font-elles ? C'est simple : elles sont le produit de bidouillages informatiques. Des peaux lisses et uniformes comme les leurs, vous n'en verrez pas beaucoup dans la rue... Alors, ne courez pas après des illusions et cultivez votre propre beauté.

AILLEURS DANS LE MONDE

Dans leur sillage, les femmes maliennes laissent une odeur inoubliable. Mais elles ne se fournissent pas dans les parfumeries ! Elles ont un secret : le wusulan. Mélange de plusieurs ingrédients comme des racines, des écorces, des fruits, du lichen, des feuilles, la recette de cette mixture est tenue secrète.
Pour les Maliennes, cette fragrance est indispensable à leur beauté et à leur séduction. Elle est aussi un objet de rivalité et une marque de savoir-vivre : les hommes adorent !

Secrets de filles

La beauté dans l'assiette, ça marche ! Non pas pour maigrir à tout prix mais pour avoir une belle peau ! Au menu : fruits et légumes... Sans oublier de manger équilibré !

1. Écrivain irlandais du XIXe siècle, esthète et provocateur.

Paroles de star

En 2006, Scarlett Johansson a déclaré « Ma tête ressemble à celle d'un homme ! » alors même qu'elle venait d'être élue « femme la plus sexy du monde » par le magazine *Stuff*. Comme quoi l'insatisfaction n'épargne pas les starlettes !

B

Se faire belle

Cette expression est intéressante car elle suppose que l'on peut agir. Fini le fatalisme qui nous étreint aussitôt que l'on regarde un magazine ou la télévision. Prenons les choses en main !
Se faire belle, ça doit être un moment de plaisir et de détente. On se fait belle pour soi et pour les autres. On se pomponne pour séduire, mais aussi pour se sentir bien dans sa peau. C'est excellent pour le moral ! Prenez le temps de vous occuper de vous, de réfléchir, faites des essais pour trouver ce qui correspond le mieux à votre personnalité. Qu'est-ce qui vous rend belle ? Les vêtements, le maquillage, les bijoux…
À chacune ses réponses, à chacune sa beauté !
Faites-vous conseiller par votre grande sœur, vos amies, vos cousines. Demandez-leur ce qui vous va le mieux comme couleurs, comme coupe de vêtements, comme coiffure…
Faites attention à votre attitude (votre démarche, vos manières). Surtout, fabriquez-vous une image qui vous ressemble !

J'me sens pas belle !

Que vous soyez très remontée contre votre physique à la puberté peut se comprendre. Vous voyez votre corps se transformer sans savoir à quoi il va ressembler. Souvent, après la puberté, on se sent beaucoup plus apaisée par rapport à son corps. Soyez patiente. La chirurgie esthétique est souvent considérée comme la solution miracle, mais les complexes ne se soignent pas toujours à coups de bistouri ! L'insatisfaction est fréquente après l'opération. Ne prenez pas ça à la légère ! La chirurgie réparatrice est une démarche différente, parce qu'elle est souvent demandée par un médecin pour la santé du patient. Elle permet de réparer les dégâts causés par un accident ou une maladie, ou de rectifier une anomalie qui pourrait en entraîner d'autres.

Être et paraître

Le problème de la beauté physique est qu'elle n'est pas toujours au rendez-vous. Si vous ne dormez pas de la nuit, vous aurez des cernes ! Si vous avez un chagrin d'amour et que vous pleurez, vous aurez les yeux rouges ! Mais peut-être que vos yeux rouges séduiront un garçon, qui sera touché par votre peine…
La véritable beauté réside sans doute là : dans les émotions que nous procure ce qui nous touche. La beauté avec un grand B est sûrement intérieure, et ce n'est pas ringard ! Réfléchissez : est-ce que vous aimez votre meilleure amie pour ses grands yeux verts ? Non, vous l'aimez parce qu'elle vous fait rire, vous donne des bonnes idées, vous encourage…
L'être et le paraître sont de précieux atouts pour être belle : n'en négligez aucun !

+
Accessoires, p. 8.
Allure, p. 19.
Bijoux, p. 45.
Chirurgie esthétique, p. 67.
Complexes, p. 74.
Confiance, p. 76.
Mannequins, p. 201.
Maquillage, p. 202.
Regard sur soi, p. 279.
Soigner son look, p. 321.
Sourire, p. 329.
Style, p. 335.

Bénévolat

Vous rêvez de sauver la planète ou vous avez tout simplement envie de donner un coup de main dans votre quartier ? Engagez-vous et devenez bénévole. Deux mots à retenir : solidarité et convivialité.

B

Du temps pour les autres

Nettoyage des plages, visites à des personnes âgées, restauration d'un monument, accompagnement de personnes handicapées, distribution de repas… Vous avez choisi de donner un peu de votre temps à une action, mais vous ne savez pas encore laquelle. Réfléchissez d'abord aux domaines qui vous touchent et au temps que vous pouvez y consacrer.

Le bénévolat est un engagement et vous devez en respecter les règles, comme ne pas arriver en retard, ne pas abandonner en cours de route. Pensez-y avant de vous lancer !

Près de chez soi

Inutile d'aller à l'autre bout du monde pour donner un coup de main. Dans votre quartier ou votre ville, des dizaines d'associations proposent des activités ponctuelles. Vous ne le savez peut-être pas, mais, quand vous aidez une personne âgée à faire ses courses chaque semaine, vous pouvez considérer cela comme du bénévolat : vous donnez de votre temps aux autres sans contrepartie financière. C'est le principe même de la solidarité.

FLASH SUR LE NET @

Voici une liste d'associations qui proposent des chantiers pour la sauvegarde du patrimoine bâti et naturel. Taille de pierre, maçonnerie, sculpture, projets écologiques et environnementaux, vous n'aurez pas de mal à trouver votre bonheur. Certains sont ouverts aux adolescents dès 13 ou 15 ans. Renseignez-vous :

- www.rempart.com
- www.solidaritesjeunesses.org
- www.volontariat.org

Un été utile

Si pour vous les vacances ne riment pas avec plage et fiesta, pourquoi ne pas vous engager sur un chantier de jeunes ? Certaines associations recrutent dès l'âge de 13 ans. Généralement, on vous demande une participation financière pour l'hébergement et la nourriture. Pour le reste, attendez-vous à ne pas chômer, mais le dépaysement est garanti. Vous ferez de belles rencontres et vous aurez la satisfaction d'avoir fait quelque chose d'utile.

TU C KOI :-) ??

Il y a en France 12 millions de bénévoles de plus de 15 ans. Plus de 80 % d'entre eux le sont au sein d'une association. Les autres agissent individuellement, auprès de leur mairie, de leur paroisse, de leur centre sportif ou encore dans une école. Deux tiers font du bénévolat occasionnellement et consacrent en moyenne deux heures par mois à cette activité. Un tiers sont des bénévoles réguliers (80 % d'entre eux ont une activité qui les occupe plus de quatre heures par semaine).

+ Nature, p. 224.
Vacances en famille, p. 360.

Bijoux

« Diamonds are a girl's best friends », chantait Marilyn Monroe. Aujourd'hui, les filles ont mille et une manières de briller au quotidien ou se parer pour une occasion spéciale.

B

Toute une histoire

Joyau en or ou breloque en toc, le bijou sublime les tenues des femmes depuis des millénaires. Il se décline en métal, en bois, en plastique, en verre, en pierre, en cuir… Précieux ou non, il compte pour vous parce qu'il est porteur d'une histoire, parce qu'il est lié à une occasion ou à une personne spéciales. Et puis, il révèle votre charme et votre personnalité, il fait un peu partie de vous et de votre histoire.

Des oreilles sublimes

Pierres ou perles, imposantes ou minuscules, chaînes ou anneaux, il y a l'embarras du choix au rayon boucles d'oreilles. Pour Béatrice, 15 ans, c'est un véritable rituel le matin : « Comme mes chaussures, j'accorde ma paire de boucles d'oreilles à ma tenue du jour. » Attention toutefois : évitez les pendants ou les créoles quand vous pratiquez une activité physique, quand vous faites du baby-sitting ou quand vous jouez avec votre animal préféré. Vos lobes pourraient avoir à s'en souvenir !

De jolies mains

La bague fait sans doute partie des bijoux les plus personnels. Ce n'est pas pour rien que l'on scelle des fiançailles ou un mariage avec un anneau. Tina, 13 ans, est bien de cet avis : « Ma bague préférée me vient de ma grand-mère. Je ne la quitte jamais ou presque. » Si vous aimez porter plusieurs bagues, veillez à avoir quand même la main légère : n'en mettez pas plus de trois de chaque côté. Si votre bague reste bloquée, plongez votre main dans l'eau glacée pour faire dégonfler les doigts ; si cela ne suffit pas, savonnez bien le doigt… en pensant à boucher l'évier !

Colliers et sautoirs

Ce sont de véritables atouts pour mettre en valeur votre cou ou votre décolleté. À condition de bien les porter ! Avec un collier de style ethnique, préférez une tenue simple et unie. Un top *girly* ne convient pas à ce type de bijou. Avec un sautoir, évitez le *streetwear* ou des boucles d'oreilles voyantes. Le résultat serait trop chargé !

Au poignet ou à la cheville ?

À vous de choisir comment porter vos bracelets. En été, avec des sandales ou des tongs, le bracelet de cheville épouse le pied nu et dévoile une partie du corps à laquelle on prête peu d'attention.

Attention aux allergies !

Les allergies provoquées par les bijoux dits fantaisie sont courantes : 1 femme sur 10 y serait sensible. Mais, depuis peu, une nouvelle législation interdit l'utilisation du nickel – composant responsable des démangeaisons, boutons et autres rougeurs – pour ce type de bijoux. Donc, renseignez-vous sur le pays de fabrication du bijou, et assurez-vous qu'il ne contient aucune trace de nickel. Sachez que, si vous êtes très réactive à ce métal, vous pouvez aussi être allergique à l'or, qui en possède naturellement.

PAROLES DE STAR

Côté bijoux, la chanteuse Rihanna, qui est fan de bagues, a un petit secret. En mars 2014, dans le magazine *Vogue US*, elle révélait : « Tous mes bijoux sont faux. Ils viennent de chez Claire's. Ou sinon je les achète dans la boutique de ma mère tient à la Barbade. Le magasin s'appelle FAB-U-LUS. »

+ Accessoires, p. 8.
Piercings, p. 246.

Blog

B

Facile à créer, plus moderne que votre journal intime ou votre cahier de textes rempli de petits mots, le blog est un moyen de vous affirmer et d'échanger.

Communiquer avec sa tribu

Que vous soyez assidue ou occasionnelle, en tant que blogueuse, vous faites partie d'une véritable communauté sur Internet. L'intérêt de ces journaux de bord interactifs est de vous retrouver entre vous, loin des parents, de partager vos goûts, vos interrogations, votre vie quotidienne. « Les personnes qui, comme moi, ouvrent un blog veulent avant tout communiquer, échanger, se rassembler autour de leurs affinités », explique Maria (14 ans).
Entretenir un blog, c'est rester en contact. Pendant les vacances ou les week-ends, votre blog ou ceux de vos copines vous permettent de raconter vos coups de cœur, vos coups de gueule, vos goûts pour ceci ou pour cela, vos vies, quoi ! En résumé, le blog est un lieu d'échanges, certes, mais aussi un espace de liberté et d'autonomie où vous pouvez vous exprimer. Ce qui fait sa grande richesse et sa grande réactivité, c'est la possibilité qu'ont les lecteurs de réagir aux articles publiés.

De quoi parle-t-on dans un blog ?

Avec l'arrivée des réseaux sociaux sur lesquels désormais on « raconte sa vie » quasiment en direct, la vocation du blog a un peu changé. Bien sûr, on peut toujours publier des actualités, des liens vers d'autres blogs ou sites web, des photos, des petits textes, mais il est de plus en plus courant de vous voir développer un blog sur une passion ou une activité (les médias, les animaux, le cinéma, la couture, la défense de l'environnement, le sport, un mode de vie atypique…) comme l'explique Clémence (13 ans) : « J'ai créé mon blog sur les stars. Comme ça, avec d'autres filles, on commente ce qu'elles portent, ce qu'elles font, ce qu'elles disent. Même si on n'est jamais d'accord, on s'éclate ! »

@ FLASH SUR LE NET

Voici les hébergeurs de blogs les plus utilisés :

- www.blog4ever.com
- www.wordpress.com
- www.over-blog.com
- www.canalblog.com

Comment ça marche ?

Le blog n'est ni plus ni moins qu'une page web dans laquelle l'auteur poste des billets ou des notes, qui sont publiés dans un ordre antéchronologique, c'est-à-dire que les billets les plus récents sont affichés en haut de page, puis suivent les messages plus anciens. Rassurez-vous, nul besoin d'être une surdouée de l'informatique. Des hébergeurs proposent des blogs « prêts à l'emploi » qui vous permettront, grâce à un outil en ligne, d'insérer et de mettre en forme vos articles.

Un « journal » pas si intime que ça !

Comme vous communiquez entre adolescents ou personnes qui partagent les mêmes goûts, vous avez l'impression d'être entre copains. Ce sentiment d'intimité n'est qu'une illusion ! N'oubliez jamais que votre blog est visible par tout le monde : profs, adultes ou parfaits inconnus. N'écrivez pas de critiques ouvertes, les infos publiées sur le Net ne sont pas protégées par le secret des pages de votre journal intime. Certains visiteurs peuvent être malintentionnés. Soyez prudente : évitez de publier des photos de vous, et ne donnez pas votre adresse postale ou votre numéro de téléphone. Ensuite, pensez que vous êtes responsable de ce que vous publiez : images, textes, musique, commentaires… À vous de contrôler les débordements. Sachez enfin que vous devez demander à vos amis s'ils vous autorisent à mettre leur photo en ligne. Si vous ne voulez pas avoir de soucis, faites attention avec les images qui ne sont pas à vous (droits à la propriété intellectuelle et à l'image).

Blues

Coup de cafard, blues ou bourdon… Vous broyez du noir à cause d'une contrariété. Si vous ne voulez pas que la déprime dure, bougez-vous ! Voici quelques idées pour retrouver dynamisme et bonne humeur !

Le blues, c'est quoi ?

Un style musical afro-américain ? Oui, et c'est de là que vient l'expression « avoir le blues ». Car les bluesmen expriment en musique leur tristesse, leurs « idées noires ». Quand on a le blues, on déprime, on est mélancolique, on a le cafard. Le stress, la fatigue ou un événement douloureux (deuil, séparation, échec) en sont souvent la cause. Normalement, ce sentiment s'atténue de façon spontanée au bout de quelques jours. Un projet, une rencontre, une sortie… et tout va mieux !

Un corps dynamique

Des aliments qui boostent : si vous avez le moral dans les chaussettes, votre meilleur allié est sûrement le chocolat.

Mais pensez aussi aux céréales, aux fruits et à certaines eaux minérales, car le magnésium qu'ils contiennent est anti-stress et anti-déprime. Pour lutter contre la fatigue, rien de mieux que de consommer des aliments riches en fer : viande rouge, volaille et poisson. Pour bien dormir, prenez un dîner léger avec vos proches et faites de ce repas un moment de détente.

Libérez des endorphines : pour retrouver le sourire, chaussez des baskets et défoulez-vous. Le sport chasse le blues. Comment ? Eh bien parce que, au cours de l'activité physique, le cerveau sécrète des endorphines, des hormones qui sont de véritables activateurs de bonne humeur. Le sport permet également de libérer la mauvaise énergie accumulée dans la journée, procure une saine fatigue et donne la pêche. Profitez-en aussi pour vous faire des amis !

Adieu la grisaille

Cherchez la lumière : en hiver, l'organisme, privé de luminosité, marche au ralenti. Il fait nuit très tôt, et certaines personnes souffrent de « dépression saisonnière ». Dès que les beaux jours arrivent, rechargez vos batteries : promenades, randonnées, week-ends plage avec les parents ou les copines…

Les bonnes couleurs : l'orange est une couleur tonique, qui réchauffe l'atmosphère. Pensez-y dans la déco de votre chambre et dans votre tenue vestimentaire.

Le mot pour rire… et aller mieux : les filles, c'est bien connu, sont de vraies pipelettes. Évacuez vos émotions (positives ou négatives) en papotant avec vos copines. Concoctez-vous des moments de franche rigolade devant un film, en racontant une blague… Dix minutes par jour, et votre moral sera au beau fixe.

FLASH SUR LE NET

Des sites pour rire :
- http://www.webjunior.net/blagues/
- http://www.humour.com/blagues/

+
Dépression, p. 92.
Mal-être, p. 198.
Mort, p. 219.
Psychologue, p. 266.

Bonheur

Le bonheur, tout le monde n'a que ce mot à la bouche.
La planète entière rêve d'y goûter, mais c'est quoi exactement ?
Existe-t-il une recette miracle ?

B

J'épate les copines

Un peu d'histoire et de philosophie

Dans l'Antiquité, les philosophes s'interrogeaient déjà sur le bonheur. Une doctrine, l'eudémonisme (« bonheur » en grec), explique que le bonheur est LE but de la vie. Tous les philosophes n'atteignaient pas le bonheur de la même façon : Aristote pensait qu'il était possible grâce à l'esprit et à l'intellect ; pour Spinoza, il était lié à l'amour et à la compréhension de soi et du monde ; Épicure suggérait de se libérer de ses tourments grâce aux plaisirs.

Le bonheur n'a pas de prix...

Dans notre société moderne, le bonheur semble souvent lié à la réussite sociale ou à ce que l'on possède. Être heureux dans la vie consisterait donc à : avoir une belle maison avec tout le confort, porter des vêtements sublimes, partager la vie d'un garçon beau, intelligent et attentionné, ou encore mener une carrière professionnelle de rêve. Sans oublier l'essentiel : être appréciée, admirée, bien dans sa peau et dans sa tête. Cette vision du bonheur n'est pas tout à fait exacte. Il s'agit plutôt d'un modèle proposé par une société axée sur l'image. Loin de pouvoir s'acheter, le bonheur est un état d'esprit, quelque chose de très personnel, que chacune d'entre nous cherche à toucher du doigt.

... puisqu'il est gratuit

Heureusement, la plupart des gens le savent. Dans cette quête du bonheur, l'amitié, l'amour, la famille et la santé sont des valeurs bien plus sûres qu'une belle veste ou de bonnes notes à l'école. Mais à quoi ressemble le bonheur ?
La définition varie d'une personne à une autre. Ce sont de petits instants simples qui réchauffent le cœur, c'est aimer et se sentir aimée, pouvoir vivre ses passions, s'ouvrir aux autres, voyager, apprendre et découvrir chaque jour de nouvelles choses...
La liste est infinie.
En résumé, le bonheur n'est pas un état permanent, c'est plutôt un ensemble de moments de joie, d'amour ou de sérénité. On ne le reconnaît d'ailleurs que par comparaison avec les moments difficiles.

Comment y parvenir ?

Comme l'écrivait Antoine de Saint-Exupéry, « si tu veux comprendre le mot bonheur, il faut l'entendre comme une récompense et non comme un but[1] ». Pour atteindre ce bien précieux, soyez à l'écoute de vous-même, de vos envies, de vos peurs et de vos humeurs. Tendez l'oreille à ce que disent les autres, soyez présente pour ceux que vous aimez. Affirmez-vous, dites non quand cela ne vous convient pas. Ayez conscience de votre propre valeur et cessez de vous comparer aux autres. Faites des projets, oui, mais n'oubliez jamais de cultiver le bonheur au présent, par petites touches.

1. Extrait de *Carnets*. Antoine de Saint-Exupéry est aussi l'auteur du *Petit Prince*.

+
Beau-parent, p. 40.
Amitié, p. 21.
Amour, p. 23.
Humeur, p. 155.

Bouder

Un truc de filles, paraît-il ! Bouder, c'est faire le choix délibéré de couper le dialogue, se murer dans le silence, ruminer dans son coin : un acte de chantage, mais aussi une façon de se protéger.

Un repli sur soi

Bouder, c'est se replier sur soi, s'enfermer dans le mutisme après un conflit. Vos parents vous ont fait une remarque qui touchait juste. Au fond de vous-même, une petite voix vous dit qu'ils ont raison et vous ne pouvez guère vous défendre. Ou alors vous pensez qu'ils ont tort mais, comme ils sont plus forts que vous, vous pensez que le silence est votre seule défense. Vous quittez la pièce, parfois en claquant la porte, et vous allez vous réfugier dans votre chambre. Ça arrive aussi avec vos copines : parfois vous boudez après une dispute ou par jalousie, et vous vous enfermez dans votre tour d'ivoire.

Souffrir ou faire souffrir

Un poids énorme, mêlé de colère, de tristesse et d'un sentiment d'injustice, s'abat sur vous. Bouder, c'est une sorte de chantage avec l'autre, que vous privez du dialogue en dressant une barrière entre lui et vous : vous ne lui rendrez votre parole et votre attention que s'il change de position. Vous voulez ainsi le punir, mais finalement c'est vous qui souffrez.

Un appel au secours

Cette coquille dans laquelle on s'enferme pour se protéger peut devenir une prison. Lorsqu'on s'y installe, il est difficile d'en sortir. Si l'autre joue l'indifférence et ignore le silence, on éprouve alors un profond sentiment de détresse et l'on n'attend qu'une chose : qu'il fasse le premier pas. On a coupé la communication, mais on espère en secret qu'il va briser la glace. Cette attente silencieuse est aussi un appel au secours.

La sortie, s'il vous plaît

Et si l'autre ne vient pas ? Il y a deux solutions.

- Attendre, rester enfermée avec son malaise, continuer à souffrir.
- Faire le premier pas. La question est alors de savoir comment s'en sortir la tête haute, sans perdre la face et sans avoir l'air de céder.

Il existe deux façons de renouer le dialogue : faire comme s'il ne s'était rien passé et parler d'autre chose, ou aborder directement le sujet. Pour cela, vous devez être calme, sinon la discussion risque de tourner en rond. Posez-vous les bonnes questions : pourquoi votre amie (ou vos parents, ou votre copain, au choix) a-t-elle dit ou fait ça ? Pourquoi avez-vous été blessée à ce point ? Est-ce si grave ? L'important est d'ouvrir le dialogue dans une autre direction, ce n'est pas de savoir qui a tort ou raison. C'est aussi de pouvoir vivre ensemble même si on est en désaccord sur certains sujets, et respecter l'autre. Si vous adoptez une attitude tolérante, vous donnez une possibilité à votre entourage d'en faire autant.

Chacune son histoire

« J'ai une copine qui boude tout le temps ! C'est fatigant, elle se vexe pour un rien, elle est trop susceptible. Maintenant, j'ai trouvé comment la faire sortir de son silence. Je vais la voir et je lui demande pardon de lui avoir fait du mal ; ça ne veut pas dire que j'ai eu tort, c'est simplement pour lui montrer que je ne voulais pas lui faire de mal. Le pardon, c'est un truc fort, ça marche toujours. »

Héloïse, 12 ans

Boulimie

Avaler un pot de glace ou vider un paquet de chips après une déception sentimentale, cela arrive… Mais, quand manger devient une pulsion irrésistible, c'est une maladie : la boulimie.

B

Un trouble alimentaire

La boulimie fait partie des troubles du comportement alimentaire (TCA), comme l'anorexie.
Elle est 10 fois plus fréquente chez les adolescents – 4 % présenteraient occasionnellement des crises de boulimie – et plus difficile à détecter pour la famille et les amis, car la prise ou la perte de poids n'est pas systématique.
Elle est estimée autour de 1,5 % chez les jeunes filles.
Ne vous inquiétez pas cependant : lutter contre le stress la veille d'un examen en grignotant des sucreries ne fait pas de vous une boulimique. Tout le monde perd le contrôle de temps en temps.

Combler un vide…

Ce comportement devient maladif quand les crises, brutales et incontrôlées, se multiplient.
La boulimie, c'est une façon d'exprimer son mal-être. Les jeunes filles atteintes de cette maladie se sentent mal face à cette absorption solitaire de nourriture. Alors que devant les autres elles se comportent normalement, quand elles sont seules, elles dévorent n'importe quoi en cachette et à toute vitesse. Les aliments ingurgités sont le plus souvent très caloriques : barres chocolatées, sucreries… Cette gloutonnerie apaise, mais pas pour longtemps, car la perte de contrôle fait naître un sentiment de culpabilité.

… et avoir honte de soi

Quand la crise est passée, la honte et la peur s'installent : honte de ne pas avoir pu se retenir et peur de prendre du poids. D'où le recours aux vomissements et la prise de laxatifs, ainsi qu'une pratique sportive intensive.
Les boulimiques savent qu'elles souffrent, contrairement aux anorexiques, mais, comme elles, elles ont du mal à se confier.

+ Dépression, p. 92.

Attention, danger !

La jeune fille malade n'étant pas forcément grosse, il est difficile de se rendre compte de son mal-être. Le plus souvent, tout se passe « à l'intérieur » : la douleur psychologique s'accompagne de malaises physiques dus à la prise de médicaments et aux vomissements volontaires.
Le corps est malmené : l'estomac, l'œsophage et les reins subissent des dommages importants.
Comme l'anorexie, la boulimie se soigne si l'on accepte une aide psychologique et médicale.
Il faut réapprendre à s'alimenter et se réconcilier avec soi-même.

Chacune son histoire

« Je suis anorexique depuis deux ans. Il y a quelques mois, j'ai voulu m'en sortir et ça a déclenché des crises de boulimie. Alors que je ne mangeais presque plus, d'un coup j'ai eu très faim. Je pouvais descendre un paquet de biscuits, une baguette, boire des cappuccinos. Comme je ne vomissais pas, j'ai repris du poids et ça m'a encore plus complexée. Maintenant, j'arrive à me faire vomir mais ça me pourrit la vie.
Je me sens fatiguée, j'ai des malaises tous les jours et j'ai du mal à suivre en cours. »

Julie, 17 ans

Bronzage

S'allonger sur une plage de sable fin, rêvasser pendant que le soleil fait son effet, profiter du farniente, revenir de vacances avec une peau couleur pain d'épice et entendre les amies s'exclamer : « Tu es superbe ! »

B

Pourquoi bronze-t-on ?

Le soleil émet deux types de rayons ultraviolets (UV) qui ont un effet sur la peau : les UVA et les UVB. Les rayons UVA favorisent le bronzage. Les rayons UVB brûlent les couches supérieures de la peau et sont responsables des coups de soleil. Quand on s'expose au soleil, le corps cherche à se défendre de l'attaque des rayons ultraviolets en stimulant la production de mélanine, un pigment qui fait foncer la peau pour la protéger. Le problème, c'est que ce mode de défense n'est pas total ni durable ! C'est ce qu'on appelle le « capital soleil ».

Si on est blonde ou rousse, on possède un capital soleil moins important que si l'on a la peau mate ou foncée. Mais même les peaux cuivrées ont un capital limité. L'enjeu est de le conserver et donc de le consommer avec modération.

Quels sont les principaux risques ?

S'il est agréable de lézarder au soleil, il faut savoir que cela comporte des risques pour la peau et pour les yeux. Sous l'effet du soleil, sans protection, la peau s'assèche et devient moins souple, son vieillissement est accéléré.

On peut faire une allergie au soleil, qui se manifeste par de petits boutons rouges. Dans ce cas, il vaut mieux cesser de s'exposer car cette allergie peut s'accentuer avec l'âge. Le soleil peut aussi abîmer les yeux (inflammation de l'œil, fatigue visuelle, brûlure de la rétine…). Les coups de soleil sont des brûlures qui peuvent être plus ou moins graves, mais qui entraînent la mort de milliers de cellules. Les multiplier, spécialement à l'adolescence, augmente la probabilité de développer un cancer de la peau plus tard. Il est en effet prouvé que le soleil joue un rôle important dans les cancers de la peau. Il en existe deux types, les carcinomes et les mélanomes, les seconds étant plus dangereux et parfois mortels.

TU C KOI :-)

La pollution détruit la couche d'ozone, qui filtre les UV. Certaines populations sont très exposées et sujettes aux cancers de la peau. C'est pourquoi désormais, avec les bulletins météorologiques, sont présentés des indices de risque, sous la forme de panneaux de couleur (du vert au rouge).

Trop classe

Comment faire pour rester bronzée le plus longtemps possible ? Quand vous avez fini de vous exposer, appliquez un lait après soleil pour hydrater votre peau. Chez vous, continuez l'hydratation afin de la réparer. Introduisez dans vos repas des aliments contenant du bêtacarotène : carottes, épinards, melon, tomates, abricots… (mais ne mangez pas que ça). Votre bronzage s'atténuera légèrement, mais il durera un peu plus.

B

Savoir utiliser son capital soleil

Jusqu'à 15 ans, la peau est considérée comme sensible et il faut donc se protéger de façon optimale. Au-delà, on peut se renseigner pour connaître son phototype, c'est-à-dire son degré de sensibilité au soleil, et adapter la protection.

Voici quelques conseils pour ne pas « griller » au soleil :

- Rappelez-vous que, si l'on bronze sur la plage, on bronze au moins autant quand on fait une randonnée en montagne ou qu'on pratique un sport de plein air.
- Évitez la bronzette entre 12 heures et 16 heures, c'est le moment où le soleil est le plus haut dans le ciel, donc le plus agressif. À partir de 16 heures, les coups de soleil sont moins fréquents.
- Portez un chapeau et des lunettes de soleil : ils participent de toute façon à votre look ! Les catégories de protection des lunettes de soleil vont de 0 à 4. Choisissez une catégorie 3 minimum, 4 pour des conditions extrêmes (à la neige par exemple). Les lunettes doivent être très enveloppantes pour protéger sur les côtés.
- Mettez de la crème solaire et renouvelez-la souvent (toutes les 2 heures), avant (on bronze dans l'eau) et après (la crème a « pris l'eau ») la baignade.
- Limitez votre temps d'exposition, surtout les premiers jours, allez-y 10 minutes, puis une demi-heure, jusqu'à 2 heures maximum.
- Méfiez-vous du vent et des nuages, qui n'empêchent pas le soleil de cogner, de la neige et de l'eau, qui présentent une forte réverbération.

Choisir une crème protectrice

Qu'il s'agisse d'une huile, d'une crème ou d'un gel, l'important est que le produit soit facile à appliquer. En effet, s'il est difficile à étaler, on a moins envie d'en mettre. Il faut également faire attention au chiffre précédé de IP (indice de protection) ou de SPF (*sun protection factor*). Pour une peau sensible comme celle des jeunes filles, il faut appliquer un indice 30 au minimum sur toutes les surfaces de peau qui demeurent exposées au soleil, sans négliger les oreilles, le menton et le cou. Utilisez également un baume pour les lèvres au SPF de 15. Ne vous inquiétez pas, vous bronzerez quand même !

Autobronzants et appareils de bronzage

Le problème avec l'autobronzant, c'est qu'il est difficile de le répartir uniformément, surtout si l'on veut couvrir de grandes surfaces.
Le bronzage risque donc de ne pas être homogène. Cependant, si on l'applique uniquement sur le visage, il donne bonne mine. L'effet dure environ 3 jours. Que cela ne vous empêche pas de vous protéger !
Les UV artificiels sont interdits aux mineurs. Et, comme ils s'additionnent aux UV naturels, leur temps d'exposition est à décompter de votre capital soleil.

Un ami qui vous veut du mal

Le soleil est le faux ami de votre acné : asséchés dans un premier temps, les boutons s'atténuent puis reviennent de plus belle à la rentrée. Ici aussi, la protection est indispensable.

FLASH SUR LE NET @

Sur le site www.jeux-fille-gratuit.com/ amusez-vous à sauver de pauvres gens qui restent trop longtemps au soleil… Nom du jeu : Bronzage à la piscine.

+ Acné, p. 10.
Peau, p. 238.
Soigner son look, p. 321.

Câlins

On a beau devenir de grandes filles un peu rebelles, voire de vraies dures à cuire, il y a toujours des moments où un bon gros câlin avec môman, ça nous remonte le moral !

C

Secrets de filles

Pour cultiver la tendresse en famille

- Continuez à échanger un bisou rituel matin et soir. Ça maintient un lien.
- Essayez de garder un moment privilégié chaque jour avec chacun de vos parents (si c'est possible). Par exemple, acceptez que votre mère vienne vous dire bonsoir dans votre lit : c'est l'occasion de parler et de faire un câlin.
- Évitez de leur faire un bisou ou un câlin juste avant de leur demander une permission : ils auraient l'impression que vous êtes intéressée.
- Par contre, vous pouvez leur en faire un après, s'ils acceptent votre requête !
- Après une dispute, laissez passer un délai pour que les esprits se calment, puis n'hésitez pas à faire le premier pas, à les prendre dans vos bras.

Ringarde, la tendresse ?

L'époque est révolue où l'on acceptait les démonstrations de tendresse de nos parents : les chatouillis, les bisouillis, non merci ! Beurk ! On n'est plus de la chair à bisous. À la puberté, le corps marque lui-même de la distance. Les parents, surtout le père, n'osent plus nous prendre dans leurs bras. Les seins pointent et nous devenons… épineuses. Avouons-le, même le petit bécot du matin nous répugne un peu. Et à quoi ça sert, cette affection convenue qui ne correspond à aucun élan véritable ? Pourtant, parfois, ça nous manque. Nous sentons une poussée irrésistible. Notre cœur fond. On aimerait que maman (ou papa) nous prenne dans ses bras, nous dise « je t'aime », nous fasse un gros câlin en nous appelant « ma petite fille chérie ».

Lâchez-vous !

Souvent, on se retient. Et, en face, les parents ont l'air de ne rien remarquer. On pense qu'ils vont prendre ce regain de tendresse comme un signe de faiblesse. Alors on part en traînant les pieds et en soupirant comme une âme en peine. Derrière nous, on entend notre mère dire d'une voix pincée : « Qu'est-ce qu'il y a encore ? » Et voilà, c'est une occasion ratée ! Non, les filles, quand ça vous prend, lâchez-vous. Vous serez surprises de sa réaction. Et puis, plus on en fait, plus ça vient facilement. De là à devenir des Bisounours… Ne tombons pas dans l'excès inverse ! Mais vous constaterez que les bisous portent leurs fruits et que vos parents se montreront plus souples comme par magie… Le câlin, c'est la clé du bonheur !

TU C KOI :-)

Certaines familles sont plus démonstratives que d'autres. La propension à la tendresse de vos parents dépend souvent de la façon dont ils ont été éduqués. S'ils ont été peu cajolés dans leur enfance, ils auront du mal à vous montrer leur tendresse. Si elle vous manque, dites-le, ça leur ira droit au cœur.

+ Distances (prendre ses), p. 99.
Famille, p. 116.

Caractère

Caractère de cochon ou caractère en or, ce trait de la personnalité fait l'objet d'autant d'éloges que de blâmes. Est-il héréditaire ou s'acquiert-il par l'expérience et les épreuves ? Et peut-on en changer ?

C

Une empreinte personnelle

Le caractère est l'ensemble des qualités morales, des façons d'agir et des attitudes propres à une personne, qui permettent de la distinguer. Si une fille aime faire plaisir aux autres, on dit qu'elle est généreuse, altruiste. Si une amie vous fait longtemps la tête parce que votre avis sur sa nouvelle coiffure ne lui a pas plu, elle est plutôt rancunière. Dans une même situation, chacune réagit selon son caractère. On distingue des caractères forts et d'autres plus faibles.

Fort ou faible ?

Une personne au fort caractère fait preuve de volonté, d'énergie et de conviction. Elle assume ses choix en dépit de tout : l'opinion des autres, les circonstances, les difficultés... Une personne au caractère faible renonce facilement à ses décisions, modifie ses plans à la moindre embûche, se laisse influencer par les autres et entraîner dans des situations qui lui déplaisent. Certains traits de caractère sont héréditaires. Mais la plupart se forgent au cours des événements de la vie : naissance de frères et sœurs, divorce des parents, rencontres, accidents, déménagements, maladies, apprentissages, projets qu'on réalise ou non... Tous les traits de caractère peuvent se travailler, se modeler.

Un mauvais caractère pour la vie ?

Personne n'est parfait. Avoir mauvais caractère n'est pas une fatalité. Pour améliorer ce comportement, posez-vous deux questions :

- De quoi avez-vous besoin quand vous faites preuve de mauvais caractère ? Car la cause se trouve toujours dans un besoin inassouvi : manque de gentillesse, de compréhension, d'écoute, de respect...
- Comment faire pour aller mieux et ne pas ennuyer ceux qui se trouvent près de vous ? Quand votre mauvais caractère prend le dessus, essayez de déterminer ce que vous aimeriez à ce moment-là : un sourire, un câlin, pouvoir rester tranquille dans un coin ou aller prendre l'air ? Vos proches ne peuvent pas deviner ce qui vous calmerait. Prenez votre courage à deux mains et dites-leur ce que vous voudriez qu'ils fassent quand vous êtes dans cet état. L'autocritique est une preuve d'intelligence, et votre entourage sera fier de pouvoir vous aider.

+
Bouder, p. 49.
Humeur, p. 155.
Rébellion, p. 277.
Susceptible, p. 343.

Chagrin d'amitié

Quand les liens d'amitié se distendent, quand les petites phrases font de la peine, quand la trahison se profile, le chagrin est immense.

C

« Un seul être vous manque et tout est dépeuplé. »
LAMARTINE

Les petites brouilles

L'amitié est souvent faite de hauts et de bas ! On peut être en désaccord sur certains sujets, être gênée par le comportement de l'autre, être froissée par une remarque… cela n'entraîne pas forcément la rupture. Savoir se réconcilier, dépasser les défauts de l'autre, est important. Mais, pour qu'une réconciliation soit bien vécue, mieux vaut dire ce que l'on a ressenti. Sinon, les non-dits s'accumulent et un jour tout explose !

FLASH SUR LE NET

Si vous êtes en mal d'amitié, n'oubliez pas les correspondants étrangers ! Sur Internet, à l'adresse suivante : http://www.polyglotclub.com, vous pourrez sélectionner un correspondant selon des critères d'âge, de langue, de loisirs…

La lassitude

Parfois, la lassitude s'installe. Les échanges se réduisent, nous déçoivent, et nous en éprouvons une grande tristesse. Comment faire ? Il y a plusieurs solutions.

Vu par les garçons

« Au début, quand je sortais avec Yasmine, j'avais du mal parce qu'elle voulait emmener sa copine partout. Heureusement, celle-ci s'est lassée avant moi, j'étais plutôt content ! Puis j'ai vu la tristesse de Yasmine et je lui ai proposé de se réserver du temps avec elle et qu'on se voie un peu moins. Depuis, Yasmine va beaucoup mieux ! » Benjamin, 14 ans

Pour dynamiser votre relation, vous pouvez envisager de nouvelles activités : du sport, un atelier d'art, des sorties au cinéma ou au concert, du shopping...
Vous pouvez aussi rencontrer votre amie en groupe, avec d'autres, pour enrichir les échanges. Voyez si les choses évoluent de cette façon.

Vu par les garçons

« Quand j'étais enfant, j'avais un ami très proche, on était souvent ensemble. On a grandi et on restait très copains. Malheureusement, je suis sorti avec la fille avec laquelle il sortait aussi ! Complet hasard ou piège de la fille, je n'en ai jamais rien su... Mais lui l'a mal pris, il m'a dit que je l'avais trahi et je ne l'ai plus revu. Il y a un an, on s'est croisés dans la rue. Il est venu vers moi comme si de rien n'était et on a parlé longuement. Depuis, on s'appelle, on fait des fêtes ensemble. C'est bizarre, l'amitié ! Je n'ai pas été triste pendant ces années où je ne l'ai pas vu, mais ça me manquait. C'était comme si je savais que c'était pas fini ! »

Maxime, 16 ans

Quand l'amitié fait mal

Vous avez sans cesse l'impression d'être inférieure à votre amie, elle est devenue votre rivale et vous en souffrez. Vous la trouvez plus jolie, plus élégante, plus vive dans ses réponses, elle est plus douée en sport, elle a de meilleurs résultats en classe...
Elle a sûrement de nombreux atouts, mais prenez conscience des vôtres et sachez les mettre en valeur ! Essayez de savoir ce qu'elle apprécie en vous. Elle vous donnera des arguments qui vous permettront de vous regarder autrement : n'oubliez jamais qu'elle vous a choisie pour ce que vous êtes...
Si votre amie est plus à l'aise que vous en société et qu'à côté d'elle vous devenez invisible, n'hésitez pas à lui en parler et à lui demander de vous aider. Proposez-lui par exemple de vous présenter quand elle fait des rencontres...
En revanche, si une amie vous critique sans délicatesse, si vous apprenez qu'elle dit du mal de vous en votre absence, réagissez, l'amitié ne peut pas fonctionner sur cette base.

Si vous vous sentez manipulée, si vous avez le sentiment que votre amie vous domine et s'il vous devient difficile d'échapper à son emprise, apprenez à dire non. Ne croyez surtout pas qu'elle vous aimera moins si vous vous affirmez, ce sera probablement le contraire. Une forte personnalité impose toujours le respect, voire l'admiration.
C'est évident, mais il faut le rappeler : une relation d'amitié équilibrée doit apporter du réconfort, non de la souffrance.

Haute trahison

- Vous avez confié un secret à une amie et elle n'a pas su le garder : vous vous sentez trahie. Vous êtes à la fois terriblement en colère, profondément déçue et incroyablement triste.
Votre première réaction est de mettre fin à votre relation. Laissez passer un peu de temps pour que la colère s'apaise, puis pesez le pour et le contre : voulez-vous vraiment perdre votre amie ou souhaitez-vous lui donner une autre chance ? Ne faut-il pas au moins vous expliquer, lui demander pourquoi elle a agi ainsi ?
- Si, au contraire, c'est vous qui avez trahi, vous vous sentez à la fois coupable et triste de l'avoir perdue. N'hésitez pas à lui écrire, à aller la voir pour lui présenter des excuses. Quelles que soient vos raisons, vous avez eu tort : dites-lui que vous en êtes consciente et promettez d'être plus fidèle.

Quand c'est la fin

Quand il n'y a plus d'espoir, on ressent une grande amertume. C'est toujours douloureux de perdre une amie. Laissez vos larmes couler et confiez-vous à une personne proche (une sœur, une cousine, votre mère...).
La tentation de ne plus croire à l'amitié n'est pas loin, mais ne vous renfermez pas sur vous-même. Regardez autour de vous, sortez, essayez de faire de nouvelles rencontres. Ce n'est pas la fin de tout, la vie continue, vous guérirez sûrement et cette mauvaise expérience vous aidera à construire de nouveaux liens, plus forts et plus riches...

+ Amitié, p. 21.
Fidélité, p. 127.

Chagrin d'amour

« Plaisir d'amour ne dure qu'un moment,
chagrin d'amour dure toute la vie », dit la chanson.
Est-ce une vision romantique ou une réalité ?

Un long chemin...

Quand on perd un amour, on ne perd pas seulement une personne, on perd un morceau de vie, des moments de bonheur, des échanges, une complicité… parfois aussi des amis qui ont cru devoir choisir leur camp. Alors, évidemment, le vide est énorme, on vacille au bord du gouffre, on a le vertige ! Il faut se défaire de ses illusions : on y a cru, on s'est donnée à fond ; et puis l'être aimé est parti et on se retrouve seule, avec le sentiment de s'être trompée, parfois d'avoir été trompée. La vie avait un sens et soudain elle n'en a plus. Tout est laid… Plus jamais on ne nous y reprendra !

En nous quittant, l'autre blesse notre amour-propre. Grâce à son regard, on avait réussi à se trouver jolie ! Quand la personne aimée part, on se sent moche et nulle : retour à la case départ. On passe par plusieurs phases : la tristesse, la colère, la jalousie s'il part avec une autre, l'envie de lui nuire… Le choc est violent. On peut aussi avoir envie de se replier sur soi.

Le corps réagit, il exprime le chagrin, on dit qu'il somatise : on peut perdre l'appétit, le sommeil, son énergie ; on peut avoir mal à la tête, au ventre…

Un chagrin d'amour s'apparente à un deuil. La réparation se fait par étapes, et ces étapes sont nécessaires pour se reconstruire. Dans l'instant, on a du mal à l'imaginer, mais on sort grandie de ce type d'expérience parce qu'on apprend beaucoup sur soi, sur sa capacité à surmonter une épreuve, sur son indépendance. Et un jour, alors qu'on ne croit plus à l'amour, on se réveille avec cette question en tête : la prochaine fois, comment vais-je m'y prendre pour que ça marche ?

Secrets de filles

Pourquoi ne pas organiser une soirée pyjama et lancer le thème du chagrin d'amour ? Vous pourrez entendre plusieurs avis, vous obtiendrez des conseils de vos amies et vous pourrez vous libérer de tout ce que vous avez sur le cœur (en exagérant même un peu…).

J'épate les copines

Vous vous régalerez en lisant *Mon premier chagrin d'amour*, écrit par Sylvaine Jaoui (éditions Rageot, collection Cascade). L'héroïne est amoureuse de Diego, un beau brun au teint mat, au sourire de rêve, et qui dessine comme Picasso. Elle sort avec lui depuis 12 jours. Cet après-midi-là, ils ont rendez-vous. Mais voilà, cela fait plus d'une heure qu'elle l'attend, en vain…

C

> “ Un chagrin d'amour ne dure que jusqu'au prochain amour. ”
>
> Pierre PERRET

... vers la guérison

La première démarche consiste à réclamer une explication ! Lorsqu'il n'y en a pas eu, on a du mal à comprendre et on a tendance à rejeter la faute sur soi. On se fait des films, on reste dans la rupture, on piétine. Ou, pis, on entretient l'espoir de voir revenir l'être aimé. Tandis que, si on connaît les raisons qui ont motivé son départ, c'est plus facile de passer à autre chose.

Tâchez d'en parler : si vous vous êtes heurtée au silence, essayez de le rompre en fixant un rendez-vous, sans oublier de préciser : « J'ai compris que tu ne veux plus sortir avec moi, mais j'aimerais qu'on en discute, que tu me dises pourquoi. » Si l'autre ne souhaite pas vous revoir, demandez-lui de vous téléphoner ou de vous écrire.

Ensuite, il faudra vous montrer patiente. Toute blessure met du temps à cicatriser...

Libérez la souffrance : pleurez toutes les larmes de votre corps, laissez-vous aller, ne cherchez pas à étouffer la douleur. Essayez de la partager, avec vos amis, avec vos parents. Parlez de vos sentiments fluctuants : jalousie, haine, colère, déprime... Ils ne sont pas honteux, tout être humain connaît ces extrêmes.

Les autres peuvent être de bon conseil s'ils ont déjà vécu une rupture, ou simplement prêter une oreille attentive. Si vous n'arrivez pas à dire votre chagrin, écrivez-le sous forme de chansons, de poèmes, de confidences dans un journal intime, dessinez-le...

Changez-vous les idées : sortez avec ceux qui vous aiment, vos amies, vos cousins, vos copains d'enfance... Reprenez contact avec des gens que vous appréciez et que vous ne voyiez plus. Faites des activités que vous ne pouviez plus faire puisque l'amour vous accaparait.

Essayez de ne garder en mémoire que les bons moments. Évitez de ressasser les mots qui font mal et les disputes.

Analysez la situation : quand vous vous sentez mieux, vous pouvez réfléchir à ce qui s'est passé. Mais attention, seule, il est souvent difficile de faire la part des choses. S'il vous a reproché d'être trop collante, par exemple, il est parfois impossible de savoir si c'était vrai ou s'il assumait mal cette dépendance. N'hésitez pas à solliciter l'avis de votre entourage.

Un chagrin pour la vie ?

Il est probable qu'on n'oublie jamais ses chagrins d'amour ni la souffrance qu'ils ont générée. Cependant, il est rare de ne pas pouvoir surmonter cette blessure. Si la guérison vous semble impossible, si vous êtes envahie de pensées morbides, si vous continuez de croire que personne ne peut vous aimer, mieux vaut en parler à des adultes de confiance et consulter un psychologue.

PAROLES DE STAR

«Quand vous rompez, toute votre identité est à reconstruire. » (Dennis Quaid)

+
Fidélité, p. 127.
Rupture, p. 298.
Trahison, p. 356.

Chambre

Votre chambre, vous la rêvez comme un territoire personnel. Un coin de paradis. Mais vous devez la partager (grrr…) ? La protéger contre des intrusions parentales (re-grrrr…) ? Ou bien son look ne correspond plus à vos attentes (pouah…) ? Quelques conseils.

La situation idéale…

C'est évidemment d'avoir une chambre à soi. Beaucoup d'ados dans nos pays occidentaux sont dans ce cas : quelle chance ! Mais beaucoup aussi, notamment en ville, doivent partager cet espace avec un frère ou une sœur, souvent plus jeune. Ce qui pose des problèmes d'intimité, de rangement et aussi de rythmes de vie. Quand on devient adolescente, on rêve d'avoir un espace personnel, un refuge où se retirer pour rêver, échanger avec les copines et travailler (aussi !). Un royaume que l'on décore à sa guise et qui reflète notre personnalité. Quelque chose qui nous appartient. On supporte de moins en moins toute intrusion dans cet univers. On déteste que les parents viennent y fouiller ou y mettre de l'ordre. Et bien sûr, on déteste le partager !

Cohabiter

Si vous devez partager votre chambre avec un frère ou une sœur, il existe des « trucs » pour vous ménager une bulle d'intimité dans cet espace. Vos parents en ont sans doute conscience, mais s'ils ne réagissent pas, n'hésitez pas à leur en parler : vers 12-13 ans, un réaménagement de l'ancienne « chambre d'enfants » s'impose. Exit les lits superposés, l'armoire commune, le plafonnier. L'installation d'une mezzanine, en hauteur, d'une étagère centrale divisant la chambre en deux, de paravents ou de rideaux vous permettra de gagner en indépendance. Optez pour des sources de lumière plurielles et réglables : vous pourrez veiller dans votre lit ou à votre bureau, sous un spot tamisé, pendant que votre petite sœur dormira à côté ! Bref, soyez ingénieuse.

Un peu de diplomatie

Vous ressentez les visites de vos parents (souvent, c'est plus le fait de votre mère…) comme des violations de territoire ? Transformez-vous en ministre des Affaires étrangères et négociez les conditions de circulation pour franchir vos frontières. Pour éviter le conflit armé, autant s'y prendre à l'avance et définir des règles lors d'une table ronde cordiale.

- Lorsque la porte de votre chambre est fermée, exigez que personne ne puisse y pénétrer sans autorisation (en cas d'absence) ou sans avoir frappé et attendu la réponse. Mais essayez de laisser votre porte ouverte de temps en temps : chez vous, ce n'est pas la Corée du Nord, quand même !
- Précisez que personne n'a le droit de fouiller dans vos affaires ou de les ranger.

En échange de ces droits, etc. :

- Pas d'invasion sonore de votre part, notamment tard le soir.
- Respectez les limites horaires fixées par vos parents pour utiliser téléphone et/ou ordinateur.

FLASH SUR LE NET

Pour glaner des idées et trouver son style, un site qui fait le point de façon sympa : http://marieclairemaison.com « chambre d'ado » dans la barre de recherche

Et aussi, une foule de petits objets sur : www.moderne-house.fr/idee-decoration-chambre-ado-fille/

Tu peux aussi trouver de l'inspiration sur Pinterest.

“ L’ordre est le plaisir de la raison, mais le désordre est le délice de l’imagination. ”

Paul CLAUDEL

Certains parents exigent de récupérer l’ordinateur portable passé une certaine heure : à négocier.

• Respectez également les règles d’hygiène : donc s’il y a grignotage dans la chambre, obligation de se débarrasser des miettes et emballages dans une poubelle.

• Pour le ménage, fixez avec votre mère une échéance hebdomadaire. Soit vous vous en occupez : c’est la meilleure solution, mais vous faites les choses correctement. Soit elle (ou la femme de ménage) s’en occupe : dans ce cas, vous définissez le jour, l’heure, et vous prévoyez de ranger les surfaces et le sol pour le dépoussiérage et le passage de l’aspirateur.

• Pour le linge sale, la solution la moins conflictuelle est de prévoir, à l’entrée de la chambre, un panier pour les vêtements à laver.

• « C’est le bazar ! » se plaint votre mère ? À partir du moment où les règles d’hygiène sont respectées, c’est votre affaire. Tant que vous vous y retrouvez, où est le problème ? En revanche, si tous les matins vous mettez 20 minutes à retrouver votre livre de maths ou votre journal intime, il y a peut-être quelque chose à revoir. Histoire de ne pas vous payer la honte quand vos copines vous rendront visite !

• Autre problème territorial, les visites : voyez avec vos parents si vous avez le droit d’inviter des copines pour quelques heures sans autorisation préalable.

• Pour la nuit, en général, leur accord est nécessaire, car il y a occupation de parties communes : cuisine, salle de bains… Ne les mettez pas devant le fait accompli.

• Enfin, question épineuse : pouvez-vous recevoir un copain dans votre chambre ?

TU C KOI :-)

Vous ne pouvez plus voir en peinture la déco princesses ou fées qui date de vos 4 ans ? Demandez à vos parents de vous offrir une nouvelle déco pour Noël ou pour votre anniversaire. Il existe sur le Net une tonne de sites qui donnent des idées. Ce qui se fait actuellement : le parquet peint en blanc, les tapis branchés, les murs de différentes couleurs (pas de rouge partout : vous vous lasserez vite !), les stickers muraux, les imprimés de tissu ou de papier peint (idem : sur un pan de mur, pas partout), les accessoires, le style city (New York, Londres)…

+ Conflits avec les parents, p. 78.
Intimité, p. 171.

Chanter

À l'adolescence, beaucoup d'entre nous rêvent de devenir chanteuses. Peu réussissent. Mais il n'y a pas de raison : sans vouloir faire carrière, on peut tout à fait donner de la voix… juste pour s'amuser et s'affirmer !

Future chanteuse ?

- On a du coffre, ou du moins une voix intéressante. On n'arrête pas de griffonner des paroles de chanson sur de petits cahiers, on joue d'un ou de plusieurs instruments, on compose, on rêve de créer un groupe, de se produire en public, d'enregistrer une démo à partager sur les réseaux sociaux et d'être un jour sélectionnée pour *The Voice*… Bref, on se rêve déjà Shy'm, Rihanna ou Selena Gomez, Angèle, Tal ou Katy Perry (selon les goûts…). C'est ambitieux. À noter qu'il y a aussi la version classique…
- On réalise douloureusement que l'on chante faux. Une vraie casserole qui a plus sa place dans la batterie de cuisine qu'au sein d'un groupe ! Ce n'est pas faute d'aimer la musique. Parfois, on ne résiste pas et on se risque à fredonner un air timide pour se faire immédiatement taxer d'un : « Tu vas faire pleuvoir ! » Résultat : on complexe. Quand les copines jouent à U-Sing sur la Wii, on est la fille qui reste écrasée de honte tout au fond du canapé et qui panique dès qu'on lui tend le micro.

Trouver sa voix

Les filles, que vous ayez de la voix ou non, rappelez-vous que chanter est avant tout un plaisir, une façon de s'amuser, de se lâcher. Vous n'avez pas de voix, vous avez peur qu'on se moque de vous ? Dites stop à la crise de narcissisme ! Si vous regardez un tant soit peu les télé-crochets, vous noterez que toutes les candidates ne s'appellent pas Adele. D'ailleurs, aujourd'hui, la mode des divas a fait long feu. Le public plébiscite les voix atypiques, rares, parfois nasillardes, en tout cas avec du caractère. Édith Piaf, ça vous dit quelque chose ? Et puis, personne ne va vous juger – au pis, on se tapera une bonne crise de rigolade.Vous-même, vous pouvez en rire. Vous ne serez pas chanteuse plus tard ? La belle affaire : vous êtes sans doute douée pour autre chose.

À l'inverse, si vous pensez être douée et que vous voulez y consacrer votre vie, ne restez pas scotchée devant votre glace à pousser la chansonnette. Confrontez-vous au jugement des autres, prenez des cours, travaillez ce talent.

La musique demande un don, mais aussi énormément de boulot, de persévérance, de volonté. Avant de vous rêver en haut de l'affiche, commencez par prendre une guitare et aller au coin de votre rue : la réaction des autres vous donnera un bon indicateur pour savoir si vous avez une chance de réussir ou pas.

Si c'est oui, accrochez-vous et alors peut-être, un jour, verra-t-on votre silhouette sur scène, qui sait ?

PAROLES DE STAR

La chanteuse internationale Katy Perry aime souvent parler de son adolescence et de sa passion très précoce pour la chanson : « À 9 ans, j'avais envie de chanter, à 13, j'écrivais des chansons avec l'aide de ma guitare. À 15, j'étais persuadée que j'étais faite pour ça. Donc, pendant ces années adolescentes, j'ai bossé et j'étais ravie de le faire. Je savais exactement ce que je voulais être plus tard. »

+ Musique, p. 220.

Chatter

**Ou papoter par messageries instantanées.
Amis, famille, inconnus, à côté ou à l'autre bout du monde...
Tout est possible ! Chance ou danger ?**

C

Un monde de possibilités

Grâce aux messageries instantanées, forums et autres applications de partage de contenus, vous pouvez échanger avec vos amis, des personnes de votre famille, mais aussi avec des inconnus à l'autre bout du monde, et ça, c'est quand même magique ! Instagram, Twitter ou TikTok vous permettent de découvrir d'autres cultures, des paysages à des milliers de kilomètres, des métiers, des personnalités. Grâce à ces applications, vous pouvez échanger, débattre, apprendre... découvrir le monde ! Oui, mais vous pouvez aussi faire de mauvaises rencontres. Gardez toujours en tête qu'il ne faut pas croire tout ce que vous lisez sur le chat, et que vous ne pouvez pas non plus y écrire tout et n'importe quoi. Ayez toujours du respect pour votre interlocuteur, comme dans la vie courante, tout simplement ! Et lorsque vous tombez sur un troll, une personne dont le seul but est d'infiltrer les forums, ou autres chats, pour y être désagréable, ignorez ses paroles et signalez-le immédiatement aux modérateurs.

Messagerie instantanée

Ce système est idéal pour dialoguer avec vos amis et vos proches : ne sont admis que ceux qui sont répertoriés dans votre carnet d'adresses. Vous pouvez tenir une discussion à plusieurs. De plus, avec la notification de présence, vous pouvez facilement savoir qui est en ligne et dispo. L'intérêt majeur de ce type de chat est que vous ne pouvez pas être contactée par des inconnus, des personnes malintentionnées ou des prédateurs sexuels.

Chatter sans risques

Quelques conseils s'imposent ! D'abord, choisissez un pseudo qui ne révèle pas votre âge, votre vrai nom, la ville dans laquelle vous vivez, l'école ou les lieux que vous fréquentez... En fait, ne donnez aucune information privée vous concernant ou concernant vos proches ! Restez très prudente lorsqu'on vous propose un chat webcam. Réservez-le aux personnes en qui vous avez toute confiance. Refusez catégoriquement de faire quelque chose de gênant : la personne de l'autre côté pourrait vous filmer ou vous photographier sans votre accord.

Enfin, la vigilance est de mise même sur les messageries instantanées. Vous ne pouvez jamais savoir comment seront utilisés les messages ou photos que vous envoyez : ce que vous pensiez « confidence » peut très bien faire le tour de votre bande de copains en quelques minutes... S'il se passe quelque chose que vous n'aimez pas, n'hésitez pas à demander de l'aide à un adulte. Quand on rencontre des soucis, petits ou grands, c'est toujours plus simple de les régler à plusieurs !

TU C KOI :-)

Sur le site www.internetsanscrainte.fr, vous pouvez trouver dans l'onglet « Parents », « Usages » puis « Chat » les réponses à toutes vos questions concernant le chat, ainsi que des conseils pratiques et la manière de s'y comporter. N'oubliez pas non plus que les chats et autres messageries instantanées permettent aussi de travailler en groupe, d'échanger des informations et des dossiers. Bref, de mener à bien des projets, pédagogiques notamment !

+ Internet, p. 168.

Chaussures

Pas toujours évident de trouver chaussure à son pied. Le choix est une question de goût évidemment, de mode aussi, mais n'oubliez pas l'essentiel : vous sentir bien dedans pour partir du bon pied.

C

Envie de talons ?

Pensez stabilité, cambrure et style. Stabilité, parce que ce serait dommage de ne pas arriver à marcher ou de vous fouler la cheville avec les superbes chaussures que vous venez d'acheter. La cambrure est importante aussi car, si elle est trop marquée, elle donne une démarche mécanique ; si elle est bonne, vous devez vous sentir à l'aise. Enfin, le style associe un ensemble de choses : le choix du modèle (escarpins, bottes, nu-pieds…), l'épaisseur et la hauteur du talon, l'allure, la démarche (naturelle mais sexy), sans oublier les vêtements que vous portez avec. Pour ne pas vous tromper, faites dans le sobre ou le classique, et évitez les minijupes…
Bref, soyez élégante, car c'est bien ce que suggèrent finalement les talons. Pour vos premiers talons, ne commencez pas trop haut (3 cm). Puis, en fonction de votre aisance, prenez peu à peu de la hauteur !

Ou de chaussures plates ?

Ballerines, bottes, bottines ou baskets, vous avez le choix ! Il est plus facile de s'habiller avec des talons plats qu'avec des talons hauts. Car, si le talon haut renvoie à la sophistication et à la féminité, les talons plats sont plutôt le symbole du naturel et de la simplicité. Jupe, robe, leggings, pantalon, pantacourt, vous pouvez tout oser avec des chaussures plates. Si vous trouvez que votre tenue est triste, vous pouvez facilement la rehausser avec des ballerines rouges ! Yesmina en a d'ailleurs plusieurs paires, pour le confort et pour l'esthétisme : « J'adore les ballerines, j'en ai plusieurs, mais celles que je préfère sont les argentées, les noires vernies et les vertes à pois. »

Petite astuce pour les fashion victims qui souffrent avec leurs talons ou leur nouvelle paire d'escarpins : alternez avec une paire de chaussures plates et confortables que vous transportez dans un sac ! Pour un compromis entre les deux styles, optez pour les chaussures compensées : le confort des talons plats associé à l'élégance des talons hauts !

TU C KOI :-)

Chaussures neuves : comment éviter d'avoir mal ?

- Placez des embauchoirs (formes en bois ou en plastique), du papier journal ou un linge mouillé dans vos chaussures pendant un ou plusieurs jours. Cela va détendre l'intérieur. C'est magique !
- Portez des minichaussettes ou des protège-bas qui couvrent orteils et talons. Évitez cette solution avec des mules ou des sandales.
- Mettez des pansements pour ampoules, en vente en pharmacie. Ayez-en toujours dans votre sac, au cas où…
- Avec des talons, ayez le réflexe demi-semelles en silicone pour « amortir ». Vous pourrez ainsi trotter pendant des heures.

Cheveux

C

Les cheveux, comme les vêtements, sont une manière d'affirmer votre style et votre personnalité. Pour que votre crinière donne le meilleur d'elle-même, il faut aussi la chouchouter !

Des soins adaptés

Cheveux gras

Que ce soit dû aux hormones, au stress ou à la pollution, votre cuir chevelu produit trop de sébum. Il faut donc « traiter le problème à la racine », en régulant le sébum avec un masque à base d'argile verte. Laissez-le 10 à 20 minutes sur le cuir chevelu (attention : pas sur les longueurs), puis rincez abondamment.

Côté shampoing, achetez-en deux différents. Le premier doux et le second traitant, c'est-à-dire spécial cheveux gras. Alternez d'un lavage à l'autre. Si vous avez des racines grasses et des pointes sèches, prenez un shampoing adapté et n'oubliez pas de nourrir les pointes avec des produits spécifiques.

Cheveux secs

Que ce soit naturel ou à cause d'agressions répétées, vos cheveux manquent de sébum. Il faut donc les réhydrater.

Pour cela, ayez plusieurs fois par mois le réflexe masque et baume nourrissant à base d'huile (jojoba, olive, monoï) ou de beurre de karité. Là encore, laissez-les agir le temps indiqué sur l'emballage puis rincez abondamment.

Pour le shampoing, préférez un spécial cheveux secs, toujours accompagné d'un soin (après-shampoing) nutritif et démêlant. Dans votre cas, mieux vaut éviter le sèche-cheveux, surtout si la température est forte. Brushing, défrisage et coloration ne sont pas non plus conseillés.

Cheveux fins et cassants

Vos cheveux n'ont ni force ni tenue. Il faut les soigner tout en leur donnant du volume, avec un shampoing volumateur. Traitez les longueurs et les pointes avec des produits pour cheveux fins et plats. Ensuite, au moment du séchage, mettez la tête en bas et décollez les racines avec vos doigts en effectuant de petits massages du cuir chevelu.

Si le sèche-cheveux est autorisé, il doit être réglé à une allure et une température moyennes, et il ne doit pas être collé aux cheveux. Lorsque vous relevez la tête, il ne vous reste plus qu'à dompter votre crinière à votre goût. Le tour est joué !

Pellicules

Les pellicules sont dues à une chute excessive des peaux mortes du cuir chevelu. Il y en a deux sortes. Les premières sont sèches et se détachent facilement : résultat, vos vêtements foncés sont parsemés de « neige ».

Les secondes sont grasses, elles collent au cuir chevelu et provoquent des démangeaisons. Il faut donc choisir un shampoing adapté. Si vous avez des soucis, consultez un dermatologue.

De manière générale, évitez de porter casquettes et chapeaux, de faire trop souvent des colorations, qui assèchent et irritent le cuir chevelu, et de vous gratter ! Le savez-vous ?

Pour lutter contre les pellicules, les femmes d'Amérique latine utilisent de la lave (on peut en trouver dans les épiceries bio). Ses agents moussants débarrassent le cuir chevelu des impuretés et de l'excès de sébum tout en préservant l'épiderme.

À vos brosses !

Ce geste quotidien est un vrai soin de beauté. Tout d'abord, il permet aux huiles naturelles du cuir chevelu de s'étendre sur

LOL ;-)

Une jeune fille blonde teinte en brune se promène à la montagne. Elle rencontre un berger :

• Si je devinais le nombre exact de bêtes de votre troupeau... seriez-vous d'accord pour me donnez un de vos moutons ?

• Marché conclu, lui répond le berger.

• Vous en avez 65, continue la jeune fille.

• C'est bien ça, s'étonne le berger, prenez donc la bête de votre choix.

La fausse brune, ravie, s'en va avec son animal. À ce moment, le berger lui lance :

• Si je devinais votre vraie couleur de cheveux, seriez-vous d'accord pour me rendre mon chien ?

les longueurs pour les nourrir. Ensuite, les poils de la brosse stimulent la microcirculation du cuir chevelu. Enfin, le brossage débarrasse la chevelure des impuretés et des cellules mortes. Il est recommandé de se démêler les cheveux avant un shampoing.

• **Entretien :** chaque semaine, retirez tous les cheveux de la brosse, plongez-la un moment dans un bac rempli d'eau tiède et de savon (ou dans une solution d'ammoniaque), puis frottez avec une vieille brosse à dents et laissez sécher. Faites de même avec le peigne.

• **Matière :** les brosses en poils de sanglier, naturelles et très résistantes, sont idéales. Les piques en métal agressent le cuir chevelu plus qu'autre chose et cassent le cheveu. Quant aux piques en plastique, elles les rendent électriques. Petite astuce contre l'électricité statique : vaporisez un peu de laque sur votre brosse avant le coiffage.

• **Forme :** utilisez une brosse large et plate pour les cheveux longs, une petite et plate pour les cheveux courts, une petite et ronde pour les cheveux bouclés. Pour les brushings, investissez dans une brosse circulaire.

« Un cheveu de femme est assez fort pour tenir un éléphant en laisse. »

Proverbe japonais

La bonne coupe

Côté style, tout ou presque est permis ! Mais attention, veillez à choisir votre coiffure en fonction du modelé de votre visage et de vos petits défauts.

• Avec un grand front, optez pour une frange droite.

• Avec des joues rondes, portez les cheveux longs en dégradé, au moins jusqu'aux épaules.

• Avec de petits yeux, portez les cheveux en arrière pour ouvrir le regard. Ou bien choisissez une frange pour souligner vos yeux.

• Avec un long nez, adoptez la mèche en diagonale sur le front.

• Avec une bouche large, donnez du volume aux cheveux pour obtenir un équilibre.

• Avec des lèvres fines, évitez de tirer vos cheveux en arrière car cela donne un air sévère.

Secrets de filles

Les cinq commandements d'une chevelure en bonne santé

• Une bonne alimentation vous aurez. Si vos cheveux sont gras, veillez à ne pas manger trop gras ni trop sucré. Pour éviter qu'ils ne se ternissent, pensez équilibré ! La surconsommation de laitages, café, sucreries, charcuterie et viande rouge favorise les pellicules.

• À les couper régulièrement vous penserez (pour les égaliser).

• Des cheveux le moins possible attachés vous aurez. En effet, les élastiques et les barrettes fragilisent ou cassent les cheveux.

• Les gels et les laques vous éviterez. Préférez la mousse au gel coiffant, et n'en abusez pas.

• La cigarette vous bannirez. Petit un, ça sent mauvais et, petit deux, ça les rend ternes.

• Avec des oreilles décollées, pensez volume et longueur. Les boucles sont idéales ici.
• Avec un menton proéminent, portez les cheveux longs ou mi-longs, au moins jusque dans le cou.

Envie de changer de tête ?

Regardez dans les magazines ce qui vous plaît et marquez les pages. Ensuite, prenez rendez-vous chez un coiffeur visagiste ou dans un salon que l'on vous a recommandé. Il saura vous indiquer quels types de coupes et de coiffures vous iront le mieux en fonction de votre visage et de votre type de cheveux. N'hésitez pas à y aller avec une amie : à deux, il est parfois plus facile d'avoir du répondant en cas de désaccord ou d'incertitude.

La vie en couleurs

Pour vous colorer les cheveux, prenez en compte votre couleur naturelle et la carnation de votre peau. Ensuite, trouvez une teinte trois tons maximum au-dessus ou au-dessous de votre couleur d'origine. Par exemple, si vous avez le teint mat et les cheveux foncés, évitez le blond, le doré et le cuivré, préférez un brun avec des reflets acajou, prune ou chocolat. Les mèches et les balayages avantagent les teints clairs en donnant du relief aux cheveux.

Permanente ou éphémère ?

Si vous n'êtes pas sûre de vous, commencez par une couleur éphémère. Ces shampoings ou mousses sans ammoniaque ni oxydant permettent de changer de style pendant un petit moment, car leurs effets s'estompent au bout de 6 à 8 shampoings. Le cran au-dessus est le ton sur ton sans ammoniaque. Cette coloration apporte de superbes reflets à votre crinière. Les effets disparaissent au bout de 5 semaines environ. Enfin, vous pouvez aussi opter pour la coloration permanente. Mieux vaut la réaliser dans un salon de coiffure que dans votre salle de bains. Seul souci, il faut l'entretenir toutes les 5 semaines, pour retoucher les racines…

Le no-poo

C'est le lavage sans shampoing ! Sur Internet, de plus en plus de blogueuses, comme Natasha, d'Échos verts (http://echosverts.com), ont banni le shampoing de leur salle de bains et en témoignent. Souvent, elles le font pour des raisons écologiques (utilisation de produits naturels en vrac, un shampoing bio ne l'est pas forcément à 100 %…), parce que les cheveux s'en portent mieux, parce que ça coûte moins cher et qu'on gagne du temps (on lave ses cheveux moins souvent, 2 ou 3 fois par mois seulement). Pratiqué dans les « règles », le no-poo rend les cheveux aussi beaux, ne les empêche pas de pousser, le cuir chevelu regraisse moins vite, et le problème des racines-grasses-et-pointes-sèches disparaît. Alors, on utilise quoi, à la place du shampoing ? Du bicarbonate de sodium, du rhassoul, du vinaigre de pomme et une brosse à cheveux. Si ça vous tente, renseignez-vous bien sur la méthode avant de commencer !

+ Soigner son look, p. 321.
Style, p. 335.

Chirurgie esthétique

Marre de ce nez de Cyrano ? Ras-le-bol de vos rondeurs ou de vos œufs au plat ? Il suffirait peut-être d'un petit coup de bistouri... Attention, les filles, le scalpel du chirurgien n'est pas une baguette magique !

De bonnes raisons... et de mauvaises

La chirurgie esthétique a de bonnes raisons d'exister. Aujourd'hui, tout le monde la critique, mais elle peut rendre de vrais services : par exemple après un accident ; ou bien quand on a un bec-de-lièvre, des oreilles décollées, un nez hypertrophique (c'est le terme médical), une poitrine énorme qui tombe sur le ventre dès l'âge de 15 ans et provoque une scoliose… Oui, si le défaut est un vrai handicap qui nous empêche de vivre, pourquoi le traîner toute notre vie comme un boulet ?

Mais, parfois, les raisons qui nous poussent chez le chirurgien sont plus personnelles. Au moment de l'adolescence, notre corps change si vite ou de façon si inattendue qu'on ne le reconnaît plus. On ne l'accepte pas et on se focalise sur un ou plusieurs défauts jusqu'à ne plus voir qu'eux : cette bosse sur le nez, ces lèvres trop fines, ce menton trop prononcé à notre goût.

Nos seins sont trop petits, nos fesses pas assez rebondies ou au contraire trop charnues. On se met dans la tête qu'on est moche et imparfaite, et on se dit qu'un petit coup de bistouri pourrait arranger tout ça…

Les icônes de la téléréalité et de la chanson, toutes ces filles parfaites que l'on voit défiler à la télé, qui s'étalent dans les magazines, achèvent de nous convaincre. La plupart sont passées par la case chirurgie esthétique pour réussir. Alors pourquoi pas nous ?

Les risques

Passons sur les risques liés à l'opération : il y en a tout de même 5 % de ratées en moyenne, et des jeunes filles se retrouvent avec des seins tout suturés, asymétriques ou ressemblant à des tomates écrasées. Parlons plutôt des prothèses mammaires : des scandales récents ont montré qu'elles n'étaient pas sans danger. Certaines se fissurent et le liquide qu'elles contiennent est cancérigène. Évoquons surtout le risque majeur d'une opération esthétique : la déception. Selon les études, dans 4 cas sur 10, une intervention se solde par un échec. On croyait tout résoudre et, en fait, on se sent aussi mal qu'avant. Certes, la plupart des jeunes filles jugent l'opération réussie. Mais elles ne s'aiment pas plus pour autant. Elles sont même parfois tentées de recommencer, car elles trouvent que ce n'est pas suffisant ou qu'il y a autre chose qui cloche. Elles tombent alors dans un cercle vicieux et finissent par vraiment s'abîmer.

Chacune son histoire

« Je ne m'aime pas plus qu'avant »

« Il y a deux ans, j'ai subi une liposuccion intégrale, du ventre aux genoux en passant par les hanches et les cuisses. À l'époque, je me trouvais moche, trop ronde. C'est mon père, qui est médecin, qui m'a suggéré de faire cette opération, je n'y aurais jamais pensé toute seule. Aujourd'hui, je me sens mieux dans ma peau. Mais je ne sais pas… bizarrement, je ne me trouve pas vraiment plus jolie. Sur la plage, j'ai gardé l'habitude de me cacher derrière mon paréo. Je ne m'aime pas plus qu'avant. »

Natacha, 17 ans

Les opérations les plus « casse-cou » sont l'augmentation des seins et la rhinoplastie (opération du nez), car elles touchent des parties du corps riches en symboles. Les seins renvoient à l'idéal de la féminité (et aussi à la rivalité inconsciente qu'on a avec notre mère). On croit qu'en ayant de gros seins on se sentira enfin femme. Finalement, pas vraiment, sauf qu'on a deux ballons en permanence sous le nez !
En parlant de nez, celui-ci porte le poids de la filiation : le modifier, c'est vouloir se démarquer de l'un de ses parents, celui qui nous a légué ce fichu appendice ! On se retrouve du jour au lendemain avec une tête qui ne colle pas à sa personnalité. Mais il est trop tard !

Engrenage

Réfléchissez aussi deux minutes, les filles : toutes ces starlettes refaites qui défilent sur les plateaux télé sont peut-être sexy aujourd'hui, mais comment vont-elles vieillir ? Comment seront-elles dans 10 ou 20 ans ? Et comment se sentent-elles dans leur tête ? Quand on voit le destin d'une Loanna, ou plus récemment d'une Nabilla, on ne peut que déchanter. Ces filles ont d'énormes failles, qu'elles tentent de combler par l'apparence. Pour se rassurer. Ça ne marche pas toujours… Et au passage, entre nous, ne les trouvez-vous pas aussi un peu vulgaires ?
Pire ! Certaines tombent dans un engrenage. Heidi Montag, ex-star de la téléréalité américaine, se faisait faire des injections de Botox pour lisser son visage… à 20 ans. En 2009, en l'espace d'une journée, elle a subi une dizaine d'opérations (nez, oreilles, pommettes, menton, seins, fesses, cuisses…) et a failli y laisser sa vie. Un documentaire édifiant a été réalisé sur sa mésaventure.
• Et que dire du visage bouffi de certaines comédiennes, autrefois belles, qui n'ont pas accepté de vieillir et n'arrivent plus à sourire, à rire de façon naturelle ? À trop rechercher la perfection, on ne trouve souvent… que le ridicule !

Soyez patiente !

Plutôt que de se précipiter chez le chirurgien, peut-être vaudrait-il mieux attendre. Attendre que le corps s'installe dans ses nouvelles formes, prenne ses repères et ses aises. Attendre de voir que l'on peut plaire et être aimée avec des petits ou des gros seins, une bosse sur le nez, des rondeurs. Le monde serait tellement triste s'il était peuplé de clones de Laetitia Casta ou de Kate Moss. D'ailleurs, la première aurait tout à fait pu complexer de ne pas ressembler à la seconde, et vice versa ! Apprenons à nous accepter telles que nous sommes. En outre, il existe des moyens moins coûteux et moins risqués de corriger ses défauts : un petit régime, un joli maquillage, un look sympa…

INTOX

À l'image de *Relooking extrême*, sur W9, de nombreuses émissions chocs fleurissent sur les chaînes de télévision, contribuant à banaliser l'usage de la chirurgie esthétique et à exploiter la misère de certaines personnes. Avez-vous suivi *Miss Swan*, autrefois diffusée sur M6 ? Le principe : transformer des filles au physique ingrat en bombasses siliconées et faire élire la plus réussie au titre de « Miss ». Le vilain petit canard changé en cygne (*swan* en anglais)… ou plutôt en dinde pas trop classe ! Si vous aimez ce genre d'émissions, optez plutôt pour *Nouveau look pour une nouvelle vie*, sur M6 : la preuve qu'on peut s'embellir sans passer forcément par la case bistouri !

Bon à savoir

• Sur 3 500 chirurgiens esthétiques recensés en France, seuls 480 sont diplômés… (Pour plus d'informations, rendez-vous sur le site de la SOFCEP : http://www.chirurgiens-esthetiques-plasticiens.com)
• Pour se faire opérer, il faut une autorisation écrite de ses deux parents.
• Le coût moyen d'une opération est de 3 500 euros pour la pose de prothèses, 1 000 à 3 000 euros pour une liposuccion, 2 500 à 4 500 euros pour une rhinoplastie. Les frais ne sont pas remboursés par la Sécurité sociale (sauf si l'aspect inesthétique représente un risque ou une gêne, et est reconnu comme handicap psychologique : c'est rare !).
• Entre 10 et 15 ans, une fille prend 15 kg environ, pour moitié en muscles et pour moitié en graisses. Puis tout s'équilibre. On fond, même sans liposuccion !
• Selon la loi, le chirurgien doit vous remettre un devis détaillé et vous laisser 15 jours de réflexion.
• Un chirurgien sérieux n'opère pas avant 16-17 ans, à la fin de la croissance, après avoir fait une radiographie du poignet pour évaluer l'âge osseux (sauf pour la rhinoplastie, possible dès 15 ans).

+
Beauté, p. 42.
Complexes, p. 74.
Maquillage, p. 202.
Regard sur soi, p. 279.
Régime, p. 280.
Soigner son look, p. 321.

Cigarettes

Peau terne, dents à la couleur douteuse, haleine de cendrier, souffle court et, plus grave : cancer, problèmes respiratoires ou cardio-vasculaires. Le tabac, quelle plaie !

Je fais tout pour ne pas commencer !

Fumer pour faire comme les autres – 1 jeune de 15 ans sur 5 fume, et plus de la moitié a déjà essayé – et appartenir à un groupe, pour se donner une contenance, pour être moins empêtrée avec son corps, pour se détendre ou pour couper la faim… Les raisons qui poussent à fumer sont légion. Alors, ne pas commencer, c'est difficile, mais c'est le pari que vous lance votre santé ! D'autant que plus tôt on commence, et plus vite on devient accro. Heureusement, la consommation de tabac avant 14 ans reste rare.

• Vous avez succombé à votre toute première cigarette, puis à une deuxième… Aïe, votre besoin d'indépendance va en prendre un coup ! Eh oui, la nicotine, qui est la substance la plus nocive, rend physiquement dépendant, surtout à votre âge. La dépendance est aussi psychologique : le fumeur a « besoin » de sa cigarette, il en est comme prisonnier. Les fumeuses régulières de 15-17 ans en grillent en moyenne 8 par jour.

• Ne pas commencer, ce serait entrer en résistance contre les producteurs de cigarettes qui s'enrichissent en se fichant de votre santé ! Les cigarettiers ont tout intérêt à ce que les jeunes fument pour remplacer les fumeurs plus âgés qui arrêtent ou qui décèdent. Pour cela, ils vous manipulent sans vergogne…

Je dis stop à la clope !

Dire stop, c'est difficile, mais pas impossible ! Avoir envie d'arrêter, c'est déjà un grand pas. Avancez par étapes, et vous verrez bientôt le bout du chemin. Pensez en premier au côté positif de la chose : finis les odeurs de tabac froid, les aliments sans goût, les poumons en feu au moindre effort.
Vous vous refaites une santé, et votre porte-monnaie aussi ! Peur de prendre quelques kilos ? En effet, cela risque d'arriver, mais, avec une alimentation équilibrée et un peu de sport, tout devrait rentrer dans l'ordre. N'hésitez pas à consulter un médecin pour en parler. Il existe des produits vendus en pharmacie (demandez conseil à votre pharmacien) tels que bonbons et chewing-gums, des consultations de tabacologie dans des centres, au téléphone ou par Internet. La première tentative ne sera peut-être pas la bonne, vous risquez de craquer. Mais tenez bon, le jeu en vaut la chandelle !

INTOX

Des cigarettes non nocives, ça n'existe pas !
Vous voulez passer par la case cigarette électronique pour arrêter, c'est souvent l'étape intermédiaire, et elle peut faire partie de votre arsenal de bataille, mais il faut se cantonner à cette e-cigarette pour arrêter – il ne faut pas s'en servir pour commencer à fumer. Électronique ou pas, n'importe quelle cigarette contient des produits toxiques, voire cancérigènes.

+ Alcool, p. 16.
Santé, p. 301.

Cils et sourcils

Ils protègent vos yeux des poussières et de la sueur. Mais ils jouent aussi un rôle essentiel dans l'expression de votre regard. En travailler l'intensité et la profondeur est un atout de séduction.

Des cils au poil

Un soin quotidien

Démaquillez-vous soigneusement les yeux (et le visage) chaque soir avant de vous coucher. Retirer tous les résidus de crayon et de mascara vous évitera de fragiliser vos cils. Si vous portez des lentilles de contact, il existe des démaquillants doux adaptés aux yeux sensibles.

L'intérêt des mascaras

Vos cils sont trop courts ou trop peu fournis ? Faites-vous des yeux de biche avec un mascara allongeant et recourbant, ou adoptez un spécial volume. Pour ouvrir encore plus votre regard, utilisez un recourbe-cils avant de poser votre mascara. Si vous envisagez de jouer les sirènes à la plage ou au bord de la piscine, investissez dans un mascara waterproof. Cela vous évitera d'avoir des « yeux de panda » en sortant de l'eau. Enfin, pour éviter les paquets, servez-vous d'une brosse à cils pour bien les séparer.

L'astuce des faux cils

Ils existent en frange, à déposer sur la paupière supérieure au bord des cils naturels, ou séparés, à coller un par un. Dans les deux cas, il faut les poser à l'aide d'une pince à épiler et avec une colle spéciale, qui est généralement vendue avec.

Des sourcils bien rangés

Tracé et épilation

Un tracé en V permet de délimiter l'espace alloué à votre sourcil. Il se trouve entre une ligne droite partant de l'aile du nez et remontant vers le haut et une ligne oblique partant du nez et allant jusqu'au coin extérieur de l'œil.

Pour éviter les erreurs (de symétrie, notamment), allez plutôt voir une esthéticienne la première fois. Elle dessinera vos sourcils en fonction de la forme de votre visage et de vos yeux. À la maison, il vous suffira ensuite d'entretenir la repousse en suivant la ligne. Mieux vaut utiliser une pince à épiler et enlever les poils un par un, sous le sourcil et sur les côtés – jamais au-dessus ! Tenez la pince d'une main et tendez la peau de l'autre, passez éventuellement un glaçon pour endormir la douleur et épilez toujours dans le sens de la pousse des poils.

Les discipliner et les dessiner

Pour discipliner vos sourcils, brossez-les puis utilisez une cire spéciale, aussi appelée base fixante.

Le crayon à sourcils est idéal s'ils sont clairsemés ou pour rendre le regard plus intense. Redessinez la courbe des sourcils avec naturel, en optant pour une teinte proche de celle de vos cheveux.

Secrets de filles

« Je suis brune et teinte en blonde. C'est super, mais mes sourcils noirs gâchent l'ensemble. Je voudrais les teindre. Est-ce possible ? »

Virginie, 16 ans

Oui, et il faut s'adresser à une esthéticienne. Avant, vous devez faire un test pour vérifier que vous n'êtes pas allergique à l'un des composants. Ensuite, elle vous posera une teinture sur les cils et les sourcils pendant 30 minutes avant de rincer. Le mieux est de se renseigner dans plusieurs instituts pour comparer les prix et le service.

+ Maquillage, p. 202.
Poils, p. 251.

Collants et chaussettes

Plutôt bas, collants ou leggings ?
Chaussettes en coton ou en synthétique ?
Quel que soit votre choix, voici des astuces et des règles à connaître.

Collants et bas autofixants

Ils vous font de jolies gambettes toute l'année et les protègent même du froid en hiver ou à la mi-saison. Que vous soyez bas ou collants, fantaisie ou unis, noirs, colorés ou chair, opaques ou non, c'est une question de goût et de confort ! Seule ombre au tableau : les accrocs. Pour éviter de filer vos bas ou vos collants en les mettant, retirez vos bagues.
Si vous avez les mains sèches et les ongles qui accrochent, passez une paire de gants (en tissu, en laine ou en plastique) avant !
En cas d'accident, mettez un peu de vernis, de laque ou de colle liquide sur la partie trouée pour limiter les dégâts. Côté innovations, il existe des bas et des collants hydratants, tonifiants ou amincissants. Le produit, contenu dans des microcapsules, est libéré lors du frottement avec la peau. Dommage que les effets se dissipent au bout de quelques lavages !

Leggings et treggings

Ce sont des caleçons moulants ou des collants sans pieds.
À la base, le legging était un sous-vêtement pour les sportifs, mais l'utilisation a dérivé. On peut les porter sous une tunique, une robe-pull, une jupe, un top fluide...
Le tregging, c'est la nouvelle mode ! Il s'agit d'un legging auquel on a ajouté des poches et une fermeture à glissière.

Chaussettes : coton ou synthétique ?

Pourquoi faudrait-il toujours se poser cette question ?
Tout simplement parce qu'il est recommandé de porter des chaussettes en coton, et non en synthétique. Question d'hygiène et d'odeurs ! Les chaussettes en coton ou en fil de lin absorbent la transpiration... ce qui n'est pas le cas des matières synthétiques. Or qui dit transpiration dit odeurs.

Attention donc au mélange « explosif » des chaussettes synthétiques et chaussures de la même matière (baskets, notamment). À propos des chaussures de tennis, évitez de les porter sans chaussettes, même s'il fait chaud, pour les mêmes raisons d'hygiène et d'odeurs. Et n'oubliez pas : les chaussettes ne se portent qu'une journée, tout comme les collants, les leggings et les bas !

TU C KOI :-)

Le lavage : soyez vigilante quand vous mettez vos collants dans la machine à laver car vos autres vêtements peuvent s'y accrocher, et ainsi les filer, voire les déchirer (bande autoagrippante, fermeture à glissière, etc.). Pour éviter les mauvaises surprises, mettez-les dans un petit filet, avec vos sous-vêtements fragiles.

+ Accessoires, p. 8.
Odeurs corporelles, p. 228.

Collection

Êtes-vous aqualabélophiliste, arctophiliste ou encore calcéolophiliste ? Traduction : collectionnez-vous les étiquettes de bouteilles d'eau, les ours en peluche ou les chaussures ?

Avoir la collectionnite aiguë

Réunir des objets qui présentent un lien peut très vite devenir une véritable passion. On tombe en extase devant une grenouille en plastique, on adore les miniatures de parfum, alors on décide d'en trouver d'autres : voilà comment débute une collection ! Par plaisir, pour apprendre et découvrir, parce qu'on trouve ça joli ou amusant… il y a toutes sortes de raisons d'attraper le virus de la collectionnite. On peut choisir de se limiter – pour les timbres par exemple – à un thème, à une époque ou à un pays. L'objet est détourné de sa fonction première : il n'est plus timbre, figurine ou pierre, il devient une pièce importante d'un ensemble.
La collectionneuse va se mettre en quête d'objets destinés à compléter sa collection. Elle va créer des contacts avec d'autres collectionneurs, faire du troc, échanger sur les façons de trouver, de classer, de conserver. Ses activités ? Observer, trier, entretenir, mettre en valeur… Collectionner rime avec curiosité.

Collectionneuse en herbe

C'est une activité qui permet d'apprendre des choses : faire une collection d'insectes, par exemple, permet de comprendre l'organisation de leur société, le milieu dans lequel ils vivent, etc. Il s'agit souvent d'un formidable voyage virtuel.
Pour celle qui l'a rassemblée, la collection est précieuse : elle est capable de raconter la petite histoire de chaque objet, elle va tout faire pour la conserver intacte.
La collection a plus ou moins de valeur financière, c'est sa valeur affective qui lui donne sa richesse et la rend unique. Finalement, c'est comme si la collection était un trésor. Et la collectionneuse est le créateur d'un petit monde à elle, qu'elle a choisi. Sa personnalité s'y exprime et se développe. C'est aussi une façon de se démarquer des autres : avoir une passion et s'y connaître à fond sur un sujet.
Attention : lorsqu'on collectionne des plantes ou des insectes, il faut être consciente de la nécessité de préserver la nature, faire attention aux espèces en voie de disparition et protégées.

+ Loisirs, p. 191.

J'épate les copines

Drôles de noms !

La liste des objets collectionnés – et par extension de ceux qui en font collection – est longue. Les appellations rivalisent de fantaisie et ont l'air d'avoir été inventées de toutes pièces. C'est en partie vrai. Les linguistes créent de nouveaux termes en partant de l'étymologie de ceux qui désignent les objets : ils se creusent la cervelle (ils s'amusent ?) et débusquent des noms improbables pour des collections tout aussi improbables.
Si l'on comprend vite que derrière les motophilistes, bédéphilistes et jetonophilistes se cachent des passionnés de motos, de bandes dessinées et de jetons, il est plus difficile de deviner ce qu'amassent les tyrosémiophilistes, stéphanophilistes, ékraventuphilistes, siccapiphilistes, puscapinfanophilistes, tubeulabruphilistes, plangonophilistes et bolducadopapiphilistes. Réponses : les étiquettes de boîtes de camembert, les couronnes de galette des Rois, les éventails, les sèche-cheveux, les landaus, les rouges à lèvres, les poupées et les papiers cadeaux. Rien que ça !

Collège

Réussir ses années collège, ce n'est pas seulement avoir de bons résultats ! C'est aussi trouver un équilibre entre le travail, les amis et les activités.

C

Une nouvelle vie…

Le passage de l'école au collège est souvent synonyme de grands changements : un nouvel emploi du temps, des interlocuteurs plus nombreux, des méthodes de travail différentes, des horaires… Place à la responsabilité et à l'autonomie. Pas simple, à 11 ans ! Mais, rassurez-vous, cet apprentissage se fait tout au long des quatre années du collège. C'est aussi un véritable lieu de vie. Malgré une journée de cours bien remplie, vous pouvez discuter lors des heures de vie de classe, mais surtout durant les deux pauses journalières (20 minutes) ou à l'heure du repas (souvent 1 h 30). C'est le temps des chamailleries, mais aussi le moment pour se défouler, pour se remaquiller et surtout pour papoter !

… bien remplie !

Qui a dit qu'on ne faisait que travailler au collège ? L'année est rythmée par de nombreuses activités ponctuelles, souvent encadrées par vos professeurs. Selon les établissements, vous pouvez faire du théâtre, de la vidéo et des courts métrages, une formation aux premiers secours, un voyage pédagogique, un échange avec un collège étranger, mais aussi aller en classe de neige ou visiter une région de France… Le Centre de documentation et d'information (CDI) propose également différentes expositions ou animations auxquelles vous pouvez participer.

Le foyer socio-éducatif

Vous n'y êtes jamais allée ? C'est dommage, car de nombreuses activités sont proposées par et pour les élèves (atelier scientifique, club customisation, atelier art plastique, jardinage, journal du collège…). Maëlys, 14 ans, explique : « Avec les profs de SVT, on a joué aux *Experts* toute l'année, comme à la télé. On partait sur des scènes de crime, à la recherche d'indices qu'on analysait au microscope, ensuite on faisait des interrogatoires, etc. On s'est pris au jeu, c'était génial ! » Le foyer organise des manifestations et des ventes d'objets qui servent notamment à financer les voyages scolaires ou les sorties.

Faites du sport !

Vous avez toutes des cours obligatoires d'EPS, mais pour certaines, ça ne suffit pas ! Vous pouvez vous tourner vers l'association sportive de votre collège. Elle vous permettra de faire du sport au moment du déjeuner et/ou le mercredi après-midi. Les activités sont souvent plus « insolites » qu'en cours : raid, roller, kin-ball avec un énorme ballon…

Découverte du monde du travail

Le collège vous prépare aussi à la vie professionnelle. En troisième, vous effectuez un stage de découverte du monde du travail ; celui-ci est obligatoire et dure 1 semaine. C'est l'occasion d'aller voir de plus près un secteur qui vous intéresse. Ne prenez pas ce temps à la légère car la troisième est aussi la période de l'orientation.

TU C KOI :-)

Le Collège invisible, c'est une série de BD française scénarisée par Ange, dessinée par Régis Donsimoni et Cédric Ghorbani, dont le dernier tome (12) est sorti en juin 2014. Elle est éditée par Soleil Productions. Bien d'autres BD à succès évoquent le collège : les incontournables albums de *Titeuf* (Zep) ou *Les Profs* (Erroc, Pica et Mauricet), mais aussi *ZAP collège* (Téhem) ou encore *Les Cancres* (Gaby, Ghorbani)…

Complexes

Acné, ventre potelé ou oreilles décollées, tout le monde se trouve des petits défauts, même les top models ! Pourquoi a-t-on des complexes ? Que faire pour qu'ils ne vous gâchent pas la vie ? Voilà un problème plutôt... complexe !

C

Prise en défaut

On peut être complexée pour différentes raisons : on ne se trouve pas (assez) jolie, on croit qu'on n'a pas suffisamment de personnalité, ou encore on craint de ne pas être très bien placée sur l'échelle de l'intelligence ou sur celle de la popularité. Souvent, il s'agit d'un manque d'estime de soi, on appelle cela le complexe d'infériorité. Mais il existe aussi le contraire : le complexe de supériorité. On a alors tendance à considérer ses amies comme nulles ou presque. Entre dévalorisation et ego surdimensionné, il est difficile d'évoluer en société car, vis-à-vis des autres, on se sent ou bien mal à l'aise ou bien trop sûre de soi. Pas de panique : il est possible d'apprendre à vivre avec ses complexes et de les accepter comme faisant partie de soi.

Secrets de filles

- Ne cherchez pas à vous sentir systématiquement aimée ou acceptée par votre entourage.
- Faites de l'approbation des autres un objectif souhaitable, mais non indispensable.
- Ne cherchez pas un modèle auquel vous comparer.
- Renoncez à croire que vous devez être parfaite en toutes situations et toujours agir de façon très compétente.
- Acceptez d'être ordinaire. Tout le monde ne peut pas être mannequin ou actrice !
- Acceptez les échecs en considérant qu'ils ne remettent pas en cause votre valeur.
- N'attribuez pas tous vos ennuis à vos complexes.
- Ne vous excusez pas d'avoir réussi là où d'autres ont échoué.
- Faites une liste de vos qualités : vous en avez des tonnes !

Models modèles

À qui la faute ? La société actuelle accorde une grande importance à l'apparence physique : top models, régimes miracle et produits amincissants inondent les pages des magazines (surtout à l'approche de l'été) et les écrans de télévision. Pas étonnant que vous ne vous trouviez pas assez ceci ou trop cela ! Seulement, attention : ce ne sont que des représentations, et la réalité est tout autre. Les médias donnent une image lisse de la femme et gomment toutes les différences. On a donc tendance à se tourner vers un modèle universel parfait, une vision idéale de la silhouette de la femme. Mais qui est comme ça « en vrai » ?

PAROLES DE STAR

« Je n'aime pas me voir en photo, car je me trouve beaucoup de défauts ! Mes jambes, par exemple, sont trop longues. » Adriana Karembeu, top model, célèbre grâce à ses jambes qui mesurent 1,21 m !

Vu par les garçons

« Il n'y a pas que les filles qui soient bourrées de stupides complexes physiques ! Très tôt, j'ai été complexé par ma vilaine peau criblée d'acné. Le pire, c'est que ces complexes viennent des petites phrases de personnes "bien intentionnées" de mon entourage. Je me sentais horrible, mais aussi bête, insipide, inintéressant… Avec les filles, c'était zéro pointé, vu que je n'osais pas aller vers elles. Devant mes échecs amoureux et le blues qui s'installait, mes parents m'ont conduit chez un dermatologue et m'ont fait comprendre que je n'étais pas le seul ado touché par ce fléau ! Au bout de trois mois, j'ai retrouvé la confiance en moi et une peau saine. J'ai même trouvé une copine. »

Olivier, 16 ans

Miroir, mon beau miroir…

Le petit défaut physique qu'on passe son temps à regarder sous toutes les coutures : c'est celui-là qui fait la différence… La plupart du temps insignifiant, il devient envahissant. Quand l'image réelle n'est pas conforme à l'image idéale que l'on s'est créée, il se produit un décalage qui est la cause des complexes. Chaque fois que vous vous regardez dans le miroir, votre regard se fixe sur le détail qui cloche. Vous « zoomez » sur ce défaut comme si vous l'observiez au microscope, et vous finissez par ne plus voir que ça ! Sans lui, pensez-vous, la vie serait plus belle, vous pourriez avoir du succès et vous sentir plus à l'aise avec les autres.

… quels sont mes atouts ?

Alors, comment faire ?
Les complexes, c'est souvent dans la tête ! Les défauts qui ont de l'importance pour vous n'en ont pas autant pour les autres. Si vous n'êtes pas obsédée par votre défaut, personne ne s'en apercevra. Arrêtez de vous focaliser sur votre corps et cessez de vous dévaloriser ! Prendre confiance en soi permet de mieux supporter ses défauts, voire de les transformer en atouts.
Il faut apprendre à vivre avec ses imperfections en retrouvant l'estime de soi. C'est un travail de tous les jours : petit à petit, on accepte son image et son caractère, on se trouve des qualités et on se forge une personnalité qui ne ressemble à aucune autre.

Extra(ordinaire)

Vous êtes une jeune fille ordinaire, mais vous êtes unique, ce qui signifie que vous êtes forcément extraordinaire ! Pour révéler votre personnalité et chasser les complexes, trouvez votre style. Les vêtements, la coiffure, un brin de maquillage, des accessoires, des petits riens peuvent vous mettre en valeur et vous aider à reprendre confiance en vous. Si vos complexes sont trop lourds à vivre, il peut être nécessaire de consulter un psychologue pour dédramatiser la situation. La chirurgie esthétique peut aussi être une solution. Réfléchissez bien, laissez à votre corps le temps de s'épanouir.

+
Angoisse, p. 29.
Anorexie, p. 32.
Boulimie, p. 50.
Chirurgie esthétique, p. 67.
Confiance, p. 76.
Honte, p. 154.
Mannequins, p. 201.
Perfection, p. 242.
Psychologue, p. 266.
Timidité, p. 354.

Confiance

Confiance rime avec honnêteté, respect, franchise et réciprocité. Mais, parfois, cela ne suffit pas. Pour pouvoir faire confiance aux autres, il faut aussi (et avant tout) avoir confiance en soi.

C

« La confiance en soi est le premier secret du succès. »
Ralph W. EMERSON

Un moteur pour avancer dans la vie

Confiance : un mot clé pour progresser dans la vie de tous les jours, un moteur essentiel pour apprendre, réussir et tout simplement vivre avec soi-même et avec les autres. La confiance en soi est un stimulant puissant, qui aide à braver les obstacles et à affronter les petits tracas quotidiens, car elle procure un sentiment de bien-être et de sécurité.
Passer un examen, prendre la parole en public ou aborder une personne inconnue ? On a toutes à un moment ou à un autre eu peur de ne pas « assurer » par manque de confiance en soi. Tout simplement parce qu'on craint de ne pas être assez aimée, assez intelligente ou même assez jolie. Alors, comment faire pour avoir confiance en soi ?

Je suis la meilleure !

La confiance en soi n'est pas quelque chose d'inné et, si vous en manquez cruellement, il va falloir vous jeter à l'eau.
Pourquoi ne pas vous inscrire à un cours de théâtre pour vaincre votre timidité ? Répétez votre exposé tout haut devant un miroir : d'accord, c'est un peu ridicule, mais cet exercice vous aidera à maîtriser votre trac tout en contrôlant votre image. Forcez-vous, allez vers les gens, fixez-vous des buts et, même si c'est difficile au début, vous serez ravie d'avoir réussi. Mais surtout, restez vous-même, n'essayez pas de paraître quelqu'un d'autre, car à ce moment-là vous perdriez la confiance des autres.

Perdre confiance

La confiance en soi n'est pas acquise une fois pour toutes. Accusation, mise en doute, rejet, échec, accident, rupture, deuil… Chaque événement de la vie peut l'ébranler. Il faut alors se ressourcer, se reconstruire auprès de personnes fiables tels que les parents, les amis, un professeur, voire un psychologue. La qualité des relations, les messages positifs et valorisants de vos proches prouvent que vous êtes acceptée telle que vous êtes, reconnue, aimable (c'est-à-dire digne d'être aimée). D'où l'importance de s'entourer des bonnes personnes pour retrouver confiance en soi. Fuyez les pestes et les jalouses prêtes à toutes les perfidies pour vous déstabiliser !

TU C KOI :-)

Plusieurs études révèlent que les filles ont une confiance en soi plus basse que les garçons. La société joue un rôle important dans ce phénomène en valorisant les comportements masculins et en encourageant plus les garçons que les filles à s'affirmer et à agir. Trop souvent valorisées à travers leur apparence physique, les filles ont tendance à y accorder une importance excessive. Ainsi, 36,5 % des adolescentes ayant un poids normal ou insuffisant se trouvent un peu ou beaucoup trop grosses et 53 % déclarent que leur corps est « à peu près au bon poids ».

+

Blues, p. 47.
Complexes, p. 74.
Dépression, p. 92.
Effort, p. 112.
Psychologue, p. 266.
Timidité, p. 354.

Confidente

On a toutes besoin de confier nos soucis pour qu'ils ne fanent pas en nous et deviennent nocifs. On a aussi envie de dire ses joies pour les voir danser dans les yeux de quelqu'un et sentir qu'elles existent vraiment.

> « Prenez garde, tous ne sont pas dignes de la confidence. »
>
> René CHAR

Vous êtes celle qui écoute

Vous avez les qualités d'une confidente : attentive, vous savez écouter sans juger, consoler ou partager des bonheurs, vous n'êtes pas jalouse de ce que l'autre vit et vous pouvez même donner de bons conseils. Ce sont de grandes qualités humaines, très utiles dans la vie, peut-être même pour choisir un métier.
Il est vrai que ce que l'on attend d'une confidente n'est pas qu'elle ait réponse à tout mais qu'elle soit dans l'empathie, c'est-à dire qu'elle sache se mettre à la place de l'autre. Et on a besoin d'avoir une entière confiance en sa discrétion. C'est votre cas : vous êtes une vraie tombe quand on vous le demande.

Se protéger

Rappelez-vous cependant que vous existez en dehors de vos qualités de confidente. Vous n'êtes pas obligée d'être à l'écoute de tous et de vous laisser submerger par les secrets des uns et des autres. Vous avez aussi besoin de parler, d'échanger. Avoir des relations à sens unique risquerait de vous lasser et de vous frustrer.

En outre, si certaines confidences vous semblent trop lourdes à porter, vous pouvez, tout en gardant le secret de leur auteur, en parler à quelqu'un et demander conseil à votre tour. C'est important, notamment si une amie vous révèle des événements qui la mettent en danger(anorexie, boulimie, abus sexuels…).

Vous avez une confidente

Se confier et être en confiance, ça fait du bien. Quand on parle à quelqu'un, on libère des tensions, on se soulage, on porte un peu moins le poids de ses peines. Vous avez trouvé une amie capable d'écouter, c'est chouette ! Mais n'abusez pas : une confidente est certes une oreille, mais c'est aussi une personne qui a des sentiments et des émotions. Prenez soin d'elle, parlez-lui de vous tout en vous inquiétant de ce qu'elle peut éprouver. Ne l'utilisez pas pour vous libérer avant de repartir le cœur léger. Elle a peut-être aussi un jardin secret à partager. L'amitié doit toujours reposer sur un échange équitable.

+ Amitié, p. 21.
Journal intime, p. 183.
Trahison, p. 356.

Secrets de filles

Si vous n'avez pas encore trouvé à qui ouvrir votre cœur, vous pouvez vous raconter dans un journal intime ! Plusieurs supports existent : le traditionnel livret que vous choisirez muni d'un cadenas afin de garantir une discrétion totale, un logiciel gratuit que vous installerez sur votre ordinateur ou une « application » sur votre téléphone portable ou votre tablette. Vous pourrez insérer des smileys et des photos, par exemple. Le blog ou les réseaux sociaux sont une autre solution, mais il faut savoir que confier ses pensées au Web ne garantit pas une grande intimité !

Conflits avec les parents

Ouïe ! Le ton monte, les portes claquent, les disputes avec vos parents sont de plus en plus fréquentes ? Petits conseils pour arrondir les angles sans renoncer à vous faire entendre…

C'est inévitable

Les accrochages avec les parents sont inévitables, et ils ne sont pas forcément problématiques. Sachez que le conflit est sain, car il fait évoluer les relations. Pourquoi ces bagarres avec eux ? Les raisons sont multiples :

- Vous revendiquez plus d'indépendance. Vous voulez sortir, voir vos copines, passer des soirées, des nuits ou des vacances entières à l'extérieur. À l'intérieur, vous réclamez un espace privé, le droit à l'intimité, la possibilité de recevoir sans toujours demander l'autorisation.
- Votre corps change, vos sens s'éveillent, vos goûts s'affirment. Vous commencez à nouer des relations plus complexes avec les garçons, impliquant une forme de séduction qui influence votre attitude et votre habillement. Vous voulez aussi recevoir votre petit ami ou sortir avec lui.
- Dans le même temps, vous devenez critique avec vos parents. Certaines de leurs habitudes vous exaspèrent. En famille, vous revendiquez une plus grande liberté d'expression : vous soulignez leurs limites, leurs incohérences. Parfois, vous les trouvez un peu « ringards » ou vous avez honte d'eux. Vous ne les embrassez plus en public, vous leur demandez de vous déposer à l'angle de la rue, plus en face de l'école. Vous prenez vos distances.

LOL ; -)

« Les parents sont des os sur lesquels les enfants se font les dents. »
(Peter Ustinov)

La réaction des parents

En face, les parents sont déstabilisés. Ils ont peur de vous perdre, ils se sentent rejetés, parfois méprisés. Ils se font aussi du souci pour vous et redoutent les mauvaises influences. Ils craignent de vous donner trop de liberté avant l'heure et tiennent à conserver leur rôle protecteur. Enfin, ils ont parfois un peu de mal à vous voir grandir.
Ils peuvent ne pas accepter l'idée que vous ayez une vie amoureuse. Tous les parents ne réagissent pas avec la même intensité. Cela dépend de leur culture, de leurs valeurs, mais aussi de votre rang dans la fratrie : si vous êtes l'aînée, vous essuyez les plâtres (les cadets pourront vous remercier !).

pas comme ma mère

- **Autrefois**, les rapports entre parents et adolescents étaient assez distants : on ne parlait pas des problèmes (surtout pas des problèmes de cœur !). Il fallait leur obéir sans discuter. Toute insolence était punie comme un manque de respect. Les filles avaient rarement le droit de sortir.
- **Aujourd'hui**, selon une enquête Ipsos-Santé de 2012, 85 % des adolescents déclarent parler « totalement et librement avec leurs parents ». Les rapports sont plus proches, plus complices. Cette meilleure communication, sur tous les sujets, permet d'éviter des conflits.

> « Un enfant n'a jamais les parents dont il rêve. Seuls les enfants sans parents ont des parents de rêve. »
>
> Boris CYRULNIK

Chacune son histoire

« Il y a deux ans, j'étais en conflit total avec mes parents. Ils ne me laissaient aucune liberté. Un soir, je me suis engueulée grave avec eux et j'étais tellement énervée que je me suis griffée au cou. Le lendemain, une prof a remarqué mes marques. Elle m'a envoyée voir l'infirmière du collège : j'ai tout déballé. L'infirmière a appelé mes parents et les a orientés vers une psy d'un centre gratuit. Ça m'a permis de m'exprimer, et la psy a joué le rôle de médiatrice. Mes parents ont compris, tout s'est arrangé. Ils restent encore stricts sur pas mal de trucs, mais ça va mieux. Alors je conseille à toutes les filles d'aller voir un psy avec leurs parents pour parler quand ça ne va plus du tout… Ça vous évitera de sortir les griffes ! »

Léa, 16 ans et demi

Détendre l'atmosphère

Vous n'êtes pas responsable à part entière du conflit, mais vous pouvez l'empêcher d'éclater. C'est dans votre intérêt !

- Évitez les critiques intempestives et l'irrespect, sinon vous ne serez pas respectée en retour.
- Maintenez le contact avec vos parents en partageant un minimum la vie de famille. Si vous restez parquée dans votre chambre et n'en sortez que pour râler ou réclamer, ça va coincer.
- Essayez de garder le cap à l'école. Avec des notes correctes, vos demandes passeront plus facilement !
- Montrez-vous responsable en rendant des services, en leur montrant qu'ils peuvent vous faire confiance.
- Formulez vos demandes quand ils sont disponibles et détendus. Privilégiez les conversations improvisées, dans la cuisine, en voiture. Abordez les problèmes avec chacun d'eux séparément.
- Ne vous fâchez pas s'ils demandent un délai de réflexion.
- Acceptez qu'ils fixent des limites et respectez-les.
- Ne cherchez pas à vouloir obtenir tout, tout de suite.
- Ne soyez pas trop susceptible : s'ils émettent une critique, ne vous braquez pas ! Vous aussi, vous les critiquez : montent-ils sur leurs grands chevaux ?
- Parlez de tout avec eux, y compris de sexualité. Si vous communiquez sur ces sujets, ils comprendront que vous grandissez.
- Discutez ouvertement des aspects financiers de votre indépendance : qui paie quoi, de quel budget disposez-vous ? Cela vous évitera de demander un billet à chaque fois que vous sortez…
- Enfin, quand ils opposent un non catégorique, respectez-le sans bouder. Mais, la fois suivante, revenez à la charge en insistant sur ce que cela représente pour vous, en les rassurant sur l'aspect pratique et sur la sécurité.

C'est la guerre ?

Rien n'y fait. Vos parents se sont crispés sur leur autorité.
De votre côté, vous n'avez plus le moral. Vous perdez confiance en vous. Vous vous énervez pour un rien ou vous vous repliez sur vous-même. C'est la guérilla ou la guerre froide ! Vous rêvez de fuguer, ou pis. Stop ! Ce n'est pas la solution pour obtenir la vie rêvée. Essayez plutôt de trouver des appuis à l'extérieur.
Un membre de votre famille (oncle, tante, grand-père, grand-mère…) ou le psychologue scolaire. Vous pouvez aussi appeler le numéro vert 0800 506 692 (Allô écoute ado) du lundi au samedi de 17 à 20 heures : c'est une association qui peut offrir une écoute et donner des conseils. Enfin, si vous êtes très déprimée, dites-le, c'est une sonnette d'alarme qui peut faire changer les choses.

TU C KOI :-)

Vous reprochez à vos parents de vous mettre des limites. Mais ces limites vous permettent aussi de vous construire, de vous opposer. C'est bien connu, les parents trop laxistes ont des ados mal dans leur peau, qui se sentent mal aimés et non protégés. Le tout est de trouver des compromis avec eux et avec leur autorité.

+ Distances (prendre ses), p. 99.
Punitions, p. 270.
Rébellion, p. 277.

Contraception

Aujourd'hui, on a beau être informée sur le sujet, il est toujours aussi difficile de sauter le pas, d'aller voir un gynécologue ou un centre de planning familial, pour prendre la pilule. Résultat : en France, 18 000 adolescentes en moyenne tombent enceintes chaque année.

Dès la première fois !

18 000… c'est énorme.
Et cela n'arrive pas qu'aux autres. Cela peut arriver à toutes les filles, même les plus « sages », même les meilleures de la classe. Même, et surtout, la première fois. Quand commence une histoire d'amour, on a envie de se laisser porter, de fermer les yeux. Pour cette raison, 1 adolescente sur 2 entame sa vie sexuelle sans aucune contraception. Mais il vaut mille fois mieux prendre ses précautions pour avoir l'esprit libre et profiter de ces moments précieux sans arrière-pensée.
Parlons des risques de grossesse. Beaucoup de filles l'ignorent, mais la période de fertilité maximale de la femme se situe entre… 15 et 25 ans ! On a parfois l'impression d'être peu féconde car les règles ne sont pas très abondantes, ou sont irrégulières, parce que notre corps est jeune et n'a pas fini sa croissance, mais on l'est : et même plus que la moyenne !

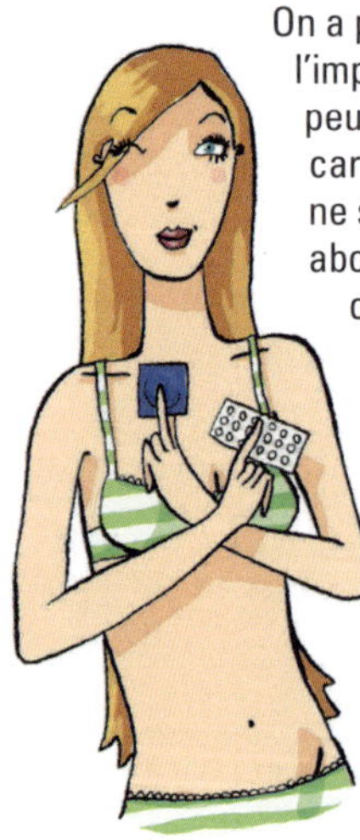

Sur ces 18 000 jeunes filles qui tombent enceintes chaque année, 4 500 donnent naissance à un bébé et voient leur vie bouleversée !

• Parlons aussi des infections sexuellement transmissibles (IST). Là encore, cela n'arrive pas qu'aux autres. Même lorsque notre petit copain a l'air bien sous tous rapports, qu'il est doux, gentil et… fidèle, peut-être n'est-on pas la première ! Et peut-être ne sait-il même pas qu'il est porteur d'un virus ! Parmi les IST, il n'y a pas que le sida et des maladies graves : il y a aussi de nombreuses petites infections qui peuvent passer inaperçues, surtout chez les garçons, et qui chez nous, les filles, peuvent créer des désagréments (picotements, démangeaisons) ou des problèmes plus graves à long terme (comme la stérilité).

À qui s'adresser ?

• Dans l'idéal, à nos parents, afin de prendre rendez-vous chez un gynécologue. Ce n'est pas toujours facile d'aborder ce sujet avec eux. On craint leur réaction. Mais beaucoup aujourd'hui prennent les devants, nous mettent en garde contre les risques des rapports non protégés. Leur parler, c'est leur montrer qu'on leur fait confiance. Et que nous aussi sommes dignes de confiance ! La plupart seront soulagés de savoir que vous faites attention.

> **FLASH SUR LE NET @**
>
> Pour connaître le centre de planning familial le plus proche de chez vous, rendez-vous sur le site www.planning-familial.org, à la rubrique « Où nous trouver » disponible sur la page d'accueil.
> Pour en savoir plus sur les moyens de contraception, vous pouvez aussi aller voir sur le site www.filsantejeunes.com (il y a notamment un article très instructif sur le préservatif !)

Le gynécologue est tenu au secret professionnel. Si vous allez déjà en voir un, vous pouvez lui demander un mode de contraception, sans qu'il avertisse vos parents.

• Vous ne voulez pas en parler à vos parents et ne voyez aucun gynécologue ? Rendez-vous alors dans un centre de PMI (Protection maternelle et infantile) ou un centre du planning familial. Les consultations y sont gratuites et anonymes. Vous y serez reçue, sans condition d'âge, par une gynécologue (en général, c'est une femme). Des plaquettes de pilules et des préservatifs y sont même distribués gratuitement ! Pour comprendre comment se déroule une consultation chez le gynécologue, reportez-vous p. 146. Sachez que souvent l'examen gynécologique à proprement parler n'est mené qu'au deuxième rendez-vous. D'abord, le médecin essaie de faire connaissance avec vous. Il vous laisse vous exprimer et peut vous donner des conseils, suivant votre situation. En tout cas, il ou elle ne vous jugera pas ! Bien au contraire, le médecin est là pour vous aider.

INTOX

Des rumeurs bizarres circulent sur la fécondité et les moyens de contraception.

- On peut faire l'amour sans risque pendant les règles. C'est faux ! À l'adolescence, on a souvent des cycles irréguliers et espacés parfois de plusieurs mois, avec des saignements en cours de cycle que l'on peut facilement confondre avec les règles. Il faut donc toujours se protéger.
- Il suffirait que le garçon se retire juste avant d'éjaculer pour qu'on ne tombe pas enceinte. Archifaux ! Pendant la pénétration, le pénis du garçon produit un petit liquide transparent qui contient déjà des spermatozoïdes.
- La pilule donnerait de l'acné et ferait grossir. La plupart du temps, c'est faux ! Aujourd'hui, les pilules sont mieux dosées qu'autrefois et certaines contribuent même à réduire l'acné. Et si vous tolérez mal votre pilule, il suffit de retourner chez le médecin pour en changer ! Une autre vous conviendra mieux.
- Le préservatif empêcherait le plaisir sexuel, surtout celui des garçons. Laissez tomber ceux qui racontent ces sornettes !
- Aller chez le gynécologue serait impudique et désagréable. Pas du tout, il est là pour vous aider, c'est un médecin, pas un voyeur.

Quelle contraception choisir ?

- Contre les IST, il n'y a pas à tortiller : le préservatif est l'unique barrière. Souvent, c'est le garçon qui se charge de son achat, mais pas que. Aujourd'hui, c'est facile : plus besoin d'aller le quémander à voix basse, en pharmacie, en rougissant devant tout le monde. Les préservatifs sont en vente libre dans les supermarchés, les distributeurs présents dans chaque collège et lycée ou même au coin des rues. Même les filles peuvent donc en acheter. Plus d'excuse pour s'en passer !
- Pour éviter de tomber enceinte, le préservatif ne suffit pas. Il n'est pas en métal blindé et il y a des accidents… Le moyen de contraception le plus adapté pour une jeune fille est la pilule combinée (aussi appelée mini-dosée). C'est un petit comprimé qu'on avale, en général le soir, à heure fixe. Mais on peut l'oublier et ne la prendre que le lendemain matin sans que cela porte à conséquence. Les pilules micro-dosées, elles, ne tolèrent qu'un oubli de 3 heures. Il existe aussi des patchs, qui ressemblent à un timbre que l'on colle sur la peau et que l'on change tous les 7 jours. Chaque moyen contraceptif a ses avantages et ses inconvénients. Parlez-en à votre gynécologue pour choisir celui qui vous convient le mieux. Les autres moyens contraceptifs (cape, anneau, diaphragme, stérilet) ne sont pas conseillés à votre âge.

Secrets de filles

Pour ne pas oublier la pilule

- La prendre le soir, juste après s'être brossé les dents.
- La poser en évidence (si possible…) à côté de sa brosse à dents.
- Quand on passe la nuit ailleurs, la mettre dans sa trousse de toilette avec la brosse.
- Au début, par sécurité, régler la sonnerie de son portable à l'heure où on doit la prendre.
- Marquer sur son agenda le jour précis où on doit commencer une nouvelle plaquette.
- Prendre rendez-vous à l'avance avec son gynécologue pour ne pas être à court quand la boîte est finie.

En cas d'urgence !

Vous ne vous êtes pas protégée ? Il n'est pas encore trop tard, mais il faut réagir vite.

- Entre 24 et 72 heures après un rapport sexuel, vous pouvez prendre ce qu'on appelle « la pilule du lendemain ». Elle est distribuée gratuitement aux mineures dans les pharmacies, les infirmeries scolaires et les centres de planning familial.

Nom du produit	Comment l'utiliser	Comment l'obtenir	Délai d'oubli (au-delà, vous n'êtes plus protégée)	Avantages	Inconvénients
Pilule combinée (mini-dosée)	1 comprimé / jour pendant 21 jours, puis 7 jours d'arrêt, reprendre au 8ᵉ jour	• Sur ordonnance • Entre 5 et 36 euros / 3 mois (parfois remboursée à 65 % par la Sécu) • Distribuée gratuitement aux mineures dans les centres de planning familial	12 heures	• Super efficace • Règles moins douloureuses et plus courtes	• Contre-indiquée si l'on fume • Il faut penser à la prendre • Un peu moins bien tolérée que la pilule micro-dosée
Pilule micro-dosée	1 comprimé / jour pendant 21 jours, puis 7 jours d'arrêt, reprendre au 8ᵉ jour	• Sur ordonnance • Entre 5 et 36 euros / 3 mois (parfois remboursée à 65 % par la Sécu) • Distribuée gratuitement aux mineures dans les centres de planning familial	3 heures	• Super efficace • Très bien tolérée • Règles moins longues et moins douloureuses	• Fenêtre d'oubli très limitée !
Patch	1 timbre à coller sur la peau et à changer 1 fois par semaine, 3 semaines sur 4	• Sur ordonnance • 15 euros / mois (non remboursé)	48 heures	• Super efficace, colle bien • Pas besoin de prendre une pilule tous les soirs • Même si discret, il se voit : plus facile de s'en souvenir	• Il se voit… justement ! • Contre-indiqué si l'on fume

Aucune autorisation parentale à avoir. Cette pilule, appelée le NorLevo, se prend en deux fois ; elle ne présente aucun risque pour la santé, mais peut occasionner des maux de tête ou de ventre légers. Ce n'est pas un moyen de contraception, mais juste un outil de dépannage !

• Depuis 2009, il existe une « pilule du surlendemain », la EllaOne, qui peut être prise jusqu'à 5 jours après le rapport sexuel. Mais elle ne s'obtient que sur ordonnance médicale. Elle coûte 25 euros, remboursée à hauteur de 65 % par la Sécurité sociale.

Attention !

La loi reconnaît implicitement le droit à une vie sexuelle à partir de 15 ans. Vous devez néanmoins savoir, si vous êtes mineure, que vos parents peuvent s'y opposer : ils peuvent faire appel à la justice et, par exemple, porter plainte contre la personne avec laquelle vous avez des relations sexuelles.

+
Gynécologue, p. 146.
IST, p. 175.
Pilule, p. 247.
Pilule du lendemain, p. 248.
Préservatif, p. 261.

Bien dans son Corps

À l'adolescence, le corps est un « lieu » à la fois de doutes, d'attentions, d'amour ou de haine.
Il reflète ce que vous êtes et ce que vous ressentez.
Allié ou ennemi, apprenez à le connaître.

Habiter un nouveau corps

À l'adolescence, le corps change. Les règles, les poils, les boutons, la taille, le poids et les seins sont des éléments nouveaux qui entrent dans le quotidien. L'objectif est donc de prendre possession de ce nouveau corps, qui ressemble de plus en plus à un corps d'adulte. C'est un peu comme lorsqu'on change d'appartement, un temps d'adaptation est nécessaire pour qu'il devienne familier. Avec cette nouvelle apparence, on se sent désemparée, comme dans un corps étranger. Cette sensation est tout à fait normale, car elle s'accompagne également d'un changement d'identité. Pour le faire sien, il faut prendre son corps en charge, le soigner, l'embellir, en accepter les défauts et les limites.

Un allié à respecter

Il va vous accompagner toute votre vie, il est donc important d'apprendre à l'entretenir. Comment ? D'abord, en lui offrant une alimentation équilibrée, en mangeant de tout en quantités raisonnables. Il faut aussi lui accorder du repos : veillez à dormir 8 à 10 heures par nuit, c'est la condition pour être en forme. Faites de l'exercice, sachez l'entraîner pour mieux le découvrir. Vous pouvez faire de la danse ou une activité sportive, pourvu qu'elle corresponde à votre personnalité. Respecter son corps, ce n'est pas seulement se faire jolie ou porter des vêtements seyants, c'est aussi lui accorder l'hygiène qu'il mérite. Ainsi, il deviendra peu à peu un allié, une enveloppe dans laquelle vous serez heureuse de vivre.

Un ennemi à apprivoiser

Essayer d'apprivoiser son corps n'est pas toujours facile. Certaines d'entre vous décident d'utiliser la manière forte et vont jusqu'à le maltraiter ou l'agresser. Le contrôle alimentaire en est un exemple, tout comme l'automutilation.
Les autoagressions sont un moyen de « faire sortir » sa douleur, ses angoisses et ses émotions.

TU C KOI :-)

Les tatouages et les piercings sont-ils des automutilations ?
Pour vos parents, ces pratiques portent une image de rébellion et de marginalité. En revanche, pour vous, c'est sans doute une manière d'affirmer votre identité face à eux ou tout simplement de suivre la mode. Cependant, les médecins considèrent aujourd'hui que les piercings multipliés et ceux qui touchent des organes importants et sensibles, tels que la langue, sont des automutilations socialement admises.

> « La véritable intimité est celle qui permet de rêver ensemble avec des rêves différents. »
>
> Jacques SALOMÉ

Chacune son histoire

« Je me suis longtemps scarifiée. À l'origine, il y a eu une rupture difficile avec un garçon et le divorce de mes parents. Même si je les cachais, ma mère voyait mes cicatrices, elle me faisait la morale sans se poser trop de questions : "Tu vas très bien. Arrête ça, c'est ridicule." Le problème, c'est que je n'allais pas bien du tout, j'avais besoin qu'elle me soutienne, qu'elle me parle ou qu'elle m'oblige à aller voir un psy. J'ai dû m'en sortir toute seule. Ça a été dur, mais j'y suis arrivée. »

Audrey, 17 ans

Se faire mal volontairement en se scarifiant (se tailler la peau avec un rasoir) ou en se brûlant (notamment avec des cigarettes) est toujours le signe d'un mal-être. Mais, si faire souffrir son corps est une façon de le maîtriser, c'est également un moyen de le sentir vivant.
La douleur a alors l'effet d'une gifle. L'automutilation est encore, et surtout, l'occasion de montrer sa souffrance aux autres, de lancer un appel à l'aide. Face à l'automutilation, le silence et l'indifférence sont des attitudes inadéquates. L'entourage doit être présent et communiquer. Il faut mettre des mots sur une souffrance pour l'apaiser.

Un corps de femme

Si l'adolescence est un moment de transformations physiques profondes, elle est aussi celui de l'éveil à la sexualité. Le regard des autres est plus important que jamais. Vous devenez alors plus coquette ou, au contraire, vous accumulez les complexes. Bref, vous le sentez, ce nouveau corps va jouer un rôle fondamental dans votre féminité.
Peu à peu, vous comprenez que, devenir une femme, c'est aussi susciter le désir des hommes. Les regards masculins sont moins innocents aujourd'hui que lorsque vous étiez enfant. Il n'y a rien de plus normal, mais il faut que vous en soyez consciente. Les limites ne sont plus les mêmes, et c'est à vous de les fixer.

Que sont les attouchements ?

Qu'ils proviennent d'un adulte ou d'un autre adolescent, les attouchements sont des contacts avec votre intimité (fesses, seins ou parties génitales) que vous n'avez pas désirés. Sachez que, en tant que mineure, vous êtes protégée par la loi et que ces atteintes sexuelles sont punissables. Les personnes qui pratiquent des attouchements ne sont pas si rares, il peut donc vous arriver d'en subir : soyez vigilante et ne vous laissez pas faire. Lorsqu'on est victime d'attouchements, la honte conduit souvent au silence, car il est difficile d'assumer une agression aussi personnelle. L'a-t-on provoquée ? Pourquoi ne pas avoir refusé plus clairement ? Autant de questions légitimes, mais qui font oublier une chose fondamentale : vous n'êtes pas responsable, le seul fautif est celui qui vous a touchée.
Alors, osez en parler, à vos parents, à l'infirmière du collège, à toute personne en laquelle vous avez confiance… Ne gardez pas pour vous ce secret qui peut devenir très lourd à porter.

TU C KOI :-)

Repousser les avances d'un homme

Que les choses soient claires : PERSONNE n'a le droit de vous toucher si vous ne le souhaitez pas ! Si vous vous trouvez dans cette situation, repoussez l'importun poliment mais fermement. S'il ne s'arrête pas, éloignez-vous en lui disant : « Ça suffit. Laissez-moi tranquille ! » Généralement, si vous dites non, l'individu devrait s'arrêter. Enfin, s'il s'avère tenace, parlez-en à votre mère ou à une personne de confiance pour qu'elle vous aide à le tenir à distance. Mais surtout brisez le silence !

+
Piercings, p. 246.
Poils, p. 251.
Règles, p. 281.
Seins, p. 308.
Soigner son look, p. 321.
Tatouages, p. 348.

Coup de foudre

Il s'est retourné et vous avez senti comme une décharge électrique ! Ses grands yeux verts ont envahi votre cœur. Depuis, impossible d'oublier cet instant magique : vous pensez à lui tout le temps !

Chacune son histoire

« Léo était chanteur dans un groupe. Je l'ai vu sur scène et ça a été le coup de foudre ! J'ai tout fait pour devenir sa choriste. Je voulais chanter dans son "chœur" ! Mais je voyais bien qu'il ne me remarquait pas. Carlo, le bassiste, est devenu mon ami. J'aimais bien discuter avec lui… Léo, j'ai réussi à lui parler deux fois, c'est tout ! Un jour, après un concert, Carlo m'a prise par la main. Mon cœur a fait un sacré bond ! J'ai compris que mon coup de foudre pour Léo ne ferait pas le poids… »

Solène, 15 ans

Une émotion forte

Vous vous demandiez si le coup de foudre existait vraiment : maintenant vous en êtes certaine, vous l'avez vécu ! C'est super, le moment est intense, soudain tout est beau et seulement beau. On aime ressentir des émotions fortes. La machine à rêves se met en marche : on imagine ce que l'on pourrait faire avec lui, et surtout comment le croiser le plus souvent possible ! Plusieurs scénarios sont envisageables…

Il ouvre la bouche, déception…

Eh oui, la foudre s'est abattue puis a disparu ! Un « coup », c'est toujours ponctuel, éphémère. La personnalité n'est pas qu'une image. Mais le temps passé à rêver n'est pas du temps perdu : on grandit aussi grâce à ses désirs, à ses illusions…

Le coup de foudre n'est pas réciproque

Vous décidez de déployer des montagnes d'énergie pour qu'il vous remarque et peut-être en faites-vous trop : un garçon n'est pas une proie ! Vous ne devez pas non plus tout accepter dans l'espoir de lui plaire (l'humiliation par exemple). Peut-être devriez-vous essayer de vous montrer telle que vous êtes ?
Ou bien ce garçon n'est pas prêt pour le coup de foudre ! Il en a le droit…

Le coup de foudre est réciproque

Génial, vous n'êtes pas seule sur votre nuage ! Profitez de ces petits instants de bonheur : vos mains qui s'effleurent, son regard envieux quand les héros du film s'embrassent, tous ces petits riens qui font battre le cœur… Finalement, un coup de foudre est comme une loupe qui laisse apparaître le meilleur et masque tout le reste. À vous de le découvrir ! Apprenez à vous connaître, échangez sur ce que vous aimez, partagez des sorties, peu à peu, un lien durable va se créer. Rien ne presse. Alors, peut-être un amour véritable naîtra.

TU C KOI :-)

Entre Edie et Jim, c'est le coup de foudre ! Malgré tout, leur histoire d'amour n'ira pas de soi...
Dans *Toi + moi = cœur : journal d'un coup de foudre*, Sarra Manning raconte tous les aléas d'une histoire d'amour (en trois tomes, dans la collection Pocket junior).

+
Amour, p. 23.
Amour impossible, p. 25.
Chagrin d'amour, p. 57.
Désir, p. 94.

Cousins, cousines

Des vacances partagées, un âge proche et des affinités… Tour à tour amis, frères et sœurs, voire amoureux, les cousins et cousines tiennent parfois une place importante dans la vie.

C

Un lien entre amitié et fraternité

Vos cousins germains sont les enfants de vos oncles et tantes, tandis que vos cousins issus de germains sont, comme vous, des enfants de cousins germains. Voilà pour la théorie. Dans la pratique, pourquoi êtes-vous donc aussi complice de certains cousins/cousines ? En premier lieu, vous êtes unis par des liens de sang et vous appartenez à un même clan qui partage des rites familiaux : repas, visites, vacances, cérémonies (mariages, enterrements…), ancêtres communs. Parfois, vous partagez des secrets de famille. Pour les filles uniques, ou celles qui n'ont que des sœurs ou que des frères, les cousins jouent le rôle des sœurs ou des frères qu'elles n'ont pas. Mais le fait de ne pas vivre sous le même toit et de ne pas avoir les mêmes parents donne le recul suffisant pour les apprécier comme des amis. Pour certaines, les cousins peuvent même être encore plus que des amis !

L'amour entre cousins

Avant d'aller plus loin, sachez qu'en France le mariage civil entre cousins est légal, mais encore tabou, et soumis à autorisation dans certaines religions (catholique notamment). Ainsi, contrairement aux unions avec les parents, avec la fratrie ou avec les grands-parents, celle-ci n'est pas considérée comme incestueuse. La relation amoureuse entre cousins est plus ou moins bien acceptée selon les familles. Quoi qu'il en soit, si vous tombez amoureuse d'un cousin, posez-vous plusieurs questions. Ne s'agit-il pas d'un coup de cœur passager ? N'est-ce pas une manière cachée de choquer la famille, ou l'envie de braver un interdit moral ? Enfin, pensez-vous être prête à accepter le regard et les remarques des autres ? Que ce soient vos parents ou les siens, il est possible que vous vous heurtiez aux adultes de la famille. Pesez donc le pour et le contre avant de vous engager dans une telle relation.

INTOX

Selon une rumeur tenace depuis le XIXe siècle, les mariages entre cousins germains feraient courir un risque aux enfants qui en sont issus : arriération mentale, maladies génétiques…
Si le risque d'anomalies congénitales augmente lorsque l'on se marie entre cousins, celui-ci reste très faible. Toutefois, selon les experts, il est préférable de faire des tests sanguins pour vérifier l'absence de gènes responsables des maladies génétiques les plus fréquentes (la mucoviscidose, par exemple).

J'épate les copines

Voici venu le moment de la minute culturelle ! Le cinéaste français Claude Chabrol réalise en 1958 le deuxième film de sa carrière, intitulé *Les Cousins*. Ce film dramatique raconte l'histoire de Charles et Paul (interprété par Jean-Claude Brialy), des cousins bien différents et tous deux amoureux de Florence. Ce film en noir et blanc a remporté l'Ours d'or à Berlin en 1959. Il a plus de 50 ans, mais c'est un classique du cinéma français !

+ Fille unique, p. 128.
Frères et sœurs, p. 135.
Inceste, p. 161.

Craving

Ce mot anglais, que l'on peut traduire par « désir ardent », est souvent défini comme une pulsion obsédante, une envie irrésistible de consommer : tabac, drogue, alcool, médicaments ou même chocolat. Des envies soudaines à maîtriser d'urgence...

Une véritable obsession

Vous avez une envie furieuse de quelque chose et, tant que ce besoin n'est pas satisfait, il n'y a plus de discussion possible. Ce désir devient une obsession. Le craving est l'un des problèmes majeurs des addictions, c'est-à-dire des comportements répétitifs et dangereux pour la santé comme l'alcoolisme, le tabagisme, la toxicomanie, la boulimie. Les médicaments psychoactifs comme les antidépresseurs, les tranquillisants, les somnifères peuvent aussi entraîner une dépendance. La sensation ressemble à celle de la faim ou de la soif. C'est différent de l'état de manque, qui est une dépendance physique. Votre organisme réagit alors par des tremblements, des douleurs dans le ventre…

Dans la tête

Le craving est une dépendance psychologique, le souvenir du plaisir associé à l'objet de votre dépendance. Par exemple, un ancien fumeur va se rappeler avec nostalgie la sensation de bien-être procurée par la cigarette après le repas. Cette sensation peut durer des années, voire toute la vie. Le simple fait d'y repenser ou de se retrouver dans une situation déjà vécue peut provoquer une envie irrésistible de fumer. Certaines substances, comme la cocaïne, n'entraînent aucun manque physique mais provoquent une dépendance psychique très forte.

Une guérison pas à pas

Il est difficile d'arrêter du jour au lendemain. Votre cerveau et votre corps se sont habitués. Il est donc conseillé d'être suivie par un médecin. Vous devez passer par une phase de sevrage, de privation progressive, qui est difficile et ponctuée d'éventuelles rechutes. Mais, peu à peu, le corps et le mental s'apaisent et trouvent le chemin de la guérison. Le craving s'atténue avec la maîtrise des crises.

TU C KOI :-)

Le craving, entre le grignotage et la boulimie

Le grignotage est l'absorption d'aliments en petite quantité, parfois toute la journée, sans faim ni envie de quelque chose en particulier. Le craving « alimentaire » est une envie incontrôlable d'un aliment, souvent du chocolat, pour se faire plaisir tout de suite. Contrairement au grignotage, le craving est suivi d'un sentiment de culpabilité. Quand cela devient excessif, il peut se transformer en boulimie. On se met alors à manger une quantité énorme de nourriture en quelques minutes, jusqu'à l'écœurement.

+
Alcool, p. 16.
Boulimie, p. 50.
Cigarettes, p. 69.
Drogues, p. 104.

Croissance

L'adolescence est la dernière période durant laquelle le corps grandit. La fin de la puberté va clore ce processus de croissance entamé à la naissance, et vous atteindrez alors votre taille adulte définitive.

C

Lentement mais sûrement

Vous êtes la plus petite de la classe et ça vous inquiète. Pourtant, il est possible que dans quelques mois vous dépassiez vos camarades, car votre croissance n'est pas finie. C'est durant la première année de la vie que l'on grandit le plus, en moyenne de 25 cm ! Puis la croissance diminue progressivement jusqu'à l'âge de 6 ans et se stabilise jusqu'à la puberté.

Règles régulières = fin de la croissance

La puberté (développement des seins, apparition des poils pubiens…) marque le passage à l'adolescence.
Dans la première phase, la taille change rapidement. Les pieds et les mains grandissent, puis le nez, les jambes, les bras et enfin la colonne vertébrale. Vous pouvez prendre jusqu'à 10 cm par an !
Dans la seconde phase de la puberté, jusqu'à 17-18 ans, la croissance est ralentie par la fabrication des hormones sexuelles et l'arrivée des règles. Tant qu'elles ne sont pas régulières, vous pouvez encore gagner des centimètres. Vous prenez alors plus en largeur : le thorax et le bassin s'élargissent. Mais ne vous inquiétez pas, les proportions vont s'harmoniser.

+ **A**limentation, p. 17.
Obésité, p. 227.
Règles, p. 281.

pas comme ma mère

La taille adulte moyenne des filles est de 1,63 m (1,75 m pour les hommes). Au-dessous de 1,52 m et au-dessus de 1,74 m, votre taille est assez exceptionnelle, sauf si c'est un trait familial. Au début du XXe siècle, la taille moyenne était de 1,55 m pour les femmes. Cette évolution a connu une forte accélération entre 1960 et 1990 : 5 cm ont été gagnés en 30 ans.

AILLEURS DANS LE MONDE

Les Néerlandais sont les plus grands du monde, avec une taille moyenne de 1,71 m pour les femmes et de 1,84 m pour les hommes. L'adolescente la plus grande du monde est brésilienne. Elisany Silva est née en 1995. À 17 ans, elle mesurait déjà 2,06 m.

Bien s'alimenter

C'est au cours de la croissance que se compose le capital osseux. Une alimentation riche en vitamines, en calcium et en protéines est indispensable. Manger de la soupe n'est pas forcément efficace.
Des facteurs génétiques sont en jeu. Si vos parents sont petits, vous avez moins de chances d'être grande.

Danser

Passion pratiquée depuis l'enfance pour certaines, façon de faire la fête pour d'autres… Danser en complexe quelques-unes, celles-là mêmes qui se trémoussent sur leur chaise. Allez, toutes en piste !

D

Shake your booty[1] !

Vous êtes complexée ? Rassurez-vous, nous sommes nombreuses dans ce cas. Nombreuses à regarder chaque année les chorégraphies de l'émission *Danse avec les stars* sans pouvoir les imiter. Nombreuses à rêver d'avoir le déhanché de Shakira, la classe « michael-jacksonienne » de la chanteuse Christine and the Queens ou le groove sexy de Shy'm… Est-ce une raison pour rester planter, raide comme un balai, quand tout le monde s'amuse dans les fêtes ? Eh bien non !

D'abord n'imaginez pas que les autres ont les yeux rivés sur vous, histoire de vous montrer du doigt et de s'en payer une tranche. En général, dans les fêtes, il fait sombre. Et les gens sont bien trop occupés à danser (justement !) ou à bavarder (aussi). Bon, il y a toujours l'éventualité qu'un garçon vous ait repérée parmi la foule, n'est-ce pas, et vous suive intensément des yeux. Si cela arrive, ne vous occupez pas de lui. De toute façon, si vous lui plaisez vraiment, il se souciera assez peu que vous soyez une piètre danseuse. Allez-y, vous êtes sur la piste (ou disons au beau milieu du salon de vos parents) : lâchez-vous, oubliez tout. Essayez de vous laisser envahir par le rythme et dansez avec vos copines, faites la folle.

Et la technique ?

Si vous n'avez jamais pris de cours de danse, ne complexez pas. Qu'importe : nous ne sommes plus à l'époque du rock acrobatique (même si cette discipline fait de nouveau des adeptes), mais à celui de la pop, du R'nB, de la techno ou de l'électro. Des danses beaucoup plus instinctives, rythmées et conviviales, qui permettent de danser seule ou à plusieurs, juste en suivant son inspiration.

Un garçon se rapproche de vous et vous invite à danser : que faire ? Vous avez peur d'être nulle, de lui marcher sur les pieds, de ne pas savoir suivre ses mouvements. Un conseil : dites-lui franchement que vous débutez, que vous n'êtes pas très sûre de vous. Soit il vous répondra que c'est la même chose pour lui et vous rigolerez ensemble de vos faux pas. Soit il deviendra un professeur attentionné : vous aurez réussi à faire vibrer en lui la fibre du macho protecteur, vos maladresses le feront craquer. La bonne idée, c'est d'enchaîner sur un slow, une danse où même les nulles excellent, qui vous permettra de reprendre vos esprits (ou bien de les perdre définitivement…).

Une pro du dancefloor

Si vous voulez vous améliorer, il existe de nombreux cours de danse privés ou même publics dans les MJC, les centres municipaux. Partout, il y en a pour tous les goûts : classique, modern jazz, contemporain, street dance, salsa, rock « acro » (le diminutif branché d'« acrobatique »), jumpstyle, rock sauté, kunduro pour les fans (et ils sont de plus en plus nombreux) de danse africaine modernisée, coupé-décalé, danse orientale, africaine, néo-zouk, R'nB, dancehall, reggaeton… jusqu'aux danses régionales, qui ont le vent en poupe !

N'hésitez pas : inscrivez-vous avec une ou deux copines, si vous avez peur de vous lancer. Cela vous permettra de vous amuser ensemble, de vous sentir plus à l'aise dans votre corps et de progresser du même coup dans les autres danses. Certaines ont déjà sauté le pas (c'est le cas de le dire !) et elles ne le regrettent pas.

1. En VF, ça donne quelque chose comme : secouez-vous le popotin !

+ Fête, p. 126.
Musique, p. 220.

Dents

Votre hantise, c'est le dentiste. Savez-vous qu'un bon brossage, une alimentation équilibrée, peu sucrée, et une visite de contrôle tous les ans permettent de garder de belles dents ? Mieux vaut prévenir... que guérir une carie !

Un beau sourire

Chacun possède 32 dents, également réparties entre les deux maxillaires. Sans elles, il serait difficile de manger. Les 4 incisives coupent, les 2 canines déchiquettent, les 4 prémolaires et les 6 molaires broient la nourriture. Les « dents de lait », que l'on perd enfant, précèdent les dents définitives. Puis, entre 18 et 21 ans, poussent les « dents de sagesse ».
La dent est formée d'une partie visible, la couronne, recouverte par l'émail, et d'une partie invisible, la racine, qui amarre la dent à l'os.

Porter un appareil

Lorsque la mâchoire n'est pas bien en place ou que les dents ne sont pas alignées, le dentiste conseille le port d'un appareil d'orthodontie. Il existe des appareils multibagues, fixes, et d'autres qui sont amovibles. Le traitement est souvent long et contraignant. De plus, sur le plan esthétique, ce n'est pas génial. Mais il faut souffrir pour être belle… Le fait de porter un appareil est aussi une bonne école en matière d'hygiène dentaire, car il contraint à se brosser les dents très régulièrement et à supprimer bonbons et boissons sucrées.

Éliminer les bactéries

Votre bouche est un nid à bactéries : elle peut en abriter 60 à 70 espèces différentes. Les bactéries sont responsables des caries qui détruisent peu à peu la dent par déminéralisation des tissus durs et de la plaque dentaire, ce dépôt blanchâtre à la surface des dents. Elles sont aussi à l'origine des inflammations de la gencive. Il est donc indispensable de les éliminer.
À l'adolescence, le risque de caries dentaires est très élevé : 80 % d'entre elles se développent dans les sillons des molaires (à l'endroit où vous mâchez).

TU C KOI :-)

Le dispositif de prévention bucco-dentaire de l'assurance maladie à destination des jeunes, intitulé « M'T dents », a succédé à l'ancien bilan bucco-dentaire (BBD). Ce programme de prévention, qui vous mène chez le dentiste pratiquement tous les ans, est indispensable pour éviter les problèmes graves. Lorsque vous avez 6, 9, 12, 15 et 18 ans, vos parents reçoivent un courrier et vous devez effectuer ce bilan dans les 6 mois qui suivent votre anniversaire. Il est pris en charge à 100 % et vous n'avez pas à faire l'avance des frais.

Secrets de filles

Hacher quelques feuilles de menthe fraîche et les mélanger à du bicarbonate de soude, puis se laver les dents une fois par semaine avec cette mixture : dents blanches et haleine vivifiante garanties !

« « Avoir les dents longues » signifiait autrefois être affamé. Aujourd'hui, c'est manifester trop d'ambition. »

L'intérêt de la prévention

Il n'y a pas d'âge pour prendre soin de ses dents et adopter une bonne hygiène. La première règle consiste à se brosser les dents au moins deux fois par jour, le matin et le soir.
Après le repas de midi, on peut mâcher un chewing-gum sans sucre ou manger une pomme. Le premier permet de nettoyer les dents et les deux activent la salive, une arme naturelle très efficace contre les caries. L'action du brossage peut être complétée par l'utilisation de fil dentaire. N'attendez pas d'avoir mal aux dents pour aller chez le dentiste. Une visite annuelle permet de détecter à temps les caries et donne l'occasion de pratiquer un détartrage pour éliminer la plaque dentaire.

La bonne technique

Pour adopter le bon geste, suivez ces conseils.

- Brossez séparément le haut et le bas de la mâchoire.
- Inclinez votre brosse à dents à 45°, en la plaçant à cheval sur les dents et la gencive.
- Effectuez des mouvements circulaires (de bas en haut), et non transversaux (de gauche à droite).
- Le brossage doit durer au moins 1 minute, et aller jusqu'à 3 est idéal !

Bien manger et ne pas grignoter

Une alimentation saine, variée et équilibrée facilite la prévention mais ne protège pas à 100 % contre les caries. Ne croyez pas que les produits sucrés (bonbons, sodas, pâtisseries…) sont les seuls responsables des maux de bouche. D'autres aliments favorisent la formation des caries. Ainsi, les biscuits apéritifs, qui adhèrent particulièrement bien à l'émail dentaire, sont à éviter, tout comme les fruits secs et les gâteaux secs. En revanche, les lipides présents dans les produits laitiers, comme le fromage, ont un effet modérateur. Il faut donc varier ses repas et supprimer le grignotage. Plus l'apport en sucre est limité, moins vite apparaîtront les caries.

LOL ;-)

Dans un asile, un fou se promène avec une brosse à dents accrochée au bout d'une laisse. Le surveillant, qui le connaît bien, lui dit :
– Il est beau, votre chien…
Le fou le regarde bizarrement et lui dit :
– Mais enfin ! Ce n'est pas un chien, c'est une brosse à dents !
Le surveillant, un peu étonné, continue son chemin. Alors le fou regarde sa brosse à dents et lui dit :
– On l'a bien eu, hein, Rex ?

+ Hygiène, p. 158.
Odeurs corporelles, p. 228.

Trop classe

Le strass dentaire

Après le piercing sur la langue, le strass dentaire fait fureur ! Ce petit bijou collé sur la dent est idéal pour illuminer votre sourire. Le plus souvent, c'est l'imitation d'un diamant, mais il peut aussi avoir une couleur et une forme différentes. Le strass se pose avec de la colle dentaire, donc c'est sans danger pour vos dents. Évitez de l'installer seule et assurez-vous que la personne qui le colle respecte les règles d'hygiène. Surtout, ne creusez pas pour incruster le strass : cela abîmerait la dent de façon définitive et vous ne pourriez plus le retirer.

Dépression

Repli sur soi, ras-le-bol général, envie de pleurer sans raison… Quand la dépression s'installe, il faut savoir la distinguer de la simple déprime et réagir. Ce n'est pas toujours facile, mais de nombreuses structures peuvent vous y aider.

D

Quand rien ne va…

Subite ou progressive, la dépression est un trouble de l'humeur qui se caractérise d'abord par un mal-être, une angoisse sourde et une très grande fatigue.
La déprime est passagère, elle survient par exemple à la suite d'un chagrin d'amour ou d'un deuil, alors que la dépression se traduit par une tristesse profonde n'ayant pas de cause apparente et s'installe dans la durée.
Peu à peu apparaissent différents symptômes : sentiment de vide, d'impuissance, de désespoir ; souffrance morale ; perte de l'énergie, de la volonté, du plaisir, de l'estime de soi, qui se traduit par une désaffection pour tout ce qui pourrait être agréable ; troubles du sommeil, de l'appétit ; difficultés à se concentrer, à prendre des décisions.
La dévalorisation et la culpabilité vous envahissent. Tout paraît insurmontable, rien ne semble pouvoir vous détourner de vos idées noires. Vous vous trouvez indigne de l'affection que vous portent vos proches et vous pensez qu'ils seraient sans doute plus heureux si vous étiez morte. En gros, vous pensez : « Je ne suis rien, je ne mérite pas de vivre. »
Le risque majeur de la dépression est une conduite suicidaire avec tentative de passage à l'acte.

… parlez pour vous en sortir

Trouvez la force de réagir.
Confiez-vous à un proche (une amie, un parent…)
Il n'est pas facile de parler de sa détresse morale alors que l'on se trouve indigne de ses proches et que la dépression pousse à se replier sur soi-même. Mais vous ne devez pas hésiter ! Les vraies amies et les parents sont aussi là pour ça !

Appelez un centre d'écoute spécialisé
Pour ne pas rester seule avec ses doutes, le téléphone peut constituer une première étape. Parler à un inconnu à l'autre bout du fil s'avère pour certaines plus réparateur que de se confier à un proche. L'anonymat permet

TU C KOI :-)

Le site Internet http://cartosantejeunes.org recense les lieux de proximité d'accueil, d'écoute et de consultations pour les adolescents et les jeunes adultes. On y trouve principalement des espaces santé jeunes (ESJ), des points accueil-écoute jeunes (PAEJ), des maisons des adolescents (MDA).

Services d'aide psychologique par téléphone

- **SOS Amitié :** ouvert sept jours sur sept, 24 h sur 24. Tél. : 01 42 96 26 26 à Paris ou l'un des 47 centres régionaux (voir Pages jaunes ou www.sos-amitie.com).
- **Croix-Rouge Écoute :** du lundi au vendredi de 10 h à 22 h. Tél. : 0 800 858 858 (numéro vert).
- **Suicide Écoute :** ouvert sept jours sur sept, 24 h sur 24. Tél. : 01 45 39 40 00.
- **SOS Dépression :** ouvert sept jours sur sept, 24 h sur 24. Tél. : 01 40 47 95 95.
- **Fil Santé Jeunes :** ouvert sept jours sur sept de 8 h à minuit. Tél. : 0 800 235 236 (numéro vert).
- **Allô Enfance en Danger :** ouvert sept jours sur sept, 24 h sur 24.Les appels concernent en majorité les mauvais traitements et les abus sexuels. Tél. : 119 (numéro gratuit).
- **Net écoute :** numéro vert national 0 800 200 000 pour la protection des mineurs sur Internet, anonyme et confidentiel.

Chacune son histoire

« Il y a un mois, je perdais ma meilleure amie dans un accident de la route. Nous étions comme deux sœurs : toujours ensemble, à se raconter nos histoires de famille, de cœur... Depuis, je me sens vide. Je n'ai plus envie de rien. Je passe mon temps à pleurer ou à dormir. Rien ne m'intéresse. Même les aliments ont perdu toute saveur. Je ne sais pas si je retrouverai le goût de la vie, mais j'ai décidé d'aller consulter un psychologue. Je pense que parler de toute cette souffrance en moi me soulagera. »

Anne-Sophie, 15 ans

de faire tomber le masque et d'aborder les questions sensibles. L'effet de soulagement est énorme. L'interlocuteur, formé à l'écoute téléphonique et encadré par des psys tout au long de son travail, se montre chaleureux sans être curieux. Il laisse le temps d'exposer ses problèmes et aide à mieux les comprendre. Mais, si l'appel permet d'identifier les soucis, de relativiser leur ampleur et d'envisager des débuts de solution, le vrai travail commence quand on a raccroché. Une précision : souvent saturés, les services d'aide psychologique par téléphone sont difficiles à joindre notamment le soir et le week-end.

Angoisse, p. 29.
Blues, p. 47.
Complexes, p. 74.
Inceste, p. 161.
Mal-être, p. 198.
Mort, p. 219.
Psychologue, p. 266.
Secrets de famille, p. 302.
Suicide, p. 341.
Timidité, p. 354.
Viol, p. 368.

... rendez-vous dans une structure d'accueil

Les points d'accueil et d'écoute jeunes (PAEJ)

En France, ces petites structures conviviales destinées aux jeunes âgés de 12 à 25 ans en situation de mal-être personnel ou d'inadaptation sociale sont disséminées sur le territoire. Elles accueillent de façon inconditionnelle, gratuite et confidentielle, sans rendez-vous, seuls ou en groupe, des jeunes et/ou leurs parents souhaitant recevoir un appui, un conseil, une orientation, dès lors qu'ils rencontrent une difficulté concernant la santé au sens large : mal-être, souffrance, dévalorisation, échec, attitude conflictuelle, difficultés scolaires ou relationnelles, conduites de rupture, violentes ou dépendantes, décrochage social, scolaire. Cet accueil n'offre pas de soins.

Les maisons des adolescents

Présentes dans chaque département, elles offrent un lieu d'accueil, de conseil, d'information et de prévention, de prise en charge médicale et de suivi pour les jeunes de 12 à 19 ans en souffrance. Vous pouvez vous y rendre seule ou accompagnée de vos parents, sur rendez-vous ou spontanément. Pour en savoir plus, consultez le site officiel des maisons des adolescents : www.anmda.fr

... consultez un médecin ou un psy

Si vous avez un bon contact avec le médecin scolaire, votre pédiatre ou votre médecin de famille, n'hésitez pas à le consulter. Il vous aidera à lutter contre cet état de détresse ou vous orientera vers le spécialiste adapté à la situation. Les psys exercent en cabinet privé ou dans différentes structures. Psychiatres et psychologues reçoivent dans les services psychiatriques des hôpitaux, les centres médico-psychologiques (CMP) et les centres médico-psycho-pédagogiques (CMPP). Tous les numéros se trouvent dans les Pages jaunes de l'annuaire. Si vous voulez connaître le CMPP de votre quartier, appelez la mairie.

Désir

D

Quand on est ado, longue est la liste de ce que l'on désire : une robe vue dans une vitrine, un smartphone, mais aussi son indépendance. Et surtout on voudrait être aimée et provoquer à son tour le désir...

Le désir : une drôle d'énergie !

Mais quelle est-elle, cette nouvelle énergie qui nous dévore, qui nous tiraille et nous donne l'impression de rester sur notre faim, de manquer de tout, ou plutôt de l'essentiel ? D'être vide, en totale inadéquation avec le monde ? On veut énormément… on ne peut pas beaucoup.
Pas assez d'argent, de liberté pour aller où l'on veut, faire ce que l'on veut, pas le corps qu'on voudrait, la tête qu'on aimerait, le look, la personnalité qu'il faudrait. On est terriblement frustrées !
Du coup, ce désir bouillonnant tourne en rond, comme une bête en cage. Il nous étouffe. Monte une énergie qui vient des tripes… quelque chose d'inconnu, d'un peu monstrueux, qui nous fait peur et nous met hors de nous.

Obscur objet de nos désirs...

En réalité, tous ces désirs s'enracinent dans un autre désir, beaucoup plus profond, que parfois nous n'avons pas encore identifié ou que nous ne voulons pas admettre.
Un désir d'être aimée, désirée, de connaître le plaisir dans les bras de quelqu'un. Bref, c'est sûr, une expérience qui nous fera du bien ! Ce désir, de nature sexuelle, est parfois appelé la libido (qui signifie « désir » en latin). Il s'éveille à la puberté. C'est lui qui donne envie de vivre, de se projeter hors de soi, de nouer des liens avec les autres. C'est le désir de la vie.

TU C KOI :-)

Le désir est le baromètre de l'état moral. Vous avez plein d'envies, vous voulez tout et n'importe quoi ? Tant mieux, ne vous plaignez pas. C'est que vous avez la pêche ! Par contre, si vous avez l'impression de ne pas avoir de désirs, d'envies, de pulsions... ça ne doit pas aller bien fort. Vous êtes sans doute un peu, voire beaucoup, déprimée.
Il faut en parler autour de vous pour qu'on vous aide.

Désir et amour

Le désir existe sans amour, car c'est une énergie que l'on porte en nous. On tourne la tête sur tous les garçons, on fantasme. Un jour, on rencontre une personne qui fait battre notre cœur. On la désire et on ne voit plus qu'elle. Cela s'appelle l'amour. On désire alors le corps de l'autre, sa peau, son rire, tout ce qui fait qu'il est lui. Mais il vaut mieux attendre de se sentir prête pour franchir le pas et faire l'amour avec cette personne, car le désir n'est pas le garant absolu du plaisir ou de la plénitude. La vie est plus compliquée que ça. Donc, les filles, un conseil : suivez votre désir, mais sans jamais le forcer ni brûler les étapes…

J'épate les copines

En leur conseillant de voir deux superbes films sur le désir :
- *Les Ailes du désir*, de Wim Wenders (1987) : une superbe histoire sur l'amour, la liberté, le désir, qui nous donne des ailes et le goût de vivre.
- *Cet obscur objet du désir*, de Luis Buñuel (1977) : un film hilarant sur un homme obsédé par une femme qui se refuse à lui pour des raisons mystérieuses. Cocasse, mais aussi très juste et profond…

Désordre

Pomme de discorde s'il en est, le désordre est ce que nous reprochent le plus souvent nos parents. C'est toujours vexant de passer pour une souillon !

D

C'est quoi, ce bazar ?

Voilà une phrase que vous entendez souvent. Le mot bazar est d'ailleurs parfois remplacé par un terme bien plus vulgaire… C'est bizarre, mais on dirait que le désordre de votre chambre – assez fréquent il est vrai – a l'art de mettre vos parents en colère (notamment votre chère maman). Les psys disent que le désordre de la chambre des adolescents reflète l'état de leur monde intérieur. En effet, à cet âge-là, on n'aime pas classer les choses dans les tiroirs ni les ranger… et aussitôt les oublier.
On préfère les avoir sous les yeux, on veut que ça bouge, que ça déménage. On aime changer les meubles de place. Empiler les bibelots, les souvenirs, les cartes postales sur les étagères. Étaler ses petites tenues sur le lit ou sur la chaise. Et tutti quanti. En fait, on aime quand il y en a plein ! Ça nous tient chaud, on se sent dans un cocon, on fait son nid, un peu comme les oiseaux avec leurs brindilles, leurs bouts de laine… Et puis, autre avantage non négligeable, le désordre de la chambre dissuade souvent les parents de s'y aventurer. C'est une façon de leur signifier que la zone est en travaux, donc interdite au public…

Moi, je m'y retrouve…

… est la réponse que l'on oppose aux récriminations maternelles. Si c'est la vérité, tout va bien. Du moment que, lorsque vous avez besoin d'un cahier, d'un vêtement ou d'un CD, vous le retrouvez dans un délai raisonnable et dans un état acceptable…

QUIZ

Quel est votre rapport à l'ordre

1 • À quel moment de la journée faites-vous votre lit ?
- a. Avant de partir à l'école.
- b. En rentrant vers 6 heures.
- c. Quand ma mère change les draps.

2 • Vous faites la poussière :
- a. Une fois par semaine.
- b. Une fois par mois.
- c. Une fois par an.

3 • Vos tee-shirts sont :
- a. Dans la commode.
- b. En boule sur l'étagère de l'armoire.
- c. Éparpillés un peu partout.

4 • Comment sont vos cahiers dans votre sac de classe ?
- a. Couverts ou dans des pochettes en carton.
- b. Un peu usés, mais en bon état.
- c. Certains sont écornés.

5 • Le désordre, c'est :
- a. Quelque chose qu'on vous reproche rarement.
- b. La lubie de vos parents.
- c. Quelque chose qu'on vous reproche tout le temps.

6 • Imaginez que votre copain vous rende visite à l'improviste. Il toque à votre porte. Que dites-vous ?
- a. « Entre ! »
- b. « Attends un instant ! » Et vous rangez frénétiquement.
- c. « Ouais, c'est le bazar… Mais bon, fais comme chez toi. »

Majorité de a : vous êtes très ordonnée, parfois un peu tatillonne. Détendez-vous.

Majorité de b : c'est la joyeuse pagaille chez vous, mais vous savez ranger s'il le faut.

Majorité de c : vous êtes en révolte contre l'idée d'ordre en général et peut-être un peu mal dans votre peau.

D

Chacune son histoire

« Mes parents vivent séparés, et je réside en alternance une semaine chez l'un, une semaine chez l'autre. En fait, je crois que cette situation m'a amenée, par réaction, à être une personne très soigneuse : j'ai une chambre dans chaque appartement, et j'aime les ranger, les faire proprettes chaque fois que j'y reviens. Mes parents sont à l'opposé : tout est en pagaille chez eux. Je dois souvent faire le ménage, la vaisselle chez mon père. Chez ma mère, c'est un peu mieux, mais elle ne retrouve jamais rien et me demande où sont les choses. Je souffre de cette situation, j'ai l'impression d'être la "maman". J'ai hâte d'avoir mon propre chez-moi. »

Patricia, 15 ans

Le désordre peut être créatif. C'est un moyen de rester toujours sur la brèche, de se poser des questions, de refaire le monde à chaque instant. Mais il peut aussi être étouffant : vous êtes la seule à même d'en juger. Attention à ne pas vous laisser déborder !

Et puis, il n'y a pas que votre chambre dans votre vie. Qu'en est-il du reste ? Vos études, vos amitiés, vos amours, vos relations familiales, votre apparence physique : est-ce que c'est le chaos partout, voire le naufrage, ou arrivez-vous à tenir le cap au milieu des flots ? La réponse est positive… alors, pas de souci : il vous suffira de ranger votre chambre de temps en temps pour exhumer les couches anciennes (ce petit top, je l'avais oublié !). La réponse est négative… alors, il est temps de faire le point. Ranger votre chambre peut vous aider à avoir les idées plus claires. Mais ce n'est pas la solution miracle : le problème est souvent ailleurs.

C'est mon problème…

… ajoute-t-on à l'adresse de notre mère pour enfoncer le clou.

Deux hypothèses :

- Vous vous sentez bien dans votre désordre, c'est votre façon d'être. Après tout, il y a des personnes soigneuses et ordonnées, d'autres moins. Ça n'empêche pas de vivre ni de réussir. Donc, vous assumez. En effet, vos parents ne peuvent plus vous imposer de ranger votre chambre comme quand vous étiez petite. C'est votre problème, c'est vous qui y vivez, pas eux. Dans ce cas, veillez à maintenir un état d'hygiène minimum et discutez avec vos parents des modalités de nettoyage de votre chambre.
- Vous vous y sentez mal, vous êtes dépassée : ce n'est pas votre problème à vous seule, c'est aussi le leur. Dites-leur que ça ne va pas fort. Peut-être qu'ils peuvent vous aider. Autre possibilité, si vos parents sont peu réceptifs, demandez à votre meilleure amie de vous aider. Une séance de rangement à deux, ça peut être très sympa !

Le désordre gagne ?

Que le désordre règne dans votre chambre est une chose, que vous le semiez partout sur votre passage en est une autre. Dans la maison, quand vous utilisez la cuisine, le salon ou la salle de bains, pensez à laisser les choses à peu près dans l'état où vous les avez trouvées. Vos parents ne sont pas des bonniches ! Vous les trouvez maniaques, ils râlent dès qu'une miette traîne sur la table ? C'est peut-être le cas, mais vous n'avez pas trop le choix, les filles : pour l'heure, il faut vous plier aux règles de la maisonnée.
C'est aussi une règle sociale à respecter car, si une amie vous prête un objet, si quelqu'un vous prête un lieu pour les vacances, il faudra le rendre en l'état… surtout si vous voulez en profiter à nouveau !

TU C KOI :-)

Conseils pour vivre ensemble… dans l'ordre et l'harmonie !

- Chaque fois que vous prenez un bain, n'oubliez pas de rincer la baignoire ni d'enlever les cheveux qui traînent.
- Lavez ou mettez au lave-vaisselle vos couverts et ustensiles.
- Si vous vous lancez dans une œuvre culinaire, ne laissez pas la cuisine en chantier.
- Proposez votre aide pour les tâches ménagères.
- Évitez de laisser traîner vos affaires partout dans la maison.

+ Chambre, p. 59.
Conflits avec les parents, p. 78.
Frères et sœurs, p. 135.

Deux-roues

Comme beaucoup de jeunes, vous rêvez d'avoir votre scooter pour être enfin autonome. Le début de la liberté ! Mais n'oubliez jamais que ce n'est pas sans danger.

D

Sous conditions

Épater la galerie avec votre scoot flambant neuf, être libre d'aller chez vos copines sans demander à papa-maman, le rêve ! Pour cela, il faut avoir 14 ans. Le brevet de sécurité routière (BSR) est obligatoire, et vous ne pourrez vous inscrire à la formation pratique qu'après avoir obtenu l'attestation scolaire de sécurité routière en classe de cinquième (pour ASSR1) et de troisième (ASSR2). La formation pratique dure 7 heures et contient une phase de conduite de 4 heures, avec un moniteur d'une moto-école. À 14 ans, vous pouvez conduire un cyclomoteur n'excédant pas 50 cm^3 (sa vitesse ne doit pas dépasser 45 km/h). À 16 ans, vous pourrez passer aux moins de 125 cm^3. Tout cela a un coût : essence, assurance (obligatoire), plaques d'immatriculation et équipement. Vous pouvez commencer à mettre de l'argent de côté !

Du côté des parents

Si vos parents refusent, c'est par crainte et non pour vous embêter. Les négociations vont être serrées. Ils vous répondront sûrement que les transports en commun c'est très bien, et que vous n'avez pas à sortir à tout-va. Montrez-leur que vous êtes prête à adopter une conduite prudente. Proposez-leur une sorte de contrat moral. Vous vous engagez à suivre certaines règles : respect du code de la route, port du casque bien fixé, entretien du véhicule, et pas d'acrobaties, pas de scooter en jupe-talons, pas de traficotage de scooter. Si vous vous y tenez, non seulement vous serez fiable comme pilote, mais vous aurez prouvé à vos parents que vous assurez !

Un risque mortel

En 2013, 7 666 personnes ont été victimes d'un accident de cyclomoteur : 159 sont mortes. Parmi elles, 3 avaient moins de 15 ans, et 84 étaient âgées de 15 à 24 ans (soit 53 %). Les adolescents sont donc particulièrement touchés, et le risque d'accident mortel culmine vers 15-19 ans. Votre désir d'indépendance ne doit pas vous faire oublier que circuler à deux-roues présente un véritable risque, auquel il faut se préparer. Ne conduisez pas si vous avez bu peu de temps avant ou si vous êtes fatiguée, roulez doucement, pensez à vérifier votre niveau de carburant avant de sortir, ne prêtez pas votre scoot, ne buvez pas d'alcool avant de prendre la route, évitez de rouler la nuit, et surtout : casque O-BLI-GA-TOI-RE.

TU C KOI :-)

Si vous habitez en ville, le vélo sera le compagnon idéal de vos virées et déplacements. Car il ne manque pas d'atouts, ce deux-roues !

- Un gain de temps : le vélo remporte la palme du moyen le plus rapide.
- Bon pour vous… et les autres : pédaler, c'est sportif et ça ne pollue pas. Le vélo, c'est écolo !
- Pratique : peu encombrant et léger, le vélo permet de s'arrêter et de se garer facilement, de regarder les vitrines et d'admirer le paysage.

Pensez à vous acheter l'équipement adéquat : dynamo, catadioptres, bandes réfléchissantes, casque.

Diplômes

Brevet, bac, concours... chaque examen marque une étape dans le cursus scolaire et ouvre les portes de l'emploi. Un point commun entre tous : la peur de ne pas y arriver. Suivez le guide.

D

Des passeports pour l'avenir

Quelle différence existe-t-il entre un 3e coincé dans l'angle d'un losange, un terminale perdu dans les tourments de l'histoire et un étudiant noyé dans le flot des dissertations ? À première vue, une grande, mais, à bien y regarder, ce n'est pas si sûr : tous manquent d'organisation et redoutent les examens. Une question revient : à quoi ça sert ? Mais à plein de choses ! Le brevet est une sorte de galop d'essai : on se frotte à la difficulté d'enchaîner des heures à gratter sur sa copie. C'est une première qualification. Le bac permet de montrer que l'on est mature (la majorité n'est pas loin !). Le lycée, c'est fini, on va de l'avant, on est prête à rentrer de plain-pied dans le monde des adultes et on prépare son avenir professionnel. Le concours d'entrée dans une école ou les études supérieures sont un gage de notre volonté de dominer nos études, on fait des choix qui déterminent notre carrière… et notre vie.

Tout est dans la préparation

Pas de mystère : pour réussir, il faut RÉ-VI-SER. Mais c'est aussi un travail en amont qui commence dès la rentrée. Pendant les cours d'abord : concentration, attention, prise de notes. Mais aussi en dehors : entraînement, fiches, révision. Quand on a raté un contrôle, on prend en compte les remarques du prof, on évalue ses forces et ses faiblesses. On joue le jeu : on se gave d'exercices d'annales ; on ne bute pas sur une mauvaise note ; on se bourre le crâne de dates, de définitions, de règles. On se concocte un programme de révision. Accrochez au-dessus de votre bureau un tableau avec les dates et les matières à réviser. Pendant les vacances et les week-ends, ménagez-vous des plages dédiées au travail et d'autres à la détente. Quarante-huit heures avant la date fatidique, faites le vide et soufflez. Pour éviter un stress en plus, préparez votre sac la veille : carte d'identité, convocation, montre, stylos, effaceurs, calculatrice, règle, en-cas, bouteille d'eau…

Le jour J

Peur d'avoir tout oublié ? Pas de panique, cela va vous revenir au moment voulu. Évitez de parler en groupe à l'entrée de la salle pour ne pas vous embrouiller la tête. Respirez pour diminuer la tension et oxygéner le cerveau. Lisez bien les consignes, évaluez le temps pour chaque question et veillez à en garder pour vous relire. Répondez à tout, même si vous n'avez qu'une partie des infos, cela peut vous faire gagner des points. Et soyez à l'heure !

Secrets de filles

Quelques conseils pour tout « ficher »

- La fiche est un résumé de vos prises de notes, elle doit donc être… courte. Avec des flèches, des croquis, des abréviations, on synthétise le cours. Les mots clés sont surlignés et mis en évidence.
- Petite, elle est toujours à portée de main : n'écrivez qu'au recto.
- Quelques exemples viennent étayer le sujet : cela peut servir pour illustrer votre propos en dissertation.
- Fixez un code couleurs et n'en changez pas. Votre mémoire aura ainsi ses repères. N'en abusez pas non plus, vous seriez vite perdue !
- Classez-les, complétez-les au besoin et ne les rédigez pas au dernier moment.

prendre ses Distances

Vous rêvez de liberté, d'aventures lointaines… ou tout simplement d'un week-end en tête-à-tête avec votre meilleure copine. Bref, vous avez besoin de faire un petit break avec la famille !

D

Laissez-moi tranquille !

Les parents, on les aime, mais à l'adolescence on les trouve un peu pots de colle. Certains n'arrêtent pas de poser des questions : « tu vas bien ? », « tu as passé une bonne journée ? », « tu as réussi ton contrôle ? », « tu n'es pas un peu fatiguée ? »… Parfois, on a l'impression d'être traitée comme un cas psychiatrique ! Cet interrogatoire donne envie de courir dans sa chambre, de fermer la porte à double tour et de mettre la sono à fond. Oublier… partir… voguer vers un pays où personne ne pose de questions. Et il y a toutes ces justifications à fournir : pourquoi on sort, jusqu'à quelle heure, avec qui, qu'est-ce qu'on va faire, à quelle heure on s'est couchée la nuit dernière, est-ce qu'on a fait ses devoirs… Avec, bien sûr, toutes les petites remarques afférentes : « tu n'es pas un peu trop maquillée ? », « tu es sûre que tu veux sortir comme ça ? »… Forcément, on sature ! On se recroqueville comme un escargot dans sa coquille et, quand on sort de la chambre (pour des nécessités naturelles : faire pipi, manger… !), on utilise la technique du camouflage : on marche le long des murs sans faire de bruit. Et on répond par monosyllabes pour décourager toute conversation. Les parents ne comprennent pas, se sentent rejetés, s'imaginent qu'on fait la tête.

Cas extrêmes

Certaines d'entre nous ont tellement de mal à communiquer avec leur famille qu'elles finissent par s'isoler dans leur bulle. Avec Internet, c'est facile aujourd'hui de s'évader. On cultive des amitiés (virtuelles) avec des gens qui, eux, nous comprennent vraiment. On peut aussi avoir la tentation de se réfugier dans le cocon du haschich pour amortir les agressions extérieures (notamment parentales). Mais attention… ces deux échappatoires sont en réalité des pièges qui risquent de nous enfermer plus que de nous libérer. À forte dose, Internet est une drogue. On voit moins ses amis (les vrais), on se coupe du monde : oui, on prend ses distances, mais ce n'est pas très fun au fond… De nos jours, il existe aussi des manipulateurs, sur la Toile ou ailleurs, qui savent repérer quand ça ne va pas fort. Ils essaient de nous séduire et nous emberlificotent la tête avec des rêves d'une vie différente, meilleure, « qui a du sens ». Comme si la nôtre n'en avait

> **INTOX**
>
> Si tout va mal, ne croyez pas que la fugue soit une solution. En général, l'expérience tourne court. La police vous recherche, les gens qui vous hébergent ont des ennuis avec la justice. Et, à votre âge, vous ne pourrez pas pourvoir à vos besoins : la galère est assurée.

J'épate les copines

- Faire les vendanges, c'est possible à partir de 16 ans. Allez sur le site www.pole-emploi.fr et cliquez sur les diverses régions viticoles. Cherchez une exploitation familiale où vous serez logée et nourrie. Cela devient rare, donc si vous tombez sur ce genre d'offres, sautez dessus !
- Passez votre BAFA, à partir de 17 ans, pour animer des colos.
- Pensez aux services : jardinage, cueillette de muguet, de jonquilles, etc. À partir de 14 ans, un jeune a le droit de travailler l'été : certaines entreprises embauchent (supermarchés, hôtels, restaurants, boulangeries…). Cherchez autour de vous : il y a plein de trucs à faire pour voler de ses propres ailes..

pas ! Certains nous embrigadent dans des sectes. D'autres nous transforment en petits soldats – ou en femmes de soldats. Vous avez entendu parler du jihad ? Méfiez-vous car ça n'arrive pas toujours qu'aux autres. Ceux qui y partent, en tout cas, le font pour une raison : d'abord et avant tout, ils veulent prendre leurs distances. Vivre autre chose. Se sentir exister.

Savoir s'échapper

Sans arriver à ces extrémités, on peut légitimement avoir envie de changer d'air de temps en temps, de « respirer ». Voici donc un mode d'emploi d'une prise de distance réussie.

Première étape

Au lieu de les éviter ou de clasher avec eux pour un rien, parlez à vos parents. Expliquez-leur que vous avez besoin de plus de liberté. Souvent celle-ci passe, à la maison, par la reconnaissance de votre intimité. Avez-vous un univers qui vous appartienne, une chambre ou un espace personnel qui ne soit pas un moulin ? Demandez aussi à pouvoir inviter des copines plus souvent, ou quand vous en avez envie, sans devoir chaque fois organiser les choses des jours à l'avance…

Seconde étape

Négociez des sorties régulières, pas forcément nocturnes.
Pour circuler dans la ville, faire des courses seule ou avec des copines, aller au ciné en groupe… Cela demande évidemment une discussion sur le plan financier, l'idée n'est pas de zoner dans le quartier sans un sou en poche !
Si l'argent que vous donnent vos parents ne suffit pas, cherchez un petit job. C'est aussi une manière de prendre votre indépendance et de vous montrer digne de confiance.
Organisez des plans vacances qui tiennent la route, demandez à faire un séjour à l'étranger, à aller en colo. Tous ces moyens aident à faire un break en douceur avec la famille.
L'idée, c'est d'être rassurante sur les aspects pratiques. Plus vous paraissez responsable, plus les parents lâchent la bride.
Si vous prenez vos distances de façon paisible et intelligente, vous aurez plus de plaisir à les retrouver et à vous raconter.

FLASH SUR LE NET

Connaissez-vous les « chantiers jeunes bénévoles » ? Ouverts à tout jeune à partir de 14 ans pour partir en France, à partir de 16 ans pour partir ailleurs en Europe, ils constituent une façon géniale de s'échapper du quotidien, s'investir dans un projet, rencontrer d'autres jeunes, faire quelque chose d'utile en découvrant un lieu, parfois un métier, une culture différente de la sienne. Restaurer un monument ancien, baliser un sentier pédestre, aménager un local jeunes, réaliser des fouilles : ce ne sont pas les idées qui manquent ! Pour vous renseigner :

- http://www.cotravaux.org
- http://www.rempart.com
- http://www.culture.gouv.fr/Thematiques/Archeologie (pour les chantiers fouilles)

+
Conflits avec les parents, p. 78.
Famille, p. 116.
Rébellion, p. 277.

Divorce

La séparation des parents n'est jamais facile à accepter. Il faut faire le deuil du couple parental et s'habituer à une nouvelle vie, souvent beaucoup moins confortable !

Un flot d'émotions

Quand nos parents se séparent ou divorcent, un flot d'émotions nous submerge. Même si le divorce est ancien, elles resurgissent à l'adolescence, par bouffées.

- L'émotion la plus douloureuse vient de cette évidence : l'amour dont on est issue, celui qui nous a donné naissance, est mort. C'est, quelque part, une sorte de négation de notre existence. Nous avons alors l'impression d'être un poids dans la vie de nos parents, un vestige du passé. Ce sentiment est générateur de tristesse, d'incertitude, de culpabilité, d'anxiété…
- Nous doutons de l'amour, de la vie en général : rien ne dure, tout est fragilisé. En quoi peut-on croire quand même l'amour des parents, la branche sur laquelle est posé notre nid, se casse la figure ? Nous sommes déboussolées, sans repères…
- Il est rare que les parents se conduisent de façon exemplaire pendant un divorce ! Vous entendrez sans doute plus d'une fois dans la bouche de l'un des propos qui dévalorisent l'autre. Ils se contredisent, ne défendent pas les mêmes valeurs. Vous vous sentez prise entre deux feux. À quel camp vous rallier ? Pourquoi vous prennent-ils en otage de leur conflit ? Vous pouvez ressentir de la colère contre vos parents. Comment pouvez-vous respecter leur autorité quand eux-mêmes ne se respectent pas ?

Kit de survie

Quelques conseils pour faire face !

- Hormis dans les cas extrêmes (défaillance manifeste de l'un des parents, violence), vous n'avez pas à vous rallier à la cause de l'un ou de l'autre. Ce divorce n'est pas le vôtre : il ne vous regarde pas, même s'il a un impact sur votre vie. Pour une fois, soyez égoïste ! Votre vie mérite mieux que ça, prenez soin de vous !
- Faites le point : ces derniers temps, la vie de famille a-t-elle été agréable ? Les disputes étaient-elles de votre goût ? N'êtes-vous pas soulagée de ce divorce ?
- C'est une désillusion : l'amour peut ne pas être éternel. Mais, les filles, ne le saviez-vous pas déjà ? Nous ne vivons pas dans un conte de fées ! L'amour est un sentiment complexe, qui s'entretient. Mais il existe. Continuez à y croire, avec l'espoir de faire mieux.
- Ils sont séparés, mais vous êtes toujours là. Vous existez au-delà d'eux : vous respirez, vous mangez, vous riez, vous avez des amis, des passions. Votre vie ne fait que commencer.
- Vos parents vous aiment toujours, ils ne divorcent pas de vous !

Chez qui habiter ?

En matière de garde, vous avez votre mot à dire. Pensez à la possibilité d'avoir une chambre, à la proximité de votre collège ou lycée, de vos amis. Chez qui préférez-vous habiter ?

> « Un mariage est rarement un mariage de raison, mais **un divorce** est toujours un divorce de raison : on se connaît. »
>
> Sacha GUITRY

À moins que vous ne plébiscitiez la solution de la garde alternée. Mais celle-ci vous convient-elle vraiment ? Réfléchissez. Même si le divorce est ancien et le mode de garde de longue date éprouvé, vous pouvez demander à vos parents de revenir dessus s'il ne correspond plus à vos besoins actuels.

Dans tous les cas, ne jouez pas le jeu de l'un contre l'autre en acceptant d'aller vivre chez l'un juste pour obtenir plus de liberté. Évitez également de faire de ce divorce un levier en exerçant sur l'un de vos deux parents un chantage sous prétexte que l'autre est plus permissif. Pour passer ce cap difficile qu'est l'adolescence, vous avez besoin avant tout de structures, de limites : ne l'oubliez pas.

Une nouvelle famille mono ou recomposée

Pas facile de se retrouver en tête à tête avec un parent esseulé. Une énorme majorité d'enfants et d'ados vivent avec leur mère. Celle-ci peut sembler débordée. Elle a moins de temps, déprime ou bien batifole. En cas de conflit, on lui reproche ce qui est arrivé… et on idéalise l'autre parent, que l'on voit moins et qui nous manque. Dans cette proximité avec elle, on a aussi tendance à devenir sa copine. À l'inverse, quand on vit avec son père ou en garde alternée, on a tendance en tant que fille à vouloir remplacer sa mère : faire le ménage, la cuisine, s'occuper de ses frères et sœurs. On mûrit plus vite, trop tôt. Rappelez-vous, les filles : à chacun son rôle. Vous n'avez pas à sacrifier votre adolescence pour soutenir votre mère ou votre père dans cette épreuve : pensez à vous !

À l'inverse, surtout quand le divorce date un peu, nos parents se remettent parfois en couple avec quelqu'un d'autre. On hérite alors d'un « beau-père » ou d'une « belle-mère »… et des demi-frères ou sœurs qui vont avec ! Pas facile d'accepter ce nouvel équilibre (voir p. 118 : article sur la famille recomposée) !!

En cas de souci, si vous n'arrivez pas à faire face à vos émotions, si ce divorce vous pèse trop, demandez de l'aide plutôt que de vous enfoncer dans la déprime ou la colère. 2 adolescents sur 5 ayant vécu à un moment de leur enfance ou de leur adolescence la séparation de leurs parents passent par une phase de dépression. C'est normal. L'aide d'un psychologue vous permettra de surmonter plus facilement cette épreuve.

+ Beau-parent, p. 40.
Famille recomposée, p. 118.

Chacune son histoire

« Il y a un an, à la fin de ma quatrième, mes parents nous ont réunis, mes deux frères et moi, pour nous annoncer qu'ils se séparaient. Mes sentiments se sont bousculés : j'étais mélancolique et en même temps soulagée. Mélancolique parce que j'ai réalisé que les sorties en famille, les promenades sur la plage à cinq, c'était fini. Soulagée parce que je voyais bien qu'ils n'étaient plus amoureux. À la fin, c'était devenu invivable : ils se disputaient tout le temps. Après la nouvelle, j'ai essayé de comprendre le pourquoi du comment… puis j'ai laissé tomber. Je me suis dit que c'était leur histoire et que je n'avais pas à intervenir. Leur séparation nous a permis, à mes frères et moi, de redécouvrir une vie presque "normale". Ma mère a déménagé. Nous passons une semaine chez l'un, une semaine chez l'autre. Avoir deux maisons, c'est ce qui me gêne le plus. Je vis avec un sac, je n'ai plus vraiment de chez-moi. À part ça, mon père est plus détendu. On est devenus complices, lui et moi, alors qu'on se parlait à peine avant ! La semaine où nous sommes chez lui, j'ai de nouvelles responsabilités : quand il a des réunions le soir, je m'occupe de mes frères, je prépare le dîner, j'ai appris à faire le ménage. Parfois, ça me fatigue, j'ai les nerfs qui lâchent… Chez ma mère, je ne fais pas grand-chose, c'est ma semaine de "repos". Sinon, quoi dire ? Je n'ai pas une image positive de l'amour. Dans le couple de mes parents, c'est passé si vite : je n'ai vu de l'amour entre eux que pendant les dix premières années de ma vie. C'est cela qui me fait le plus mal… »

Fanny, 14 ans

Dos

Se baisser pour ramasser, pivoter pour dire au revoir, se grandir au maximum pour marquer un panier au basket, sentir quelqu'un dans son dos, en avoir plein le dos… Le dos est très sollicité !

QUIZ

Quels muscles sont en jeu dans le bon fonctionnement du dos ?

- **a.** Les muscles du dos.
- **b.** Les muscles des jambes.
- **c.** Les muscles des fesses.
- **d.** Les abdominaux.

Tous ! C'est pourquoi pratiquer une activité physique et faire travailler ces muscles permet de garder un dos en bonne santé…

Bien bouger

Le dos a besoin de bouger ! Mais le secret de sa forme réside dans le fait de « bien » bouger. On a souvent mal au dos parce qu'on le malmène, parce qu'on n'écoute pas son corps, parce qu'on ne connaît pas les bons mouvements, parce qu'on est en surpoids, ou encore parce qu'il est le lieu de contractures dont l'origine est psychologique.

Vous n'avez pas mal au dos…

Quelle chance ! Conservez ce bien-être en assouplissant votre dos et en le musclant : faites ou maintenez une activité physique telle que la marche, la natation, le vélo, l'aquagym…

Prendre très tôt de bonnes habitudes évite d'avoir mal au dos plus tard.

Vous avez mal au dos…

Essayez de repérer les situations qui déclenchent votre mal de dos : est-ce quand vous êtes restée assise longtemps, chaque fois que vous portez quelque chose de lourd ou bien après une activité physique intense ? Ensuite, lisez bien les conseils ci-contre. Vous découvrirez peut-être que vous avez pris de mauvaises habitudes. Corrigez-les si c'est le cas. Il peut suffire de pratiquer une activité physique pour soulager le dos ! Mais, si la douleur persiste, parlez-en à vos parents et à votre médecin traitant.

Conseils pratiques

Rester assis : en position assise, tenez-vous droite, le dos et la nuque bien calés contre le siège ! Évitez les sièges trop mous ou trop bas, et changez de position toutes les demi-heures.
Devant la télé ou l'ordinateur, le buste doit être légèrement incliné vers l'arrière, les bras en appui sur les accoudoirs ou sur le bureau pour la manipulation de la souris.
Porter un cartable : le cartable doit se trouver entre les omoplates et non plus bas, dans le creux du dos. L'idéal est d'attacher la sangle ventrale pour que le cartable soit stable.
Soulever une charge : on a naturellement tendance à se pencher vers l'avant, ce qui est une grave erreur : il faut maintenir le dos droit et plier les jambes.

Avoir beau dos

Même si on n'a pas souvent l'occasion de le voir, un dos, c'est beau ! Aussi faut-il le soigner : lavez-le, traitez votre acné, hydratez votre peau.

+
Allure, p. 19.
Obésité, p. 227.
Sport, p. 332.

Drogues

Alcool, tabac, cannabis, ecstasy, cocaïne, héroïne, amphét'… Il existe plein de drogues licites ou illicites. Comment s'y retrouver et connaître les risques ?

D

Comment ça marche ?

Tous ces produits, même si leurs effets sont parfois différents, sont classés sous le terme de drogues car ils fonctionnent de la même façon : ce sont des substances psychoactives. Elles agissent sur certains récepteurs du cerveau qui sont responsables de la fabrication d'une hormone, la sérotonine, procurant des sensations de plaisir. Donc, pour être clair, toutes les drogues nous montent à la tête et sont agréables à consommer. C'est bien là le problème ! Mais toutes ne sont pas à mettre sur un pied d'égalité. Certaines provoquent une dépendance physique quasi immédiate et nous détruisent rapidement la santé : ce sont les drogues dures (cocaïne, héroïne, ecstasy, crack). Elles sont toutes illicites. D'autres sont « douces » : elles peuvent provoquer une dépendance physique (comme le tabac !), ou provoquer des effets ravageurs à haute dose (comme l'alcool) ou sur le long terme (tabac encore). Les interdire totalement serait illusoire (les États-Unis ont déjà essayé avec la prohibition de l'alcool, ça n'a pas marché !). Pour nous, les jeunes, le problème se pose différemment car nous n'avons pas fini notre croissance. Nous sommes plus sensibles. La consommation trop précoce ou immodérée de ces produits peut vraiment nous créer des ennuis de santé plus tard (ou des prises de risques au présent : accident de voiture, dépendance rapide, coma éthylique, etc.). C'est pourquoi leur vente est interdite aux mineurs. Reste le cannabis qui est illicite dans notre pays : drogue peut-être moins dangereuse pour la santé que le tabac ou l'alcool mais pouvant créer une dépendance psychologique.

Un joint, bonjour les dégâts

Même si un joint n'a pas d'incidence immédiate sur la santé, une acoutumance peut se créer petit à petit. Alors un conseil, fuyez si on vous en propose et n'essayez même pas. En plus la mode n'est vraiment plus à fumer. Donc si vous voulez rester IN, résistez !
Des inconvénients tout de même : une tendance à ramollir et à couper la parole. Si vous êtes d'un naturel tonique, il y a fort à parier que cette drogue ne vous séduira pas trop. « Bof ! » disent certaines filles, sans plus.
Le vrai souci avec le cannabis, ce n'est donc pas de fumer un petit joint de temps à autre pendant une fête. C'est d'en consommer souvent, parfois tous les jours et plusieurs fois par jour, toute seule. Comment en arrive-t-on là s'il ne crée pas de dépendance ? Rectification : pas de dépendance physique. On peut l'arrêter du jour au lendemain sans être malade comme un chien, mais il peut créer une dépendance psychologique chez certaines personnes, plus vulnérables que les autres. Mal-être, angoisse, ennui, complexes, conflit avec les parents, déprime… sont des facteurs qui aident. Le cannabis détend et aide à tout oublier, à tout mettre à distance. Le hic, c'est qu'on est un peu trop mise à distance. Plus rien ne nous importe.
On n'a plus goût à grand-chose, on s'isole, on se renferme, on voit moins les potes. Démotivée, sans énergie, parano, on fait du surplace. Voilà le vrai risque du cannabis : on perd du temps, précieux à notre âge !
À la longue, le cannabis nous enfonce encore plus dans la déprime ; on a de moins en moins la pêche et la volonté

> « Dans la vie, j'ai eu le choix entre l'amour, la drogue et la mort. J'ai choisi les deux premiers et la troisième m'a choisi… »
>
> Jim MORRISON

Chacune son histoire

« Quand j'étais ado, il m'arrivait de fumer un petit pétard en soirée. Un jour, je me suis sentie toute drôle, avec des vertiges, des nausées. J'étais oppressée. Je suis allée aux toilettes pour me rafraîchir. Et là, c'était pis que tout : dans la glace, je me voyais en double. J'avais l'impression d'être deux personnes. Ça m'a fait complètement flipper et depuis j'ai arrêté. »

Bérangère, 25 ans

À savoir : le risque de « bad trip » est possible avec toutes les drogues. Plus elles sont puissantes, plus il peut être traumatisant. Visions cauchemardesques, palpitations cardiaques, angoisses, schizophrénie y sont souvent associées. En général, ça dégoûte définitivement !

de s'en sortir – on peut même finir par avoir des idées suicidaires. Ne tombez pas dans ce piège gluant !

Les autres drogues

La cocaïne : de plus en plus consommée par les adolescents, cette drogue qui la plupart du temps se "sniffe" procure un pic d'énergie et une sensation de toute-puissance. Avec elle, on a la sensation d'être brillante et irrésistible. Ce n'est qu'une impression : on a surtout l'air d'un aspirateur enrhumé qui n'arrête pas de jacter et renifler ! Pire : après le pic vient la chute libre, grosse fatigue et déprime… qui pousse à recommencer. Et c'est l'engrenage. Pour se lâcher (ou pour assurer aux examens), il y a d'autres moyens !

L'héroïne : plus confidentielle, elle ouvre à un autre monde et coupe de la réalité. Ce faisant, elle détruit le corps comme l'esprit, et provoque une addiction quasi immédiate. S'en défaire est un combat éreintant. Fuyez-la, c'est un dragon !

L'ecstasy (ou MDMA) : en vente dans les boîtes et les bars, de plus en plus banalisées, ces gélules à gober provoquent une sensation de liberté et d'énergie, un déblocage de toutes les inhibitions. À éviter, les filles. Les risques : dans le pire des cas, le coma ou la crise cardiaque ; ou coucher avec le premier venu sans prendre de précautions… Lorsque les effets se dissipent, grosse déprime et passage à vide assurés. Puis dépendance, amaigrissement, affaiblissement, dépression… Bref, du 100 % pourri.

Les amphétamines : parfois appelées speed, crystal, ice ou meth, elles s'absorbent le plus souvent sous forme de gélules et stimulent le système nerveux. Elles suppriment la sensation de fatigue et donnent confiance en soi. Certaines filles l'utilisent également pour perdre du poids. Attention, l'un de leurs risques principaux est tout simplement… l'arrêt cardiaque ! Sinon, elles provoquent plein de trucs pas jojo dont l'acné, des crises d'angoisse, voire des passages à l'acte agressifs. Sympa !

Le poppers : il s'agit de petites ampoules de nitrate d'amyle, utilisées en cardiologie comme vasodilatateur. Inhalé, il procure une sorte de flash euphorique, à tendance aphrodisiaque, qui dure quelques secondes. Le risque est de multiplier les prises pour réitérer la sensation. Effets secondaires : migraines, vertiges, problèmes ophtalmologiques et de peau au niveau du visage.

TU C KOI :-)

Notre grande terreur à nous les filles, c'est le GHB (gamma-hydroxybutyrate), connu sous le nom de « drogue du violeur ». Vendu en général sous forme de poudre totalement incolore, il se dissout vite fait dans un verre et provoque chez la personne un sommeil de Belle au bois dormant (en bloquant la production de dopamine, une hormone qui nous maintient éveillée et qui déclenche les sensations de peur). Sauf qu'en face ce n'est pas le prince charmant, mais le loup-garou ! En soirée donc (surtout en boîte ou dans les lieux où il y a plein d'inconnus), évitez de laisser votre verre sans surveillance !

+
Alcool, p. 16.
Cigarettes, p. 69.
Santé, p. 301.

D

Droit à l'image

Vous avez le droit de vous opposer à l'utilisation de votre image sans votre autorisation. Chacun, de par la loi, a droit au respect de sa vie privée, sur Internet comme ailleurs.

Chacune son histoire

« J'ai organisé une fête chez moi, avec l'accord de mes parents, et j'avais bien dit à tout le monde de ne pas diffuser de photos ni de vidéos sur Internet. Pourtant, j'ai un pote qui a mis sur YouTube une petite vidéo avec la rue, la maison, des moments de la fête – bref, la totale ! Sauf que moi, je n'avais pas envie d'inviter tous les internautes à mon anniversaire. J'ai tout fait pour qu'il retire la vidéo, mais ça n'a pas été simple. Mes parents ont dû menacer de porter plainte pour atteinte à la vie privée et à l'image. »

Manon, 16 ans

Autorisation indispensable

On ne fait pas tout et n'importe quoi avec des images, c'est la première chose que vous devez retenir. Les smartphones et réseaux sociaux ont entraîné une frénésie de la diffusion de photos de personnes. Chez les plus accros, pratiquement chaque instant de leur vie est mis en ligne. Quand il s'agit de vous, cela ne pose pas de problème de droit, mais quand il s'agit de vos amies, il y a des règles à respecter. La première est de recueillir leur consentement avant la diffusion de leur image. Et inversement, vous avez le droit de dire à vos amies que vous ne voulez pas apparaître sur le mur de leur Facebook ou sur leur blog. Aucun sujet, dès lors qu'il relève de la vie privée, n'y échappe, que vous soyez une star ou non : la vie sentimentale, la maison, les convictions religieuses, la santé…

Ce qui dit la loi

La loi précise que, avant toute diffusion d'une image d'une personne majeure dans un cadre privé, vous devez obtenir son accord écrit en précisant à quelle date et à quel endroit elle a été réalisée. Cet accord est donné pour un usage précis (par exemple, pour la publication dans un journal) et ne peut être global. Un nouvel accord doit être obtenu pour chaque rediffusion d'une image, dès lors que le but est différent de celui de la première diffusion. Et cela est encore différent du consentement d'une personne à être photographiée.
Il y a donc deux règles à respecter : d'abord il faut demander l'autorisation à la personne de la photographier, puis lui demander si elle accepte que sa photo soit diffusée, et cela même dans un lieu public à partir du moment où elle apparaît de manière isolée et reconnaissable du fait du cadrage de l'image.
Pour les personnes mineures, l'autorisation de leurs parents (ou de leur responsable) doit obligatoirement être obtenue par écrit. Il n'y a pas d'exceptions possibles.

Privé ou public ?

Le caractère privé ou public et le lieu de la situation donnent – ou non – le droit à chacun de s'opposer à la publication de ces informations personnelles. Ainsi, dans certains cas, vous ne pouvez pas vous opposer à la diffusion de votre image, au nom du droit à l'information : par exemple, lorsque vous participez, au milieu d'un groupe, à un événement festif ou à une manifestation. Gardez dans un coin de votre tête que vous pouvez être photographiée, alors évitez de le cacher à vos parents. Imaginez leur tête s'ils vous retrouvent à la une du journal local !

Quelques conseils

Avant de poster un message ou de diffuser une vidéo ou une photo, demandez-vous si le contenu est à caractère privé ou s'il peut être lu par n'importe qui sur Internet. Et si cela vous concerne ou concerne d'autres personnes. Dans ce second cas, veillez à ce qu'elles soient d'accord. Pour éviter les (mauvaises) surprises, floutez le visage des personnes identifiables si vous n'avez pas leur autorisation. Plus subtil : dans certains cas, prendre une photo d'une belle maison sur l'île de Ré ou d'un château dans un village classé (donc d'un bien quelconque) et la diffuser sur Internet peut vous être reproché si sa diffusion cause au propriétaire un « trouble anormal ». . Vous devez toujours garder en tête qu'un document mis en ligne (photo, texte, enregistrement vidéo ou sonore) pourra être vu par des milliers de personnes qui pourront porter un jugement, voire détourner vos contenus. À ce propos, soyez vigilante avec le détournement des contenus et sa diffusion : évitez de le faire avec la photo d'une amie, surtout si elle n'est pas d'accord. Vous pouvez trouver cela amusant, mais pas elle, et cet acte peut être assimilé à du cyberharcèlement. Utiliser la photo d'un inconnu trouvée sur Internet n'est pas non plus une solution car il vous faudrait l'autorisation du photographe (droits d'auteur) et celle de la personne photographiée pour être tranquille. Enfin, sachez que le secret des correspondances est aussi un droit, même sur Internet : si une amie vous envoie un courriel à caractère personnel, vous ne pouvez pas le diffuser sur un forum ou un réseau social sans son autorisation écrite, et vice versa.

+
Écrans, p. 110.
Internet, p. 168.
Téléphone portable, p. 351.

QUIZ

Vrai ou faux : respectez-vous le droit à l'image ?

1 • À partir du moment où je prends une photo avec mon téléphone, je peux la publier comme je veux puisqu'elle m'appartient.
☐ VRAI ☐ FAUX

2 • Si c'est une photo d'un membre de ma famille, je n'ai pas besoin de lui demander son autorisation.
☐ VRAI ☐ FAUX

3 • À un concert, j'ai pris une photo de la foule devant la scène et je l'ai publiée sans problème sur mon Facebook car personne n'était reconnaissable.
☐ VRAI ☐ FAUX

4 • Le droit à l'image est la même chose qu'une photo libre de droit.
☐ VRAI ☐ FAUX

1 • Faux.
2 • Faux.
3 • Vrai.
4 • Faux (une photo libre de droit est une photo dont la diffusion et la modification sont libres mais néanmoins réglées par des licences).

boire de l'Eau

L'eau, c'est la vie ! Sans elle, on ne peut ni se mouvoir, ni parler, ni penser. Les muscles, le cerveau, le cœur… tout l'organisme fonctionne grâce à l'eau. Les voitures n'ont-elles pas besoin d'essence pour rouler ?

Le cerveau en ébullition

L'eau est le principal composant du corps humain. L'organisme en contient en moyenne 60 %, ce qui correspond à 30 litres si on pèse 50 kg. Cette quantité diminue avec les années : elle est de 75 % pour un nourrisson et d'à peine 55 % pour une personne âgée. On est constitué d'eau de la tête aux pieds, mais la répartition dans les organes est inégale. C'est dans une dent qu'il y en a le moins (1 %) et dans le cerveau qu'il y en a le plus (près de 80 %).

L'eau, c'est la santé

Elle est indispensable au bon fonctionnement de l'organisme, c'est pour cela qu'il faut boire. L'eau contient du calcium, du magnésium et du fluor, des oligoéléments nécessaires à la croissance. Elle irrigue les tissus (la peau par exemple), permet la fabrication des cellules et facilite la digestion des aliments.
Les reins s'en servent pour filtrer les impuretés du sang et les muscles en ont besoin pour fonctionner.
Mais le corps humain ne peut pas stocker l'eau. Il en perd environ 2,5 litres par jour.
Il faut compenser en buvant et en mangeant, car les aliments contiennent aussi beaucoup d'eau.

N'attendez pas d'avoir soif

Sans eau, on ne peut survivre plus de 5 ou 6 jours. La soif est d'ailleurs un signal d'alarme : elle indique à l'organisme qu'il se déshydrate. Les cellules du corps envoient alors un avertissement au cerveau, qui déclenche la sensation de soif. La bouche et la gorge deviennent sèches, on a moins de salive. Le mieux est de boire régulièrement des petites quantités d'eau plutôt que d'attendre d'avoir soif et d'en boire beaucoup d'un seul coup.

TU C KOI :-)

Le corps humain élimine de l'eau en permanence via la transpiration (1 litre), la respiration (0,5 litre) et l'urine (1,5 litre). Plus il fait chaud et plus on augmente son activité, plus on transpire. La salive utilise à elle seule 1 litre d'eau ! Une raison de plus de bien s'hydrater pour les « pipelettes » !

Secrets de filles

Pour se désaltérer, l'eau est la seule boisson indispensable ! Il faut en boire au moins 1,5 litre par jour. L'idéal est d'avoir toujours sur soi une petite bouteille, que l'on aille en cours ou que l'on sorte avec ses copines.

+ Alimentation, p. 17.

Échec scolaire

Le bulletin scolaire n'est pas un baromètre de l'intelligence. Si vous êtes en échec, il faut en chercher les causes. Elles peuvent être multiples, mais pour chacune d'elles, il existe des solutions.

Des lacunes

Vous avez des insuffisances d'apprentissage dues à des absences répétées, à une scolarité perturbée… De nombreuses associations peuvent vous aider à vous remettre à niveau. Renseignez-vous à la mairie de votre ville, dans les maisons de quartier et les centres culturels. Il existe aussi des organismes privés et payants.

Une grande timidité

Vous êtes timide, mal dans votre peau, et ce malaise génère de mauvais résultats. Sachez que la timidité est un trouble dont on peut guérir, à condition d'y être aidée. Demandez à consulter un psychologue. Vous pouvez aussi faire du théâtre. La démarche vous semble insurmontable ? Si vous sautez le pas, vous en tirerez de grands bénéfices. En plus, vous ferez travailler votre mémoire et vous vous amuserez bien. Les acteurs célèbres ont parfois été de grands timides dans leur enfance.

Un manque de travail

Vous ne travaillez pas assez, vous en avez conscience. De temps en temps, vous prenez de bonnes résolutions, vous vous remettez en selle, puis au bout de trois jours vous lâchez tout, car vos motivations ne sont pas assez fortes. Vous vous demandez pourquoi vous devez fournir tous ces efforts ? Il vous manque un but. Réfléchissez au type de profession que vous aimeriez exercer. Renseignez-vous sur les matières indispensables et concentrez vos efforts dessus. Fixez-vous des objectifs (gagner 1 point dans telle matière, refaire les exercices de maths de la semaine…). C'est une école de la volonté : si vous réussissez, vous gagnerez en confiance et cela aura un effet positif sur votre travail.

Un trouble spécifique

Vous êtes dyslexique et/ou dysorthographique
Vos difficultés en langage écrit se reportent sur tous les apprentissages. Consultez votre médecin, qui vous prescrira un bilan chez un orthophoniste, dans un centre médico-psychologique (CMP) ou un centre médico-psycho-pédagogique (CMPP).

Vous êtes dyscalculique
Vous avez une faiblesse dans l'apprentissage du calcul et la compréhension mathématique. Faites appel à un orthophoniste spécialisé dans ce domaine.

Vous êtes dyspraxique
Votre lenteur d'écriture, vos problèmes d'organisation et vos difficultés en maths vous mettent en échec. Si vous avez eu des difficultés à apprendre à écrire, à recopier une figure géométrique, à nager, à attacher vos lacets, vous êtes peut-être dyspraxique. Ce handicap est encore mal connu, parlez-en à votre médecin. Vous avez besoin d'être aidée par un orthophoniste, un ergothérapeute, parfois un psychomotricien. En contrepartie, vous avez un bon niveau verbal, concentrez vos efforts dans les matières qui vous sont accessibles.

TU C KOI :-)

Vous avez entre 11 et 16 ans, vous êtes dyslexique, dyscalculique ou dyspraxique, et cela rend difficile votre intégration individuelle dans une classe ordinaire au collège ? Il existe des dispositifs pédagogiques de soutien, les ULIS (unités localisées pour l'inclusion scolaire), afin de vous accompagner dans certaines matières ou activités. Cela concerne les temps d'apprentissages comme ceux de contrôles.

+
Intellectuelle, p. 167.
Orthophonie, p. 235.
Psychologue, p. 266.
Timidité, p. 354.

Écrans

Dans notre société, les écrans sont omniprésents, trop peut-être. Comment s'en protéger ? En les utilisant avec modération.

Des écrans partout

Regardez autour de vous : n'avez-vous pas l'impression d'être envahie par tous ces écrans ? Pour vous qui êtes née avec le « numérique », c'est plus une évidence qu'un problème, mais cela ne l'était pas il y a 10 ans à peine. Pourtant, la télévision, le cinéma, les ordinateurs, les tablettes, les GPS, les smartphones, les jeux vidéo font partie de votre quotidien. Ils représentent un formidable progrès, inéluctable : ils ont facilité l'accès à la connaissance et ont multiplié les possibilités d'échanges et d'interactions. Cependant, nous avons désormais besoin de leur trouver une juste place. Les moments de solitude, de rêverie ou d'ennui sont presque devenus rares ! Maintenant, si vous n'avez rien à faire, vous prenez votre portable. Pourtant, les scientifiques et les sociologues sont formels : ces technologies ont une emprise préoccupante sur nos vies.

Une offre multiple

Désormais, le trio télévision-Internet-téléphone est quasiment indissociable. On fabrique des contenus qui permettent de passer d'un support à l'autre de façon évidente, et vous jonglez facilement entre eux. C'est intuitif ! 98 % des 12-17 ans ont accès à Internet chez eux et 82 % se connectent tous les jours. Vous êtes 90 % à avoir un portable personnel, et 56 % en utilisent un pour naviguer sur la Toile. Enfin, 22 % ont une tablette tactile. Pour autant, Internet n'a pas complètement évincé la télévision de vos pratiques : elle reste prédominante jusqu'à l'adolescence. C'est vers 13-14 ans que le basculement se fait pour le numérique : vous passez en moyenne 11 h 45 par semaine sur Internet, 10 h 25 devant la télévision et 7 h 15 à jouer aux jeux vidéo. Faites le calcul vous-même : cela fait quand même plus de 4 heures par jour sur ces écrans, sans compter le portable !

Un cerveau (trop) stimulé

Tout ce que vous faites avec ou devant un écran sollicite votre cerveau : vous ressentez des émotions, vous êtes attentive, vous percevez des images, des vidéos… Il est stimulé différemment et parfois plus qu'avec d'autres cultures, comme le livre, par exemple. Ainsi, la culture numérique favorise un certain type de mémoire et d'attention, modifie votre interaction avec les autres et vous permet de renouveler votre créativité ! C'est le côté positif. Mais, malheureusement, trop d'Internet peut créer une pensée « zapping » chez vous.

pas comme ma mère

- La **télévision** française est née vers 1930.
- Le premier **ordinateur** totalement programmable est dévoilé en 1946.
- Le premier **téléphone mobile** commercial est lancé en 1983, mais il ne s'est démocratisé qu'à la fin des années 1990. Les smartphones apparaissent en 2010.
- Le **GPS**, dans sa version grand public comme système de navigation qui vous guide, fait son apparition dans les voitures au début des années 1990.
- La première **tablette tactile** « grand public » remonte à 1989, mais il faut attendre les années 2010 pour qu'elle connaisse un vrai engouement. Entre les deux dates, il y a eu les « tablet PC ».

TU C KOI :-)

En janvier 2013, l'Académie des sciences a publié un *Avis sur l'enfant et les écrans*, dans lequel les scientifiques proposent 26 recommandations : des bonnes pratiques adaptées à chaque âge, pour préparer les adolescents à autoréguler leur rapport au monde numérique. Voici la partie qui concerne les adolescents.
http://www.academie-sciences.fr/pdf/rapport/avis0113.pdf

A. Les outils numériques possèdent une puissance inédite pour mettre le cerveau en mode hypothético-déductif.

B. En revanche, un usage trop exclusif d'Internet peut créer une pensée « zapping » trop rapide, superficielle et excessivement fluide, appauvrissant la mémoire, la capacité de synthèse personnelle et d'intériorité.

C. L'éducation et le contrôle des parents concernant les écrans restent essentiels, la maturation cérébrale n'est pas achevée à l'adolescence.

D. S'agissant des jeux vidéo, une distinction entre les pratiques excessives qui appauvrissent la vie des adolescents et celles qui l'enrichissent est indispensable.

E. S'agissant des réseaux sociaux, beaucoup d'adolescents les utilisent positivement comme un espace d'expérimentation et d'innovation qui leur permet de se familiariser avec les espaces numériques, de se définir eux-mêmes et d'explorer le monde des humains.

D. Mais les réseaux sociaux peuvent aussi être utilisés de façon problématique.

F. La prévention doit associer l'encouragement des pratiques créatrices et les mises en garde.

Mauvais pour la santé

Ces technologies ont créé de nouvelles dépendances. On distingue les dépendances aux jeux ou aux achats compulsifs et les cyberdépendances (comme le besoin de suivre les infos non-stop ou d'être toujours en interaction via les SMS ou les réseaux sociaux). C'est ce qu'on appelle l'« hypersollicitation », qui est source de stress et de fatigue, parfois de souffrance aussi. Surveillez vos pratiques avant de devenir addict (pas de portable au petit déjeuner, par exemple). Sans compter que, attirée comme un aimant par les écrans, vous avez du mal à vous concentrer, à vous poser, à réfléchir, à faire « autre chose », et parfois à être simplement « présente ». Combien de fois vos parents vous ont demandé de ne pas avoir votre portable dans la poche au moment du déjeuner ? Vous savez, le portable que vous avez au moins regardé trois fois depuis le début du repas… Une étude publiée en 2015 sur des jeunes norvégiens âgés de 16 à 19 ans a aussi montré que les adolescents les plus accros aux écrans avaient un risque accru de mettre plus d'une heure à s'endormir– autrement dit, les écrans nuisent à votre sommeil. À force de rester en alerte toute la nuit, le cerveau modifie la durée et la qualité du sommeil. Résultat : il manque au moins deux heures de sommeil aux adolescents pendant la période scolaire, et vous connaissez les répercussions au réveil : somnolence et endormissement en classe garantis !

Vous protéger

La vie numérique n'est donc pas sans danger. Avant de laisser (complètement) les écrans envahir votre quotidien, interrogez-vous sur leurs inconvénients, voire leur réelle utilité.
Vous vous demandez comment vivre sans votre portable ? Accordez-vous des moments de calme où vous laissez portable et ordinateur, vous verrez que le monde n'arrête pas de tourner.
Sachez doser votre consommation d'écrans. Lire un livre ou un magazine dans son lit ou sur son canapé n'appartient pas au passé.
Qu'est-ce qui vous oblige à être joignable tout le temps et partout ? Dites-vous que vos amis ne vont pas vous laisser tomber pour ça, et si c'est le cas, interrogez-vous alors sur la sincérité de leur amitié !
Demandez-vous : vais-je les voir dans la journée, plutôt que de passer un coup de fil immédiatement. Préférez le téléphone au mail ou le mail au SMS… L'immédiateté n'est que rarement vitale.
Prenez le temps de bien choisir vos mots quand vous parlez, faites autre chose que tapoter sur votre téléphone : du théâtre, de la musique ou toute activité qui demande de longs temps d'apprentissage et entraîne la mémoire. Et puis si vous n'y arrivez pas, fixez avec vos parents des limites horaires, ils sauront vous rappeler à l'ordre. Il faut un peu de courage et de volonté, mais vous redécouvrirez aussi le plaisir des choses simples.

+
Internet, p. 168.
Ordinateur, p. 230.
Téléphone portable, p. 351.

Effort

Dans une société où tout semble s'obtenir en quelques clics sur Internet, où l'on peut acquérir le statut d'artiste grâce à la télévision, il est difficile de se motiver pour aller en cours. Vous avez la flemme ! Pourtant, on ne devient pas chanteuse, infirmière ou sportive sans effort.

Le physique et le mental

Le simple fait d'entamer un travail ou une réflexion constituent un effort en soi. De même qu'il faudra en fournir un autre pour continuer cette activité, surtout quand on commence à fatiguer. Enfin, un geste comme celui de se lever de la table du petit déjeuner pour aller prendre sa douche demande encore un effort.

On distingue les efforts du corps et ceux de l'esprit. Pour soulever des cartons, pour mettre un pied devant l'autre ou juste pour tenir votre stylo, votre corps produit un effort en utilisant des muscles. De même, votre organisme devra faire des efforts pour résister à la fatigue ou à la douleur.

Les efforts intellectuels, eux, sont tous des efforts de concentration.

Ne dit-on pas faire un effort de mémoire, un effort de réflexion, un effort d'imagination ?

Des efforts pour soi et pour les autres

Manger, boire, aller au cinéma, écouter de la musique sont des efforts que vous faites pour vous. Cela peut aller des gestes les plus élémentaires jusqu'à des exercices destinés à sculpter votre silhouette ou à libérer votre esprit (pour les adeptes du yoga).

Mais il y a aussi des efforts dont la finalité concerne le monde qui vous entoure.

Être polie, serviable, généreuse, discrète, honnête… autant d'efforts à fournir pour être acceptée dans notre société.

INTOX

De nombreux sites Internet vantent les mérites de régimes à base de pilules miracle et autres méthodes farfelues pour mincir facilement et sans effort. Ne vous y fiez pas pour perdre vos kilos superflus ! Une alimentation équilibrée et une activité physique sont indispensables.

Le goût de l'effort

Au-delà de ces efforts de tous les jours, d'autres entraînent un véritable dépassement de soi. Cet étrange sentiment vous fait accéder à une joie soudaine, qui fait oublier la souffrance physique. C'est ce qu'éprouvent par exemple un sportif qui remporte une course, ou un randonneur qui découvre un paysage grandiose au terme d'une longue ascension.

Pour quelle raison ? L'effort implique un accomplissement de soi. Persévérer, aller au bout de soi-même, se prouver que l'on peut le faire…

Chacune son histoire

« Je fais de l'athlétisme depuis plusieurs années. C'est un sport difficile, qui demande beaucoup d'efforts. Mais, à chaque fois que je gagne une course, mes efforts sont récompensés et ça me fait énormément plaisir. Je suis contente de m'être entraînée dur ! C'est bizarre, non ? Je fais du sport pour le bonheur que ça m'apporte. On oublie vite la difficulté et les jours où l'on est fatiguée. »

Charlotte, 15 ans

« C'est dans l'effort que l'on trouve la satisfaction, et non dans la réussite. Un plein effort est une pleine victoire. »
GANDHI

Vu par les garçons

« Pour le moment, je suis moyen à l'école parce que je ne veux pas me forcer. Je pense que je ferai des efforts quand je trouverai une voie qui m'intéresse. Je peux passer un après-midi à bidouiller des ordinateurs avec mes potes. Mais, pour les cours, j'ai du mal à me motiver. J'ai besoin qu'on me pousse. Mes parents me répètent tout le temps que je dois me donner les moyens, mais, franchement, j'ai la flemme. Je fais des efforts quand ça me plaît. » Julien, 16 ans

Ne pas céder au découragement

Trouver un sens à son effort est la clé de la réussite. C'est souvent pour cela que vous arrivez à vous surpasser dans votre passion (musique, sport…) et que cela coince à l'école. Combien de fois vos parents vous ont rabâché : « Fais un effort ! » Oui, mais, cet effort, vous ne voulez pas le faire, parce que cela ne vous plaît pas. Au risque de passer pour une fainéante ? Dans une société où l'on obtient davantage de choses avec plus de facilités (grâce aux progrès techniques notamment), où l'on ne vous laisse pas le droit de vous tromper, où l'erreur est immédiatement sanctionnée… vous vous sentez vite dépassée par les événements. Prenez votre courage à deux mains et ne laissez pas tomber.

Au-delà des échecs

Faire un effort, c'est également apprendre à se donner les moyens d'atteindre un objectif. Si tous les efforts ne sont pas synonymes de réussite, ils sont toujours récompensés. Même par un simple encouragement. Il ne faut donc pas baisser les bras et rester bloquée sur vos échecs. L'essentiel n'est pas de toujours trouver la solution, mais de fournir le travail nécessaire. Vous n'avez peut-être pas trouvé votre voie, mais ce n'est qu'une question de temps. Il y a des passages obligés, par lesquels il faut passer pour ensuite s'orienter dans la bonne direction.

TU C KOI :-)

Parmi les valeurs individuelles que les parents souhaitent transmettre à leurs enfants, le sens de l'effort arrive en cinquième position après le respect des autres (91 %), la tolérance (61 %), le respect de l'environnement et de la nature (57 %), la solidarité (54 %).

Fatigue, p. 121.
Santé, p. 301.
Sport, p. 332.

Ennui

Vous vous ennuyez un peu, beaucoup, tout le temps ?
Est-ce un passage obligé ou un moment à fuir ?
Ne laissez pas l'ennui vous ennuyer, car il peut se révéler très bénéfique...

Secrets de filles

Comment réagir pour « tromper » l'ennui ?

Réfléchissez à ce que sont vos goûts, vos centres d'intérêt et vos besoins. Cela vous permettra d'avancer.
- Identifiez les raisons de cet ennui : depuis quand vous ennuyez-vous et pourquoi ?
- Exprimez vos passions, réalisez vos envies !
- Ne fuyez pas tout le temps l'ennui : se retrouver face à soi-même permet de mieux se connaître.
- Changez certaines de vos habitudes ou de vos activités, rencontrez de nouvelles têtes.

L'ennui avec l'ennui

L'ennui est ce sentiment de vide, de désintérêt, de démotivation qui vous envahit parfois... Vous tournez en rond, vous ne savez pas quoi faire. Contrairement aux idées reçues, la solitude et l'inactivité ne sont pas synonymes d'ennui. L'ennui peut aussi se manifester quand on est avec des gens : l'ennui, cela peut être les autres !
Face à cet ennuyeux individu qui vous assomme de paroles bien évidemment ennuyeuses, vous laissez votre esprit vagabonder et vous pensez à ce beau garçon croisé une heure plus tôt ! Vous avez donc comblé ce vide, où le temps paraît beaucoup plus long, en vous distrayant. Un passe-temps toujours plus intéressant que de regarder sa montre ! Finalement, Sacha Guitry[1] n'avait pas tort en disant : « Ce qui ne me passionne pas m'ennuie. »

Ce qu'il y a de bien dans l'ennui...

Vous vous ennuyez quand vous êtes seule ? C'est parfait ! Parce que l'ennui peut avoir du bon.

Pour l'apprivoiser, transformez-le en terrain de jeu, en une matière malléable à l'envi : construisez des rêves et des histoires. Vous avez du temps, profitez-en pour dévier les préoccupations de votre cerveau vers des sentiments positifs. Que l'ennui ne donne pas lieu au cafard, mais à l'inventivité et à la création ! Les grands auteurs eux-mêmes ont puisé dans leurs moments d'ennui et de solitude pour composer leurs œuvres. Il est aussi agréable de temps en temps de ne rien faire, de « buller », de laisser libre cours à votre imagination.
Et il est tout à fait normal à l'adolescence de ne pas savoir quoi faire, que ce soit maintenant ou plus tard. L'avenir s'ouvre à vous et bien des rêves vous occupent l'esprit : amour, carrière, voyages...
Quand vous réfléchissez à tout ça, vous en apprenez beaucoup sur vous-même : cela vous aide à grandir, à développer des projets et à bâtir votre personnalité.
La routine vous chagrine parfois, mais, en acceptant aujourd'hui cet ennui, vous mettez toutes les chances de votre côté pour pouvoir concrétiser vos rêves...

1. Sacha Guitry (1885-1957) était un auteur, comédien et réalisateur français.

Exhibitionnisme

Être exhibitionniste, c'est montrer des parties de son corps qui n'appartiennent qu'à soi. C'est aussi faire preuve d'impudeur au risque de choquer.

Être exhib', c'est quoi ?

L'exhibitionnisme est le contraire de la pudeur. C'est le fait de dévoiler son corps sans retenue. Lorsqu'on est « exhib' », on montre sa poitrine en portant de grands décolletés, ses cuisses et ses fesses en mettant des minijupes. Il ne s'agit pas de laisser entrevoir une bretelle de soutien-gorge ou le nombril, c'est une attitude plus ostentatoire.
En affichant ainsi son corps de femme, on provoque et on suscite le désir masculin. Celles qui « se montrent » pensent être plus libres. Mais, à l'image de ces stars si sexy, elles se transforment plutôt en objets de désir pour les garçons. Faites donc attention aux limites : les stars sont « intouchables » et vivent dans un univers protégé, pas vous !

S'exhiber sur le Net

Poses suggestives, corps à demi nus… Certaines s'exhibent sur leur blog, sur les réseaux sociaux ou sur des sites grâce à leur webcam. On appelle ça les plans cam. Attention, la barrière de l'écran ne permet pas d'être anonyme ! Un e-mail, une photo avec un visage, le nom d'une ville ou des messages personnels de copains sont autant d'indices qui peuvent permettre à des personnes malintentionnées de vous retrouver. Dépasser les limites de la pudeur sur la Toile est plus facile que dans la réalité, mais il ne faut jamais en oublier les conséquences. Ce sentiment de confiance que vous avez derrière l'écran est artificiel, tout le monde peut vous voir. Prudence !

Être victime d'un exhibitionniste

Un exhibitionniste est aussi un homme qui montre ses parties génitales à des femmes ou à des jeunes filles. Plus vous êtes choquée ou effrayée, plus l'exhibitionniste est satisfait. Cette perversion sexuelle est assimilée à un trouble mental et punie par la loi. La plupart du temps, les hommes qui présentent ce trouble ne cherchent pas de contact plus étroit. S'il vous arrive d'être confrontée à un exhibitionniste, gardez votre calme et éloignez-vous le plus vite possible. N'oubliez jamais que, si quelqu'un doit avoir honte, c'est lui, pas vous ! En aucun cas vous n'êtes responsable de cette situation. Pour vous libérer du stress que vous avez pu ressentir, parlez-en à votre mère ou à une femme plus âgée. Elles sauront vous rassurer.

Chacune son histoire

« L'année dernière, je suis tombée nez à nez avec un exhibitionniste. Il touchait son sexe en me regardant fixement avec un petit sourire au coin des lèvres. Beurk ! De retour chez moi, je me sentais affreusement sale et coupable ! Heureusement, ma mère puis mon père m'ont rassurée : je n'avais rien à me reprocher ! Après cette histoire, j'ai porté plainte à la gendarmerie en espérant que ça lui évite de recommencer. Ce type est un malade ! Sa vie doit être bien triste. »

Clara, 16 ans

Famille

« Famille, je vous hais. Foyers clos, portes refermées, possessions jalouses du bonheur » : cette phrase d'André Gide semble périmée. Aujourd'hui, la majorité des ados voit la famille comme une valeur prioritaire. Certains reprochent même à leurs parents de ne pas être assez impliqués !

F

La famille dans tous ses états

Dans la famille Perlimpinpin, qui demandez-vous : la mère ? le père ? le demi-frère ? le beau-père ? l'amie de papa ? la conjointe de maman ? Les familles actuelles ressemblent peu à celles où ont grandi nos grands-parents et même nos propres parents. Bien sûr, tout le monde n'est pas divorcé, séparé, remarié… Certaines d'entre nous ont aussi des parents simplement « pacsés ». Et, bien sûr, il existe aussi des familles dont le papa et la maman ont la bague au doigt et vivent ensemble paisiblement ! Mais, depuis 30 ans, la notion de famille s'est profondément transformée. Autrefois, elle reposait sur la filiation biologique, le patrimoine, le devoir, le respect de l'autorité… Aujourd'hui, une famille se fonde d'abord sur l'amour. Elle n'est plus une structure figée où chacun doit tenir son rôle. Elle forme une alliance d'individus libres. Cette réalité n'a fait que se renforcer en mai 2013, avec la promulgation de la loi dite du « mariage pour tous », qui a légalisé le mariage entre personnes du même sexe. La famille n'est plus un carcan, mais un choix. Celui-ci, comme tout choix dans une société libre, peut être remis en cause. La famille est donc aussi devenue plus fragile, parfois plus conflictuelle… mais tellement plus vivante !

TU C KOI :-)

Deux livres récents coup-de-poing qui ne pourront pas vous laisser indifférente sur l'adolescence, la famille, la relation parents-ado :

- *Petite agitée*, de Manon Manœuvre, Flammarion : « Faites attention à moi ! » : le cri d'une ado comme beaucoup d'autres. Sauf que Manon, fille de divorcés, vit aux États-Unis, couvée par sa mère, la comédienne Carey More. Papa (le journaliste rock Philippe Manœuvre) habite loin, de l'autre côté de l'Atlantique, en France. Trop loin ?
- *Familles d'ados*, de Uwe Ommer et Régine Feldgen, La Martinière Jeunesse : le portrait, en photos et textes, de 267 familles et 468 adolescents, à travers 40 pays d'Europe. Troublant et optimiste !

Le droit de s'exprimer

Selon un sondage Ipsos santé réalisé en 2012, plus de 8 adolescents sur 10 déclarent aujourd'hui être satisfaits de la relation qu'ils ont avec leurs parents. Le dialogue intergénérationnel est devenu la norme. Les parents d'aujourd'hui ont grandi dans les années 1980 ou 1990. Ils ont bourlingué, récolté des bleus au cœur et des bosses à l'âme. Finis les patriarches et matriarches d'antan, exemplaires et droits dans leurs bottes. Désormais, en famille, on peut s'exprimer, se confier, parler de sujets sensibles comme la sexualité, la drogue, le chômage. Les parents actuels traitent leurs enfants, devenus adolescents, comme des interlocuteurs à part entière… et parfois comme des adultes avant l'heure. Au point que nous, ados, souhaiterions parfois davantage de pudeur. Cependant, en tant que filles, nous avons tout lieu de nous féliciter : nous ne partagerons pas le triste sort de nos aïeules d'il y a 60 ans. Notre droit au travail, à l'amour, au plaisir, à l'indépendance est reconnu. Nous serons libres, plus tard, de créer notre propre famille – ou pas.

« Il arrive un moment, dans la vie intérieure des familles, où les enfants deviennent les juges de leurs parents. »

Honoré DE BALZAC

Les inconvénients

Ces inconvénients, même s'ils sont vivifiants, peuvent exacerber nos difficultés d'adolescentes. L'autorité des parents d'aujourd'hui semble bien artificielle ! Entre maman qui joue à la copine, les parents qui s'affrontent durant un divorce, un beau-père que l'on doit respecter sans ressentir d'affinités avec lui, il est difficile de se construire. Nos parents, même s'ils s'entendent, sont aussi très occupés. Chacun a sa vie, sa carrière. Et parfois, on a l'impression qu'ils n'y croient pas eux-mêmes, en leur autorité. Ils pensent qu'on peut se débrouiller sans eux, qu'on est autonomes, qu'on a plein d'amis – le développement des réseaux sociaux n'a fait que renforcer cette conviction. C'est en partie vrai. Mais nous avons aussi besoin d'eux ! Les psychologues ont pointé chez les adolescents actuels un désir inverse de ceux du passé : le désir que leurs parents s'investissent davantage, reprennent les commandes. Cette attente est souvent déçue car, en parallèle, nos parents croient – en s'appuyant sur les souvenirs de leur propre adolescence – que nous ne voulons qu'une chose : plus de liberté !

En quête de modèle...

Il existe donc, dans certaines familles plus que dans d'autres évidemment, un dialogue de sourds qui creuse des failles. Ces parents trop copains peuvent sembler, aux plus fragiles, indifférents – alors qu'eux, de leur côté, craignent juste d'être « lourds » ! Autrefois, les parents servaient de modèles : la société était figée et on s'imaginait, une fois adulte, devenir comme papa ou maman. Aujourd'hui, moins de 3 ados sur 10 voient leurs parents comme des modèles ! Ce n'est plus possible : les études se sont allongées, les parcours de vie complexifiés. La notion d'héritage a perdu de son sens – elle existe encore, dans certains milieux, mais ailleurs elle est souvent devenue plus abstraite que pratique. On hérite d'un tempérament, d'un art, d'un don, d'une passion... plus d'un métier assuré, d'un poste fixe dans la société. Même la notion de filiation est beaucoup plus complexe qu'autrefois ! Enfant adopté, issu d'un don de gamètes ou de spermatozoïdes (sans parler de la gestation pour autrui) : qui sommes-nous ? Notre famille ne nous explique plus comme avant. Elle n'est plus forcément synonyme d'origine biologique. Mais elle est vécue de plus en plus comme un refuge, un havre. Elle est le lieu où l'on vit, se retrouve, se repose. Elle rassemble les gens que l'on aime. À l'ère du numérique, où chacun invente sa vie en se mettant en scène, en s'exposant, elle rassure. Famille, je vous aime. Foyer chaud, porte fragile, recherche désespérée du bonheur...

F

LOL ;-)

Dans son *Dictionnaire des mots tordus*, Pef donne de la famille cette définition : « Famille : Les harengs. Les grands marrants. La fleur. Le fer ou engin. L'ongle. La tente. Les coussins. »

+ Beau-parent, p. 40.
Inceste, p. 161.
Secrets de famille, p. 302.

Famille recomposée

Vous souvenez-vous quand votre maman, ou votre papa, vous a présenté son nouvel amour... Ce n'était pas l'euphorie ! Avec le temps, on s'habitue. Et on se surprend parfois à aimer cette nouvelle famille autant, voire plus, que l'ancienne.

Un phénomène de masse

Plus d'un million et demi de jeunes (11 % des moins de 18 ans, selon la dernière enquête de l'Insee sur la famille en 2011) vivent en famille recomposée, avec un beau-père ou une belle-mère, parfois les deux dans le cas d'une garde alternée, et des demi-frères et sœurs. Cette situation complexe vous concerne d'ailleurs peut-être. À moins que ce soit une de vos amies ? Vive la famille recomposée, la diversité, la fraîcheur qu'elle insuffle aux relations familiales ! Oui mais voilà, dans la réalité, toutes les recompositions ne sont pas des modèles de sitcom où tout le monde s'entend bien, s'embrasse, se respecte. Chacune a son vécu propre. Quelquefois, c'est même la galère.

Chacune son histoire

« Cela fait plus de dix ans que ma mère s'est remariée. J'ai un petit demi-frère, on a huit ans d'écart. Mais j'ai aussi un autre frère, plus âgé que moi. Il est parti faire sa vie quand j'avais 14 ans. Je n'étais donc plus que la seule personne à la maison qui rappelait à ma mère qu'avant mon beau-père il y avait eu mon père… Je me sentais toujours un peu "en trop", comme si ma mère en changeant de mari avait aussi changé toute sa vie, en m'oubliant au passage. Il y avait de la tension à la maison, j'avais l'impression de gêner. Parfois, je me disputais avec eux et je les détestais tellement que je voulais m'enfuir, tout plaquer. Mais, avec le temps, j'ai commencé à mûrir et à comprendre le monde des adultes avec leurs problèmes. J'ai compris que ce n'était pas facile non plus pour ma mère à l'époque. Aujourd'hui, ça va mieux. J'adore mon petit frère ! Mon beau-père est cool, en fait. On est une vraie famille "recomposée". »

Tout dépend...

Oui, tout dépend de la façon dont le nouveau venu (ou la nouvelle venue) est arrivé dans notre vie. Lorsqu'il (ou elle) est à l'origine de la rupture de nos parents, on a du mal à l'accepter. On lui en veut et on le rend responsable de la perte d'une famille unie. En revanche, lorsqu'on a vécu longtemps en situation de famille monoparentale, avec un parent isolé, parfois un peu dépressif, le nouveau venu fait presque figure de sauveur. Quel soulagement ! On n'aura plus à sécher les larmes de maman le soir ou à faire cuire la pizza pour papa…

Mais tout dépend aussi du caractère de cette personne, de l'intérêt qu'elle nous porte, de son âge – évidemment, si notre belle-mère est très jeune, une rivalité s'installe et nous nous posons des questions…

Tout dépend de la façon dont le parent absent a pris la nouvelle de cette remise en couple. Nos parents ont-ils tous les deux retrouvé le bonheur, ou l'un fait-il figure de laissé-pour-compte ? Et puis, il y a les autres enfants, les demi-sœurs, les demi-frères… Allons-nous nous entendre avec eux ? Ne vont-ils pas chercher à prendre notre place (notamment s'ils sont les enfants de notre belle-mère et que nous ne voyons notre père qu'un week-end sur deux…) ? Toutes ces incertitudes nous font voir d'un mauvais œil ces « intrus », ces pièces rapportées.

La rencontre

La première fois que l'on rencontre la fiancée de papa ou l'ami de maman, il y a toujours

> « L'important dans le divorce, c'est ce qui le suit. »
> Hervé BAZIN

une sorte d'appréhension – qui s'avère réciproque ! Si nous sentons que cette personne est de passage, qu'elle ne tient pas une grande place dans la vie de notre parent, nous nous tenons à distance et nous ne projetons guère de sentiments sur elle.
Mais si on nous la présente en grande pompe, avec beaucoup de précautions oratoires, nous comprenons qu'elle va réellement s'installer et jouer un rôle déterminant dans la famille.
Cette place, on ne la lui donne pas immédiatement. En quoi l'a-t-elle méritée ? L'a-t-on choisie ? Sans doute pas. Mais choisit-on sa mère ou son père ?

S'apprivoiser

Peu à peu, à force de vivre ensemble, si le tempérament de « l'intrus » ne nous rebute pas et s'il fait preuve d'ouverture, on apprend à le connaître. Et, lorsque notre mère ou notre père semble heureux, nous apprécions ces nouveaux instants de bonheur.
En outre, cette personne apporte souvent un nouveau style de vie, et le fantôme du parent absent, que l'on fréquente en d'autres lieux, s'évanouit progressivement. Elle ne le remplacera jamais, mais elle prend désormais une place dans notre vie affective et pratique.
C'est l'amour et la confiance d'un de nos parents qui lui confère autorité sur nous. C'est pourquoi nous lui devons le respect, par égard pour notre père ou notre mère. Essayons de la ménager !
En général, avec nos demi-frères et sœurs, les liens se tissent rapidement, ils partagent nos jeux, deviennent complices dans les bêtises mais également dans la souffrance, car ils sont eux aussi victimes d'un divorce. Et la famille se recompose vraiment quand un nouvel enfant naît. La cristallisation se fait, nos sangs désormais sont mêlés. À travers lui, tout recommence. Ce petit frère (ou cette petite sœur) représente le talisman de notre nouvelle grande famille, il resserre encore les liens et prouve que rien n'est jamais perdu. Il nous lie par ailleurs à une autre famille. Les grands-parents, les oncles, les tantes, que nous ne partageons pas avec lui, nous « adoptent » parfois, ses cousins deviennent presque nos cousins. Et nous nous sentons au cœur d'une très grande famille, prolongée par de multiples ramifications.

Secrets de filles

Les phrases à éviter pour faciliter les relations

- « Tu n'as aucun droit sur moi : tu n'es pas mon père (ou ma mère) ! » C'est vrai, mais on sait toutes pourquoi on dit ce genre de choses : pour ne pas avoir à faire face à une quelconque autorité !
- « Je suis chez moi. Si ça ne te plaît pas, tu pars… » : par exemple, quand on a mis la musique un peu fort et que notre beau-parent nous dit de baisser le son. Réfléchissez : peut-être que votre belle-mère (ou votre beau-père) paie une partie du loyer ? Et même si ce n'est pas le cas, vous, vous payez quoi ? La place de quelqu'un se mesure-t-elle à l'argent qu'il dépense ?
Et qui prépare les repas, fait les courses, entretient la maison ?
- « De toute façon, si tu n'étais pas avec mon père (ou ma mère), tu n'aurais pas à me supporter ! » La réciproque est vraie. Une famille, ce n'est pas comme l'amitié. On ne se choisit pas, on essaie de vivre ensemble et de faire au mieux avec ce qu'on a.

INTOX

On entend souvent dire du mal des belles-mères (les marâtres de toutes les Cendrillon du monde – et pour nous, les filles, l'histoire de Cendrillon est vraiment pesante, elle nous a fait pleurer si souvent). La coutume veut qu'une fille ait beaucoup plus de facilités avec son beau-papa (vraiment beau) qu'avec sa belle-mère (pas si belle). En fait, c'est du pipeau ! Dans la réalité, il y a plein de filles qui adorent la nouvelle femme de leur papa chéri et supportent très mal leur beau-père… Qu'on se le dise : pas d'a priori !

+
Beau-parent, p. 40.
Cousins, cousines, p. 86.
Famille, p. 116.
Mère, p. 211.
Père, p. 240.

Fantasmes

Avouables ou non, les fantasmes font partie de vous. Ils servent à réveiller vos désirs et à pimenter vos relations. N'en ayez pas peur !

Vu par les garçons

« Mon plus grand fantasme serait de faire l'amour avec deux filles toutes les deux folles de mon corps ! »

Léonard, 16 ans

« J'adorerais voir ma copine en guêpière et porte-jarretelles, voire habillée tout en cuir avec des bottes à talons aiguilles. Wouahouh… »

Antoine, 13 ans

« J'imagine souvent la plus jolie fille du lycée enfermée avec moi dans les vestiaires du gymnase. La suite est privée… »

Ben, 17 ans

Une imagination débridée...

Les fantasmes sont des films, souvent érotiques, projetés par votre imagination. Ils font partie de votre jardin secret et, à ce titre, c'est à vous de décider de les dévoiler ou non à votre petit copain ou à une amie. En avoir est normal et même très sain, puisqu'ils vous permettent de « libérer » vos désirs conscients ou inconscients. Apprenez à les apprivoiser et rappelez-vous qu'ils sont juste le fruit de votre imagination. Comme l'a dit Henri Barte[1] : « Les fantasmes ne commandent pas la vie sexuelle, ils en sont la nourriture. » Vos fantasmes pimentent donc juste votre vie !

... qui flirte avec l'interdit et l'impossible

Les fantasmes se nourrissent souvent d'interdits, de ce qui vous fascine ou vous fait peur. N'avez-vous jamais rêvé d'embrasser un inconnu ou une star ?
De porter une tenue très osée, de vous montrer nue ou encore de passer à l'acte dans un lieu public ? Peut-être avez-vous honte de ces images. Sachez que ces fantasmes sont partagés par beaucoup de filles, il n'y a donc rien d'anormal ! On ne peut pas porter de jugements sur eux, car ils ne sont que des idées ou des rêves. En revanche, si certains fantasmes plus violents vous font vraiment peur ou vous obsèdent, parlez-en.

Faut-il réaliser ses fantasmes ?

Vous êtes la seule à pouvoir répondre à cette question. Mais beaucoup s'accordent à dire qu'il vaut mieux garder un fantasme à l'état de rêve. C'est d'ailleurs le cas d'Andy Warhol[2] : « L'amour fantasmé vaut bien mieux que l'amour vécu. Ne pas passer à l'acte, c'est très excitant. » Et puis, il est clair que certains fantasmes sont plus faciles à réaliser que d'autres ! Ainsi, par exemple, embrasser un garçon de votre entourage sera plus simple que d'embrasser un jour Orlando Bloom !
Pour finir, il est important de noter qu'en général les filles préfèrent ne pas concrétiser leurs fantasmes, alors que les garçons, eux, auraient tendance à vouloir les réaliser.

1. Psychiatre et professeur français.
2. Peintre et cinéaste américain, représentant du pop'art.

+ Désir, p. 94.

Fatigue

Le réveil à 7 heures du matin ? Un vrai calvaire ! Les cours ? Vous piquez du nez une fois sur deux. Épuisée, cassée, morte... vous avez du mal à lutter contre la fatigue. Pour la surmonter, il suffit de modifier vos habitudes.

QUIZ

À quoi votre fatigue est-elle due ?

1 • La veille d'un examen :

- **a .** Vous dormez comme un bébé.
- **b.** Vous regardez un DVD au lit.
- **c.** Vous n'arrivez pas à dormir.

2 • Pendant vos soirées :

- **a.** Vous ne veillez pas tard.
- **b.** Vous chattez sur l'ordinateur.
- **c.** Vous faites vos devoirs.

3 • Durant les repas, vous mangez :

- **a.** Bien, mais peu de viande.
- **b.** De tout.
- **c.** Très peu.

4 • Le soir, vous aimez boire :

- **a.** Rien, ou un verre d'eau.
- **b.** Du Coca, du thé ou du café.
- **c.** Une tisane.

5 • Le matin, le lever est difficile car :

- **a.** Vous n'êtes pas motivée.
- **b.** Vous vous êtes couchée tard.
- **c.** Vous avez mal dormi.

Majorité de a : à une alimentation mal équilibrée.
Majorité de b : à un manque de sommeil.
Majorité de c : au stress.

Une bonne nuit... vous en rêvez ?

Sachez que 4 adolescents sur 10 se sentent fatigués ! Vous n'êtes donc pas la seule à avoir des coups de pompe dans la journée, ni à passer vos soirées à réviser un contrôle au dernier moment. Le meilleur remède, c'est de faire une bonne nuit car, la plupart du temps, la fatigue est liée à un manque de sommeil. Elle peut aussi être causée par le stress. En période d'examens, par exemple, vos nuits sont agitées et les efforts de concentration que vous faites vous donnent la sensation d'être vidée. Si, en plus, vous avez une baisse de tonus parce que votre alimentation n'est pas équilibrée, c'est le coup de barre assuré !

Fatigue occasionnelle ou persistante ?

Le corps est une machine bien faite : la fatigue est un signe d'avertissement. Il existe une fatigue normale, dont vous connaissez la cause (le manque de sommeil...), et une fatigue anormale, celle qui dure plusieurs semaines. Faites le point.
Vous passez vos soirées devant l'ordinateur à chatter avec les copines ? Vous buvez du café, du thé ou du Coca en fin de journée ? Vous stressez à cause de votre devoir de mathématiques du lendemain ? Pourquoi ne pas essayer la tisane avant d'aller au lit et la lecture d'un bon livre pour vous détendre ? Si la fatigue (le terme médical est asthénie) persiste, que du repos ne suffit pas à l'évacuer, parlez-en avec un médecin, il s'agit peut-être d'un manque de fer (une anémie).

Dans l'assiette

Retrouver un rythme de vie équilibré agit sur la fatigue. Cela passe aussi par ce que vous mettez dans votre assiette ! Une poussée de croissance, une dépense d'énergie plus importante que d'habitude ou une carence alimentaire provoquent de vraies baisses de tonus. Privilégiez les aliments riches en fer (viande...), en vitamine B (produits laitiers, poisson, œufs), ainsi que les légumes. Et accordez-vous une petite douceur : le chocolat, paraît-il, augmente la résistance à la fatigue.

Fécondation

**On sait toutes que les bébés ne se font pas dans les choux !
Mais de là à comprendre le processus dans le détail...
Pourtant c'est important, car il nous concerne en premier lieu, nous les filles !**

F

Le chemin des spermatozoïdes

La fécondation ne se produit que s'il y a rapport sexuel avec pénétration, quand le garçon glisse son pénis dans le vagin de la fille. Bien, entrons dans le détail. Au bout d'un moment, le garçon « éjacule », c'est-à-dire que son pénis libère une matière blanchâtre, le sperme, qui contient environ 500 millions de spermatozoïdes. Eh oui, c'est une véritable invasion ! Les spermatozoïdes sont les cellules reproductrices des garçons. Ils ressemblent à de minuscules têtards, qui se propulsent grâce à un flagelle. Cette armée de spermatozoïdes n'a qu'une obsession : chercher l'ovule, la cellule reproductrice féminine. Lorsqu'on est en période d'ovulation, celui-ci (oui, on dit un ovule !) est en train de se promener plus haut, dans l'une des deux trompes de Fallope, situées au-dessus de l'utérus. Les spermatozoïdes remontent le long du vagin vers l'utérus, puis vers les trompes. Mais la plupart (environ 99 %) meurt en chemin. Seuls les plus résistants vont dénicher l'ovule. Ils se collent à lui et essaient de percer sa membrane, assez solide. Le plus fort et le plus rapide y parvient (sélection naturelle oblige !)

La nidation

C'est alors que se produit la fécondation : en quelques heures, les deux cellules (spermatozoïde et ovule) fusionnent pour former un œuf (ou parfois deux, dans le cas des jumeaux). Celui-ci se développe très vite en se divisant, toutes les 12 heures environ : bientôt, il compte 4, 8, 16, 32 cellules, etc. Pendant ce temps, l'œuf ne reste pas immobile : il descend vers l'utérus et se fixe sur une de ses parois. Ce processus, que l'on nomme la nidation, prend 2 semaines.

L'absence de règles

On en est au moment où les règles devraient se déclencher. Chaque mois en effet, les parois de l'utérus s'épaississent pour accueillir un œuf. S'il n'y en a pas, elles se dégradent et éliminent l'excédent par un saignement. Mais, lorsqu'un œuf s'est implanté dans l'utérus, pas de sang, pas de règles : il est temps de faire un test de grossesse !

Quand sommes-nous fécondes ?

Plusieurs facteurs entrent en jeu :
- L'ovulation a lieu vers le 14e jour du cycle, c'est-à-dire 2 semaines après le premier jour des règles.
- L'ovule vit de 12 à 24 heures (du 14e au 16e jour) ; le spermatozoïde, de 3 à 5 jours (avant le 16e jour, pour rencontrer l'ovule) !
- C'est pourquoi un rapport sexuel peut en réalité être fécondant entre le 9e et le 16e jour du cycle. Pour vous, les filles, c'est plus compliqué car vos cycles sont irréguliers les premières années. Vous ne pouvez pas savoir quand vous ovulez.

TU C KOI :-)

Beaucoup d'enfants naissent de fécondation in vitro : on prend un échantillon du sperme du papa, on prélève l'ovule de la maman et on met les deux en contact dans une éprouvette. Si un œuf se forme, on l'implante dans l'utérus de la maman et tout se passe ensuite naturellement. Le bébé grandit dans le ventre de sa mère, comme n'importe quel autre bébé !

féminisme

Aujourd'hui, on peut être fière d'être une fille ! Bientôt, tu pourras voter, gagner de l'argent, choisir ton amoureux... bref, faire ce que tu veux. Nous devons une fière chandelle aux féministes !

Un peu d'histoire

Simone Veil, vous connaissez ? Le MLF ? Les « 343 salopes » ? Non… Bon, reprenons les choses à la base. Le féminisme est né durant la Révolution française… et en 1944 en France.
Une deuxième vague de féminisme émerge au début des années 1960 : des intellectuelles (Simone de Beauvoir), des femmes politiques (Simone Veil)… et plein d'inconnues qui ne s'appellent pas Simone se battent alors pour les droits et les intérêts des femmes. Le MLF (Mouvement de libération de la femme) est créé. Les enjeux de cette nouvelle lutte : légaliser la contraception et l'avortement, et donc permettre aux femmes de disposer de leur corps, mais aussi d'être libres de choisir leur vie. Eh oui, car à l'époque on n'avait même pas le droit de prendre la pilule ! Divorcer était compliqué et mal vu. Jusqu'en 1965, les femmes n'avaient même pas le droit d'avoir leur propre compte en banque et de travailler sans l'autorisation de leur mari !
Suite à ce mouvement, la contraception devient légale en 1967, et les femmes entrent alors massivement sur le marché du travail. Le 5 avril 1971, 343 Françaises – parmi lesquelles de nombreuses personnalités – osent signer le manifeste « Je me suis fait avorter », s'exposant ainsi à des poursuites pouvant aller jusqu'à l'emprisonnement. La semaine suivante, un journal satirique du nom de Charlie Hebdo fait sa une avec un dessin s'en prenant aux hommes politiques et titre : « Qui a engrossé les 343 salopes du manifeste sur l'avortement ? » Le mouvement des « 343 salopes » est né !
Après une lutte acharnée, elles obtiennent en 1975 la légalisation de l'IVG (interruption volontaire de grossesse), c'est-à-dire le droit à l'avortement. Cette loi a été soutenue à l'Assemblée nationale par la ministre Simone Veil, qui essuya, de la part de ses collègues masculins, moult quolibets et jusqu'à des menaces de mort !
Au tournant du XXIe siècle, de nouvelles avancées ont eu lieu : meilleure reconnaissance du viol, notamment entre époux, loi contre le harcèlement au travail et, en 1999, loi sur la parité : pour une meilleure représentation des femmes, notamment dans les médias et les mandats électoraux.
Au début des années 2000, des mouvements très populaires comme Les Chiennes de garde ou Ni putes ni soumises ont permis aux femmes, notamment des cités, de revendiquer leur droit à la féminité et à la libre décision de leur vie, contre les clichés sexistes.

Un mouvement démodé ?

Aujourd'hui, les femmes sont partout dans le monde du travail, elles divorcent, se remarient, choisissent quel est le bon moment pour donner la vie, sont fortes et indépendantes. Alors à quoi sert d'être féministe ? Est-ce un mouvement du passé ? Pas vraiment. Quand on est adolescente, on n'en a pas encore conscience, mais il existe aujourd'hui dans le monde du travail une différence de 30 % de salaire, à poste égal, entre les hommes et les femmes. Dans les bureaux, les femmes sont partout… sauf aux vrais postes de direction : tiens, comme c'est bizarre… À la maison, en revanche, ce sont elles qui gèrent la plupart des tâches ménagères. Elles qui prennent une journée de congé quand leurs enfants sont malades et ne peuvent pas aller à la crèche ou à l'école. Elles qui vont les chercher à la sortie des classes ou chez la nounou. Elles qui interrompent leur carrière pour prendre des congés parentaux. Et que dire des violences qui leur sont faites ? En France, 130 femmes meurent chaque année sous les coups d'un homme, souvent leur conjoint. Les viols ont la vie dure, parfois ils sont même collectifs ! Sans parler du harcèlement de rue dont est victime une écrasante majorité de jeunes

PAROLES DE STAR

Voici deux extraits du discours qu'Emma Watson a prononcé à l'ONU pour lancer la campagne HeForShe :

« Je pense qu'il est normal, en tant que femme, que je sois payée autant que mes homologues masculins. Je pense qu'il est normal que je puisse faire mes propres choix concernant mon corps. Je pense qu'il est normal que les femmes participent à la vie politique et prennent des décisions en mon nom pour mon pays. Je pense qu'il est normal, socialement, d'avoir droit au même respect que les hommes. Malheureusement, je peux affirmer qu'il n'existe aucun pays dans le monde où les femmes peuvent espérer prétendre à ces mêmes droits. Aucun pays ne peut dire qu'il est parvenu à l'égalité des sexes. »

« Si les hommes ne doivent pas être agressifs pour être acceptés, les femmes ne doivent pas se sentir obligées d'être soumises. Si les hommes n'ont pas à contrôler, les femmes n'auront pas à être contrôlées. Les hommes et les femmes devraient se sentir libres d'être sensibles. Les hommes et les femmes devraient se sentir libres d'être forts. Il est temps que l'on perçoive le genre comme un éventail et non comme deux idéaux opposés. Si nous cessions de nous définir les uns les autres par ce que nous ne sommes pas mais par ce que nous sommes, nous pourrions tous être libres. HeForShe, c'est la liberté. »

femmes, qui ont juste le tort d'être jolies – même nous, adolescentes, y sommes parfois confrontées ! Et pas juste avec des sifflements ou des mots doux comme : « Oh, mademoiselle, t'es trop mignonne… Tu veux un café ? »… Les remarques peuvent parfois être bien plus violentes voire physiques. Dans tous les cas, sachez que vous n'êtes pas responsables. Pour toutes ces raisons, il est toujours important de défendre les droits des femmes. Sans compter que tout n'est pas toujours acquis. En France, le droit à l'avortement est toujours contesté par une frange réactionnaire. Et en Espagne, récemment, l'IVG a failli redevenir hors la loi. Alors, oui, il semble bien que le féminisme soit toujours d'actualité.

Un mouvement sexiste ?

Cependant, il n'est plus vraiment de bon ton de se proclamer féministe. Les militantes actuelles suscitent la méfiance, voire l'aversion du grand public. Les Femen, avec leurs manifestations coup-de-poing, seins nus dans la rue, sont jugées trop provocantes. Beaucoup ont même la sensation qu'elles dégradent l'image de la femme. D'autres militantes sont jugées, à l'inverse, un peu trop « viriles », revêches, anti-mecs… Le féminisme est perçu comme un mouvement sexiste, lui aussi, alors qu'aujourd'hui l'époque de la guerre des sexes est dépassée. Il existe pourtant une troisième voie : celle qu'a ouverte, par exemple, la comédienne Emma Watson (oui, oui, l'ancienne héroïne de Harry Potter !), devenue en juillet 2014, à l'âge de 24 ans, le porte-drapeau des droits de la femme à l'ONU. Elle y a tenu un discours enflammé afin de lancer sa campagne HeForShe. Sa mission : œuvrer pour l'égalité des genres… mais en alliance avec les hommes ! D'autres initiatives, sur le Web notamment, voient aujourd'hui le jour pour faire du féminisme un mouvement plus branché, détendu… et surtout drôle ! L'association Osez le féminisme, créée en 2009, reflète cette nouvelle tendance : elle considère la cause des femmes comme un combat de société. À l'origine, elle s'est engagée pour défendre le Mouvement du Planning familial, si utile à nous adolescentes, dont les crédits menaçaient de baisser. Elle lutte depuis pour une meilleure représentation des femmes en politique, contre les violences, les clichés sexistes et la prostitution. Toutes ces initiatives sont la preuve que les choses continuent de bouger. Alors, pas question de renier ce qui nous permet déjà, à nous, filles et futures femmes, d'être plus libres et souvent plus heureuses qu'autrefois. Oui, on peut être féminine… tout en étant féministe !

Sexisme, p. 315.

Fesses

On s'assoit dessus, mais sinon ? On les regarde dans les vitrines ou dans les miroirs, pour savoir si elles ne sont pas trop volumineuses et si les vêtements ne les compriment pas trop...

J'épate les copines

Le mot fesse vient du latin populaire *fissa*, qui signifie « fente » et qui ne désignait à l'origine que la raie des fesses. Par la suite, ce terme a été utilisé pour les parties charnues qui se trouvent de chaque côté et s'est transformé en un pluriel « fesses » puisqu'on en a en général une paire !

Charnues... et féminines !

Comment sont les vôtres ? Plates, rondes, rebondies, larges, hautes ou basses, molles ou fermes ?
Lors de la puberté, les fesses s'arrondissent (avec les cuisses) pour stocker des graisses qui serviront au moment de la grossesse.
Si vous n'aviez pas de formes lorsque vous étiez enfant, la femme que vous allez devenir sera sans doute plus voluptueuse. Vos fesses prennent leur place dans la féminité que votre corps est en train de développer.
Mais, contrairement aux seins, les fesses sont constituées de muscles. Par conséquent, il est possible de les modeler grâce à des exercices physiques et en surveillant son alimentation.

Savoir les modeler

La marche fait travailler le grand fessier, le muscle qui enveloppe les fesses et le haut des cuisses, où se niche la culotte de cheval. Elle est efficace si vous adoptez un pas rapide et non le rythme d'une promenade tranquille (même si celle-ci a également ses avantages).
Pensez à monter par les escaliers (plutôt que par l'ascenseur), sur la pointe des pieds et en contractant les muscles des fesses (cela affine également les hanches).
Le vélo et le roller font travailler tous les muscles des fesses. La natation et l'aquagym leur donnent du modelé : utilisez des palmes (vous ferez travailler tout le bas du corps) ou nagez le crawl.
Enfin, il existe des exercices à pratiquer chez soi, pendant 20 minutes tous les jours, qu'on appelle les abdos-fessiers (vous en trouverez sur Internet).

Garder la ligne

Mangez équilibré. Limitez la consommation de sucres, de graisses et de sel (il ne s'agit pas de les éliminer, mais il faut savoir se modérer). Buvez de l'eau pour drainer le corps. N'oubliez pas de manger des fibres !

Hygiène et santé

Des petits boutons apparaissent sur les fesses ? Pas de panique ! Lavez-vous avec un savon doux et utilisez une solution antiseptique pendant quelques jours. Si les boutons persistent, consultez. Soignez l'hygiène de cette partie du corps et n'oubliez pas de vous laver les mains après être allée aux toilettes, pour éviter de transporter des microbes.

INTOX

Les carottes donnent les fesses roses ? Faux !

+
Acné, p. 10.
Alimentation, p. 17.
Corps (bien dans son), p. 83.
Exhibitionnisme, p. 115.
Hygiène, p. 158.

Fête

**Dans quelques jours, vous organisez une superfiesta chez vous ?
C'est peut-être votre première fois.
Voici les trucs pour mettre de l'ambiance et bien s'amuser en toute tranquillité.**

F

Le lieu

Si vous vivez en appartement, négociez avec vos parents pour recevoir une cohorte de copines et de copains dans leur beau salon. Pas évident ! Il va falloir mettre un coup de collier à l'école et les rassurer sur l'identité des invités. Cela suppose aussi de ne pas tout détruire pendant la fête et de ranger après.
Si vous vivez dans une maison, il y a l'option garage ou jardin : ça laisse plus de liberté. Pensez aussi à la plage, à la maison de campagne. Les plus fortunées peuvent aussi louer une grange.

S'y mettre à l'avance

Une fête réussie, ça se prépare.
Les invités : évitez le surnombre autant que les trop petits comités. Essayez également de préserver :
La mixité : il faut des cavaliers pour à peu près toutes les filles. N'invitez pas les gens dont vous n'aimez pas trop le comportement et demandez à vos amis de ne pas rameuter tous leurs potes.
L'aménagement de l'espace : déplacez les meubles, rangez les bibelots et tous les objets fragiles. Au besoin, roulez les tapis, couvrez les meubles ou canapés de draps. Vous pouvez vous procurer des tables sur tréteaux. Préférez les coussins aux chaises, sinon les gens vont rester assis. Fléchez l'accès aux toilettes, prévoyez des poubelles, des cendriers ou un coin fumeur (balcon, cuisine). Fermez à clé les pièces interdites.
La musique : c'est le nerf de la guerre. L'idéal, c'est d'avoir un copain qui assure l'animation de la soirée. Préparez une playlist sur fichier MP3 et demandez à vos copines d'en faire autant, ça élargit le choix ! Sinon, il y a aussi l'option Deezer
Le buffet : faites simple mais en quantité ! Tartes salées, pizzas, hot dogs, bagels, chips, tomates cerises, salades composées, brochettes de melon-jambon, cubes de fromage… Et en dessert : brownies et gâteaux qui ne s'effritent pas trop (sinon, bonjour le ménage après !). N'oubliez pas les fruits (cubes de pastèque, clémentines, raisin) et les bonbons ! Pensez aussi aux serviettes en papier et prévoyez suffisamment d'assiettes et de couverts en plastique. Vous pouvez demander à vos copines de participer.
Les boissons : point crucial s'il en est. Faut-il prévoir de l'alcool ou non ? Tout dépend de votre âge : avant 15-16 ans, on peut s'en passer ! Mixez des cocktails sans alcool, prévoyez des sodas, des jus de fruits. S'il y a de l'alcool (misez sur les bières et préparez un punch léger ou une sangria), faites attention à l'excès et prévoyez des bouteilles d'eau.

+ Danser, p. 89.

Secrets de filles

Pour une fête réussie

- Prévenez vos voisins à l'avance pour ne pas voir la police débarquer à 23 h !
- Poussez vos parents dehors : mettez-vous d'accord avec eux pour qu'ils sortent en amoureux ou, encore mieux, qu'ils partent en week-end !
- Ouvrez vous-même la porte aux invités. Évitez les inconnus qui s'incrustent : ce n'est pas un squat !
- Et, surtout, soyez en forme et mettez votre plus belle robe !

Fidélité

Comment s'épanouir dans une relation amicale ou amoureuse sans fidélité ? Si vous n'êtes pas loyale, pourquoi le serait-on avec vous ? La fidélité s'applique aux autres autant qu'à vous-même.

Être fidèle

Fidèle à soi-même, à ses idées, mais aussi fidèle en amour, en amitié, fidèle à cet engagement que l'on a accepté en sortant avec une personne ou en devenant sa confidente. Il est certainement plus facile d'être fidèle en amitié car, quand on aime d'amitié, on ne renonce pas aux autres. En amour, c'est un peu différent. La fidélité exige de n'aimer qu'une personne. C'est avant tout une question de confiance. Celle que l'on vous donne comme celle que vous accordez à un garçon ou à des amis en leur confiant des choses intimes sur vous.

Être fidèle en amour, c'est être à la hauteur de ce que vous donne l'autre. Mais pas de panique, rien n'empêche de trouver séduisant un garçon dans la rue ; vos pensées, elles, sont libres !

Entre interdit et mensonge

Ennui ? Besoin de séduire ?

En amour, pour différentes raisons, vous pouvez vous laisser tenter par quelques infidélités, pimentées par l'interdit qu'elles représentent. Mais le plaisir du moment laisse vite place aux interrogations, voire à la souffrance. Le mensonge devient alors la seule parade pour éviter de faire mal à l'autre ou de briser l'harmonie de votre couple. Que vous en soyez la responsable ou la victime, sachez que tout le monde finit par souffrir. Une fois la vérité mise à nu, deux solutions : la rupture ou le pardon.

Une « erreur de parcours »

Qu'elle vienne de vous ou de votre partenaire, l'infidélité n'est pas nécessairement synonyme de rupture. Pourquoi ? Tout simplement parce que, quand les sentiments sont en jeu, on peut avoir envie de pardonner. Dans ce cas, autant ne pas mentir : si vous choisissez de pardonner ou si l'on vous pardonne, sachez que ce genre de blessure met du temps à cicatriser. Il faut d'abord reprendre ses esprits, car la tentation de goûter au plat de la vengeance est forte, mais mieux vaut ne pas céder. Ensuite, il faut réinstaurer la confiance et cultiver la patience. Courage, ça peut en valoir la peine !

TU C KOI :-)

Chez les animaux, parce qu'il faut bien perpétuer l'espèce, la fidélité est loin d'être une règle d'or ! Heureusement, il y a toujours des exceptions. Les loups sont d'une fidélité à toute épreuve et s'unissent pour la vie. Chez les manchots empereurs, la monogamie est de mise et le mâle est un papa hors pair, qui couve et alimente les petits. Enfin, le champion de la catégorie est le castor : si le mâle est stérile, la femelle lui reste fidèle et ne procréera jamais.

+ Jalousie, p. 179.
Rupture, p. 298.

Fille unique

Être « unique » a ses avantages et ses inconvénients. Loin de l'image de fille gâtée et égoïste, être fille unique, c'est nouer des amitiés, s'adapter à ses parents et à la solitude. Comme n'importe quelle autre adolescente !

Un statut critiqué

Si vous êtes fille unique, vous avez déjà dû entendre ce type de phrase : « un enfant unique est égoïste, il ne peut pas apprendre le partage », « il est seul, ses parents lui passent tout ! », « les enfants uniques sont vaniteux et trop sûrs d'eux ». On dit aussi qu'ils sont fragiles, asociaux, immatures. Chez les filles, on parle de « petites princesses ». Bref, que les choses soient claires : tout ça, ce sont des généralités sans réel fondement ! Pour la petite histoire, il semblerait que ces idées reçues datent des années 1950. À la suite des deux guerres mondiales, il fallait repeupler le pays et on incitait les familles à faire au moins deux enfants. Même Françoise Dolto[1] écrivait qu'un enfant unique est en règle générale malheureux. Dans les années 1970, les mentalités ont changé. Unique ou non, tout dépend de l'éducation que l'on reçoit !

Le lien avec les parents

En tant que fille unique, une chose est sûre, vous avez des parents rien que pour vous ! Selon le caractère et l'histoire de chacun, cela peut être une chance ou une malchance…

Ainsi, sur le plan scolaire, être le seul enfant, c'est avoir des parents plus disponibles pour soi. Il semble que l'on soit, a priori, mieux soutenue dans les difficultés. Ils sont plus attentifs aux résultats, mais se montrent en contrepartie bien plus exigeants. être seule à subir la pression parentale peut

Chacune son histoire

Seule avec ma mère

« Il y a deux ans, mes parents ont divorcé. Ça n'a pas été très facile pour moi… J'étais en première ligne, sans frère ou sœur avec qui partager ça. Aujourd'hui, je vis seule avec ma mère, et elle a tendance à me prendre pour sa copine. Elle me raconte sa vie sentimentale et ses soucis avec papa. C'est un rôle difficile pour moi… Parfois, je culpabilise même de la laisser toute seule, le samedi après-midi, quand je vais voir mes copines. »

Anne, 15 ans

J'épate les copines

Les filles uniques célèbres

- Chanteuses : Lorie, Emma Daumas *(Star Academy)* et Shakira.
- Actrices : AnnaSophia Robb (*Charlie et la chocolaterie*, *Le Secret de Terabithia*), Teri Hatcher (*Desperate Housewives*) Natalie Portman (*Star Wars I, II* et *III*), Sarah Michelle Gellar *(Buffy)*,
- Monica Belluci (*Astérix et Obélix : mission Cléopâtre*).
- Présentatrice TV : Julie Andrieu (*Fourchette et sac à dos*, sur France 5).
- Mannequins : Milla Jovovich, Audrey Marnay.
- Sandrine Kiberlain et Sylvie Testud, mais seulement dans le film *Filles uniques* de Pierre Jolivet, sorti en 2003…

devenir pesant. Les parents ont des attentes inconscientes, souvent liées à leurs propres échecs. Ils n'ont pas pu apprendre la musique ? Ils nous incitent vivement à jouer d'un instrument. Ils n'ont pas pu faire une grande école ? Ils espèrent secrètement que nous pourrons réparer ce manque… Les parents projettent tous ces espoirs déçus sur leur progéniture. Lorsqu'on est enfant unique, on cristallise ces attentes. De cet état d'esprit découle souvent une attitude surprotectrice, et les enfants uniques ont parfois l'impression d'étouffer.
À l'adolescence, il est temps de couper le cordon ombilical avec papa-maman. En général, cela se fait naturellement. Vous devenez critique, vous imposez vos choix, vous les contredisez, et c'est une bonne manière de respirer un peu, de desserrer la pression.

Un désir de fratrie

Depuis l'enfance, vous souffrez d'être seule pour jouer. Vous avez tellement rêvé d'un frère pour courir dans le jardin, d'une sœur pour jouer à la poupée… Vous enviez ces familles nombreuses, les chahuts dans les chambres à sauter à trois sur le lit, les parties de cache-cache au parc, les jeux de société pour lesquels il faut toujours être au moins deux… Côtoyer les adultes, c'est intéressant, et nous grandissons plus vite à les écouter parler. Mais cela ne suffit pas. Alors, les filles, parlez de votre solitude à vos parents, insistez pour qu'ils invitent vos amis ou vos cousins pour un week-end, pour des vacances. Ces échanges vous seront très utiles, car ils vous apprendront la vie, les conflits, la compétition, le partage, des situations que vous ne connaissez guère qu'à l'école.

Et n'oubliez pas, vous pouvez tisser des liens si forts avec vos amis, ou avec vos cousins, qu'ils peuvent parfois remplacer les frères et sœurs que vous n'avez pas eus. Ainsi, Dorine (14 ans) raconte : « J'ai la chance de pouvoir choisir ce que j'appelle mes frères et sœurs de cœur. Comme ce sont des amis, il n'existe pas de jalousie entre nous et je les vois quand j'en ai envie… pas comme des frères et sœurs qu'il faut supporter à plein temps ! »

Solitaire mais tranquille

À la fois ennemie et amie, la solitude fait partie de votre quotidien. Ennemie parce que, comme tout le monde, vous n'aimez pas vous ennuyer. C'est pour cela que, depuis que vous êtes toute petite, vous êtes devenue une spécialiste « anti-ennui » en jouant seule, en lisant, en faisant de la musique, en inventant des histoires. C'est le cas de Kim (16 ans), qui s'est créé un monde fictif : « J'ai toujours adoré raconter des histoires. D'ailleurs, quand j'étais petite, je m'étais inventé un ami imaginaire et je lui parlais en chuchotant, la nuit, quand ça n'allait pas… »
Heureusement, cette situation n'a pas que des inconvénients. Être fille unique est aussi synonyme de tranquillité et d'intimité. Sachez que les membres des grandes fratries en rêvent !

+ Cousins, cousines, p. 86.
Ennui, p. 114.
Mère, p. 211.
Père, p. 240.
Solitude, p. 325.

avoir la Forme

Aller au collège à pied ou à vélo, fréquenter un club de sport, se balader en forêt le week-end… Pour garder la forme, il faut se bouger ! Troquez la télécommande et la souris contre une paire de baskets !

F

Secrets de filles

Si vous n'avez pas les moyens de vous équiper en matériel de sport, optez pour le système D. Faites des haltères avec deux bouteilles d'eau minérale (n'oubliez pas, 1,5 litre d'eau = 1,5 kg). Une couverture sur la moquette de votre chambre ou le tapis du salon feront d'excellents tapis de gym. Et vous avez sûrement une corde à sauter : c'est idéal pour faire travailler le cœur.

Une santé au top

Il y a des milliers de bonnes raisons de se remettre au sport. La première, c'est de se maintenir en forme ! La pratique d'une activité physique régulière diminue les risques de développer des maladies tels que des cancers à l'âge adulte. Elle a de nombreux effets bénéfiques : la tension artérielle et la fréquence cardiaque diminuent au repos, la capacité pulmonaire, la force et la masse musculaire augmentent, les os sont plus résistants et les articulations travaillent. L'exercice physique rend tonique et surtout limite la prise de poids.

La fin des kilos superflus

Pour affiner la silhouette, il n'y a pas mieux ! Mettez de côté les régimes et les crèmes amincissantes miracle. Quand on fait du sport, on ne perd pas forcément beaucoup de poids, mais on se sent plus énergique

INTOX

- Les règles ne sont pas une contre-indication au sport. Seules la gêne, la douleur ou la fatigue peuvent vous décider à arrêter, mais en aucun cas elles ne représentent un danger pour la santé.
- Une forte poitrine n'empêche pas de faire du sport. Il suffit de bien la maintenir pendant l'effort, et pour cela de porter des soutiens-gorge et des brassières spéciales (vous les trouverez dans les magasins d'articles de sport). Si vos tétons s'irritent, protégez-les avec un pansement ou une compresse le temps de l'activité.

QUIZ

Pour quel sport avez-vous des dispositions ?

1 • Vous êtes plutôt :
- **a.** endurante.
- **b.** adroite.
- **c.** explosive.

2 • Vous voulez :
- **a.** perdre des cuisses.
- **b.** avoir des abdos.
- **c.** redresser votre dos voûté.

3 • Vous avez :
- **a.** un mental solide.
- **b.** un esprit d'équipe.
- **c.** une bonne maîtrise de soi.

Majorité de a : le vélo, la course de fond ou la natation.
Majorité de b : le basket-ball, le volley-ball ou le sport en salle.
Majorité de c : le judo, l'athlétisme ou les sports de raquette.

car la masse grasse se transforme en muscle. Ce qui compte, ce n'est donc pas le chiffre que vous lisez sur la balance, c'est votre tonus et la façon dont vos proportions s'harmonisent. Le sport, surtout si on le pratique en groupe, a également un effet positif sur le plan psychologique.

C'est bon pour le moral !

Si vous êtes bien dans votre corps, vous serez bien dans votre tête. L'exercice physique permet de déstresser, de s'aérer l'esprit, et procure une sensation de bien-être. Après une bonne séance, vous dormirez comme un bébé ! Faire de l'exercice physique améliore les réflexes et la coordination de tous les mouvements. Vous aurez aussi la sensation d'être plus souple et plus belle.

Une alimentation équilibrée

Ce que l'on mange joue évidemment un rôle essentiel et l'alimentation doit être adaptée aux efforts fournis. Pour être en forme, il ne faut pas se priver et il ne faut pas sauter un repas avec l'idée qu'on va perdre un kilo : on risque alors de se sentir faible et, au goûter, on va se jeter sur deux pains au chocolat et un soda.

Pour le plaisir

Que vous fassiez du sport pour maigrir, pour vous détendre ou pour vous surpasser, ce qui compte, c'est de se faire plaisir et non de subir une contrainte. Si vous n'aimez pas le sport, sachez que l'activité physique commence par la marche. Lorsque votre mère vous demande d'aller acheter le pain, ne râlez pas, dites-vous plutôt « chouette ! je vais marcher un peu ». Et puis, abandonnez l'ascenseur au profit des escaliers, sollicitez vos copines pour des promenades à roller ou à vélo, allez ensemble à la piscine ou à la patinoire !

Un état d'esprit

Avoir la pêche, c'est aussi un état d'esprit : se lever du bon pied le matin, filer sous la douche pour se réveiller, fredonner son air préféré, faire rire les autres. Dispenser de la bonne humeur, c'est en recevoir en retour. Un abord ronchon et une allure apathique font fuir les autres, ce qui sape le moral. Or, l'état physique est souvent très dépendant de l'état psychologique.

TU C KOI :-)

Certains sports peuvent permettre de corriger des petits défauts physiques.

- Si vous êtes voûtée, c'est-à-dire que vous avez le dos rond, faites du basket-ball ou du volley-ball.
- Si vous n'avez pas la force de faire des séries d'abdominaux, le crawl ou l'aviron vous aideront à vous muscler le ventre.
- Si vous en avez assez de vos fesses trop molles et de vos cuisses trop grosses, chaussez vos baskets et partez courir. Comme la course à pied, le roller et le patinage font travailler les fessiers et affinent les cuisses.

+ Alimentation, p. 17.
Santé, p. 301.
Sport, p. 332.

jeu du Foulard

Appelé aussi « jeu des poumons », « de la tomate », « du cosmos », « la grenouille », « rêve bleu » ou « rêve indien », « trente secondes de bonheur », ce « jeu » en apparence anodin peut s'avérer mortel. À éliminer !

Chacune son histoire

« J'ai connu ce jeu à l'école primaire et je l'ai pratiqué, il y a quelques années, au début du collège. Je le faisais assez souvent, on m'avait mise au courant des risques mais je n'y croyais pas… Ce que j'aimais bien lorsque je m'évanouissais, c'est que j'avais l'illusion de voler, de ne plus sentir la douleur et d'être en présence des personnes que j'aime. Par contre, le réveil était horrible, car c'était comme si je prenais une décharge et, après, j'avais très mal au crâne et du mal à retrouver mes esprits… Ensuite, j'ai mûri, je me suis renseignée sur les risques réels et j'ai arrêté de le faire. Je n'avais pas envie de mourir. »

Carine, 17 ans

En quoi ça consiste ?

Ce jeu de strangulation consiste, en gros, à couper sa respiration. Il a des variantes multiples (le jeu de la tomate, pratiqué par les plus jeunes, est le plus courant : il s'agit de retenir son souffle jusqu'à devenir le plus rouge possible !) et fonctionne en deux temps.

- Au début, une hyperventilation des poumons obtenue par de grandes inspirations et des flexions rapides des jambes.
- Ensuite, un blocage de la respiration par pression sur les carotides avec un lien (corde, foulard, ceinture…), voire forte compression sur la cage thoracique.

Un jeu très pratiqué

Les enfants du monde entier le connaissent, et il est parfois pratiqué dès 4 ans. Beaucoup d'ados s'y adonnent aussi. Souvent, tout commence dans la cour de récré, avec un copain ou une copine (qui aide en serrant le foulard et en s'asseyant sur votre poitrine), voire en groupe. Ce jeu très spécial procure des sensations étranges : étourdissement, euphorie, plaisir, visions pseudo-hallucinatoires. Cela explique que beaucoup recommencent ensuite tout seuls, dans leur chambre. Certains sont même accros.

Un jeu mortel

Pourtant, les risques sont énormes. La strangulation peut, à n'importe quel moment, déclencher une syncope (crise cardiaque), une perte de conscience, voire le coma. Notre cerveau n'est plus oxygéné. Parfois, on se réveille toute seule… mais parfois pas du tout. Au-delà de quatre minutes dans cet état (comme il est souvent pratiqué seule, personne ne vient à votre secours), les séquelles cérébrales sont irréversibles : on devient un légume. Sans aide appropriée, la mort cérébrale, voire la mort tout court, est inévitable.

Il faut enfin savoir que, même sans perte de connaissance, la répétition du jeu peut entraîner des conséquences graves : migraines persistantes, difficulté de concentration, somnolence, tremblements, amnésie, crises d'épilepsie, etc.

Bref, il y a vraiment d'autres moyens de s'amuser sans risquer de gâcher sa vie.

Dans les collèges, d'autres pratiques dangereuses se sont développées récemment : jeux de défi ou d'agression, comme le « happy slapping ». À proscrire ! Ce dernier est d'ailleurs puni par la loi.

Happy slapping, p. 149.
Violence, p. 369.

Franchise

**Nous sommes ainsi faites : tout en nuances, entre noir et blanc !
Nous avons nos audaces et aussi nos lâchetés,
nous pouvons mentir comme être franches...**

À chacun sa vérité

On cherche souvent à définir les notions de franchise et de mensonge, ce qui suppose qu'on s'intéresse à la vérité. Toute vérité est-elle bonne à dire, et peut-on dire que l'on possède la vérité ? Ce sont des questions subjectives, c'est-à-dire personnelles.
Là, ça devient philosophique !
Alors prenons un exemple concret : une de vos amies sort de chez le coiffeur avec des mèches rouges, et vous trouvez sa nouvelle coiffure totalement affreuse. Si vous le lui dites, vous faites preuve de franchise, mais êtes-vous certaine que vous détenez la vérité sur la beauté d'une coiffure ? Si vous lui mentez pour ne pas la vexer, êtes-vous sûre que c'est un mensonge ?
Il est important de dire que chacun a SA vérité.
C'est également vrai pour des problèmes plus graves, comme ceux qui mettent en jeu l'idée de justice ou celle d'injustice.

Les bénéfices de la franchise

Poursuivons cette réflexion, éloignons-nous de la subjectivité et rapprochons-nous des faits avec un autre exemple.
Votre mère vous demande de faire la vaisselle. Vous choisissez de mentir en disant que vous avez des devoirs. Vous échappez à la corvée, mais, si votre mère s'aperçoit que vous avez menti, vous risquez de perdre sa confiance. La prochaine fois, elle ne vous croira que sur preuve.
Si vous dites à votre mère que vous n'avez pas envie de faire la vaisselle, la franchise ne vous excuse pas : il y a dans la vie d'une famille des règles et des devoirs auxquels on ne peut échapper, même s'ils sont ennuyeux. Vous aurez dit ce que vous avez sur le cœur (ce qui est déjà positif), mais vous ferez la vaisselle.
Quelle leçon tirer de cet exemple ? L'important est de savoir ce que la franchise ou le mensonge vont apporter, quelles vont être leurs conséquences (bénéfices et inconvénients pour nous comme pour les autres).
Est-il préférable de rompre la confiance ou de faire la vaisselle ? Certes, l'exemple est basique, mais les questions qu'il soulève peuvent s'appliquer à de nombreuses situations.

PAROLES DE STAR

Kristen Stewart, l'héroïne (entre autres) de la saga *Twilight* est complexée et elle le dit clairement. On peut donc être une star et ne pas s'aimer complètement. Elle avait confié ses complexes au magazine américain de mode et de beauté féminine *Allure* en 2009 : « J'ai les fesses plates ! Je ne fais aucun sport. Je suis clairement du type "mince molle". En fait, je fais tout pour ne pas être trop maigre. Si vous voyiez mon frangin... Il ressemble à un spaghetti ! »

« Un ami est celui qui ne ment pas. L'exigence amicale : dire ce qu'on pense sans être blessant. »

Tahar BEN JELLOUN

Vu par les garçons

« Au début j'avais du mal avec Mounia parce qu'elle était "brute de pomme". Elle nous jetait nos quatre vérités comme ça ! C'était dur. À force de discussions, j'ai fini par apprécier sa franchise parce qu'elle m'a appris des choses sur moi. Et puis, elle a exigé que je sois franc aussi avec elle. C'était pas dans mes habitudes, mais peu à peu j'ai réussi à lui dire ce que je pensais. Finalement, elle aussi a évolué : maintenant elle arrive à être franche sans être agressive. »

Mathieu, 14 ans

Le mensonge

Il existe plusieurs façons de mentir :
- altérer la vérité ;
- se la cacher à soi-même (nier) ;
- la taire (mentir par omission).

On peut mentir pour diverses raisons : pour éviter les punitions, pour se soustraire à certaines tâches, pour se défendre, pour ne pas blesser l'autre, pour se valoriser, pour se faire aimer, pour nuire à autrui…
Selon les statistiques, nous mentons tous au moins deux fois par jour ! Le mensonge fait donc partie de la vie des gens. Malgré tout, il est souvent mal perçu, même quand il est bien intentionné. Mais sommes-nous mauvaise ou méchante parce que nous mentons ? Non, le véritable enjeu est de savoir si le mensonge est le comportement le plus adapté à la situation.
Que deviendraient les relations humaines si le mensonge était valorisé ? Elles ne serviraient à rien, car on ne pourrait jamais rien apprendre des autres, on douterait de tout…

Le mensonge a des conséquences qu'il faut savoir mesurer ! Perdre la confiance de l'autre est une des conséquences possibles. Mais il y en a d'autres.
Parfois on n'arrive pas à se dépêtrer de ses mensonges : un premier mensonge en entraîne un autre, puis encore un autre, et on se laisse enfermer. Vivre constamment dans le mensonge, ce n'est pas possible !
Certains secrets de famille aussi sont difficiles à vivre. Peu à peu, ils deviennent trop lourds à porter.

Une attitude noble

Si le mensonge est courant, la franchise est peu répandue. Elle est sans doute plus difficile parce qu'elle peut entraîner des discussions, voire des conflits, qu'il faudra assumer. Mentir est souvent plus pratique. Pourtant, la franchise est considérée comme une attitude noble, idéale : on ne cache rien, les relations sont plus saines puisque tout le monde sait à quoi s'en tenir.
Quand on est franche, on se donne le droit de se soulager, de dire ce que l'on a sur le cœur pour ne pas garder d'idées empoisonnantes.

La franchise peut faire mal

La franchise a son art et sa manière. Il faut savoir y mettre les formes. Comme le mensonge, la franchise est à manier avec précaution. Elle peut être profitable pour se sortir d'une injustice, pour défendre ses idées… mais elle peut aussi être nocive, pour nous comme pour les autres.

La mythomanie

Quand on finit par croire à ses propres mensonges, et qu'ils deviennent un mode de fonctionnement, on est atteint de mythomanie. En mentant, la mythomane cherche à fuir une réalité insupportable pour elle. Pour s'en sortir, mieux vaut se faire aider !

LOL ;-)

Le commissaire de police accueille une jeune recrue qui vient d'arriver dans son service. Il lui demande :
– Avez-vous déjà vu un détecteur de mensonges ?
– Bien mieux que ça, chef, j'en ai épousé un !

+ Punitions, p.270.
Trahison, p. 356.
Triche, p. 359.

frères et sœurs

Jalousie ou complicité depuis l'enfance, la relation avec les frères et sœurs joue toujours sur ces deux sentiments ambivalents. Oui mais, à l'adolescence, que se passe-t-il de particulier entre nous ?

Une complicité qui bat de l'aile

Quand la puberté arrive, que le corps se met à changer, une distance naturelle se crée avec nos frères. L'éloignement est accentué par l'âge qui nous sépare d'eux et par le sexe. Difficile de garder le contact avec un petit frère de 10 ans qui ne pense qu'à jouer avec ses *Warhammer®* ou ses *Lego Bionicle®*. Le grand frère, lui, est déjà parti dans la stratosphère, baladeur sur les oreilles et portable sous la main pour ne pas rater l'appel de ses potes ou de sa dernière conquête. Avec nos sœurs les plus proches, le calendrier de la puberté est rarement le même. Et, durant cette période, on est tellement centrée sur soi qu'il y a peu de place pour les autres – encore moins pour ceux que l'on côtoie au quotidien, et qui sont témoins de nos plus intimes métamorphoses. On a plutôt envie de fuir leurs regards, leurs moqueries, leur curiosité. Tout dépend de la configuration de la fratrie. Dans les familles nombreuses, la volonté de s'extirper de la tribu est encore plus forte. Seule exception : les jumelles, qui vivent au diapason.

Vu par les garçons

« Moi, j'ai trois sœurs, dont une qui a trois ans de plus que moi. C'est la plus proche en âge. J'avoue que je l'ai bien fait tourner chèvre quand j'étais plus petit – d'ailleurs, je la surnommais "la grande chèvre". Elle détestait ça. Récemment, j'ai récidivé, mais elle m'a mis une gifle retentissante. J'ai gardé la marque pendant trois jours. Je crois que je vais me calmer. Ça fait un peu bizarre de voir sa sœur grandir, devenir presque une femme. Tous mes copains louchent sur ses seins ! Autrefois, je jouais aux pirates avec elle… tout ça, c'est fini. J'espère qu'on trouvera d'autres terrains d'entente plus tard, car je l'aime bien, ma grande chèvre de sœur ! »

Nathan, 13 ans

Des modèles ?

Bien sûr, le contact n'est jamais totalement perdu. Nous observons avec une certaine fascination, teintée de jalousie et d'un peu d'appréhension, ces grands frères ou grandes sœurs déjà presque émancipés, dont le corps est la promesse de ce que nous allons bientôt vivre, qui sortent, profitent d'une plus grande liberté, et qui ont peut-être déjà une vie sexuelle… Certains nous le confient d'ailleurs, en le claironnant fièrement. On se sent « petite » à côté d'eux, on aimerait bien qu'ils nous prennent sous leur aile. Certains grands frères jouent alors aux protecteurs. Les grandes sœurs nous initient aux mystères de la féminité : la façon de s'épiler, de se maquiller…
Mais on n'est plus à égalité avec eux – on se sent mise à l'écart quand leurs bruyants copains débarquent et que l'on est reléguée au rang de gamine à qui l'on dit gentiment : « Va jouer dans ta chambre ! »

Des empêcheurs de tourner en rond

Avec les petits, c'est l'inverse. En général, ces affreux marmots nous collent aux basques et

“ Si tu diffères de moi, mon frère, loin de me léser, tu m'enrichis. ”
Antoine DE SAINT-EXUPÉRY

Chacune son histoire

« J'ai un frère de 16 ans. On passe d'un extrême à l'autre : on s'engueule violemment ou on parle pendant des heures (de tout sauf de nos histoires de cœur). On se marre bien. Sinon, avec ma sœur de 4 ans, on a un rapport fusionnel, je suis un peu comme sa deuxième maman. »
Nathalie, 14 ans

« J'ai une sœur de 19 ans. Parfois, elle m'énerve… Elle me reproche le moindre geste, elle se montre très blessante. Elle peut aussi être très gentille et avoir beaucoup d'attentions pour moi (surtout quand elle a besoin de quelque chose). Je sais qu'au fond elle m'aime et qu'elle tient à moi, mais j'ai l'impression qu'elle ne me comprend pas. On a des caractères très différents. En tout cas je l'aime, même si on s'engueule tout le temps. »
Coralie, 16 ans

« Entre 5 et 14 ans, c'était la guerre avec mon frère. On se tabassait, on s'insultait. Depuis, ça va mieux. Il essaie d'être gentil et moi aussi. On s'entend vraiment bien, c'est la personne en qui j'ai le plus confiance sur cette terre. On s'adore ! »
Victoire, 17 ans

« Ma sœur va avoir 18 ans dans un mois. Madame croit donc que tout lui est permis. Moi, j'en ai 16 et on ne se parle jamais ! On habite sous le même toit et, quand on se croise, pas un mot, on dirait des étrangères. Moi ça m'énerve, mais pas elle. Mieux vaut ne rien dire que s'insulter ! »
Aurélie, 16 ans

se font un malin plaisir de rapporter toutes nos frasques aux parents : « Maman, elle a dit ceci, elle a fait cela… »
Les plus jeunes vivent encore dans la vénération des parents. Ils cherchent à s'attirer leurs grâces par tous les moyens, et principalement contre nous. Comme, en parallèle, nos propres rapports avec les parents se sont un peu refroidis, on est jalouse de leur statut de chouchous ! Bref, à l'heure où la complicité fait défaut mais où la jalousie persiste, les relations fraternelles ne sont pas au beau fixe. À cela s'ajoutent les comparaisons si délicates que nos parents ne manquent jamais de faire : « À ton âge, Victor était meilleur en maths ! » Ils espèrent créer une émulation, mais c'est l'inverse qui se produit.
Enfin, nos personnalités se dessinent et on découvre que l'on est différents, qu'à part les liens du sang peu de chose parfois nous unit.
Au fil des années, il arrive que l'on prenne des trajectoires opposées. Pourra-t-on se reparler un jour, retrouver la complicité d'autrefois ?

Alliés dans la tempête

Certains événements peuvent nous ressouder : le divorce des parents ou une difficulté familiale (chômage, deuil…) Face à l'adversité, on se serre les coudes. L'irruption de pièces rapportées peut également venir nous ressouder. Difficile d'accepter ces demi-frères et demi-sœurs, mais eux aussi peuvent devenir des complices, des alliés…
Quand la famille se désunit, on se sent, en tant qu'ado, souvent investie d'un rôle de protection vis-à-vis des plus jeunes, on joue à la maman. Attention, la tentation est grande de vouloir sauter de la case « enfant » à la case « maman ». Ne grillez pas votre adolescence, elle va vous manquer : vous en serez nostalgique toute votre vie.

+ Famille, p. 116.
Famille recomposée, p. 118.
Fille unique, p. 128.
Repas familiaux, p. 286.

Fugue

Parfois, il est difficile voire impossible de dire ce qui ne va pas, alors on trouve un autre moyen pour s'exprimer : la fugue. On quitte, on laisse, on part avec l'espoir d'avoir trouvé la solution...

Partir...

La mésentente, l'incompréhension, l'impossibilité de communiquer avec ses parents sont des raisons fréquentes de la fugue. Mais, parfois, on part parce que les problèmes nous submergent et qu'on ne sait pas les résoudre. Enfin, on peut vouloir échapper au danger (maltraitance). Quels que soient les motifs, on est en souffrance mais on n'arrive pas à l'exprimer. La fugue apparaît comme la seule solution possible, peut-être parce que l'on imagine toujours que c'est mieux ailleurs. On ne sait pas ce que l'on va faire, on marche. Au début, on se sent euphorique, libre.

Mais, très vite, des questions vitales vous rattrapent : comment se nourrir, où dormir… Il est rare que les fugues durent plus de 48 heures. En général, les fugueuses rentrent spontanément chez elles. D'autres sont retrouvées par la brigade des mineurs ou par des proches. Les fugueuses sont en danger : le monde de la rue est violent (bagarres, viols, prostitution), et, pour survivre, ne s'offre souvent que la solution de la délinquance. Il est préférable de se réfugier chez quelqu'un que l'on connaît et en qui l'on a confiance.
En fuguant, on appelle une réaction de la part des parents : vont-ils vous chercher (prouvant ainsi qu'ils vous aiment), tenter de comprendre, un dialogue va-t-il enfin pouvoir être établi ?

... revenir

Il est évidemment difficile de revenir. On craint la réaction des parents et on sait qu'il va falloir s'expliquer (sera-t-on capable de le faire ?). Si les problèmes qui ont provoqué la fugue ne sont toujours pas réglés, on aura envie de repartir. L'important est donc d'essayer de les résoudre.
Les parents sont parfois sous le choc, ils hurlent, ils veulent punir, parce qu'ils ont eu peur. Peut-être qu'on ne pourra pas avoir une discussion sérieuse avec eux au moment du retour. Mais il faudra rétablir une confiance réciproque et trouver des solutions ensemble. On peut les tester pendant un certain temps, puis en parler. Après une fugue, le dialogue est essentiel.

TU C KOI :-)

Une ligne d'écoute téléphonique (Fil Santé Jeunes 0 800 235 236) a été mise en place pour que vous puissiez parler de vos problèmes de façon anonyme. Des professionnels vous écouteront et vous aiguilleront. Il existe aussi des centres d'accueil ou des Points Écoute Jeunes.

+
Conflits avec les parents, p. 78.
Distances (prendre ses), p. 99.
Mal-être, p. 198.
Psychologue, p. 266.
Rébellion, p. 277.
Suicide, p. 341.

Garçon manqué

Vous préférez les pantalons aux jupes et vous portez les cheveux courts, vous n'aimez pas les discussions de filles et vous traînez toujours avec des copains, ce qui vous vaut d'être traitée de « garçon manqué ». Qu'en est-il en réalité ?

Un modèle social

Bien que la société ait évolué, elle est encore très marquée par des normes. On offre plutôt des poupées aux filles et des voitures aux garçons. On nous oriente ainsi vers des rôles et des tâches bien définis. Pourtant, grâce à la psychanalyse, on sait que chaque femme a une part masculine et chaque homme une part féminine. Elle est enfouie au plus profond de nous, mais il arrive parfois qu'on se sente très à l'aise avec elle… Si vous êtes un garçon manqué, vous avez su vous affranchir très tôt de la pression sociale, ce qui prouve une grande force de caractère et une volonté d'indépendance.Mais peut-être est-ce aussi le signe que la féminité vous fait peur.

Votre image de la femme est-elle teintée de clichés ? Pensez-vous qu'elle doit se maquiller, porter des robes ? Non. La féminité se manifeste heureusement sous plusieurs formes : à chacune de trouver l'expression qui lui convient.

Un cœur de fille

Les garçons que vous côtoyez vous voient comme « un » des leurs : difficile pour eux d'imaginer autre chose qu'une relation amicale avec vous. Si vous êtes amoureuse de l'un d'eux, l'enjeu va consister à lui envoyer des signes de votre attirance en faisant appel à votre part féminine. Pas besoin de devenir une bimbo, montrez-lui votre sensibilité et intéressez-vous à ce qu'il fait !

Les idées reçues

On se pose des questions sur votre sexualité ? Sachez que les statistiques ne soulignent aucun lien entre le fait d'être un garçon manqué et celui d'être lesbienne. Si vous ne savez pas vous-même où vous en êtes, ne vous inquiétez pas, c'est normal. L'adolescence est une période d'interrogations sur l'avenir. Prenez votre temps et ne laissez personne s'exprimer à votre place.

Une fille moderne

Au lieu d'accepter cette étiquette de garçon manqué, revendiquez l'idée que vous êtes une fille réussie qui veut être l'égale de l'homme, une digne descendante du féminisme. Simplement une fille moderne, dynamique et libérée des conventions.

J'épate les copines

Dans *Harry Potter*, Hermione n'est pas un garçon manqué, pourtant Ron oublie qu'elle est une fille parce qu'ils sont amis. Lors du bal du Tournoi des trois sorciers, il prend conscience de sa féminité quand un autre garçon l'invite… et s'en trouve tout surpris !

+
Caractère, p. 54.
Confiance, p. 76.
Homosexualité, p. 152.
Regard sur soi, p. 279.

Garçons

Ce sont parfois de véritables extraterrestres, ces garçons ! Sans compter que la frontière entre amour et amitié est parfois très fine. Mais pourquoi les trouvez-vous si compliqués et si différents de vous ?

Les garçons viennent-ils d'une autre planète ?

Vous vous dites qu'ils sont bêtes, ne comprennent rien et ont un comportement idiot ? Vous pensez aussi peut-être qu'ils ne sont pas du tout romantiques, qu'ils sont parfois vulgaires en paroles et en gestes. À l'adolescence, les garçons ont souvent peur… d'eux-mêmes. Comme vous, ils traversent une phase de changements physiques. Ils ne savent pas très bien quoi faire de leur grand corps dégingandé. Leur voix mue et a du mal à se stabiliser. Leurs organes génitaux se développent. Très rapidement, ils deviennent des hommes, mais ils n'ont pas encore la maturité qui va avec. Ils ont de quoi être complètement chamboulés ! Comme ils n'ont pas les mots pour en parler, ils cherchent des façons de se donner du courage, souvent parce qu'ils craignent de ne pas « assurer ». Ils se réfugient dans leur bande de copains, jouent les durs et friment. Et puis, ils ont tendance à cacher leurs sentiments et ne se dévoilent pas facilement. Laissez-leur le temps.

QUIZ

Connaissez-vous bien les garçons ?

1 • Avez-vous déjà eu des copains ou des amis garçons ?
- **a.** Oui, en amitié, garçon ou fille, ça ne fait pas de différence.
- **b.** Oui, mais peu, vous préférez être entre filles.
- **c.** Non, pas vraiment, vous n'êtes pas sur la même longueur d'onde.

2 • Dès que vous rencontrez un garçon, vous vous demandez :
- **a.** « Est-ce qu'on a des goûts communs ? »
- **b.** « Est-ce qu'il est sympa ? »
- **c.** « Est-ce que je lui plais ? »

3 • Un copain vous invite à une petite fête chez lui. Votre réaction ?
- **a.** Confiante, vous acceptez. Ce sera l'occasion de mieux vous connaître.
- **b.** Stressée, vous êtes déjà mal à l'aise à cause des blagues idiotes que vous allez entendre.
- **c.** Intriguée, vous pensez qu'il doit avoir des vues sur vous.

4 • Pour vous, un garçon qui exprime ses sentiments et vous raconte ses soucis, c'est :
- **a.** Normal, vous faites la même chose.
- **b.** Surprenant, mais agréable de voir que vous n'êtes pas si différents.
- **c.** Impensable ! Les garçons ont un cœur de pierre.

5 • Selon vous, quelles filles plaisent vraiment aux garçons ?
- **a.** Les filles naturelles.
- **b.** Les filles jolies et bien habillées.
- **c.** Les filles sexy et attirantes.

Majorité de a : les garçons et vous, c'est une grande histoire. Vous les connaissez bien et ils ne vous font pas peur.

Majorité de b : vous connaissez un peu les garçons, mais de manière assez superficielle. Prenez donc le temps de parler avec eux !

Majorité de c : vous êtes trop dans la séduction avec eux, alors que les garçons peuvent faire de bons amis. Dépassez vos préjugés !

Amitié ou amour ?

Avec les garçons, il n'est pas toujours simple de déterminer précisément vos sentiments. Il n'y a rien de plus normal à vos âges. Demandez-vous d'abord si vous êtes attirée par lui. Avez-vous envie de l'embrasser ? De vous promener main dans la main et de partager des choses avec lui ? Si la réponse est oui, vous savez à quoi vous en tenir : vous êtes raide amoureuse. Comme il n'est pas toujours facile d'en parler au garçon concerné, faites-le-lui comprendreautrement : gestes, regards, mots gentils. Petit à petit, vous toucherez son cœur.
Si ce n'est pas le cas, ne soyez pas triste et gardez précieusement cette amitié. Accepter d'être amis, c'est aussi prendre le temps de connaître l'autre et, pourquoi pas, faire naître une relation plus forte, construite sur la complicité et la confiance. Ne passez pas à côté d'une belle histoire… d'amitié !

Halte aux idées reçues

Et si les garçons n'étaient pas si différents de nous en fin de compte ? Lisez plutôt…

« Ils sont sûrs d'eux »

L'adolescence est un âge de remise en question et de doute. Alors pourquoi les garçons ont-ils besoin de parler fort et de se pavaner ? Ils semblent bien sûrs d'eux. En fait, pas du tout (du moins pas toujours), c'est juste un genre qu'ils se donnent : ils ont besoin de se rassurer et d'évacuer leurs angoisses.

« Ils ne pensent qu'à ça »

On peut dire qu'ils en parlent beaucoup du sexe, ce sujet de compétition entre garçons ! Le fait que leur taux de testostérone (hormone du désir) est toujours au beau fixe est peut-être une explication.
Ils en parlent – et y pensent – certes, mais ils rêvent de la même chose que vous : être aimés et appréciés.

« Ils n'aiment que le foot et les jeux vidéo »

Ici, pas de généralités possibles. Le sport et les jeux vidéo sont des « trucs de garçons » : en bande avec leurs amis, ils se sentent souvent plus à l'aise qu'en présence d'une fille, avec qui ils ne sont pas sûrs d'avoir des goûts communs.

« Le romantisme et eux, ça fait deux ! »

Ce garçon n'a rien du prince charmant ? Ce n'est pas une raison pour le mettre dans le même panier que les autres et ne lui laisser aucune chance ! Certains garçons sont très attentionnés, d'autres moins, exactement comme les filles !
Mais finalement, ce qui importe, c'est que vous soyez bien ensemble, non ?

« Ils sont négligés »

Eh bien, pas tant que ça ! Ils savent que, pour plaire aux filles, le look compte énormément. À l'image de certains musiciens, ils préfèrent adopter un look faussement négligé et jouer la nonchalance, c'est leur façon à eux de paraître plus cool !

« Ils ne sont attirés que par des filles sexy »

Erreur. Si une belle plastique ne les laisse pas indifférents – c'est aussi votre cas –, le charme et le naturel leur plaisent généralement bien plus. Vos petits défauts et vos faiblesses vous rendent unique : on vous aimera avec !

TU C KOI :-)

À lire :
L'Amour et l'Amitié, d'Astrid Dumontet, illustrations de Julie Faulques, éditions Milan Jeunesse, 2015.
Des réponses simples et précises à 16 questions sur l'amitié et l'amour : la différence entre ces deux sentiments, l'amitié entre filles et garçons, l'homosexualité, la jalousie, etc.
Les amis, c'est sacré, d'Odile Amblard, illustrations de Jacques Azam, éditions de La Martinière Jeunesse, 2015.

+ Amitié, p. 21.
Amour, p. 23.
Sexe des garçons, p. 313.

Grains de beauté

Ces petites taches brunes sont diversement appréciées. Beaucoup de jeunes filles se désespèrent d'en avoir, mais un grain bien placé peut donner une touche de caractère au visage.

G

J'épate les copines

Savez-vous que les marquises, aux XVIIe et XVIIIe siècles, se collaient de faux grains de beauté en taffetas appelés mouches. Ce n'était pas parce que plus on avait de grains de beauté, plus on était belle, mais pour mettre en valeur la blancheur de sa peau !

Des petites tumeurs

Les grains de beauté, ces petites taches plus ou moins foncées, plus ou moins en relief, sont en réalité des tumeurs – pour la plupart inoffensives. On les appelle aussi *nævi* (*nævus* au singulier). À la puberté, on en voit souvent fleurir de nouveaux.

Grains de beauté en danger

Se brosser peut égratigner les grains de beauté du cuir chevelu, l'élastique du slip peut en irriter un qui se trouve sur l'aine… Dans tous les cas, il faut montrer un grain de beauté qui saigne à un dermatologue. Il n'est pas nécessaire d'éliminer ceux qui risquent d'être écorchés, il faut simplement y faire attention. Quand on est jeune, on ne pense pas au cancer de la peau, qui concerne surtout les adultes.

Malgré tout, prévenir le cancer est possible dès le plus jeune âge. Pour cela, deux règles d'or : surveiller ses grains de beauté et se protéger au maximum contre le soleil, qui peut les accentuer. Vos parents n'ont peut-être pas ce réflexe : le dépistage du cancer de la peau par la surveillance des grains de beauté est récent. Une journée de dépistage gratuit a été mise en place pour faire connaître cette pratique. Parlez-en avec eux.

ABCDE : reconnaître les grains malins

C'est simple, ce sont les premières lettres de l'alphabet.

A comme asymétrie : un grain de beauté doit avoir une forme nette, ronde, ovale ou carrée !

B comme bords : il ne doit pas avoir de bords irréguliers.

C comme couleur : il ne doit pas se dépigmenter ni montrer de taches rouges, bleues ou grises.

D comme dimension : il ne doit pas changer de taille !

E comme évolution : si l'un d'eux se modifie, montrez-le au dermatologue !

Examinez-les tous les 3 mois.

Les faire enlever ?

Les dermatologues déconseillent de faire enlever un *nævus* pour des raisons esthétiques, car l'intervention laisse des cicatrices souvent plus vilaines que le grain lui-même. Dans ce cas, l'opération n'est d'ailleurs pas prise en charge par la Sécurité sociale.

Au lieu de faire une fixette, mieux vaut travailler son look, son maquillage, ses accessoires. Un grain de beauté peut donner du caractère à un visage, il peut aussi s'harmoniser avec un bijou sur le décolleté.

Grands-parents

**Mamie gâteau ou mamina déjantée... Papi rigolo ou papou rebelle...
À l'adolescence, les grands-parents restent un îlot précieux de tendresse et d'insouciance, à l'abri des tempêtes. Vive le troisième âge !**

Avec eux, pas de friture sur la ligne

Ce qui est chouette avec les grands-parents, c'est que notre adolescence ne semble pas les perturber. On dirait même parfois que ça les amuse. Maintenant qu'on est grande, on peut prendre l'initiative de les appeler, partir en vacances avec eux, leur écrire et faire plus de choses ensemble qu'auparavant !
Aujourd'hui, nous avons presque toutes des grands-parents qui ont la pêche. Ils sont jeunes, parfois encore actifs, ou ils viennent de prendre leur retraite et ne demandent qu'à profiter de la vie. Ils ont pas mal d'imagination, et nous proposent des sorties culturelles que l'on n'a pas trop l'occasion (ou le temps) de partager avec nos parents.
Les grands-parents, depuis que nous sommes petites, sont le lieu de l'exceptionnel, du plaisir, du refuge. Ils ne sont pas là pour donner des leçons, ils prêtent une oreille bienveillante.
Et, avec eux, on peut faire des trucs qui ne sont pas permis.
De nos jours, les « pépés-mémés » sont doués en nouvelles technologies : on échange par mail, texto... On se fait des séances de Skype.
La plupart ont même Facebook !
À l'adolescence, bizarrement, les rôles s'inversent : ce ne sont plus eux, « les vieux », ce sont nos parents !

Chez papou et maminette

Les grands-parents jouent souvent le rôle de soutien dans l'adversité, de confidents, de conseillers. Alors qu'avec nos parents on aimerait mettre un peu de distance et qu'on rechigne à leur confier quoi que ce soit, on se sent plus à l'aise, mieux comprise. Pourquoi ? Parce qu'ils sont extérieurs au noyau dur familial. Il n'y a pas d'enjeu d'autorité. Tout est plus facile, plus évident... Et puis, si on veut paraître grande auprès de nos parents, on aime conserver une part d'enfance avec nos grands-parents. Chez eux, la vie va un peu moins vite. On aide mamie à la cuisine et papi au jardin. Ils ont plein d'attentions pour nous et on en profite un peu !

Trop classe

Mes grands-parents et moi...

Même si on n'est pas très proche de ses grands-parents, on peut essayer de leur témoigner un peu d'attention et d'intérêt... c'est notre devoir de petite-fille et on pourrait regretter de les avoir négligés plus tard.

- Notez leur date d'anniversaire et écrivez-leur une petite carte.
- Quand vous partez en vacances, envoyez-leur une carte postale marrante.
- Appelez-les au téléphone au moins une fois par mois, « sans raison ».
- N'oubliez pas la fête des grands-mères : c'est le premier dimanche de mars.
- Quand vous lez voyez, prenez des photos de vous ensemble et imprimez-les en double pour eux : ils adorent les photos !

C'est une sorte de bulle protectrice qui fait du bien, et qui nous fait oublier le monde extérieur. Faites donc la part des choses entre vos parents et vos grands-parents. Ils n'ont ni le même rôle ni les mêmes choses à vous apporter.

Une quête d'identité

Chacun a en effet son rôle et sa place dans notre cœur… mais pas tous en première ligne. Il est très rare d'avoir des relations fortes avec tous ses grands-parents : cela dépend de l'histoire familiale, de ceux dont on a été plus proche quand on était enfant. On se « reconnaît » plus dans une lignée. On a aussi des affinités avec les uns que l'on ne partage pas avec les autres. Ces affinités peuvent d'ailleurs changer à l'adolescence : on peut se rapprocher d'une grand-mère un peu tenue à l'écart jusque-là, ou s'éloigner d'une mamie gâteau jugée un peu ringarde. Il arrive aussi, c'est très fréquent, que l'un de nos grands-parents vive seul. On tisse souvent des relations privilégiées avec ce grand-parent isolé, très disponible, et en demande de notre présence. Enfin, les rapports que l'on entretient avec un grand-père et avec une grand-mère sont très différents. La plupart d'entre nous se sentent plus proches d'une de leurs grands-mères, souvent maternelle, car c'est la lignée féminine qui se perpétue. Mais on peut aussi avoir un rapport fort avec un grand-père que l'on trouve noble, viril, attendrissant – c'est un peu l'image de l'homme idéal, de l'ancêtre au sens fort du terme.
D'ailleurs, ces affinités électives à l'adolescence nous poussent souvent à réfléchir et à construire notre identité. Qui sommes-nous ? D'où venons-nous ? De qui nous sentons-nous l'héritière ? Car les grands-parents sont un repère dans le cercle familial, un point de ralliement des oncles, des tantes, des cousins…
Tout le monde se retrouve souvent à leur table à l'occasion des fêtes.

Écouter pour apprendre

Il est essentiel de savoir écouter ce grand-parent qui nous touche. Son discours, qui nous semble plein de sagesse, peut nous apprendre beaucoup sur nous-mêmes et nous réconcilier avec la famille. Compagnons de jeux quand nous étions enfants, compagnons de réflexion à mesure que nous grandissons, nos grands-parents nous enrichissent.

- Les anecdotes du passé font découvrir tout un contexte historique, une sorte de légende familiale dont nous sommes le résultat. Nous nous sentons inscrites dans une histoire, cela donne un sens à ce que nous sommes, à ce que nous faisons.
- On peut découvrir l'enfance de nos propres parents, ce qui nous rapproche, et en parler avec eux ensuite : parfois, cela aide à rétablir la communication.
- Enfin, les conseils de nos grands-parents gagnent à être entendus. Ils ont souvent un discours de modération et de distance amusée qui dédramatise tout. Parfois, on a le nez dans le guidon, on est tout feu tout flamme, on s'emporte… Il suffit de voir les choses d'un peu plus loin, comme eux, pour se dire que ce n'est pas la fin du monde, et que le temps et la patience arrangent bien des situations.

TU C KOI :-)

Légalement, les parents peuvent-ils empêcher des grands-parents de voir leurs petits-enfants ?
Les père et mère ne peuvent, sauf motif grave, faire obstacle aux relations d'un enfant avec ses grands-parents. Si aucun accord ne peut intervenir à l'amiable entre les parties, les relations sont réglées par le juge aux affaires familiales.

+ Conflits avec les parents, p. 78.
Famille, p. 116.

Grignotage

Les journées sont longues et les repas à la cantine ne sont pas à votre goût. Il est alors difficile de résister à la tentation d'une barre chocolatée ou d'une viennoiserie. Mais gare aux kilos supplémentaires !

G

Des en-cas à toute heure

Grignoter, c'est manger en dehors des repas sans avoir spécialement faim. Au collège, à la maison, dans les transports… vous craquez facilement pour un pain au chocolat et vous n'arrivez pas à dire non à une copine qui vous tend son paquet de biscuits. Quelques pop-corn devant une série télé ou un paquet de chips avant le repas ? Pourquoi pas, à condition que ce soit occasionnel !
Car il n'y a pas de miracle : quand grignoter devient une habitude quotidienne, un déséquilibre alimentaire s'installe.

INTOX

Il vaut mieux manger plusieurs fois dans la journée en petites quantités que faire trois repas copieux. C'est faux.
Le petit déjeuner, le déjeuner et le dîner sont indispensables ! Plus vos repas sont équilibrés, moins vous avez envie de grignoter. Pour cela, n'oubliez pas les féculents : produits céréaliers (pains, pâtes…), pommes de terre, légumes secs (haricots blancs, lentilles…).

Trop de calories

Grignoter est une façon de lutter contre le stress, l'ennui, la fatigue, mais c'est aussi se faire plaisir.
Le problème, c'est que vous vous jetez plus facilement sur des cacahuètes ou sur une tablette de chocolat que sur une pomme. Ces produits étant très riches en glucides (sucres rapides) et en lipides (graisses), votre apport en calories sur une journée est trop élevé et l'organisme transforme cet excès en masse grasse. Vous constatez assez vite les dégâts sur la balance ! Et pas seulement, car le grignotage est aussi mauvais pour les dents. Alors, pour éviter les caries et les rendez-vous chez le dentiste, essayez de perdre cette mauvaise habitude.

Faites de vrais goûters

Non, le goûter n'est pas réservé aux enfants ! Prendre une vraie collation à 10 heures et à 16 heures, un fruit et un laitage par exemple, vous évitera de craquer trop souvent dans la journée. Contrairement aux idées reçues, le goûter ne fait pas grossir. Lorsque l'envie de grignoter se fait sentir, vous pouvez aussi boire un grand verre d'eau ou un thé sans sucre pour compenser.

QUIZ

À vous de réunir l'aliment et le nombre de calories qui lui correspond.

A • 1 pain aux raisins	**1** • 80 cal
B • 1 pomme	**2** • 105 cal
C • 3 petits-beurres	**3** • 272 cal
D • 1 barre chocolatée	**4** • 120 cal
E • 1 soda	**5** • 250 cal

A • 3 – B • 1 – C • 2 – D • 5 – E • 4

Groupe de copains

Appartenir à un groupe de copains, c'est partager les mêmes idéaux, avoir le même langage codé, écouter la même musique... Un passage obligé vers l'âge adulte, mais gare à ne pas faire les mêmes erreurs !

G

Bande à part

Votre groupe de copains, c'est votre bande : vous passez le plus clair de votre temps et vous partagez joies et galères avec eux. C'est comme un rempart contre les tempêtes : tels de vaillants mousquetaires, vous bravez la vie à plusieurs à grands coups de fous rires et de crises de larmes. C'est plus facile que toute seule : bien armée, vous vous sentez protégée, appréciée pour ce que vous êtes et libre d'être vous-même, sans chichis ni discours.
Quand la pression est trop forte à la maison, vous savez que vos amis sont là pour vous réconforter et apaiser votre agressivité.

Une équipe gagnante

Votre bande, c'est un peu une partie de vous : vous vous voyez en elle, vous lui ressemblez et elle vous rassure sur ce que vous êtes. Vous partagez avec chacun de ses membres quelque chose de particulier. Certains sont toujours là et maintiennent le groupe debout, ce sont les piliers ; d'autres vont et viennent, vous les voyez plus rarement, mais ils cimentent et consolident le groupe. Et puis il y a aussi vos meilleures amies, celles à qui vous confiez vos secrets, et que vous fréquentez en dehors de la bande, rien que vous seules, parce que certaines choses ne se disent qu'entre filles !

Savoir dire non

Attention tout de même à ne pas trop céder à « l'esprit de groupe », au détriment de votre personnalité. Ne faites pas tout comme les autres, cultivez vos différences et ne calquez pas vos envies sur celles des autres par peur d'être rejetée. Si vous ne voulez pas faire quelque chose, dites-le ou partez, surtout s'il s'agit d'un acte que vous désapprouvez : voler, prendre de la drogue… Quand vous n'êtes plus d'accord avec ce que font vos copains, c'est qu'il est peut-être temps de changer d'air !

+ Amitié, p. 21.
Confiance, p. 76.

Gynécologue

La première fois qu'on va en consulter un, c'est un peu l'angoisse ! Mais détendons-nous : les gynécologues ne sont pas des grands méchants loups – et en plus, on peut choisir une femme !

G

Un interlocuteur, pas un voyeur !

Pousser la porte d'un gynécologue pour la première fois, c'est toujours un peu stressant. Il va falloir se mettre nue devant un inconnu et peut-être subir des examens peu agréables… La plupart d'entre vous y vont à reculons, poussées par leurs parents, au moment des premières règles ou à l'occasion d'une mycose[1]. Mais il y a plein de choses rassurantes à savoir sur les « gynécos ».

- Déjà, en France, 90 % sont des femmes. Si ce sont vos parents qui se chargent de prendre le rendez-vous, exigez de voir une femme. ça vous mettra plus à l'aise !
- En général, lors des premières consultations, le ou la gynécologue ne pratique pas d'examen intrusif ! Il interroge sur les règles, l'état de santé. C'est l'occasion de lui poser toutes les questions qui vous inquiètent.
- Car ce médecin est avant tout un interlocuteur à l'écoute de vos interrogations de jeune fille. Il ou elle peut vous aider à mieux vivre votre puberté en prescrivant des antidouleurs pour les règles, vous conseiller sur l'hygiène intime, l'acné, le choix des protections périodiques, ou celui d'une contraception adaptée et qui vous convienne, quand le moment est venu. En fait, bien des adolescentes se sentent finalement plus libres de parler à leur gynéco qu'à leur propre mère. D'ailleurs, un conseil : évitez de vous rendre à ce rendez-vous avec votre maman. Si elle vous accompagne, demandez-lui de rester dans la salle d'attente. Sinon, elle parlera à votre place et vous n'oserez pas aborder certaines questions. Enfin, en cas de démangeaisons ou de pertes inhabituelles, le gynécologue est le seul médecin capable de vous soigner et de vous soulager rapidement !

Comment se déroule l'examen ?

Il n'est pratiqué qu'en cas de nécessité – c'est-à-dire quand on demande la pilule, si l'on a des règles irrégulières, douloureuses ou des irritations. Si l'on vient juste parce qu'on a eu ses règles, il n'est pas nécessaire : le rendez-vous prend la forme d'une simple conversation. L'examen est un moment que l'on redoute toutes mais, franchement, ce n'est pas si terrible ! On se déshabille (en gardant le haut), on s'allonge sur la table et on place les pieds dans des étriers. Le médecin glisse un instrument étroit, le spéculum, à l'entrée du vagin (c'est simplement un peu froid, et cela n'abîme pas l'hymen si vous êtes vierge). Si vous avez déjà eu des rapports sexuels, il peut effectuer un toucher vaginal en palpant l'intérieur de votre vagin, pour voir si tout va bien (il porte alors des gants). Ça ne fait pas mal (la muqueuse vaginale ressemble à celle de la bouche). Il peut aussi réaliser un frottis[2]. Il termine en palpant les seins (inutile d'enlever son tee-shirt) pour vérifier qu'ils sont normaux. C'est tout ! Au bout de quelques minutes, on se rhabille. Et, en sortant, on se dit qu'on s'est fait du souci pour rien !

1. Une mycose est une infection due à un champignon.
2. Un frottis consiste à prélever du liquide sur la paroi du vagin pour l'envoyer au laboratoire d'analyses : on ne sent presque rien.

TU C KOI :-)

Le gynécologue est un médecin, tenu au secret médical. Tout ce que vous lui direz sera confidentiel et ne sera jamais répété à vos parents. Profitez-en ! Si vous souhaitez consulter sans que vos parents le sachent, contactez le planning familial : www.planning-familial.org pour les adresses.

Handicap

Vivre avec un handicap, c'est rencontrer de multiples difficultés,pour apprendre les gestes les plus simples du quotidien et pour trouver sa place dans la société. C'est aussi un calvaire de supporter le regard curieux des autres.

Qu'est-ce qu'un handicap ?

Selon le ministère de la Santé, on dénombrait, en 2010, 5 millions de personnes handicapées en France (8 % de l'ensemble de la population). Le handicap concernerait même 24 % de la population active (15-64 ans). Selon l'Organisation mondiale de la santé (OMS), il caractérise une gêne importante dans la vie quotidienne qui peut toucher plusieurs facultés.

- **Le mouvement :** handicap moteur comme la paralysie, la myopathie, l'amputation…
- **La perception :** handicap sensoriel comme la surdité, la cécité, le daltonisme…
- **La compréhension :** handicap mental comme l'autisme ou la déficience mentale.

Ces différents handicaps ont un point commun : la dépendance vis-à-vis des autres.

Vivre sa différence

C'est une chose difficile, surtout lorsqu'on est adolescente. Hors du cocon protecteur de la maison, le sentiment d'être différente et la crainte de susciter la pitié vous poussent à vous replier sur vous-même et à rester seule. Pourtant, rien ne vous empêche de vous confier à une ou deux amies proches. Faites « comme les autres », racontez tous les petits malheurs de votre vie quotidienne à vos copines pour vous soulager.
Et puis, n'hésitez pas à vous mêler aux conversations des autres. Vivre sa différence, c'est en faire part à son entourage comme d'une composante de votre personnalité. De cette façon, vous l'accepterez mieux et vous saurez la faire accepter.

Supporter le regard des autres

Tant que vous vivrez mal votre différence, le regard des autres vous pèsera et vous blessera. Sachez que, si vos camarades de classe vous regardent avec insistance ou détournent leur regard, c'est parce qu'ils ne connaissent pas les problèmes liés à votre situation ni la façon de se comporter avec vous. Vous pouvez leur parler de ce que vous vivez, sans toutefois les envahir avec vos problèmes. Cela vous rapprochera d'eux. Demandez-leur aussi de vous aider à porter vos affaires ou de vous tenir les portes.
Si vous vous sentez blessée par les regards ou par les moqueries des autres élèves, proposez-leur gentiment le jeu suivant : prendre votre place pendant quelques minutes. Cela les aidera à comprendre ce que vous endurez et les efforts que vous faites pour vous intégrer parmi les valides.

Chacune son histoire

Vivre avec un handicap, c'est rencontrer de multiples difficultés, pour apprendre les gestes les plus simples du quotidien et pour trouver sa place dans la société. C'est aussi un calvaire de supporter le regard curieux des autres.

H

J'épate les copines

Malgré un handicap, on peut aller au bout de ses rêves. Souvenez-vous de Philippe Croizon, qui a été le premier athlète français lourdement handicapé (il a été amputé de ses quatre membres) à traverser la Manche à la nage en 2010, puis, en 2012, à relier les cinq continents (Océanie, Asie, Afrique, Europe, Amérique), à travers passes et détroits. L'expédition, nommée « Nager au-delà des frontières », a eu un écho international. Un documentaire en a été tiré.

TU C KOI :-)

En 1992, à la fin de la Décennie des Nations unies pour les personnes handicapées (1983-1992), l'Assemblée générale a proclamé le 3 décembre « Journée internationale des personnes handicapées ». La célébration de cette Journée doit servir à renforcer l'intégration des personnes handicapées dans la société. Une autre date est importante : le 9 octobre, « Journée mondiale du handicap ». En France, début mars est traditionnellement la « Semaine nationale des personnes handicapées physiques », organisée par l'association Action Handicap.

Comment se comporter avec une handicapée

C'est la rentrée. Une nouvelle élève arrive, elle est handicapée. N'ayant jamais connu une telle situation, vous êtes gênée car vous ne savez quel comportement adopter vis-à-vis d'elle.
La première chose à faire est d'aller lui parler et de l'accueillir comme vous le feriez pour n'importe quelle autre fille. Soyez naturelle, mais faites attention à votre regard. Trop observer son handicap, la regarder en coin ou détourner la vue à son approche peut la blesser. Si vous êtes curieuse – on l'est toujours quand on découvre ce que l'on connaît mal –, regardez-la dans les yeux et engagez la conversation sur ses difficultés en respectant son désir d'en parler ou non.

Un soutien discret

Ne soyez pas trop empressée. Si vous vous précipitez pour l'aider toutes les 3 secondes, c'est comme si vous considériez qu'elle n'est pas capable de se débrouiller seule.
Le mieux est de lui faire savoir qu'elle peut compter sur votre aide si elle le désire. Par la suite, elle pourra faire appel à vos services en cas de besoin sans en ressentir de gêne.

Happy slapping

En français, cela se traduit par la « baffe joyeuse ». Joyeuse ?!... Ce n'est pas trop l'impression ressentie par les victimes. Quant aux auteurs des actes, vu les peines encourues aujourd'hui devant la justice, leur joie risque de retomber très, très vite.

H

Un « jeu » d'agression...

Le « happy slapping », vous n'ignorez sans doute pas ce que c'est : des cas émaillent régulièrement les informations et la rubrique des faits divers. Ces tristes anecdotes surviennent partout, et pas que dans les zones difficiles – des collèges ou des lycées réputés calmes, des petites communes de campagne en sont souvent le cadre. Le phénomène est né en Angleterre et s'est répandu en France, ainsi qu'en Europe et aux États-Unis, à partir de 2005. Il touche autant les filles que les garçons. Le pitch ? Agresser, verbalement ou physiquement, quelqu'un (souvent un camarade d'école), le brutaliser un peu (voire beaucoup), bref l'humilier... et filmer la scène avec son téléphone portable ou son smartphone pour la diffuser ensuite : soit parmi le cercle d'amis, soit carrément de façon publique sur les réseaux sociaux. Même si c'est difficile à croire, le happy slapping est à l'origine un jeu. Le terme vient de l'expression anglaise *happy slap*, qui signifie « joyeux », « débonnaire ». Au début, la victime était souvent consentante et prévenue qu'elle allait être agressée. C'est encore le cas parfois. Mais la pratique a pris de l'ampleur et quelque peu dérapé. Aujourd'hui, la plupart du temps, la victime ignore ce qui va lui arriver : elle est prise au dépourvu. En revanche, la mise en scène de l'agression est en général préméditée par les auteurs.

Un scénario glauque

L'idée, c'est de régler son compte à quelqu'un dont la tête ne nous revient pas. Quelqu'un d'un peu différent des autres, timide, coincé, pas gâté par la nature, ou au contraire trop doué : le premier de la classe, par exemple. Ou bien cette fille ultra-agaçante et bien sapée qui nous regarde bizarrement... Des enseignants ont aussi été agressés. Et parfois des gens pris au hasard dans la rue.
Le scénario se déroule ensuite toujours de la même façon : la personne est prise à partie au moment où elle s'y attend le moins – dans l'établissement scolaire parfois, mais la plupart du temps à l'extérieur.
Les auteurs s'y mettent à plusieurs pour que ce soit plus efficace : insultes, baffes, coups, bourrades, blagues dégradantes... Un ou une complice filme tout. Il y a des cas plus graves. Certaines victimes ont été battues à mort ou ont subi des violences sexuelles.

Un jeu sévèrement puni

Devant l'ampleur du phénomène, en France, la justice a réagi. Aujourd'hui, il faut savoir que la personne qui filme l'agression est considérée comme complice et coresponsable du délit.
Elle risque exactement la même peine que le ou les auteurs des violences eux-mêmes : à savoir jusqu'à 15 ans de réclusion et 75 000 euros d'amende. Hum, ça fait réfléchir... Et ce n'est pas tout : la personne qui diffuse la vidéo se rend coupable d'une infraction supplémentaire et risque 5 ans de prison et la même amende.
Enfin, précisons que les peines s'appliquent même si les auteurs des faits sont mineurs. Histoire de bien mettre les points sur les i.
Malgré cela, le happy slapping continue de prospérer chez les adolescents, souvent inconscients des risques et de la gravité de leurs actes. Souvent, en effet, c'est juste un jeu, une blague qui dégénère, attisée par l'effet de groupe. La plaisanterie finit mal. Au poste de police pour les auteurs, à l'hôpital pour la victime, qui en ressort traumatisée psychologiquement. Les familles sont bouleversées, les parents atterrés. Parfois, il suffit de peu pour faire basculer une vie. Alors... joyeuses, les claques ?

Harcèlement Scolaire

Des insultes, des menaces ou des agressions répétées au collège : c'est du harcèlement. Si vous en êtes victime, ne restez pas dans votre coin : parlez-en à un adulte ou une amie.

TU C KOI :-)

Pour répondre aux situations de harcèlement, le ministère de l'Éducation nationale propose un site :
www.nonauharcelement.education.gouv.fr
Riche de fiches conseils, de dessins animés, de guides pédagogiques thématiques pour les parents, les victimes, les témoins, il valorise également les initiatives des écoles et des établissements. Il comporte des indications sur les bons réflexes à avoir pour s'informer et trouver de l'aide en cas de harcèlement.

Le reconnaître

La vie au collège est loin d'être simple, les chamailleries et les taquineries sont fréquentes. Timide, réservée, bonne élève, en surpoids ou trop maigre, vous êtes régulièrement victime de menaces, d'insultes, d'humiliations, de moqueries, de chantages, de petits coups en douce (pincements, tirage de cheveux), de bousculades, de vols, de voyeurisme ou de baisers forcés, de dégradation de votre matériel, vous êtes le bouc émissaire de votre classe… C'est ce qu'on appelle le harcèlement scolaire. Il se définit comme une violence répétée au sein de l'école qui peut être verbale, physique ou psychologique. Un ou plusieurs élèves s'en prennent à vous et vous ne pouvez pas vous défendre. Le harcèlement se fonde sur le rejet de la différence et sur la stigmatisation de certaines caractéristiques, telles que l'apparence physique (poids, taille, couleur ou type de cheveux), le sexe, l'identité de genre (garçon jugé trop efféminé, fille jugée trop masculine, sexisme), l'orientation sexuelle ou supposée, un handicap, un trouble de la parole comme le bégaiement… 10 % des écoliers et des collégiens rencontrent des problèmes de harcèlement et 6 % subissent un harcèlement qu'on peut qualifier de sévère à très sévère.

En être victime

Tout ça vous donne mal au ventre, vous avez des maux de tête régulièrement, et finalement vous avez envie de rester chez vous…

Secrets de filles

Adopter la « gentillesse attitude » !

D'origine anglo-saxonne, la Journée internationale de la gentillesse est née au début des années 2000. En France, elle est portée depuis 2009 par Psychologie Magazine via son site Internet. Elle a lieu le 13 novembre. Le harcèlement, c'est le contraire de la gentillesse, alors adoptez et promouvez la « gentillesse attitude » dans votre collège ! Le magazine a mis en ligne 15 bonnes idées à partager avec vos professeurs : il y a des jeux, des défis, un débat philo, une charte…
+ d'infos : http://journee-de-la-gentillesse.psychologies.com/

Chacune son histoire

« Quelqu'un a mis en ligne une vieille photo de classe sur laquelle j'étais un peu plus ronde que maintenant. Il l'a envoyée à toute la classe et tout le monde se moque de moi et fait des plaisanteries. C'est dur à vivre. »

Maud, 14 ans.

« Quand j'étais au collège, des garçons avaient fait circuler une photo de moi accompagnée de propositions sexuelles… Je n'ai jamais su d'où venait ce document, mais je me souviens que c'était remonté jusqu'au principal. »

Juliette, 15 ans.

« Des élèves de mon collège s'insultent souvent par Facebook. Ils font circuler des rumeurs régulièrement. Ça n'a rien de marrant. »

Anaïs, 14 ans.

Le harcèlement est difficile à vivre et au fil du temps vous perdez confiance en vous, l'anxiété et la crainte s'installent. Pourtant, lorsque vous en êtes victime, vous n'êtes pas coupable. Cela peut arriver à n'importe qui et ne croyez pas celles et ceux qui vous disent : « Tu l'as bien cherché. » Tournez-vous immédiatement vers un surveillant, l'infirmière scolaire, le CPE, un professeur, une amie, un parent… Quand c'est possible, enregistrez et imprimez tous les éléments concrets (capture d'écran, SMS, courriels, photos…) qui prouvent le harcèlement. Ce sont autant d'éléments qui permettront de connaître l'identité du ou des auteurs s'ils ne sont pas connus.

Aider une amie en difficulté

Le harcèlement scolaire est un phénomène de groupe, qui entraîne un isolement de la victime. Avec vos camarades, vous avez déjà vu une amie en difficulté, mais vous n'avez rien dit… Or être silencieuse, c'est dans un sens cautionner ce qui se passe, et cela peut même encourager les agresseurs à continuer. Vous pouvez rester un témoin passif, faire semblant d'ignorer, mais vous ne l'aiderez pas. Sachez que vous pouvez aussi mettre fin à une situation de harcèlement et agir, seule ou en groupe, en défendant la victime et/ou en faisant appel à un adulte.

Le cyberharcèlement entre élèves

Avec l'essor des smartphones et l'accès permanent à Internet, vous pouvez être poursuivie hors du collège. On parle alors de « cyberharcèlement ». Il prend la même forme que le harcèlement scolaire : moqueries en ligne, propagation de rumeurs, envoi de photos explicites ou de messages injurieux ou menaçants, chantage. Il se pratique via les SMS, les mails, les blogs, les sessions de chat, les commentaires et les vidéos postés sur les réseaux sociaux, les photos prises avec les téléphones portables, etc. Forcément, l'anonymat et l'absence de contrôle d'identité permettent aux harceleurs d'agir en toute discrétion. Alors que faire ? Parlez-en à un adulte. Puis, le temps que cela se règle, il est possible de bloquer les e-mails non-désirés, ou de changer de pseudo et d'adresse électronique. Vous pouvez également appeler la ligne d'assistance Net Écoute au 0820 200 000, du lundi au vendredi de 9 heures à 19 heures (appel gratuit, anonyme et confidentiel). Sachez que le cyberharcèlement est aussi puni par la loi, mais pour que quelqu'un soit condamné, il faut des preuves, donc sauvegardez les messages en question !

PAROLES DE STAR

Les stars ont été des élèves comme vous et certaines ont souffert de harcèlement scolaire : les chanteuses Chimène Badi, Miley Cyrus, Rihanna, le champion d'athlétisme Christophe Lemaître, l'actrice Jessica Alba, les chanteurs Mika, Justin Timberlake et Eminem, l'acteur Robert Pattinson, la journaliste Mélissa Theuriau…

+
Collège, p. 73.
Dépression, p. 92.
Injures, p. 165.
Internet, p. 168.
Mal-être, p. 198.
Moquerie, p. 218.
Suicide, p. 341

Homosexualité

À la puberté, on est bien souvent dans l'inconnu face à sa sexualité. Parfois on hésite, on tâtonne. Devant certains désirs qui nous désarçonnent, on se demande : « Suis-je comme les autres ? »

H

Un moment où on se cherche...

À l'adolescence, nous sommes à la croisée des chemins sur plein de sujets : les études, les goûts, le projet de vie... mais aussi la sexualité.

Le coming out

Impossible, de nos jours, d'ignorer ce qu'est l'homosexualité ! Il y a encore 30-40 ans, une jeune fille peu informée pouvait passer à côté. Aujourd'hui, elle fait partie de la société. En France et dans la plupart des pays occidentaux, les homosexuels, hommes comme femmes, ont le droit de se marier et d'adopter des enfants.
D'ailleurs, peut-être avez-vous des ami(e)s qui ont grandi dans une famille homoparentale ?
L'homosexualité s'affiche dans la rue lors des Gay Prides ; certains quartiers, boîtes ou bars sont notoirement connus comme étant « gays ».
La plupart des stars gays, bi ou lesbiennes, qui cachaient leur homosexualité autrefois pour que cela ne nuise pas à leur carrière, ont fait leur coming out. Même les politiques s'y mettent – c'est dire le chemin parcouru !

Et pourtant...

Malgré ce nouveau statut, l'homosexualité continue de déranger. Depuis qu'on est petite – à part si l'on grandit soi-même dans un milieu homosexuel –, on perçoit que c'est un sujet de plaisanterie. On charrie le petit frère qui joue à la poupée. Si l'on a été un peu garçon manqué, on a dû aussi essuyer quelques blagues manquant de délicatesse. Au collège, au lycée, c'est pire : les insultes homophobes sont monnaie courante. Les mots « tapette » ou « tarlouze » sont fréquents pour désigner quelqu'un qui se défile (comme si être homo était synonyme de lâcheté !).
À l'inverse, si une fille est du genre direct et a les cheveux courts, elle sera facilement taxée de « gouine ». Il suffit ensuite d'un geste, d'un regard, et la rumeur enfle... On n'est plus en butte à de simples blagues, mais à des attaques en règle, des menaces, de la violence verbale, des agressions physiques ! Le film *La Vie d'Adèle* a bien montré la réaction moyenne des jeunes face à l'homosexualité (présumée) d'une des leurs. Et les filles, notamment, sont loin d'être tendres entre elles...
Derrière ces réactions, il n'est pas difficile de déceler une forme de pression sociale. L'homosexualité n'est toujours pas vue comme « normale ». Elle met à mal les idées traditionnelles qu'on se fait de l'homme et de la femme, les rôles que chacun est censé tenir dans la société. Elle heurte une certaine morale, y compris religieuse. Elle est vécue comme une menace pour la filiation, comme une interruption dans le cycle « naturel » de la vie. Et elle est donc perçue par certains comme une « monstruosité ».
Aujourd'hui, on sait qu'une homosexuelle n'est pas forcément une fille en pantalon avec des cheveux en brosse. Mais justement, on est tellement informée sur l'homosexualité que, dès que l'on perçoit en nous un désir inhabituel, on se demande : « Qu'est-ce qui m'arrive ? Suis-je lesbienne ? »

TU C KOI :-)

- Vous êtes victime d'homophobie ? Vous avez découvert votre homosexualité et vous vous sentez déprimée ? Vous êtes en conflit avec vos parents ? Composez le 06 31 59 69 50, l'association **Le Refuge** vous répondra (par SMS ou téléphone) 24 heures/24 et 7 jours/7.
- Sexualité, mal-être, **le Fil Santé Jeunes** répond à vos questions au 0800 235 236 (numéro vert gratuit) ou au 01 44 93 30 74 depuis un portable, tous les jours de 9 heures à 23 heures.

> « Il faut un certain temps pour que la décision portant sur le sexe de l'objet d'amour s'impose définitivement. »
>
> Sigmund FREUD

Une question d'identité

Selon Freud, nous naissons tous bisexuels. Nous ne portons pas une étiquette « hétéro » ou « homo » dès le berceau. Notre sexualité se construit au cours de notre enfance sans que nous en ayons conscience, et de façon mystérieuse. Les modèles féminin et masculin véhiculés par nos parents, nos proches, la société nous influencent, mais tout cela n'est qu'une façade. À l'adolescence, de nouvelles rencontres élargissent notre point de vue. Beaucoup d'entre nous peuvent alors, au cours d'un moment de complicité, éprouver une attirance soudaine pour une amie. Certaines, si les circonstances s'y prêtent, se laissent aller à des baisers, à des caresses. Ces attirances et ces expériences sensuelles ne signifient pas que l'on est homosexuelle ! À l'adolescence, tous, fille ou garçon, nous nous faisons plaisir. Sans que cela porte toujours à conséquence ! L'homosexualité véritable est beaucoup plus compliquée qu'une simple attirance passagère. En général, c'est quelque chose que l'on ressent au plus profond de soi, une sorte de conviction intime. Souvent les homosexuels savent qu'ils le sont avant même d'avoir fait des expériences... Quelque part, l'homosexualité dépasse la sexualité. C'est une question d'identité.

« Je suis lesbienne ! »

Le découvrir, en avoir la conviction est toujours un bouleversement. Pendant longtemps, on a ressenti cette absence de trouble vis-à-vis des garçons (même si l'on donnait le change, y compris à soi-même, en faisant mine de s'y intéresser). Et puis un jour, souvent par le biais d'une relation qui déclenche tout, on sait. C'est une déflagration. Cette prise de conscience ne va jamais sans souffrance. Le regard sur soi-même change. On redoute celui de la société, la réaction de notre famille… C'est terrible. Chez les 12-18 ans, le taux de suicide est deux fois plus important chez les filles homosexuelles, sept fois chez les garçons.
Des associations aident les jeunes à passer ce cap difficile. Mais ce n'est qu'un cap.

La vie actuelle d'un homosexuel ou d'une homosexuelle n'a plus rien à voir avec ce qu'elle était autrefois. La plupart des parents acceptent l'homosexualité de leur enfant. On peut s'afficher dans la rue, main dans la main, se faire des baisers. Avoir un travail, sans le cacher. Se marier. Adopter des enfants, ou même, pour les filles, en avoir de son propre sang et les faire adopter par sa conjointe. Aujourd'hui, on peut donc assumer son homosexualité et vivre en femme épanouie.

Secrets de filles

Aujourd'hui, de nombreux films et livres traitent avec justesse du thème de l'homosexualité, notamment féminine.

Petite sélection :

- *La Vie d'Adèle*, chapitres 1 et 2 (2013), d'Abdellatif Kechiche.
- *Tomboy* (2011), de Céline Sciamma, et de la même réalisatrice : *La Naissance des pieuvres* (2007).
- *En secret* (2011), de Maryam Keshavarz.
- *I Can't Think Straight* (2007), de Shamim Sarif.
- *Un amour de femme* (2006), de Sylvie Verheyde.
- *When Night is Falling* (2005), de Patricia Rozema.
- *My Summer of Love* (2004), de Pawel Pawlikowski.
- *Rebelles. Lost and delirious* (2001), de Léa Pool.

Il y a aussi de super romans…

- *Rouge Tagada*, de Charlotte Bousquet, aux éditions Gulf Stream.
- *Les filles ne mentent jamais*, de Flo Jallier, Sarbacane.
- *F comme garçon*, d'Isabelle Rossignol, L'École des Loisirs.
- *Macaron Citron*, de Claire Mazard, Syros Jeunesse.
- *Le Bâillon*, de Corinne Gendraud, La Cerisaie.
- *Étrangère au paradis*, de Gudule, Grasset.

Pour les filles dont les parents sont homos !

- *Je ne suis pas une fille à papa*, de Christophe Honoré, éditions Thierry Magnier.

Et pour aller plus loin :

- *Être homo aujourd'hui en France*, Michel Dorais et Isabelle Chollet, enquête menée auprès de 500 jeunes gays et lesbiennes, H&O Essai, 2012.

Honte

Une glissade dans les escaliers, un lapsus maladroit, un mensonge...
Vous rougissez et vous ne savez où vous cacher pour échapper à la honte.
Pas de panique, tout le monde a un jour connu ce sentiment.

J'épate les copines

Elephant Man, le personnage principal d'un film de David Lynch, souffre de honte. Cet enfant né avec une malformation physique ne fait rien de mal, mais il vit caché, humilié, et crie sa souffrance : « Je ne suis pas un éléphant, je suis un être humain. »

Une définition complexe

La honte est un mélange d'émotions simples (peur, colère, tristesse) et de sentiments divers (impuissance, désespoir, rage…). Elle se définit par rapport à des codes, une pensée admise par tous, une morale faisant l'unanimité. Elle est fonction de la valeur qu'on accorde au jugement des autres et de l'image qu'on veut leur renvoyer. Elle apparaît dans des situations variées.

- Si vous avez fait quelque chose de lâche ou d'inavouable, comme mentir, tricher en classe, voler, trahir un secret…
- Si vous ne vous sentez pas à la hauteur parce que vous avez des difficultés en classe ou que le groupe vous a rejetée.
- Si vous vous sentez humiliée parce que l'on se moque de vous en public.

Ses manifestations sont diverses.

- **Sur le plan émotionnel :** gêne, malaise, peur, agressivité ou exubérance.
- **Sur le plan corporel :** yeux baissés ou mouillés de larmes, rougissement, bégaiement…
- **Sur le plan psychologique :** sentiment d'infériorité, perte de confiance.
- **Sur le plan comportemental :** inhibition, paralysie…

Positive ou négative

La honte est positive quand elle limite nos comportements sans nous perturber. À petite dose, elle indique le droit chemin, le respect des autres et de soi. Mais mépris, moqueries, humiliations en font une source de souffrance individuelle, donc la rendent négative. Elle peut alors dégrader profondément l'estime de soi.

Ailleurs dans le monde

La honte peut être une méthode positive dans l'éducation et l'apprentissage de la vie sociale. Ainsi, les Eskimos l'utilisent pour apprendre aux enfants à ne pas traverser la banquise, acte qui présente un danger mortel pour eux. La première fois qu'un enfant traverse la glace, les adultes lui font honte pour le dégoûter de prendre ce risque et l'inciter à faire attention à sa vie.

+ Complexes, p. 74.
Confiance, p. 76.

Humeur

Rayonnante ou massacrante, l'humeur est un état changeant, dû à des sensations qui nous submergent. Comment faire pour retrouver sa bonne humeur et voir la vie en rose ?

H

De toutes les couleurs

L'humeur pourrait être une couleur dans la palette de vos émotions. Lorsqu'elle est bonne, vous voyez la vie en rose. Dans le cas contraire, le blues vous envahit ou vous broyez du noir. Elle reflète votre état d'esprit à un moment donné : vous pouvez être d'humeur taquine, chagrine, joyeuse, morose, ou encore ne pas être d'humeur du tout... Cela dépend des gens qui sont autour de vous, de l'endroit, de l'ambiance, de votre niveau de fatigue, etc.

Vous l'aurez compris, l'humeur est passagère et dépend en grande partie de notre environnement. Imaginez : le réveil sonne, vous êtes fatiguée et les cours du jour ne vous plaisent pas. Vous serez sûrement de mauvaise humeur. À moins qu'un sourire ne vous redonne la pêche pour la journée ! À l'instar de la joie, la mauvaise humeur est communicative. Évitez donc d'imposer votre humeur aux autres. Et, pour voir la vie du bon côté, cultivez votre optimisme !

Secrets de filles

Qu'est-ce qui vous met de bonne humeur ?

« Le matin, pour me réveiller, je mets de la musique que j'adore à fond. »
Nina, 13 ans

« Le printemps ! En général, il fait beau et les gens sont plus sympas. »
Fatima, 11 ans

« Aller faire de l'équitation tous les samedis, j'adore les chevaux. J'ai la chance de faire ce que j'aime ! »
Léa, 15 ans

Et de très mauvaise humeur ?

« Les gens tristes dans la rue ou dans le bus. »
Marie-Anne, 12 ans

« Les personnes âgées qui passent devant à la caisse du supermarché. »
Natacha, 14 ans

« Ceux qui ne respectent pas les autres. »
Virginie, 13 ans

« Avoir des mauvaises notes et devoir manger les épinards de ma mère. »
Jo, 16 ans

Règles et sautes d'humeur

« Qu'est-ce qu'elle a aujourd'hui ? Elle a ses règles ou quoi ? » Cette phrase ne vous est pas étrangère ? Rien d'étonnant : lorsque les règles s'installent, le taux d'hormones féminines (œstradiol et progestérone) varie. Chaque mois, au moment où les règles se déclenchent, ce taux chute. Et il a été observé que ces modifications avaient un effet sur le mental : sautes d'humeur, fatigue, irritabilité. Ajoutez-y des règles douloureuses et votre humeur ne devrait pas s'améliorer !

Mais attention, toutes les femmes ne souffrent pas de ce syndrome prémenstruel, il ne faut donc pas généraliser ce lien entre les règles et les sautes d'humeur.

Des carrés de bonne humeur

Parce que bien manger est un plaisir, il est logique que l'alimentation influe sur l'humeur. D'une part, manger équilibré vous aide à vous sentir bien dans votre corps. D'autre part, certains produits, comme le chocolat, stimulent littéralement le moral. Eh oui ! Le chocolat est le meilleur ami des filles quand ça ne va pas fort. Il contient du magnésium – le remède des stressées – mais aussi de la sérotonine, un neurotransmetteur qui « met de bonne humeur ». Seul problème, il est calorique et riche en graisses. N'en abusez pas et préférez le noir au chocolat blanc ou au lait.

Mettez du soleil...

Le soleil est lui aussi un allié de la bonne humeur. En effet, il apporte un double bénéfice. Tout d'abord, sa chaleur vous enveloppe et vous met en confiance. Ensuite, sa lumière vous stimule, vous rend plus dynamique et plus attentive. En un mot, à son contact, vous êtes vivante ! Dès qu'il fait beau, allez donc faire un tour, ne restez pas enfermée chez vous !
Mais quel est le processus biologique ? Au contact des rayons du soleil, la peau synthétise de la vitamine D, qui favorise la bonne humeur. Il est donc normal de voir le moral baisser en même temps que la clarté, dès l'automne. En Suède, par exemple, où les nuits sont très longues en hiver, les dépressions sont plus nombreuses et la plupart des personnes touchées souffrent de dépression saisonnière. Dans ce cas particulier, le traitement repose sur une cure de luminothérapie : cette méthode consiste à s'exposer à une lumière artificielle recréant celle du jour. En Suède, certains magasins se sont équipés de ce type de lampes et leurs ventes auraient grimpé !

... et une ambiance colorée dans votre vie

Même si les couleurs ne peuvent pas changer radicalement votre humeur, ne sous-estimez pas leur pouvoir. Cela peut paraître anodin, mais elles rythment le quotidien. Le bleu, par exemple, est une couleur froide. Elle invite donc à l'introspection plus qu'à la sociabilité. Prenez le noir, maintenant : symbole d'élégance par excellence, il est austère et peut paraître oppressant. Cette couleur sombre ne reflète pas la lumière et ne réveillera pas votre moral. Si vous n'êtes pas en forme, évitez-le et préférez des tons chauds tels que le jaune, l'orange, le rouge et le brun, très chaleureux et stimulants. Le jaune vous rendra joyeuse, alors que le rouge, qui symbolise la vie, vous permettra d'être plus dynamique !

+
Caractère, p. 54.
Fatigue, p. 121.
Forme (avoir la), p. 130.
Humour, p. 157.
Mal-être, p. 198.

Humour

L'humour est un don... Certaines l'ont depuis toujours, d'autres en sont complètement dépourvues ! Certaines vont rire de leur malheur, d'autres vont en pleurer ! L'humour est peut-être une forme de sagesse !

H

Savoir manier l'humour

Quand on a de l'humour, on ne voit pas le monde sous le même angle. Souvent, les personnes dotées du sens de l'humour sont très aimées : elles se servent de ce don pour séduire, pour attirer l'attention. Elles détendent l'atmosphère, réussissent à dire tout haut ce que les autres pensent tout bas, peuvent envoyer promener quelqu'un gentiment en dédramatisant la situation. L'humour est aussi une façon de se protéger contre la tristesse, contre la déprime, ou contre soi-même quand on ne s'aime pas trop… La personne qui tente l'humour se met en danger, elle prend des risques face aux autres, qui peuvent rire ou se vexer. Car l'humour peut être dévastateur, agressif, lorsqu'il touche les points faibles de quelqu'un ou lorsqu'il se veut cynique. On peut blesser très profondément par le rire, il faut donc le manier avec précaution.

Comment le cultiver ?

Apprenez avec les professionnels de l'humour. Quel est votre style d'humour : Kev Adams, Cyprien, Norman ou Gad Elmaleh ? Qu'est-ce qui vous fait rire chez eux : l'art du jeu de mots ou le regard décalé porté sur une situation ? Testez votre capacité d'humoriste en glissant au moment propice (et avec le bon ton !) une phrase clé d'un sketch et voyez la réaction des autres. Les humoristes sont de grands observateurs : ils regardent le monde puis reproduisent la réalité en l'exagérant, en la déformant, en la renversant… Ils jouent avec les mots, avec les expressions des gens et leurs tics de langage. Ils profitent des quiproquos. Entraînez-vous : observez vos parents, vos professeurs, essayez de trouver ce qui peut les rendre comiques (mais toujours avec respect !). Vous pouvez aussi collectionner les blagues, les devinettes amusantes, voire en inventer.

Quand l'humour agace

Certaines personnes se cachent tellement derrière l'humour qu'on ne sait pas qui elles sont vraiment, ce qu'elles pensent et ce qu'elles ressentent. Les autres peuvent se lasser ou être agacés ! Par moments, il faut savoir mettre son humour-carapace dans sa poche pour montrer ses sentiments et ses émotions.

TU C KOI :-)

Il existe des « clubs de rire ». La méthode indienne a été inventée par le docteur Kataria : on fait des exercices respiratoires et on essaie de reproduire différents types de rires. Peu à peu, le rire devient plus naturel, comme celui des enfants. Bien-être assuré !

+ Humeur, p. 155.
Moquerie, p. 218.
Rire, p. 294.

LOL ; -)

La petite Karima demande à sa copine Arielle ce qu'elle voudrait pour son anniversaire. Celle-ci réfléchit et répond :
– Un lion qui rugit, un âne qui braie, un chien qui aboie, un chat qui miaule... et des parents en peluche !

À la piscine, un nageur subit les remontrances du maître nageur parce qu'il a fait pipi dans l'eau.
– Mais enfin, je ne suis pas le seul à faire ça !
– Du haut du plongeoir, si, monsieur, vous êtes le seul !

Hygiène

Au rayon maquillage, petites tenues et accessoires, on est toutes imbattables ! Mais... question hygiène, on est souvent moins au point. L'hygiène est un apprentissage et, à la puberté, tout se complique. Alors, les filles, prêtes pour une formation éclair ?

Un corps qui ne se fait plus oublier

Quand on était enfant, on traînait les pieds pour aller à la douche ou se laver les dents… Résultat : maman passait pour vérifier. Aujourd'hui, il n'en est plus question ! Vers l'âge de 12-13 ans, on la met à la porte. Circulez, il n'y a rien à voir ! Ou, justement, il y a trop à voir : ce nouveau corps nous embarrasse, mais surtout il nous appartient. Or, à la puberté, les choses se corsent : hormones en folie, sébum exubérant, glandes sudoripares hyperactives, poils envahissants. Il suffit – combien d'entre nous en ont fait l'expérience ! – d'avoir été paresseuse sur la toilette du matin pour vivre l'enfer toute la journée. Snif ! Snif ! Vous ne sentez pas quelque chose de bizarre ? Comme une odeur de transpiration ? Pas très chouette de passer pour une fille peu soignée ! Reprenons en main ce corps qui nous joue des tours.

Hygiène, mode d'emploi

Il suffit de maîtriser les notions de base, après tout roule et on sent bon.

- Une douche (ou un bain) est indispensable une fois par jour en hiver, deux fois par temps chaud ou si l'on a fait du sport. C'est la seule façon d'éliminer les odeurs corporelles (car la toilette rapide au lavabo ne donne qu'une autonomie de fraîcheur de 2 à 3 heures).
- Inutile de se décaper de fond en comble à chaque toilette : cela assèche la peau, et si elle est sensible, bonjour l'eczéma et le psoriasis (qui ne fait pas très « clean » non plus, même si ça n'a rien à voir avec la saleté). Zappez les gels douche du commerce (même s'ils font envie) et utilisez plutôt des soins achetés en pharmacie (vous savez, ceux qui sont bleus ou transparents, et qui ne donnent vraiment pas envie). Ce sont eux qui vous feront une peau de rêve ! Au quotidien, concentrez-vous sur les points sensibles : cou, aisselles, parties intimes, sans oublier… les pieds ! Et sortez le grand jeu seulement tous les 2-3 jours.
- L'hygiène, c'est aussi une affaire de lessive ! À partir de la puberté, il faut changer de sous-vêtements (petite culotte, chaussettes, tee-shirt) même s'ils ne sont pas tachés et ne sentent pas encore mauvais. En effet, ces vêtements stockent les odeurs dans un premier temps, puis

Secrets de filles

Pour sentir le frais

- Préférez le coton et les matières naturelles au synthétique. Cela permet aussi d'éviter les auréoles sous les aisselles !
- Choisissez avec soin votre déodorant : il en existe aujourd'hui sans aluminium, sans alcool et sans parfum, qui régulent la transpiration et détruisent les mauvaises odeurs. Les déos en stick ou en gel sont souvent plus efficaces que les sprays.
- Gardez un déodorant ou des lingettes antitranspirantes dans votre sac. Vous pouvez même emporter un tee-shirt de rechange.

> « La propreté est l'image de la netteté de l'âme. »
> MONTESQUIEU, *Lettres persanes*

J'épate les copines

Certaines recettes de grands-mères sont plus efficaces que les produits vendus sur le marché.
• Pour les pieds qui sentent dans les baskets, rien de mieux que le talc après chaque toilette : il absorbe la transpiration.
• Une pincée de gros sel dans le bain vaut mieux que toutes les mousses et les sels parfumés. Tonus assuré !
• Pour fortifier les ongles rongés ou qui se dédoublent, les masser avec de l'huile de ricin ou de germe de blé.
• Pour faire briller les cheveux, les frictionner après chaque rinçage avec quelques gouttes d'huile de graines de lin, puis les sécher tête en bas au sèche-cheveux. C'est magique !

ensuite les diffusent, genre parfum d'ambiance : et là, c'est la honte ! Le soutien-gorge, lui, a une durée de vie de 2 ou 3 jours – mais vérifiez quand même sa fraîcheur.
• Parlons poils. Sous les bras, ils font mauvais effet et retiennent la transpiration. Dès que vous en avez beaucoup, vous pouvez vous raser les aisselles ou les épiler, pour éviter l'effet buisson ardent… Demandez conseil à votre mère ou à votre grande sœur.
• Les dents : eh oui, elles existent toujours et il faut les brosser ! Même quand on porte un appareil et que c'est compliqué. Dans ce cas, il est conseillé de commencer avec la brosse humide et de rajouter le dentifrice dans un second temps. Les filles, rappelez-vous que l'hygiène dentaire ne sert pas qu'à avoir les dents blanches, mais aussi bonne haleine. Pour faire des bisous, c'est préférable. Même les chewing-gums sans sucre sont moins efficaces qu'un bon vieux brossage dans les règles !
• Enfin, investissez dans des déodorants dignes de ce nom. Un coup de vaporisateur ou de stick sous chaque bras après la toilette n'est pas superflu !

Zoom sur les mains et les cheveux

Ce sont les indicateurs les plus apparents de notre hygiène. Il vaut mieux les chouchouter.
• **Les mains :** ce sont de véritables réservoirs à microbes. Pour éviter des désagréments (cheveux gras, acné, infections gastro-intestinales), une hygiène rigoureuse est nécessaire (au moins à chaque passage aux toilettes).
• **Les ongles :** si vous les rongez, ne savez pas les limer ni les brosser correctement, optez pour la version courte. Et n'hésitez pas à les vernir : ça dissuade souvent de les grignoter et donne envie de les chouchouter !
• **Les cheveux :** à l'adolescence, les pellicules et le sébum se développent en abondance. Pour lutter contre ces ennemis sournois, sortez la batterie lourde : un shampoing tous les 2 jours, voire tous les jours, est conseillé. Contrairement à la rumeur, le lavage quotidien n'abîme pas les cheveux. Choisissez des produits doux, adaptés à votre type de cheveux. Rincez-les abondamment et terminez par un jet d'eau froide : c'est le secret pour éviter les cheveux ternes et refermer les écailles.

En dehors de la salle de bains

L'hygiène, ce n'est pas juste une question de savon, c'est aussi un mode de vie. Si vous ne dormez pas assez, si vous mangez des frites, des hamburgers ou des pâtes à tous les repas, si vous fumez, vous aurez le teint brouillé, les cheveux ternes et les ongles cassants. Pensez à votre corps : il a besoin d'un minimum de sommeil (8 à 10 heures en moyenne à votre âge), d'aliments variés et d'air frais. On peut prendre soin de soi sans avoir une vie de nonne. Le corps le mérite bien et il nous le rendra au centuple.

+
Dents, p. 90.
Hygiène intime, p. 160.
Mains, p. 197.
Odeurs corporelles, p. 228.
Ongles, p. 229.
Peau, p. 238.
Pieds, p. 245.
Poils, p. 251.
Vernis à ongles, p. 366.

Hygiène intime

On ne sait pas toujours comment s'y prendre pour laver les parties intimes ! Combien de fois par jour ? Avec quoi ? Faut-il laver à l'intérieur ? Voici les réponses à ces questions personnelles qu'on n'ose pas poser.

H

Surtout pas à l'intérieur !

Qu'on se le dise : le vagin est un endroit parfaitement propre ! Il sait très bien faire sa toilette tout seul. Il sécrète naturellement un liquide transparent, ou un peu laiteux, qui repousse toutes les impuretés vers l'extérieur. C'est pour cela que l'on retrouve souvent des traces blanches au fond de sa culotte et que, chaque jour, un petit dépôt blanc se forme sur les plis de la vulve. Donc, inutile de vouloir se laver à l'intérieur ! Quand on prend un bain, de l'eau savonneuse pénètre spontanément dans le vagin. Lorsqu'on se rince sous la douche, c'est la même chose. Les gynécologues déconseillent les jets d'eau trop forts et l'application du pommeau de la douche directement contre la vulve pour asperger le vagin. C'est trop brutal, cela risque de déséquilibrer la flore vaginale et de provoquer des irritations.

À quel rythme ?

- En dehors de la période des règles, se laver une fois par jour suffit, le soir de préférence. Après une journée comprimée dans les sous-vêtements, cela permet de se sentir fraîche pour la nuit !
- Pendant les règles, une toilette au savon matin et soir n'est pas superflue. Si vous vous sentez sale au cours de la journée, rincez-vous à l'eau claire, mais sans savon.
- En effet, des toilettes trop fréquentes risquent elles aussi de déséquilibrer la flore de la vulve et du vagin, en l'agressant inutilement. C'est la même chose pour tout le corps : si on se décapait sans arrêt, on finirait par avoir la peau sèche et abîmée !

Avec quels produits ?

Pas besoin de se ruiner en produits haut de gamme ! Un savon doux tout simple (sans additif bizarre) convient parfaitement. Il existe aussi d'excellents produits d'hygiène intime, vendus en pharmacie. Mais n'en choisissez pas un au hasard et demandez conseil à votre pharmacienne.
Attention à certains produits :

- Les savons parfumés des supermarchés : trop acides, ils ont tendance à provoquer des picotements.
- Les gels douche et les produits fantaisie pour le bain : la qualité n'est pas toujours au rendez-vous.
- Les antiseptiques, surtout si vous vous sentez un peu irritée.

Secrets de filles

Les bons gestes pour se laver

- Lavez-vous et rincez-vous la vulve avant de vous nettoyer les fesses. Les deux choses sont bien séparées !
- Évitez de frotter trop fort !
- N'oubliez pas de passer dans tous les petits replis en écartant délicatement les lèvres.
- Changez régulièrement de gant et de serviette de toilette : ce sont de véritables nids à microbes !
- Séchez-vous soigneusement avec une serviette-éponge. C'est très important pour éviter les mycoses, ces petites infections sans gravité mais qui démangent terriblement !

+
Beau-parent, p. 40.
Hygiène, p. 158.
Odeurs corporelles, p. 228.
Pertes blanches, p. 243.
Règles, p. 281.
Vagin(anatomie), p. 362

Inceste

Crime sexuel, l'inceste est également une agression physique et émotionnelle grave. La victime est tiraillée entre l'amour pour les siens et le silence imposé, lourd de culpabilité. Briser la loi du silence est la seule solution pour renaître à la vie.

Une transgression au sein de la famille

L'inceste définit des relations sexuelles ou à caractère sexuel entre des membres d'une même famille. Il concerne les enfants et les adolescents, qui ne sont jamais consentants. Toutes les sociétés interdisent l'inceste. Cet acte détruit tout ce qui doit constituer la cellule familiale : affection, sécurité, confiance. C'est une transgression, un viol à la fois physique et psychique. Car l'inceste ne se limite pas au viol avec pénétration. Il comprend également les actes impudiques tels que les attouchements, baisers, caresses imposées ou exigées, et le non respect de l'intimité. Un climat incestueux (gestes, attitudes, regards…) provoque également malaise et angoisse chez l'adolescent. Contrairement à une idée reçue, l'inceste ne se produit pas seulement entre père et fille, mais entre deux personnes d'une même famille : parent/enfant, grand-parent/enfant, beau-parent/enfant, frère/sœur, oncle/nièce ou neveu. Il peut être de nature homosexuelle (mère/fille, père/fils).

Un sentiment de culpabilité

Parfois brutal, l'inceste peut être plus sournois. L'adulte se montre alors particulièrement gentil et joue sur les sentiments que lui porte l'enfant pour arriver à ses fins. Après l'inceste, on se sent coupable d'avoir séduit son agresseur, sale. La honte de ne pas avoir résisté envahit la victime. Celle-ci peut également ressentir de la colère ou de la tristesse. Mais, et il ne faut jamais l'oublier, le coupable, c'est toujours l'adulte ! Il doit savoir se contrôler et ne pas enfreindre les interdits. Il est supposé aider et protéger un mineur.

Un secret effrayant

Il est difficile pour une personne victime d'inceste de mettre en mots ce qu'elle vit (ou a vécu) : peur d'être traitée de menteuse, de faire éclater le cercle familial en révélant la vérité. Une vérité taboue, qui dérange et qu'essaient de ne pas voir les autres membres

Chacune son histoire

« Dès l'âge de 10 ans, j'ai été victime d'attouchements de la part de mon frère âgé de 13 ans. Il me déshabillait, caressait mes seins et mon sexe avec ses mains. Des fois, il se masturbait en face de moi. Il me disait que c'était normal entre frère et sœur de découvrir nos corps et notre sexualité. Pour ses 15 ans, il a voulu coucher avec moi. Au début, j'avais tellement envie de conserver son amour que je me suis laissé faire. J'ai tout de même réussi à l'empêcher de me pénétrer, mais il m'a obligée à le masturber et a joui sur mon ventre. Je ne pouvais pas en parler à ma mère. Elle aime tellement mon frère qu'elle m'aurait traitée de menteuse et de jalouse. Mais une copine m'a aidée. J'ai pu en parler avec sa mère. Depuis, je vis dans un foyer et je suis suivie par un psychologue. Je reprends doucement goût à la vie. »

Sonia, 13 ans

de la famille. L'agresseur demande souvent à sa victime de garder leurs relations secrètes, parfois en essayant de l'effrayer. Le jeune, parce qu'il aime sa famille et qu'il a peur de tout chambouler et de faire souffrir ses proches, n'ose pas parler. Sous l'emprise de l'adulte, il est coincé dans une situation qu'il pense inextricable, entre l'amour de ses proches, la honte et ce qu'il subit et le fait souffrir. Malgré son agression, l'enfant aime toujours le coupable et craint les conséquences pour ce dernier s'il révèle leur secret. Il ne sait plus où il en est.

En parler pour pouvoir s'en sortir

L'inceste est tabou, en parler le devient également. Mais, tant que les actes n'ont pas été transformés en mots (dits ou écrits), l'agresseur garde son pouvoir. Le secret de l'inceste pourrit à l'intérieur de la personne et la condamne à porter ce poids. Briser la loi du silence est la seule solution pour se protéger, sortir de l'enfermement et se reconstruire. Parler est déjà un grand pas vers la guérison : c'est le moment de la prise en compte. Une action en justice peut être nécessaire pour être reconnue en tant que victime et pour que l'agresseur soit puni. La victime « libère » sa souffrance, mais surtout la revit. C'est un passage douloureux, mais qui lui permettra d'arrêter de croire que c'est de sa faute. L'entourage familial doit lui aussi ouvrir les yeux, car souvent il rejette un acte qu'il ne peut concevoir de la part d'un père, d'un frère, d'un oncle...

Un corps et un esprit meurtris

L'inceste subi par un enfant ou un adolescent a généralement des conséquences graves à l'âge adulte. Quand la victime parle, c'est tout le corps qui se réveille et qui a mal. Consulter un ostéopathe peut aider à la réconciliation avec le corps. Quelques séances suffisent, le plus dur est fait : se livrer et délivrer son corps. Il ne faut pas hésiter à consulter un psychologue pour évacuer la culpabilité, la honte, la souffrance, et pour retrouver confiance.

Identifier les signes

Une jeune fille victime d'inceste va développer plusieurs troubles du comportement, tels que :

- rejet de certains adultes, crainte ou refus d'être seule avec eux ;
- dégoût ou recherche excessive de contacts physiques ;
- troubles du sommeil et troubles alimentaires (anorexie, boulimie) ;
- difficultés scolaires, résultats stagnants et indifférence ;
- perte d'intérêt pour les activités et les loisirs habituels ;
- comportement sexuel exagéré avec ses camarades, ses jouets ;
- dessins explicitement sexuels ;
- brusque intérêt pour les parties génitales des adultes ;
- phobie subite de certains lieux ;
- crainte soudaine de se déshabiller en public.

Aider une copine en danger

Si vous pensez qu'un(e) de vos camarades est victime d'inceste, encouragez-le (la) à :

- vous parler ;
- parler avec un adulte en qui il a confiance : votre mère, un professeur, l'infirmière scolaire, l'assistante sociale, son médecin ou un psychologue ;
- téléphoner à un accueil spécialisé, tel que Allô Enfance en Danger (119, appel gratuit), où l'on peut parler de façon anonyme avec des spécialistes et trouver des réponses à ses questions.

TU C KOI :-)

En France, l'inceste, c'est-à-dire le rapport sexuel entre deux personnes qui sont parentes à un degré où le mariage est interdit, ne constitue pas une infraction spécifique. Si la relation est librement consentie et concerne deux personnes qui ont dépassé l'âge de la majorité sexuelle, fixé à 15 ans chez nous, elle ne tombe pas sous le coup du code pénal. Cependant, notre droit pénal tient compte du lien de famille pour sanctionner et pour définir certaines infractions sexuelles (viol, autres agressions sexuelles ou atteintes sexuelles) : c'est une circonstance aggravante. Selon que la victime a ou non dépassé l'âge de la majorité sexuelle, la peine de prison peut atteindre 20 ans de prison pour le viol, et 10 ans de prison pour les agressions sexuelles, assortis d'une amende...

+
Anorexie, p. 32.
Boulimie, p. 50.
Honte, p. 154.
Intimité, p. 171.
Psychologue, p. 266.
Secrets de famille, p. 302.
Viol, p. 368.

Information

Aujourd'hui, nous vivons dans le monde de l'« infobésité » : en un clic, nous savons tout ce qui se passe sur la planète à la minute près. Une dissert à rendre pour demain ? Un copier-coller sur Wikipédia, et le tour est joué ! Vraiment ? Et si information rimait aussi un peu avec… réflexion ?

Une soif d'infos

Vient un moment, au cours de l'adolescence, où le JT de 20 heures regardé avec papa-maman sur la télé du salon paraît ringard et ne suffit plus trop à satisfaire notre curiosité. Beaucoup d'entre nous – notamment face aux événements qui secouent actuellement le monde – éprouvent le besoin d'en savoir plus, plus vite. Le travail demandé par nos professeurs au collège ou au lycée nous pousse également à nous documenter, à explorer… Et c'est tant mieux !
Pour étancher cette soif nouvelle, les médias ne manquent pas : chaînes d'info en continu, journaux gratuits distribués dans les transports en commun, et surtout Internet, la boîte de Pandore de l'info. De nos jours, en un clic et quelques fragments de seconde, on peut « googliser » n'importe quoi, n'importe qui, et obtenir toutes les réponses à nos questions. Les plus curieuses s'abonnent à des journaux ou des revues de presse en ligne : pour celles qui sont équipées d'un smartphone, chaque heure qui passe est alors scandée par de nombreux bips, chaque fois qu'une « alerte info » tombe sur leur messagerie. D'autres préfèrent s'informer de manière plus communautaire, via les réseaux sociaux qui se font l'écho des actualités : on commente, on s'indigne, on s'enflamme, on s'émeut, on « like » ou on « dislike »…

Info-passion

À l'adolescence, notre vie est bien remplie et nous avons plein de centres d'intérêt différents : contrairement à certains adultes, peu d'entre nous tombent dans le panneau de l'info-dépendance. Nous pouvons vivre sans être informées en permanence de tout ce qui se passe dans le monde. Ouf !
Cependant, nous sommes à notre insu victimes de cette société du fait divers, où un scoop en chasse un autre. Chaque mois apporte son lot de drames, de scandales, et celui de la veille est vite oublié. Nous sommes entraînées dans une spirale d'émotions qui se succèdent et s'enchevêtrent. Au bout d'un moment, nous n'y voyons plus très clair et nous pouvons devenir blasées, dubitatives, voire méfiantes…

Secrets de filles

Quelques trucs pour se poser des questions

- Quand on vous donne une statistique ou un chiffre : vérifiez si l'enquête est indépendante, par qui elle a été financée et si elle est aussi représentative qu'elle le prétend.
- Un sujet vous intéresse ? Approfondissez-le en lisant des livres sur la question, écrits par des historiens, des sociologues, des scientifiques… Cela élargira votre champ de réflexion.
- Fréquentez assidûment votre bibliothèque municipale : documentez-vous !

L'habitude de dévorer de l'information (parfois sans même le vouloir, en surfant sur le Web pour de tout autres raisons) nous mène aussi à une forme de passivité. Nous consommons de l'info. Quand il s'agit de nous documenter, pour un travail scolaire par exemple, nous avons le réflexe Wikipédia : c'est pratique, rapide, c'est de l'info clés en main, directement réutilisable. On a l'impression d'être savantes à peu de frais. Quel confort !

Secouez vos méninges !

Oui, mais… il y a plusieurs problèmes. D'une part, ces infos prédigérées sont vite oubliées : si nous ne nous les approprions pas un minimum, nous ne les gardons pas en mémoire. Nous n'apprenons en réalité presque rien ! D'autre part, cela peut paraître vieux jeu de le dire, mais ce n'est pas très formateur pour notre esprit de plagier ou de copier-coller des infos pêchées ici et là. Nous n'exerçons aucune capacité critique, nous ne réfléchissons pas et nous ne nous entraînons pas à synthétiser ce que nous avons appris, pour le formuler à notre façon. Bref : nous ne pensons pas par nous-mêmes et donc ne sommes pas libres. Agaçant, n'est-ce pas ?

Autre problème : beaucoup d'infos véhiculées sur Internet (et même à la télé ou dans la presse…) sont fausses. Soit parce qu'elles sont inexactes, soit – et c'est fréquent sur Wikipédia – parce qu'elles constituent des simplifications, des raccourcis qui déforment la vérité (celle-ci a en effet un petit défaut : en général, elle est complexe !). Ces infos nous sont présentées comme des faits objectifs… alors qu'en réalité ce sont des interprétations subjectives : vous pigez l'arnaque ?

Si on les gobe naïvement et si on les reproduit, on contribue à diffuser des mensonges.

Pour s'informer correctement, il faut donc commencer par chercher des sources fiables et sérieuses : il y en a, même sur Internet. Puis il faut vérifier les infos en les recoupant : si dix sources donnent la même, c'est déjà plus convaincant. Enfin – et c'est le gros morceau –, il faut apprendre à faire le tri entre ce qui est important et ce qui est anecdotique, ce qui est central et ce qui est périphérique, ce qui constitue la cause et ce qui en est l'effet… Bref, il faut apprendre à penser. S'informer, dans l'idéal, ce serait donc faire le travail d'un enquêteur de police doublé d'un médecin légiste, d'un journaliste et d'un philosophe. Excitant, non ?

TU C KOI :-)

Exercer son esprit critique, c'est bien... mais attention à ne pas tomber dans la parano. Sur le Web, beaucoup de gens crient aujourd'hui au complot. Exemple : si vous vous informez, vous avez dû entendre des rumeurs au sujet du terrible attentat de *Charlie Hebdo*.

Des histoires de reflets dans les rétros, des questions comme : « Pourquoi l'un des terroristes a-t-il oublié sa carte d'identité dans la voiture ? » .

Les tenants de la théorie du complot crient souvent à la manipulation d'État. Les jeunes sont sensibles à leurs arguments. Mais demandez-vous si ces gens ne sont pas eux-mêmes des manipulateurs ! Quelles sont leurs preuves ? Les photos sur lesquelles ils s'appuient ne sont-elles pas trafiquées ? Qui sont-ils ? Quelles sont leurs idées politiques ? Et rappelez-vous un principe simple, connu de tous les enfants : souvent, c'est celui qui crie qui l'est !

+ Médias, p. 206.

Injures

Ce sont des mots violents, grossiers, humiliants, qui veulent blesser. Que faire quand ça dérape, comment se protéger ?

PAROLES DE STAR

Des chansons impolies, écrites par des chanteurs qui n'ont pas hésité à se montrer agressifs, voire grossiers, il y en a dans notre répertoire national : MC Jean Gab'1, avec *J't'emmerde* (2004) ; Fatal Bazooka, avec *Sale connasse* (2007) ; Koxie, avec *Garçon* (2007) ; Orelsan, avec *Sale pute* (2007) – pour cette dernière, le rappeur a d'ailleurs été condamné pour… injures aux femmes en 2013 ; ou encore Bénabar, avec *Politiquement correct* (2011).

Seulement des mots ?

L'injure est une parole blessante adressée à quelqu'un pour lui faire mal, voire l'humilier devant les autres. Rien à voir avec le juron qu'on laisse échapper entre copines ou le gros mot lâché lorsqu'on est seule pour se soulager d'une tension ! L'injure a une portée plus grave, elle touche en général l'autre là où ça le fait souffrir. Certes, ce ne sont que des mots, mais ils ont plus d'effet qu'on ne le croit.

Une violence ciblée

Les injures visent des domaines bien particuliers. Elles reposent sur la discrimination raciste, le mépris sexiste, l'intolérance religieuse, l'homophobie[1]… Elles utilisent un registre verbal souvent argotique, parfois lié à la sexualité. Cette violence s'adresse en général à ceux qui ne rentrent pas dans le moule, mais également à ceux que l'on ne comprend pas, qui nous font peur, voire que l'on jalouse.
La tentation est d'autant plus grande que l'on fait partie d'une bande, où l'on s'unit tous contre un seul individu. Attention, faites preuve d'intelligence, ne vous laissez pas entraîner dans cet engrenage. Sachez vous désolidariser du groupe s'il dérape et s'en prend à un bouc émissaire.

Vous êtes la victime

Si vous êtes vous-même victime d'injures, vous n'avez sûrement qu'une envie : répondre, trouver la réplique qui fait mouche ; mais voilà, vous restez là médusée, muette, terrorisée !

- La première défense consiste à prendre de la distance, d'une part physiquement, pour vous protéger dans l'instant, d'autre part psychologiquement, pour ne pas entamer l'estime que vous avez de vous-même.
- Si vous êtes sereine et sûre de vous, jouez la carte de l'humour.
- Sinon, cherchez des appuis, rapprochez-vous de vos amis.
- Quand les injures se répètent et tournent au harcèlement, il devient nécessaire d'en parler à un adulte, à vos parents, au conseiller principal d'éducation ou à un professeur.

Un délit puni par la loi

L'injure est punie différemment selon qu'elle a été prononcée en public ou en privé, et avec des motifs discriminatoires ou non. L'injure publique est un délit punissable par une amende pouvant aller jusqu'à 12 000 euros ; l'injure non publique est une contravention de 38 euros maximum. Si l'injure est raciste, sexiste, homophobe ou contre les handicapés, la contravention s'élève à 750 euros maximum.
Il en va de même pour les réseaux sociaux : si les propos tenus sont diffusés sur un compte accessible à tous, l'injure est publique.
En revanche, si l'injure a été diffusée sur un profil accessible seulement à un nombre très restreint d'« amis » sélectionnés, il s'agit d'une injure non publique.

1. Hostilité envers les homosexuels.

+
Langage, p. 185.
Racisme, p. 272.
Religion, p. 283.
Sexisme, p. 315.
Violence, p. 369.

Injustice

Nous y sommes de plus en plus sensibles et elle nous révolte. Nous en voulons même parfois aux adultes de la supporter. Bienvenue au club des justicières en herbe !

C'est quoi, une injustice ?

En général, on commence par faire l'expérience de l'injustice dans le cadre familial : traitement de faveur réservé à des frères ou sœurs ; interdictions, réprimandes ou punitions jugées arbitraires.
On l'éprouve également à l'école : certaines notes ou remarques nous semblent « injustes ».
Mais nous sommes aussi témoins d'injustices qui, si elles ne nous concernent pas, nous touchent.

- Quand l'une de nos copines est victime d'une vexation.
- Quand quelqu'un, de notre entourage ou non, est victime d'une maladie ou d'un accident qui bouleverse ou met fin à sa vie brutalement.
- Nous sommes de plus en plus préoccupées par les injustices sociales, raciales, religieuses, sexuelles, et par les discriminations dont nous prenons âprement conscience.
- Certains problèmes planétaires nous révoltent : la guerre, le terrorisme, la faim, l'esclavage moderne (celui des petites mains du Bangladesh qui fabriquent nos vêtements, par exemple…), l'exploitation de certains peuples par d'autres, etc.

+ Bénévolat, p. 44.

« Une injustice commise quelque part est une menace pour la justice dans le monde entier. »

MONTESQUIEU

Réagir aux injustices

On peut alors penser que « la vie est pourrie », perdre confiance en l'avenir et déprimer. D'ailleurs, certaines filles dont l'existence est en apparence plutôt cool et privilégiée souffrent gravement du sens de l'injustice : il ne faut pas prendre leur sentiment à la légère. Il est noble de se poser des questions, de se projeter, de compatir (surtout quand on a l'impression de vivre en égoïste).
On peut aussi réagir par la colère, notamment avec des parents dont les limites rigides deviennent le miroir des injustices du monde. On règle à travers eux les comptes de la planète et du système !
Si l'on est victime d'injustice, on en veut parfois à la société, aux représentants de l'autorité. On se renferme alors dans l'amertume et l'agressivité.
Que dire ? Tous ces sentiments et ces problèmes dépassent de loin notre petite existence. Certes, le monde est imparfait. En tout cas, vous n'êtes pas responsable des problèmes du système.

Essayez d'agir le mieux possible dans votre vie, de mériter votre place, de rayonner d'une énergie positive. Personne ne peut refaire le monde – c'est impossible ! Mais chacune peut agir à son échelle pour rendre la vie plus belle à ceux qui la fréquentent et faire évoluer les choses dans le bon sens. C'est déjà beaucoup…

PAROLES DE STAR

« Ils pensaient qu'une balle pourrait nous réduire au silence, mais ils ont échoué... Prenons nos cahiers et nos crayons. Ce sont nos armes les plus puissantes... Je veux l'éducation pour tous les enfants. Je veux l'éducation pour les fils et les filles des talibans et tous les extrémistes et les terroristes... Je n'ai même pas de haine pour celui qui m'a tiré dessus. »
(Extrait d'un discours de la jeune Malala Yousafzai, 17 ans et prix Nobel de la paix 2014, à l'ONU.)

Intellectuelle

Vous apprenez facilement vos leçons, comprenez tout de suite les exercices de maths, êtes souvent le nez dans un livre et avez de bonnes notes... Vous êtes une intellectuelle !

TU C KOI :-)

En 2013, le taux de réussite au baccalauréat était plus élevé chez les filles que chez les garçons (89,2 % contre 84,6 %). Selon l'étude ***Filles et garçons sur le chemin de l'égalité, de l'école à l'enseignement supérieur***, parue en 2014, il ressort, par exemple, que nous sommes moins souvent en retard scolaire que les garçons ! À la sortie du système éducatif, les femmes sont même plus diplômées que les hommes. On constate également que les garçons sont plus présents en option découverte professionnelle et les filles en section européenne ou internationale, que nous sommes plus souvent titulaires de diplômes généraux, alors que les garçons sont plus souvent titulaires de diplômes professionnels.

Vous êtes ce qu'on appelle une tête

Vous préféreriez que l'on vous remarque pour vos beaux yeux, mais c'est sur votre esprit qu'on flashe : soyez-en fière. Bien sûr, certains ont des préjugés : les intellos n'ont pas d'humour, sont dans la lune, fayotent avec les profs, vivent une vie de nonne… Mais vous savez que c'est faux !

Vous souffrez de votre image

Vous n'êtes pas seulement une « première de la classe » ! Faites attention aux autres : si vous leur renvoyez l'image de quelqu'un qui travaille sans cesse, ils peuvent culpabiliser de ne pas travailler assez ; si vous leur parlez des interros que vous avez réussies quand eux les ont ratées, ils peuvent en être stressés ou agacés. Cela ne veut pas dire qu'il faut cacher vos facilités, mais ne donnez pas l'impression de dominer les autres, aidez-les, encouragez-les…

La personnalité a toujours plusieurs facettes : cherchez ce que vous pouvez développer comme autre atout. Le sport ? Une activité artistique ? L'action humanitaire ?

Participez aux activités de ceux qui vous entourent : vous pensez peut-être que faire les magasins ou aller au café avec les filles de la classe ne présente pas le moindre intérêt, mais ce sont des moments où vous pourrez vous montrer sous un autre jour et découvrir les autres.

On dit que vous n'êtes pas une intello

Il existe plusieurs formes d'intelligence : l'intelligence verbale (capacité à utiliser les mots avec efficacité), l'intelligence logique (vitesse de raisonnement et aptitude à manier les chiffres), l'intelligence visuelle (bonne perception du monde et science du volume), l'intelligence interpersonnelle (compréhension des autres), l'intelligence intrapersonnelle (compréhension de soi-même), l'intelligence corporelle (utilisation de son corps, apprentissage par la pratique), l'intelligence musicale (perception aiguë et expression de la musique) et l'intelligence naturaliste (compréhension des phénomènes naturels).

Ne vous laissez pas dire que vous n'êtes pas intelligente sous prétexte que vous avez des notes moyennes : chacune a ses capacités, trouvez les vôtres et développez-les !

+
Diplômes, p. 98.
Échec scolaire, p. 109.
Orientation, p. 232.

Internet

Que vous souhaitiez communiquer, partager, apprendre ou simplement rechercher, Internet est une véritable mine d'or. Mais à consommer avec modération !

Génération connectée et avisée

Le portable en main, les yeux rivés sur ce petit écran tactile, vous vous demandez comment faisaient vos parents sans tout ça : la tablette, Internet, les jeux en réseau, les smartphones… Et pour cause, 77 % des 11-17 ans se rendent au moins une fois par jour sur Internet (et près de la moitié plusieurs fois par jour), et majoritairement dans des pièces où ils sont seuls. Plus vous grandissez, plus vous y restez : plus de la moitié des élèves de troisième y passent plus de 3 heures par jour ! Côté outil, c'est avec votre smartphone que vous surfez le plus.

Mais cette « hyperconnectivité » fait peur aux adultes, et à vos parents en premier. Pourtant, vous êtes assez bien sensibilisés aux risques liés à l'utilisation d'Internet et, contrairement à ce qu'ils pensent, vous savez mieux vous servir des nouveaux outils et vous faites moins d'erreur qu'eux ! Sur les réseaux sociaux, par exemple, vous savez très bien cacher ce que vous ne voulez pas montrer à vos parents et à vos profs.

Internet, pour quoi faire ?

Des recherches pour vos leçons ? Pas vraiment… Finalement, les filles sont attirées par les blogs, les chats, les réseaux sociaux et les courriers électroniques – cela occupe 80 % de votre temps sur la Toile –, tandis que les garçons font des jeux et regardent des vidéos (70 %). Viennent ensuite les forums et les achats en ligne. Les réseaux sociaux et les moteurs de recherche restent les deux moyens d'information les plus utilisés par les adolescents de façon quotidienne ou plusieurs fois par semaine. Ce qui est plus surprenant, c'est que l'usage de l'ordinateur à des fins pédagogiques n'est en revanche pas très répandu : chercher des informations, quand ce n'est pas imposé pour les devoirs, est occasionnel. Des études rapportent même que la moitié des adolescents ne vont pas ou très peu sur Internet à des fins scolaires ! Bref, vous allez sur Internet pour vous divertir, communiquer entre vous, vous ouvrir sur le monde et croiser une multitude de points de vue, mais aussi pour partager vos passions et vos intérêts avec d'autres jeunes, et bien sûr accéder à des informations sur des thèmes qui vous préoccupent.

Sur Internet, vous trouverez certainement ce que vous cherchez. À condition de bien vous repérer parmi tous les sites qui existent. Dans le cadre d'un devoir, préférez ceux, sérieux,

J'épate les copines

Également appelé 3w ou juste Web, « www » signifie *world wide web* en anglais, soit « toile d'araignée mondiale ». Cette Toile est un sous-ensemble des serveurs du réseau Internet dans lesquels se trouvent des bases d'informations organisées en pages incluant du texte, des images, des sons, des vidéos et des animations.

des institutions et pensez toujours à vérifier votre information sur d'autres, puis dans des livres, afin d'éviter les erreurs. N'oubliez pas non plus que vos professeurs vous demandent de fournir un travail personnel : évitez donc, comme dans un livre, de reprendre des textes trouvés sur le Net en vous contentant de les « copier-coller ». Enfin, ne pensez pas que tout ce qui est écrit sur Internet est vrai ou récent, car ce n'est malheureusement pas le cas.

Les réseaux sociaux en force

Snapchat, WhatsApp, Whisper, Voycee, ASK… ont pris le dessus sur Facebook auprès des adolescents ! Alors que vous y possédiez pratiquement tous des comptes, vous vous en êtes éloignés (marre d'être « amis » avec vos parents qui l'ont investi en masse) pour vous tourner vers des réseaux qui proposent des expériences éphémères, où les messages sont de moins en moins archivés. C'est le retour de la spontanéité, des petites phrases futiles et dérisoires, et surtout qui ne seront plus là dans 10 ans ! Une façon aussi de protéger votre intimité. Les réseaux sociaux, ce sont aussi des lieux où vous trouvez facilement des réponses à vos questions, notamment lorsque cela a trait à des thématiques plus intimes.

Privé ou public

Mais faut-il tout dire, tout partager et déballer sa vie privée ? Ce sont les grandes questions du moment. Mais, à l'adolescence, la notion de privé/public n'est pas la même qu'à l'âge adulte.
Et contrairement à vos parents, vous incluez vos amis proches dans cette sphère privée, ce n'est donc pas une nouveauté des réseaux sociaux. À défaut de vous voir et de vous le dire, vous vous l'écrivez et cela se voit. Alors soyez quand même prudentes et mesurées dans vos propos !

Les jeux vidéo en ligne

Selon les dernières études, la quasi-totalité des enfants de 6 à 17 ans (96 %) joue régulièrement aux jeux vidéo. Nés sur ordinateur, ils se sont ensuite développés sur les consoles de salon puis sur les consoles portables, et, aujourd'hui, sur les smartphones, les tablettes tactiles et même la télévision. Aucun écran ne leur échappe. Ils vous suivent donc partout ! N'oubliez pas qu'une application (Candy Crush Saga et compagnie) est aussi un jeu vidéo, certes plus petit, plus court, et souvent gratuit, mais il vous plonge dans cet univers et peut vous prendre au piège. Contrairement à ce qui se passe quand on regarde la télévision, lorsque l'on joue, on n'est pas passif devant l'écran, mais pleinement acteur.
Les jeux peuvent ainsi provoquer une hyperstimulation. Jouer aux jeux vidéo peut avoir des conséquences sur votre sommeil, notamment ceux en réseaux qui mettent en scène des mondes persistants ou ceux par équipes auxquels participent des joueurs de différents pays et de différents fuseaux horaires.

TU C KOI :-)

Permis Internet à l'école
Un permis de conduire pour les grands, un permis piéton… et maintenant un permis Internet ! AXA Prévention, une compagnie d'assurances, et la gendarmerie nationale ont lancé en 2013, en partenariat avec le ministère de l'Éducation nationale, un « permis Internet ». Ce programme vise à responsabiliser les élèves de CM2 et leurs parents pour « un usage vigilant, sûr et responsable d'Internet ».

Les dangers du Net

Évidemment, tout est loin d'être parfait avec Internet et il demeure essentiel que vous sachiez en faire une utilisation saine et appropriée. Des sites Internet officiels (justement) vous y aident, il faut aussi vous tourner vers vos parents et vos professeurs si vous vous sentez en difficulté. Les risques sur le Net sont bien réels et il faut les connaître : intimidation, harcèlement, insultes, photos obscènes (sexting), partage de la vie privée, mais aussi manque de sommeil (11 % des jeunes de 12 à 14 ans se connectent aux réseaux sociaux la nuit, tandis que près de 15 % envoient des SMS), perte de la concentration, dépendance…

Cyberharcèlement
C'est un phénomène qui consiste à utiliser les médias numériques afin de diffuser des informations fausses, embarrassantes ou bien

hostiles sur autrui. Ce harcèlement (moral) sur Internet est sanctionné par la loi.

Les insultes

Vous ne devez pas laisser des insultes proliférer et, en ce sens, vous devez aussi être votre propre modérateur : vous devez pouvoir dire à votre interlocuteur qu'il a dépassé les limites.

Le sexting

Ce terme vient d'une contraction entre les mots « sexe » et « texting ». Cet acte consiste à envoyer de manière électronique, par mail, SMS ou sur les réseaux sociaux, des messages sexuellement explicites.

Manque de concentration

Internet et les réseaux sociaux sont chronophages… On ne vous apprend rien. Mais il faut savoir couper. Couper son téléphone la nuit, certes, mais aussi couper avec les réseaux sociaux, notamment au moment de travailler. Car le risque est d'y consacrer plus de temps qu'à ses devoirs. C'est vite fait de regarder un nouveau post ou un nouveau message entre deux leçons, mais cela vous empêche de vous concentrer pleinement et surtout de vous concentrer sur du long terme.

S'enfermer et ne plus sortir

La place d'Internet dans votre quotidien peut nuire à votre vie sociale. Seul devant votre écran, vous aurez tendance à déprimer. Au milieu des nombreux messages des forums et des réseaux sociaux, les sentiments de mal-être sont bien souvent exacerbés.
Attention à ne pas en devenir trop dépendante non plus. À force d'entretenir une vie « virtuelle », vous risquez d'en oublier l'essentiel. La vie, c'est aussi des amis avec qui on sort au cinéma, au restaurant ou simplement avec qui on discute en face !

Attention aux spams, hoax, virus et consorts

Les spams

Ce sont des publicités envoyées sans autorisation, qui peuvent vite envahir votre boîte de messagerie. Ne les ouvrez pas et supprimez-les, sous peine d'en avoir encore plus. Heureusement, certains fournisseurs d'accès peuvent les classer dans des dossiers antispams. Vérifiez tout de même que ce ne sont pas de vrais mails.

Les hoax

Ce sont des canulars qui circulent par courrier électronique, sous forme de fausses informations ou de pyramide (« envoyez ce mail à dix personnes, pour sauver telle autre »). Si vous doutez d'un message, consultez le site www.hoaxbuster.com, qui répertorie ces « faux mails ».

Les virus

Ils peuvent juste ralentir votre ordinateur ou, plus grave, effacer tout ou partie des données de votre disque dur. Ils s'infiltrent « chez vous » par le biais de mails. Soyez vigilante et n'ouvrez jamais les pièces jointes d'expéditeurs inconnus. Surtout s'il s'agit de fichiers « .exe » ! Par précaution, téléchargez ou achetez un logiciel antivirus.

Le phishing

En se faisant passer pour de faux sites marchands ou des banques, des fraudeurs cherchent à obtenir des informations personnelles vous concernant (code de carte bleue, codes d'accès secrets…). Ne répondez jamais ou vérifiez par téléphone auparavant.

+
Blog, p. 46.
Chatter, p. 62.
Écrans, p. 110.
Ordinateur, p. 230.
Réputation, p. 288.
Téléchargement, p. 349..

Secrets de filles

À quoi vous sert Internet ?

« Internet me sert avant tout à chercher des compléments pour mes cours ou des infos pour mes exposés et mes devoirs. »

Miranda, 14 ans

« J'y achète surtout des CD, des DVD et des vêtements à prix franchement intéressants. »

Florence, 15 ans

« Avec Internet, j'améliore mon anglais et mon espagnol. Je surfe beaucoup sur des sites étrangers et je me suis fait quelques copains aux États-Unis et en Amérique latine, sur des chats. »

Cyndie, 14 ans

Intimité

« Pour vivre heureux, vivons cachés », dit le proverbe. C'est parfois le sentiment de l'adolescent, qui cherche à se construire face à lui-même avant de se montrer aux autres.

« Je veux être tranquiiille ! »

Voilà ce que, parfois (souvent ?), vous avez envie de crier haut et fort à vos parents. Apparemment, ils ne se rendent pas compte que vous grandissez et que vous n'avez plus les mêmes besoins. Cela ne se fait pas du jour au lendemain : avant, c'était eux et vous. Aujourd'hui, une inconnue a rejoint l'équation, vos parents « gênent » et surtout envahissent votre intimité. Leur rôle à présent : trouver la bonne distance pour vous laisser tranquille, mais vous aider dès que nécessaire. Pas toujours évident ! Cela peut se faire naturellement, mais ils ont un peu (voire beaucoup) de mal ! Comme vous, vos parents sont maladroits ! Apprendre à communiquer avec eux, exprimer ce que vous ressentez et ce que vous désirez va être décisif pour le bien-être de tous.

Dans votre chambre

Vous avez de plus en plus besoin d'un lieu où vous pouvez réfléchir, lire, écouter de la musique, faire vos devoirs tranquille, seule, à l'abri des regards inquisiteurs. Vous avez envie d'indépendance et de liberté. Vous avez aussi envie de vivre pour vous. La chambre devient votre espace intime et n'est plus un lieu ouvert. Parfois, pour faire comprendre ce besoin d'intimité, vous vous barricadez et vous claquez les portes. Vos parents vivent ces attitudes comme des agressions. Mieux vaut essayer d'expliquer ce que vous ressentez : dites-leur que vous ne faites rien de mal cachée dans votre chambre, mais que c'est important que vous ayez des moments à vous. Demandez-leur de frapper avant d'entrer et expliquez-leur que parfois vous leur direz de revenir plus tard. La relation de confiance s'installera vraiment si vous acceptez que vos parents entrent par moments dans votre chambre.

Quant à vos frères et sœurs, vous souhaitez peut-être qu'ils vous laissent tranquille. Vous pouvez instaurer un règlement intérieur avec eux, mettre un feu rouge ou un feu vert sur votre porte. Mais, pour que cela marche, il faut que de temps en temps le feu soit vert ! Si vous partagez votre chambre, avoir un tiroir ou un placard qui ferme à clé vous sera utile pour garder vos secrets et empêcher « l'autre » de fouiller.

Dans la salle de bains

Votre corps se transforme, vous ne le reconnaissez plus. Vous prenez plaisir à voir votre féminité prendre « formes », tout en ayant parfois

Chacune son histoire

« Je ne voulais pas dire à ma mère que j'avais un petit copain mais, quand il m'a quittée, je suis arrivée en pleurs. J'étais certaine qu'elle allait se moquer ou me dire une de ces phrases idiotes : "Un de perdu, dix de retrouvés". Mais pas du tout, elle m'a dit : "Comme tu dois être malheureuse !" Depuis, j'essaie de lui demander quelques conseils… »

Justine, 16 ans

du mal à l'accepter. Les complexes viennent compliquer la relation que vous avez avec votre corps. Vous connaissez aussi vos premiers émois sexuels.
La salle de bains est un lieu de découverte de votre corps : vous en prenez soin (toilette, épilation…), vous vous épiez dans le miroir et vous vous lamentez aussi un peu. Souvent, vous souhaitez garder secret ce corps en mutation et vous devenez peut-être de plus en plus pudique, c'est votre façon à vous de vous l'approprier. Vous n'avez pas envie que les autres le voient. Vos parents ne vont peut-être pas penser à vous laisser votre intimité, parce qu'ils vous voient nue depuis que vous êtes petite et peut-être parce qu'eux-mêmes ne sont pas pudiques. Parlez avec eux, expliquez-leur que désormais vous souhaitez rester un moment seule dans la salle de bains, ou demandez-leur de frapper avant d'entrer.

Votre jardin secret

Vous n'avez plus envie de partager vos petits secrets avec votre mère ou votre père. Vous prenez des distances avec eux, parfois même vous les critiquez. Vous pensez qu'ils ne vous comprennent pas, alors pourquoi leur raconter vos histoires ?

L'apprentissage de l'indépendance et de l'autonomie passe par là ! Vous apprenez à penser par vous-même en vous opposant à vos parents. Pour vous couper de leur influence et prendre votre vie en main, les copains prennent de plus en plus de place dans votre vie : c'est à eux que vous avez envie de parler. À votre âge, il est normal d'avoir un jardin secret. Peut-être aurez-vous envie de raconter certains événements et pas d'autres, peut-être les raconterez-vous une fois qu'ils seront passés, peut-être jamais. Côté sexualité, vous vous posez beaucoup de questions, et les adultes ont souvent les réponses. Si vous ne voulez pas poser ces questions à vos parents parce que cela vous gêne (il faudrait parler de votre sexualité), vous pouvez trouver des adultes plus distants : une amie de vos parents, une tante, un médecin, l'infirmière scolaire… S'il s'agit de votre contraception, vous pouvez aller au planning familial, où vous pourrez consulter gratuitement, sans vos parents et de façon anonyme.
Mais votre jardin secret doit parfois ouvrir ses grilles : si vous êtes en situation difficile, si vous êtes en danger, laissez tomber vos grands airs, vos parents peuvent vous venir en aide avant qu'il ne soit trop tard !

Secrets de filles

Si vous avez des parents fouineurs, achetez ou confectionnez une boîte fermée à l'aide d'un cadenas. Prenez-la assez grande pour y ranger votre journal intime et vos trésors, mais pas trop pour pouvoir la glisser dans un coin. Il ne reste plus qu'à cacher la clé !

+
Câlins, p. 53.
Chambre, p. 59.
Contraception, p. 80.
Distances (prendre ses), p. 99.
Frères et sœurs, p. 135.
Intimité des parents, p. 173.
Mère, p. 211.
Père, p. 240.

Intimité des parents

Vivre sous le même toit suppose une certaine promiscuité, et il faut apprendre à respecter l'intimité de chacun. Comme nous, nos parents ont des rêves, des espoirs, une vie à eux... Quelle drôle d'idée !

Le respect nécessaire de l'intimité

Vous n'avez plus envie que vos parents entrent dans votre chambre sans frapper, qu'ils vous voient nue, vous aimeriez qu'ils respectent votre intimité ? Première règle : respectez la leur, et frappez avant d'entrer dans leur chambre ou dans la salle de bains. Vous éviterez ainsi d'être le témoin involontaire de scènes qui peuvent être gênantes, voire choquantes. Eh oui, les filles, vos parents ont une vie sexuelle. Si vous entrez en pleine nuit dans leur chambre sans prévenir, il se peut que vous les trouviez en train de faire l'amour. Les enfants qui surprennent leurs parents sont extrêmement embarrassés. Ils sont partagés entre deux sentiments contradictoires : d'une part, l'idée que c'est une situation normale (« il n'y a rien de mal à ça, ils m'ont conçue ainsi, ce sont des êtres comme les autres ») et, d'autre part, un profond dégoût. Cette confusion du ressenti est habituelle. Le tabou de l'inceste rôde dans nos corps et dans notre tête en toute nécessité (le sentiment de dégoût vient de là) ! Cependant, la sexualité est une chose naturelle, elle n'est ni sale ni honteuse. Vous pouvez aussi entendre leurs ébats de votre chambre. Si cela vous gêne mais que vous n'osez pas le leur dire, vous pouvez leur glisser un petit mot sous la porte ou augmenter le son de la musique pour le leur faire comprendre.
Si vos parents sont à l'aise avec ces questions, ils aborderont sans doute le sujet. S'ils sont trop réservés, le malaise sera mutuel. Mais, chaque fois que vous êtes gênée, trouvez un moyen de leur expliquer que vous n'avez pas à être spectatrice de leur vie intime.
Voir ses parents nus peut être également embarrassant. S'ils ont l'habitude de se promener ainsi, faites-leur comprendre que cela vous déplaît. Si vous ne trouvez pas les mots pour le dire, manifestez votre gêne par des cris de surprise, des soupirs, tournez le dos dès que vous les apercevez en tenue d'Ève ou d'Adam, ils finiront par réagir.
À l'inverse, n'insistez pas pour entrer dans la salle de bains lorsqu'ils y sont. Pour certains parents, vieillir n'est pas si facile. Votre corps jeune peut faire naître chez eux de douloureux regrets, et se montrer nus devant vous ravive ce sentiment.

> « La véritable intimité est celle qui permet de rêver ensemble avec des rêves différents. »
>
> Jacques SALOMÉ

Une part secrète

Tout le monde a un jardin secret, même vos parents ! Ils gardent des objets, des lettres, des papiers administratifs… qu'ils ne souhaitent pas vous montrer. Ce n'est pas pour vous écarter de leur vie : ils n'ont simplement pas envie de partager certains de leurs mystères, ou bien ils ne peuvent le faire (c'est le cas de secrets de famille lourds à porter). Comme vous souhaitez qu'ils respectent votre journal intime, votre tiroir secret, faites de même : ne fouillez pas dans les armoires, dans les bureaux, dans les dossiers de l'ordinateur qui leur sont réservés. N'ouvrez pas leur courrier sauf autorisation, et ne décrochez pas le deuxième combiné de téléphone pour écouter leur conversation.
On est tous un peu curieux de la vie des autres, mais il faut savoir se retenir. Le respect permet en outre de gagner leur confiance, un cadeau bien utile !

Entre adultes

« Tu es trop jeune pour comprendre », « c'est une conversation pour les grands » : ces expressions sont un peu vexantes et donnent l'impression que l'on vous rabaisse. Vous aimeriez qu'on vous considère comme une personne à part entière, qui peut donner son avis. Cependant, vous avez sans doute suffisamment d'angoisses pour vous épargner celles de vos parents. Remerciez-les de vous faire grâce de leurs soucis.
N'écoutez pas derrière les portes et, si vous êtes présente quand une conversation s'engage sur un sujet délicat, à vous de sentir si vous êtes conviée ou non à participer : certains signes ne trompent pas (vos parents vous regardent et attendent votre réaction, ils utilisent un « nous » qui vous englobe…). Si ce n'est pas le cas, vous avez le droit de vous en aller.

Entendre les disputes

La vie n'est certes pas un long fleuve tranquille ! Les couples rencontrent des difficultés, qu'ils peuvent surmonter main dans la main ou au contraire qui engendrent une confrontation violente pour celle qui en est le témoin. Rien ne sert de s'inquiéter trop vite : les disputes font partie de la vie, comme les témoignages d'amour.
Les parents ont quelquefois besoin de réaffirmer haut et fort ce qu'ils ne supportent plus. Après cette mise au point, le couple peut repartir d'un bon pied. Ce ne sont jamais des moments agréables. Mais l'histoire de vos parents n'est pas la vôtre : ne prenez pas parti. Si les disputes ont toujours lieu devant vous ou si l'on vous prend à témoin, sachez dire non et quittez la pièce.

TU C KOI :-)

La notion d'intimité a évolué à travers les siècles. Dans l'Égypte ancienne, les enfants vivaient nus jusqu'à 5 ans. Au Moyen Âge, les femmes accouchaient devant les tantes, cousines, voisines, servantes.
Au XVe siècle, le lit était assez grand pour accueillir père, mère et enfants.
Plus près de nous, Mai 68 a apporté la libération sexuelle : le degré de pudeur a alors changé.

+ Beau-parent, p. 38.
Inceste, p. 150.
Secrets de famille, p. 279.

Chacune son histoire

« Quand j'étais petite, mes parents étaient plutôt pudiques. Il était rare que je les voie nus. Puis ils ont rencontré un couple d'amis avec lesquels nous sommes partis en vacances. Mais voilà, ce couple faisait du naturisme et mes parents se sont laissé tenter ! Pour moi, ce fut terrible ! Je les voyais allongés nus avec leurs amis, avec le fils de ces amis, qui n'avait semble-t-il aucune pudeur ! J'étais dégoûtée. Je gardais mon maillot et je me sentais nulle. À voir tous ces gens sans gêne, je me demandais si j'étais normale, si je n'avais pas un problème avec mon corps ! »

Safia, 15 ans

IST

Les infections sexuellement transmissibles, comme l'herpès, le VIH, l'hépatite B ou la chlamydiose, sont dues à des petites bêtes qu'il faut à tout prix éviter.

FLASH SUR LE NET

Pour en savoir plus sur les IST, vous pouvez aller sur le site suivant :
- www.info-ist.fr/

Pour savoir où consulter et se faire dépister une IST, quelle qu'elle soit :
- www.sida-info-service.org/tag/depistage

Des infections, pas toujours des maladies !

Autrefois, on les appelait MST, « maladies sexuellement transmissibles ». C'était l'époque (dans les années 1980-1990) où le sida, qui est une terrible maladie, faisait des ravages. Mais on a changé leur nom pour parler d'« infections ». Car, en faisant l'amour sans se protéger avec quelqu'un qu'on connaît mal ou en qui on ne peut pas avoir une entière confiance, on risque aussi d'attraper toutes sortes de petites infections localisées au niveau du vagin, qui ne nous rendent pas malades mais qui nous gâchent la vie. Ça picote, ça démange, ça brûle quand on fait pipi, ça sent mauvais aussi… Bref, que des ennuis.

Sans compter que certaines de ces infections peuvent avoir des conséquences graves à plus long terme, telles que la stérilité. Cela ne veut pas dire qu'il ne faut plus se méfier du sida, bien au contraire : il n'existe encore aujourd'hui aucun vaccin pour s'en prémunir, aucun traitement pour en guérir. En fait, contre toutes les IST en général, il n'existe qu'une seule arme absolue et fatale : le préservatif !

Comment attrape-t-on une IST ?

Ces infections sont produites par des êtres vivants : les bactéries, les virus et certains parasites. En fait, ces microbes ont la particularité d'être extrêmement contagieux. Il suffit d'un seul rapport sexuel non protégé avec la mauvaise personne pour être contaminée. Ces microbes prolifèrent sur la vulve, dans le vagin, dans l'anus, et bien sûr sur le pénis du garçon. Pour être claire, on peut contracter une IST par pénétration ou simplement par contact. Autant le savoir ! Certaines autres, comme les condylomes, peuvent s'attraper à la piscine ou dans des toilettes insalubres.

Comment les détecter ?

Certaines IST sont très visibles, d'autres extrêmement discrètes et peuvent passer inaperçues. Sans parler du VIH, dont on peut être « porteur sain », sans développer la maladie (le sida proprement dit), pendant des années !
L'idéal, en cas de doute ou de rapport non protégé, est d'allerchez le médecin, chez le gynécologue ou dans un centre de planning familial, pour se faire prescrire des analyses et/ou un test de dépistage par simple prise de sang (test VIH).
Le sida (syndrome d'immuno-déficience acquise), aussi appelé VIH (virus de l'immunodéficience humaine), détruit les globules blancs du corps et l'affaiblit face à toutes les autres maladies. C'est pour cette raison qu'il est extrêmement grave. Cette maladie n'a pas disparu, loin de là ! Elle est même en recrudescence en France, dans tous les milieux (y compris chez les hétéros qui ne se droguent pas). Environ 6 000 nouveaux cas sont recensés chaque année dans notre pays.
L'hépatite B est dix fois plus contagieuse que le sida. Ce virus s'attaque au foie, mais il existe un vaccin pour s'en protéger.

Secrets de filles

Et les mycoses, c'est quoi ?

Ce ne sont pas des IST car on peut en développer en dehors de tout rapport ou contact sexuel. Elles sont dues à des champignons microscopiques, présents naturellement dans le vagin, mais qui d'un seul coup se mettent à proliférer, provoquant des démangeaisons, voire dans le cas du Candida albicans, l'un des plus fréquents, des pertes blanches épaisses, inodores. Une fois détectées (un rendez-vous chez le gynéco suffit), les mycoses se soignent vite, mais elles peuvent récidiver. Il y a des filles qui y sont abonnées. Truc à savoir : si c'est votre cas, évitez les strings et les culottes en synthétique, les jeans trop serrés, et n'utilisez pas les gels douche du supermarché pour faire votre toilette intime, tout cela favorise l'apparition des mycoses !

La syphilis est due à une bactérie. On la soigne par un traitement antibiotique, mais encore faut-il la repérer car elle passe souvent inaperçue. Ses conséquences à long terme sont graves, car la bactérie en question finit par s'attaquer au cerveau. Brrr !!

L'herpès est un virus très courant et vraiment gênant car, une fois qu'il est installé, on le garde toute la vie. Dix millions de personnes en sont porteuses en France (1 personne sur 6). Il existe sous deux formes : le HSV1 ou herpès labial (au niveau des lèvres, transmis par la salive, les baisers…) et le HSV2 ou herpès génital (au niveau de la vulve, du vagin ou du pénis, transmis par simple contact). L'un et l'autre se traduisent par la poussée chronique de « boutons de fièvre » ayant l'aspect de petites bulles remplies de liquide, qui brûlent et finissent par former des croûtes. C'est douloureux mais sans gravité, sauf pour les bébés à la naissance. Ainsi, lorsqu'une femme présente un herpès vulvaire au moment de l'accouchement, on pratique une césarienne. L'herpès n'est pas dû à un manque d'hygiène, il faut juste éviter d'embrasser quelqu'un qui est en pleine poussée ou d'avoir un rapport sexuel avec lui.

La chlamydiose est due à une bactérie très sournoise (chlamydia trachomatis) : le plus souvent, elle ne se manifeste pas, et donc on ne s'en méfie pas. C'est aujourd'hui l'infection bactérienne la plus répandue chez les jeunes filles entre 15 et 25 ans. Elle peut se transmettre par simple contact des organes sexuels, sans pénétration. C'est grave car, mal soignée, elle peut aboutir à la stérilité.

La blennorragie gonococcique, due à la bactérie du gonocoque, est elle aussi peu détectable chez les jeunes filles et les femmes. Comme avec la chlamydiose, on peut avoir une sensation de brûlure, des écoulements jaunâtres, mal au bas-ventre, voire de la fièvre… ou rien du tout ! Mais, à terme, il y a là aussi risque de stérilité.
Chez les garçons, cette IST ne passe pas inaperçue : elle est aussi appelée « chaude-pisse ». Elle est donc plus facile à éviter, pourtant le nombre de cas a doublé depuis 2006.

Les condylomes sont des petites verrues (aussi appelées « crêtes-de-coq ») qui poussent sur la vulve ou sur la verge des garçons. Ils sont dus à un virus très contagieux, le papillomavirus, qui se transmet par simple contact des organes sexuels entre eux ou avec un objet infecté (comme un gant ou une serviette de toilette). L'humidité (piscine, sauna…) favorise la poussée des verrues. Même si elles sont indolores, il faut vite les traiter pour éviter qu'elles ne grossissent et prolifèrent : on les brûle sous anesthésie locale à l'hôpital.
Ce n'est pas agréable, mais il faut le faire car elles peuvent favoriser le cancer du col de l'utérus.
À noter qu'il existe aujourd'hui un vaccin contre le papillomavirus, recommandé pour toutes les jeunes filles de 14 à 23 ans ou 1 an maximum après le premier rapport sexuel (passé ce délai, il n'est plus efficace).
Il existe d'autres bactéries aux noms étranges (Gardnerella vaginalis, Trichomonas…) et au total une trentaine d'IST.
La plupart du temps, le dépistage est très simple et le traitement se réduit à la prise d'antibiotiques, comme pour une angine.
En cas de doute, il ne faut donc pas tortiller !
Cet inventaire vous a sans doute donné envie de prendre des précautions. C'était le but !

+ Gynécologue, p. 146.
Hygiène intime, p. 160.

IVG

IVG signifie interruption volontaire de grossesse. Trois lettres et quatre mots qui en masquent un autre beaucoup plus cru, beaucoup plus effrayant : avortement. Mais, parfois, les femmes n'ont pas le choix… Alors parlons-en.

« L'IVG a été légalisée le 17 janvier 1975 grâce au projet de loi et au combat politique de Simone Veil. »

Qu'est-ce que l'IVG ?

Une IVG peut se pratiquer de deux façons : soit par la prise de médicaments chez son gynécologue, à l'hôpital ou dans un centre de planning familial si la grossesse date de 5 semaines maximum (soit 7 semaines maximum après la date des dernières règles) ; soit sous anesthésie, à l'hôpital, si la grossesse date de 6 à 12 semaines maximum (14 semaines après les dernières règles). L'opération consiste alors à aspirer l'œuf fécondé dans l'utérus de la femme.

Un délai… extensible ?

Selon la loi, en France, l'IVG ne peut avoir lieu au-delà de 12 semaines de grossesse. Jusqu'à ce stade, en effet, l'œuf est considéré comme un « embryon »… interdit, du moins dans notre pays. Il existe d'autres pays européens où le délai est plus large : l'Espagne (jusqu'à 14 semaines de grossesse), les Pays-Bas et l'Angleterre (24 semaines !). Le planning familial peut rapprocher l'adolescente de cliniques partenaires, pour lui permettre d'aller avorter à l'étranger, mais il faut savoir que dans ce cas-là un de ses parents au moins doit l'accompagner. Bien sûr, avorter si tard ne fait qu'augmenter le questionnement moral, humain, sur l'IVG – pour un corps de femme, a fortiori de jeune fille, plus l'opération a lieu tard, moins elle est « anodine ». Et dans la tête, le cœur, c'est un véritable charivari !

Une démarche difficile

Il n'est pas facile d'avorter. Ce geste soulève des questions morales et représente aussi une atteinte à l'intimité profonde du corps de la femme. Mais celles qui le font n'ont souvent pas le choix. Comment élever

un enfant lorsqu'on n'est pas majeure ? Pourquoi donner naissance à un être dont on n'a pas désiré la vie ? Quel avenir pourrait-il avoir, sans mère ni père vraiment responsables… et parfois sans père du tout ? Il arrive que la honte face aux parents, la peur de leur réaction incitent certaines jeunes filles à cacher leur grossesse, à tenter de l'effacer… et à laisser passer le temps. Ce « déni de grossesse » ne supprime pas la grossesse elle-même. Au bout des 12 semaines fatidiques, il est trop tard et on se retrouve dans une situation encore plus problématique.
Bon à savoir : l'IVG est un droit, même pour les mineures, et l'intervention peut avoir lieu de façon totalement anonyme quand elle est réalisée à l'hôpital ou dans un planning familial.

En pratique

Il faut agir le plus vite possible, dès le retard des règles : faire un test de grossesse mais, par sécurité, consulter aussi son gynécologue ou se rendre dans un centre de planning familial.
Si l'on décide de ne pas garder l'enfant, deux cas de figure :

- **la grossesse date de moins de 6 semaines.** On peut alors avorter de façon simple, en prenant deux médicaments différents lors de deux consultations à 36-48 heures d'écart, en présence d'un gynécologue. Le premier sert à interrompre la grossesse, le second à expulser l'œuf. À ce stade, l'embryon est encore tout petit. L'avortement prend juste la forme de règles abondantes. Une troisième visite de contrôle a lieu ensuite, pour vérifier que tout s'est bien passé.
- **la grossesse date de plus de 6 semaines.** et les délais d'attente dans les hôpitaux sont tels qu'il faut vraiment anticiper : attention ! Autrefois, il y avait deux consultations médicales, entrecoupées d'un délai de réflexion obligatoire d'une semaine. Celui-ci a été supprimé par la loi Santé récente, à la mi-avril 2015. Désormais, il n'y a donc plus qu'une seule consultation médicale, suivie d'un entretien avec une assistante sociale (obligatoire pour les mineures). Au terme d'une semaine de réflexion a lieu une seconde consultation au cours de laquelle la décision est confirmée. Alors, le médecin oriente vers l'hôpital (l'État garantit l'anonymat et prend l'opération en charge à 100 %). L'opération se fait en ambulatoire (sur la journée, on ne reste pas à l'hôpital) et dure en elle-même une dizaine de minutes. Elle peut se réaliser sous anesthésie locale ou générale. Une visite de contrôle aura lieu 2 à 3 semaines après l'opération. Quelle que soit sa forme, l'IVG est une étape très éprouvante, sur les plans physique et psychologique. L'idéal est donc de prendre ses précautions, en adoptant une contraception efficace, pour ne jamais y avoir recours !

TU C KOI :-)

Vous trouverez aussi toutes les infos relatives à l'IVG, les démarches à réaliser et les lieux auxquels s'adresser sur : www.ivg.gouv.fr

J'épate les copines

Le 5 avril 1971, alors que l'IVG était encore interdite par la loi, 343 femmes ont fait paraître un manifeste dans *Le Nouvel Observateur* pour soutenir la légalisation de l'IVG, en clamant haut et fort qu'elles avaient subi un avortement clandestin. Parmi ces 343 femmes, il y avait Simone de Beauvoir, Catherine Deneuve, Marguerite Duras, Bernadette Lafont, Ariane Mnouchkine, Jeanne Moreau, Françoise Sagan, Delphine Seyrig, Nadine Trintignant, Agnès Varda, etc. Que des femmes célèbres et admirées !

+ Contraception, p. 80.
Gynécologue, p. 146.
Règles, p. 281.

Jalousie

Jalouse de quelqu'un ou jalouse tout court, voici un état qui n'a rien d'agréable mais qui, à petites doses, est nécessaire pour grandir.

Jalouse d'une amie

Beauté ? Intelligence ? Il y a toujours quelque chose que vos amies ont et que vous n'avez pas. C'est ainsi. Le problème est que, au lieu de voir ce que vous apporte cette amitié, vous vous arrêtez sur ce qui vous manque. Stop ! Clémentine est jalouse de sa meilleure amie, hyper sociable alors qu'elle-même est toute timide : « Depuis que je sais qu'elle me trouve plus mature qu'elle, ça va mieux. À deux, on corrige nos points faibles ! » Eh oui, l'intérêt de l'amitié n'est-il pas de se compléter ? Au fond, si vous êtes jalouse d'une personne, c'est par manque de confiance en vous. Alors évitez d'être désagréable ou dépendante de cette personne que vous enviez. Admettez votre jalousie, elle vous aide à grandir, mais ne la laissez pas ternir votre amitié.

Vu par les garçons

« Ce qui me rend jaloux, c'est quand Jessica passe plus de temps avec ses copines qu'avec moi. Mais, vu que je ne peux pas l'empêcher de les voir, je prends sur moi. » François, 16 ans

« Ma copine est très charmante, le problème, c'est que je ne suis pas le seul à le penser apparemment ! Sortir avec elle est devenu un vrai challenge, parce que je dois la séduire chaque jour. » Alexandre, 15 ans

« Tu n'es qu'à moi ! »

Besoin d'exclusivité ? Comme vous possédez un objet, vous avez besoin de posséder cet amour ou cette amitié. Au fond, vous avez peur qu'on vous dérobe ce que vous aimez ! Rien de plus normal. En amour, vous êtes soucieuse de plaire à votre petit ami et vous avez besoin de vous rassurer sur ses sentiments.

Là où la jalousie pose problème, c'est lorsqu'elle devient maladive. Comme un ver qui ronge la pomme de l'intérieur, une jalousie excessive transforme peu à peu l'amour en haine. Vous fouillez dans ses affaires, vous le suivez, vous lisez ses sms à la recherche d'une preuve. De quoi ? De l'existence d'une autre dans sa vie, une rivale...

Comment trouver le bon équilibre

Lorsque la jalousie devient étouffante, il est temps de réagir ! Essayez d'abord d'en discuter, rappelez-vous que vous n'êtes pas des ennemis parce que vous vous aimez. Pour effacer toute cette méfiance, mieux vaut jouer cartes sur table. Si vous êtes la jalouse, commencez par arrêter de surveiller l'autre. Dites-lui ce qui vous préoccupe et discutez-en. Rappelez-vous que la base d'une relation est la confiance. Si vous êtes la « victime » d'un jaloux, pensez d'abord que, s'il est comme ça, c'est parce qu'il vous aime. Ensuite, soyez sincère et tâchez de le rassurer au quotidien. Enfin, évitez de trop vous justifier car tout le monde a droit à son jardin secret.

+ Amitié, p. 21.
Amour, p. 23.
Confiance, p. 76.

Jambes

Les jambes nous transportent partout, qu'elles courent ou qu'elles nous promènent. Il est important d'être bien campée sur ses deux jambes !

> « Dans la vie, y a pas d'grands, y a pas d'petits. La bonne longueur pour les jambes, c'est quand les pieds touchent bien par terre. »
>
> COLUCHE

Mal aux jambes

La croissance étire les articulations et les os, les muscles s'allongent toujours dans un deuxième temps. Il n'est pas étonnant que parfois ça fasse mal. Les adolescents se plaignent souvent des genoux. On peut même se mettre à boiter à cause d'une douleur à la hanche.
La puberté finie, tout devrait rentrer dans l'ordre : si ce n'est pas le cas, il faudra en parler à votre médecin.
Si vos jambes vous semblent lourdes ou si vous ressentez des fourmillements, il s'agit peut-être de problèmes de circulation sanguine. Quelques jours avant les règles, ce phénomène peut s'accentuer. Dormez en surélevant légèrement votre matelas au niveau des pieds pour améliorer la circulation.
Ne prenez pas de bains chauds, mais, à la fin de la douche, rafraîchissez vos jambes en faisant remonter le jet d'eau du bas vers le haut. N'enfermez pas vos jambes dans des pantalons trop serrés, surtout aux chevilles. Marchez le plus souvent possible. Évitez la cigarette.

Des jambes impatientes

Si vous avez besoin de remuer fréquemment les jambes pendant le sommeil et que vous avez l'impression de mal dormir, vous souffrez peut-être de ce que l'on appelle impatiences ou syndrome des jambes sans repos. Les médecins connaissent de mieux en mieux ces troubles et sont aujourd'hui plus à même de les identifier si vous consultez.

De belles jambes

La femme par nature stocke les graisses dans les cuisses (et les hanches). Parfois les jambes sont également gonflées à cause d'une trop grande rétention d'eau.
Une alimentation équilibrée, sans excès de produits gras, peut déjà faire beaucoup. Évitez aussi de manger trop salé, et pratiquez une activité physique ! La marche à une allure rapide au moins 30 minutes par jour, la natation et le vélo sont de bons moyens pour affiner les jambes.

+ Forme (avoir la), p. 130.
Poils, p. 251.

J'épate les copines

Dans les années 1960 à 1980, François Truffaut a réalisé de nombreux films dans lesquels les femmes menaient le jeu. Dans *L'Homme qui aimait les femmes*, le héros lance cette belle réplique : « Les jambes des femmes sont des compas qui arpentent le globe terrestre en tous sens, lui donnant son équilibre et son harmonie. » C'est joli, non ?

Je t'aime

Trois mots simples et pourtant si compliqués à prononcer ! Vous l'aimez, vous en êtes sûre. Amour partagé ou à sens unique ? Dévoiler ses sentiments demande réflexion...

Pourquoi dit-on je t'aime ?

Grande question ! Mieux qu'un long discours, un je t'aime vous permet d'exprimer vos sentiments pour celui qui fait battre votre cœur. En général, ces trois mots se disent en amour, mais aussi à ses proches ou à sa meilleure amie. Déclarer sa flamme avec un je t'aime à son amoureux n'est pas anodin, puisque ce n'est pas quelque chose que vous confiez à tout-va. Enfin, il faut l'espérer… « Je ne comprends pas ces garçons qui disent des je t'aime tout le temps ! C'est pas un truc que l'on dit tous les jours, comme j'ai faim ou j'ai soif ! » s'exclame Rania (13 ans).

Le je t'aime rare serait donc plus précieux à vos yeux. Mais le dire a toute son importance aussi. Ne le gardez pas pour vous si vous avez envie de l'exprimer. Si vous dites je t'aime, c'est parce que vous vous sentez bien avec un garçon, que vous ressentez le besoin de passer à une autre étape.

Et puis, lorsque vous êtes amoureuse, vous avez envie que la Terre entière le sache ! Alors pourquoi ne pas en avertir la première personne concernée ? Le tout est d'y mettre les formes, de prendre son temps et surtout de choisir le moment approprié.

Comment déclarer son amour ?

Dans sa chanson *Les Mots d'amour*, Bénabar affirme : « Les déclarations les plus belles ne figurent pas dans les manuels. » Que ce soit un « je t'aime » ou plus simplement

QUIZ

Vrai ou faux : les déclarations en chansons

1 • Dans le refrain de *Par amour*, Diam's chante : « Par amour, par amour, par amour, rien n'est impossible »
vrai ☐ faux ☐

2 • Georges Brassens chantait le célèbre *Ne me quitte pas*.
vrai ☐ faux ☐

3 • Les premières paroles de *You're Beautiful*, de James Blunt, sont : « My life is brilliant. My love is pure. I saw an angel »
vrai ☐ faux ☐

4 • Dans *Love You I Do*, extrait de la bande originale du film *Dreamgirls*, Beyoncé fait une déclaration à sa maman.
vrai ☐ faux ☐

5 • Contrairement à ce que laisse penser le titre de la chanson, dans *I Found True Love*, Avril Lavigne parle d'une rupture.
vrai ☐ faux ☐

6 • C'est à la fin de *Caravane* que le beau Raphaël chante : « Mon amour, mon amour, j'aurai le mal de toi. Mais que veux-tu ? »
vrai ☐ faux ☐

1 • : vrai – 2 • : faux (c'est Jacques Brel) – 3 • : vrai – 4 • : faux (à un homme) – 5 • : vrai – 6 • : faux (c'est dans la chanson Dans 150 ans).

un « je suis bien avec toi » ou un « tu me manques », c'est à vous de trouver les mots qui conviennent et qui vous ressemblent. Laissez-vous aller et manifestez vos émotions.
Si vous êtes timide, vous pouvez opter pour les déclarations via SMS, messagerie instantanée (WhatsApp ou autre), lettre, ou grâce à certaines émissions de radio ou de télévision. Il arrive que ce soit bien plus simple de dire je t'aime lorsqu'on n'est pas face à face. Attention quand même à ne pas tomber dans le piège du virtuel, car une relation amoureuse se vit avant tout « en direct » avec l'autre.
Les déclarations et autres petits mots servent à prouver et à alimenter l'amour au quotidien. Et puis, si l'on est bien avec quelqu'un, le silence peut être tout aussi éloquent.

Y a-t-il un bon moment ?

Oui, quand vous vous sentez prête à le faire, que votre relation devient importante et que vous avez besoin de l'officialiser.
À part cela, il n'y a pas de recette miracle. Mais sachez que vous n'avez pas besoin de précipiter les choses. Si vous craignez de l'effrayer, soyez mesurée et préférez un « je t'aime » à un « dis, tu m'aimes ? ».
En ce qui concerne le décor de votre future déclaration, le choix est vaste. Avant, les déclarations avaient un caractère officiel, mais aujourd'hui il n'y a plus de règles. Tout dépend de votre degré de romantisme et de celui de votre « moitié ». Il n'y a pas réellement de bon ou de mauvais moment, l'essentiel bien sûr est d'être seule avec lui. Loana (14 ans) se rappelle de son premier je t'aime : « C'était l'année dernière, juste avant les grandes vacances. Je savais que je n'allais pas voir Fabien pendant 15 jours et c'est sorti tout seul alors qu'on se disait au revoir. Il était tout ému et moi aussi. »

Comment réagir à un « je t'aime » ?

Ici, plusieurs options ! Soit vous en rêviez et la question ne se pose pas : il vous suffit de répondre spontanément ce que vous pensiez tout bas. Soit cette déclaration vous gêne. Dans ce cas, pas de panique ! Commencez par vous demander pourquoi ce je t'aime vous dérange autant. Peut-être ne vous sentez-vous pas encore prête à l'entendre, c'est trop tôt. Dans ce cas, faites-le comprendre à votre petit ami en douceur. À moins que vous ne doutiez de vos sentiments ? Aurélie (15 ans) a vécu ce moment difficile : « Tim m'a dit je t'aime à un moment compliqué de notre histoire… et j'étais complètement bloquée. Je ne savais pas quoi dire, quoi faire. Alors j'ai répondu moi aussi pour ne pas le vexer. »
Il se peut encore que vous ne soyez pas amoureuse.
Là, malheureusement, il n'y a pas vraiment le choix : vous devez affronter la réalité et avoir une discussion avec votre petit ami. En effet, c'est un peu effrayant d'entendre un je t'aime quand on n'est pas (encore) amoureuse. Laissez-vous du temps : l'amour éclot et grandit à son rythme.

FLASH SUR LE NET

www.lesjetaime.com/lemur.html
Voici l'adresse Internet du « Mur des je t'aime », une œuvre d'art installée à Paris (sur la butte Montmartre, place des Abbesses, dans le square Jehan-Rictus) représentant 311 écritures manuscrites de « Je t'aime » en 280 langues. Que vous habitiez dans la capitale ou non, ce site vous en offre une visite virtuelle. Notez que la rubrique « Qui parle quoi & Prononciations » vous propose d'apprendre à dire et à écrire « Je t'aime » en 32 langues !

+ Amour, p. 23.
Lettres d'amour, p. 189.

Journal intime

Tenir un journal intime, c'est prendre un rendez-vous avec soi. En y consignant vos tranches de vie, vos idées et vos sentiments, vous faites mieux connaissance avec vous-même.

« Un journal est une longue lettre que l'auteur s'écrit à lui-même… »

Julien GREEN

« S'écrire »

Comme le définit si bien Ambrose Bierce[1], le journal intime est une « relation quotidienne de cette part de l'existence que l'on peut se confier à soi-même sans avoir à en rougir ». Le besoin d'exprimer vos sentiments et vos pensées ou de vous défouler sont autant de raisons qui peuvent vous convaincre d'écrire ce que vous vivez dans un journal : amours, amitiés, cours, vacances, voire relations avec vos parents. Écrire tous les jours ou seulement quand l'inspiration s'empare de vous, c'est à vous de choisir le rythme qui vous convient et qui vous permet le mieux de « respirer ».

Se relire

L'intérêt du journal intime est que vous pouvez le relire à l'infini, quand bon vous semble. Pour Clémentine (14 ans), « écrire puis relire mes pensées soigne mes blessures. D'une certaine façon, mon journal m'aide à relativiser et à surmonter plus facilement les crises et les moments de doute que je traverse ». En mettant des mots sur ce qui vous trouble et en couchant ensuite ceux-ci sur le papier, vous prenez du recul face à la situation que vous vivez. Un peu comme si une partie de vous vivait et l'autre analysait. À ce stade, le journal intime apparaît donc comme un moyen de vous construire, de grandir, d'être critique vis-à-vis de vous-même, de dresser le bilan de vos actes, de vos sentiments, voire de votre vie tout entière.

Partager ?

Lorsqu'on parle de journal intime, vous pensez secrets inavouables, vous imaginez un cahier pourvu d'un cadenas et caché au fond d'un tiroir, loin du regard curieux des autres. Ce n'est pas faux, quoiqu'un peu romanesque, car un journal intime peut se faire lire. C'est le cas avec Internet. En effet, en dehors des blogs, où beaucoup de jeunes filles parlent d'elles, il existe des sites Web où l'on peut se confier sous un pseudonyme. À vous de décider si vous souhaitez vous dévoiler et partager votre expérience…

TU C KOI :-)

À lire :
Le Journal d'Anne Frank, sous la direction d'Otto H. Frank (Poche). Anne Frank a réellement existé. Elle est née le 12 juin 1929, et son « livre » raconte sa vie pendant la Seconde Guerre mondiale. À l'époque, cette adolescente allemande juive écrit un journal alors que sa famille se cache des nazis à Amsterdam. Aujourd'hui, plus que les textes intimes d'une jeune fille, ce journal est considéré comme un poignant témoignage d'une époque noire de l'Histoire.

1. Écrivain et journaliste américain (1842-1914).

+ Blog, p. 44.

Laideur

Vous vous cachez derrière vos cheveux et vous baissez la tête pour ne pas croiser le regard des autres. Vous regarder dans un miroir est un vrai supplice…

Une notion personnelle

Pour la taille et le poids, il existe des courbes de référence. Mais la laideur, comme la beauté, est presque toujours une question d'appréciation personnelle. N'avez-vous jamais flashé sur un garçon que vous étiez seule à trouver beau ? Faites un test : vos copines n'ont pas les mêmes goûts que vous, et tous les goûts sont dans la nature. Il est très difficile de se juger soi-même, parce qu'il y a toujours un décalage entre l'image qu'on a de soi et la réalité. Les médias, en idéalisant des actrices ou des mannequins, réussissent à nous faire croire qu'elles sont des références en matière de beauté. Certaines d'entre vous ont envie de ressembler à ces modèles, mais, comme la nature ne les a pas dotées des mêmes qualités, elles en souffrent. N'oubliez pas qu'il existe une beauté intérieure bien plus émouvante que la beauté physique…
Personne ne vous remarque et vous pensez que c'est parce que vous êtes laide ! Mais, à cause de ce complexe, vous avez du mal à aller vers les autres, donc ils ne viennent pas vers vous. Progressivement, vous vous installez dans ce cercle vicieux.

Le miroir : attraction, répulsion

Parfois la croissance joue des tours : par exemple, seul le nez se met à grossir, créant une dysharmonie qui disparaîtra sans doute plus tard. Mais on se regarde dans le miroir, de près, de face, de profil, on prend même un miroir grossissant, et on n'a d'yeux que pour ce détail.
En revanche, les autres nous perçoivent toujours en totalité, ils sont sensibles à l'allure, au sourire, à la voix, au look… à un ensemble et non à un défaut particulier.
Cette fixation cache peut-être un malaise plus profond. Quand on dit « je suis moche », cela signifie parfois « je ne me sens pas bien dans ma tête ».

S'aimer… sans perdre la raison

D'abord, on a le droit de s'aimer : chouette ! C'est ce qu'on appelle l'« estime de soi ». Et ça se travaille. Dès que l'on vous fait un compliment, notez-le et pensez-y quand vous êtes désespérée. Cela fera taire les petites voix intérieures (on en a toutes !) qui ne cessent de nous rabaisser. Essayez aussi de parler de vos sentiments avec des proches, dire sa détresse peut soulager. Lancez-vous de petits défis quotidiens… Quand vous les réussirez, vous serez fière de vous ! Enfin, sortez votre visage du col roulé et allez à la rencontre de l'autre. C'est difficile, mais vous verrez que finalement les autres vous remarquent… Faites-vous confiance : quand on se sent bien à l'intérieur, il émane de soi quelque chose de beau. Si cette souffrance est intense et impossible à calmer, il est bon d'en parler avec un psychologue.

Chacune son histoire

« Quand j'avais 12 ans, j'ai entendu quelqu'un dire : "Elle serait plus belle si elle était un garçon." J'en ai pleuré. Et puis j'ai réfléchi : je m'habillais comme un garçon, ce n'était pas étonnant ! Ça m'a permis de me demander ce que je voulais vraiment. »

Charlotte, 14 ans

Langage

À quoi sert de soigner son look, de se maquiller, de se parfumer, de se faire belle si, dès qu'on ouvre la bouche, c'est pour parler comme une marchande de poisson ? Sans jouer les Marie-Chantal, essayez d'accorder votre ramage à votre plumage… et à la situation !

L

« Surveille ton langage ! »

C'est une expression qu'on entend souvent, et depuis longtemps, dans la bouche de nos parents. Dès qu'un plus ou moins gros mot a le malheur de franchir nos lèvres, c'est la douche froide ! Pourtant, eux ne se gênent pas pour en dire quand ils sont énervés ou qu'ils croient qu'on ne les entend pas.

À l'adolescence, cette façade de politesse et de courtoisie nous semble soudain bien hypocrite. Pourquoi ne pas parler franc, ne pas parler vrai, en toutes circonstances ? Être sincère, dépasser tous les codes bourgeois du « bien parler », du politiquement correct. Même les politiciens, si lisses sur les plateaux de télé, ne mâchent pas leurs mots en coulisses ou dans le privé. Quelle vaste bouffonnerie !

Trop classe

Je m'intègre : petites règles de langage et de maintien

- Je ne tutoie jamais mes profs ni les personnes que je ne connais pas. Je ne suis plus une enfant !
- Je garde des expressions comme « relou », « ouf », « ça me soûle grave », « mon keum », « sur ma vie », pour mes discussions entre copains et copines.
- Je calque ma façon de parler sur le ton et le vocabulaire de mon interlocuteur. Ainsi, je suis sûre de ne pas me tromper.
- Je suis polie : je pense à dire bonjour, au revoir, merci, s'il vous plaît. Ça a l'air bête, mais parfois on oublie…
- Je surveille ma gestuelle, surtout celle des mains : je ne suis pas obligée d'imiter les garçons pour me faire remarquer.
- Je souris quand je pose une question ou demande quelque chose.
- Je ne pète pas les plombs dès qu'on me critique. Personne n'est parfait.
- Je laisse la provoc facile à ceux qui ont du temps à perdre.

Une nouvelle identité

À cet âge, nous sommes mises en contact avec de nouvelles façons de parler, de s'exprimer, qui nous semblent plus authentiques et plus à notre image. À la radio, sur les forums Internet, sur certaines chaînes de télé, des jeunes de notre âge parlent avec des mots bien sentis, des tournures qui décapent. Argot, verlan déferlent dans notre vocabulaire. On se lâche verbalement, on s'amuse, on jongle avec les mots et la grammaire classique. On aime aussi faire de grands gestes, éclater de rire très fort, courir dans la rue comme des petites folles, être parfois impertinentes et sans-gêne. Provoquer. Se faire remarquer. En adoptant ce style « jeune » ou « adolescent » (comme disent les adultes, les lèvres pincées), on a le sentiment de se serrer les coudes, de s'intégrer à un groupe.
Dans la cour du collège, les filles qui parlent avec des mots choisis et qui ne disent pas un mot plus haut que l'autre sont taxées d'intellos, de coincées.
Pas question de passer pour la première en thème ! Nous aussi, on veut faire partie du mouvement, avoir l'air branché, dans le coup. Alors, on s'adapte.

“ Au teint, on juge l'étoffe ; au bouquet, le vin ; à l'odeur, la fleur ; au langage, l'homme. ”

Charles CAHIER

L

INTOX

Vous croyez peut-être que, pour vous faire aimer et plaire aux garçons, il faut jouer la fille libérée, sans complexe, qui parle cru et qui bouge comme les nanas des clips de M6 music ou MCM. Détrompez-vous ! Ces filles-là sont vraiment vulgaires et souvent mal dans leur peau. Regardez ce qu'est devenue Britney Spears : on n'aimerait pas être à sa place ! Les garçons sont davantage séduits par les filles qui savent être classes tout en restant naturelles, celles qui s'expriment bien et ne masquent pas leurs complexes derrière un vernis de m'as-tu-vu.

Secrets de filles

Je m'exprime sans tabou

- Je fais du théâtre, de la musique et je cultive un art où je peux sortir mes tripes. Ça fait du bien !
- J'écris un journal intime, des paroles de chanson, des poésies. Ça libère !
- Je suis inscrite à un cours de danse ou de gym. Ça évacue l'énergie !

Changez de disque

Bravo, les filles, c'est un signe d'intelligence ! Mais n'oubliez pas de vous adapter aussi dans l'autre sens ! Tout le monde le fait, même les rappeurs les plus rebelles qui, dans leurs interviews pour les magazines ou à la télé, utilisent un langage plutôt châtié. Avez-vous remarqué ?
En fait, à l'adolescence, on réalise qu'il n'y a pas un langage unique, mais plein de langages différents, pour des situations différentes. Des codes, des registres qu'il faut faire alterner en permanence, selon l'interlocuteur : avec nos parents, nos grands-parents, les profs, nos copines, les parents de nos copines, les garçons, les vendeuses des boutiques, nos employeurs (si on fait du baby-sitting, des petits boulots). On ne se comporte pas de la même manière, on ne s'habille pas et on ne bouge pas de la même façon selon les circonstances. Parfois, ce n'est pas évident, il faut s'habituer – on aimerait faire sauter toutes ces frontières, être nature et franche avec tout le monde, tutoyer la terre entière. Mais la vie est un jeu, les filles. Soyez malignes ! Il faut changer de disque, de ton, en permanence. Jouer la comédie, en somme. Vous allez voir, c'est amusant à la longue ! Et puis, vous allez découvrir qu'on peut faire passer beaucoup plus de messages en respectant les formes. Bref, être soi-même, sincère, dans toute la diversité de ses émotions, sans se laisser enfermer dans le stéréotype de l'adolescente immature. C'est la meilleure manière d'être crédible et de se faire vraiment respecter.

+
Groupe de copains, p. 145.
Stars, p. 333.
Vulgarité, p. 376.

J'épate les copines

Emmenez-les au cinéma ou louez le DVD du film *L'Esquive*, l'histoire de jeunes d'une banlieue difficile qui se découvrent et apprennent à exprimer leurs émotions en jouant une pièce de Marivaux, *Le Jeu de l'amour et du hasard*.

Lecture

Lire, c'est apprendre, comprendre, mais aussi se divertir, s'évader et se faire plaisir. Avec un livre, rien n'est impossible.

L

Quand lecture rime avec culture

Vous ne vous en rendez peut-être pas compte, mais, en lisant régulièrement, vous stimulez votre curiosité, vous étoffez votre vocabulaire, vous améliorez votre façon de communiquer, à l'écrit comme à l'oral, et vous continuez à bien orthographier les mots.
Bien entendu, lire, c'est également apprendre et découvrir ce que les auteurs de tout temps et du monde entier vous lèguent à travers leurs textes. En ce sens, le livre participe à la mémoire d'événements, de personnes, d'époques et de styles. Malia (15 ans) adore lire : « Pour moi, c'est un moyen de s'ouvrir sur le monde et sur ce qui nous entoure. Ça me permet aussi de confronter ma pensée à celle des autres, d'aiguiser mon jugement critique et de découvrir plein de choses. »

Sortir du quotidien

Montesquieu disait : « Je n'ai jamais eu de chagrin qu'une heure de lecture n'ait dissipé. » Grâce à un livre, vous pouvez en effet vous changer les idées, vous réfugier dans un ailleurs. Déconnecter, ce qui est aussi un acte essentiel de la vie. Victoire (12 ans) confirme : « Je lis pour me transporter dans un autre monde, me mettre à la place des héros et vivre, l'espace d'un livre, une autre vie. »

Entrer dans la peau d'un personnage peut aussi vous donner des clés pour ouvrir les portes de votre propre vie. En faisant une pause pendant une lecture, vous ménagez du temps pour vous et de l'espace pour votre imaginaire. Soudain, tout devient possible.

FLASH SUR LE NET

Voici quelques-unes des nombreuses adresses qui existent sur Internet pour télécharger gratuitement des livres en ligne :

- http://fr.feedbooks.com/publicdomain
- www.inlibroveritas.net
- www.ebooksgratuits.com
- www.livrespourtous.com
- www.manybooks.net
- www.livreslib.com

Un moyen simple et économique pour découvrir notamment les grands classiques et, pourquoi pas, lire dans une langue étrangère !

> « La lecture, une porte ouverte sur un monde enchanté. »
> François MAURIAC

J'épate les copines

Envie d'être conseillée sur vos lectures ? Le site Internet www.lirado.com est fait pour vous. Avec des chroniques, des dossiers, des sélections, des interviews, des critiques de films (adaptations de livres jeunesse), ce site est une mine d'informations passionnantes. Il a été lancé en 2004 sous le nom de *L'Écho des livres* par une jeune fille de 14 ans, aujourd'hui professeur-documentaliste. Une belle histoire puisque le site est désormais visité par plus de 25 000 personnes chaque mois !

Tous les goûts sont dans la lecture

Histoires d'amour, poèmes, récits d'aventures ou romans fantastiques, biographies, fables historiques ou bandes dessinées, à chaque personnalité son genre ! Quoi qu'il en soit, pensez toujours à garder l'esprit ouvert.
Car ce n'est pas parce que vous aimez le fantastique qu'un roman fondé sur une histoire vraie ne peut pas vous passionner ! Fouinez dans les rayons, faites de nouvelles expériences, essayez de lire un auteur dont vous n'avez jamais entendu parler – bref, soyez curieuse. C'est souvent en procédant ainsi que l'on vit ses plus belles surprises.
Enfin, n'oubliez jamais que « toutes les grandes lectures sont une date dans l'existence » (Alphonse de Lamartine).

Le livre numérique

Si vous passez du temps sur votre téléphone portable ou sur votre tablette, pourquoi ne pas opter pour un livre numérique ? Disponible depuis 2008, ce support est facile d'accès et d'utilisation.
Le livre est édité et diffusé en version numérique, sous la forme d'un fichier. Vous n'avez qu'à le télécharger et le stocker pour ensuite le lire sur votre écran. Pour les accros à la lecture numérique et celles qui ne sont pas nostalgiques du papier, sachez qu'une liseuse est conseillée (marque Kobo, Kindle, PocketBook…).
Vous pouvez alors dire au revoir à votre bibliothèque : tous vos livres tiennent dans une main ! En France, on trouve des livres numériques sur mobipocket.com, numilog.com, relay.com (pour la presse), feedbooks.com…
Enfin, si vous aussi vous aimez écrire et rêvez d'être publiée, la voie d'Internet est un formidable tremplin pour les écrivains en herbe : cela s'appelle l'autopublication numérique, et c'est quasiment gratuit.

TU C KOI :-)

Les clubs lecture pour ados
Vous dévorez les livres et vous attendez les vacances avec impatience pour en lire encore plus ? Pourquoi e pas vous rendre dans le club de lecture pour les ados de la bibliothèque de votre commune ou de votre collège ? Ces clubs permettent aux jeunes passionnés comme vous de se retrouver une fois par mois lors d'un moment convivial, pour partager leurs coups de cœur sur un livre, une bande dessinée… Souvent, vous faites même partie du comité de sélection d'un prix Jeunes Lecteurs.

+ Loisirs, p. 191.
Magazines, p. 195.

Lettre d'amour

« On peut séduire n'importe qui avec des mots tracés pour lui sur une feuille de papier. C'est un pouvoir extraordinaire, phénoménal, monstrueux, quoique peu usité : la lettre d'amour est d'une efficacité redoutable, mais méconnue[1]. » Voyons cela...

Le pouvoir des mots

Acte romantique et intime par excellence, la lettre d'amour est sans doute un bon moyen de se confier, de lever les non-dits ou de faire une déclaration « marquante ». Les mots ont plus de pouvoir lorsqu'ils sont écrits que lorsqu'ils sont dits. Pourquoi ? Simplement parce que, avec le temps, ils s'effacent de votre mémoire mais restent sur le papier. Si la pudeur, la maladresse ou la timidité vous empêchent de dire à l'élu de votre cœur ce que vous ressentez, l'écrire peut vous paraître plus facile.

Il peut s'agir de quelques mots comme de quelques pages, là n'est pas l'essentiel ! Le but est d'y exprimer ses pensées, ses sentiments, le désir que l'on a de l'autre. Enfin, en parlant de votre amour, la lettre stimule votre imaginaire.

Un dernier point : dans votre missive, vous dévoilez une partie de vous-même. N'envoyez jamais une lettre d'amour à un quasi-inconnu avec qui vous avez envie de sortir, il risque de mal le prendre, de se moquer de vous et de vous repousser.

Comment l'écrire ?

Il n'est pas toujours facile d'exposer ses sentiments sur du papier. Même si on en a très envie, l'inspiration et le style ne sont pas toujours au rendez-vous. Voici donc quelques conseils.

• Tout d'abord, demandez-vous pourquoi vous souhaitez écrire cette lettre. Pour déclarer votre flamme ? Pour vous rassurer sur les sentiments de l'autre ? Pour vous expliquer ou recoller les morceaux après une dispute ou un malentendu ?

• Ensuite, laissez-vous aller et écrivez ce que vous avez sur le cœur. Essayez de trouver les termes exacts. Si les phrases ne viennent pas, commencez par quelques mots.

• Une fois toutes vos idées couchées sur le papier, organisez-les et rédigez-les, un peu comme une rédaction ou une dissertation. Choisissez des mots simples, des mots à vous ou des mots empruntés (ne laissez pas croire que vous en êtes l'auteure si vous recopiez votre livre de français !). Les phrases courtes et sans chichis ont bien plus d'impact. Enfin, n'oubliez pas de vous relire

Vu par les garçons

« Je suis devenu un pro de la lettre d'amour. Au début, je passais des heures et des heures à les écrire, aujourd'hui, c'est beaucoup plus spontané. Écrire me permet de dire tout haut ce que je pense tout bas ! Ce que j'aime le plus, c'est composer de petites poèmes à ma copine sur ses formes et la beauté de son visage. »
Yves, 15 ans

« J'ai un truc infaillible. Les mots doux, c'est trop compliqué à écrire. Mais, pour faire plaisir aux filles, il m'arrive d'en écrire en recopiant des textes que je trouve sur Internet… En les arrangeant à ma sauce, bien sûr ! »
Jean-Pascal, 12 ans

1. Camille Laurens, auteure française, dans « L'Avenir ».

TU C KOI :-)

Nombre d'écrivains français ont entretenu une correspondance amoureuse riche et passionnante. Parmi eux, on citera notamment Victor Hugo et Juliette Drouet, Guillaume Apollinaire et Madeleine Pagès, George Sand et Alfred de Musset ou Simone de Beauvoir et Nelson Algren.
Découvrez ces amoureux de la plume en littérature :

- *Victor Hugo-Juliette Drouet, 50 ans de lettres d'amour, 1833-1883*, Ouest-France, 2005.
- *Lettres d'amour de George Sand et d'Alfred de Musset*, présentées par Françoise Sagan, Hermann (collection Savoir : Lettres), 1996.

pour corriger les fautes. Et, si vous doutez de vous, pourquoi ne pas la faire lire à votre meilleure amie ?

Des supports modernes

Aujourd'hui, avec les nouvelles technologies, il y a plusieurs moyens d'écrire et de transmettre son amour. Vous pouvez choisir l'e-mail, le SMS ou la messagerie instantanée (MSN par exemple). Avec le mot doux par e-mail, finis le papier, les tonnes de brouillons, l'enveloppe et le timbre ! Plus de problème de poste ou de courrier ouvert par les parents. Enfin, normalement… Vous pouvez enfin envoyer et recevoir immédiatement vos lettres d'amour en toute confidentialité. Le SMS est quant à lui conseillé pour délivrer de courts mots doux comme « tu me manques » ou « j'ai passé un super moment avec toi ». Pour plus long, préférez l'e-mail ! Plus directe et interactive, vous avez aussi la solution de la messagerie instantanée. Là, mieux vaut être sûre de discuter avec la bonne personne… Une fois ce détail réglé, il ne vous reste plus qu'à vous exprimer. Certaines se sentent même plus à l'aise pour dévoiler leurs sentiments devant un écran d'ordinateur. Si tel est votre cas, n'oubliez pas de vivre aussi votre amour dans la réalité !

Quand des kilomètres vous séparent

La lettre d'amour, électronique ou non, est l'alliée des amours à distance. Que vous soyez séparée de votre cher et tendre pendant les vacances ou que vous viviez loin l'un de l'autre, la lettre est un très bon moyen de rester en contact. Correspondre avec lui réussit presque à le ramener près de vous. Maeva garde ainsi un très bon souvenir de sa correspondance avec Mickael : « Pendant les dernières vacances d'été, il est parti au Japon pour un stage très intéressant. Impossible de refuser, même si nous n'allions pas nous voir pendant deux longs mois. Nous nous écrivions une ou deux fois par semaine. ça peut paraître bizarre, mais ça nous a permis de mieux nous connaître car nous nous sommes dit beaucoup de choses. Pour moi, c'était très stimulant de découvrir d'autres facettes de Mickael. Parfois je me dis que, si nous sommes encore ensemble, c'est parce que cette correspondance nous a rapprochés. » Camille Laurens dit donc vrai ! Ne doutez plus du pouvoir d'une lettre d'amour…

+ Amour, p. 23.
Je t'aime, p. 181.

Loisirs

Parce qu'ils développent vos qualités sociales, physiques et intellectuelles, les loisirs sont un atout majeur dans votre vie d'adolescente. Ne passez pas à côté !

L

« L'homme de l'avenir vaudra ce que vaudront ses loisirs. »
Jean GUÉHENNO

Un investissement personnel

Attention, ne confondez pas « loisirs » avec « temps libre ». Les loisirs, contrairement aux divertissements et distractions ponctuels, demandent un investissement personnel et une certaine régularité. En effet, comment profiter pleinement des cours de théâtre auxquels vous venez de vous inscrire si vous ne faites pas l'effort de vous y rendre à chaque fois – ou presque ? Qu'ils relèvent du domaine sportif, manuel, créatif, culturel ou encore associatif, vos loisirs doivent suffisamment vous plaire pour que vous ayez envie de vous investir. Choisissez-les donc avec soin. Pensez à ne pas trop charger votre emploi du temps non plus, car cela doit rester avant tout un plaisir ! Si vous n'êtes pas sûre de vous, optez pour une initiation, afin de vous faire un avis sur la difficulté et l'intérêt de cette activité.

Pourquoi est-ce si important ?

« Un jour de loisir, c'est un jour d'immortalité », dit un proverbe chinois. En effet, pratiquer une ou plusieurs activités extrascolaires vous permet de vous épanouir. D'ailleurs, à chaque loisir son intérêt : développer votre esprit de compétition, laisser parler votre fibre artistique, apprendre la patience ou le travail d'équipe… En suivant régulièrement des cours de danse, par exemple, vous pourrez à la fois approfondir une discipline qui vous plaît, faire travailler et mieux connaître votre corps, vivre ce qui peut devenir une passion et rencontrer de nouvelles personnes. Sans oublier que, en cas d'échec ou de difficultés scolaires, le fait de « réussir » ailleurs peut être valorisant. Surtout à l'adolescence. Alors, n'hésitez plus et lancez-vous très vite !

Les loisirs ne sont pas un luxe !

Il y a autant de loisirs que de personnalités, mais aussi de bourses. Si, financièrement, vos parents n'ont pas les moyens de vous offrir le loisir que vous convoitez tant, pas de panique ! Renseignez-vous auprès de vos amis, de vos professeurs, de votre établissement ou de votre mairie. Il se pourrait que vous soyez surprise de toutes les possibilités qui vous sont offertes ! En effet, nombre de MJC et d'associations proposent des activités et des cours gratuits ou à moindre coût. Il ne vous reste plus qu'à trouver le loisir qui vous séduit le plus.

TU C KOI :-)

L'année 1936 est une date majeure dans l'histoire des loisirs en France. En effet, à cette époque, le gouvernement de Léon Blum vote la loi des congés payés. Les loisirs peuvent enfin entrer dans la vie des Français ! Alors que les mentalités à ce sujet évoluent, Léo Lagrange, sous-secrétaire d'État aux Sports et aux Loisirs, déclare la même année : « Notre souci est moins de créer des champions et de conduire sur le stade 22 acteurs devant 40 000 ou 100 000 spectateurs que d'incliner la jeunesse de notre pays à aller régulièrement sur le stade, sur le terrain de jeux, à la piscine. »

+ Bénévolat, p. 44.
Lecture, p. 187.
Sport, p. 332.

Lunettes

Lunettes et lentilles sont à la fois un élément incontournable de votre look et un accessoire indispensable pour vos yeux. Mais comment les choisir ?

L

Les lunettes de vue

Si l'esthétique joue un rôle important dans le choix de la monture, n'oubliez jamais de prendre en compte l'aspect pratique et le confort, car les lunettes sont un objet de tous les jours.

- La partie inférieure ne doit pas reposer sur les joues, même lorsque vous souriez.
- Pour éviter les maux de tête, faites attention à l'ouverture des branches : elles ne doivent pas serrer vos tempes comme un étau.
- Veillez à ce que la forme soit adaptée à vos oreilles et à votre nez. Vos lunettes doivent s'intégrer à votre visage.
- La monture doit suivre l'implantation et l'orientation des sourcils. C'est plus joli ! Mais ce n'est pas facile quand la mode est aux petits verres.

- Si vous êtes joufflue et que vous avez des pommettes hautes, votre visage est rond. Optez pour des lunettes carrées ou rectangulaires, qui formeront un contraste avec la rondeur de votre visage. Ici, les angles servent à affiner et à structurer le visage.
- Si vous avez le haut du front et le menton de la même largeur, votre visage est ovale. Vous pouvez oser toutes les formes de lunettes, car ce type de visage est bien proportionné et s'adapte à toutes les montures. L'éventail est vaste et la difficulté consiste à faire son choix.

TU C KOI :-)

Les trois défauts de la vision sont la myopie, l'hypermétropie et l'astigmatisme.
Être myope, c'est avoir des difficultés à voir de loin, alors que la vision de près est bonne.
Être hypermétrope, c'est le contraire. On a du mal à voir de près et on voit bien de loin.
Être astigmate, c'est avoir une vision trouble de près comme de loin.
Attention, **être presbyte**, c'est voir flou de près et très bien de loin. Ce n'est pas la même chose que l'hypermétropie, car la presbytie survient à partir de 40 ans. Ce trouble de la vision se manifeste à cause du vieillissement de l'œil.

Secrets de filles

« Je suis myope, mes verres me font de tout petits yeux, comment me maquiller ? »

Si vous êtes myope, il faut agrandir votre regard ! Vous pouvez par exemple poser un fard à paupières mat en l'étirant vers les tempes. Vous pouvez aussi souligner vos cils supérieurs avec un crayon ou un eye-liner brun ou noir. Enfin, l'idéal pour « ouvrir » l'œil est de marquer le bord de la paupière inférieure avec du crayon blanc. Effet garanti !

- Si vous avez des mâchoires et un front larges, votre visage est plutôt carré. Il faut choisir une monture arrondie, ovale ou ronde, afin d'adoucir les angles de votre visage. Évitez le noir, qui a tendance à durcir les traits, et jouez sur la couleur.
- Si vous avez des mâchoires larges et le haut du visage étroit, votre visage est triangulaire. Préférez un modèle arrondi, pour adoucir les angles de la mâchoire et du menton. Veillez à ne pas choisir un modèle aussi large que vos joues, pour conserver un équilibre.
- Si vous avez un front large et un menton fin, votre visage forme un triangle inversé. Évitez les lunettes « papillon », elles ne feraient qu'accentuer le contour de votre visage. Choisissez une monture de la largeur de vos tempes, ronde ou rectangulaire, à vous de voir !

Les lunettes solaires

Mal choisir cet accessoire de mode pourrait avoir de graves conséquences pour vos yeux. Voici trois points à respecter.

- Ne confondez pas « teinte » et « filtration ». En clair, ce n'est pas parce que des lunettes sont plus foncées qu'elles protègent mieux ! La teinte ne protège que de l'éblouissement, alors que le matériau de fabrication détermine le pouvoir filtrant des verres. Pour info, des verres incolores peuvent filtrer 100 % des UV ! Vérifiez toujours l'indice de protection UV de vos lunettes à l'achat. Si rien n'est précisé, demandez au vendeur ou à l'opticien. Faites l'impasse sur les lunettes de soleil vendues dans les bazars, elles sont jolies mais ne protègent pas.

- Délaissez les petits verres au profit de lunettes couvrantes, qui protègent beaucoup mieux. Pour l'instant, vous serez en accord avec la mode, mais, si elle devait changer, réfléchissez ! Des petites lunettes laissent inévitablement passer les UV tout autour de l'œil. Selon l'endroit où vous vous trouvez, c'est plus ou moins dangereux pour les yeux : à la montagne ou sur un bateau, par exemple, le rayonnement est très fort et réverbéré par la neige ou par l'eau. Gare aux brûlures !
- Vérifiez que vos lunettes portent bien la mention « CE ». C'est une précaution supplémentaire ! Obligatoire depuis 1995, cette mention garantit qu'elles ont subi des contrôles et qu'elles sont conformes aux normes de qualité européennes.

La réglementation européenne prévoit un marquage des verres de 0 à 4 : l'indice 3 est celui qui correspond aux situations normales d'ensoleillement (au bord de la mer ou à la montagne). L'indice 4 concerne la protection en haute montagne, en mer ou dans les pays tropicaux.

Les lentilles

Les lentilles de contact, que l'on pose sur la cornée, peuvent être correctrices ou cosmétiques (c'est-à-dire à but uniquement esthétique). Les lentilles de correction sont pratiques pour celles qui font beaucoup de sport. En outre, elles corrigent parfois un problème de vue mieux que ne le feraient des lunettes.

Si vous décidez de porter des lentilles, sachez les choisir et en prendre soin ! Ce n'est pas le genre d'accessoires à traiter à la légère !

Le b.a.-ba

- Le choix : c'est l'ophtalmologiste qui déterminera s'il vous faut des lentilles souples ou des rigides, et le modèle qui convient. À chaque œil sa lentille... D'ailleurs, ne prêtez jamais vos lentilles aux copines, même pour essayer ! Vous pourriez vous transmettre des infections.
- La durée d'utilisation : il est impératif de la respecter ! Portez une seule journée les lentilles quotidiennes, et un mois strict les lentilles mensuelles. Ça paraît évident, mais ne pas tenir compte de cet impératif serait carrément risqué !
- Le nettoyage : si ce sont des lentilles mensuelles, il faut les désinfecter après usage en les laissant tremper dans une solution spécifique.
- L'hygiène : lavez-vous toujours les mains au savon avant de poser ou de retirer vos lentilles. Démaquillez-vous seulement après les avoir enlevées.
- Retirez-les avant de dormir ou lorsque vous allez à a piscine. Si vous oubliez de le faire, elles risquent d'irriter l'œil. Pensez-y !

Les lentilles de couleur

Que vous soyez emmétrope, c'est-à-dire que vous n'avez pas besoin de correction visuelle, myope, astigmate ou hypermétrope (voir encadré page 160), vous pouvez porter des lentilles de couleur.

Si votre vue est bonne mais que vous souhaitez pousser la coquetterie jusqu'à changer la couleur de vos yeux, même tous les jours en fonction de votre humeur ou de vos vêtements, sachez qu'elles sont faciles à obtenir, vous n'avez pas besoin d'ordonnance.

Cependant, comme pour les lentilles de vue, il est nécessaire de se faire conseiller par un ophtalmologiste avant de sauter le pas : question de confort et de sécurité ! L'entretien quotidien et les recommandations sont les mêmes.

Les lentilles protègent-elles contre les UV ?

Comme les lunettes de vue, les lentilles de contact protègent des UV et de l'éblouissement. Mais n'oubliez pas que les lentilles ne couvrent pas le blanc de l'œil ni les paupières. Le port de lunettes de soleil n'est donc pas un luxe.

FLASH SUR LE NET

www.lentillesdecontact.info

Bronzage, p. 51.
Cils et sourcils, p. 70.

Magazines de jeune fille

Les magazines pour jeunes filles ont quasiment disparu des kiosques. Mais pas de panique, d'autres ont pris le relais sur Internet et on y parle toujours look, beauté, amour, psycho, people !

« Le journaliste doit avoir le talent de ne parler que de celui des autres. »

Philippe BOUVARD

FLASH SUR LE NET @

Pour retrouver vos webmagazines :

- www.madmoizelle.com
- www.jeunejolie.fr

L'arrivée des webmagazines

À l'adolescence, la presse d'actualité n'est que rarement votre tasse de thé. Malgré une offre importante (*Géo Ado*, *Le Monde des ados*, *Phosphore*, *Mon quotidien*…), c'est pourtant elle qui résiste face à la disparition massive des magazines. Même si vous êtes plutôt à la recherche de divertissement, à travers des conseils de beauté, des potins et des astuces pour plaire aux garçons, sachez qu'en 10 ans la presse féminine pour adolescentes a fondu comme neige au soleil. Certains titres ont carrément disparu, comme *Muteen* en 2011 ; d'autres ont « survécu »… mais sur la Toile. On les appelle les webmagazines : *Jeune & Jolie* et *Girls* se sont ainsi offert une seconde jeunesse et continuent de trouver leur public. Enfin, des petits nouveaux sont arrivés sur le marché comme *MadmoiZelle*. La formule n'a pas changé. On ne vous considère plus comme une petite fille, mais comme une future femme… et, surtout, comme une future consommatrice. On y parle toujours look, love, sexo, psycho et people, autrement dit de mode et de beauté, d'amour et de sexe, de psychologie et de people ! Néanmoins, malgré la légèreté des sujets abordés, les magazines spécifiquement destinés aux jeunes filles proposent aussi des dossiers plus fouillés autour de thèmes qui vous préoccupent, des débats et des témoignages.

La résistance s'organise

Certains titres, comme *Muze*, un temps arrêté, ont choisi de se détacher de l'esprit « belle et séduisante » pour s'attaquer franchement au créneau de la culture au féminin dans un format mook (vendu en kiosque, mais à mi-chemin entre le livre et le magazine). Restent les magazines thématiques, plus mixtes, qui sortent toujours leur épingle du jeu et continuent leur vie en kiosque : *Japan LifeStyle*, par exemple, traite de la culture japonaise. Sinon, de manière générale, ce sont les stars et les séries TV qui ont toujours vos faveurs. Dernier né en 2013 : *Closer Teen*, le petit frère bimestriel de *Closer*, le magazine people, destiné au 11-15 ans.

INTOX

Lorsqu'on vous vante les mérites d'une crème ou d'un mascara, ne pensez pas que les produits sont pris au hasard ou que les rédacteurs les ont tous testés pour vous. Derrière les conseils de beauté se cachent aussi des marques qui espèrent vendre. Vous êtes jeune, mais aussi une consommatrice potentielle. Alors ne succombez pas aux charmes de la pub !

+ Mode, p. 216.

Maigreur

La société d'aujourd'hui est impitoyable avec les filles en surpoids mais encense les filles minces. Attention, il y a une différence entre maigreur et minceur.

M

Vous êtes maigre... pourquoi ?

- Vous êtes d'une famille de maigres, vous avez probablement hérité de cette nature.
- Avant d'être réglées, les filles peuvent grandir très vite mais ne pas avoir encore les formes d'un corps post-pubère. Si c'est le cas, armez-vous de patience, vos formes vont changer aussi.
- Un corps qui se transforme a besoin de beaucoup d'énergie ! Peut-être sous-estimez-vous la quantité de calories qui vous est nécessaire. Pendant une semaine, notez tout ce que vous mangez et vérifiez avec votre médecin, ou avec votre mère, que votre alimentation est suffisante.
- Le corps réagit différemment au stress : il peut couper l'appétit ou brûler les calories que vous absorbez. Quand, à la puberté, tout est chamboulé, le corps et l'esprit, rien ne sert de chercher à grossir à tout prix ! En revanche, prendre le temps de se détendre permet de rééquilibrer le corps.

Vous souffrez d'être maigre

Si votre nature est d'être maigre, vous aurez beau manger tout et n'importe quoi, vous ne grossirez pas. De plus, vous prendrez de mauvaises habitudes alimentaires qui risquent d'avoir des répercussions sur votre santé.
La femme que vous imaginiez était peut-être plus voluptueuse. Remplacer cette image idéale par votre image actuelle prendra du temps. S'acharner sur son corps produit parfois l'effet inverse : il reste maigre.
Laissez-le respirer et permettez-lui de s'exprimer, en pratiquant une activité qui le met en jeu (théâtre, danse, sport…).
Il est en outre possible d'étoffer ses muscles pour paraître moins maigre.

Vous rêvez d'être maigre

On peut avoir du mal à s'habituer à ses nouvelles formes (hanches plus larges, fesses et cuisses plus rondes) : c'est normal. Vouloir être maigre, c'est peut-être vouloir retrouver son corps d'enfant, un corps sans forme. La peur de grandir, de devenir une femme, d'éveiller du désir, s'exprime ainsi. Avant d'attaquer des régimes draconiens, prenez le temps de faire connaissance avec votre corps. Rappelez-vous que l'obsession de perdre du poids peut entraîner un problème psychologique grave : l'anorexie.

Chacune son histoire

« Je ne peux pas me plaindre d'être maigre, les autres filles ont tant de mal avec leur poids. Elles me regardent avec envie alors que moi j'aimerais leur crier : ne rêvez pas d'être comme moi, je suis malheureuse ! »

Chloé, 14 ans

+ Anorexie, p. 32.
Croissance, p. 88.

Mains

Toucher une étoffe, caresser son chien, donner la main, la serrer, pincer, applaudir, prendre ou jeter, être prise la main dans le sac ou prêter main-forte : prenez la vie à pleines mains !

M

Le soin des mains

La peau des mains est très fine et se dessèche facilement. De plus, elle est agressée par les éléments extérieurs (froid, chaleur, produits ménagers…). Se laver les mains avec un savon doux et appliquer une crème hydratante aide la peau des mains à rester souple et veloutée.

Apprendre, s'apprendre par le toucher

C'est souvent avec la main que l'on touche, même si on peut le faire aussi avec le pied, l'épaule, le corps entier. Le toucher est un sens particulier. Il fournit des informations au cerveau : la température, la texture…
Le bébé apprend le monde grâce au toucher (d'abord avec ses lèvres, puis avec ses mains). Caresser un enfant, le masser, le câliner, lui procure des sensations, des plaisirs qu'il n'oubliera pas et qui lui permettront de se construire. Dans notre société, le toucher est le plus souvent réservé aux personnes qui font partie du cercle de nos intimes. Sans doute parce que la tendresse, l'expression de l'amour et l'acte sexuel passent par ce sens…

Quand on est touchée, on se sent vivante. D'ailleurs l'expression « être touchée » par des mots, par un compliment, dit combien l'échange tactile est important. Mais le fait de toucher peut aussi agresser quelqu'un qui n'y était pas préparé ou qui est pudique. Mieux vaut prêter une attention toute particulière aux gestes que l'on fait.
Pour mieux connaître votre corps en devenir, il peut être agréable de l'apprivoiser par le toucher. Au début vous serez sans doute timide, vous n'oserez pas, mais peu à peu vous serez heureuse de ce contact. Vous pouvez par exemple vous masser avec de l'huile d'amande douce les jambes, la plante des pieds…

Vous pouvez aussi vous faire masser, par votre sœur, votre mère ou une copine.

Un métier manuel

Au cours de ces dernières années, les métiers manuels ont été dévalorisés. Mais, devant les difficultés que connaît le marché du travail, ils sont remis à l'honneur.
Dans un métier manuel, on se sert aussi de sa tête : les carreleurs, les charpentiers, les plombiers ont besoin des mathématiques par exemple ; tout comme les ostéopathes, les kinésithérapeutes… ont besoin de leurs mains !

+ Ongles, p. 229.
Vernis à ongles, p. 366.

Mal-être

La vie n'est pas un long fleuve tranquille !
Vous avez des difficultés à l'école ou à la maison, des problèmes de cœur ?
Ne vous laissez pas enfermer dans le mal-être !

M

Chacune son histoire

Un(e) ami(e) va mal : que faire ?

Tout le monde n'arrive pas à parler de ses problèmes. Affronter le regard des autres ou l'idée que l'on s'en fait est difficile lorsqu'on se sent vulnérable. Si l'un de vos proches va mal et qu'il ne veut pas parler, ne le forcez pas. Il pourrait le vivre comme une agression de votre part. Rendez-vous plutôt disponible pour cette personne. Dites-lui que vous l'aimez, qu'elle est importante pour vous, qu'elle peut compter sur vous pour parler ou se changer les idées. Parce que, quand ça ne va pas, on a toujours l'impression d'être seul au monde et de n'avoir personne à qui se confier. Par votre présence et vos paroles, vous pouvez rassurer votre ami. Nous sommes toujours plus forts à plusieurs, ne l'oubliez jamais !

Des passages à vide

Problèmes familiaux, scolaires, sentimentaux ou existentiels : le mal-être s'installe et on se sent mal dans sa peau. Un malaise qui enveloppe peu à peu sans prévenir et « grignote » sournoisement toute l'énergie. Les passages à vide sont normaux dans la vie, qu'on soit adulte ou adolescent. Vous avez parfois l'impression que personne ne vous aime ? Rassurez-vous ! Ces moments douloureux représentent des ruptures nécessaires pour grandir. Et puis vous n'êtes pas seule, votre entourage vous aime, même s'il ne le dit pas toujours assez. Vous pouvez en parler et y réfléchir avec ceux qui sauront vous écouter. Ils sont bien plus nombreux que vous ne l'imaginez ! Ayez confiance.

Les signes du mal-être

Il y a différents révélateurs du mal-être : ce sont des alertes qu'il ne faut pas ignorer. Savoir les décoder est vital pourvotre entourage si vous allez mal, ou pour vous si c'est l'un de vos proches qui ne va pas bien :

- **La sensation d'être inutile**, de ne pas réussir à faire des choses anodines correctement.
- **Un ennui plus présent au quotidien**, une perte d'intérêt, même et surtout vis-à-vis des choses que l'on aimait avant.
- **Une perte des liens sociaux :** on préfère s'isoler, fuir le contact, même avec son entourage. On commence à perdre ses amis.
- **Un changement d'attitude :** on devient plus mou ou au contraire hyperactif, voire agressif avec ses proches.
- **Des problèmes avec le sommeil :** on dort peu ou tout le temps. Dans les deux cas, on se sent toujours fatigué.
- **Des troubles alimentaires :** on mange soit trop (boulimie), soit pas assez (anorexie).

Chacune son histoire

« Il y a quelques mois, ça n'allait pas du tout. Je me sentais toute faible, impuissante face à la vie, comme si tout était vide. Moi y compris. »
Tania, 11 ans

« Quand ça va vraiment mal, j'en parle à mon meilleur ami. Pouvoir partager et mettre des mots sur ce qui me fait mal ou me fait peur m'aide à avancer. »
Mireille, 14 ans

« J'aimerais qu'on m'aime et que mes parents me comprennent. J'ai l'impression de me renfermer… Parfois, je suis agressive ! J'ai du mal à trouver un sens à ce que je vis, surtout depuis que mon copain m'a quittée. Heureusement, ma grande sœur me soutient. »
Constance, 15 ans

L'automutilation, la fugue, les pensées morbides, voire parfois un passage à l'acte (tentative de suicide).

- **Une consommation de produits interdits et mauvais pour la santé :** cigarettes, drogues ou alcool. Les deux derniers deviennent des moyens de s'évader.

À qui pouvez-vous en parler ?

À vos amis
Vous le savez bien, vos amis sont comme vous et ils vous comprennent. Ensemble, vous vous soutenez. C'est ça, l'amitié : être présent lorsqu'il y a des hauts mais aussi lorsqu'il y a des bas. Il est donc normal que vous vous tourniez d'abord vers eux si vous avez des problèmes. Et puis l'avantage, avec les amis, c'est qu'ils ne vous jugent jamais.

À vos parents
Vous confier à un adulte peut aussi vous aider. Pourquoi ? Parce que vos parents ont plus de recul et d'expérience pour vous soutenir et vous épauler, tout simplement. Même s'il n'est pas toujours facile de franchir cette barrière de l'âge, ça vaut le coup de le faire pour aller mieux.

À des adultes, anonymement
Il arrive que les parents ne soient pas présents, ou qu'il soit difficile de leur parler parce qu'on ne s'entend pas bien avec eux. Dans ce cas-là, il est toujours possible de s'adresser à des adultes (assistantes sociales ou psychologues) en restant anonyme, par téléphone : appelez le Fil Santé Jeunes au numéro gratuit 0 800 235 236 ou depuis un portable au 01 44 93 30 74. Là, personne ne vous connaît, personne ne vous jugera, et vous pourrez parler librement avec des adultes compétents et bienveillants.

Réagissez !

- Ne restez pas seule, car c'est le meilleur moyen de perdre pied ou, pis, de rompre tout contact avec la réalité. Parlez-en !
- Identifiez les origines du mal-être qui vous ronge pour trouver le moyen de les affronter. Fuir le problème ne le résoudra pas.
- Exprimez toute cette souffrance qu'il y a en vous. Pour cela, il existe plusieurs moyens : parler, mais aussi écrire, car poser des mots sur le papier aide parfois à passer à autre chose. Pourquoi ne pas tenir un journal intime ?
- Soyez active. Trouvez une activité qui canaliserait tout ce mal-être pour le transformer en quelque chose d'autre : du sport, des cours de chant, de dessin, de théâtre… ? À vous de voir.

TU C KOI :-)

Le mal-être en musique
Si un style de musique devait incarner le mal-être, ce serait le grunge. Il exprime à travers des chansons un mal-être profond, une absence de repères dans la société, un repli sur soi. C'est une manière de mettre des mots sur les maux. Le groupe Nirvana et son chanteur, Kurt Cobain, étaient des figures de ce mouvement.

+
Angoisse, p. 29.
Complexes, p. 74.
Dépression, p. 92.
Psychologue, p. 266.

M

Maladie psychique

À l'adolescence, des questionnements sèment le doute en vous et peuvent affecter votre équilibre, de façon passagère ou durable. Vous êtes inquiète ? Parlez-en à un médecin.

M

Bien dans sa tête ou pas

Être bien dans sa tête, c'est important à l'adolescence. Durant cette période, vous vous construisez, vous cherchez votre place, vous vous affirmez. Une bonne santé mentale vous permet d'apprendre, de vous amuser, d'être heureuse, de vous aimer telle que vous êtes. Cela aide aussi à traverser les périodes difficiles. Mais des pensées, des émotions vous empêchent d'être bien, et cela nuit à votre vie quotidienne. Parfois, elles sont si fortes que vous n'arrivez plus à les contrôler, à les supporter. Vous avez peut-être ce qu'on appelle une maladie mentale ou psychique. Même si vous vous sentez par ailleurs en bonne santé (physique) !

Maladies diverses

Vous en connaissez certaines par leurs manifestations car elles sont fréquentes chez les ados. L'anxiété, la phobie sociale, les TOC[1] peuvent vous perturber. D'autres troubles encore affectent parfois votre humeur : la tristesse, la mélancolie, le désespoir. C'est la dépression. Les troubles de l'alimentation sont l'anorexie mentale et la boulimie. On trouve également les troubles du sommeil (insomnie) et les troubles du contrôle (des pulsions ou des mouvements perturbants incontrôlables envers vous ou les autres, comme les tics moteurs, l'épilepsie, la kleptomanie, l'opposition avec provocation…). Certaines addictions sont des maladies : les jeux de hasard, les achats compulsifs… Enfin, certaines maladies psychiques sont plus profondes, comme les troubles psychotiques (schizophrénie ou trouble délirant), ceux de la dépersonnalisation (amnésie, démence) et ceux du développement (autisme…).

Se faire aider

Ces maladies psychiques peuvent être ponctuelles ou durables, se limiter à quelques effets temporaires ou impliquer un handicap. Elles peuvent toucher n'importe qui car elles sont une combinaison de facteurs. Mais elles sont plus fréquentes qu'on ne le pense à l'adolescence. La psychothérapie peut vous aider à surmonter ou à guérir un trouble mental. On peut avoir besoin de parler et/ou de prendre des médicaments. Mais, avant d'entamer un traitement, il est important d'en discuter avec vos parents ou votre médecin. Lui seul saura diagnostiquer votre mal-être ou vous guider vers un spécialiste.

Mieux vaut prévenir…

Comme pour la santé physique, vous pouvez réduire les risques de problèmes de santé mentale en dormant bien, en mangeant sainement et en faisant de l'exercice, en faisant des activités agréables, en passant du temps avec votre famille, en étant consciente de vos émotions et en en parlant à vos amies, en gérant votre stress, en essayant de voir la vie du bon côté.

TU C KOI :-)

En France, la loi handicap, « pour l'égalité des droits et des chances, la participation et la citoyenneté des personnes handicapées », a déjà plus de 10 ans (11 février 2005). Elle reconnaît de façon officielle les troubles psychiques, distinguant le handicap psychique, conséquence d'une maladie psychique, et le handicap mental, conséquence d'une altération des capacités intellectuelles.

[1] trouble obsessionnel compulsif

+
Angoisse, p. 29.
Anorexie, p. 32.
Blues, p. 47.
Boulimie, p. 50.
Confiance, p. 76.
Dépression, p. 92.
Drogues, p. 104.
Fatigue, p. 121.
Nervosité, p. 225.
Psychologue, p. 266.
Solitude, p. 325.
Suicide, p. 341.

Mannequins

Elles sont magnifiées par les lumières, le maquillage et les vêtements, on les admire, elles font le tour du monde… Le métier de mannequin fait souvent rêver.

Vous faites au moins 1,70 m, 80 à 90 cm de tour de poitrine, 58 à 62 de tour de taille, 81 à 89 de tour de hanches, vous avez un regard expressif, un visage symétrique, et vous vous sentez à l'aise avec votre corps : vous rêvez d'être mannequin. Pourquoi pas ?

Comment s'y prendre ?

Vous devez faire une séance photo avec un photographe (c'est payant, mais les photos de famille mal cadrées, mal éclairées sont mal vues), sans maquillage ou presque, pour obtenir un portrait et une photo en pied, au format 13 × 19 cm. Vous enverrez ensuite ces clichés aux agences de mannequins ou les donnerez en main propre – si vous pouvez vous déplacer. Le Syndicat national des agences de mannequins regroupe une cinquantaine d'agences de mannequins situées en France métropolitaine et d'outre-mer, soit la très grande majorité de la profession. Vous y trouverez donc une présentation des agences membres, mais pas de conseils si vous souhaitez vous informer sur le métier (http://www.synam.org). Vous pouvez aussi participer à des concours de beauté (des responsables d'agence y assistent parfois). Jusque-là, cela peut paraître simple, mais encore faut-il être repérée parmi les candidates ! Ne payez jamais pour passer un casting. De nombreuses fausses agences essaient d'exploiter les rêves des jeunes filles.

Un métier exigeant

Vous devez avoir un caractère fort pour encaisser toutes sortes de remarques sur votre physique ; votre intellect sera rarement flatté, et l'on vous traitera au mieux comme une belle plante.
De la patience ! Les mannequins peuvent passer de nombreux castings et n'en réussir qu'un sur dix !
Certains photographes sont de vrais tyrans, les journées de travail sont alors épuisantes.
Une hygiène de vie très stricte est nécessaire : équilibre alimentaire, activité physique, larges plages de sommeil…
Beaucoup de mannequins débutants ne gagnent pas énormément d'argent : les périodes de travail peuvent être rares. En France, l'école est obligatoire jusqu'à 16 ans ; avant, vous ne pourrez avoir d'activité rémunérée que pendant les vacances et les jours fériés.
Il faut de plus garder à l'esprit que la carrière des mannequins s'arrête en général vers 25 ans.

AILLEURS DANS LE MONDE

Certains pays ont pris des mesures afin de lutter contre les images d'extrême maigreur véhiculées par la mode. À la suite du décès du mannequin Ana Carolina Reston, l'Espagne a interdit dès 2006 à certains mannequins trop maigres de défiler et, quelques mois après, le gouvernement a passé un accord sur le sujet avec de grandes marques du pays, telles que Zara ou Mango. Celles-ci se sont engagées à ne pas exposer dans leurs vitrines des mannequins d'une taille inférieure au 38 et à ne pas reléguer les grandes tailles au fin fond du magasin. En Italie, un manifeste anti-anorexie a été adopté en février 2007. Il interdit aux jeunes filles de moins de 16 ans de participer à des défilés et impose aux mannequins de présenter un certificat médical prouvant qu'elles ne souffrent d'aucun trouble alimentaire.
Il en va de même en Grande-Bretagne sur ce second point.

+ Magazines, p. 195.
Stars, p. 333.

Maquillage

Depuis le temps qu'on louche sur ceux de maman, qu'il est bon d'avoir enfin ses produits à soi ! Le tout est d'en faire bon usage...

Flash sur le net

Plein d'astuces sur les produits et de conseils maquillage sur le blogzine d'une *beauty addict* : http://babillages.net (il y a notamment une page de tutoriel sur un maquillage adapté aux ados).

Tout un art !

La tentation est grande, quand on débute, de forcer sur le rouge à lèvres et sur l'eye-liner. Regard charbonneux, bouche assassine, on se découvre un nouveau visage dans le miroir. C'est très amusant… à la maison.
Pour vous faire la main, organisez des « make-up parties » entre copines dans votre chambre : fous rires assurés !
Mais ne sortez pas ainsi dans la rue : le look « camion volé » fait rigoler, rien de plus.
Le vrai maquillage, lui, n'a rien du ravalement de façade ou du déguisement. Si vous complexez sur votre acné, si vous vous trouvez toutes les imperfections du monde, la solution n'est pas de vous barbouiller de fond de teint pour masquer tout ça. Au contraire, si vous en faites trop, vous attirerez les regards sur vos défauts.
Le secret d'un bon maquillage réside dans l'art de les atténuer et de mettre en valeur ses qualités. Oui, vous en avez ! Il suffit d'un soupçon de gloss ou de fard choisis dans la bonne couleur pour illuminer le visage. En outre, en tant qu'ado, vous serez nettement plus jolie avec un maquillage naturel et frais. L'idée, c'est donc justement de NE PAS avoir l'air maquillée ! Facile à dire, mais compliqué à réaliser ? Mais non… il suffit de connaître quelques secrets !

Un maquillage pour chaque occasion

On ne se maquille pas de la même façon pour aller au collège, faire du shopping ou faire la fête ! Adaptez-vous, comme un caméléon. Le jour, un maquillage léger pour ne pas dégouliner dans un lieu surchauffé : un petit fond de teint léger, un soupçon de mascara, un coup de blush et de gloss, et c'est tout ! Que les coquettes se le tiennent pour dit, les garçons ont horreur des filles trop maquillées.
Pour une virée shopping, choisissez des produits qui ont de la tenue afin de ne pas tout enlever en essayant une robe.
En soirée, pour une fête, lâchez-vous sur la couleur.
Pour un rendez-vous galant, misez sur le glamour élégant avec mascara et eye-liner, qui vous fera un regard de biche. L'intéressé appréciera.

Leçon de maquillage

Il existe aujourd'hui de nombreux tutoriels sur YouTube qui expliquent en détail comment réaliser un maquillage pour différentes occasions, et notamment pour les ados ! À visionner sans modération.
Voici les étapes à respecter (dans l'ordre) pour réussir un maquillage de base.
La peau : maquillez-vous toujours sur une peau nette, après l'avoir hydratée. Prenez une crème fluide peu grasse, qui permet de mieux étaler et de fixer le maquillage tout en protégeant la peau. Essayez d'éviter le fond de teint.
• Les cernes : ce sont eux qu'on masque en premier. Pour cela, on peut utiliser un anticernes ou, mieux, un pinceau illuminateur à la texture plus légère. Appliquez le pinceau sous l'œil, du nez vers

TU C KOI :-)

Les yeux ou la bouche, il faut choisir. Ne vous maquillez jamais à fond les deux à la fois, ça fait vulgaire.

Secrets de filles

Pour atténuer vos petits défauts

- Vous êtes fatiguée ? Ne mettez pas de mascara sur les cils inférieurs. Évitez les couleurs sombres, le vert, l'argenté, le métallisé.
- Vous avez le visage trop rond ? Posez votre blush en haut des pommettes et estompez-le en descendant vers le nez.
- Vous avez les yeux ronds ? Redessinez-les en amande avec du khôl, du milieu de l'œil vers le bord extérieur sur la paupière supérieure et sur tout le bord de la paupière inférieure. Les deux traits doivent se rejoindre.
- Vous avez les lèvres fines ? Ourlez la lèvre supérieure au crayon beige nacré pour la repulper. Évitez les rouges à lèvres sombres.
- Vous avez le nez trop allongé ? Mettez-lui une pointe de blush ou de poudre bronzante.

l'extérieur en suivant les cernes, puis tapotez du bout du doigt pour fondre le produit sur la peau. Vous pouvez faire de même avec vos éventuels petits boutons : effet « poisson pané » évité !

- Le teint : plutôt qu'un fond de teint traditionnel, optez pour une crème teintée (il en existe de très bien aujourd'hui à prix modique). Sa texture est plus fluide et moins couvrante, la peau respire mieux. Choisissez toujours une crème (ou un fond de teint, si vous y tenez vraiment) de la même couleur que votre carnation naturelle : plus claire, vous risquez en effet de griser votre teinte ; plus foncée, vous tomberez dans l'effet jaune-orangé, genre « J'ai forcé sur les UV » : horrible ! Appliquez la crème du centre du visage vers l'extérieur, jusqu'aux racines des cheveux, en évitant le contour des yeux.
- Astuce : complétez le teint en appliquant de la poudre bronzante au pinceau sur les volumes du visage (front, menton, nez, pommettes) : vous réchaufferez ainsi votre teint et structurerez votre visage, qui attirera mieux la lumière.

Les joues : après le teint, on s'attelle directement à la pose du blush. Attention à l'effet « poupée russe » ! N'en mettez pas trop et choisissez une couleur légère, poudrée, qui vous convienne. Appliquez au pinceau sur le volume de chaque pommette, puis faites de petits mouvements descendants, en biais vers le lobe des oreilles… et pas des ronds !

La bouche : eh oui, on la maquille avant les yeux ! Oubliez le rouge, qui fait « dame » et amincit les lèvres. Utilisez des gloss, des textures mouillées, des nacrés : rose, pêche, corail… à marier avec vos tenues. L'astuce : pour plus de relief, appliquez le rouge au doigt ou au pinceau par petites touches.

Les yeux : le gros morceau pour la fin ! Pour un maquillage naturel, pas d'eye-liner, please ! On commence par le fard à paupières et on finit par le mascara, et non l'inverse.

- Le fard à paupières : pour donner de la profondeur à votre regard, utilisez un pinceau et procédez par petits cercles. Appliquez un premier fard, de couleur claire à moyenne, uniquement sur la paupière mobile, de l'intérieur vers l'extérieur. Ensuite, appliquez une couleur plus soutenue sur le coin externe de la paupière (et uniquement là !) à hauteur du dernier cil, en le fondant par petits cercles vers le centre de la paupière.
- Pour finir, appliquez le mascara. Effectuez de petits mouvements en zigzag sur place, pour bien insérer les cils dans la brosse. Insistez plus sur les cils extérieurs, pour ouvrir votre regard. Étirez les cils vers le haut. Mettez-en un peu sur les cils du bas très légèrement, pour ne pas alourdir le regard.
- Et voilà ! Enfin, dernier secret de filles : n'oubliez jamais de vous démaquiller à la fin de la journée et de bien nettoyer votre peau pour qu'elle se repose.

TU C KOI :-)

- **Vous êtes blond cendré avec des yeux bleus ?** À vous les couleurs froides, gris, taupe, vert, violet… Eye-liner et mascara noirs, rouge à lèvres rose, nacré.
- **Vous êtes blond doré ou châtain avec des yeux noisette ?** Il vous faut des tons doux : abricot, beige, or, vert amande. Eye-liner et mascara bruns, rouge à lèvres rose ou orangé.
- **Vous êtes brune avec des yeux et un teint clairs?** Prenez une ombre à paupières prune, verte ou bleue. Du rose ou du violine pour le reste.
- **Vous êtes brune avec des yeux foncés et un teint mat ?** Des teintes chaudes : lèvres rouges, bordeaux, chocolat ; blush cuivré, abricot ; sur les paupières, osez tout !
- **Vous êtes rousse ?** Rose ou or pour la bouche ; abricot, miel ou chocolat pour les yeux.

Marginalité

Être marginale, c'est refuser les normes de la société ou ne pas s'adapter. En clair, c'est se distinguer du troupeau, volontairement ou involontairement.

M

« On peut être très heureux au bord du chemin. À condition de n'y être pas seul, de faire bloc. »

Robert GUÉDIGUIAN

Une situation d'exclusion

La société, ses règles, ses lois, ses normes forment le corps principal, et tout ce qui n'est pas en accord avec se trouve dans la marge. Mais est-ce le marginal qui s'écarte de la société ou est-ce la société qui crée des marginaux ? Que dire par exemple des SDF ? La société d'aujourd'hui n'offrant pas de travail à tous, certaines personnes se retrouvent dans des situations très précaires et sont rejetées. C'est donc la société qui crée des marginalités.
Prenons maintenant l'exemple des homosexuels : ils ont pendant longtemps été considérés comme des marginaux, puisque la norme voulait que l'on ne puisse aimer qu'une personne du sexe opposé. Par leur combat, les homosexuels nous ont amenés à accepter l'idée que l'on pouvait aimer une personne du même sexe. Ce combat leur a permis de quitter la sphère de la marginalité. La société évolue donc, et réintègre en son corps des personnes qu'elle avait mises à l'écart.

Un refus des normes

Parce qu'ils enfreignent les lois, prostituées, drogués, assassins, délinquants… sont considérés comme des marginaux. La société nous protège en emprisonnant ceux qui nous mettent en danger, ou en plaçant en établissement hospitalier ceux qui se mettent eux-mêmes en danger.
Ce statut de marginal ne devrait cependant pas être inscrit à vie dans l'histoire d'un individu : lorsqu'il n'est plus hors-la-loi, lorsqu'il décide de respecter les normes sociales, il n'y a aucune raison pour qu'il continue de porter son étiquette de délinquant ou de toxicomane. Mais il est bien souvent difficile de sortir de la marginalité.

Une inadaptation à la société

Il serait dur de dire que les RMIstes, les handicapés, les malades mentaux… sont des inadaptés sociaux ! On l'a pourtant pensé et on a cherché, par exemple, à cantonner les handicapés dans des institutions spécialisées. Aujourd'hui, on juge utile que les enfants handicapés soient intégrés dans le système scolaire, et on réserve aux adultes un quota d'emplois dans les entreprises.

Une marginalité souhaitée

Tous les exemples qui précèdent sont des cas où la marginalité n'a pas été choisie. Mais il existe des personnes qui se mettent volontairement en marge pour donner un autre sens à leur vie, pour assumer pleinement leurs idéaux.
Ainsi, ceux qui refusent la société de consommation et essaient de vivre en autarcie, comme ceux qui cherchent à s'extraire du système métro-boulot-dodo, tentent l'expérience d'une marginalité choisie.

+ Racisme, p. 272.
Sexisme, p. 315.

Masturbation

Eh, les filles, il n'y a pas de quoi rougir ! Ce petit (ou grand) plaisir solitaire n'est pas réservé aux garçons, et beaucoup d'entre nous le découvrent à l'adolescence avec parfois un peu d'étonnement, de peur, de honte... Si on brisait le tabou ?

pas comme ma mère

Au XIXe siècle, on n'hésitait pas à faire porter des combinaisons (genre ceinture de chasteté) aux jeunes filles la nuit. On mettait des moufles aux enfants pour les empêcher de se toucher, ou on leur attachait les bras pendant le sommeil ! Ne riez pas : aujourd'hui encore, dans certaines cultures, on excise les adolescentes pour éviter qu'elles ne se masturbent – c'est-à-dire qu'on leur enlève le clitoris et qu'on leur coud une partie du vagin. C'est une honte !

À bas les complexes !

Qu'on se le dise, la masturbation est tout à fait naturelle ! Même si on n'en parle pas trop entre copines, c'est une pratique très courante, surtout à partir de 12-13 ans. Même les jeunes enfants se masturbent : peut-être avez-vous d'ailleurs quelques souvenirs...

Se caresser, c'est une façon de découvrir son corps, de l'apprivoiser en quelque sorte. À l'âge où la puberté pointe le bout de son nez, c'est aussi une façon de se décharger d'une énergie nouvelle, étrange, un peu irrépressible, qui nous envahit et peut nous décontenancer ! Cette énergie est normale et présente chez tout le monde à partir de l'adolescence : elle s'appelle « sexualité ». C'est une partie de nous qu'il est inutile de vouloir refouler à tout prix – même si on n'en discute pas en famille ! La masturbation est une affaire d'intimité, de rapport à soi, une découverte du plaisir physique que l'on pourra plus tard partager avec un partenaire.

Comment fait-on ?

Il n'y a pas de mode d'emploi ! Chaque personne a ses méthodes, et toutes les façons sont les bonnes... du moment qu'on ne se fait pas mal ! Chez les garçons, on sait à peu près comment ça marche. Chez les filles, c'est un peu plus compliqué et beaucoup d'entre nous découvrent ces sensations un peu par hasard, en se lavant, en serrant un peu fort les cuisses lors d'un effort physique ou au contact d'un objet... Soudain, le plaisir surgit, on ne sait pas d'où ni pourquoi ! Puis on apprend à se connaître. Certaines se masturbent debout, assises, allongées, en se frottant contre un oreiller, ou en se caressant la vulve et le clitoris avec les doigts... Certaines filles le pratiquent une fois par semaine, une fois par jour ou même plusieurs fois. D'autres le font plus rarement, ou parfois jamais : après tout, ce n'est pas un passage obligé ! Il n'y a pas de règle dans la sexualité, à part le respect de soi (et plus tard, celui de l'autre). Donc, si on n'en a pas envie, inutile de se forcer ! Cela ne veut pas dire qu'on n'a pas de sexualité, c'est juste qu'elle va s'épanouir d'une autre façon, au contact de quelqu'un.

INTOX

Autrefois, on entendait que la masturbation pouvait rendre sourd, aveugle, stérile, donner des maladies (comme le cancer ou la syphilis) ou même rendre fou ! Aujourd'hui, tous ces racontars nous font bien rigoler car les médecins ont reconnu que la masturbation n'est pas mauvaise pour la santé.

+ Vagin, p. 362.

Médias

Finie la télé avec six chaînes en clair qu'ont connue vos parents dans leur prime jeunesse ! Aujourd'hui, ce n'est pas le choix qui manque en matière de médias. Radio, Internet, réseaux sociaux, chaînes numériques, blogs, applis... Bienvenue dans le monde des « digital natives » !

24 heures chrono

Le premier geste de beaucoup d'entre nous en ouvrant les yeux le matin ? Appuyer sur le bouton de la radio. Ou bien envoyer un texto à sa meilleure amie pour commenter son dernier post mis en ligne sur Facebook la veille au soir (mdr !). Bon, après un rapide petit déjeuner, direction la voiture/le bus/le tram/le métro, et là, re : nouveaux textos, un petit tour sur YouTube ou Dailymotion pour visionner le dernier clip à la mode ou la vidéo de votre humoriste préféré. Vous partagez immédiatement le lien sur Facebook. Un bip résonne sur votre smartphone : c'est votre copine Léa qui vient d'envoyer une photo rigolote sur Instagram. Hum… on continue ? Parce que ça dure comme ça toute la journée, avec quelques petites interruptions alimentaires, hygiéniques et… bah, scolaires aussi. Quoique, sous la table, la plupart des profs n'y voient que du feu :). Enfin à 23 heures-minuit, silence radio (ou plutôt silence texto) : tout le monde fait dodo !

Communiquer !

Une étude du CSA, réalisée en 2014, a fait le point sur les pratiques médias et multimédias des adolescents d'aujourd'hui. Elle a montré combien la relation des jeunes avec ces différents supports avait changé durant les dix dernières années. Contrairement à nos parents, voire nos aînés, nous avons un appétit beaucoup plus développé pour les médias, mais aussi une façon de les utiliser très différente : plurielle, nomade et interactive. Nous sommes capables de regarder la télé en surfant sur Internet. Nous nous connectons aux réseaux sociaux, en permanence, depuis nos téléphones mobiles. Nous sommes des vidéonautes aguerries, sur tablette, smartphone ou ordinateur portable. Nous partageons tout ce que nous voyons : en clair, les médias ne sont plus pour nous de simples moyens d'information, mais avant tout des moyens de communication. C'est ainsi que tout ce que nous apprenons, voyons, ressentons se diffuse, se propage comme une traînée de poudre : nous ne sommes plus seulement des auditrices, lectrices ou spectatrices. Nous sommes actrices des médias, à part entière. Et ces derniers (du moins ceux qui nous sont adressés spécifiquement) l'ont bien compris !

Petits portraits de famille

Passons en revue la galerie actuelle des médias. Et voyons ce qui a changé depuis la préhistoire (c'est-à-dire depuis avant l'an 2000).

La télévision. L'« ancêtre d'Internet », comme disent les Guignols de l'info, a bien changé. Aux chaînes du service public, gratuites, se sont agrégés une multitude de canaux privés, disponibles avec le câble (que presque tout le monde a). De nombreuses chaînes spécialement dédiées aux adolescents ont même été créées : la plupart spécialisées dans la musique, les séries, l'animation ou les documentaires (W9, D17, France 4, HD1, 6Ter, 13e Rue, Syfy…). Cependant,

> **TU C KOI :-)**
>
> Il existe des applis sur mobile qui référencent plusieurs médias (presse, TV, radio) pour savoir ce qui se passe dans le monde, à tous les niveaux (actus, culture, arts), de manière ouverte et plurielle.
> On peut y lire des articles, écouter des reportages, regarder des vidéos.
> Une fille avertie en vaut deux !

le JT du 20 heures rassemble toujours, le soir, les générations : on le regarde en famille, au moment du dîner. Et certaines émissions des chaînes publiques continuent à nous séduire (*The Voice*, *Fort Boyard*, par exemple). Bref, la télé, on a beau la trouver ringarde, on y reste attachées. Elle est le symbole du foyer et des soirées en famille. On la suit sans lâcher notre smartphone, histoire de réagir à ce que l'on voit, entre copines ou sur les réseaux sociaux.

La radio. Nous l'écoutons surtout le matin, avant le collège ou le lycée, et parfois un peu le soir aussi – pour écouter ou participer à certaines émissions de nos stations (de longue date) cultes : NRJ, Fun Radio, Skyrock. Ces radios nous plaisent car elles ont développé des émissions interactives auxquelles on peut participer en appelant ou en twittant, elles font aussi appel aux réseaux sociaux dans leurs programmes. Bref, elles utilisent les mêmes vecteurs de communication que nous. Et, bien sûr, elles diffusent aussi la musique qui nous plaît ! On écoute aussi parfois d'autres stations, notamment dans la voiture avec nos parents, ou par goût pour d'autres styles de musique. Nous sommes éclectiques.

Internet. Là, on attaque le gros morceau. Aujourd'hui, le mot « Internet » recouvre des réalités différentes. Il y a plein de moyens de l'utiliser. Et surtout, son avantage par rapport aux autres médias, c'est qu'il voyage avec nous, grâce à notre smartphone.

- La bonne vieille balade sur **Google** – ou autre moteur de recherche. Pour se documenter, en savoir plus sur un sujet ou un autre. Des sites nous sont dédiés (Teemix, etc.), avec des forums auxquels certaines d'entre nous participent activement.
- **Les réseaux sociaux :** bon... il est de notoriété publique que la plupart d'entre nous n'attendent pas d'avoir 13 ans (l'âge légal autorisé) pour avoir un compte Facebook. Que dis-je : un ? En général, nous en avons plusieurs – pas forcément simultanés, mais au fur et à mesure de notre adolescence, nous en changeons plusieurs fois pour que notre profil colle mieux à notre personnalité ; nous pouvons aussi créer des *fakes*, de fausses identités, pour nous amuser et espionner des gens... À côté de ce géant, d'autres réseaux plus récents se sont créés qui nous séduisent de plus en plus : Twitter, bof ; en revanche, Instagram, nous en sommes fans, de même que Snapchat (ce fameux réseau qui permet d'envoyer des photos qui s'autodétruisent au bout de quelques secondes...), ou de nouveaux venus comme Vine (l'équivalent de Snapchat pour nos vidéos perso), Pheed, qui s'adresse à notre âme d'artiste (pour partager musique et vidéos), ou encore Line et ses petits émojis... Ces réseaux jouent un grand rôle dans notre vie : ils traduisent notre besoin de rester en contact avec les gens que nous aimons, mais aussi notre besoin d'être reconnues, entendues, voire vues. Remarquées pour ce que nous sommes.
Les réseaux sociaux sont aussi des médias à part entière car à travers eux nous apprenons beaucoup de la société qui nous entoure, nous nous informons, nous découvrons. Cependant, ils peuvent déformer les informations – un peu comme le téléphone arabe. Gare à l'intox !
- **YouTube et Dailymotion**, sites hébergeurs de vidéos, ont également gagné nos faveurs. Nous pouvons y regarder des vidéos... ou en poster de notre cru. Nous les partageons ensuite sur Facebook ou un autre réseau, tissant entre les différents supports que nous utilisons des liens infinis : c'est d'ailleurs le propre de la Toile ! Ces sites hébergent aussi des chaînes thématiques, d'humour, de musique ou de divertissement, qui nous séduisent. Grâce à ces chaînes, des inconnus complets peuvent devenir célèbres, faire apprécier leurs talents par le grand public, sans passer par la voie classique (et périmée !) des producteurs de disques ou de spectacles. Grâce à Internet, ne sommes-nous pas tous des stars en puissance ?
- À noter enfin qu'aujourd'hui on peut aussi regarder **la télévision sur Internet**, sur des sites dédiés en podcast ou à la demande. On peut également **lire les infos** sur les sites Internet des grands journaux ou via des sites spécifiques (Le Post, Rue89, Slate, Mediapart, Metronews...) : les différents médias s'interpénètrent.
- **Les blogs :** c'est une autre facette d'Internet qui s'est développée. Nous pouvons créer notre propre site en l'alimentant avec des textes, des photos, des vidéos... Beaucoup d'ados créent plusieurs blogs, comme autant d'identités différentes, de facettes de leur personnalité. On peut avoir un blog joyeux, un blog sombre, par exemple. À la base, un blog n'est pas un média comme les autres : c'est un outil de promotion de soi, par nature privé. Mais il peut se faire l'écho d'autres blogs et de l'actualité, et il participe donc aussi de cette toile en constante fabrication qu'est Internet.

M

Et l'écrit dans tout ça ?

Le bon vieux journal qui tache les doigts… Le livre qui sent l'encre et la colle… Avec l'apparition des journaux en ligne et des livres numériques, l'écrit traditionnel semble rejeté vers un autre temps. Les collèges actuels utilisent de plus en plus l'outil informatique, et il paraît même qu'un jour on ne prendra plus de notes manuscrites. Tout se fera sur ordinateur… Et pourtant !

• **La presse.** Notre abonnement au *Petit Journal* a fait long feu. Les ados actuels ne sont pas de gros lecteurs de journaux. Certains magazines nous sont dédiés (*GéoAdo*…), mais leur audience est limitée. Pour nous informer, nous aimons les gratuits distribués dans les transports en commun. La presse féminine séduit davantage, ou les fameux journaux people. Bref, la presse bat de l'aile… ou plutôt de la feuille.

• **Le livre.** C'est notre dernier bastion. Le lieu où personne ne peut nous suivre à la trace de notre GPS intégré à notre téléphone portable, où personne ne peut nous surveiller. Le livre n'est pas connecté. Tout ce qui s'y passe ne regarde que nous. Se plonger dans un roman est une liberté. Un plaisir. Un jardin secret. Beaucoup d'entre nous adorent lire, et de nombreux livres, notamment des séries, nous sont directement adressés. Heureusement qu'il reste le livre pour nous retrouver, sans fard, sans avatar, loin de Facebook et des alertes infos. Seules au monde !

QUIZ

Quel est votre rapport aux médias ?

1 • Combien de fois par jour en moyenne vous connectez-vous à Internet ?
- **a.** 3-4 fois.
- **b.** 8 fois environ.
- **c.** Vous ne comptez pas : beaucoup !

2 • Où allez-vous le plus sur Internet ?
- **a.** Sur Google et les moteurs de recherche.
- **b.** Sur YouTube.
- **c.** Sur Facebook.

3 • Dans les transports qui vous mènent au collège ou au lycée, que faites-vous ?
- **a.** Vous lisez ou vous regardez le paysage.
- **b.** Vous écoutez de la musique sur votre casque, ou la radio.
- **c.** Vous pianotez sur votre smartphone.

4 • Que postez-vous sur votre compte Facebook ?
- **a.** Pas grand-chose, 2-3 trucs qui vous touchent et des messages d'anniversaire.
- **b.** Des vidéos, des musiques que vous avez aimées.
- **c.** Des selfies, des messages : toute votre vie !

5 • Quelle lectrice êtes-vous ?
- **a.** Compulsive : vous lisez tout ce qui vous tombe sous la main.
- **b.** Vous adorez certaines séries, certaines héroïnes…
- **c.** Vous lisez les best-sellers… quand vous avez le temps.

6 • Possédez-vous un blog ?
- **a.** Vous aimeriez, mais vous n'y connaissez pas grand-chose, vous avez peur que ce soit nul.
- **b.** Oui, vous en avez un. Vos meilleures copines vous suivent.
- **c.** Vous en avez plusieurs et vous en changez tout le temps.

7 • Lisez-vous la presse (sur papier ou version numérique) ?
- **a.** Souvent. Plus sur papier.
- **b.** De temps en temps, vous aimez vous tenir au courant. Plus sur numérique.
- **c.** Vous achetez des mag people quand vous voyagez, sinon vous êtes plutôt télé.

Majorité de a : Vous appartenez à une espèce en voie d'extinction ! Celle des filles sur qui la révolution Internet est passée comme l'eau sur les plumes d'un oiseau. Vous préférez les livres et les supports traditionnels : le journal, la télé. Le virtuel, ce n'est pas votre truc. Les médias sont pour vous avant tout des moyens d'information. Vos goûts vous orientent davantage vers la littérature, les relations concrètes. C'est votre choix. Essayez juste de vous intéresser un chouïa plus à ce qui se passe sur Internet : bien utilisé, c'est un formidable outil de créativité.

Majorité de b : Vous êtes une digitale native, vous maîtrisez les nouvelles technologies, savez jongler entre les différents médias, mais vous ne vous laissez pas non plus dévorer. Vous y pêchez ce dont vous avez envie – notamment pour tout ce qui est musique. Les réseaux sociaux vous servent à maintenir le contact avec vos amis, partager ce que vous aimez. Vous êtes bien dans votre temps et savez garder la bonne distance.

Majorité de c : vous êtes une ado hyper-connectée, très active sur les réseaux sociaux, et utilisez en priorité les médias les plus récents. En revanche, vous délaissez les traditionnels où vous ne vous retrouvez pas. Les médias vous servent à communiquer plus qu'à vous informer. Vous aimez vous démultiplier sur la Toile, vous transformer à volonté, être partout à la fois. Vous êtes à la pointe de votre temps ! Essayez cependant de cultiver un jardin secret et de ne pas être victime du système. Les infos colportées sur Internet offrent parfois un miroir quelque peu déformé (et paradoxalement déconnecté !) du monde réel…

Meneuse

Qui ne rêve pas d'être chef ? Un chef aimé, admiré, un leader, comme on dit ! Un chef entouré aussi, jamais seul… sauf devant les responsabilités !

Un ascendant sur les autres

Vous avez une autorité naturelle, en général on vous fait confiance et on vous respecte. Vous parlez plus fort que les autres, vous semblez plus assurée, on vous a désignée comme chef du groupe. Vous devenez le modèle et vous décidez de ce que ce dernier doit faire : rire, défendre telle cause, aimer tel professeur. Vous donnez des ordres et vos camarades obéissent, vous faites des choix et ils vous suivent, vous donnez des conseils et l'on vous écoute : c'est plaisant, vous avez l'impression d'être plus importante que les autres, d'avoir plus de force. Ça flatte votre ego, et, à l'âge des doutes, ça fait du bien ! Si cette position vous convient, très bien. Il faut juste faire attention à ne pas aller trop loin dans l'autorité…

Attention !

Qu'est-ce qui vous plaît le plus dans cette position de meneuse ? C'est d'être appréciée des autres, d'organiser, de chercher des solutions convenant à tous, de partager ou d'avoir le pouvoir ? Avoir le pouvoir ! On entend souvent parler de cette quête entre les hommes politiques, les médias, les grandes industries… Chacun veut dominer, être au sommet. Dans un groupe, lorsque la meneuse recherche le pouvoir pour le pouvoir, elle court le risque de lasser les autres, qui se détourneront d'elle peu à peu lorsqu'ils comprendront sa volonté de les dominer.

Toute la difficulté, pour être une meneuse juste (et aimée), réside dans le fait de ne pas abuser de son autorité.
Quand elle cherche à aider le groupe, à être son porte-parole, à défendre ses droits, alors la meneuse est plus appréciée. Les autres prennent plaisir à suivre quelqu'un qui ne se contente pas de les représenter, mais qui, en plus, prend soin d'eux.
Pour être une bonne meneuse, il faut donc savoir donner sa place à chacun, respecter la liberté de tous, fédérer au lieu de s'imposer. C'est plus constructif, plus intéressant, et on est d'autant plus aimée !
Un leader peut aussi se servir de sa position pour se moquer et avoir un souffre-douleur. Il peut se valoriser en écrasant le plus fragile : c'est plus facile de diriger sa hargne contre quelqu'un dont on sait qu'il ne répliquera pas… Mais, au fond, qu'apporte ce genre d'autorité ? Se sent-on vraiment plus forte quand on s'attaque aux faibles, vraiment plus aimée quand les autres tremblent devant vous ? L'Histoire a souvent prouvé que la dictature menait à la révolte ! Si vous n'avez pas envie d'être renversée, faites attention aux autres.

Le sens des responsabilités

On s'aperçoit souvent que le chef est choisi par les autres. Dans un autre contexte, peut-être que vous ne seriez pas devenue chef ! Un peu d'humilité ne fait pas de mal. Restez authentique, les gens apprécient la sincérité. Ce n'est pas toujours facile d'être une meneuse. Quand rien ne va, quand les décisions ont des conséquences que personne ne veut assumer, le chef est responsable. Sa position est risquée ! Elle implique des responsabilités, il ne faut pas faire n'importe quoi ! C'est sans doute la raison pour laquelle certains préfèrent suivre un leader plutôt que de prendre sa place.

La protection du groupe

À votre âge, on aime être en groupe ! Car, quand on fait ses premiers pas vers l'âge adulte, on peut partager ses peurs, ses angoisses, mais aussi ses centres d'intérêt.

On choisit d'ailleurs son groupe en fonction de sa culture et de ses goûts. En sociologie, on appelle cela le « groupe de référence ». Il protège et rassure. La meneuse a derrière elle des individus qui lui ressemblent, ça la porte, ça la transfigure. Pourrait-on être leader d'un groupe dont on ne partagerait pas les valeurs ? Non.

Une recherche d'identité

Une meneuse se construit en faisant des expériences, en se lançant des défis, en prenant des risques, en contournant ce qui la rend mal à l'aise :

- elle n'est pas bien dans sa peau, alors elle s'affirme ;
- elle se trouve laide, alors elle se montre ;
- elle n'est pas sûre d'elle, alors elle prend les devants…

Lorsqu'on est celle qui suit, on se construit différemment :

- en observant les autres ;
- en piquant ici et là des idées, un look, une attitude ;
- en se fabriquant une identité comme un patchwork.

Peu à peu, on prend confiance en soi et le patchwork devient plus homogène même s'il est toujours aussi coloré.

Il n'y a pas de règles, mais il y a des envies ! Écoutez-les…

LOL ; -)

Vous possédez deux vaches. Comment vous en occupez-vous ? Cela dépend du régime…

Socialisme : vos voisins vous aident et vous partagez le lait.

Communisme : l'État vous prend les deux et vous fournit en lait.

Dictature : les miliciens les confisquent et vous fusillent.

Démocratie : un vote décide à qui appartient le lait.

Anarchie : vous les laissez se traire elles-mêmes.

Capitalisme : vous en vendez une, et vous achetez un taureau pour faire des petits…

+ Confiance, p. 76.
Remarquer (se faire), p. 285.
Timidité, p. 354.

Mère

Aucun rapport mère-fille ne peut être comparé à un autre, mais tous ont un point commun : ce sont des relations complexes, profondes, qui nous touchent dans notre plus grande intimité, dans notre identité future de femme.

M

Drôle de lien !

Le lien qui unit une mère à sa fille (et vice versa) est très différent, dans sa nature, de celui qui lie une mère à son fils. Ce lien existe quel que soit le tempérament maternel : certaines mères sont plus autoritaires ou fermes que d'autres ; des mamans sont très complices et deviennent des « copines » quand leur fille atteint l'adolescence ; quelques-unes sont de vraies mères poules… Peu importe en fait. Car, derrière le vernis des caractères, le prisme varié de toutes les configurations mère-fille se joue toujours selon un éternel scénario.
Bien le connaître peut vous faciliter grandement les choses ! Le problème, mais en même temps la source du lien très fort qui nous unit, c'est que nous sommes du même sexe ! Toutes les mères projettent sur leur fille ce qu'elles sont, ce qu'elles ont été, ce qu'elles aimeraient (ou auraient aimé) devenir. Toutes les petites filles s'identifient à leur mère, la prennent comme modèle de féminité, l'envient, la jalousent (vis-à-vis de leur papa), mais en même temps l'admirent aveuglément.
À l'adolescence, les choses se corsent. On se sent devenir femme et on veut, même si l'on ne peut pas encore tout à fait, voler de ses propres ailes. On désire en tout cas faire ses propres expériences. Et cela signifie, quelque part, qu'il va falloir se détacher de sa maman : briser le modèle pour se construire différente, même si nous sommes proches. Ce détachement ne se fait pas sans heurts… et parfois, il faut bien le dire, notre mère ne nous simplifie pas la tâche !

Le scénario classique

Certaines réactions maternelles sont tout à fait classiques. Elles nous agacent car elles exercent une pression à l'âge où l'on se voudrait libre… mais il faut savoir qu'elles sont plutôt positives. Donc, si vous observez ces réactions chez votre mère, réjouissez-vous au lieu de vous lamenter ! Et pensez que vous aurez sans doute les mêmes réactions quand vous aurez à votre tour une fille…

- Votre mère vous reproche votre silence et regrette l'ancienne complicité qui vous unissait toutes les deux. Elle soupire en disant que vous vous éloignez d'elle…
- Elle se transforme en donneuse de leçons, s'inquiète sans arrêt pour votre sécurité, cherche à vous informer de toutes les menaces horribles de la société, des risques de l'amour.
- Votre mère vous regarde parfois avec un soupçon de jalousie… Elle envie un peu votre jeunesse. Elle se plaint ouvertement devant vous d'être une « vieille peau ». Elle essaie souvent de modérer vos ardeurs vestimentaires.

Si vous êtes l'aînée (ou bien fille unique, ou encore la petite dernière), tous ces phénomènes peuvent être accentués. Votre mère réalise que vous devenez

> « Aujourd'hui, à quinze ans, les petites filles sont des femmes. Tout le monde le sait, sauf les mères ! »
>
> Guy MAHEUX

une femme et ça lui donne un petit coup de vieux ! En même temps, elle a peur de vous perdre ou qu'il vous arrive du mal. Toutes ces réactions sont donc surtout une preuve d'amour. Ne rêvez pas : les petites anicroches entre elle et vous sont inévitables, mais elles peuvent être constructives. À vous de faire de votre côté des gestes, des propositions pour maintenir le lien avec elle et même le faire évoluer sur un registre plus « adulte ». Votre maman est aussi une femme, elle sait ce que c'est ! Si vous en avez envie, confiez-vous à elle et demandez-lui des conseils… entre filles.

Les scénarios plus troubles…

• **La maman fusionnelle :** vous et votre mère, vous ne faites qu'une. Vous dites souvent : « On n'a pas de secrets l'une pour l'autre. » Vous échangez parfois vos vêtements. Vous vous téléphonez sans cesse. Là, les fifilles, on vous dit tout de suite attention ! Ce type de relation est peut-être très gratifiant à court terme, mais gare au retour de manivelle : viendra toujours un moment où vous devrez vous détacher de votre môman, rien que pour avoir une vie amoureuse à vous. Et là, ça coincera forcément. Votre mère a peut-être du mal à se séparer de vous, à vous voir grandir et à se voir vieillir du même coup ! Ce que vous ne réglez pas à présent, vous le remettez juste à plus tard. Et cela fera des dégâts !

• **La « marâtre » :** à l'autre extrême, il y a la mère super stricte, qui vous empêche de sortir, d'avoir une vie personnelle. Qui rentre dans votre chambre sans frapper. Qui vous « casse » souvent par des petites remarques, des critiques. Qui vous fait perdre confiance en vous. Vous avez l'impression qu'elle ne vous aime pas. Le lien est presque rompu entre vous.

En fait, ces deux types de mère ne sont pas si opposés que cela : elles sont toutes les deux très possessives. Leur amour (car il existe, malgré ce que vous pensez) se traduit de façon exagérée, voire un peu vache ! D'ailleurs, la réalité est souvent plus nuancée. Il n'y a pas de mère parfaite ou normale… comme de fille parfaite, du reste ! Tout le monde a ses excès. Le meilleur moyen de faire la paix, c'est d'abandonner le rêve de la mère idéale – qui va de pair avec une grosse culpabilité, car on voudrait aussi être la « fille idéale ». Laissez tomber tout ça !

Nos conseils : soyez vous-même, mettez de l'huile dans les rouages et ne jouez pas la provoc' en permanence. Essayez de parler avec elle des problèmes qui se posent, mais sans la juger ni endosser le costume de la psy. Prenez vos distances, cultivez votre vie personnelle. Si la situation est vraiment bloquée, cherchez des appuis à l'extérieur, y compris chez un psy. Vous ne referez pas votre mère. En revanche, vous devez penser à vous : tâchez de vous construire, même si c'est difficile. Vous y arriverez !

+
Chambre, p. 59.
Conflits avec les parents, p. 78.
Distances (prendre ses), p. 99.
Famille, p. 116.
Fille unique, p. 128.
Psychologue, p. 266.
Shopping avec ma mère, p. 316.

Secrets de filles

Quelques astuces pour que tout aille bien avec môman

- N'hésitez pas à lui prouver votre affection, en lui faisant des bisous ou des câlins quand vous en ressentez le besoin.
- Proposez-lui des activités communes, comme le cinéma, le shopping, la piscine. Tendez-lui des perches pour discuter de sujets de société ou féminins. Essayez de communiquer sur un plan moins fusionnel et plus intellectuel.
- Ne restez pas les deux pieds dans le même sabot : participez aux tâches ménagères, proposez votre aide. Si vous voulez qu'elle respecte votre espace privé, il ne faut pas agir comme si vous étiez à l'hôtel.
- Évitez de lui faire des confidences trop intimes et n'acceptez pas qu'elle vous en fasse.

Métier

« Que veux-tu faire quand tu seras grande ? »
On vous pose cette question depuis l'enfance… pour rire.
À présent, ça devient sérieux, mais on ne connaît pas toujours la réponse !

Une vocation ?

Heureuses celles qui, depuis leur enfance, ont une passion qui ne s'est pas démentie. Qui sentent même que vers 13, 14, 15 ans elle se renforce, se confirme. Heureuses aussi celles dont les parents acceptent cette vocation. Si vous pensez à une carrière artistique, quelle qu'elle soit, en général ils ne réagiront pas avec enthousiasme, car ils pensent surtout à votre sécurité matérielle.

Par contre, si vous rêvez d'être médecin, vétérinaire, avocate, ils applaudiront sûrement ! Dans tous les cas, il est bon de confronter votre rêve à la réalité : en faisant un stage, en prenant des cours, car il peut y avoir des désillusions. Pour exercer certaines professions, il faut avoir un talent, une aptitude à parler en public ou au contraire à travailler de manière solitaire, une grande capacité de mémoire ou bien de l'inventivité. Votre niveau scolaire compte aussi. Veillez à faire des projets réalistes, en tenant compte de votre parcours, de votre tempérament, de votre aptitude au travail, de vos qualités et de vos défauts.

N'essayez pas non plus de faire plaisir à vos parents en reprenant une tradition familiale, une ambition parentale échouée. Écoutez-vous !

Une recherche de soi

S'interroger sur le métier que l'on voudrait exercer plus tard est une question existentielle assez grave et qui nous engage. Parfois, on a peur de s'y résoudre et on essaie de repousser l'échéance le plus loin possible : « on verra plus tard », « j'ai le temps »…

FLASH SUR LE NET @

- www.oriane.info : ce site permet de découvrir de manière ludique les différents métiers à travers plus de 200 vidéos et des animations amusantes !
- www.leguidedesmetiers.com : tous les métiers passés au crible, avec un super zoom sur les métiers de l'avenir ou ceux où le chômage n'existe pas.
- www.onisep.fr : le site de référence sur les métiers et les formations dès le collège pour le choix de l'orientation.

M

Chacune son histoire

« De l'âge de 7 à 16 ans, je n'ai eu qu'une obsession : devenir vétérinaire dans un zoo. J'adorais les animaux, je lisais des livres écrits par les vétos de tous les zoos du monde (j'aimais aussi beaucoup lire). Je bossais à l'école, surtout en sciences nat. C'était du sérieux. Et puis, à 16 ans, j'ai fait un stage chez un vétérinaire de quartier. Tout se passait bien. Mais, à la première opération, j'ai tourné de l'œil à la vue du sang. Même chose à la deuxième, à la troisième… À la fin du stage, j'étais refroidie. J'ai alors renoncé à ce rêve de jeunesse. J'ai fait des études littéraires et je suis entrée dans une maison d'édition. J'aime mon métier et il me correspond bien. Surtout que je m'évanouis toujours dès que je vois la moindre goutte de sang ! »

Emmanuelle, 27 ans

Prenez garde cependant à ne pas faire des choix d'orientation qui pourraient restreindre vos possibilités. Si vous ne savez pas encore ce que vous voulez faire, continuez à bien travailler à l'école pour pouvoir rester dans des filières générales et reconnues (comme la filière S). C'est la bonne solution pour repousser le choix fatidique à plus tard en gardant toutes les portes ouvertes.

Parfois, vous ne savez pas encore exactement ce que vous voulez faire (il y a tellement de métiers), mais vous avez des goûts bien définis. Vous pouvez avoir un tempérament scientifique,ou littéraire, ou plutôt sociable et actif… Vous vous intéressez à la mode, au graphisme, à l'informatique,à l'actualité, à une ou plusieurs cultures étrangères, à la bonne chère, à la nature, aux chiffres. Vous aimez l'action. Vous voulez aider les autres. Et ainsi de suite… Chaque tempérament correspond à une famille de métiers : savoir l'identifier de façon précise permet de faire un premier tri.

Parfois, on est complètement dans le flou et assez démotivée. Au niveau scolaire, ça ne marche pas très fort. On doute de ses capacités. On n'a pas beaucoup de goût pour les études et on aimerait entrer dans la vie active. Attention parce que, sans diplôme, ça risque d'être la galère ! Vous pouvez, après le collège, vous orienter vers une filière plus pratique, qui vous donnera une formation rapide, en prise avec le monde du travail. Mais la question du métier se pose toujours, car il faudra bien faire un choix !

Des trucs pratiques

- Pour vous aider dans votre réflexion, il existe des magazines et des organismes comme le CIDJ (Centre d'information et de documentation jeunesse : www.cidj.com) qui proposent de la documentation. Consultez-les pour vous faire une idée plus précise des choses. Des forums sur les métiers sont par ailleurs régulièrement organisés.
- Contactez le COP (conseiller d'orientation-psychologue) du CIO (centre d'information et d'orientation) de votre collège. Il vous aidera à réfléchir.
- Faites des listes de ce que vous aimez et de ce que vous n'aimez pas. Souvent, on dit qu'on ne sait pas ce qu'on veut faire plus tard et, dans le fond, on en a une vague idée.
- Renseignez-vous aussi sur les débouchés des différents métiers : certaines filières sont totalement bouchées aujourd'hui !
- Demandez-vous quel genre de vie vous préféreriez : des horaires fixes, une certaine sécurité ou au contraire de l'indépendance, du changement ? Quelles sont vos ambitions en matière de conditions de vie ? Réfléchissez aux avantages de votre futur travail : ça compte aussi !
- Informez-vous enfin sur les métiers de l'avenir, qui sont encore méconnus et dont peu de personnes parlent (surtout vos parents ou vos profs, qui sont de l'ancienne génération). C'est ainsi que, par exemple, il y aura dans quelques années beaucoup de débouchés dans l'écologie et dans la gestion des sources d'énergie… Quels seront les tendances, les besoins futurs ? À vous de mener votre enquête !

TU C KOI :-)

De nos jours, beaucoup de gens changent de métier au cours de leur existence grâce à la formation continue. Ne vous sentez pas coincée dans un choix, ne dramatisez pas. Allez où le vent et l'envie vous poussent. Rien n'est définitif !

+ Orientation, p. 232.

Miroir

**Miroir, miroir, dis-moi qui est la plus belle !
Mais le miroir reste coi... Nos miroirs ne sont ni magiques ni menteurs, et ce que nous y voyons ne dépend que de nous.**

M

« Les miroirs feraient bien de réfléchir un peu plus avant de renvoyer les images. »

Jean COCTEAU

Le reflet

Le miroir est très utile. Vous pouvez vous observer, vous morfondre sur votre nez trop grand ou admirer le galbe de votre poitrine toute neuve… N'ayez pas peur ou honte de vous regarder : en découvrant les changements de votre corps, vous vous l'approprierez peu à peu. Mais sachez aussi vous en détourner, car le miroir ne détient pas toute la vérité. Se juger soi-même n'est pas évident. L'humeur influence notre regard : on se sent belle quand un garçon vient de nous dire « je t'aime », on se trouve laide si on est en colère ou triste.

Et puis le miroir ne reflète pas tous nos atouts ! Dans un petit miroir, il est difficile de se voir : on regarde son nez, on le trouve gros, on se focalise, on oublie le reste de sa physionomie. On exagère souvent. Sachez apprécier les moments où vous ne vous trouvez pas si mal !

Un peu de narcissisme

On a le droit de s'aimer, c'est ce qui permet d'avancer. Mais, si on éprouve constamment le besoin d'être admirée, qu'on ne parle que de soi, on est sans doute un peu trop narcissique. Mettez-vous à la place de ceux qui vous écoutent, c'est insupportable !

L'image que l'on se donne

Depuis la plus tendre enfance, on s'est construit une image de soi. Lorsque la puberté est à l'œuvre, on ne se reconnaît plus. Il va falloir faire le deuil de cette image et s'en construire une nouvelle. Une véritable quête commence. On adopte le look d'un groupe, le même maquillage qu'une amie, pour s'apercevoir finalement que ça ne nous correspond pas. On se cherche, quoi de plus normal !
Mais comment être soi-même ? Et quelle image donner aux autres ? C'est en faisant des essais que vous trouverez votre véritable personnalité. Si l'effet provoqué par votre nouveau look ou des comportements que vous avez choisi d'adopter vous mettent mal à l'aise, suivez votre intuition et laissez-les tomber !

+ Regard sur soi, p. 279.

Vu par les garçons

« Je suis tombé amoureux de Jenny au premier coup d'œil. Nous sommes restés ensemble quelques mois, mais je ne supportais pas ses coups d'œil incessants dans le miroir pour vérifier sa coiffure, son maquillage… Elle n'était jamais naturelle. J'avais envie de plus de simplicité. »

Jonathan, 16 ans

Mode

Chaque fois que votre mère revient avec une robe, vous la suppliez de ne plus rien acheter sans vous demander votre avis. Alors, elle se décide à vous emmener dans les magasins. Adieu l'enfance !

M

Elle se fait et se défait

Quand on est à la mode, on est « moderne ». La mode caractérise une époque : regardez les photos de jeunesse de votre mère !
La mode, c'est ce qui se démode, elle se fait puis se défait, on en change ainsi tout au long de sa vie.

Qui crée la mode ?

Il existe des bureaux de style. Les personnes qui y travaillent observent le monde et essaient de déceler les signes du changement. Elles analysent les vitrines des magasins, les nouvelles séries télévisées, les musiques qui émergent… Elles s'intéressent à l'évolution des valeurs : le souci écologique, les avancées techniques… Elles prennent le pouls du monde en se baladant à Paris, à New York, à Tokyo… De leurs observations, elles tirent des conclusions qu'elles exposent dans des carnets de tendances, les *trends books*. Les créateurs achètent ces carnets et imaginent des collections à partir de leur contenu.
Les stars aussi peuvent lancer des modes. Elles changent de coiffure, adoptent la minijupe… Leur image, relayée par la télé et les magazines, crée une mode.

La mode parle-t-elle de nous ?

Le vêtement est un langage : on adopte le style des rappeurs parce qu'on aime leur musique et les idées qu'ils véhiculent. Avec un vêtement, on voudrait donc dire quelque chose de soi, des valeurs que l'on est prête à défendre ? Ce n'est pas si simple : on peut aussi aimer le rap sans adopter le look qui va avec. Le vêtement ne dit donc pas tout, heureusement !
Peut-on dire qu'un vêtement parle de vous quand il est à peu près identique à celui que portent vos amies ? À l'adolescence, faire partie d'un groupe est important. Vous avez besoin de vous tourner vers les autres pour rompre avec l'emprise parentale, pour vous ouvrir au monde.
Et, pour vous intégrer à un groupe, vous devez ressembler à ceux qui en font partie. Vous préférez alors vous fondre dans la masse pour ne pas être exclue. La communion rassure, on peut se cacher au sein d'un groupe et il est plus facile d'assumer le regard des autres à plusieurs. On se construit avec les autres, on ne se sent pas seule et ça fait du bien ! Peu à peu, on va prendre confiance en soi et trouver sa propre mode.

Trop classe

La customisation, c'est-à-dire la personnalisation d'un vêtement, est un moyen de se distinguer des autres et d'avoir une tenue qui vous ressemble un peu plus. Remplacez les boutons noirs de votre veste par des boutons de couleur, cousez une fleur ou des perles, appliquez des motifs thermocollants au fer à repasser. Il existe aussi de la peinture et des feutres pour textile, avec lesquels vous pouvez écrire ou dessiner. Ne jetez pas vos anciens vêtements : récupérez les boutons, la dentelle… ou teignez-les pour leur offrir une seconde vie.

L'uniformisation a-t-elle du bon ?

Ressemble-t-on à quelqu'un sous prétexte qu'on porte les mêmes vêtements ? Certains prônent l'uniformisation parce qu'elle atténue les différences sociales et culturelles. Mais, si l'on y regarde de plus près, on voit bien qu'un vêtement ne fait pas le même effet sur deux personnes.

Est-ce qu'on a le choix ?

On a le choix entre différentes modes : wesh-wesh, R'n'B… Mais est-ce un véritable choix ou une réponse à des stratégies marketing ? Aujourd'hui, la mode est liée de près à l'impérieux besoin de consommer, un besoin essentiellement fabriqué par les médias. Les jeunes sont une cible de choix : l'objectif est d'en faire des consommateurs autonomes. Ils peuvent influencer les achats de leurs parents et sont les clients de demain, donc un public à fidéliser. Attention, on cherche à vous manipuler ! Vous n'êtes sans doute pas dupe, même si parfois vous tombez dans le piège. Vous êtes née dans cette société de consommation et vous en connaissez bien les rouages !

L'être et le paraître

Dans les magazines, à la télé, dans les clips, ce que l'on paraît est souvent plus important que ce que l'on est. Dans une société qui a pris l'habitude de juger les gens sur leur apparence, vous ne pouvez que vous adapter et faire attention à votre look. Vous jouez le jeu ? D'accord ! Mais n'oubliez pas que derrière se cache la personnalité. Pour apprécier les autres, franchissez cette barrière et vous aurez des surprises !

Les marques

La marque des vêtements est parfois plus importante que le vêtement lui-même. Elle doit se montrer et véhicule elle aussi des valeurs qui reposent sur une certaine forme de snobisme. Mais souvent, quand une mode est lancée, son contraire arrive très vite : la mode du « no logo » est venue à l'encontre du « total look ». Elle a été lancée par la journaliste Naomi Klein, qui, dans un ouvrage publié en 2000, intitulé No Logo. La tyrannie des marques, dénonce les abus de notre société marchande. Des mouvements comme Antipub luttent aussi contre la pression publicitaire.

Les parents

La façon dont vous vous habillez n'est pas toujours en accord avec les goûts de vos parents. Leur réprobation a d'autant plus de poids que ce sont eux qui financent vos achats. Or, les vêtements à la mode coûtent cher. Un achat se prévoit, se discute : à vous de pratiquer l'art du compromis. Vous pouvez les aider en économisant de l'argent de poche, en leur proposant une contrepartie (laver la voiture, faire des courses alimentaires…), ou en inscrivant certaines demandes sur vos listes de cadeaux pour votre anniversaire, à Noël…

TU C KOI :-)

Les créateurs planchent déjà sur les habits de demain. Certains disent que le défi à relever est d'intégrer la technologie aux vêtements : appareil photo, portable, musique... Place à la veste ou aux lunettes lecteur MP3, ou aux boucles d'oreille reliées à Internet !

+ Style, p. 335.
Système D, p. 344.

Moqueerie

« T'as pas fait un stage chez les baleines, toi ? »
Quand on entend ça, on rêverait de répondre :
« C'est mieux qu'un stage chez les débiles ! » Mais ce n'est pas si facile.

Apprendre à se protéger

Il y a les petites moqueries sous forme de plaisanteries qui ne sont pas bien méchantes même si elles vous atteignent. Il suffit souvent de les ignorer pour qu'elles cessent. L'indifférence, voire le mépris, sont des armes utiles. Mais il y a les moqueries qui cherchent à blesser. Si vous en êtes victime, il faut réagir, sinon vous allez connaître ce qu'est un cercle vicieux : « Je prends pour argent comptant ce que l'on me dit et je finis par devenir telle qu'on me décrit. » On se laisse vite enfermer dans une image. Si vous vous en sentez le courage, répondez aux moqueries, ne laissez pas les autres s'exprimer à votre place. Mais, si répondre est trop difficile pour vous, parce que

vous êtes timide ou que vous n'avez pas confiance en vous, trouvez un soutien : surveillant, conseiller d'orientation, professeur, parents, autres élèves…

Pratiquer la moquerie

Quand on fait partie du groupe des moqueurs, il est rare qu'on ait envie de défendre la personne critiquée : soit on ne dit rien (mais on ne sait plus dans quel camp on se trouve), soit on émet aussi une critique pour faire comme les autres, pour montrer qu'on est solidaire du groupe. Si les quolibets qu'on lance dévoilent de nouvelles informations, c'est encore mieux : on marque des points, on a l'impression d'être valorisée, on peut même passer pour la fille indispensable ! Certes, il est important pour une adolescente de faire partie d'un groupe, car ça rassure. Mais, si l'on pratique le lynchage verbal pour s'intégrer, c'est au détriment de quelqu'un qu'on fait souffrir. Il existe tellement d'autres façons de souder un groupe !

Pourquoi se moque-t-on ?

La moquerie est souvent une forme de jalousie : la personne critiquée a ce que vous n'avez pas, ou elle est comme vous aimeriez être, et, pour décharger votre jalousie, vous l'attaquez. Mais dépenser son énergie à jalouser les autres, c'est du temps perdu. Mieux vaut cultiver l'amitié, et ignorer celles et ceux qui vous agacent.

Chacune son histoire

« À chaque fois que Chloé me voyait, elle chuchotait des trucs à l'oreille de sa voisine. Je savais ce qu'elle critiquait : mon look un peu décalé. Alors, un jour, je suis allée la voir quand elle était seule et j'ai osé lui dire qu'elle était intolérante et pas fun du tout. Depuis, nous sommes très amies et je lui donne même des conseils pour s'habiller ! »

Léna, 12 ans

+
Confiance, p. 76.
Franchise, p. 133.
Humour, p. 157.

Mort

On croit toujours que cela n'arrive qu'aux autres. Et puis, un jour, un proche décède. Après le choc commence une longue période douloureuse appelée le deuil. Il faut s'habituer à l'absence et retrouver le goût de vivre.

M

Le travail de deuil

La mort produit toujours un choc violent, une rupture, voire un refus de croire au décès. Il faut faire son deuil, c'est-à-dire apprendre à vivre sans la présence physique à ses côtés du parent, de l'amie. En aucun cas, cela ne signifie qu'on oublie l'être aimé.
Le deuil est d'autant plus long que la mort est inattendue. Pendant cette phase de souffrance, amis et famille pleurent, ont du mal à dormir et perdent l'appétit. On peut se sentir effrayée, coupable d'être encore en vie, en colère ou triste d'avoir été abandonnée, et se replier sur soi. On a de toute façon des difficultés à se concentrer, à travailler. Chaque petite chose de la vie quotidienne paraît futile et inutile. Plus tard, la peine peut se transformer en dépression, surtout si l'on éprouve un sentiment de solitude extrême.

L'instinct de vie

Toutes ces étapes du deuil sont nécessaires et permettent d'arriver à la phase d'adaptation. Chacun possède au fond de lui un instinct de vie qui lui permet de surmonter la douleur. On recouvre peu à peu sérénité et énergie, et on rétablit des liens avec les autres. Même si la culpabilité est encore présente, on se remet à faire des projets et on surmonte la peur de s'attacher de nouveau à quelqu'un avec le risque que cela comporte : le perdre. Une bonne façon de vivre le deuil consiste à partager sentiments et émotions avec les amis et la famille. Il ne faut pas hésiter à consulter un psychologue si le deuil vous paraît plus difficile à vivre que pour votre entourage.

La perte d'un animal

De l'extérieur, la mort d'un animal de compagnie peut sembler un événement sans gravité. Mais, pour beaucoup d'entre vous, c'est parfois le premier contact avec la mort et la perte d'un être avec lequel vous aviez un profond échange affectif. Il ne faut donc pas sous-estimer cette douleur.

Chacune son histoire

« Quand j'avais 8 ans, j'ai perdu Cléo, ma chatte siamoise. C'était ma compagne de jeux, ma confidente, mon doudou pour les câlins. Parfois, je la taquinais, je jouais à la poupée avec elle, je la roulais dans la poussette. Quand elle est morte, j'ai beaucoup pleuré, puis j'ai senti un grand vide. Aujourd'hui, j'ai un autre chat. Je n'ai pas oublié Cléo, mais je pense à elle sans tristesse. »

Fiona, 15 ans

Ailleurs dans le monde

La couleur du deuil varie selon les cultures et les traditions. Le noir est celle qui est le plus souvent associée au deuil. Il symbolise l'obscurité associée au sommeil éternel, à l'absence de lumière sous terre. Cette couleur prévaut en Europe. Le blanc évoque la pâleur du mort, la vérité, la lumière céleste. Il représente la mort en Asie (Inde, Viêt Nam, Chine, Japon). Aux Antilles, on porte à la fois du noir et du blanc.

+
Animal familier, p. 30.
Dépression, p. 92
Psychologue, p. 266.
Suicide, p. 341.

Musique

Quelle place la musique tient-elle dans votre vie ?
Savez-vous ce qu'elle représente pour vous ? Avez-vous le désir d'en faire ?

M

« La musique est la langue des émotions. »
KANT

Le rôle de la musique dans votre vie

Beaucoup plus qu'une source de plaisir

Développement de la sensibilité, de la concentration, de la curiosité, de l'imagination, de la mémoire, du sens critique… tel est le bénéfice que l'on tire de l'écoute et de l'éducation musicales.

La musique devient une culture lorsque vous prenez le temps de vous renseigner sur un courant, un artiste ou plus simplement un texte. Elle fait aussi tomber les barrières, les frontières, et permet d'accéder à une forme de liberté. Parce qu'elle existe depuis la nuit des temps, la musique est un témoin de l'histoire des sociétés. C'est un langage universel. À tel point que vous n'avez pas besoin de comprendre toutes les paroles pour être touchée et éprouver une émotion.

Outre tous ces aspects, la musique exerce une influence sur le comportement et sur le moral. Combien de fois avez-vous écouté votre chanson préférée pour faire revenir la bonne humeur ou un morceau doux pour vous relaxer ? À l'instar du philosophe Friedrich Nietzsche, vous pensez sans doute que « sans la musique, la vie serait une erreur ».

Un moyen d'expression

Du simple partage de sentiments à la revendication, la musique est un moyen de communiquer. Tant pour ceux qui la font que pour ceux qui l'écoutent ! « C'est important la musique… C'est la seule chose qui fédère les jeunes gens. Une sorte d'espéranto », disait la journaliste Françoise Giroud. Par « espéranto », elle entendait « langage créé pour être compris par tous ».

Une chanson n'a pas besoin de soutenir des opinions fortes pour nous faire vibrer : la mélodie

PAROLES DE STAR

La musique par ceux qui la font

- « Les personnes qui ne donnent pas une seule chance à la musique de changer le monde sont celles qui n'aiment pas la musique. » (Ben Harper)
- « La musique n'est pas une question de style, mais de sincérité. » (Björk, extrait du magazine *L'Express*, 27 février 2003)
- « La musique peut rendre les hommes libres. » (Bob Marley, paroles de la chanson *Trench Town*)
- « On écoute aussi avec les yeux. Peu de musiques ont marqué sans visage. » (-M-, extrait de *Qui de nous deux ?*)
- « Nous nous cachons dans la musique afin de nous dévoiler. » (Jim Morrison, cité par Jerry Hopkins dans la biographie *Personne ne sortira d'ici vivant*)

suffit ! Porteuse d'idées, d'amour, de rage, bref de tous les sentiments humains, la musique rassemble, car tout le monde s'y reconnaît. Ce n'est pas pour rien que les adolescents des années 1970 aimaient la musique rock ! Elle véhiculait une forme de révolte, leur permettait de se faire entendre et donc d'exister.

Une ouverture d'esprit

Bien entendu, vous avez vos préférences. Mais vos goûts évoluent en permanence. Aujourd'hui, certains styles vous plaisent mieux que d'autres et vous vous sentez plus en harmonie avec certains artistes. Soit, mais cela ne doit pas vous empêcher de sortir de l'effet de mode, d'être curieuse et d'écouter de nouveaux airs.

Car la musique reçoit des influences, elle est ouverte sur le monde, mêle les cultures et les époques. Celle que vous écoutez est souvent le fruit de rencontres entre différents styles plus ou moins anciens. Alors, pourquoi ne pas vous intéresser aux précurseurs ou aux musiques lointaines dont elle s'inspire ? De nombreux livres ou sites Internet peuvent vous y aider ! Vous pourrez épater les copines et vous sensibiliser à d'autres courants. Et n'oubliez jamais que l'intolérance et la censure n'amènent rien de positif.

Et si je faisais ma musique ?

Jouer d'un instrument

Avant d'aller plus loin, demandez-vous si vous préférez gratter, souffler ou taper !

- Parmi les instruments à cordes, le piano, très accessible, présente

QUIZ

1 • Quels sont vos artistes préférés ?
- **a.** Stromae, Pharrell Williams, David Guetta.
- **b.** Rihanna, Katy Perry, Miley Cyrus.
- **c.** Muse, Skip the Use, Imagine Dragons, Linkin Park.
- **d.** M. Pokora, Abd al Malik, Fauve, Soprano.
- **e.** Ben l'Oncle Soul, Tryo.
- **f.** Olivia Ruiz, M, Zaz, Christine and the Queens

2 • Quel est votre instrument préféré ?
- **a.** L'ordinateur.
- **b.** Tous pourvu qu'ils sonnent bien.
- **c.** La guitare électrique / la batterie.
- **d.** La voix et son rythme.
- **e.** Les percussions.
- **f.** La guitare acoustique.

3 • Vous aimez les textes :
- **a.** Répétitifs et simples.
- **b.** Accrocheurs, qui restent en tête.
- **c.** Adolescents et rebelles.
- **d.** Qui dénoncent et font réagir.
- **e.** Qui parlent du monde.
- **f.** Soignés et poétiques.

4 • Quel est votre univers esthétique ?
- **a.** Sobre ou débridé selon l'humeur.
- **b.** Coloré, gai et normal.
- **c.** Noir, un brin austère mais si chic.
- **d.** Décontracté et sportif.
- **e.** Ethnique et proche de la nature.
- **f.** Naturel, sans fioritures.

5 • Dans votre discothèque, il y a :
- **a.** De l'électro, de la techno.
- **b.** De tout, mais surtout des artistes connus et médiatisés.
- **c.** Du punk, du métal et du blues.
- **d.** Du rap, du R'n'B et du slam.
- **e.** Des musiques du monde.
- **f.** Des mélodies douces, poétiques.

Majorité de a : vous êtes de la tribu des musiques électroniques. Ce mouvement, qui compte des groupes comme Air et Massive Attack, commence dans les années 1970, où les Allemands de Kraftwerk par exemple jouaient sur des synthétiseurs.
- Sous-genres : breakbeat, dance, drum'n'bass, électro, french touch, hardcore…

Majorité de b : vous appartenez à la tribu de la pop music. Elle qualifie la musique grand public, dont la variété fait partie. Elle est caméléon car elle s'inspire de la mode.
- Différents styles : pop rock, easy listening, bastard pop, disco, power pop, teen pop…

Majorité de c : vous êtes de la tribu rock. Le rock vient du blues, mais il en a accéléré le rythme. Dans les années 1950, on disait le rock'n'roll, c'était une musique marginale et rebelle. Aujourd'hui, le rock symbolise l'énergie plus que la revendication.
- Sous-genres : grunge, rock garage, métal, fusion, punk, progressif, lo-fi, indie…

Majorité de d : vous êtes de la tribu hip-hop. Avec la breakdance, la musique rap et les graffitis, le hip-hop est une véritable culture. Le rap est né au cours des années 1980 dans les quartiers défavorisés américains. C'est avant tout une musique de revendication.
- Sous-genres : gangsta rap East Coast et West Coast, R'n'B, rap, slam…

Majorité de e : vous êtes de la tribu des musiques du monde. Chacune de ces musiques fait perdurer les traditions et l'identité d'un pays. À la fois anciennes et actuelles, les musiques du monde sont multiples.
- Sous-genres : bossa-nova, tango, zouk, salsa, gospel, musiques tribales, reggae…

Majorité de f : vous êtes de la tribu chanson. Il y a d'une part la musique folk, qui date des années 1960, avec des textes poétiques et de la guitare acoustique, dont la figure marquante est Bob Dylan ; de l'autre la tradition de la musique française avec Camille, Benjamin Biolay…
- Sous-genres : folk, chanson française

l'avantage de sonner tout de suite juste. Un instrument parfait si vous débutez. Comme la guitare d'ailleurs, mais préférez un modèle classique et acoustique, plus agréable pour commencer. Pour jouer du violon, il est nécessaire d'être patiente et persévérante, car il faut du temps avant d'obtenir un son intéressant. La basse est un bon choix si vous souhaitez intégrer un groupe.

• Les instruments à vent forment une famille incluant notamment la flûte à bec, que vous pratiquez peut-être déjà en cours.
Si vous aimez le jazz, choisissez le saxophone ou la trompette : attention toutefois, cette dernière nécessite un sacré souffle.
Vous pouvez opter pour la flûte traversière, plus légère et plus classique, idéale pour les solos !
L'harmonica vous permettra de jouer du blues et du rock. Il est surtout très pratique, car on peut l'avoir toujours dans la poche.

• Pour jouer des instruments à percussion, mieux vaut avoir le sens du rythme ! Le meilleur moyen de « se faire la main » est de taper sur un djembé ou une darbouka (plus petite).
Puis la batterie est un incontournable. Vous pouvez même vous procurer un modèle électronique avec casque pour ne pas déranger votre famille et vos voisins.

Faire de la musique grâce à votre ordinateur

• Il est aussi possible de créer de la musique avec un ordinateur. C'est ce que l'on appelle la MAO, (musique assistée par ordinateur). Si vous êtes tentée, il ne vous reste plus qu'à investir dans des logiciels, à éplucher la presse spécialisée, à surfer sur Internet et à vous renseigner dans les boutiques. Il existe beaucoup de logiciels, certains sont gratuits et téléchargeables sur Internet.

• Vous pouvez même transformer votre ordinateur en studio d'enregistrement miniature.
Que vous ayez composé votre musique à partir d'un instrument, de votre ordinateur ou des deux, il est alors possible de l'enregistrer sous forme de fichier audio. C'est idéal si vous souhaitez la faire écouter à votre entourage, voire plus !

TU C KOI :-)

À lire :
• *Le Dictionnaire du rock*, par Michka Assayas, coffret de 3 volumes, chez Robert Laffont. Une bible pour tous les fans du genre.
• *Petit atlas des musiques du monde*, éditions Cité de la musique et Mondomix édition. Idéal pour découvrir ce style !
Il existe aussi le *Petit atlas des musiques urbaines*.
• Toute la collection des « Librio Musique » chez Librio, pour notamment connaître l'essentiel des différents styles et le parcours des artistes marquants. www.librio.net (rubrique « Loisirs et Pratique » et collection « Musique »).
• Pour en savoir plus sur votre artiste préféré, cherchez-le dans la collection « Guide Musicbook », aux éditions L'Express Roularta (jusqu'à 2005, mais plus de 100 références...).

> « La musique met l'âme en harmonie avec tout ce qui existe. »
>
> Oscar WILDE

Jouer dans un groupe

- Si vous cherchez à intégrer un groupe, faites jouer le bouche-à-oreille en précisant votre style de musique. Sinon, le système des petites annonces permet de rencontrer des ados qui ont les mêmes affinités musicales. Pour cela, ayez l'œil partout : les panneaux d'affichage du collège, de la médiathèque… Et rien ne vous empêche de passer une annonce dans la presse.
- Pour les répétitions, prévoyez un lieu où vous ne risquez pas de déranger les voisins : un garage ou le sous-sol de votre maison si vos parents sont d'accord. Si vous vivez en appartement, partez à la recherche d'un local. Parlez-en autour de vous, contactez la MJC, la mairie, les associations.

Faire connaître votre musique

Enregistrez votre production grâce à un ordinateur.
Vous pouvez ensuite la mettre en ligne sur Internet, via votre blog, les réseaux sociaux, ou sur des sites comme YouTube, iTunes ou Google Play. Si vous en avez envie, vous pouvez réaliser un petit clip pour l'accompagner !
Certains artistes se sont fait connaître ainsi, comme Lily Allen, le groupe Arctic Monkeys, Carly Rae Jepsen avec *Call me maybe*, Psy et son fameux *Gangnam Style*, Gotye, l'interprète de *Somebody That I Used to Know*. De manière plus classique, vous pouvez aussi démarcher les petites salles de concert ou les cafés qui se trouvent près de chez vous pour faire vos premières armes sur scène. C'est une école bien meilleure que les répétitions confidentielles.

Les métiers de la musique

Autour des musiciens que vous adorez existe une véritable petite armée. Présentation.

Les producteurs

Dans cette famille de métiers se trouvent les organisateurs et les gestionnaires de salle.

- Chez les premiers, on trouve les tourneurs, qui s'occupent de la tournée des artistes au niveau national, et les promoteurs locaux, qui se chargent de tout organiser dans la ville où ils se produisent.
- Spécialisés dans la gestion des organismes culturels, les gestionnaires de salle ont la charge des lieux de concert.

Les techniciens

- Le régisseur doit faire en sorte que tout le concert se déroule bien. Il en assure la logistique avant, pendant et après.
- L'ingénieur du son et l'éclairagiste ont des postes très importants.
- Le back-liner se charge du bon fonctionnement de ce qui se trouve « derrière le micro » (back-line). C'est lui qui accorde et branche les instruments avant un concert.
- Les roadies sont ceux qui chargent et déchargent tout le matériel. De véritables fourmis !

Les maisons de disques

- Le directeur artistique est le découvreur de talents. C'est lui qui écoute les démos et qui fait signer les contrats aux artistes.
- Le directeur marketing établit la stratégie de communication.
- Le chef de projet ou chef de produit gère tout le marketing de l'artiste.
- Le directeur de promotion et, au-dessous de lui, l'attaché de presse s'occupent de la promotion des musiciens auprès des médias.
- Le directeur commercial et son équipe sont en charge de « vendre l'artiste » et sa musique auprès des disquaires et des plateformes de streaming.

Les médias

Les rédacteurs en chef, les chefs de rubrique musicale, les journalistes tous médias confondus (presse écrite, Web, radio et télévision) sélectionnent les artistes et en parlent.
Les programmateurs de radio choisissent les morceaux qui passeront à l'antenne.

LOL ;-)

- Combien de musiciens faut-il pour changer une ampoule ?
  Un seul, mais il attend, pour le faire, que le roadie lui apporte une échelle !
- Combien d'ingénieurs du son faut-il pour changer une ampoule ? Un, un deux, un, un, un deux…

+ Chanter, p. 61.
Internet, p. 168.
Métier, p. 213.
Ordinateur, p. 230.

Nature

**Vous êtes une fan de nature.
Mais n'oubliez pas d'adopter un comportement éco-responsable !
Voici comment profiter de la nature tout en la respectant.**

Végétaux en danger !

Le dimanche, vous allez en forêt avec votre famille. Vous aimez ces grandes balades à vélo, ces pique-niques sur l'herbe, ces parties de cache-cache avec les cousins, vous grimpez aux arbres, vous cueillez des fleurs, vous ramassez des champignons. Seulement voilà, aujourd'hui la nature est en danger, on doit apprendre à la respecter. Ne laissez aucun déchet traîner, ne cassez pas les branches des arbres et ne maltraitez pas les troncs en gravant le nom de votre amoureux (surtout que vous risquez d'en changer !). Cette preuve d'amour n'en est pas une pour l'arbre : elle ouvre une plaie, dans laquelle se nichent des parasites et des champignons qui peuvent le rendre malade, et même le faire mourir. Au printemps, si vous cueillez de grosses brassées de fleurs, sachez que vous privez les insectes d'un bien précieux ! Ne touchez pas aux plantes que vous ne connaissez pas, car il peut s'agir d'une espèce protégée. Et savez-vous qu'il faut 2 tonnes de bois pour fabriquer 1 tonne de papier ? En évitant de gaspiller cahiers et feuilles de copie, et en les mettant au recyclage, vous participez à la protection de la forêt.

J'épate les copines

Si nous nous montrons responsables de la protection de la nature, nous en profiterons plus longtemps. Vous avez du temps à offrir et vous êtes motivée : vous avez le profil pour devenir bénévole ou éco-volontaire dans une association de protection de l'environnement. Moins contraignant et tout aussi passionnant, vous pouvez participer à un programme de sciences participatives comme Vigie-Nature, du Muséum national d'histoire naturelle. C'est aussi une bonne façon de découvrir la biodiversité qui vous entoure : papillons, oiseaux, chauves-souris, libellules… http://vigienature.mnhn.fr/

AILLEURS DANS LE MONDE

À 16 ans, Boyan Slat, un jeune adolescent néerlandais, a créé un dispositif, Ocean Cleanup, pour purger les océans des déchets plastiques qui y stagnent et qui empoisonnent les baleines, les oiseaux marins et les poissons. Là où ces déchets tourbillonnent en permanence (gyres), il veut installer des filtres géants avec des barrières flottantes. Après avoir lancé une campagne de financement participatif et obtenu de nombreux soutiens, l'adolescent a pu lancer une phase de test grandeur nature à l'été 2015.

Pour que la mer reste bonne

Pour beaucoup d'entre vous, la mer évoque les vacances, les bains de soleil, la plongée ! Mais la mer est l'un des écosystèmes les plus menacés. Il faut donc éviter de souiller l'eau et la plage. Ne laissez aucun déchet sur le sable et ne jetez rien à la mer. Savez-vous que les produits solaires sont nuisibles pour la faune côtière ? Pourquoi ne pas s'enduire de crème solaire après la baignade et se protéger avec un tee-shirt, d'ailleurs bien plus efficace ?

+ **L**oisirs, p. 191.
Vacances en famille, p. 360.

Nervosité

Vous avez les nerfs à fleur de peau ? Les nerfs en boule, en pelote ? Autant d'expressions populaires qui traduisent cet état d'excitation qu'est la nervosité. Et si vous adoptiez la zen attitude ?

Un état d'agitation

Combien de fois avez-vous déjà « eu les nerfs » à la suite d'une discussion houleuse avec vos parents ? Cette étrange sensation où l'on se sent hors de soi, où l'on a envie de tout envoyer en l'air. Vous pouvez être nerveuse parce que vous venez de vous disputer avec un proche ou à l'idée de passer un oral ; vous pouvez aussi être une personne nerveuse, c'est-à-dire instable et sensible. La nervosité est un état d'agitation qui peut être intérieure ou se manifester. La sensation qu'elle procure est souvent désagréable. Les symptômes les plus fréquents sont des mouvements d'humeur, une gorge nouée, des crampes d'estomac, des tremblements, une plus grande susceptibilité et un sommeil agité.

Vu par les garçons

« Ma petite sœur Marion a 13 ans, et c'est une vraie boule de nerfs. Elle passe son temps à se ronger les ongles, à s'énerver pour un rien. Je pense que c'est le collège qui la stresse. Les parents n'y mettent pas du leur non plus. Ils lui répètent en permanence qu'elle est "speed ". Je lui ai proposé de faire un sport de combat plutôt que de la gymnastique, histoire qu'elle se défoule un peu plus. »

Luc, 16 ans

Évacuez !

Une personne nerveuse n'a pas que des défauts, rassurez-vous ! Votre agitation permanente vous rend certes imprévisible, mais ne vous empêche pas de vous adapter à toutes les situations. L'important, c'est d'évacuer le stress et les tensions accumulées. Le sport est un bon exutoire[1]. Si vous n'en pratiquez pas en club, faites les petits trajets à pied ou à vélo : boulangerie, collège si c'est possible… Évitez les excitants, surtout le soir (café, Coca, tabac) et acceptez de ne pas pouvoir résoudre dans la seconde un problème qui vous tracasse. Rire et pleurer, ça détend aussi, alors n'hésitez pas à vous laisser aller.

Les plantes

Si vous ne parvenez pas à vous calmer, essayez les remèdes naturels. Ah, les bonnes vieilles recettes de grands-mères ! Elles vous font sourire, mais sont souvent efficaces. Prenez de l'aubépine, traditionnellement utilisée pour atténuer les troubles liés à la nervosité. Associez-la à la passiflore, et vous dormirez comme un bébé.Et qu'ils soient en boule, à fleur de peau ou en pelote, vous arrêterez de passer vos nerfs sur votre entourage !

[1]. Moyen d'évacuer une tension physique ou psychique.

Nez

Hum ! L'odeur du chocolat fondu excite vos papilles tandis que celle du tabac vous fait fuir, et tant mieux ! Votre nez est un allié précieux, mais voici que vous commencez à le détester car vous ne voyez plus que lui au milieu de votre visage.

« C'est un roc !… C'est un pic !… C'est un cap !… Que dis-je, c'est un cap ?… C'est une péninsule ! »
Edmond ROSTAND, *Cyrano de Bergerac*

Un rôle de filtre

Le nez est un filtre qui amène aux poumons un air humidifié, réchauffé et débarrassé des plus grosses poussières.
C'est pourquoi il n'est pas bon de respirer par la bouche : les poumons n'apprécient pas l'air qui leur parvient ! Posez-vous la question : la plupart du temps, vous respirez par le nez ou par la bouche ?
Si vous respirez par la bouche, c'est peut-être parce que votre nez est souvent bouché : mieux vaut consulter ! De même, si votre nez coule sans arrêt et que vous vous irritez la peau à force de vous moucher, consultez.
Un nez bien dégagé écarte les sinusites, les otites, les bronchites… bref les complications. Sans compter qu'il permet de profiter des bonnes odeurs et de se régaler, car le sens du goût lui est lié.

Une marque de famille

Il existe des nez larges et courts (épatés), courts et plats (camus) ou en bec d'aigle (aquilins)…
« Au milieu de la figure », comme dans l'expression bien connue, le nez ne passe pas inaperçu.
Mais souvent l'obsession qu'on lui voue empêche de considérer le visage dans son ensemble.
Or, un équilibre se crée avec la forme de la bouche, des yeux, du front, des pommettes…
Quand on déteste son nez, on a souvent l'impression que personne ne l'aime. On s'enferme peu à peu dans cette idée alors que, en général, les autres n'y font même pas attention.
Votre nez ressemble sans doute un peu à celui de votre père ou à celui de votre mère. S'ils ne se plaignent pas du leur, c'est qu'ils ont fini par l'accepter.
Vous pouvez en parler avec eux : ils vous donneront leurs raisons de voir ce nez autrement !

Est-il possible d'en changer ?

Aujourd'hui, si l'on est complexée par son nez, on peut avoir recours à la chirurgie esthétique. Mais, pour prendre une telle décision, il faut se donner du temps et de toute façon attendre que la croissance soit terminée. Bien souvent, lorsque la puberté est achevée, le corps trouve son équilibre, les proportions du visage s'harmonisent et on finit par s'accepter telle que l'on est, nez compris.

TU C KOI :-)

Le Parfum, de Patrick Süskind, est un livre qui donne à sentir.
Le personnage principal du livre, nommé Grenouille, n'a pas d'odeur corporelle mais apprend le monde avec son nez. L'odorat est pour lui le principal organe des sens, sans doute parce qu'il est né dans l'odeur des poissons que vendait sa mère…

Obésité

L'obésité, c'est un excès de masse grasse dans le corps. Elle résulte d'un déséquilibre entre une alimentation trop riche en calories et une activité physique insuffisante. En France, 4 % des 15-16 ans sont obèses.

Secrets de filles

Quelques conseils pour bien manger : évitez le grignotage, mangez des légumes et des fruits à tous les repas, limitez au maximum les confiseries, évitez les assaisonnements trop gras, n'oubliez pas le pain ni les laitages, source de calcium, buvez de l'eau à volonté et surtout prenez vos repas tranquillement, sans stress !

Trop de calories, pas assez de sport

Lorsque vous consommez trop de matières grasses (huile, beurre…), de confiseries, de sodas, et que vous ne faites pas de sport, votre organisme reçoit plus qu'il ne dépense et se met à stocker. Un calcul simple, l'indice de masse corporelle (IMC), donne une évaluation de la corpulence et des risques éventuels sur la santé. Il suffit de diviser son poids en kilos par sa taille (en mètres) au carré. Par exemple, pour 55 kg et 1,63 m : $55 / 1{,}63^2 = 20{,}7$.
Si le résultat est supérieur à 25, vous êtes en surpoids. Au-dessus de 30, c'est le début de l'obésité.

Des chiffres alarmants

Actuellement, en France, la moitié des adultes sont en surcharge pondérale, parmi lesquels 1 sur 6 est obèse. L'obésité continue de progresser en France, notamment chez les femmes. Malheureusement, les adolescents ne sont pas épargnés : 12,4 % des 14-15 ans sont en surpoids et 4 % sont obèses. On constate aujourd'hui que les jeunes sont plus corpulents que leurs aînés au même âge et que l'obésité est bien plus fréquente. Face à ce fléau, un plan Obésité 2010-2013 a été mené pour renforcer la recherche, la prévention et la prise en charge de l'obésité. C'est pourquoi vous voyez souvent, dans les spots publicitaires pour les aliments, des conseils sanitaires tels que : « Manger moins, bouger plus », ou les fameux « Fruits et légumes : au moins 5 par jour ». Si vous voulez en savoir plus, rendez-vous sur www.mangerbouger.fr, le site du Plan national nutrition santé 2011-2015.

Une menace pour la santé

L'hérédité, les problèmes hormonaux, certains médicaments, des régimes trop sévères peuvent favoriser la prise de poids. Vous devez donc être très vigilante, car l'obésité a des effets graves sur la santé. Les ados en surpoids ont tendance à se sous-estimer et, d'un point de vue social, à se sentir exclus. Un suivi médical régulier permet de prévenir la maladie et de se soigner. Manger équilibré et se contraindre à faire une activité physique sont de nouveaux réflexes à adopter.

AILLEURS DANS LE MONDE

Depuis 1998, l'Organisation mondiale de la santé (OMS) considère que l'obésité est une épidémie. Elle concerne aujourd'hui la quasi-totalité de la planète. En 2014, 1,9 milliard d'adultes dans le monde étaient trop gros et 600 millions d'entre eux étaient obèses. Il y a désormais plus d'individus qui souffrent d'un excès de poids que de personnes qui ne mangent pas à leur faim.

+
Alimentation, p. 17.
Boulimie, p. 50.
Craving, p. 87.
Rondeurs, p. 296.

Odeurs corporelles

Dès que vous faites du sport, vous transpirez comme jamais, et, lorsque vous enlevez vos baskets le soir, une véritable puanteur s'en dégage. Que vous arrive-t-il ?

O

Les glandes sudoripares

Votre corps change, et ses odeurs aussi ! Vous vous laissez surprendre parce que vous n'êtes pas encore habituée. Chez l'enfant, la transpiration est imperceptible, mais, à partir de l'adolescence, elle dégage des effluves plus ou moins délicats ! Il est donc nécessaire d'adopter une hygiène irréprochable, pour soi comme pour les autres ! Les glandes sudoripares ou sudorales, responsables de la sudation, déversent de 1 à 12 litres de sueur par jour pour réguler la température du corps, qui doit rester autour de 37 degrés. Ce processus sert également à éliminer les toxines. Ces glandes se situent au niveau des aisselles (où elles sont le plus nombreuses), mais aussi des paumes, de la plante des pieds, du front, de la poitrine et des organes génitaux ! Le stress, l'émotivité et l'effort physique activent plus particulièrement la sudation.

Vous transpirez des pieds

Changez de chaussettes tous les jours, préférez-les en fil d'Écosse ou en coton. De même, on sue moins dans des chaussures en cuir. Lavez-vous les pieds une fois par jour et séchez-les bien.

Vous transpirez des aisselles

Utilisez un déodorant très doux, sans alcool et sans parfum pour ne pas irriter la peau. Il est préférable de s'habiller de coton, de lin ou de laine plutôt que de fibres synthétiques. Les poils retenant la sueur et ses odeurs, on gagne à s'épiler.

Vous avez les mains moites

On dit des personnes qui transpirent trop abondamment qu'elles souffrent d'hyperhidrose. Quand la transpiration des mains devient gênante, il existe une technique pour la faire diminuer : l'ionophorèse. Le traitement consiste à poser les mains dans deux bacs au fond desquels se trouvent des électrodes en acier recouvertes d'une grille de plastique neutre, protégeant la peau d'un contact direct avec le métal. Le courant est peu à peu augmenté jusqu'à une intensité maximale. Les séances durent 20 minutes et doivent avoir lieu à intervalles réguliers pendant plusieurs semaines. Parlez-en à votre médecin.

Notre côté « animal »

Chacun a son odeur ! Le bébé identifie ainsi sa mère. Mais l'homme, ne voulant pas souffrir d'une comparaison avec l'animal, a assimilé les odeurs corporelles à un manque de raffinement. Au fil du temps, il en a oublié d'utiliser son sens olfactif pour reconnaître les siens. La découverte des phéromones a relancé la polémique de l'homme-animal. En effet, ces substances chimiques du corps permettraient de reconnaître son partenaire sexuel (ou affectif) idéal grâce à son odeur. Alors, est-il bon de se parfumer à outrance et de masquer sa propre identité olfactive ?

TU C KOI :-)

Rémy Brossut, du Centre national de la recherche scientifique, a réalisé l'expérience suivante : il a fait sentir à 10 hommes leurs 10 tee-shirts, et quasiment chacun a reconnu le sien ! Il a renouvelé l'expérience en donnant à sentir les tee-shirts de ces hommes à leurs compagnes. Elles non plus ne se sont pas trompées !

+ Hygiène, p. 158.
Hygiène intime, p. 160.

Ongles

Vous avez envie d'être femme jusqu'au bout des ongles… Il faut donc apprendre à les soigner, et surtout ne pas les ronger !

« À l'ongle on connaît le lion. »
Proverbe français

Des ongles raffinés

Les ongles, comme les mains, sont au premier plan de tous les gestes. S'ils sont mal entretenus, on le remarque toujours. Voici donc quelques conseils.

- Nettoyez le dessous de vos ongles avec une brosse. Quand ils sont tachés (encre, terre…), plongez-les dans la pulpe d'un citron, le jus les blanchira.
- Coupez toujours vos ongles en commençant par le centre.
- Limez-les avec une lime en carton, de l'extérieur vers le milieu, et toujours dans le même sens pour ne pas les fragiliser.
- Trempez vos doigts dans de l'eau savonneuse pour ramollir la peau, vous pourrez ainsi pousser plus facilement les cuticules avec un bâton de buis.
- Les ongles des pieds doivent être coupés courts car ils risquent de s'incarner. Les chaussures trop serrées sont souvent responsables des ongles incarnés. L'ongle rentre peu à peu dans la peau, le doigt de pied enfle, rougit, et vous avez mal. Consultez au plus vite un médecin ou un podologue.
- Une douleur insupportable pulse dans un doigt, une poche de pus s'est formée auprès d'un ongle : c'est peut-être un panaris, mieux vaut consulter ! N'arrachez plus les petites peaux qui se soulèvent autour des ongles, car c'est souvent ainsi que se forme un panaris.

Chacune son histoire

« J'en avais assez d'avoir des doigts qui se terminaient en champ de bataille. Mais je n'arrivais pas à arrêter de me ronger les ongles. Une amie m'a posé de faux ongles. Ils ont résisté à mes coups de dents et, quand je les ai enlevés, mes ongles avaient poussé ! »

Élodie, 13 ans

Une manie de rongeur

Le maître mot pour cesser de se ronger les ongles est « motivation ». Essayez de mettre sur papier les raisons qui vous poussent à arrêter et celles qui vous incitent à continuer. Voyez de quel côté penche la balance. Si vous semblez motivée, notez votre décision d'en finir avec cette vilaine manie et affichez-la. L'onychophagie (c'est son nom) est souvent une réponse à l'angoisse. Si le stress est dû à un événement que vous avez peur d'affronter (comme un examen) ou lié à un malaise général (puberté, difficultés scolaires, timidité…), mettez au point une méthode pour vous détendre dès que cette envie de rongeur vous submerge (courir pour se défouler, téléphoner, prendre un bain, écrire…). Utilisez des astuces qui vous aideront à mémoriser cette bonne décision : un vernis amer, un pansement sur vos doigts favoris, une super copine qui vous rappelle votre promesse. Ce sont de gros efforts en perspective, mais, pour des ongles chics, ça vaut le coup !

+
Mains, p. 197.
Pieds, p. 245.
Vernis à ongles, p. 366.

Ordinateur

Choisir son ordinateur, quel casse-tête ! Avant de vous décider, déterminez l'usage auquel vous le destinez, et dressez une liste de vos besoins.

Une multitude d'écrans dans la maison

Entre les smartphones de vos parents, voire le vôtre, la tablette familiale, le PC portable de votre père et le « vieil » ordinateur dans le bureau… vous ne manquez pas d'écrans dans la maison. Mais chaque appareil a une utilisation bien précise et vous vous êtes vite rendu compte que ni travailler sur une tablette ni regarder un film sur votre téléphone portable n'est idéal. Bref, ce qui importe, dans un premier temps, c'est de faire le tour de ce que vous et vos parents possédez et de déterminer vos besoins. Vous voulez un ordinateur pour jouer, pour travailler, chez vous, au collège, depuis votre lit ou votre bureau ?

Ordinateur de bureau ou portable ?

En un mot, l'atout numéro un d'un ordinateur portable est sa mobilité. Les modèles actuels, tactiles pour certains, et largement autonomes (jusqu'à 10 heures), permettent de tout avoir à portée de main (port USB3.0, sortie HDMI, lecteur et graveur CD/DVD, Bluetooth…) depuis n'importe quel endroit. Autre atout : les portables prennent peu de place et ils sont bien sûr équipés pour se connecter aux bornes Wi-Fi (Internet) omniprésentes dans notre société (aéroports, gares, restaurants, hôtels, écoles, magasins…). Il existe aussi des modèles encore plus légers, plus compacts et disposant d'une autonomie plus importante, mais ils sont moins bien lotis en ce qui concerne la connectique. Sur certains, l'écran amovible devient une tablette. En revanche, la diagonale ne dépasse pas 13 pouces (ce qui n'est pas confortable pour faire du traitement de texte, par exemple). D'un autre côté, à puissance égale, les ordinateurs de bureau sont moins coûteux. Pour surfer sur Internet, regarder des vidéos HD, travailler… ils restent le meilleur compromis en termes de performances et de polyvalence. Sachez qu'il en existe désormais aussi des tactiles, ça peut être pratique : on les appelle les PC tout en un. Ils sont souvent bien plus puissants et ont une capacité de stockage incomparable avec les portables. Le prix, du coup, est plus élevé… Détail important : les ordinateurs fixes sont moins susceptibles de tomber, d'être endommagés ou volés que les portables.

Et le moniteur dans tout ça ? Pour votre confort, ne choisissez pas un moniteur trop petit, qui vous donnera mal aux yeux, et évitez

Vu par les garçons

Assembler soi-même son PC plutôt que de l'acheter déjà monté, c'est possible ! Charlie (16 ans) raconte : « Bien sûr, il faut s'y connaître et être passionné. Personnellement, je préfère choisir moi-même les composants (processeur, mémoire vive, disque dur, carte graphique, cédérom ou DVD, graveur…) de mon ordi. Avec mon père, on a passé un bon moment à tout assembler et, aujourd'hui, j'ai du matériel qui cadre complètement avec mes besoins. Génial, non ? »

les premiers prix : la résolution de l'image n'est pas toujours très bonne. Généralement, les écrans tactiles des portables sont limitées à une diagonale de 15 pouces, pour du 17, voire 18 pouces si on se passe de cette technologie. Avant de vous décider, réfléchissez bien à ce que vous voulez en faire et au budget dont vous disposez.

PC ou MAC ?

Si vous avez déjà vos habitudes sur l'un ou l'autre, optez pour ce que vous connaissez le mieux. Si vous débutez, choisissez plutôt un PC : en cas de problème, vous aurez plus de chances de connaître quelqu'un qui puisse vous aider. Ensuite, vous trouverez moins de logiciels disponibles pour les Mac, notamment en jeux vidéo. D'autre part, ceux que l'on peut télécharger gratuitement sur le Web ou obtenir en CD chez le marchand de journaux sont en général pour PC. En revanche, les virus sont moins fréquents sur Mac que sur PC, probablement parce que les utilisateurs de PC sont beaucoup plus nombreux et que les auteurs de virus cherchent à nuire au plus grand nombre ! En tout cas, que vous soyez Mac ou PC, pensez à vous équiper d'un antivirus. Pour conclure, il est important de souligner que Mac et PC ne sont pas deux mondes différents qui se détestent. Pour preuve, les fichiers créés sur l'un sont lisibles sur l'autre. En outre, la plupart des logiciels existent pour les deux systèmes (Windows pour PC et OS pour Mac). Il est même possible d'installer Windows sur Mac !

Neuf, d'occasion ou déstocké ?

Quel que soit le type d'achat, comparez toujours les prix et les modèles dans les différents canaux de distribution (vente à distance, multispécialistes, hypermarchés, revendeurs traditionnels et assembleurs de quartier). Faites-vous accompagner par quelqu'un qui s'y connaît bien en informatique.

• Si vous achetez du matériel neuf, choisissez une enseigne de la grande distribution, un multispécialiste, type Fnac, Darty, Boulanger, ou une chaîne spécialisée. Vous aurez un choix plus large et un service après-vente plus satisfaisant. Sur Internet, il peut y avoir des promotions très intéressantes, mais n'achetez que chez les commerçants en ligne reconnus. Autre option, toujours pour le neuf, visitez les sites des constructeurs, ils proposent parfois des offres plus intéressantes que les magasins.

• Sur le marché de l'occasion, vous trouverez sans doute de bonnes affaires, mais à condition de vous y connaître ! Un conseil, achetez plutôt dans une boutique que chez un particulier. Tout d'abord parce que les machines auront été contrôlées, ensuite parce qu'elles auront une garantie de quelques mois : ainsi vous serez sûre de ne pas acquérir du matériel volé ! Pour les petites boutiques, optez plutôt pour un commerçant établi depuis longtemps, qui ne risque pas de fermer. Car, dans ce cas, vous pouvez dire adieu à votre garantie.

• Le déstockage propose du matériel de fin de série, de démonstration ou en sur-stock. Ces ordinateurs sont souvent neufs ou presque. Ils fonctionnent donc bien et n'ont pas de défauts. L'intérêt majeur est que les prix sont très attractifs.

La bonne période pour acheter

La rentrée scolaire, les fêtes de fin d'année et la mi-janvier sont de très bons moments pour partir à la recherche de votre ordinateur.

+ Musique, p. 220.
Téléchargement, p. 349.

Orientation

Que vous soyez fixée ou non sur votre futur métier, à l'issue du collège, une échéance est posée : celle de votre orientation dans le système scolaire. Filière générale, technologique, professionnelle... C'est l'heure du choix !

Le système en clair

Difficile de s'y retrouver dans le labyrinthe des filières de l'Éducation nationale ! Voici un petit topo pour vous aider.

Premier choix

À l'issue de la troisième, après l'obtention du brevet des collèges (rassurez-vous, ce n'est pas très difficile !), deux voies s'offrent à vous : soit la voie professionnelle, afin de vous préparer directement à un métier (en 2 ou 3 ans) ; soit la voie générale et technologique, afin de passer un bac général ou techno (en 3 ans), puis d'embrayer sur des études supérieures (pour s'insérer dans le monde professionnel, le bac ne sera pas suffisant).

• Comment choisir : tout dépend de votre intérêt pour les matières générales, et le monde scolaire en général. Si vous vous ennuyez à l'école, si vos résultats dans les disciplines classiques (maths, français, histoire-géo, etc.) sont uniformément insuffisants, si vous souhaitez vous former à un métier précis (sur lequel vous êtes déjà décidée) et intégrer la vie active rapidement, optez pour la filière pro. Sinon, continuez !

Second choix

Vous avez opté pour la filière générale et techno. Une réforme du lycée a été engagée à la rentrée 2018 pour les classes de seconde. Cette réforme met fin aux filières pour la voie générale. Elle aboutira à un nouveau Bac en 2021.

En ce qui concerne la filière techno, il existe sept séries : hôtellerie, STMG (sciences technologiques du management et de la gestion), STI (sciences et technologies industrielles), STL (sciences et technologies de laboratoire), STAV (sciences et technologies de l'agronomie et du vivant), ST2S (sciences et technologies de la santé et du social) et TMD (techniques de la musique et de la danse).

• Exception : celles qui se destinent aux filières hôtellerie ou TMD ne passent pas par l'étape de la seconde de détermination, elles entrent directement dans une seconde spécialisée spécifique.

• Comment choisir : en dehors de l'exception hôtellerie et TMD (des filières qui exigent en général une certaine vocation !), rien n'est joué avant la fin du deuxième trimestre de seconde. Profitez-en pour réfléchir et vous informer sur les métiers et les débouchés de chaque filière. Elles sont multiples : intégrer une université (droit, médecine, littérature, sciences, etc.), une classe préparatoire de grande école (Normale sup, Sciences po, etc.), une école d'ingénieurs, une école de commerce, un BTS, un DUT

Secrets de filles

Les questions à se poser pour bien s'orienter

- Quels sont vos centres d'intérêt ? Passions, matières qui vous attirent…
- Qui êtes-vous ? Timide, débrouillarde, meneuse, inventive, sociable…
- Quel est votre projet d'étude et/ou professionnel ? Cursus long ou court, projet précis (je veux être agronome) ou imprécis (j'aime les lettres)…
- Où en êtes-vous sur le plan scolaire ? Vos résultats (ça compte !), mais aussi vos méthodes, votre rapport au travail…

(en université) ou une école spécialisée. L'important, c'est de trouver sa voie et une filière dans laquelle s'épanouir.

La filière pro

Celles qui choisissent la voie pro doivent ensuite effectuer un autre choix d'orientation :

- Soit préparer un CAP (certificat d'aptitude professionnelle), en 2 ans, dans un centre de formation pour apprentis ou un lycée professionnel. Il existe 215 spécialités de CAP dans les domaines agricole, industriel, commercial ou de service.
- Soit préparer un BEP (brevet d'études professionnelles), en 2 ans, dans un lycée professionnel. Il existe 60 spécialités de BEP.

CAP : il vous destine à la vie active. Il y a moyen de compléter sa formation par un second CAP (dans une spécialité proche) ou des diplômes complémentaires en 1 ou 2 ans : une MC (maîtrise complémentaire), un BMA (brevet des métiers d'art), un BP (brevet professionnel), un BTM (brevet technique des métiers).

BEP : il offre une orientation plus large. Avec un BEP, vous pouvez : soit passer un bac professionnel en 2 ans, puis compléter par un BTS (brevet de technicien supérieur) avec un bon dossier, une MC, un DMA (diplôme des métiers d'art), une FCIL (formation complémentaire d'initiative locale) ; soit rejoindre la filière technologique en intégrant une première d'adaptation ou une première technologique et passer le bac techno en 2 ans, ce qui vous ouvre l'accès aux études supérieures et assure un meilleur profil à l'embauche.

Le bac général

L'entrée en application de la réforme se fera à la rentrée 2019 pour les classes de premières et à la rentrée 2020 pour les classes de terminales. Finies les filières, ce sont désormais des parcours qui seront privilégiés, avec des enseignements obligatoires (communs et spécialités) et des enseignements optionnels. L'obtention du bac se fera à la fois par un contrôle continu et par des épreuves en fin de première pour le français et en fin de terminale pour 4 autres matières (2 épreuves écrites sur les disciplines de spécialité choisies, une épreuve écrite de philosophie, un oral préparé en première et terminale).

Le bac techno

Impossible de détailler ici les différentes filières et la multitude de métiers qui y sont rattachés. Une chose essentielle : le bac techno n'est pas un sous-bac ! Il ne prépare pas à l'emploi immédiat mais à la poursuite d'études supérieures reconnues, de type diplôme de technicien supérieur (BTS, DUT) ou licence professionnelle.

FLASH SUR LE NET @

Pour en savoir plus sur la réforme du lycée et entrer dans les détails :

- www.education.gouv.fr/pid290/les-differentes-voies.html pour les filières générales et techno.
- www.education.gouv.fr
- Et, bien sûr, la référence : www.onisep.fr

+ Échec scolaire, p. 109.
Métier, p. 213.
Profs, p. 264.

Originalité

Vous appréciez Julie et le look unique qu'elle s'est concocté ? Vous admirez Martin parce qu'il ose jouer de l'accordéon quand les autres ne jurent que par la basse ? Tous des originaux ?

Chacune son histoire

« Chez moi, on mange bio, et seulement bio, c'est-à-dire des produits garantis sans engrais chimiques ou OGM. Quand j'en parle, on me pose des tas de questions. »
Suzy, 12 ans

« Moi, j'élève un furet et, quand je le promène dans la rue, tout le monde me regarde. Au parc, les gens viennent me parler, je fais souvent des rencontres grâce à lui. »
Agathe, 14 ans

« Je porte des robes des années 1970 que ma mère m'a données, c'est un peu décalé et j'aime ça ! »
Lou, 13 ans

Un état d'esprit

L'originalité n'est pas que dans le look, même s'il est vrai qu'il peut y participer. On peut être originale par sa façon de penser, de vivre, par la musique que l'on écoute, l'activité que l'on choisit. Ainsi, quand la plupart des filles font de la danse classique ou du modern jazz, Althéa fait de la biodanse, une pratique qui ne s'appuie pas sur des pas imposés, mais où l'on s'exprime par des gestes improvisés pour être au plus près de ses émotions.
Le plus souvent, l'originalité n'est pas un choix conscient, c'est un état d'esprit. L'éducation, les expériences vécues font que l'on adopte des comportements différents. Les filles originales ne se conforment pas aux modes, ce sont souvent des indépendantes qui se moquent de l'avis des autres et affirment très tôt leur style de vie et leur mode de pensée.
Si vous vous reconnaissez dans ce portrait et que vous vivez cette situation avec bonheur, félicitations !
Car l'originalité peut agacer comme elle peut fasciner. Quand vous sentez que vous énervez les autres, demandez-vous si vous n'en faites pas un peu trop !

Le regard des autres

Vous avez envie de sortir du cocon familial, de montrer au monde entier que vous êtes différente, et vous souhaitez qu'on vous remarque. Pour y parvenir, vous pensez qu'il faut vous distinguer des autres.
Mais ce statut n'est pas facile à assumer ! Accepter les regards, se démarquer plutôt que se fondre dans la masse, s'opposer au groupe, aux parents, aux amis… Tout cela vous freine : vous n'avez pas assez confiance en vous.
Au lieu de rêver d'originalité à tout prix, dites-vous que chaque être est unique. Cherchez en quoi vous l'êtes et développez le trait de personnalité et l'activité qui vous caractérisent vraiment.
Votre originalité peut venir en affirmant vos goûts : vous n'aimez pas la même musique que votre groupe de copains, pourquoi ne pas leur faire découvrir celle que vous appréciez ? Soyez vous-même, c'est souvent le plus sûr moyen d'être originale.

LOL ; -)

Une blonde visite un musée quand soudain elle s'arrête, stupéfaite :
– Quelle originalité !
Elle demande au gardien :
– Comment s'appelle ce chef-d'œuvre ?
Le gardien répond :
– Un interphone.

+
Mode, p. 216.
Remarquer (se faire), p. 285.
Style, p. 335.

Orthophonie

**Bégaiement, dyslexie, dysorthographie…
Pour se défaire des difficultés de communication orale ou écrite, une solution : l'orthophonie.**

Un thérapeute du langage

Spécialité paramédicale, l'orthophonie traite les troubles de l'expression orale et écrite. Le terme vient des mots grecs *orthos* (« correct ») et *phônê* (« voix », « son »). Orthophonie signifie littéralement « élocution correcte ».

Pour qui ? Pour quoi ?

Un orthophoniste prend en charge des enfants, des adolescents et des adultes qui ont un trouble de la parole, du langage ou de la communication :

- aphonie (perte de la voix) ;
- bégaiement (trouble du rythme de la parole caractérisé par des hésitations involontaires et des répétitions rapides de syllabes) ;
- défaut d'articulation (impossibilité de prononcer correctement un son) ;
- difficultés dans l'apprentissage de la lecture, de l'écriture, de l'orthographe ou du calcul ;
- dyslexie (dysfonctionnement d'origine cérébrale ou psychique ayant des répercussions sur l'écriture, conduisant notamment à une inversion des données) ;
- dysphasie (perturbation grave du développement du langage touchant l'expression et la compréhension) ;
- troubles de la parole dus aux maladies du larynx ou à une surdité.

Il soigne aussi des adultes ayant des troubles de la voix (chanteurs, professeurs) ou des troubles de l'expression suite à un accident vasculaire, un traumatisme crânien, une maladie d'Alzheimer…

Comment ça se passe ?

La première fois, l'orthophoniste fait un bilan (toute une série de tests) pour évaluer la nature et l'étendue des problèmes. Ensuite, les techniques pédagogiques utilisées sont très différentes des exercices scolaires : elles s'appuient sur des activités ludiques, des manipulations d'objets, de lettres et de mots, des jeux d'écriture, des exercices sur écran… Les progrès dépendent beaucoup de la qualité de la relation que l'on a avec son orthophoniste, il ne faut donc pas hésiter à en changer si on se sent mal avec lui. Laissez au placard votre honte d'aller consulter un spécialiste !

TU C KOI :-)

Les difficultés à l'école peuvent surgir dans un contexte psychologique perturbé et constituer un appel au secours, les signes d'un malaise que l'on n'arrive pas à dire avec des mots. C'est pourquoi l'orthophoniste pose souvent des questions personnelles sur votre vie.

Chacune son histoire

« J'ai consulté pendant deux ans une orthophoniste parce que j'avais de gros problèmes en orthographe. D'abord, ça m'a bien aidée à remonter mes notes, mais surtout j'ai gagné de la confiance en moi. J'étais super timide, alors que maintenant je peux prendre la parole en classe sans avoir peur. »

Charlotte, 13 ans

+ Échec scolaire, p. 109.

Parfum

P

Fleuri ou fruité, épicé ou sucré, on rêve toutes du parfum idéal, qui laisse un sillage inoubliable... Pour le trouver parmi toutes les fragrances proposées sur le marché, il faut avoir du flair !

TU C KOI :-)

Il existe quatre familles de parfums féminins, aux caractères bien différents :

- Les floraux : rose, violette, muguet, jasmin, ylang-ylang, leur base est toujours constituée d'une fleur dominante ou d'un bouquet floral. Ce sont des parfums doux et gourmands, sucrés et espiègles.
- Les hespéridés : parfums fruités à base d'agrumes, eaux toniques, aux notes fraîches et pétillantes, ils conviennent aux filles actives et simples.
- Les chyprés : mélange de bois, de mousse de fleurs, avec du patchouli, de la bergamote, parfois une nuance de cuir ou de fruit, ils sont riches et racés. Ils sont faits pour celles qui aiment l'élégance et la sophistication.
- Les orientaux : à base de musc, de vanille, de bois précieux, d'épices et de fleurs exotiques, ce sont des parfums chauds, sensuels, envoûtants.

Faire le bon choix

On peut se sentir attirée par une publicité, par la forme d'un flacon, ou flasher sur le parfum d'une copine… mais il n'est pas garanti qu'il soit fait pour nous ! En effet, chaque parfum réagit selon le type de peau et le mariage n'est pas toujours réussi : « Qu'est-ce que tu portes ? Euh… Vinaigre n° 6 ! » Parfois, le parfum nous va, mais il s'estompe au bout d'une demi-heure… C'est frustrant de casser sa tirelire pour, au final, sentir le déodorant !

En fait, il existe une technique pour choisir son parfum sans se tromper. Faites une virée au rayon parfumerie d'un magasin. Si vous êtes novice, commencez par vous familiariser avec les quatre grandes familles de parfums féminins. L'une d'elles vous séduira sans doute. Ensuite, testez différentes fragrances en les vaporisant sur des « mouillettes ». Sélectionnez celles que vous préférez et demandez des échantillons. Surtout, évitez de renifler à fond les parfums ou de les tester sur votre poignet dans l'air saturé du magasin : tout ce que vous y gagnerez, c'est une migraine ! Chez vous, testez un parfum par jour, en le vaporisant sur le poignet et sur le pli du coude. Vous allez percevoir les notes de tête. Attendez 30 minutes : vous humez maintenant les notes de cœur. Au bout d'une heure s'exhalent les notes de fond, la base du parfum. Jugez alors si l'odeur se marie à votre peau et si le produit « tient » sur vous. Demandez l'avis de vos proches.

Une goutte ou deux...

Pas question de sentir la cocotte ! On peut laisser un sillage léger qui charme les narines sans incommoder son entourage. Le secret : une touche aux endroits clés, appelés « points de pulsation » par les parfumeurs. Tous les endroits du corps où le pouls bat sont des diffuseurs d'odeurs : le pli du coude, le poignet… Attention, l'alcool contenu dans le parfum réagit au soleil et provoque sur la peau des taches indélébiles !

PAROLES DE STAR

Elles ont avoué porter :
Jenifer : *Petite chérie* d'Annick Goutal.
Jessica Alba : *Un jardin* d'Hermès et *Essence* de Narciso Rodriguez.
Marion Cotillard : *Jolie madame* de Balmain et *Après l'ondée* de Guerlain (des trucs vintage).
Angelina Jolie : *Black* de Bulgari (évidemment !).
Et Beyoncé… euh… elle, ce qu'elle préfère, c'est la lotion pour bébé. Eh oui ! Ça sent bon aussi !

Passion

La passion est bien souvent source de motivation mais aussi de dépendance. Vivre une passion, c'est accepter de souffrir quand l'objet de sa flamme est absent et de perdre la raison quand il est présent.

J'épate les copines

En leur confectionnant de délicieux desserts aux fruits de la passion…

Préparez une recette sucrée simple, exquise et idéale pour l'été : dans de petites coupelles ou des verrines, étalez une couche de spéculoos broyés, une couche de fruits, une couche de yaourt grec, une couche de compote de fruits de la passion, une couche de chantilly (ou de mascarpone). Pour finir, saupoudrez de cacao ou de noix de coco râpée. Régalez-vous !

Le fruit de la passion s'accommode aussi très bien en salade de fruits.

Un peu de latin

Le mot passion vient du latin *patior*, qui signifie « souffrir, endurer ». Ce sens ancien est resté, parce que la passion est une émotion qui est plus forte que nous, que l'on subit et qui en quelque sorte fait un peu souffrir. On en est dépendante, et on ne sait plus très bien où donner de la tête entre un sentiment de grande joie quand on est en présence de l'objet de sa passion, et une tristesse énorme quand on en est séparée.

Les passions peuvent être de toutes sortes : pour le cinéma, pour le sport, pour les livres, pour les timbres… La passion, elle, est souvent amoureuse.

La passion côté pile…

Quand on aime passionnément, on se sent pousser des ailes. Pour plaire à l'être aimé ou pour le rejoindre, on est capable de déplacer des montagnes. La faute à la dopamine, hormone du plaisir, qui décuple notre motivation. On est comme « droguée » à l'amour, chargée de positivité, prête à tout pour assouvir son désir.

… et côté face

Mais voilà, le hic, c'est qu'on en souffre aussi beaucoup. On cherche constamment à retrouver le plaisir vécu avec l'autre et on ne pense qu'à ça.

> « Je n'ai pas de talents particuliers. Je suis juste passionnément curieux. »
>
> Albert EINSTEIN

Quand il est absent, on est dans une sorte d'état de manque, on devient déraisonnable (ah, les longues heures passées à scruter le téléphone !) et on n'a plus envie de rien, ou du moins on n'a envie que d'une chose. C'est alors que la passion devient néfaste et fait des ravages. La passion ne doit pas être la seule fleur à pousser dans votre jardin de vie : cultivez aussi raison et amour.

Après la passion ?

Beaucoup de passions sont éphémères, ne durent que le temps d'une parenthèse enchantée (et douloureuse) et s'évaporent aussi vite qu'elles sont venues. La raison reprend ses droits : ouf, on se contrôle de nouveau ! Quelquefois, la passion s'efface un peu, l'amour et des sentiments moins destructeurs, plus simples, prennent le relais. La tendresse et les plaisirs quotidiens balaient le trop-plein d'émotion et font place à l'attachement. On arrête alors de voir l'autre comme un être extraordinaire et dépourvu de défauts : il redescend de son piédestal, mais garde toujours la première place dans notre cœur !

+ **A**mour, p. 23.
Désir, p. 94.

Peau

La peau raconte des histoires : elle rougit et trahit la gêne, elle pâlit et témoigne d'une mauvaise santé, elle transpire et traduit les efforts que l'on fait. Et les cicatrices sont les témoins des accidents...

P

Que faire de cette peau grasse ?

À la puberté, la peau subit elle aussi des transformations : elle devient plus grasse car la production de sébum augmente. Comment faire pour ne plus avoir le nez luisant ? Il faut tout simplement entretenir sa peau. Il existe pour cela de nombreux produits cosmétiques, mais vous n'êtes pas obligée de les acheter tous. Il faut tout d'abord se laver au moins une fois par jour, pour se débarrasser de la sueur, des poussières et autres impuretés, pour sentir bon. Il faut ensuite s'occuper de la peau du visage et hydrater le reste du corps. Et surtout ne pas oublier de boire beaucoup d'eau !

Différents soins pour la peau

• **Les soins gommants ou exfoliants :** la peau se renouvelle sans cesse et les cellules mortes ne s'enlèvent pas facilement, ce qui tend à la ternir. Pour les éliminer, on peut faire de temps en temps un gommage, sur le visage et sur le corps.

• **Les peelings :** ils agissent en profondeur et sont plutôt conseillés pour les peaux qui commencent à se rider.

• **Les masques :** il en existe plusieurs types, les masques hydratants (conseillés pour les peaux sèches), les masques apaisants (pour lutter contre les intolérances de la peau), les masques raffermissants (des mini-liftings), les masques purifiants (pour lutter contre les boutons). On peut les appliquer une ou deux fois par semaine.

Le cas du parfum

En aucun cas le parfum ne doit servir à masquer les odeurs de transpiration. Pour lutter contre ce désagrément, on peut avoir recours aux déodorants ou à l'épilation des aisselles.
Le parfum n'est pas un élément de soin, c'est plutôt un accessoire, à utiliser ponctuellement. Faites-le correspondre à votre personnalité et évitez les parfums capiteux, trop forts pour les jeunes filles.

La peau du visage

Il y a différents types de peau :
• La peau sèche est une peau fine qui tiraille très vite lorsqu'elle n'est pas hydratée.
• La peau grasse est une peau plus épaisse, à la fois terne et luisante, plus sujette aux boutons et aux points noirs.
• La peau est mixte quand les tempes, les pommettes et les maxillaires sont des zones sèches alors que le front, le nez et le menton sont des zones grasses.
Qu'elles soient sèches, grasses ou bien mixtes, toutes les peaux peuvent être sensibles aux rougeurs, aux sensations de picotements ou de brûlure.
Chaque type de peau a besoin d'un soin particulier, mais tous les types de peau doivent être hydratés.
À votre âge, la peau est souvent grasse. Il ne faut surtout pas chercher à la dessécher avec des lotions alcoolisées, cela accentuerait les sécrétions de sébum et la peau graisserait encore plus vite.
Utilisez un savon sans parfum et une lotion spéciale peaux grasses pour la nettoyer,

INTOX

Le fond de teint favorise les boutons et les points noirs. C'est faux ! Il suffit de choisir un fond de teint adapté à son type de peau et de prendre un **oil free** (sans huile) si l'on a une peau grasse.

> « La probabilité que deux individus aient la même empreinte digitale est infime ! La peau fait donc de vous un être unique. »

et préférez les crèmes matifiantes pour l'hydrater. Vous pouvez aussi faire un gommage une ou deux fois par semaine.

Les ennemis de la peau

- Le soleil en grande quantité et sans protection accélère le vieillissement de la peau et peut être responsable de cancers.
- Le tabac rend la peau plus flasque, la fait également vieillir plus vite et diminue le rythme de son renouvellement. À long terme, on se retrouve avec un teint gris-vert.
- Le froid, le stress, le manque de sommeil, une alimentation déséquilibrée sont aussi des causes de troubles cutanés.

Les vergetures

Ce sont de petites vagues qui se forment sur la peau quand on grossit ou quand on maigrit, ou qui surgissent spontanément à cause d'un manque d'élasticité naturelle. Lors d'une prise de poids importante, il faut surveiller leur apparition : elles se soignent mieux dès les premiers signes ; quand elles sont installées, les crèmes ne font que les atténuer. Il n'est pas rare d'en voir apparaître sur le haut des cuisses après la puberté. Elles sont le signe que vous avez grandi très vite. Si vous êtes en pleine croissance, hydratez bien votre peau, vous limiterez leur apparition.
Ces bourrelets blancs, dont on se passerait bien, sont souvent la hantise des femmes enceintes, dont la peau du ventre est étirée au maximum.

La cellulite ou peau d'orange

La cellulite est composée de cellules graisseuses qui retiennent l'eau : parfois c'est la graisse qui prédomine, parfois c'est la rétention d'eau. Elle se loge généralement en bas des fesses, à l'intérieur des genoux, sur les cuisses, à l'intérieur des bras. Elle est plutôt rare chez les jeunes filles, sauf en cas de prise de poids importante. Attention, chez la femme, des réserves de graisses se forment naturellement et dessinent une silhouette féminine.
Doit-on à tout prix s'en débarrasser ? Les magazines féminins adorent nous inquiéter avec ce sujet qui fait vendre de nombreux cosmétiques !

Être bien dans sa peau

La peau peut se mettre à souffrir lorsque la tête souffre. Si des problèmes de peau ne guérissent pas avec les traitements, peut-être faut-il aller voir du côté de ses pensées…

Se mettre dans la peau de l'autre

Cela peut aider à comprendre l'autre, ses réactions, ses motivations… Ou bien à relativiser une mauvaise entente, une parole blessante. C'est ainsi que l'on se remet en cause (on n'a pas toujours raison !).

+
Hygiène, p. 158.
Piercings, p. 246.
Tatouages, p. 348.

Père

Les filles et leur père, c'est souvent toute une histoire ! À l'adolescence, en général, on prend un peu ses distances... Mais, au fond, notre cœur n'appartient-il pas toujours à papa[1] ?

La fifille à son papa

Un père, c'est d'abord un homme : le regard qu'il porte sur nous nous aide à bâtir notre fierté d'appartenir au beau sexe.
Tous les psys le disent : une fille qui a manqué de la présence de son père aura plus de mal que les autres à se sentir bien dans son corps, dans son identité future de femme.
Enfant, nous cherchons toutes à séduire notre père, à lire dans son regard, dans son attitude, que « nous le valons bien », comme le dit la pub.
Nous sommes toutes un peu amoureuses de lui : on aimerait bien le chiper à notre mère. D'ailleurs, quel plaisir quand il nous appelle « sa petite chipie » !
Notre père, c'est ensuite et encore… un homme. À savoir le seul exemplaire masculin que nous ayons l'occasion d'étudier de près au quotidien… avec une certaine curiosité, avouons-le !
La figure paternelle nous sert de modèle pour nous faire une idée de ce qu'est un homme, de ce que l'on peut attendre du sexe fort, en bien ou en mal. Beaucoup de filles vont ensuite rechercher, de façon consciente ou non, un amoureux qui ressemble à leur père ou, au contraire, qui en est le plus éloigné possible ! Le père, enfin, c'est peu ou prou l'autorité. Certes, aujourd'hui il n'est plus vraiment le patriarche intraitable d'autrefois (et tant mieux !). Mais sa parole compte dans la famille. Et, même si elle n'est pas toujours reconnue (en cas de divorce, par exemple), elle compte pour nous. Ses jugements et opinions ne nous laissent jamais indifférente.

Secrets de filles

Quelques trucs pour faire craquer le cœur en métal blindé de papounet

- Dites-lui que vous l'aimez et faites-lui des câlinous. Même s'il joue à l'ours, ça le touchera.
- Proposez-lui des sorties ciné, concert ou shopping.
- Demandez-lui de vous conduire en voiture à vos activités ou chez vos copines : la voiture est un lieu privilégié pour parler à son père !
- S'il est souvent absent, écrivez-lui des mails ou des textos. Tenez-le au courant de votre vie.
- Essayez de lancer la conversation sur des sujets d'actualité, en rebondissant à partir des infos.
- Posez-lui des questions sur lui, sa vie, son boulot, etc. C'est un être humain, pas juste votre père.

Adieu papa ?

À l'adolescence, une sorte de divorce (eh oui !) s'opère entre nous et notre papa chéri. Nos centres d'intérêt se déplacent hors du cercle familial ; notre langage, notre look évoluent. Nous devenons peu à peu une jeune fille et nous serons bientôt une jeune femme. Et puis, nous nous heurtons aussi à l'autorité dont il est le symbole – de manière souvent plus frontale qu'avec notre mère. En général, nous ressentons cette distance comme de la déception. On lui trouve de nombreux défauts, il nous agace et même, par moments, il nous exaspère ! Tandis que notre mère essaie de garder le contact, il nous semble que notre père se désintéresse complètement de notre sort et ne nous comprend pas. Avec notre mère, on se dispute parce qu'on est un peu trop proches… Avec notre père, c'est exactement le contraire.

Un peu largué, le pôvre !

Mais rangeons-nous un instant du côté des papas : en général, ils sont pas mal décontenancés par notre métamorphose. Ils se sentent dans leurs petits souliers, ne savent plus trop comment s'y prendre : comment nous parler, nous regarder… Même s'ils nous trouvent belle, comment nous le faire savoir de façon neutre et délicate ? Et puis, nos nouveaux centres d'intérêt sont souvent éloignés des leurs. Honnêtement, si vous commencez à entretenir votre papounet du dernier sujet psy ou beauté de votre magazine favori, ne vous étonnez pas s'il vous répond par monosyllabes ! Et puis, ils ont tous une grande crainte : paraître ringards. Donc, en général, ils en disent le moins possible, ne sortent plus de leur coquille que pour endosser leur panoplie de père Fouettard : « tu as vu l'heure ? », « c'est quoi cette note ? »… Bien sûr, il y a des exceptions et elles se font de plus en plus la règle : des papas hyper-branchés, incollables sur la musique, au look jeune, barbe de trois jours et tennis aux pieds, avec qui on peut parler de tout. À tel point qu'ils nous donnent parfois des complexes (eh oui, c'est plus difficile de se rebeller contre eux : aïe !). En général, les pères actuels sont plus sensibles et tolérants qu'autrefois, plus ouverts d'esprit, et il existe aussi de vrais papas poules qui n'ont rien à envier à nos mamans…

> « Chez la fille, il n'est pas de désir plus grand que celui de protection par le père. »
>
> Sigmund FREUD

Recherche père désespérément

Certaines d'entre vous sont moins gâtées. Elles font « face » à un père (quasi) absent, distant, indifférent, occupé ailleurs à des choses plus importantes. Dur d'avoir confiance en soi quand on n'a pas eu, enfant, ce regard paternel réconfortant, cette voix un peu grave, un peu chaude, qui tracent une voie vers l'avenir. Sans cette base, vous vacillez.
Il y a aussi les cas où, à la suite d'un divorce parental, les liens avec le père se sont distendus. Si le cas est désespéré, inutile de perdre votre temps à tenter de le retrouver, s'il n'est pas demandeur. La déception est souvent au rendez-vous. Mieux vaut alors chercher des figures paternelles de remplacement : un beau-père (eh oui, parfois, on gagne au change !), un oncle, un grand-père, voire un prof qui compte pour vous.
Haut les cœurs ! Le scénario inverse est également possible. À l'adolescence, on peut se rapprocher d'un père peu présent et peu impliqué quand on était enfant, et qui le regrette. C'est courant en cas de divorce. En outre, certains hommes, qui ont jusque-là privilégié leur carrière, ou qui se sentent peu d'affinités avec les jeunes enfants, peuvent opérer un revirement soudain et trouver l'adolescente que vous êtes devenue bien plus intéressante que la gamine que vous étiez. Il y a des surprises : l'adolescence est parfois synonyme de découverte du père.

+ Divorce, p. 101.
Famille, p. 116.

Chacune son histoire

Rien ne va plus avec mon père…

« Je ne comprends pas ce qui arrive. Quand j'étais petite, mon père m'adorait. J'étais sa "princesse". J'avais l'impression d'être la chouchoute et ça me gênait même par rapport à mes frères (l'un est plus âgé, l'autre plus jeune que moi). Aujourd'hui, c'est à peine s'il me regarde, et quand il me parle, c'est pour critiquer : mes résultats scolaires (il n'arrête pas de me donner en exemple mon frère aîné qui a intégré une prépa scientifique, alors que moi, je suis nulle en maths), l'état de ma chambre (trop en désordre). Il trouve aussi que je n'aide pas assez à la maison… Bref, je n'ai que des défauts à ses yeux. Le pompon étant mon petit copain, qu'il ne peut pas supporter ! Une copine m'a dit que c'était normal, que beaucoup de pères réagissent comme ça quand leur fille devient adolescente. Et qu'il est sans doute jaloux de mon petit copain ou qu'il ne le trouve pas "assez bien" pour moi. Peut-être, mais c'est ultra-énervant ! »

Oriane, 16 ans

Perfection

P

**Il paraît que personne n'est parfait.
Oui, mais vous aimeriez tant que votre physique, vos amis, vos amours et votre vie s'approchent de la perfection... Rêve ou réalité ?**

Une valeur variable !

Comme le disait justement George Fisher[1], « quand vous recherchez la perfection, vous découvrez que c'est une cible mouvante ». Discutez-en autour de vous, et vous verrez ! L'idée que vous vous faites de la perfection n'est pas la même que celle de vos parents, de vos amis ou de vos professeurs.
Votre « perfection » est construite à partir de vos goûts, de votre expérience, de votre âge, de l'époque et du pays dans lequel vous vivez.
Finalement, être parfaite, c'est être au-dessus de la normalité, n'avoir aucun défaut. Connaissez-vous une seule personne qui n'ait aucun défaut ? Même les stars les plus sublimes en ont ! Finalement, Salvador Dalí[2] avait raison en déclarant : « Ne craignez pas d'atteindre la perfection, vous n'y arriverez jamais. »

1. Mathématicien, ingénieur, fondateur de la firme Eastman Kodak.
2. Peintre, sculpteur, cinéaste et écrivain espagnol.

Quand perfection rime avec obsession

La perfection ne doit pas se muer en obsession. Que ce soit une demande de vos parents, de votre milieu social ou de vous-même, viser la perfection en permanence peut être très difficile à vivre ! Comme en témoigne Mathilde, 13 ans : « Mes parents ont toujours voulu faire de moi un modèle.Mon caractère, mon apparence ou mon niveau scolaire, il leur en faut toujours plus ! J'ai tout le temps peur de les décevoir… » Il est important de faire la part des choses, car votre vie vous appartient. Faire de son mieux est une bonne chose, mais se rendre malade est exclu. Soyez donc plus douce avec vous-même et, si vous vivez la même chose que Mathilde, il est nécessaire d'avoir une conversation avec vos parents afin de leur expliquer que vous souffrez de cette situation.

Un produit qui fait vendre...

La recherche de la perfection est omniprésente dans notre société. Vous apprenez de plus en plus tôt à « traquer les imperfections » ou à « cacher vos défauts ». Soyez critique et vous vous rendrez compte que tout ceci n'est qu'une question d'image. Ni Kate Moss, ni Scarlett Johansson n'ont des vies si parfaites. Soyez fière de votre identité, de votre style et de votre vie. Corrigez ce qui ne vous plaît pas si cela vous rend heureuse. Faites des efforts pour améliorer votre physique, vos notes et le regard que vous portez sur vous. En résumé, soyez l'actrice principale de votre vie !

Secrets de filles

« Un mec parfait doit être marrant, mignon, attentionné et intelligent. »
Liliane, 12 ans

« Je fais de la danse, et la perfection c'est ma prof, un ancien petit rat. Quand je serai plus grande, j'aimerais lui ressembler. »
Myriam, 15 ans

« Pour moi, une vie parfaite, ce serait de faire un métier que j'aime et d'être heureuse. »
Cynthia, 17 ans

« La perfection, c'est débile. J'ai confiance en moi et ça me suffit ! »
Anaïs, 15 ans

+ **E**ffort, p. 112.
Regard sur soi, p. 279.

Pertes blanches

À l'adolescence, on remarque que de petites traces blanches se déposent de temps en temps au fond de la culotte. Pas de panique : c'est normal… et tout à fait hygiénique !

Un petit nettoyage interne

Ces pertes blanches, appelées leucorrhées par les gynécologues, sont le signe que le vagin fait bien son travail ! Régulièrement, depuis notre plus tendre enfance, il sécrète un liquide – grâce à des glandes cachées dans sa muqueuse – qui, en s'écoulant, entraîne avec lui toutes les cellules mortes ou les impuretés qui ont pu pénétrer à l'intérieur. Il fait donc tout simplement une toilette !
Jusqu'à la puberté, ces pertes sont en général transparentes et passent inaperçues. Mais, lorsque arrive l'adolescence, elles ont tendance à devenir plus épaisses, plus abondantes et de couleur blanche. Le vagin renforce en effet ses protections car, à cet âge-là, l'utérus (qui est situé juste au-dessus) se développe et devient plus sensible aux infections. Le vagin lui sert de garde du corps en formant une barrière contre les microbes extérieurs…

Des pertes de plus en plus abondantes

Oh là là ! Depuis quelque temps, vous avez l'impression d'avoir de plus en plus de pertes blanches. Elles sont parfois un peu laiteuses mais ne sentent rien de particulier, elles sont presque inodores. Il n'y a pas lieu de vous inquiéter, et vous pouvez même vous réjouir ! En effet, un peu avant les premières règles, les pertes blanches ont tendance à s'intensifier. C'est un signe avant-coureur !

Pour celles qui sont réglées, le phénomène va ensuite se reproduire à peu près tous les mois au même moment, environ 2 semaines après le début des règles. Les pertes prennent parfois un aspect bizarre, elles font penser à du blanc d'œuf, et elles peuvent même faire des petits fils qui s'étirent hors du vagin.
Là encore, c'est tout à fait normal : cette glaire est produite lors de l'ovulation, quand on devient féconde. Elle sort à humidifier le vagin pour aider d'éventuels spermatozoïdes à remonter vers l'utérus. La nature a vraiment tout prévu !

Se protéger ?

En tout cas, on se passerait bien de toutes ces pertes blanchâtres qui salissent les culottes !
Pour limiter ces petits tracas, certaines d'entre nous portent des protège-slips au moment où les pertes apparaissent.
Si c'est votre cas, choisissez-les en coton, car certains contiennent des colles qui provoquent des allergies ou empêchent les organes de respirer.

TU C KOI :-)

Attention, si vos pertes prennent une drôle de couleur (jaunâtre ou verdâtre), si elles commencent à sentir mauvais, et surtout si vous ressentez des picotements ou des démangeaisons, il faut réagir en allant vite chez le gynécologue.
Ce n'est sans doute pas très grave, mais de petites infections peuvent survenir à l'adolescence – même quand on se lave soigneusement et même quand on n'a jamais eu de relations sexuelles. Elles guériront facilement avec un traitement léger, et vous en serez débarrassée !

+ Fécondation, p. 122.
Hygiène intime, p. 160.

Petits boulots

Envie de trouver un petit boulot pour gagner de l'argent de poche ? Si vous êtes motivée et volontaire, rien n'est impossible !

P

À quel âge peut-on travailler ?

Vous ne le savez peut-être pas, mais légalement, pour travailler, il faut avoir au moins 16 ans. Si vous avez entre 14 et 16 ans, vous avez tout de même le droit d'effectuer des travaux légers et non dangereux, sans dépasser la moitié de la durée de vos vacances scolaires et 35 heures par semaine. Cela vous évitera d'ailleurs de reprendre les cours fatiguée ! Enfin, si vous avez moins de 14 ans, travailler est interdit, sauf dans les entreprises familiales, sous la responsabilité de votre père, de votre mère ou d'un tuteur. Et ce à condition d'avoir reçu auparavant une autorisation de l'Inspection du travail. Malgré tout cela, vous pouvez faire des travaux occasionnels ou de courte durée pour gagner un peu d'argent de poche, si vos parents sont d'accord, bien entendu !

Quelques pistes de jobs

Le baby-sitting

Sachez que vous ne pouvez pas travailler dans un centre aéré ou dans une colonie de vacances avant d'avoir 17 ans et d'être titulaire du diplôme d'animateur, le BAFA. Cela étant, si ce genre de job vous intéresse, vous pouvez tout à fait garder des enfants ! Pour vous faire connaître, parlez-en autour de vous, puis rédigez une annonce en précisant vos disponibilités et vos coordonnées. Déposez-la chez les commerçants de proximité, dans les boîtes aux lettres autour de chez vous, dans le hall de votre immeuble, à la bibliothèque…

Les travaux saisonniers

Si, dans les faits, le marché de l'emploi saisonnier est peu accessible aux moins de 18 ans (il est régulé par des lois contraignantes pour les employeurs), il existe quelques possibilités d'emplois agricoles. Les vendanges, la récolte des fruits et légumes dans les champs ou sous serre, le conditionnement de ces produits sont autant de pistes que vous pouvez explorer. Alors, n'hésitez pas à contacter les exploitations agricoles proches de chez vous !

Les services aux particuliers

Courses, arrosage des plantes, ménage, nettoyage de voitures, garde d'animaux familiers, vous pouvez aider vos parents, vos voisins ou les personnes âgées de votre quartier moyennant une petite rétribution financière. Soyez volontaire, faites du porte-à-porte et parlez-en autour de vous.

@ FLASH SUR LE NET

- Pour en savoir plus sur le cadre du travail des mineurs : http://www.service-public.fr/
Dans l'encadré « Formation-travail », puis « Recrutement dans le secteur privé », puis « Âge légal de travail des jeunes ».
- Le travail au pair vous permet de partir dans une famille à l'étranger, qui vous accueillera temporairement en échange de certaines prestations, notamment la garde des enfants. C'est l'occasion pour vous de perfectionner la langue étrangère du pays où vous allez vivre. En Europe, il faut avoir minimum 17 ans, dans les autres pays 18 ans.
- Pour trouver un job d'été, retrouvez tout ce qu'il faut savoir sur www.jobs-ete.com
Ce site donne accès aux offres d'emploi destinées aux jeunes souhaitant notamment acquérir une première expérience professionnelle.

+ Argent, p. 33.
Bénévolat, p. 44.

Pieds

Ils vous portent toute la journée, courent, sautent, s'impatientent de ne pas voir arriver votre rendez-vous, piétinent dans la queue de la cantine, foulent des terres inconnues...

« Qu'est-ce qui a **douze pieds**, mais ne marche pas ? »

Un alexandrin (en poésie, c'est un vers de douze pieds).

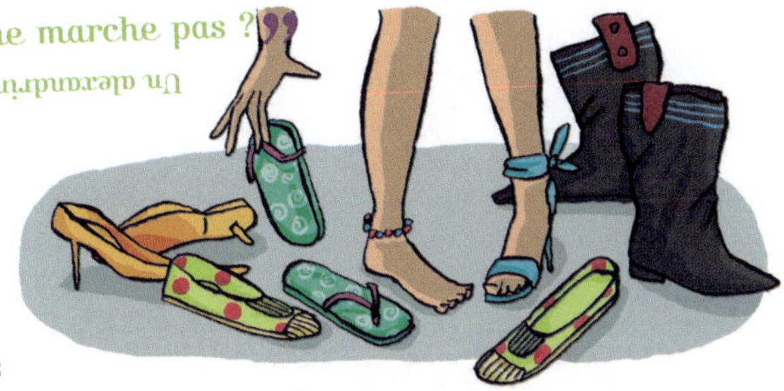

Des pieds de reine

Comment sont vos pieds ?
- Ils sont égyptiens si le gros orteil est le plus grand des doigts.
- Ils sont grecs si le deuxième orteil est le plus grand.
- Ils sont carrés si les trois premiers orteils sont de même longueur.

Nourrir ses pieds à l'aide d'une crème hydratante et se couper les ongles, tels sont les premiers gestes de beauté. Vous pouvez aussi, après la douche, passer la pierre ponce pour adoucir les callosités. Faut-il rappeler que l'activité physique est importante ? Les podomètres mesurent le nombre de pas que vous faites dans une journée. Ils permettent de vérifier que vous n'êtes pas trop sédentaire.
Pour vous détendre, massez-vous les pieds, qui sont munis de nombreuses terminaisons nerveuses ! Vous pouvez aussi faire rouler une balle en mousse sous la plante.

Les petits maux des pieds

Les verrues plantaires : elles sont dues à un virus et douloureuses quand vous marchez, car elles ont un noyau dur. Pour les éliminer, il existe des traitements médicaux (ceux qui sont en vente libre sont moins efficaces). S'ils ne font pas effet, le dermatologue pourra brûler les verrues à l'azote liquide, par électrocoagulation ou au laser.
Les mycoses : sur le corps vivent des agents biologiques, et notamment des champignons. Mais, lorsqu'ils se développent en trop grand nombre, ça se voit (rougeur et peaux blanches) et ça démange : c'est ce qu'on appelle une mycose ! Des produits en vente libre existent. Vous pouvez les essayer avant de consulter.
Attention, mycoses et verrues sont contagieuses ! Mieux vaut porter des sandales à la piscine, dans les vestiaires et les douches communes, sur les tatamis. Pensez aussi à ne pas prêter votre serviette de toilette ! Lavez-vous les pieds au moins une fois par jour et séchez-les avec minutie : les champignons aiment l'humidité !

+ Ongles, p. 229.
Vernis à ongles, p. 366.

J'épate les copines

Sais-tu d'où vient l'expression « prendre son pied » ? Elle viendrait du langage des corsaires et n'aurait rien à voir avec le plaisir. Les butins rapportés par les corsaires, et convertis en or, étaient partagés ainsi : un tiers pour le roi, un tiers pour l'armateur et le dernier tiers pour l'équipage. Chacun prenait son pied, c'est-à-dire son tas d'or de 1 pied (soit 33 cm) de haut.

Piercings

Autrefois rituels, les piercings sont aujourd'hui à la mode. Mais se faire « piercer » n'est pas un acte anodin. Renseignez-vous bien avant de sauter le pas.

Réfléchissez bien

Modifier son apparence doit être un acte réfléchi. Les infections existent et les complications sont réelles. Pesez le pour et le contre avant de sauter le pas. La mode ou le désir de contredire ses parents ne doivent pas entrer en ligne de compte. Si vous n'êtes pas sûre de vous, rien ne vous empêche de faire un test avec un faux piercing (aimanté, à pincer ou autocollant).
Et puis, n'hésitez pas à en discuter avec vos parents, ne serait-ce que pour leur montrer que vous êtes responsable et que vous avez pensé à tout. Ils seront rassurés.

C'est décidé !

Avant de vous lancer, faites du repérage. Allez chez plusieurs pierceurs, posez-leur des questions, regardez si le lieu est propre. Demandez aux filles qui l'ont déjà fait comment ça se passe et où elles sont allées. Le jour J, votre pierceur doit vous demander si vous faites des allergies à l'iode ou à certains métaux. Il doit impérativement porter des gants et chaque ustensile doit être parfaitement stérilisé. Pour éviter toute contamination (hépatite, sida), l'aiguille est à usage unique : il doit la retirer d'un emballage sous vos yeux. Si quelque chose vous déplaît, dites-le. Vous êtes la cliente ! Une fois le piercing posé, le pierceur doit vous donner les consignes d'hygiène et surveiller votre cicatrisation.

TU C KOI :-)

Ai-je besoin de l'autorisation de mes parents pour me faire piercer ?
Oui, si vous êtes mineure. Certains pierceurs refusent de travailler avec les moins de 16 ans. Pourquoi ? Parce que, à cet âge, la croissance n'est pas terminée. Encore une fois, le piercing ne se fait pas à la légère ou dans des conditions rudimentaires.

LOL ; -)

Dans une rivière, un poisson en croise un autre. Il lui dit : « Sympa, ton piercing ! » En fait, le second a un hameçon accroché à la lèvre inférieure...

Au quotidien

Autour de votre piercing, la peau est enflée, vous démange, saigne ou fait des croûtes ? Eh bien, c'est normal ! Elle doit cicatriser. Pour éviter les complications, respectez ces quelques règles : nettoyez votre piercing avec un liquide antibactérien deux fois par jour. S'il se trouve sur le nombril, préférez les douches aux bains et rincez bien. Faites les piercings « visibles » en hiver, car le soleil et les corps gras (crème solaire) sont déconseillés pendant la cicatrisation. Si vous avez choisi un piercing sur la langue, attention : ne mangez pas d'aliments solides les premiers jours, faites des bains de bouche après chaque repas, évitez de fumer et de trop parler...

Pilule

Halte aux idées reçues : la pilule ne donne ni nausées, ni boutons, ni kilos superflus ! Elle est même le moyen de contraception le plus efficace et le plus simple à utiliser quand on débute sa vie de femme.

Les avantages

Par rapport aux autres moyens de contraception féminine, la pilule est la solution la mieux adaptée au corps des jeunes filles.
• C'est le moyen de contraception le plus fiable.
• Elle est facile à utiliser : une gorgée d'eau, on avale, c'est fait !
• Elle régularise le cycle menstruel et, grâce à elle, les règles sont moins douloureuses.
• Les pilules actuelles sont dosées de telle façon qu'elles ne donnent plus d'acné. Certaines permettent même d'en avoir moins. Idéal, non ?
• De même, en raison de leur minidosage, les pilules actuelles ne donnent plus la nausée et ne font plus grossir comme autrefois. Au pis, on prend environ 1 kg (c'est prouvé !) le premier mois. Mais, chez certaines filles, ça fait l'effet inverse : 1 kg de moins !

Le mode d'emploi

Pour se procurer la pilule, il faut consulter un gynécologue en privé ou au planning familial. Il pose des questions et prescrit une prise de sang, afin de déterminer celle qui convient le mieux. Si vous fumez, il ne faut surtout pas oublier de le préciser : c'est important car certaines pilules alliées au tabac peuvent entraîner des problèmes cardio-vasculaires, même quand on est jeune !
La pilule se vend par boîte de trois plaquettes : une par mois. Mais on peut acheter aussi chaque plaquette à l'unité. Celle-ci compte en général 21 comprimés. On prend le premier le 1er jour des règles, puis un par jour pendant 21 jours. Ensuite, on arrête pendant 7 jours (ce qui déclenche les règles), avant de recommencer une autre plaquette.
Il existe aussi des plaquettes de 28 comprimés, à prendre en continu, sans interruption. Les comprimés de la dernière semaine sont des placebos : on a ses règles comme d'habitude. Leur avantage : comme on ne cesse pas de les prendre, on garde le pli et on risque moins d'oublier sa pilule au début du mois suivant !

Que faire en cas d'oubli ?

Il y a en effet un seul hic avec la pilule : il ne faut pas l'oublier. On doit la prendre toujours au même moment de la journée. Pas à la seconde près, mais attention… Le délai autorisé d'oubli dépend du type de pilule choisie :
• Si vous prenez une pilule dite combinée (œstro-progestative), quelle que soit sa génération (il en existe quatre en tout, selon les molécules qui entrent dans leur composition), le délai est de 12 heures. Exemple : Léa prend sa pilule chaque soir à 21 heures. Un matin, en se réveillant à 8 heures, elle s'aperçoit qu'elle l'a oubliée. Elle l'avale aussitôt : c'est bon, elle est toujours protégée. En revanche, si elle fait la grasse mat' et n'émerge qu'à 11 heures : c'est cuit ! La vie est cruelle.
• Si vous prenez une pilule microprogestative (dite micro), le délai n'est que de 3 heures ! Quelle que soit l'heure à laquelle se réveille Léa, c'est mort. Et si elle sort en soirée et revient après minuit, c'est mort aussi. La vie est très, très cruelle !
Que doit faire Léa, si elle a dépassé le délai ? Eh bien : prendre la pilule de la veille dès qu'elle découvre son oubli et le soir même prendre le comprimé suivant, et ainsi de suite. Ainsi, son cycle ne sera pas perturbé. Cependant, si Léa a des rapports sexuels au cours du mois, il faudra qu'elle utilise un autre moyen de contraception, sinon elle risque de tomber enceinte.

+ Contraception, p. 80.
Pilule du lendemain, p. 248.

Pilule du lendemain

On a oublié sa pilule ou on n'en prend pas encore, et on a eu un rapport sexuel non protégé. Pas de panique ! Depuis 2002, il existe une solution de secours, disponible sans ordonnance en pharmacie : la pilule du lendemain.

P

Comment se la procurer ?

C'est très simple : il suffit d'aller en pharmacie et de la demander. Depuis 2002, l'assurance-maladie a fait passer une loi obligeant les pharmaciens à la fournir gratuitement et en tout anonymat aux mineures qui en ont besoin. Les infirmières scolaires et les centres de planning familial peuvent aussi la donner, dans les mêmes conditions.

Quelle différence avec la pilule classique ?

Cette pilule contient une forte dose d'hormones (beaucoup plus forte que dans les pilules habituelles) qui perturbe l'ovulation et, surtout, empêche un œuf fécondé de s'implanter dans l'utérus. Il ne s'agit pas d'un avortement, rassurez-vous ! À ce stade, l'œuf fécondé est minuscule, et rien n'est encore formé dedans. Cependant, ce moyen de contraception est uniquement réservé aux cas d'urgence, quand on a fait l'amour sans se protéger avec un préservatif et qu'on ne prend pas encore la pilule… ou qu'on a oublié de la prendre régulièrement. Elle ne peut servir de méthode de contraception habituelle. Pourquoi ?

- D'abord, elle n'est pas efficace à 100 %.
- Ensuite, elle ne protège pas contre les maladies sexuellement transmissibles.
- Enfin, elle provoque souvent des effets secondaires peu agréables : nausées, vertiges, maux de tête, douleurs dans le bas-ventre et parfois petits saignements. Toutes ces réactions sont normales et ne doivent pas nous inquiéter… ni nous dissuader de la prendre. Mais elles montrent que ce n'est pas un moyen idéal de se protéger contre les risques de grossesse !

Il faut faire vite !!!

La pilule du lendemain, fournie gratuitement aux mineures, s'appelle le NorLevo. Elle s'avale en une seule prise : il n'y a qu'un comprimé. L'essentiel, c'est d'aller vite ! Car cette pilule ne peut fonctionner que si on l'ingère dans les 3 jours (72 heures) maximum après le rapport sexuel. Passé ce délai, l'œuf fécondé se sera déjà implanté dans l'utérus et la pilule ne pourra plus rien faire. L'idéal est même de la prendre dans les 24 heures qui suivent le rapport : son efficacité atteint alors 95 %. Celle-ci chute à moins de 60 % passé 48 heures. Donc, il ne faut pas tergiverser !
À noter qu'une nouvelle pilule, la EllaOne, baptisée « pilule du surlendemain », existe depuis 2009. On peut la prendre jusqu'à 5 jours après la relation sexuelle et elle est bien plus efficace (97,5 % de réussite constante jusqu'à 120 heures maximum après le rapport). Jusqu'ici, la EllaOne n'était distribuée que sur ordonnance médicale, mais un décret récent a décidé de la faire passer en vente libre : il est donc normalement possible de l'acheter sans ordonnance. Elle coûte 22,73 euros (sur ordonnance, elle est remboursée à 100% pour les mineures).

@ FLASH SUR LE NET

Pour en savoir plus, consultez le site : www.piluledulendemain.com
Vous saurez aussi exactement quoi faire après avoir pris cette pilule (dépistage du sida et des IST ; comment continuer sa pilule habituelle ; où chercher de l'aide…).

+ Amour physique, p. 27.
Contraception, p. 80.
Pilule, p. 247.

Plaisir sexuel

On entend parler de sexe partout : dans les magazines, sur Internet, à la télé. Ce sont toujours les mêmes questions : « comment atteindre l'orgasme ? », « comment booster son plaisir ? ». Du coup, on a vraiment l'impression qu'il s'agit d'une performance.

P

Petits secrets à propos du plaisir

En fait, il y a deux ou trois choses essentielles à savoir sur ce plaisir dont tout le monde parle.

• Le plaisir, on sait ce que c'est ! On l'éprouve tous les jours en dégustant un carré de chocolat, en prenant une douche bien chaude, en se baladant au soleil… Le plaisir sexuel n'est pas différent. Il met en jeu tout le corps, pas seulement les parties génitales ! Ce n'est pas une affaire de volonté, mais plutôt de réceptivité aux sensations…

• Qui dit plaisir sexuel dit sexe. Attention : ça ne veut pas dire qu'il faut obligatoirement avoir un rapport sexuel pour l'éprouver. Ou même que le plaisir est plus intense quand on fait l'amour. Si vous partez sur ces bases, vous risquez d'être déçue !

• Car le plaisir, surtout celui des femmes, n'est pas le résultat d'une équation mathématique. Ce n'est pas : fille + garçon ou vagin + pénis = plaisir. Non ! Le plaisir féminin est un apprentissage qui passe par la connaissance intime de son corps, de sa sensibilité. Chez la fille, mais aussi en grande partie chez le garçon, le plaisir sexuel dépend aussi des sentiments : il sera 10 000 fois plus fort et émouvant, si on l'éprouve dans les bras de quelqu'un que l'on aime. Il faut aussi se sentir prête, en confiance, pour le ressentir pleinement. Avoir confiance en soi et en l'autre pour se laisser aller. Confiance aussi pour savoir dire à notre partenaire quand ça ne va pas, ce qui nous plaît ou nous déplaît. C'est archi-important !

Qu'est-ce que l'orgasme ?

Chez les filles, comme chez les garçons, le plaisir sexuel a une particularité : il s'accumule. Il monte, comme une vague, et finit par exploser en un feu d'artifice de sensations : l'orgasme. On parle aussi de jouissance. Lorsque le garçon jouit, il éjacule : son pénis produit du sperme. Chez les filles, c'est plus discret mais réel. Même si nous n'en avons pas conscience, pendant l'orgasme, les muscles du vagin se contractent en spasmes assez violents et nous produisons un liquide transparent qui inonde plus ou moins le vagin.

Pas comme les garçons

Il y a un seul problème : l'orgasme ne s'obtient pas de la même façon chez les filles et chez les garçons. C'est la source de nombreux malentendus ! Chez eux, c'est assez mécanique. Chez nous, c'est un processus plus complexe, plus long… et qui paraît donc bien mystérieux ! Inutile de se mettre la pression. Le plaisir s'apprend. Chacune trouve sa façon d'y parvenir.

+ **A**mour physique, p. 27.
Sexe des garçons, p. 313.
Vagin, p. 362.

Secrets de filles

• Nous avons des zones érogènes, des parties du corps plus sensibles que d'autres : les seins, le sexe, la bouche, mais aussi le cou, le ventre…
• Le clitoris est la zone érogène la plus sensible.
• La vulve et l'entrée du vagin sont aussi très sensibles. Par contre, l'intérieur du vagin est très pauvre en terminaisons nerveuses. C'est pourquoi beaucoup de femmes n'atteignent pas l'orgasme par la simple pénétration : c'est normal et ça ne veut pas dire qu'elles sont frigides !
• Un muscle est relié au périnée, un autre à l'anus. C'est en apprenant à les contracter qu'on développe le plaisir vaginal.

Pleurer

Un chagrin d'amour, la trahison d'une amie, une dispute avec les parents, le décès d'un proche... Grandir est parfois difficile, et la vie est jalonnée d'épreuves.

« Les yeux qui n'ont pas pleuré ne voient rien. »

Louis VEUILLOT

Toutes les larmes de son corps

Les larmes viennent d'un coup et nous submergent. On pleure de chagrin, de honte, de joie, de peur… Un vrai raz de marée, et puis tout se calme, les pleurs s'arrêtent et on se sent apaisée. Pleurer, c'est laisser ses émotions s'exprimer autrement que par des mots. Ce n'est pas toujours facile de parler ! Après les pleurs, les soucis existent encore, mais on a pu décharger une pression et, soudain, on les regarde autrement.

Une faiblesse spécifique à l'homme

Certains disent que pleurer est un signe de faiblesse. Et alors, faut-il être forte en toutes circonstances ? Nous sommes des êtres humains et non des machines, les faiblesses font partie de notre identité, hommes ou femmes. Nous avons le droit de pleurer et après coup nous sommes parfois plus forts, mieux armés pour affronter les problèmes.

Une émotion salutaire

À l'adolescence, on aimerait montrer au monde entier qu'on est assez grande pour se débrouiller seule. On pense alors que pleurer est l'aveu d'une incapacité à être autonome, qu'on est encore un bébé… Mais, si on étouffe ses émotions, elles risquent de causer de plus grands dégâts et de s'exprimer autrement (par la violence par exemple). Souvent, on est gênée de pleurer devant quelqu'un car ça le touche, même s'il réagit différemment selon qu'il est à l'aise ou non avec les émotions : il peut rester de marbre, pleurer avec vous, chercher à vous consoler… Ne pas avoir honte de ses émotions, ça fait du bien, a aide à grandir. Ça peut même permettre d'ouvrir un dialogue. Parfois on ne sait pas exactement pourquoi on pleure, on voudrait trouver une explication mais elle ne vient pas. Acceptons de ne pas tout contrôler.
Attention, n'abusez pas des larmes de crocodile : on les verse parce qu'on sait l'effet qu'elles vont produire, on manipule les autres en leur faisant croire qu'on a du chagrin ! Mais, à force, l'entourage perd confiance en vous et c'est dommage.

Le chagrin dans lequel on se noie

Si vous vous sentez trop souvent démunie et que les larmes sont votre seul recours, peut-être faut-il en parler à un adulte ou consulter un psychologue, car il est difficile de sortir seule d'une déprime qui dure.

+
Angoisse, p. 29.
Blues, p. 47.
Dépression, p. 92.
Mal-être, p. 198.
Mort, p. 219.
Psychologue, p. 266.

Poils

Du duvet pousse sur votre pubis et vous vous sentez de plus en plus femme, mais il pousse aussi à des endroits où vous ne le souhaitez pas. Une impitoyable chasse aux poils va commencer...

P

Les poils, est-ce la honte ?

Le mot puberté vient du latin *pubis*, qui signifie « poil » ! Pas étonnant donc qu'à cette période (en général, entre 12 et 13 ans) on voie les poils se multiplier sur le corps, sur les jambes et les bras, sous les aisselles et sur le pubis. Ils vous répugnent et vous voulez vous épiler ? Pourquoi pas ? Cela peut aider à avoir moins honte de son corps, à se sentir belle ou plus femme (car les enfants ne s'épilent pas). Vous en parlez à vos parents, mais ils sont contre : les parents ont toujours du mal à nous voir grandir. Au lieu de créer un nouveau conflit, essayez de trouver des arguments (par exemple, s'épiler sous les bras évite de sentir la sueur).
À l'occasion d'un moment de complicité, reparlez-en à votre maman. Elle sera flattée que vous lui demandiez conseil et acceptera peut-être plus facilement.

Techniques pour avoir une peau lisse

Le rasoir est déconseillé parce que les poils repoussent très vite (2 jours de tranquillité seulement) et très dru (ça pique !). Mais parfois, pour faire vite, vous pouvez, en faisant attention de ne pas vous couper, l'utiliser pour les jambes ou les aisselles. En revanche, ne vous rasez jamais le visage, les bras, le pubis. N'oubliez pas d'appliquer auparavant du savon ou une crème à raser pour que le rasoir glisse mieux (il existe des crèmes spéciales pour les femmes, à l'odeur moins masculine). Optez pour un rasoir féminin (il en existe des roses !) ; certains déversent même un produit adoucissant.

La décoloration est une technique intéressante pour le visage et le duvet des lèvres, les bras et même les jambes (si vous avez peu de poils). Il existe des produits spécifiques vendus en supermarché, mais lisez toujours attentivement la notice.
La crème dépilatoire est très pratique, mais peut être mal supportée. Il est préférable de faire un essai au préalable. Elle a un effet moins durable que celui de la cire mais, pour les filles qui n'aiment pas souffrir pour être belles, c'est une bonne solution.
L'épilateur électrique est efficace, à condition que l'on supporte la petite douleur que provoquent l'arrachement des poils (surtout au niveau des aisselles et du pubis) et les vibrations sur la peau.

AILLEURS DANS LE MONDE

Les Allemandes et les Irlandaises ne sont pas gênées par les poils sous les bras. Les Asiatiques ne s'épilent jamais. Actuellement, aux États-Unis, une nouvelle mode est en train de s'affirmer : les femmes à poils.

La cire, froide, chaude (attention de ne pas vous brûler) ou tiède, arrache le bulbe du poil et permet d'attendre au moins 3 semaines avant l'épilation suivante. Vous pouvez couper les poils du maillot aux ciseaux avant de procéder à l'épilation, ce sera plus efficace. Pour le visage, si vous avez de l'acné, évitez cette technique.
La pince à épiler est un outil de précision. Elle sert à enlever des poils disgracieux sur le visage ou sur les seins ainsi qu'à épiler les sourcils. Pensez à désinfecter la pince à l'alcool avant et après l'épilation. Tirez toujours dans le sens du poil.
L'épilation au laser est dite définitive (en fait, 80 % des poils disparaissent complètement). C'est une méthode onéreuse et un peu douloureuse, c'est pourquoi il vaut mieux faire appel à un dermatologue. Comme la puberté est une période de changements, il est préférable d'attendre l'âge adulte pour se décider.
Dernière technique en date, **l'épilation à la lumière pulsée !** Appelée également « lampe flash », elle met un terme au supplice de la cire et permet de s'épiler sans douleur et sur le long terme. Mais elle a un prix et des contre-indications. Une lumière qui atteint 70 °C détruit le poil et l'empêche quasiment, à terme, de repousser.
Pour toute épilation, quelle qu'elle soit, vous pouvez faire un gommage la veille et prendre un bain pour ramollir la peau le jour même. De petits points rouges peuvent apparaître sur la peau, mais ils disparaissent au bout de 2 ou 3 jours. N'appliquez ni parfum ni déodorant tout de suite après une épilation : ça brûle ! Et hydratez bien votre peau !

Les poils du pubis

Avoir de la pilosité sur le pubis, c'est normal. Les poils servent notamment à limiter les zones de frottement et sont, par exemple, utiles pendant les rapports sexuels car ils favorisent les glissements d'une peau sur une autre. Mais cela vous gêne ! Peut-être parce que la petite fille que vous étiez et que vous n'avez pas encore oubliée n'en avait pas. Si la « coupe » la plus demandée est toujours le « string », plus connu sous le nom de « ticket de métro », le « maillot intégral » est de plus en plus prisé. Sachez que la mode d'un pubis imberbe a été lancée par les films pornographiques. Si vos poils tardent à apparaître ou si vous en avez peu, patientez jusqu'à la fin de la puberté : le fameux triangle finira bien par pousser. La densité de poils sur le pubis est différente d'une femme à une autre.

Les poils des aisselles

Vous pouvez ne pas être gênée par les poils qui poussent sous vos bras. Pourquoi ne pas les laisser tranquilles l'hiver, quand vous portez des manches longues, et simplement les épiler l'été ?

Les sourcils

Si vous souhaitez dessiner plus précisément vos sourcils ou si vous les trouvez trop fournis, vous pouvez les épiler avec une pince. Allez de l'intérieur vers l'extrémité, en suivant la courbe naturelle de votre arcade sourcilière.

Les grains de beauté

Il n'est pas conseillé d'épiler les poils implantés sur les grains de beauté, car vous risquez de les écorcher et de les abîmer. Mais, si l'un d'eux a poussé de façon démesurée, vous pouvez toujours le couper.

Un poil dans la main

L'expression « avoir un poil dans la main » signifie être paresseux. Le poil pousserait parce qu'on ne se sert jamais de ses mains. Évidemment, celui-ci ne s'épile pas ! Un peu de paresse, pourquoi pas ? On a le droit de se reposer, de « ralentir le temps », car les transformations de la puberté réclament de l'énergie.
Mais, attention, vous êtes au début d'une grande aventure et vous avez des choix à faire, alors ne vous laissez pas aller à la torpeur, prenez la vie à bras-le-corps !

TU C KOI :-)

Savez-vous pourquoi les poils se hérissent quand on a peur ? Notre corps se souviendrait de l'homme préhistorique que nous fûmes et de notre instinct animal : les poils se gonflent pour que le corps paraisse plus impressionnant face à l'ennemi, dans un acte d'autodéfense. Certains animaux ont gardé ce réflexe : le chat par exemple.

Odeurs corporelles, p. 228.
Peau, p. 238.
Puberté, p. 267.

Politique

L'apprentissage de la citoyenneté et de la démocratie peut se faire bien avant 18 ans, en intégrant un conseil municipal d'enfants et de jeunes.

FLASH SUR LE NET

On dénombre plus de 2 500 conseils et démarches de participation en France. Le premier a été créé en 1979 en Alsace. L'Association nationale des conseils d'enfants et de jeunes (ANACEJ) permet de promouvoir la participation des enfants et des jeunes à la décision publique et leur concertation au niveau local avec les élus.
+ d'infos : http://anacej.asso.fr/

La politique, pas trop pour vous

Jusqu'à 30 ans, les jeunes sont souvent en retrait de la vie politique. La famille, les amis, les amours, les loisirs passent souvent avant. En dehors de l'élection présidentielle, nombreux sont ceux qui ne se reconnaissent pas dans les scrutins traditionnels : la politique peut en effet apparaître en décalage avec leurs attentes. Ce n'est pourtant pas un manque d'intérêt car certaines d'entre vous sont déjà soucieuses de la démocratie et de la vie locale. Mais savez-vous que des dispositifs existent pour y participer, dès l'âge de 7 ans ? Ce sont les conseils d'enfants et de jeunes.

Les conseils d'enfants et de jeunes

Accessibles dès le plus jeune âge, ces instances créées par les collectivités locales (communes, départements, régions et intercommunalités) sont des lieux d'éducation civique « grandeur nature » qui viennent compléter ou mettre en pratique ce que l'on apprend au collège, par exemple. Un conseil de jeunes définit la politique adaptée à vos besoins, élabore des projets et s'efforce de les mettre en œuvre. L'intérêt est que vous pouvez vous exprimer sur les problèmes qui vous concernent directement. On vous donne la parole, on vous écoute, dans le but aussi de faire de vous de futurs citoyens actifs !

Un travail en groupe

Lorsque vous intégrez un conseil de jeunes, pour 1, 2 ou 3 ans, vous travaillez le plus souvent en petits groupes appelés « commissions ». Ces commissions sont souvent thématiques : environnement, sports/loisirs, solidarité…
Des réunions sont organisées chaque semaine, selon le projet, l'échéance et votre motivation. Puis, une fois par mois, vous vous retrouvez en séance plénière avec les élus adultes, pour présenter vos projets et débattre. Le maire est alors présent pour les valider. Si vous êtes intéressée, adressez-vous à l'accueil de votre mairie ou à l'espace jeunesse.

TU C KOI :-)

Si vous avez déjà des convictions bien tranchées, sachez que les statuts de nombreux partis politiques permettent de s'investir avant 18 ans dans les mouvements de jeunes. Il est possible de devenir adhérent au Mouvement des Jeunes Socialistes, aux Jeunes avec Macron et aux Jeunes Écologistes à 15 ans ainsi qu'aux Jeunes Républicains et aux Jeunes Insoumis·es à 16 ans… En 2014, les deux plus jeunes maires de France ont été élus dans le Pas-de-Calais et dans l'Essonne à 22 ans à peine, tandis que la plus jeune conseillère municipale a eu 18 ans… la veille du scrutin !

films Pornos

Avez-vous déjà vu un film porno ? Si oui, quelle a été votre réaction : peur, dégoût, honte, attirance, curiosité... ? Toutes ces réactions sont naturelles et légitimes.

Tout le monde en regarde

Selon une enquête de 2011, 82 % des pré-ados, âgés de 11 à 13 ans, ont déjà vu au moins un film porno dans leur vie. Les garçons le font plus tôt que les filles : dans la cour de récré, il y a toujours un plus grand, ou un plus audacieux, pour montrer un extrait de film sur son smartphone… Chez les garçons, le premier porno a souvent valeur de rite de passage : c'est une façon de montrer qu'on a grandi, qu'on n'est plus un « petit ».
Les filles aussi en regardent. Entre copines ou toutes seules, pour se marrer, faire comme les garçons, voir de quoi il s'agit… Tout le monde en parle tellement ! Les stars du X s'affichent sur les devantures des kiosques, dans la rue. Et sur Internet, des images sautent aux yeux, même quand on fait une banale recherche. Il suffit d'un clic, et boum, c'est là.

Nos réactions

Quand on regarde un porno pour la première fois, surtout quand on est jeune et sans expérience sexuelle, voire amoureuse, ce n'est pas anodin. On peut être à juste titre bouleversée, même choquée ! Dans certains films, les pratiques sexuelles paraissent violentes (scènes de fellation, sodomie, plusieurs partenaires à la fois, voire pire…). Sans parler de l'attitude des garçons envers les filles qui n'est pas franchement tendre ! On est bien loin de l'acte fort qu'on imagine où se mêlent amour et sentiments. Pourtant les comédiennes, elles, ont l'air d'apprécier : elles poussent des cris, des gémissements, en font des tonnes. Alors on se dit : « Je ne serai jamais capable de faire pareil ! » Sans parler de leur physique : elles ressemblent à des mannequins, ont des gros seins, le sexe rasé… Est-ce que, pour exciter un garçon, il faut être comme ça ? Bref, on se pose pas mal de questions, et on peut facilement ressortir de cette expérience un brin complexée, mal dans sa peau et choquée. Aujourd'hui, en majorité, nous ne sommes pas dupes : il est de notoriété publique que le porno est une mise en scène. Cela n'empêche ! Les plus fragiles ou sensibles d'entre nous peuvent éprouver du dégoût. Si le sexe, c'est ça, mieux vaut tirer une croix dessus. Si c'est cela qui plaît aux garçons, on n'a pas envie de se retrouver dans leurs bras ! Mais

Vu par les garçons

« Moi, je regarde de temps en temps des films pornos. Il faudrait que les filles sachent plusieurs choses sur le sujet pour se détendre : d'abord, nous aussi, on pourrait complexer en regardant ces films. On n'est pas tous taillés comme Rocco Siffredi ! C'est juste des images pour s'exciter, pour entretenir la libido. Quand je fais l'amour avec ma copine, c'est différent : d'abord elle est là, je suis là. C'est sensuel. Elle réagit à ce que je lui fais, et ça me fait plus d'effet qu'une fille sur un écran. J'aime qu'elle se lâche, mais je n'aimerais pas qu'elle se comporte comme les filles du porno. Je trouverais ça plaqué, artificiel. J'aime qu'elle soit elle-même et sentir que c'est moi qui la fait monter au septième ciel : c'est plus valorisant, ça me rend amoureux. »

Lucas, 18 ans

comme on se sent honteuse d'avoir regardé un porno, on ne parle de ce malaise à personne. Et donc personne ne peut nous aider. Problème !

Stop au délire !

Bon, pour vous rassurer, il y a deux-trois trucs à savoir.
Ces films sont un spectacle. Cela signifie qu'ils ne reflètent pas la réalité des rapports sexuels dans la vraie vie ! Ils sont le résultat de plusieurs heures de tournage (voire plusieurs jours…). Le réalisateur indique aux acteurs les positions à prendre, rien n'est spontané. Tous les passages maladroits sont coupés au montage. Et une bande son est souvent ajoutée au film : donc les gémissements et les cris qu'on entend ne sont pas ceux des acteurs !
Les garçons réels n'ont pas un aussi gros sexe que ceux des films (les acteurs de X prennent des produits pour augmenter la taille de leur pénis). Idem pour les actrices : leurs seins sont refaits, leurs fesses aussi, leurs lèvres… Si leur sexe est rasé, c'est pour qu'il soit plus visible. Enfin : elles simulent le plaisir ! En vrai, une femme peut avoir du plaisir sans même faire un bruit ! Tous ces cris ne sont que pour les caméras !

Si vous continuez à angoisser, il faut parler à quelqu'un de ce qui vous tracasse : une grande sœur, une amie, une psy, voire votre mère… Cela vous fera du bien et vous remettra les idées en place.

Pas un mode d'emploi !

En tout cas, n'imaginez surtout pas qu'il faut imiter les actrices pornos (un p'tit secret : la plupart des garçons les trouvent vulgaires). Les films X ne s'intéressent pas aux sentiments. Ils vont droit au but, ce sont des produits commerciaux. Ceux qui les regardent ne sont pas pour autant des pervers : quand ils ont une amie, ils tissent une vraie relation avec elle. Ils ne la brutalisent pas pendant l'amour. Et ils n'attendent pas qu'elle se comporte comme une star du X. Si c'était le cas, cela les ferait fuir !
Vous êtes troublée, voire excitée ? Il n'y a pas de honte à avoir. C'est normal. Ces films jouent sur des fantasmes primitifs que nous avons tous, filles comme garçons.
Il existe des garçons immatures et maladroits qui se laissent influencer par le porno et imaginent qu'il faut faire pareil. Si vous tombez sur l'un d'eux, un jour, deux possibilités : c'est quelqu'un de bien par ailleurs et, en prenant confiance en lui, il évoluera et comprendra son erreur ; dans le cas inverse : ni une ni deux, laissez-le tomber comme une vieille chaussette qui pue !
Et sachez un truc : les garçons respectent et aiment les filles, les femmes, qui les émeuvent, les font grandir et se découvrir. Cela ne doit pas vous empêcher d'être glamour ou même sexy, plus tard : mais en tout cas, please, pas vulgaire ! Respectez-vous avant tout.

TU C KOI :-)

Que pensent les filles de la pornographie ?
56 % sont dégoûtées,
28 % mal à l'aise,
26 % choquées,
6 % angoissées,
20 % amusées,
et 5 % adorent ça !
Et les garçons ?
54 % sont amusés,
34 % aiment ça,
16 % trouvent ces films utiles,
13 % sont dégoûtés,
7 % mal à l'aise,
7 % choqués,
2 % angoissés…
Morale : les garçons aiment plus le porno que les filles, mais tous n'en sont pas fans non plus…

Potins

Vous ne résistez pas à la couverture d'un magazine people ? Vous avez entendu dire que... Bref, vous êtes la reine des potins !

P

Potins, ragots, commérages...

Le potin fait les choux gras des journaux à sensation : la star de la mode Unetelle sort avec l'étoile du rock la plus en vue du moment, mais leur relation est chaotique ! Avouez, vous frissonnez de plaisir à lire les quelques lignes et à regarder les dizaines de photos... et ne prétextez pas que votre main est tombée accidentellement sur le numéro de septembre chez le coiffeur. Comme tout le monde, on aime bien « ragoter », déguster de menus potins quand on déjeune avec les copines, dire de temps en temps : « Tu sais quoi ? » Alors, comme le dit le vieux dicton, la curiosité est-elle un vilain défaut ?

Ça fait du bien

Le nez collé dans votre magazine, ou l'oreille ouverte aux derniers ragots de la classe, vous vous dites que tout de même ce n'est pas bien de fouiller dans la vie des gens comme ça. Assumez votre tendance aux ragots, ils ont leur utilité ! Tout d'abord, ça rassure de savoir que même les stars ou les canons du collège ont leur petit défaut physique caché. Ensuite, ça crée une complicité entre copines, on discute, on rigole (attention, on ne se moque pas !), on partage ses impressions. Et, enfin, c'est assez valorisant d'être celle qui a une info toute fraîche à divulguer. Ça regonfle l'ego !

Mauvaise langue

Mais attention, distinguez les petits potins anodins des grosses rumeurs ravageuses ! Ne divulguez pas des choses confidentielles, qu'il s'agisse d'info ou d'intox. Cela risque de blesser la personne concernée et de vous valoir une réputation de mauvaise langue sur mesure. En avez-vous envie ? De plus, si vous entendez une rumeur, n'y prêtez pas trop attention, sachez démêler le vrai du faux. Le potin doit rester une histoire sans importance. N'en faites pas votre activité favorite, usez-en avec parcimonie, sans en rajouter des tonnes. En donnant l'impression de ne pas savoir garder un secret, vous risqueriez de vous mettre vos copines à dos et de perdre leur confiance. Ne confondez pas les stars de papier glacé avec vos amies de chair, de sang et de cœur.

FLASH SUR LE NET

Voici quelques sites où vous trouverez tous les potins sur vos stars préférées : www.non-stop-people.com, www.potins.net ou www.jadorelespotins.com. Souvenez-vous de la devise : « Toutes les vérités ne sont pas bonnes à dire, mais tous les potins sont bons à entendre » !

+ Réputation, p. 288.

Chacune son histoire

« Toutes les semaines, je feuillette le magazine télé pour suivre les petites histoires. Je trouve ça amusant, même si je ne pense pas que tout soit vrai. On voit tellement souvent les mêmes personnes à la télé qu'on a l'impression de les connaître et qu'on a besoin de savoir ce qu'elles deviennent. Après, on en discute au collège entre nous, on se met mutuellement à jour ! »

Marie, 16 ans

Pratiques sexuelles

**Il existe mille et une façons de faire l'amour.
Certaines pratiques nous semblent naturelles
D'autres nous font parfois un peu peur ou nous répugnent...**

Chacune son histoire

Je n'arrive pas à atteindre l'orgasme quand mon copain me pénètre. Est-ce normal ?

Oui, tout à fait normal. À l'intérieur, notre vagin n'est pas très sensible ; la seule pénétration suffit rarement à nous faire jouir. Il faut aussi que notre vulve et notre clitoris soient stimulés : par le frottement du corps de notre petit ami par exemple. Parfois, il faut « tâtonner » pour trouver la bonne position : à explorer à deux, en en parlant… et en en riant !!

Maëlle, 18 ans

Les préliminaires sont-ils indispensables ?

Rien n'est obligé, mais ils nous permettent d'apprécier encore plus les moments qui vont suivre. Certains amants qui se connaissent bien s'en passent parfois, mais d'un commun accord. Si votre copain vous néglige, protestez… ou quittez-le, car c'est un mufle (il y en a) !

Rose, 18 ans

J'ai envie de me caresser pendant l'amour, mais je n'ose pas. Que faire ?

C'est une pratique très courante : beaucoup de filles le font, si le corps de leur partenaire ne frotte pas suffisamment sur leur vulve. Dites à votre chéri que vous en avez envie et faites-le. Si c'est le moyen pour vous d'avoir plus de plaisir et un orgasme, il appréciera !

Aude, 17 ans

Les différentes pratiques

Vous avez survécu à votre « première fois » et, bien sûr, vous avez envie de recommencer ! Au cours des fois suivantes, souvent, le garçon peut demander à la fille de tenter d'autres gestes, d'autres façons de faire l'amour. Elle peut en avoir envie elle aussi ; mais parfois ça la dégoûte. Pour que tout se passe bien, la règle est de ne jamais accepter de faire quelque chose dont on n'a pas envie. Mais n'envoyez pas non plus votre petit ami sur les roses – sans doute a-t-il dû surmonter sa timidité pour exprimer son désir. Ce n'est pas un pervers : il en a juste envie. À votre tour, exprimez-lui vos réticences, dites-lui que vous n'avez jamais fait ça… Soit vous remettrez cet acte à plus tard, soit vous l'essaierez de façon tendre. Quoi qu'il en soit, vous êtes libre, à n'importe quel moment, d'interrompre un acte ou une caresse qui vous met mal à l'aise.

• **La fellation** consiste à prendre le pénis du garçon dans la bouche et à le caresser avec les lèvres et la langue. Beaucoup de garçons adorent cette caresse, qui leur procure un énorme plaisir. Les filles peuvent trouver ça dégoûtant. Sachez que l'urine ne peut pas se mélanger au sperme, une sorte de petite « porte » vient en boucher l'accès. Mais, si vous n'en avez pas envie, vous n'êtes jamais obligée. Pensez toujours au préservatif car les IST se répandent aussi par la bouche.

• **Le cunnilingus** est l'équivalent de la fellation, mais pour la fille : le garçon lèche avec sa langue le vagin et le clitoris. On peut être gênée d'être « observée » de si près et aussi avoir peur de l'odeur de notre sexe. Le sexe ne sent pas mauvais, juste parfois un peu fort, ça n'a rien à voir et c'est souvent très excitant pour les garçons.

• **Le 69** est une position dont vous avez sans doute déjà entendu parler. C'est un acte très sexuel, car vous n'êtes plus visage contre visage mais tête-bêche : lui caresse ou lèche votre vulve pendant que vous faites la même chose avec son pénis. Réservé à ceux qui ont une vraie complicité sexuelle !

• **La levrette** signifie que la fille se met à quatre pattes et que le garçon la pénètre en se tenant à genoux derrière elle. Ce n'est pas humiliant pour la fille, à condition encore une fois qu'elle se sente en confiance.

• **La sodomie**, c'est l'homme pénètre la femme par l'anus, et non par le vagin. C'est une pratique taboue, on en parle avec gêne, elle est même interdite par l'Église et par la loi dans certains pays. Elle vous fait très peur ? Elle peut en effet être douloureuse et demande beaucoup de douceur. Cette position est réservée aux amants adultes et expérimentés. Retenez que vous avez tout le temps pour découvrir ces pratiques et pour vous épanouir sexuellement. Rien ne presse.

L'amour à distance

Les vacances, les examens, les études vous éloignent parfois plusieurs jours, voire plusieurs semaines de votre petit ami et il commence à vous manquer… physiquement aussi. Vous avez envie de lui, mais le temps des retrouvailles n'est pas près d'arriver. Avez-vous pensé au téléphone ou à la discussion instantanée avec la vidéo ? Rien de porno dans tout ça bien sûr, il s'agit juste de vous faire plaisir de l'autre côté du combiné ou de l'écran en attendant de vous retrouver. Pour cela, assurez-vous que vous êtes bien seule dans votre chambre et que vous n'allez pas être dérangée par vos parents ou votre petit frère. Sinon, ça craint ! Proposez à votre petit ami de se caresser et faites de même, décrivez-vous dans l'action, dites-vous des mots doux… L'excitation peut vite monter, vous verrez.

+
Amour physique, p. 27.
Masturbation, p. 205.
Plaisir sexuel, p. 249.
Pornos (films), p. 254.
Préservatif, p. 261.
Vagin, p. 362.

Première fois

Quand c'est voulu et préparé, faire l'amour pour la première fois, c'est excitant mais terriblement flippant ! Il faut avoir confiance en vous et en votre partenaire.

P

Le mythe de la première fois

Lors du premier rapport sexuel, tout se passe très naturellement. Filles comme garçons, nous ne sommes ni très expérimentés ni très sûrs de nous. Personne ne se risque à des postures acrobatiques ! Les corps se dénudent, s'étreignent ; les bouches se joignent ; les mains caressent, explorent ; l'excitation monte. Chez la fille, ces caresses préliminaires sont très importantes car elles permettent à son vagin de s'humecter, de s'ouvrir et de se préparer à la pénétration.

La pénétration

Certaines filles se demandent comment le garçon va réussir à introduire son pénis dans leur vagin. Rassurez-vous, il n'y a pas besoin de notice technique ! En général, le garçon vient sur la fille, en se plaçant sur les coudes. Son sexe en érection frotte contre le vagin, qui s'humidifie et s'ouvre de plus en plus, et d'un seul coup il pénètre dans ce petit tunnel. Ne craignez rien : si vous y êtes préparée, ça ne fait pas si mal. Ensuite, le garçon fait des mouvements de va-et-vient que la fille peut accompagner avec son bassin, jusqu'à ce que l'orgasme s'ensuive et que son partenaire éjacule.

La bonne position

Cette posture hyper-classique est connue sous le nom de « position du missionnaire ». Les amants expérimentés la trouvent un peu ennuyeuse ; mais, pour des débutants, elle est idéale car c'est la plus confortable. Elle permet aussi d'être visage contre visage avec son partenaire, de pouvoir s'embrasser, se chuchoter des mots tendres ou coquins, de garder le contact et de se faire un gros câlin après l'acte. Mais inutile de s'y tenir de manière figée. Pendant l'acte d'amour, les corps bougent : on se met parfois sur le côté, ou la fille monte sur le garçon, puis à nouveau le garçon sur la fille, on fait des roulades et des galipettes sur le lit. Du moment que la position est confortable et bien vécue par les deux partenaires, tout est possible, rien n'est choquant.

Amour physique, p. 27.
Masturbation, p. 205.
Plaisir sexuel, p. 249.
Pratiques sexuelles, p. 257.
Préservatif, p. 261.
Vagin, p. 362.

Secrets de filles

Pour que le préservatif ne soit pas un tue-l'amour…

Quand on ne connaît pas bien son partenaire, le préservatif est le seul moyen de se protéger des risques d'IST. Mais ce petit bout de plastique pose parfois des problèmes : pour le garçon, l'enfiler est parfois une galère qui gâche un peu l'ambiance.

Soyez maligne : il suffit d'en faire un jeu à deux et tout ira bien.

- Pendant les préliminaires, ayez une boîte de préservatifs à portée de main.
- Une fois que vous êtes prêts tous les deux, prenez vous-même la capote.
- Déchirez le sachet avec précaution (surtout pas avec les dents, même si vous êtes pressés !), pincez le réservoir entre vos doigts pour en chasser l'air.
- Posez la main sur le sexe de votre partenaire et caressez-le doucement. De l'autre main, posez l'ouverture du préservatif sur son gland.
- Avec vos deux mains, déroulez doucement le préservatif jusqu'à ce qu'il atteigne la base de la verge, si besoin avec l'aide de votre ami. Vous verrez, ça sera beaucoup plus amusant et érotique pour vous et pour lui.

Prénom

On s'invente toutes des surnoms rigolos sur les réseaux sociaux, mais l'immense majorité d'entre nous est attachée à son prénom. Le vôtre vous gêne ?

P

Une histoire d'amour

Autrefois, l'usage du prénom était réservé aux proches. Aujourd'hui, les profs nous appellent par notre prénom. Plus tard, nos collègues de travail aussi. Notre prénom nous suit partout : il reflète donc notre identité, notre moi profond. Une enquête de 2014 a montré que 84 % des 16-20 ans aiment leur prénom et que celui-ci les rend « heureux » (sic !).
À l'adolescence cependant, le rapport à notre prénom devient plus complexe. On a envie de se démarquer, voire de se réinventer. Plus notre prénom est rare (du moment qu'il n'est pas vécu comme ridicule), plus nous en sommes fières car cela marque notre différence. Nous ne sommes pas comme tout le monde !
Quand nous étions petites, c'était l'inverse : on préférait se fondre dans le troupeau.

Quand ça coince

Il existe cependant une minorité d'entre nous qui vit mal son prénom. Il y a plusieurs cas de figure. Soit c'est parce qu'il nous renvoie à quelque chose que nous rejetons : un membre de notre famille ? Une culture ? Soit, de façon plus banale, c'est parce que 3 filles dans la classe portent le même que nous !
Ou, à l'inverse, c'est parce qu'il est démodé et *has been*. Certains prénoms font aussi l'objet de sobriquets dans la cour de récré dont on peut souffrir…
Rassurez-vous : en général, ces sobriquets ne survivent pas aux années collège. Plus tard, dans votre vie d'adulte, vous n'en entendrez plus parler. Un prénom très courant ou démodé ne posera pas non plus de problème : vous aurez mille autres occasions d'affirmer votre personnalité.
Reste le cas où un prénom n'est pas assumé pour des raisons plus profondes : il demande alors un travail d'acceptation qui risque de prendre davantage de temps…

Tricher avec son prénom

En attendant, rien ne vous empêche d'adopter un surnom ou un diminutif à votre goût. Beaucoup d'adolescents le font d'ailleurs, même en aimant leur prénom. C'est une façon de jouer avec son identité et d'en tester une nouvelle ! Sur Internet, on ne s'en prive pas : qui se cache derrière Miss Panda, Laviolette, Nanou34 ou Lollipop ? Sans doute des Clara, Emma, Léa et autres !
En panne d'inspiration ? Demandez à vos copines de vous aider. Géraldine peut se transformer en Gigi, Gabrielle en Gaby, Marie-Jeanne en MJ, Estelle en Stella…
Certaines de ces transformations peuvent vous suivre toute votre vie. Ainsi Noémie se rappelle : « Maria, une amie d'origine espagnole, détestait tellement son prénom qu'elle se faisait appeler Marina. Il lui a suffi d'ajouter un "n". Cela fait des années que je la connais et je viens tout juste de l'apprendre. »

Ce qu'en dit la loi

Changer de prénom est possible depuis la loi du 8 janvier 1993. C'est le cas de 3 000 personnes en France chaque année.
Pour qu'elle soit acceptée, la demande doit être motivée par un « intérêt légitime » : la volonté de francisation du prénom, la crainte d'une discrimination raciale, un motif religieux, l'usage prolongé d'un autre prénom, la jonction d'un nom et d'un prénom à consonance ridicule. En résumé, le goût n'est pas un argument.
En revanche, il est possible d'utiliser son deuxième, son troisième ou son quatrième prénom à la place du premier (article 57 du Code civil).
Saviez-vous qu'Arthur Rimbaud s'appelait en réalité Jean Nicolas Arthur Rimbaud ?

+ **C**omplexes, p. 74.
Regard sur soi, p. 279.

Préservatif

Tout le monde en parle, on en fait de la pub à la télé, vous savez comment c'est fait et à quoi ça sert... mais pas très bien comment on l'utilise.

Une protection

Parce qu'il retient le sperme, le préservatif est un moyen de contraception, c'est-à-dire qu'il permet (s'il ne craque pas et s'il est bien posé) de ne pas tomber enceinte.
Mais c'est aussi le seul moyen de se protéger contre les infections sexuellement transmissibles (IST), donc contre le sida, qui reste une maladie mortelle. C'est pour cette raison que le préservatif est le meilleur compagnon des jeunes qui démarrent leur vie sexuelle.

Respect !

Le préservatif n'est pas qu'une affaire de garçons : il concerne aussi les filles. Dès que vous commencez à avoir des relations qui dépassent le simple flirt, vous pouvez avoir un préservatif dans votre sac sans passer pour une fille facile !
Vous aurez simplement l'air de quelqu'un de responsable, qui se protège et qui prend soin de son partenaire, et ça c'est « respect » !
Certes, aller l'acheter peut sembler terriblement difficile.
Au début, vous pouvez vous en procurer dans des distributeurs. Certaines associations en délivrent gratuitement. Puis, peu à peu, vous prendrez confiance et ce geste deviendra naturel.
Il est préférable de parler du préservatif avant d'être dans le feu de l'action, où l'on est parfois tétanisée ou sur une autre planète. S'aimer c'est aussi parler, échanger sur les choix à faire.

Le bon usage

L'usage du préservatif peut paraître contraignant, mais, si la pose devient un jeu, un rituel, un moment où l'on en profite pour caresser la verge, il fera alors partie de l'acte sexuel et ne cassera pas l'ambiance.
Notez bien qu'il est recommandé de prendre la pilule en parallèle, car il peut craquer.
Quand l'histoire d'amour se poursuit, on peut abandonner le préservatif après avoir fait tous les deux un test VIH[1] et avoir choisi un autre moyen de contraception.

[1] Pour dépister le virus de l'immunodéficience humaine, responsable du sida.

+ IST, p. 175.
Pilule, p. 247.
Pilule du lendemain, p. 248.

Secrets de filles

Le préservatif se décline aussi au féminin et, comme celui des garçons, il empêche le passage des spermatozoïdes dans le vagin. Il n'est pas conseillé pour la première fois, car il est nécessaire de bien connaître son corps pour le poser correctement. L'avantage est qu'il peut se mettre avant l'acte, alors que le préservatif se place sur le sexe en érection.
Il en existe dans de nombreuses marques et tailles. Choisissez toujours de préférence les marques portant le sigle CE ou NF. On le trouve dans les pharmacies et sur Internet. Son coût est plus élevé que celui du préservatif masculin (à titre indicatif, 8,70 euros la boîte de 3 en pharmacie), mais on peut en obtenir gratuitement dans les CPEF (centres de planification et d'éducation familiale), dans les centres de dépistage et dans les associations de lutte contre le VIH.

Prince charmant

P

Le mythe du prince charmant… ringard ? Pas si sûr ! Qui n'a jamais imaginé rencontrer l'homme idéal, beau, fort, intelligent ? Une chose est sûre, vous ne le trouverez pas en rêvant sur votre lit !

Comme dans les contes…

Nous sommes bercées par les contes de fées depuis notre plus tendre enfance. Nous avons toutes rêvé du prince avec Aurore, Cendrillon, Blanche-Neige… Ces fils de roi avaient d'ailleurs une image évanescente, une présence plus fictive que réelle. Car le prince charmant tient plus du fantasme que de la réalité. Aujourd'hui, les romans, le cinéma et les magazines ont remplacé les contes. Les princes ont laissé la place aux héros des séries télévisées et des films. Ceux-là sont bien en chair et en muscles, mais vous continuez à rêver. Car derrière, il y a l'envie d'être amoureuse, le désir de trouver l'âme sœur. À chacune ses préférences : blond aux yeux bleus, brun aux yeux verts, grand, sportif, attentif, drôle, câlin, intelligent… Bref un homme idéal, qui n'a qu'un défaut : ne pas se montrer !

Du rêve à la réalité

Autant de qualités chez un seul garçon, pour être honnête, c'est difficile à trouver. Ouvrez les yeux, et ne rejetez pas tous les garçons du collège sous prétexte qu'ils ne correspondent pas à vos attentes. D'accord, vous les trouvez un peu bêtes, puérils, et ce ne sont pas des play-boys… Mais ils sont eux aussi en pleine mutation psychologique et physique. Sachez donc déceler leur charme au-delà de l'apparence.

PAROLES DE STAR

Le prince charmant version XXIe siècle existe-t-il encore ? À en croire le rappeur Keen'V en 2011, dans sa chanson *Prince charmant*, les filles en rêvent encore : « T'aimerais que j'sois comme Leonardo et que j'pleure / Qu'à la Saint-Valentin j't'offre des fleurs / Qu'une fois à nos rendez-vous j'sois à l'heure / Mais j'f'rai rien d'tout ça car j'suis un loser… T'aimerais que j'plaise à tes parents / Qu'avec tes amis j'sois marrant / Que j'sois sensible et élégant / Mais romantique évidemment / Que j'fasse tout pour te satisfaire / Que j'me fasse beau juste pour te plaire / Que j'oublie pas ton anniversaire. »

Chacune son histoire

« Je rêve au prince charmant. Je n'arrête pas d' y penser, surtout quand je vois mes copines avec le leur. Je n'imagine pas un garçon parfait, mais j'ai quand même mes critères : qu'il soit grand, fort et intelligent, comme dans les contes de fées, mais là il ne faut pas rêver ! Je ne suis même pas certaine que ce soit si génial. Du charme, de l'humour, un peu de caractère, mais pas trop jaloux pour pimenter l'histoire, ça ne me déplairait pas. En fait, le mieux, c'est de ne pas chercher et surtout d'être réaliste ! »

Aurélie, 16 ans

“ Dites au prince charmant que je suis partie sur son cheval blanc… ”
LIO

J'épate les copines

Bridget Jones, ça ne vous évoque rien ? Vous ne pouvez pas passer à côté des aventures de cette trentenaire, héroïne de deux livres (*Le Journal de Bridget Jones* et *L'Âge de raison*, éditions J'ai Lu) adaptés au cinéma. Bridget est le stéréotype des jeunes filles d'aujourd'hui : plutôt bien dans leur tête, soucieuses de leur ligne, en quête du prince charmant, mais pas franchement douées pour le trouver ! Cette thématique de la recherche du grand amour est devenue un véritable phénomène de mode. Elle a été rapidement reprise par de nombreux auteurs anglo-saxons. Ces romans au ton drôle et pertinent ont remplacé les histoires sentimentales que lisaient nos mères.

Action, réaction !

Les histoires d'amour vous font frissonner, les beaux films vous font pleurer ? Soyez prudente, ce ne sont que des fictions. Votre vie n'est pas un roman.
Il est certain que ce n'est pas en restant assise sur votre canapé ou en passant vos journées au téléphone que vous croiserez votre prince charmant !
Même si Internet peut favoriser les rencontres, rien ne vaut la vie réelle. Forcez un peu le destin : les rencontres, ça se provoque aussi.

Atout cœur

Un prince charmant cherche également une princesse… charmante. Vous devez vous sentir prête à conquérir le cœur d'un garçon. Si vous êtes invitée à un anniversaire, mettez toutes les chances de votre côté, mais en veillant à rester vous-même. Ne portez pas de talons si vous passez vos journées en basket. Oubliez la robe de soirée si tout le monde est en jean. Vous n'êtes pas Cendrillon à l'heure du bal. Un bon look et de bonnes manières devraient suffire.

Un prince à soi

La séduction est une affaire d'appréciation personnelle, et votre prince ne sera sans doute charmant que pour vous. L'amour est aveugle, dit-on…
Lorsque le moment magique sera arrivé, vous trouverez les plus grands charmes à l'élu de votre cœur même si ce n'est pas le cas de vos amies. Ne les écoutez pas si elles vous disent qu'il est banal, qu'elles ne voient pas ce que vous lui trouvez : tant mieux s'il ne leur plaît pas, comme ça elles ne seront pas tentées de le séduire !

+
Amour, p. 23.
Coup de foudre, p. 85.
Séduction, p. 306.
Séries TV, p. 310.
Stars, p. 333.

Vu par les garçons

« Il faudrait que les filles arrêtent de croire au prince charmant. On ne peut pas être parfaits et, honnêtement, je pense que les garçons ne sont pas si mauvais qu'elles le prétendent. À défaut d'être beaux, on a tous un certain charme. De toutes façons, il n'y a pas que ça qui compte. Je pense qu'en fait les garçons sont moins exigeants que les filles. »

Hugo, 17 ans

Profs

Il y a ceux qu'on admire et ceux qu'on ne peut pas encadrer ! À partir du collège, les profs deviennent partie intégrante de notre univers. On pense beaucoup à eux... parfois un peu trop !

pas comme ma mère

• **Autrefois** (plutôt au temps de nos grands-mères d'ailleurs) : les profs étaient des sortes de notables de la société. Des lettrés, des savants. Leur autorité était indiscutable : ils avaient le droit de donner des punitions corporelles à leurs élèves ; les violences physiques étaient considérées comme normales.

• **Aujourd'hui :** le statut des profs n'est plus aussi gratifiant. Leurs conditions de travail ont changé. On les considère parfois comme des fonctionnaires un peu paresseux ! Les droits des élèves sont mieux reconnus : les punitions corporelles ne sont plus tolérées. Les profs ont parfois du mal à se faire respecter. Si on ne donne pas raison aux passéistes, aux tenants du « c'était mieux avant », on ne doit pas pour autant tout se permettre avec eux : donc, pas de tutoiement, pas d'injures, pas d'insolence…

Le p'tit monde des profs

Fini le temps où l'on avait UN maître ou UNE maîtresse, quelqu'un que l'on voyait plusieurs heures chaque jour, qui nous devenait familier et nous connaissait bien. La « maîtresse » était une sorte de maman bis : elle nous grondait, nous complimentait. Elle nous traitait comme une enfant… que nous étions. Souvent, d'ailleurs, nous jouions à la maîtresse d'école : nous voulions nous mettre à sa place. Quand on rentre au collège, l'ambiance change. Les profs, il y en a plein, ce n'est plus la même relation. Parfois, ils mettent un sacré bout de temps à se souvenir de notre prénom et n'arrivent toujours pas en fin d'année à prononcer correctement notre nom de famille ! Une distance nouvelle s'instaure. On ne peut pas les appeler par leur prénom (il faut dire « monsieur » ou « madame »), les interpeller à tout bout de champ, se confier à eux : il faut leur montrer du respect, de la déférence. Ils nous le font bien sentir dès le début de l'année et, au moindre faux pas, on a droit à une remarque ! En fait, ils ne nous traitent plus comme des enfants mais comme des adultes – des adultes qui ne sont pas à égalité avec eux… C'est parfois dur de s'habituer à ces règles de communication, plus matures et impersonnelles, tout en gardant notre statut d'élève bien docile. Du coup, les profs ont tendance à devenir nos bêtes noires. Avec les copines, on en parle tout le temps, on se moque d'eux : le chignon ridicule de Mme Bidule (la prof de français), les tenues vulgaires de Mme Machin (la prof d'anglais), le début de calvitie de M. Coincé-à-Lunettes (le prof de maths). On se moque aussi des chouchoutes de la classe, celles qui se mettent tout le temps au premier rang et qui lèvent le doigt sans arrêt. Entre élèves, on se serre les coudes, on fait corps. C'est presque un conflit de « classe » : les élèves contre les maîtres, les opprimés contre les oppresseurs ! Toutes ces moqueries sont saines, ne nous en privons pas : elles servent à libérer la tension. Mais elles révèlent aussi que nous pensons énormément aux profs, qu'ils nous préoccupent et prennent une place grandissante dans notre vie.

« Les professeurs ouvrent les portes, mais vous devez entrer vous-même. »
Proverbe chinois

« Il ne peut pas me saquer »

Petit à petit, au fil des mois, une relation se crée avec chacun de nos profs – notamment avec ceux que l'on retrouve d'une année sur l'autre. Ce n'est pas le même genre de relation qu'avec notre ancienne maîtresse, mais quand même, quelque chose existe. D'ailleurs, quand rien ne se passe, on a la sensation que le prof est indifférent à notre sort et se désintéresse de son métier – cela arrive, il y a des profs blasés qui n'ont pas la vocation ou qui l'ont perdue. Bizarrement, on préférerait que le prof nous « ait dans le pif » plutôt que d'avoir l'impression qu'il ne nous voit pas. Car les profs, comme nos parents, sont une figure d'autorité de notre adolescence. Nous aimons nous y confronter – mais pour ce faire, il faut qu'ils aient un peu de consistance.
En fait, rétrospectivement, on voit que ce sont les profs au caractère bien trempé qui nous marquent. Plus tard, on se souvient d'eux avec le sourire et avec une certaine nostalgie. Pour l'heure, ce n'est pas toujours rose : il y en a qu'on ne peut pas supporter (on les trouve ennuyeux, autoritaires, injustes dans leur notation). Plus grave, on a parfois l'impression d'être leur tête de Turc. Il nous a repérée, il ne nous aime pas, c'est certain. Il ne rate pas une occasion de nous critiquer, il ne reconnaît pas nos efforts…

Chacun sa vie

La petite erreur que l'on commet, c'est de placer la relation avec les profs sur le plan personnel et affectif. Mais, les filles, vous n'êtes pas mariées à vos profs ! Vous n'êtes pas le centre de leur vie ; faites en sorte qu'ils ne deviennent pas le centre de la vôtre. Ce sont seulement des profs : c'est-à-dire des gens comme plein d'autres dans la rue, qui ont un boulot… et une vie privée. Ça fait toujours drôle de croiser un de ses profs dans la rue, parfois au bras de son mari ou de sa femme ou avec ses enfants : soudain, c'est quelqu'un d'ordinaire, et on réalise avec stupeur qu'il existe en dehors de ses cours.
Cela dédramatise tout : arrêtez de vous monter la tête à cause de l'autorité d'un prof, de son pouvoir et de sa prétendue inimitié envers vous. Tous deux, vous jouez les rôles du professeur et de l'élève. Respectez ces rôles pendant la durée du cours, remplissez votre devoir (et vos devoirs) d'élève – et, en dehors de ça, faites votre vie, comme lui fait la sienne. Rien n'est personnel. Si vous ne vous sentez pas d'affinités avec un de vos profs, ce n'est pas une raison pour lui manquer de respect ou négliger votre travail. Pensez à vous : plus tard, vous aurez peut-être un patron ou des collègues que vous n'apprécierez pas trop. Est-ce que vous bazarderez votre boulot pour autant ? Sans doute que non, car ce ne serait pas dans votre intérêt !
Et puis, prenez votre mal en patience : ce prof ne vous suivra pas toute la vie. Et dites-vous que le fait de communiquer avec des gens qu'on n'aime pas, avec lesquels on n'a pas de relations personnelles (d'amour, de dépendance ou d'amitié), fait partie de l'apprentissage de la vie d'adulte.

TU C KOI :-)

C'est rare, mais, si vous avez l'impression que votre prof exagère, s'il multiplie les vexations verbales, vous humilie… ou, plus grave, s'il a des gestes violents ou déplacés (de nature sexuelle), il faut en parler au prof principal et/ou au principal du collège, ainsi qu'à vos parents.
Le prof peut recevoir un avertissement – dans le pire des cas, être changé d'école ou suspendu (il ne peut pas être viré). Les profs ont aussi le devoir de vous respecter et de vous traiter comme des personnes.

+ Autorité, p. 37.
Échec scolaire, p. 109.
Violence, p. 369.

P

Psychologue

Chagrin, phobie, angoisse... Autant de raisons de voir un « psy ». Quand on n'arrive plus à s'en sortir seule, consulter un spécialiste est la solution. Mais vers quel psy se tourner ?

P

> « Tes yeux sont trop près de ton nez pour le voir. »
>
> Boris CYRULNIK

Quand la souffrance nous submerge

Face aux accidents de la vie, nous n'avons pas toujours les ressources physiques, psychologiques et morales pour faire face : divorce des parents, difficultés relationnelles à l'école ou avec sa famille, deuil…
À la suite de ces événements, des symptômes comme l'anxiété, la dépression, un sentiment de fatigue, des pensées fixes, des troubles du comportement ou du sommeil peuvent apparaître. Quand la souffrance devient insupportable, en parler à ses proches ne suffit plus. Il faut envisager une aide extérieure.

Fi des résistances !

Consulter un psy, ce n'est pas être faible ou folle ! L'éducation, tournée vers la réussite, nous pousse à cacher notre fragilité. En plus de la peur du regard des autres, on craint souvent de devoir changer de comportement à cause de la psychothérapie, ou de découvrir un monstre à l'intérieur de soi. Raconter sa vie à quelqu'un que l'on ne connaît pas peut paraître difficile. Mais point de salut sans dépasser cette peur.

Quel « psy » choisir ?

Une fois la décision prise de reprendre son destin en main, reste à trouver le « psy » adapté à la situation.
Le psychologue clinicien s'intéresse à l'histoire des individus et à la façon dont leur personnalité s'est construite. Il utilise les tests de personnalité pour évaluer leurs capacités intellectuelles et leur niveau psychoaffectif. Par le dialogue, il les aide à faire le point sur des problèmes d'adaptation ou des troubles du comportement.
Le psychothérapeute, psychologue ou médecin, est formé à une ou plusieurs méthodes thérapeutiques : psychothérapie émotionnelle, psychocorporelle, familiale ou comportementale. Spécialiste du soin et de la guérison, il peut travailler en face-à-face, en groupe ou en famille.
Le psychiatre est un médecin spécialiste des troubles psychiques (dépression, anxiété, phobies). Il soigne avec des médicaments, mais peut aussi proposer une psychothérapie.
Le psychanalyste accède à cette spécialité après avoir lui-même effectué une analyse. Il tente de repérer ce qui, inconsciemment, détermine les choix de son patient, ses conduites… Lors d'une séance, le patient s'allonge sur un divan et le psychanalyste s'assied derrière lui.
Pourquoi faire appel à un tiers pour comprendre des problèmes intimes ? Parce qu'on n'a pas le recul nécessaire pour analyser sa propre situation.

INTOX

Contrairement aux idées reçues véhiculées par les médias et le cinéma, le psy n'est pas obligatoirement froid et silencieux. Il écoute son patient, le guide dans la compréhension de ses problèmes, et ne passe pas son temps à dessiner ou à faire sa liste de courses pendant la séance.

+
Angoisse, p. 29.
Dépression, p. 92.
Inceste, p. 161.
Suicide, p. 341.
Timidité, p. 354.
Viol, p. 368.

Puberté

Tout commence avec quelques poils... Puis on pousse comme une asperge, on grossit, la poitrine enfle, les hanches s'arrondissent. Et crac, un jour, on a ses règles ! La puberté est une révolution du corps, mais aussi de l'esprit.

Mon corps, cet étranger

Le mot puberté vient du latin pubere, « se couvrir de poils ». Appétissant, non ? Souvent, même si cette puberté, synonyme de féminité, nous faisait fantasmer, sa réalité nous dépasse un peu. Plein de choses que nous n'avions pas prévues se produisent dans notre corps.

- **Les seins grossissent,** mais pas toujours comme on le souhaitait : ils sont trop petits, trop lourds, ils ont une forme qu'on n'aime pas ou pas la même taille ! Ce dernier souci est souvent passager. Et puis leur bout, l'aréole, est devenu plus large et plus foncé. Bizarre ! Au début, on trouve ça moche...
- **Le sexe change :** il enfle, se développe, bombe vers l'avant, des replis de peau (les lèvres) dépassent. On les observe dans la glace et on a honte, ça met mal à l'aise...
- **La silhouette se modifie :** parfois, on se met à pousser brutalement, et, pendant un moment, les jambes sont plus grandes que le torse. Ou le contraire... Parfois aussi, on ne grandit pas autant qu'on le voudrait. Les fesses, les hanches, les genoux, les cuisses s'arrondissent. Va-t-on devenir monstrueuse ? Mais non, rassurez-vous, tout cela s'équilibrera avec le temps.
- **Des poils poussent** sous nos aisselles, sur nos jambes, notre pubis... voire ailleurs. On peut même avoir un duvet au-dessus de la lèvre supérieure : une moustache, quoi ! L'horreur absolue.
- **On transpire davantage,** on a les cheveux gras et parfois même, pour parfaire le tableau, de l'acné.
- **Enfin, cerise sur le gâteau :** on a ses règles. C'est-à-dire du sang qui coule entre les cuisses tous les mois. Et, avec tout ça, il faudrait que l'on se sente femme, séduisante, sûre de soi ?

Allô maman bobo

On a plutôt envie d'aller se réfugier dans les jupes de maman et de se faire consoler comme un bébé. Nous, les grandes filles désormais « pubères ». Eh oui ! Ou alors, on se blottit au fond de son lit en chien de fusil, en suçotant le vieux doudou tout râpé que l'on avait un peu oublié depuis l'âge de 6 ans. En fait, la puberté nous ballotte d'un âge à l'autre, comme sur un radeau en pleine mer : un instant projetées sur les rivages exotiques de la féminité, nous sommes renvoyées la minute suivante dans les profondeurs obscures de l'enfance... On attrape le tournis, on ne s'y retrouve plus, on a comme un mal de mer (un mal de mère ?).

Chacune son histoire

« J'ai été pubère très tard. C'était l'angoisse : à 14 ans, je n'avais toujours rien, pas de poils, pas de seins. J'étais très complexée, car toutes les filles du collège avaient l'air de femmes et, moi, je passais pour une petite fille. Certaines se moquaient même de moi ! Je les enviais, je n'osais rien dire. Et puis tout s'est déclenché à 15 ans, et j'ai été très soulagée ! Je passais mon temps à admirer mes seins dans la glace de la salle de bains... La puberté, pour moi, ça a été un cadeau ! »

Valérie, 18 ans

> « On ne naît pas femme, on le devient. »
> Simone DE BEAUVOIR

TU C KOI :-)

Chez les filles, les premiers signes de la puberté apparaissent en moyenne entre 9 et 12 ans (parfois dès 8 ans). Elle s'achève vers 15-16 ans. Lorsque la puberté survient plus tôt, avant 8 ans, on parle de « puberté précoce ». C'est une pathologie qui est en augmentation de nos jours, en raison de certains produits chimiques présents dans notre environnement (hélas !). Il faut absolument consulter un médecin car il existe un traitement pour enrayer le processus, afin de prolonger la durée de la croissance.

Autodéfense

Nous nous adaptons à tous ces bouleversements de manière différente, selon notre personnalité. Certaines d'entre nous le vivent bien, d'autres un peu moins… Pourtant, même sans être des filles bourrées de complexes, nous adoptons parfois des stratégies d'autodéfense dont nous n'avons pas toujours conscience. Les paroles dont nos parents nous gratifient au quotidien peuvent nous aider à les décrypter :

• « Redresse-toi, tu es tout avachie ! »Vous avez sans doute opté pour la posture type de l'ado complexée : tête basse, épaules voûtées, ventre proéminent. Idéal pour cacher ses nouvelles formes !

• « Ton pull est à l'envers ! » Pas de doute, vous avez choisi l'option : je m'habille comme un sac, donc personne ne me verra…

• « Fais attention à ton poids ! » Vous avez tendance à vous venger sur le chocolat, version kamikaze de la balance : de toute façon, je suis moche, donc autant me faire plaisir… ou plutôt me faire vomir.

• « Tu n'as pas un peu maigri ? » La stratégie contraire : ne plus rien manger, comme ça on n'aura plus de fesses ni de seins, on restera une petite fille. C'est aussi une technique de kamikaze, ça s'appelle l'anorexie.

• « Tu me parles comme à un chien ! » En général, c'est notre mère qui le dit. Là, vous compensez sans doute par de l'agressivité verbale. C'est la technique bouledogue : je suis moche, donc je suis méchante…

• « Tu vas sortir comme ça ? » Là encore, c'est maman qui parle. La technique est alors tout à fait différente : elle consiste à s'habiller le plus vulgairement possible pour bien afficher ces formes qui nous perturbent. Une façon de se griller auprès de tous les garçons du collège ou du lycée… Oui, oui, c'est aussi de l'autodestruction.

Bref, à la puberté, on n'est jamais à court d'idées pour se punir de ce nouveau corps qui fait honte ! Et si on changeait de méthode ? Si on apprenait à s'aimer telle qu'on est ? C'est vrai, ce ne sera pas facile. Il faut en général plusieurs années pour s'habituer à cette nouvelle image que le miroir renvoie : savoir bouger, se sentir à l'aise avec ses nouvelles formes. Pensez à toutes ces stars super belles qui témoignent régulièrement dans les colonnes des magazines pour dire combien elles se trouvaient moches à l'adolescence…

Tout le monde a un jour ou l'autre des complexes. Sans oublier les garçons qui, eux non plus, n'ont pas la partie facile. Alors arrêtons de nous regarder le nombril et profitons de la vie.

PAROLES DE STAR

Quelques témoignages pour nous mettre du baume au cœur :

• **Shakira :** « Je me trouvais tous les défauts… surtout celui d'être trop petite et d'avoir de petits seins. Aujourd'hui, je m'accepte telle que je suis. Je ne me cache plus sous de larges pantalons et de longues chemises comme dans ma période ado. » (Hum… on avait remarqué !)

• **Pour Katy Perry,** c'est l'inverse : « J'avais d'énormes seins dont je ne savais quoi faire, alors je portais des soutiens-gorge minimiseurs. Il m'est même arrivé de me bander les seins. » (Gloups !)

• **Lady Gaga :** « Je me faisais vomir tout le temps au collège. Je voulais devenir une petite ballerine maigrelette, mais j'étais une voluptueuse petite fille italienne à qui son père faisait des boulettes de viande tous les soirs. » (Veinarde !)

• **Salma Hayek :** « J'étais la plus jeune dans la classe, toutes les filles ont commencé à avoir des seins et moi je n'avais rien. J'avais vraiment peur. Tout le monde se moquait de moi parce que j'étais le garçon manqué tout maigre. » (Et puis elle est devenue une bombe et les moqueurs ont compris leur douleur !).

Pudeur

Être pudique, c'est éprouver de la gêne à se dévoiler. Même s'il arrive d'être pudique vis-à-vis des sentiments, cette timidité naturelle est généralement liée au corps.

INTOX

Être pudique ne veut pas dire être « coincée » avec les garçons ! Il est vrai que la pudeur peut être un handicap dans les rapports amoureux. Encore une fois, il n'y a pas de honte à vouloir protéger son intimité. Prenez le temps d'en discuter avec votre petit ami. Certains de ses gestes ne vous plaisent pas ? Dites-le lui. Si vous lui parlez, il comprendra plus facilement vos blocages que si vous ne dites rien. Le secret pour être à l'aise consiste à prendre le temps de se connaître, de jouer avec l'autre et de communiquer.

Une question de culture

La pudeur est un refus de dévoiler son corps ou ses sentiments au regard des autres. C'est une notion très relative, qui varie d'une culture à une autre. Dans notre société occidentale, tout le monde porte des vêtements. Le corps nu est masqué et devient alors quelque chose d'intime. Ce n'est pas parce que les mannequins s'exposent en petite tenue sur les affiches publicitaires que les filles dans la rue en font autant ! Tout simplement parce que, chez nous, la nudité est une limite que l'on ne franchit que dans le cadre privé. Elle est donc encore taboue. En outre, en termes de pudeur vis-à-vis de son corps ou de ses sentiments, chacune a son propre baromètre. Certaines oseront un décolleté profond ou une minijupe, d'autres non. C'est ainsi !

Une attitude en famille

La pudeur intervient à la préadolescence, vers 10 ans. À ce moment-là, l'intimité est importante, s'enfermer dans sa chambre ou dans la salle de bains devient naturel. Si, quand vous étiez petite, vous montrer dénudée devant vos parents ou les entrevoir nus vous semblait normal, il y a des chances pour que vous soyez moins gênée par la nudité. À moins que, en réaction à cette surexposition du corps, vous n'ayez développé une certaine retenue. Si à la maison, au contraire, la nudité a toujours été du domaine privé, vous êtes certainement quelqu'un de plus pudique. Quoi qu'il en soit, vous êtes la seule personne à décider comment, et à qui, dévoiler votre corps.

Entre filles

Les vestiaires collectifs sont souvent le lieu où vous éprouvez vos premières sensations de gêne. Lorsque chacune se déshabille avant ou après un cours de gymnastique, il n'est pas toujours facile de préserver son intimité. Certaines filles, très à l'aise, se promènent en sous-vêtements, tandis que d'autres se font toutes petites dans un coin pour enfiler leur tenue de sport ou la retirer. Pudique ou non, il est important de respecter ses camarades. Si vous êtes gênée, ne culpabilisez pas, votre attitude est tout à fait normale car chacun a ses propres limites. Rien ni personne ne vous empêche de vous isoler ou de vous envelopper dans une serviette de bain lorsque vous vous changez ! Si vous êtes à l'aise, pensez à celles qui ne le sont pas et respectez leur intimité, sans provocation.

La pudeur du cœur

La pudeur n'est pas seulement physique, elle concerne aussi les sentiments et chacune a le droit d'avoir son jardin secret. Ne vous sentez pas coupable de ne pas dévoiler totalement vos pensées et vos sentiments à vos proches. S'ils insistent pour les connaître, c'est de l'indiscrétion.

+ Inceste, p. 161.
Intimité, p. 171.

Punitions

Les punitions, c'est réservé aux petits ! On aimerait y croire… jusqu'à ce que ça nous tombe dessus. Et là, on déchante !

Les privations

Quand on était petite, notre mère nous disait : « Si tu continues, tu seras privée de dessert ! » On continuait, et on était privée de dessert… mais ce n'était pas mortel. Aujourd'hui, on est privée de sortie avec les copines, d'Internet, de portable ou de tout autre élément indispensable à notre survie.
C'est beaucoup moins rigolo. Plus on grandit, plus les punitions nous semblent dures et même injustes : à partir de 12 ans, elles devraient être interdites. Nous ne sommes plus des enfants ! Se faire punir, c'est une vexation profonde, on se retrouve cloîtrée dans sa chambre comme une gamine… Et le pire, c'est qu'on n'arrive même plus à se calmer les nerfs en jouant aux poupées Barbie… Bon, en général, quand on en arrive à la punition – sauf si on a pour parents des tortionnaires –, c'est qu'il y a un souci à la clé. Une mauvaise note au collège (ou plutôt plusieurs mauvaises notes répétées) ? Un avertissement de la dirlo ? Un écart de conduite ? Une grosse insolence ? Une désobéissance caractérisée ? Exemple type de boulette qui mène systématiquement à la punition : on est rentrée plus tard que prévu d'une soirée (sans prévenir), on a séché un cours, on textote pendant les repas, on a insulté quelqu'un, on ne fait rien à la maison et on laisse notre chambre en vrac… Bon, avouons-le : même si on s'indigne haut et fort devant l'injustice de cette punition, tout au fond de nous, on sait bien qu'elle est justifiée. Et donc méritée !

C'est leur rôle !

Soyez honnête : si vos parents vous laissaient faire tout ce que vous voulez, sans sévir ni mettre le holà de temps en temps, peut-être vous sentiriez-vous un peu perdue, abandonnée. Punir, gronder, réprimander, donner des consignes, tout cela, c'est le rôle des parents – ils font la police en quelque sorte. D'ailleurs, mettez-vous à leur place : ce n'est pas une sinécure pour eux. Vous croyez qu'ils ont plaisir à donner des pensums, qu'ils le font par sadisme ? Sans doute pas ! Non, en réalité, ils se contraignent à vous punir – et cela leur fait mal au cœur, parfois presque autant qu'à vous.
Les parents ont toujours en tête le souci de votre sécurité, de votre

pas comme ma mère

• **Autrefois**, ça ne rigolait pas en famille. Les enfants et les adolescents recevaient des coups de règle sur le bout des doigts, des coups de martinet sur le dos, des fessées déculottées (eh oui, même les ados). Il ne fallait pas discuter, on ne pouvait pas expliquer pourquoi on avait fait une bêtise. À l'école, du reste, c'était la même chose.
• **Aujourd'hui**, la fessée, a fortiori les gifles et autres tapes ont mauvaise presse. Elles seront peut-être bientôt hors la loi. Quant aux règles, aux martinets, ils sont carrément perçus comme des instruments de torture ! Une sanction doit servir à éduquer, pas à faire mal, à faire peur ou à dégrader l'image qu'on a de soi-même.

« On doit punir, non pour punir, mais pour prévenir. »
SÉNÈQUE

avenir. Certains sont moins stricts que d'autres ou s'y prennent mieux : ils donnent des avertissements, ils préviennent avant de punir. On sait qu'on atteint la limite ! On peut continuer pour tester… et, dans ces cas-là, quand on est punie, on est presque soulagée ! D'autres punissent de façon beaucoup plus péremptoire et sur un mode qui nous semble arbitraire. Là, on a du mal à avaler la pilule !

Négocier la sanction

C'est la stratégie utilisée spontanément par les parents les plus diplomates et avec qui le dialogue est facile. Ils vous disent : « À ton avis, ce que tu as fait, qu'est-ce que ça mérite ? » En général, du reste, ces parents ne parlent pas de punition mais de sanction, un terme nettement moins infantilisant. Vous pouvez à ce moment-là négocier une sanction qui ne vous soit pas trop défavorable, mais qui marque tout de même le coup. C'est une méthode très responsabilisante, car elle montre que vous reconnaissez vos torts et que vous en tirez les conséquences. Exemple : vous êtes rentrée de soirée après l'heure convenue. Plutôt que d'être privée de sortie pendant 1 mois, négociez : la prochaine fois, vous devrez rentrer 1 heure plus tôt que l'heure habituelle. Et tenez parole ! Ou bien, au lieu d'être privée de quelque chose qui vous est précieux, proposez de rendre un service : tâches ménagères, réparations, aide aux devoirs pour votre petite sœur… Soyez inventive ! Négocier, c'est aussi l'occasion d'évoquer avec vos parents les racines du problème : de leur parler de vos difficultés scolaires, de votre mal-être… et d'essayer ensemble de trouver des solutions.
Si vos parents ont tendance à punir de façon autoritaire, disproportionnée ou sous le coup de la colère, un conseil : gardez votre sang-froid. Repliez-vous dans votre chambre (sans claquer la porte !) et attendez que l'orage passe. Une fois la tension retombée, soyez courageuse et prenez l'initiative d'aller leur parler. Reconnaissez d'abord votre faute, en vous excusant, puis négociez : vous allez voir, en général, ça marche à merveille !
Si vos parents vous punissent sans accepter un minimum de dialogue, sans jamais vous écouter, il y a un problème.

Au pied du mur

Vous vous sentez mal, vous perdez les pédales, vous faites bêtise sur bêtise, vous prenez des risques, vous vous droguez… Alors vos parents multiplient les punitions, et vous êtes de plus en plus frustrée. Vous avez le sentiment qu'ils ne vous comprennent pas et ne cherchent qu'à vous contrôler. Visiblement, il y a entre vous un réel manque de communication. Dans ce genre de cas, il faut absolument chercher de l'aide à l'extérieur de la famille, auprès d'un autre adulte en qui vous avez confiance (un oncle, une tante, un professeur, un grand-parent ou même un professionnel). Cette personne pourra servir de médiateur et essayer d'améliorer la situation.

TU C KOI :-)

Privée de télé ? D'Internet ? De sorties ? Obligée de nettoyer la voiture de papa ce week-end ? De corvée de vaisselle pendant une semaine ? Toutes ces sanctions sont habituelles et souvent infligées aux ados par leurs parents.
En revanche, si vos parents vous enferment dans votre chambre (ou ailleurs), vous privent de nourriture, de l'activité extrascolaire à laquelle vous tenez tant, s'ils vous confisquent vos économies, s'ils font usage de violence physique ou verbale et vous humilient en vous punissant…
là, ça ne va pas.

Beau-parent, p. 40.
Inceste, p. 161.
Secrets de famille, p. 302.

Racisme

Le racisme, c'est moche, et il nous concerne toutes :
blanches, noires, beurettes, asiatiques, catholiques, juives ou musulmanes.
Disons stop au mépris des différences !

R

Une réalité perçue au quotidien

La société actuelle est cosmopolite. Nous avons pour la plupart grandi avec des camarades de classe, et souvent des copains ou copines, de toutes les origines ou religions. La mixité s'est répandue : certaines d'entre nous sont des métisses, ou des enfants dont les parents viennent de cultures différentes (ce qui ne les empêche pas de s'aimer !).
Le racisme reste cependant vivace. On le perçoit dans les cours de récré, à travers blagues, petites remarques, voire pire. Dans la bouche de notre entourage, aussi, à certaines occasions. Et surtout, dans la société qui nous entoure ! Montée du Front national, réflexions indignes de certains politiques, attentats terroristes, lieux de culte vandalisés, cimetières profanés… Loin des gros titres des infos, les discriminations perdurent au quotidien : des gens dans notre pays, aussi diplômés que les autres, peinent toujours à trouver un travail ou un logement, à cause de la couleur de leur peau, de leur nom ou de leur origine.
Le racisme enfin, c'est aussi ce qu'on apprend en cours d'histoire : le fait que certains peuples aient été opprimés, maintenus en esclavage ou exterminés. À noter qu'aujourd'hui encore ces crimes racistes se perpétuent dans certaines parties du monde…

Qu'est-ce que le racisme ?

Le racisme est un système de pensée qui vise à séparer les êtres humains en races différentes, selon leur appartenance ethnique et leurs caractéristiques physiques (notamment la couleur de leur peau). Dans ce système, il existe des races supérieures aux autres et qui sont donc amenées à dominer les autres… ou à les éliminer tout simplement : c'est ce qu'on appelle un génocide.
Le racisme peut prendre des formes différentes : institutionnelles (racisme d'État, comme sous l'Allemagne nazie ; « traite des nègres » et esclavage ; l'apartheid en Afrique du Sud) ; individuelles (a priori culturels, préjugés) ; ou encore tribales, partisanes ou collectives (mouvements néonazis, racisme des supporters de foot, mais aussi racisme entre tribus africaines conduisant à des massacres, comme au Rwanda…).
L'antisémitisme (la haine contre les juifs vus comme une race) est donc également une forme du racisme.
Il faut distinguer le racisme de la xénophobie, qui est la simple peur de l'étranger. Un xénophobe ne classe pas les êtres humains

> « Les racistes sont des gens qui se trompent de colère. »
> SÉDAR SENGHOR

en plusieurs catégories, mais il rejette ce qui est différent de lui, souvent parce qu'il a peur et se sent menacé. Ainsi, l'islamophobie par exemple, est plus une forme de xénophobie que de racisme.
De fait, de nos jours, le racisme pur et dur est moins développé qu'avant : les scientifiques ont prouvé depuis des années que génétiquement nous sommes tous pareils. Il n'existe qu'une race : la race humaine, point barre ! Mais la xénophobie, elle, a pris de l'ampleur. Sans doute parce que nous vivons dans une société mixte où les populations se mélangent et où nous sommes sans cesse confrontés à des gens différents de nous.
La xénophobie existe dans tous les sens : un Blanc peut être xénophobe envers un Noir ou un Arabe… et l'inverse aussi ! Un Arabe peut l'être envers un Noir. Un Blanc envers un Asiatique. Un chrétien ou un juif envers un musulman, et vice versa ! L'autre est perçu comme un danger. Et donc on le « discrimine » : on ne le traite pas comme tout le monde (c'est-à-dire moins bien) et on le met à l'écart. Une conséquence de la xénophobie (qu'on en soit l'acteur ou la victime), c'est la tentation de se replier sur soi : de fréquenter seulement les gens qui nous ressemblent, qui ont la même origine, la même religion (voire la même classe sociale), et avec qui la communication est beaucoup plus naturelle. On évite ainsi les frictions. C'est plus confortable. Oui mais cette tentation, qui s'appelle le communautarisme, ne fait qu'aggraver le problème. Car moins on se mélange, moins on communique, moins on se comprend…et plus on a peur !

Et vous, où en êtes-vous ?

À l'adolescence, on est souvent révolté par les discriminations. Le racisme nous fait horreur ! Les filles y sont d'ailleurs plus réfractaires que les garçons : 93 % sont contre le racisme– pour seulement 81 % des garçons (enquête 2014). Bravo, les filles ! Cependant, on a tous au fond de soi un petit fond raciste et xénophobe. Personne n'est à l'abri, c'est humain !
Par exemple, êtes-vous tout à fait à l'aise quand vous marchez seule dans la rue et que vous croisez une bande de jeunes, d'une origine autre que la vôtre ? Ou encore : un tag est apparu sur le mur du collège ou un objet a été dérobé dans une classe. Qui va-t-on suspecter en premier ? C'est en prenant conscience de ses propres a priori que l'on arrive mieux à les repousser.

Secrets de filles

Il existe des films, plus ou moins récents, parfois très drôles, à regarder entre copines, pour dédramatiser le sujet :
- *Intouchables*, bien sûr, d'Éric Toledano et Olivier Nakache.
- *Qu'est-ce qu'on a fait au bon Dieu ?* de Philippe de Chauveron, sur les couples mixtes et le racisme au quotidien.
- *Django Unchained*, de Quentin Tarantino, sur l'esclavage des Noirs.
- *Paulette*, de Jérôme Enrico, avec l'excellente Bernadette Lafont, morte en 2014, sur la vie de cité.
- *La Désintégration*, de Philippe Faucon, sur le processus d'embrigadement islamiste, et aussi du même réalisateur : *Dans la vie*, l'histoire d'une amitié entre une juive et une musulmane.
- *Welcome*, de Philippe Lioret, un film génial sur un clandestin de Calais et son professeur de natation (!).
- *Just a Kiss*, de Ken Loach, sur un amour à la Roméo et Juliette de deux jeunes gens d'origine différente.
- *Joue-la comme Beckham*, de Gurinder Chadha, sur une ado anglaise, d'origine indienne et aux parents tradi, qui veut devenir footballeuse !

• Lutter contre les discriminations, c'est réfléchir à ce qu'on entend autour de soi : dans la cour du bahut, en famille… Intéressez-vous également à ce que vous lisez ou entendez dans les médias. Amusez-vous à les décrypter : cela permet de prendre conscience que les discriminations sont énormément répandues, et donc de mieux comprendre ceux qui en sont victimes.

• Autre façon de lutter : ne pas faire d'un cas particulier une généralité. Une agression a été commise dans votre quartier, et c'est un black qui est responsable ? OK, c'est un sale type – mais cela ne signifie pas que tous les Noirs sont comme lui. Ou encore : oui, il y a des musulmans jihadistes ; oui, il y a des terroristes qui mitraillent les enfants juifs dans les écoles… Mais l'immense majorité des arabes musulmans est révoltée elle aussi par ces exactions. Il y a des extrémistes dans toutes les communautés. Y compris la vôtre ! Est-ce que cela fait de vous une criminelle aussi ?

• Et encore une autre façon de lutter, la plus dure : vous êtes victime de racisme. Parce que vous êtes en minorité ethnique dans votre collège ? Parce que vous parlez avec un accent ? Parce que vous faites le ramadan ? Parce que votre mère porte le voile ou votre père la kippa ? On vous moque, on vous harcèle, on vous brutalise, on vous ostracise ? Il est tentant alors de réagir en miroir, par la colère, la rancœur ou la haine, en cultivant des préjugés et en se repliant dans sa communauté. En répliquant par la loi du talion, en somme ! On peut aussi – et c'est plus compliqué – se dire qu'on est victime d'un effet de groupe (la masse est toujours plus bête que les individus pris un par un) et ne pas s'arrêter sur cette mauvaise expérience. Cela ne doit pas empêcher de chercher de l'aide pour que la situation cesse. On peut essayer de s'intégrer, en se faisant des amis, faire le dos rond quelque temps. Peut-être que ça va se tasser ? Si ce n'est pas le cas, il faut faire appel aux adultes pour calmer le jeu. Mais surtout rappelez-vous que le meilleur moyen de faire un pied de nez au racisme et à la xénophobie, c'est d'essayer de vivre ensemble et de nous aimer malgré nos différences. Ce n'est pas de l'angélisme. Beaucoup y arrivent. On peut cultiver des amitiés avec des filles aux origines différentes, aller chez elles, comprendre les codes et la beauté de leur culture. On peut aussi se cultiver en lisant des livres d'écrivains du monde entier, regarder des films, des documentaires. Bref, devenir une citoyenne du monde !

Pour aller plus loin
Et la laïcité, c'est quoi ?

En France, l'école publique est laïque : cela signifie, concrètement, qu'il y est interdit de porter des signes d'appartenance religieuse voyants (une petite médaille ou une main de fatma ne pose pas de problème…). Cela concerne le port du voile ou de la kippa, par exemple. L'adoption de certaines lois de laïcité peut être ressentie comme discriminatoire par des communautés chez qui la religion s'affiche à travers les habits (notamment les musulmans). Cependant, c'est la loi. Cela permet à l'école de rester un lieu neutre, ouvert à toutes les influences, et où l'on peut exister autrement que par sa religion, justement !

Flash sur le net

Dans notre pays, le racisme est puni par la loi.
Pour connaître les peines encourues par les auteurs des faits, rendez-vous sur http://stop-discrimination.gouv.fr/informations/les-sanctions-penales

+ Moquerie, p. 218.
Religion, p. 283.

Radio

Sur la libre antenne de votre station de radio préférée, on vous donne la parole et on parle des sujets qui vous concernent. À écouter avec modération !

Accros à la FM

85 % des 13-19 ans écoutent chaque jour la radio pendant 2 heures environ, notamment via Internet en téléchargeant des fichiers (28 % de l'écoute se fait en podcast). Pour des raisons d'emploi du temps, vos heures d'écoute préférées sont le matin entre 6 heures et 9 heures, après les cours et le soir de 21 heures à minuit. Vos stations favorites : NRJ, Skyrock et Fun Radio. Les filles préfèrent prêter l'oreille aux programmes de NRJ et les garçons à ceux de Skyrock. Chaque radio a sa tribu et ses inconditionnels.

Musique, divertissement…

Musique, divertissement… Si la majorité d'entre vous écoute la radio pour la musique, c'est avant tout pour vous distraire, vous délasser et rire. Quand vous n'avez pas le moral ou rien d'autre à faire, l'animateur à l'autre bout des ondes devient une sorte de compagnon. À l'adolescence, votre besoin d'être écoutée est important et vous avez du mal à trouver les bons interlocuteurs dans votre entourage. Ces « radios jeunes » sont donc conçues sur mesure. Gratuites, elles sont accessibles facilement et vous proposent quantité de programmes : canulars, jeux, actu, vie des stars, cadeaux à gagner… Et l'interactivité avec les réseaux sociaux est de plus en plus importante.

TU C KOI :-)

La liberté de parole n'a pas toujours existé à la radio. Jusqu'à la fin des années 1970, les radios comme Europe 1, Radio Luxembourg (future RTL) ou Radio Monte-Carlo (RMC) émettaient en ondes longues AM (réseau de grande portée). Leur puissance empêchait de plus petites radios de se développer. Des radios associatives ont donc décidé d'investir sans autorisation la bande FM (réseau de plus petite portée). Leur succès grandissant auprès des jeunes notamment, loin du ton officiel de la radio publique, a rendu leur présence dérangeante, et ces « radios pirates » ont été interdites. Après son élection, entre 1981 et 1983, François Mitterrand a légalisé les radios locales, qui sont devenues des « radios libres ».

pas comme ma mère

• **Autrefois** : la radio était le moyen le plus simple pour découvrir de la musique et du contenu. Dans les années 1950, toute la famille se réunissait autour du poste et « regardait » en silence l'appareil. Écouter la radio était un moment convivial et magique, un brin solennel.

• **Aujourd'hui** : il est devenu très facile de trouver (et de télécharger) des titres de musique sur Internet et de se tenir informée des dernières nouvelles (quasi en temps réel). La radio permet d'avoir un fond sonore le matin au réveil ou dans la voiture, et l'écouter est devenu une activité généralement solitaire.

... et écoute

La radio apparaît comme le seul média capable d'aborder en public des sujets qui vous concernent directement. La télévision, si on s'en tient aux chaînes de la TNT et que l'on n'a pas la chance d'avoir le câble, ne le fait pas. Et puis peu d'adolescentes ont le privilège d'avoir une télé dans leur chambre. Un poste de radio, c'est moins compliqué ! On peut se pelotonner sous ses draps et tendre l'oreille, c'est un instant à soi, presque secret.
Les émissions de libre antenne, dans la nuit, remportent un fort succès. Abordés de façon souvent humoristique et légère, parfois provocante, des sujets comme le corps, la sexualité, les relations filles-garçons, les amours, les amis, le bahut… deviennent incontournables : ces émissions répondent aux questions que l'on se pose à l'adolescence et, bonus non négligeable, on vous donne la parole. Vous pouvez être écoutée sans être vue, et surtout sans être jugée. C'est un bon moyen de se confier et de recevoir des conseils sur un sujet que l'on n'ose pas aborder autrement. Le risque est cependant de mettre l'accent sur des comportements ou des problèmes qui ne sont pas très représentatifs d'une vie « normale ». Les spécialistes étant absents de l'antenne, ce sont les animateurs et les auditeurs qui apportent les réponses sur le mode « grand frère » ou « copain ». D'ailleurs, la réponse attendue est souvent occultée au profit d'un humour plus ou moins subtil qui n'est pas forcément en adéquation avec votre interrogation. Il faut donc prendre vos distances et vous faire votre propre opinion. Certaines émissions ont de plus tendance à faire entendre des propos violents, crus et provocants. Parlez-en si cela vous a choquée et que vous n'avez pas compris.

INTOX

Les radios ne sont pas autorisées à laisser tout dire. Lors des émissions de libre antenne par exemple, les dérapages verbaux sont nombreux. Le CSA (Conseil supérieur de l'audiovisuel), l'instance de régulation des médias, peut aller jusqu'à suspendre l'autorisation d'émettre d'une station de radio en cas de propos choquants. Depuis février 2004, une directive précise qu'« aucune station ne doit diffuser entre 6 h et 22 h 30 des programmes susceptibles de heurter la sensibilité des auditeurs de moins de 16 ans ». C'est un peu comme les ronds qui indiquent les catégories d'âge en bas de l'écran à la télé. Mais, en pratique, cette mesure est difficile à appliquer.

+ Loisirs, p. 191.
Musique, p. 220.

FLASH SUR LE NET

Près d'un tiers des jeunes entre 13 et 24 ans qui écoutent la radio le font en podcast. Avec l'arrivée des radios sur Internet, vous pouvez non seulement retrouver rapidement le morceau qui passe à l'antenne mais aussi télécharger et écouter quand vous le souhaitez une émission que vous avez loupée. En un clic sur le site de la radio, vous la recevrez automatiquement sur votre ordinateur ou votre smartphone.

Vu par les garçons

« Au collège, j'écoutais souvent la radio le soir, comme tous les copains. On en parlait le lendemain et on revenait sur les sujets abordés, l'ambiance à l'antenne, les trucs drôles, etc. Mais je me suis rendu compte que je me couchais tard et que, le lendemain, j'étais crevé. Et aussi que ça tournait souvent autour du sexe. À force, c'était un peu lourd. Petit à petit, j'ai arrêté et j'ai changé de radio. Comme j'aime le sport, je rigole bien sur RMC au moment des *Super Moscato Show*. »

Mathias, 16 ans

Rébellion

Tout vous révolte : vos parents qui ne comprennent rien, l'école et sa discipline, la société qui engendre la violence, le chômage, la pauvreté... Pour vous, tout est à revoir !

R

Affirmer sa personnalité

Vos missions sont nombreuses ! Vous devez vous confronter à votre corps dans sa nouveauté et dans sa sexualité, vous détacher de vos parents pour vous ouvrir aux autres, chercher, trouver et affirmer votre personnalité. Pour cela, les expériences diverses vont être utiles. Vous semblez vous disperser en tous sens, mais c'est dans un souci de quête d'identité. Vous avez envie de liberté, d'indépendance, d'autonomie…
Toute forme d'autorité contrecarre vos envies et vous la remettez en cause : c'est pourquoi on parle de rébellion. Que de bruit et de fureur !

La rébellion est-elle inévitable ?

Toutes les filles n'ont pas la même adolescence, et vous ne devez pas absolument présenter les symptômes qui accompagnent sa fameuse crise ! À chacune sa quête d'identité.
Par contre, étouffer la rébellion peut provoquer des dégâts. Essayez de vous libérer, en parlant avec vos copains ou en choisissant un mode d'action : journal intime, théâtre, graffs, activité citoyenne…

Comme l'adolescence est une période charnière et pleine de remous, on a tendance à croire que c'est le seul moment où l'on se bat pour définir son identité. Mais, en réalité, cette quête dure toute la vie !

Contre les parents

Il est impossible de mettre un pied devant l'autre dans votre chambre (pour éloigner vos parents ?), vous écoutez de la musique avec un casque (pour éviter d'entendre ce qu'ils vous disent ?), vous passez votre temps en dehors de la maison (pour ne pas trop les fréquenter ?), vous vous levez tard (pour ne pas faire comme eux ?). Vos parents ne sont plus vos modèles, vous n'avez plus envie de leur ressembler. Vous les critiquez sans cesse, vous n'êtes jamais d'accord avec eux, vous voulez leur montrer que vous êtes une personne qui sait penser par elle-même ! Vous avez raison, car vous êtes un être unique.
Mais ils sont responsables de vous, parce qu'ils vous ont mise au monde et parce que la loi leur donne cette obligation. Ils doivent vous nourrir, vous loger, s'occuper de votre éducation et de votre santé…
Et puis ils vous aiment et ils en savent un peu plus que vous sur de nombreux sujets (même s'ils sont dépassés sur d'autres !).
Écouter le point de vue de ses parents, avoir avec eux des conversations sur la vie, sur le monde, s'exprimer : tout cela est fondateur et aide à forger ses propres opinions. Refuser le dialogue et se retrancher derrière le fameux « de toute façon, ils sont nuls ! » n'apporte rien, ne fait pas progresser.

Contre l'école

Vivre en société, c'est accepter des règles de vie et des lois établies. Si on ne veut pas

AILLEURS DANS LE MONDE

Au Japon, la cérémonie du passage à l'âge adulte, ou *seijin no hi*, est célébrée le second lundi du mois de janvier.
Cette fête nationale tire son origine d'un ancien rite de passage au cours duquel on donnait un chapeau (*eboshi*) aux garçons et une robe (*mogi*) aux filles.

> « La liberté des uns commence là où s'arrête celle des autres.. »
>
> Proverbe

s'y soumettre, mieux vaut se retirer dans une caverne et devenir ermite !
À l'école, vous devez vous plier à un règlement strict, et vous avez parfois du mal à l'accepter. Ces règles imposées par des adultes vous paraissent souvent arbitraires, voire injustes.
Mais il est toujours possible d'être active : être chef de classe, par exemple, est une façon de mieux comprendre le système de l'intérieur et de prendre part aux évolutions. Vous donnerez ainsi une place à votre rébellion.

Contre la société

Vous estimez que la société est pourrie ! Vous critiquez les travers de ce monde qui perd la tête. Vous avez sans doute raison de vous insurger. Mais qui fait avancer le monde dans un sens ou dans un autre ?
Nous tous ! En dépit de ce qu'on entend, nous avons tous une possibilité de peser sur l'évolution de notre société. Certes, elle est loin d'être parfaite, on sait bien qu'existent l'intolérance, le chômage, la précarité…
Mais on lui doit aussi de belles idées, comme la démocratie !
Contester c'est bien, mais ne rien proposer de mieux, être passive, se retrancher derrière l'habituel « à quoi bon » ne fait pas progresser. Si vous avez de l'énergie pour vous rebeller, vous en avez certainement pour vous investir ! Il est possible de s'engager dans une association, dans un parti politique, dans un conseil d'enfants… On peut agir dans son immeuble, dans son quartier, à l'école…

AILLEURS DANS LE MONDE

Les filles africaines ne vivent pas l'adolescence comme les Françaises. Notamment, elles ne remettent pas leurs parents en cause...

Que fait-on de l'autorité ?

« Délivrez-nous ! » avez-vous envie de crier. Mais, en réalité, vous cherchez l'autorité ! Vous aimez la contester, mais vous avez besoin de vous heurter à ses limites parce qu'on se construit en rencontrant des obstacles, parce qu'on construit sa propre liberté en rencontrant celle des autres !
Vouloir abolir la loi, c'est vouloir l'anarchie : aucune société ne peut fonctionner sur ce modèle.

Autorité, p. 37.
Bénévolat, p. 44.
Remarquer (se faire), p. 285.

Regard sur soi

Je m'aime, un peu, beaucoup, passionnément, à la folie, pas du tout… Il est plus facile d'effeuiller la marguerite que de porter un jugement raisonné sur soi.

R

J'épate les copines

Émile Coué était un pharmacien qui pensait influencer la guérison de ses clients en leur communiquant des pensées positives. Ainsi est née la fameuse méthode Coué, qui consiste à se répéter 20 fois de suite, au réveil et le soir : « Tous les jours, à tous points de vue, je vais de mieux en mieux. » Si cette méthode semble dépassée, elle en a inspiré d'autres : le coaching, le training autogène de Schultz, la sophrologie, l'analyse transactionnelle, la programmation neurolinguistique.

Jamais contente

Porter un regard sur soi, c'est souvent se comparer aux autres. En général, les adolescents ne sont pas tendres avec eux-mêmes : entre 60 et 70 % sont insatisfaits de leur corps, et les filles sont plus nombreuses que les garçons à souffrir de ce que l'on appelle une mauvaise estime de soi. Dans la société actuelle, on juge les gens au premier coup d'œil en oubliant d'aller voir au-delà des apparences.

Soi… et les autres

Vos parents ont été les premiers à porter un regard sur vous. S'ils vous ont considérée avec bienveillance, vous avez été confortée dans votre estime de vous-même. Jusqu'à maintenant, cela vous suffisait. Mais, pour conquérir votre indépendance, vous vous tournez vers les autres. Comment vont-ils vous juger ? Afin d'éviter les critiques, vous cherchez à leur ressembler.

Apprendre à s'aimer

Pour porter un regard positif sur vous-même, ne travaillez pas seulement votre look… Prenez conscience de vos capacités. Si vous mettez toujours la barre trop haut, vous risquez d'échouer et votre amour-propre sera mis à mal. Certes, une vie sans obstacles, ça n'existe pas. Mais on peut éviter de se mettre dans des situations impossibles et de se sentir constamment en difficulté ou en échec. Mieux vaut se fixer des objectifs modestes, se lancer des défis réalisables : réussir son prochain devoir d'anglais en travaillant un peu plus, téléphoner à un garçon que l'on ne connaît pas beaucoup pour l'inviter… Si vous réussissez, vous en tirerez de la satisfaction et vous apprendrez à vous aimer. Si on est contente de soi, on se juge bien.

Il faut agir !

Sachez que l'on peut toujours influer sur les événements : il n'y a pas de fatalité. Ne vous retranchez pas derrière un « c'est comme ça ! » qui vous dispense d'agir.
Faites des choix, prenez des positions, ne laissez pas les autres vous rabaisser, et vous aurez une bonne image de vous-même. Ces petites victoires quotidiennes feront taire les voix intérieures qui vous susurrent parfois que vous êtes nulle. Ce n'est pas vrai !

AILLEURS DANS LE MONDE

« Je ne suis pas constamment ce fantasme qu'entretiennent les journaux. » (Monica Bellucci)

+
Complexes, p.74.
Confiance, p. 76.
Soigner son look, p. 321.

Régime

R

La perspective de vous mettre en maillot de bain sur la plage ne vous réjouit pas. Ces quelques kilos en trop, vous êtes bien décidée à les perdre. Mais ne faites pas d'erreurs. Pendant l'adolescence, il est déconseillé de suivre un régime.

Est-ce vraiment nécessaire ?

Faites le point. Pour quelles raisons voulez-vous maigrir ? Si c'est pour ressembler aux mannequins, oubliez tout de suite. Ces filles sont souvent très au-dessous de leur poids normal. Calculez votre indice de masse corporelle (voir p. 296). S'il y a un véritable excès de poids, au sens médical, vous devez envisager de perdre des kilos. Mais, bien souvent, il s'agit de 4 ou 5 kg accumulés avec le temps. Vous avez arrêté le sport, votre petit ami vous a quittée… Bref, vous n'êtes pas bien dans votre peau. Pas besoin d'utiliser les grands moyens, car un régime est difficile à tenir et déconseillé en pleine croissance. Pour s'épanouir, votre corps puise ses besoins en vitamines et en minéraux dans les aliments. Alors, pourquoi ne pas opter pour une alimentation équilibrée et une activité physique, qui permettent d'affiner la silhouette ?

Bien dans son assiette, bien dans son corps

Des repas variés et équilibrés, avec des laitages, de la viande et du poisson, des féculents, des fruits et légumes à volonté, vous aideront à retrouver la ligne. Mais il ne faut pas vous faire d'illusion, dites au revoir aux sodas, aux barres chocolatées et aux chips. Faites aussi de l'exercice pour tonifier votre corps. Et vous verrez, en quelques mois, vous aurez perdu ces kilos superflus sans mettre votre santé en danger.

Secrets de filles

Voici quelques conseils pour ne pas craquer. Ne vous privez pas de féculents (pâtes, riz…), mais évitez d'y ajouter trop de beurre et de fromage râpé. Buvez beaucoup d'eau, pendant les repas et en dehors. Pressez vous-même les fruits pour faire des jus. Ne sautez pas le petit déjeuner, et évitez le grignotage en prenant un goûter (un fruit et un yaourt).
Par ailleurs, délaissez l'ascenseur au profit des escaliers !

INTOX

- Non, les crèmes anti-cellulite ne vous feront pas perdre 5 cm de tour de cuisses en 1 mois. Il faut simplement vous remuscler en pratiquant une activité physique. Par contre, elles vous feront une belle peau lisse.
- Non, les repas en sachet ne font pas maigrir à long terme. Pendant quelques jours, vous maigrirez forcément, mais, dès que vous referez des repas normaux, vous reprendrez les grammes perdus.

+
Alimentation, p. 17.
Anorexie, p. 32.
Boulimie, p. 50.

Règles

Qu'on les ait attendues avec impatience ou non, la première fois qu'elles arrivent, c'est toujours la surprise ! On a un peu peur, parfois un peu honte, même si on se sent fière de devenir une femme. Puis il faut apprendre à vivre avec.

R

La première fois

Un beau jour, entre 10 et 15 ans, chacune découvre sur sa culotte quelques taches brunes ou rougeâtres : mais oui, ce sont les premières règles ! Souvent, la première fois, on ne sent rien : pas le moindre mal de ventre. Et les règles ne sont pas très abondantes. Mais ce sont bien elles, vous pouvez en être certaine. En général, on se souvient de ce jour toute la vie. Que faire ? Évidemment, il faut tout de suite en parler à votre mère, qui saura vous conseiller et vous donner des serviettes hygiéniques. Si les règles vous surprennent en pleine journée à l'école, pas de panique. ça ne va pas être l'hémorragie ! Un peu de papier toilette ou un mouchoir feront l'affaire jusqu'au soir. Aujourd'hui, vous avez de la chance : la plupart d'entre vous sont informées à l'avance de leur existence. Vous savez à peu près ce que cela signifie… même si ce n'est pas toujours très clair.

TU C KOI :-)

La durée des règles est très variable d'une fille à une autre, et peut même changer d'un cycle à un autre. La moyenne se situe entre 3 et 7 jours.

Secrets de filles

Pour vivre cette période le plus confortablement possible

- Gardez toujours une protection dans votre sac ou votre cartable pour ne pas être prise au dépourvu.
- Pendant les règles, faites votre toilette intime matin et soir avec un savon doux. Lavez-vous la vulve, mais jamais l'intérieur du vagin : c'est inutile et vous risquez de vous faire mal ou de déséquilibrer la flore vaginale (ce qui pourrait provoquer une infection).
- Changez de protection toutes les 4 heures maximum et évitez de porter des habits clairs (pour ne pas vous inquiéter d'une tache éventuelle).
- Vous avez mal à la tête ? Prenez du paracétamol, mais évitez l'aspirine, qui rend le sang plus fluide… et donc les règles plus abondantes.
- Vous avez mal au ventre ? Plongez dans un bon bain chaud ou posez une bouillotte sur votre ventre. Relaxez-vous. Évitez aussi les jeans trop serrés ou les vêtements qui compressent le bas du ventre.
- Testez différentes serviettes hygiéniques pour trouver celles qui vous conviennent le mieux.

Pourquoi des règles ?

Le sang des règles vient de l'utérus. Chaque mois, désormais, sous l'influence des hormones, la paroi de l'utérus se met à gonfler et s'épaissit un peu. En fait, il se prépare à recevoir un bébé ! Comme aucun bébé ne vient, cette couche de muqueuse qui recouvrait l'utérus finit par se détacher et s'écouler sous forme de sang, plus ou moins liquide (il peut y avoir des petits caillots). L'apparition des règles signifie que, chaque mois, les ovaires produisent un ovule, qui peut être fécondé lors d'un rapport sexuel. Vous pourriez donc tomber enceinte si vous faisiez l'amour. Certains parents annoncent d'une voix solennelle que l'on est devenue une « femme » ! Ça fait bizarre, n'est-ce pas ? En réalité, l'arrivée des règles signale que le corps a atteint la maturité et peut procréer. Mais cela ne veut pas dire, loin de là, que vous vous sentez prête à avoir un enfant ou même un rapport sexuel ! En tout cas, vous êtes réglée : vous avez un cycle menstruel, qui dure environ 28 jours. Le premier jour des règles correspond au premier jour du cycle. L'ovulation a lieu en général 14 jours après. Deux semaines s'écoulent, puis elles reviennent. Ce cycle s'installe jusqu'à la ménopause, vers 50 ans.

Combien de sang perd-on ?

Rassurez-vous : assez peu, même si parfois on a l'impression que c'est l'inondation ! Celles qui ont des règles très abondantes perdent 35 ml de sang maximum, et celui-ci se renouvelle aussitôt dans le corps. Il n'y a pas de risque de tomber dans les pommes ! D'autres ont des règles très peu abondantes : elles ne perdent que 5 ml de sang (en général de teinte un peu brune). N'ayez aucun complexe : cela ne veut pas dire que vous serez moins féconde plus tard. Certaines personnes ont le sang plus ou moins fluide, c'est tout !

De petits désagréments

Parfois, quelques jours avant l'arrivée des règles, on se sent toute patraque. On est fatiguée, déprimée, de mauvaise humeur, on ne supporte plus rien. C'est normal ! Cet état est appelé syndrome prémenstruel. Il est souvent accompagné de petites douleurs physiques.

- Les seins sont sensibles et tendus, le ventre est un peu gonflé. C'est parce que notre corps a tendance à retenir l'eau.
- On a mal au ventre, on a des crampes, on a l'impression d'être grignotée de l'intérieur. Là encore, c'est tout à fait naturel : l'utérus se contracte pour expulser sa muqueuse.
- On peut aussi avoir mal à la tête, se sentir nauséeuse, avoir des difficultés à se concentrer. Bref, on est « indisposée ».

Si ça ne va vraiment pas, il ne faut pas hésiter à prendre rendez-vous chez le gynécologue, qui connaît des médicaments pour soulager les douleurs des règles. N'oubliez pas de vous reposer pendant cette période. Courage, ce n'est pas une maladie !

Je n'ai pas mes règles, c'est grave ?

Il y a plusieurs cas de figure.

- Vous n'avez jamais eu vos règles. En moyenne, elles surviennent vers 13 ans… mais ce n'est qu'une moyenne. Certaines filles ont leurs premières règles à 11 ans, d'autres à 17. Alors, inutile de s'inquiéter !
- Vous avez vos règles, mais pas tous les mois et souvent avec beaucoup de retard. Là encore, il n'y a pas de souci à se faire : les 2 ou 3 premières années, le cycle menstruel est souvent irrégulier.
- Vous avez déjà eu vos règles et vous avez fait l'amour avec un garçon sans protection. Allez vite voir un gynécologue ou faites un test de grossesse pour être sûre que vous n'êtes pas enceinte.

INTOX

Dans le passé, on faisait croire aux filles que les règles, c'était impur. À présent, les mentalités ont changé, mais vous pouvez toujours entendre certaines fables sur les « menstrues », comme on disait alors : ne les croyez pas ! Oui, on peut se baigner (avec un tampon), manger de la glace ou faire monter une mayonnaise sans qu'elle tourne pendant ses ragnagnas. Sans écouter ceux qui disent n'importe quoi !

+ Pertes blanches, p. 243.
Serviettes hygiéniques, p. 312.
Tampons, p. 347.

Religion

Même si la foi et les religions sont des thèmes universels pouvant faire débat, ce sont avant tout des convictions personnelles que chacun se doit de respecter. Croire en une force supérieure, en une philosophie ou seulement en la science ? À vous de choisir !

Que signifie avoir la foi ?

Le mot foi vient du latin *fides*, qui renvoie à l'idée de confiance. Au départ, il n'est pas question de religion. Ainsi, avoir foi en quelqu'un, c'est tout simplement avoir confiance en lui. Vous pouvez aussi avoir foi en vous, autrement dit croire en vous. Mais le plus souvent, dans le langage courant, « avoir la foi » se traduit par « avoir foi en Dieu ». Dans ce cas, si vous n'êtes pas croyante, vous n'avez pas la foi. La foi, d'un point de vue sacré, définit donc le fait de reconnaître l'existence de Dieu et de lui faire confiance. Plus qu'un sentiment, la foi désigne votre conviction personnelle, votre attitude face à Dieu. Cette définition ne s'arrête pas là, car la foi est intimement liée à la pratique de la religion et aux activités qui rassemblent ceux qui ont la foi : cérémonies, rituels, réunions dans le lieu de culte, prières et fêtes collectives.

Chacune sa religion

Comme l'éducation, la religion apprend à ceux qui la pratiquent des règles pour mieux vivre. Chaque religion a sa propre communauté, qui encadre et entoure le croyant à toutes les étapes de sa vie. Même s'il y en a beaucoup, les grandes religions pratiquées de nos jours sont au nombre de cinq.

Le judaïsme : c'est l'une des religions les plus anciennes. L'islam et le christianisme en sont d'ailleurs issus. Le peuple croit en un seul dieu : Yahvé. Le livre saint n'est autre que la Bible, et en particulier la Torah. Les rabbins sont là pour interpréter les textes et accomplir les cérémonies religieuses, mais n'ont pas de fonction sacrée. Le symbole du judaïsme est la croix de David, aussi appelée le bouclier. Les lieux de culte s'appellent les synagogues.

Le christianisme : là encore, il n'y a qu'un seul dieu. La base de cette religion se trouve dans la Bible, divisée en deux parties : l'Ancien Testament, qui évoque la création du monde, et le Nouveau, qui raconte l'histoire de Jésus-Christ, le fils de Dieu. Le symbole de cette religion est la croix, et les lieux de culte sont les églises.

L'islam : islam signifie « se soumettre à la volonté de Dieu », Allah (Dieu en arabe). Un livre, le Coran, est considéré comme étant la parole d'Allah. Pour les musulmans, Mahomet (ou Muhammad) est le dernier prophète à avoir reçu un message d'Allah. Les symboles de l'islam sont le croissant et l'étoile, et les lieux de culte sont les mosquées.

L'hindouisme : cette religion très ancienne repose sur des textes

Chacune son histoire

« Mon père est thaïlandais et ma mère française, mais je suis née en Thaïlande. Ma famille là-bas est bouddhiste, alors que ma mère est athée. Vers l'âge de 10 ans, mes parents, ma sœur et moi sommes venus nous installer en France pour le travail de mes parents. Rapidement, l'image de la croix est apparue dans mon univers, jusque-là clos, sur un site de vente de bijoux en ligne. J'avoue que la crucifixion et l'histoire de Jésus m'ont vite attirée et intriguée, alors j'ai beaucoup lu sur le sujet. Depuis, je me sens vraiment proche des deux religions. »

Anna, 14 ans

sacrés, les Veda (« savoir »), selon lesquels Dieu existe en chaque être vivant. Pour l'hindouisme, contrairement aux trois religions précédentes, il n'y a pas de début ni de fin, la vie est un éternel recommencement. Les hindous n'appellent pas leur religion hindouisme mais santana dharma (c'est-à-dire « enseignement éternel »). Aum, la syllabe la plus importante chez les hindous, est le symbole de l'hindouisme.

Le bouddhisme : née en Inde, cette religion s'apparente plus à une philosophie. Les bouddhistes suivent les enseignements du Bouddha, un homme qui a réellement existé. Ses leçons apprennent à accepter les souffrances, qui font partie de la vie, et à atteindre le bonheur durable (ou nirvana) grâce à la méditation. Le symbole du bouddhisme est la roue. Elle représente la réincarnation, un principe partagé par les hindous.

Athée et agnostique

Il est important de bien faire la différence entre ces deux termes.

- Une personne athée ne croit en aucun dieu. Pour les athées, Dieu et toutes les formes de divinités n'existent pas. En définitive, ils croient ce qu'ils voient. Ce choix s'appuie bien souvent sur les sciences. Pour eux, ce n'est pas l'espérance qui sauve, ce sont la connaissance et l'action. Athée ne signifie donc pas antireligieux (opposé à la religion), mais sans religion.
- La personne agnostique, quant à elle, n'a pas d'avis tranché sur la religion. Ainsi, on pourrait dire qu'elle se situe entre l'athée et le croyant. Pour elle, personne ne détient la preuve que Dieu existe ou n'existe pas. Dans ces conditions, elle préfère ne pas se prononcer sur une existence divine. Là encore, c'est une question d'opinion. Finalement, que vous soyez croyante, athée ou agnostique importe peu, tant que vous montrez du respect pour les croyances des autres.

Une clé pour vivre en harmonie : la tolérance

« Il n'appartient à aucune religion de faire violence à une autre ; un culte doit être embrassé par conviction et non par violence[1] » Par cette phrase, comprenez qu'il ne faut jamais imposer ses croyances aux autres et qu'il faut être tolérante. Même si, de votre point de vue, telle religion est « mieux » qu'une autre, vous ne détenez pas la vérité. Tout simplement parce que personne ne l'a ! Certains s'épanouissent sans religion, d'autres avec. Ce qui importe est de respecter le choix des autres et de trouver ce qui vous correspond pour vivre heureuse. Il ne tient qu'à vous de construire votre propre morale. Que ce soit dans le cadre d'une religion ou non relève de votre seule décision.

C'est ce qu'on appelle la laïcité. La France est un pays laïc depuis 1905 : on a le droit de choisir sa religion (ou de ne pas en avoir) et de la pratiquer en toute liberté. Cela fait partie de notre intimité.

1. Tertullien, écrivain et théologien latin du IIe-IIIe siècle, issu d'une famille berbère.

J'épate les copines

Pour approfondir et bien comprendre le sujet passionnant des religions, n'hésitez pas à vous plonger dans les 60 pages du livre de Roger-Pol Droit *Les Religions expliquées à ma fille*, aux éditions du Seuil.

se faire Remarquer

Vous avez souvent l'impression que seules deux attitudes vous sont offertes : devenir invisible ou vous faire remarquer. Et votre bouillonnement intérieur vous fait préférer la seconde solution…

Mille et une façons de faire

On peut se faire remarquer par son look, sa façon de vivre, ses idées ou ses attitudes, son mode d'alimentation, son humour…

- Occuper le devant de la scène est un stratagème pour attirer l'attention des autres, et peut-être gagner leur amour ou leur amitié. Car on se construit aussi avec le regard qu'ils posent sur nous.
- Se mettre en avant permet aussi d'affirmer son indépendance et sa personnalité toutes neuves, qui ne sont pas encore bien assurées. Pourquoi pas ? Il est tellement difficile de se faire une place dans le monde ! On fait des expériences, on se lance des défis, on essaie de se montrer audacieuse.
- Mais, si l'idée de vous faire remarquer vous met mal à l'aise, entraîne chez vous culpabilité ou honte, c'est que ça ne correspond pas à votre personnalité. Mieux vaut essayer de comprendre ce qui cause votre mal-être et trouver une solution plus adaptée.

Ne soyez pas too much…

Chercher à se faire remarquer par tous les moyens peut finir par fatiguer les autres. Si vous avez tendance à en faire trop, essayez de comprendre pourquoi. S'agit-il d'un manque de confiance en vous, d'une impression d'être mal-aimée, d'une colère enfouie ? À tous ces maux correspondent des solutions parfois plus simples qu'il n'y paraît !

… ni invisible

On ne vous remarque pas assez. De là à penser que personne ne vous aime, il n'y a qu'un pas… Il existe une façon très simple de se mettre en avant, qui ne réclame ni exhibition ni tenues audacieuses : il faut simplement aller vers les autres !
Ne restez pas dans votre coin. Si votre timidité vous laisse à l'écart, commencez par approcher une personne qui vous semble seule elle aussi. Peu à peu, vous prendrez confiance en vous, vous multiplierez les rencontres et on vous remarquera.
On a parfois envie de se fondre dans la masse pour se sentir protégée : on évite les regards (si vous n'êtes pas contente de votre physique, ça tombe bien !) et on met de côté ses propres idées, on pense comme le groupe. Rassurez-vous, vous en avez besoin, il suffit de ne pas vous effacer complètement !

LOL ;-)

Les vacances arrivent. Un crocodile demande à un gorille à quel endroit il part cette année :
– Je suis noir, ma famille est noire. Comme on ne veut pas se faire remarquer, on va au Rwanda. Et toi ?
– Je l'ouvre facilement, ma femme et mes enfants aussi. On n'aime pas non plus se faire remarquer, alors on va en France.

+ Rébellion, p. 277.
Timidité, p. 354.

R

Repas familiaux

Les repas de famille interminables entre l'oncle qui blague sans arrêt et la grand-mère sourde comme un pot… une vraie galère ! Pourtant, dîner en famille est plus important que vous ne le pensez, c'est le b.a.-ba de la communication.

Le seul moment où l'on est ensemble

Vos grands-parents ne se posaient pas la question : les soupers ne pouvaient se dérouler qu'en famille, autour de la table. Mais, aujourd'hui, ce n'est pas si simple. En semaine, et aussi le week-end, les activités des uns et des autres ne facilitent pas la réunion de toute la maisonnée autour d'un bon plat. Au petit déjeuner, c'est souvent la course pour aller à l'école du côté des enfants, et au bureau du côté des parents. Un « à ce soir », et hop on file ! Le midi, c'est souvent cantine pour les uns, et déjeuner sur le lieu de travail pour les autres. Alors, entre tous ces moments où l'on ne fait que se croiser, le dîner reste le seul moment de la journée où vous pouvez discuter tous ensemble. C'est important de ne pas le zapper car, les pieds sous la nappe, on ne fait pas que manger !

Un bon équilibre

Entre le fast-food et les sandwichs avec les copines, le dîner devient l'un des seuls repas équilibrés de votre journée. Il ne faut donc pas faire l'impasse dessus et vous précipiter avec votre plateau devant la télé. Vous devez prendre le temps de manger et surtout éviter de manger seule dans votre coin, les yeux rivés sur le petit écran. Une vingtaine de minutes suffisent, prenez le temps de les passer avec votre famille.

Partage et convivialité

Que ce soit le soir à la maison en petit comité, ou le dimanche midi chez les grands-parents avec toute la famille (ou une partie), le repas crée des moments privilégiés d'échange et de communication. C'est l'occasion de faire le point sur l'actualité de la famille : la dernière opération du grand-père, le voyage scolaire de la petite cousine, le concert du grand frère.
Le quotidien de votre famille est aussi important et enrichissant que le vôtre. Manger un bout

Chacune son histoire

« Mon père rentre souvent tard du bureau et ma mère a des horaires décalés, car elle travaille à l'hôpital. Du coup, on a décidé de passer au moins le dimanche soir tous ensemble à table. Nous sommes trois enfants dans la famille. Chaque semaine, l'un de nous choisit un plat de son choix, nous préparons la liste de courses et nous aidons notre mère à préparer le repas. Ce n'est jamais compliqué, mais cela permet de montrer ses goûts et d'en discuter. Moi, j'aime bien les crêpes salées puis sucrées. Le dimanche soir, c'est un moment précieux. »

Magali, 17 ans

« Les repas de famille ne consistent pas à se manger entre parents. »
Jules JOUY

avec vos proches permet de fêter des événements heureux : une réussite à un examen, de nouvelles responsabilités, l'attente d'un bébé…

La vie de famille autour d'une table

Les repas familiaux sont un peu les témoins de notre vie. C'est bien pour cela que, souvent, ils se terminent en vraie « pagaille ». Parce que chacun a son opinion, son mot à dire sur tel sujet ou tel autre.
La politique et la religion sont généralement source de conflits. Mais ce n'est pas pour autant qu'il faut éviter d'en parler : au contraire, il est nécessaire d'entendre l'avis de chacun et de le respecter. La vie de famille, repas inclus, c'est aussi ça.
Par contre, mieux vaut éviter certains sujets à table : les mauvaises notes ou les devoirs qui n'ont pas été faits, ça plombe le repas. Les demandes délicates, du type sorties tardives, vacances avec les copines, sont aussi risquées.
Préférez les conversations tranquilles, laissez tout le monde s'exprimer et prenez le temps d'écouter les autres. Si le temps vous a manqué, continuez la discussion dans la cuisine, au moment de la vaisselle. Vous éviterez ainsi le face-à-face et le regard direct, parfois gênant, de vos parents.

+ Conflits avec les parents, p. 78.
Famille, p. 116.
Grands-parents, p. 142.

TU C KOI :-)

Voici un petit jeu pour animer vos fins de repas. Seul outil nécessaire : des papiers pense-bête (vous savez, les petits jaunes de la célèbre marque). Chacun écrit sur un papier le nom d'une personnalité, d'un animal, d'un objet (tout ce qui lui passe par la tête, tant que cela reste devinable !) et le tend à l'un des joueurs. Celui-ci ne regarde pas ce qui est inscrit dessus et place le papier bien en vue : le plus simple est qu'il le colle sur son front.
Le but est qu'il devine de qui ou de quoi il s'agit en posant des questions auxquelles les autres répondent seulement par oui ou par non. Tout le monde y passe… Cela peut durer un petit moment. Entre le ridicule des trombines et les questions farfelues, fous rires assurés !

Trop classe

Quelques règles de savoir-vivre à respecter lors d'un repas…

- Attendre que la maîtresse de maison vous place autour de la table. Vous ne devez pas vous asseoir avant elle.
- Vous ne devez pas non plus vous servir avant elle.
- L'usage interdit de prendre un morceau pour grignoter avant le premier plat et de boire avant d'avoir mangé.
- Justement, lorsque vous buvez, n'oubliez pas de vous essuyer les lèvres avant, afin de garder votre verre transparent.

… et quelques bonnes manières

- On ne met pas les coudes sur la table, seulement les mains.
- On se tient droit et on ne doit pas toucher le dossier de sa chaise. Bonjour le mal de dos !
- Avant de vous ruer sur l'eau et le pain, pensez à demander à vos voisins de table s'ils en veulent.
- On ne parle pas la bouche pleine. • On ferme la bouche en mangeant.
- On ne coupe pas sa salade avec le couteau : si les feuilles sont trop grandes, on se débrouille pour les plier à l'aide de son morceau de pain.
- À propos de pain, on n'en mange pas trop pour faire honneur aux plats.
- Toujours concernant le pain, il est assez mal vu de saucer son assiette avec, même si c'est très tentant !
- On garde son téléphone portable dans sa poche… ou, mieux, on ne le prend pas avec soi quand on est à table. Cela évite d'être tenté de répondre à un SMS ou un coup de fil !

Réputation

**Comment se construit la réputation ?
Repose-t-elle toujours sur des faits réels ?
Peut-on agir sur l'opinion que les gens se font de nous ?**

R

Une image extérieure

Une réputation se construit généralement sur peu de choses, qui plaisent ou qui ne plaisent pas aux autres. Un détail de votre look, de votre physique, de votre caractère, une phrase, une attitude ou l'image que vous proposez sont autant d'éléments qui modèlent votre réputation. Dans une société comme la nôtre, où l'apparence compte beaucoup, trois possibilités s'offrent à vous : être populaire, être mal considérée ou faire partie des individus « normaux », c'est-à-dire sans histoire. Shakespeare écrivait dans *Othello* : « La réputation est un préjugé vain et fallacieux[1] : souvent gagnée sans mérite et perdue sans justice ! » En effet, cette image que l'on vous prête ne ressemble jamais tout à fait à votre personnalité. Elle en donne même parfois une idée fausse. Heureusement, elle ne change rien à ce que vous êtes « à l'intérieur ». Seul problème, si vous n'en tenez pas compte, vous ne pouvez pas empêcher les autres d'y être sensibles. Voilà pourquoi il est important de ne pas se laisser influencer par ces jugements superficiels et d'œuvrer à les corriger quand ils sont mauvais.

[1] Trompeur.

De la popularité...

Une fille est populaire parce que la majorité s'accorde à le dire, garçons et filles confondus. On appelle cela le charisme. Mais pourquoi tant de sympathie et d'admiration ? Tout d'abord parce qu'elle plaît à tout le monde. Sa règle d'or : ne jamais dire de mal des autres. Agréable, accessible et sociable, elle prend part à toutes les conversations et les alimente. Côté allure, elle a du style sans être vulgaire. Et elle laisse toujours planer un peu de mystère autour d'elle, pour intriguer suffisamment et maintenir l'intérêt. Enfin, si elle est appréciée et invitée à toutes les fêtes, c'est aussi parce qu'elle a une vie sociale particulièrement active (théâtre, sport, journal du collège…). L'inconvénient majeur de cette « position sociale » est que, au moindre faux pas, tout le monde est au courant. En outre, la popularité permet d'être très entourée, mais elle ne favorise pas toujours les vraies amitiés, fondées sur la confiance.

... à la mauvaise réputation

Vous avez beau dire, même si vous n'y faites guère attention, certains jugements dépréciatifs

> « Moque-toi d'une mauvaise réputation. Crains une bonne que tu ne pourrais pas soutenir. »
>
> Robert BRESSON

vous atteignent. Vous sentez alors la pression injuste de tout un groupe contre vous. Sara (15 ans) sait de quoi elle parle : « Il y a deux ans, je m'habillais en noir et j'écoutais du metal. Même si je passais mon temps à rire avec mes copines, pour les autres j'étais une gothique aux tendances suicidaires. Passons ! Là où j'ai vraiment eu mal, c'est quand un garçon m'a dit que je devais être du genre à faire des messes noires dans mon grenier. » Les rumeurs sont souvent colportées par des personnes qui ne vous connaissent pas, ne tolèrent pas votre différence ou vous jalousent secrètement.

Comment gérer son image publique ?

Il est parfois difficile de rester indifférente aux rumeurs qui circulent sur vous. Avant de travailler son image, il faut alors améliorer sa confiance en soi. C'est elle qui vous aidera à faire face à des remarques infondées. Remettez-vous en question avant de partir en guerre contre vos oppresseurs. Qui sait, peut-être avez-vous intérêt à corriger ce défaut que tout le monde voit sauf vous ? Demandez l'avis de vos amis : « Je suis vraiment comme ça ? » Puis cherchez les motivations et la source de cette réputation. Il arrive qu'une seule personne en soit responsable, et à cause d'un motif futile : la jalousie d'une camarade, le mécontentement d'un ex-petit ami… Enfin, rappelez-vous que vous ne pourrez jamais plaire à tout le monde et évitez à votre tour de dénigrer les autres, ce jeu est sans intérêt !

L'e-réputation

Soyez prudente avec ce que vous laissez transparaître de vous-même sur Internet (blog, réseaux sociaux, etc.). Vous ne maîtrisez pas totalement la portée de vos écrits ou de vos photos, et surtout vous ne savez pas ce qu'ils deviendront au fil du temps. Vous pouvez en être victime (si une photo peu avantageuse de vous est mise en ligne) ou vous pouvez, involontairement, en être l'auteur. À partir du moment où vous envoyez une photo de vous sur le Net ou acceptez qu'on l'envoie, vous perdez le contrôle de votre image et votre réputation sera faite. Malheureusement, celle-ci pourra se maintenir pendant des années… Ainsi, certaines informations pourront vous suivre jusqu'à l'âge adulte, et devenir compromettantes et handicapantes pour une recherche d'emploi ou votre vie affective, par exemple.

Chacune son histoire

« Je vis dans la banlieue d'une grande ville. Là-bas, mieux vaut passer inaperçue, sous peine d'être accusée de tout et n'importe quoi par les garçons. Car ce sont eux qui font la loi. Pour être tranquille, je m'habille comme eux et je fais de la boxe. Mais ma meilleure amie ne supportait pas cette dictature masculine et s'habillait comme elle l'entendait.
Le problème, c'est qu'on lui a fait une réputation de séductrice : elle se faisait accoster en permanence, jusqu'au jour où elle s'est fait carrément agresser… Aujourd'hui, elle porte toujours des fringues féminines et très mode, mais elle fait de la boxe avec moi pour pouvoir se défendre. Ensemble, on a monté une association où les filles peuvent se retrouver pour parler et se serrer les coudes en cas de coup dur. »

Jade, 14 ans

INTOX

Certains stéréotypes ont vraiment la vie dure. Chaque nationalité se voit affublée d'une réputation, en général mauvaise… et fausse. Les Français seraient arrogants, fiers et prétentieux (peut-être que notre emblème, le coq, y est pour quelque chose). On dit aussi les Suisses lents, les Italiens voleurs, les Américains bêtes ou les Russes portés sur la boisson ! Un bon conseil : ne jugez pas.

+
Confiance, p. 76.
Meneuse, p. 209.
Moquerie, p. 218.
Regard sur soi, p. 279.
Remarquer (se faire), p. 285.

Réseaux sociaux

Oui, nous avons un compte Facebook !
Oui, nous communiquons via Instagram, Snapchat ou Twitter.
Et nous aimons ça ! Les parents ont beau grommeler, ça n'y changera rien...

R

Pour se retrouver

Selon une étude de l'Inserm publiée début 2015, 88 % des 13-18 ans en France sont sur les réseaux sociaux. Le déclic a souvent lieu au collège (seuls 18 % des 8-13 ans sont connectés). Les parents, même si l'énorme majorité nous donne son accord, ne participent pas à nos activités sociales sur Internet (heureusement d'ailleurs !) et les voient d'un œil suspicieux. Nous leur parlons peu de ce qui s'y passe. Et pour cause ! Les réseaux sociaux sont un espace qui nous permet de nous retrouver. Autrefois, les jeunes (hum… surtout les garçons !) pouvaient traîner dans la rue du village ou du quartier, faire les quatre cents coups. Aujourd'hui, c'est moins le cas. Alors on se retrouve dans un autre espace, qui pour nous n'est pas du tout virtuel, quoi qu'en pensent les adultes : les réseaux sociaux.

... et partager

Qu'y faisons-nous ? Avec nos « amis » (en moyenne, nous en avons 210 !), nous publions commentaires et photos. Nous parlons, échangeons sur tout et rien, en public ou en privé (via les chats), nous partageons nos émotions. C'est une façon de rester en contact, de nous sentir liés, de débattre, de découvrir des artistes, des idées, des gens… 92 % d'entre nous utilisent leur vraie identité et livrent beaucoup d'informations personnelles (y compris des photos) sur ces réseaux, notamment sur Facebook. Nous sommes rares à avancer masquées, avec une fausse identité (contrairement à bien des adultes !). Bien sûr, il y a un côté ludique : nous nous inventons des surnoms, nous changeons notre profil, nous essayons des trucs. Mais, en fait, ce n'est pas pour tricher ou tromper. C'est pour se chercher. À travers Facebook, en particulier, nous expérimentons la personne que nous sommes en train de devenir et testons l'impact de nos paroles, de nos goûts, sur les autres. Oui, les réseaux sociaux sont des outils géniaux pour les adolescentes que nous sommes. Instagram et ses filtres, notamment, nous permettent d'inventer, de créer, de jouer. De réinventer notre quotidien. Les adultes critiquent souvent notre habitude de poster des photos perso, et surtout les selfies : ils les voient comme quelque chose de narcissique (même si eux aussi n'arrêtent pas d'en faire !). En réalité, c'est une façon de s'inscrire dans le monde, de montrer qu'on était à tel endroit, à telle heure, de partager ce qui nous habitait à un moment x, dans un lieu y. L'éphémère devient plus durable, c'est moins angoissant.

Se sentir importante

Durant cette période où nous sommes parfois mal dans nos baskets et où nous avons du mal à communiquer en famille, il est en plus très rassurant de voir que certains de nos commentaires sont « likés » par tant de gens. Que les choses que nous vivons, d'autres les vivent aussi. À travers Facebook, Instagram, Twitter, notre blog ou tous ces forums auxquels nous participons, nous nous sentons exister. Certains commentaires peuvent nous aider à y voir plus clair, à prendre du recul, ou juste nous réconforter. Snapchat, à cet égard, est génialissime : pour visionner la photo que nous lui envoyons, il faut que notre destinataire appuie quelques secondes sur l'écran et donc arrête ses activités. C'est une façon de nous prêter vraiment attention – ce n'est pas pour de faux ! Les plus averties d'entre nous peuvent même se créer des profils ou des pages avec des *followers* : autant de gens qui nous suivent et nous reconnaissent pour ce que nous sommes.

FLASH SUR LE NET

Si vous êtes victime de cyberharcèlement, il y a des moyens de lutter et de vous protéger. Pour savoir lesquels et comment réagir, rendez-vous sur le site www.netecoute.fr, téléphoner gratuitement (0800 200 200) de 9 heures à 19 heures en semaine, chatter ou contacter un conseiller par Skype.

Secrets de filles

Les dix commandements de l'internaute cool et avertie :

1. Vous ne vous laisserez jamais filmer dénudée sur webcam ou téléphone portable, ou n'enverrez une photo ou vidéo de vous déshabillée ou aguicheuse, même à un seul destinataire, même si vous le connaissez et que c'est votre petit copain ! Elle pourrait être un jour utilisée contre vous, faire l'objet d'un chantage (« Si tu ne me donnes pas ci ou ça, je la répands sur Internet ! »), tomber entre de mauvaises mains et être diffusée publiquement.
2. Vous éviterez de poster des photos de vous compromettantes ou dégradantes (certaines pourraient vous revenir en boomerang dans plusieurs années, pensez-y).
3. Vous vous méfierez des « amis » inconnus , même s'ils ont l'air gentils.
4. Vous n'accepterez jamais un rendez-vous solitaire avec quelqu'un rencontré sur un réseau, même si c'est tout près de chez vous.
5. Vous supprimerez de votre compte tout ami qui vous semble étrange ou avec qui vous ne partagez pas les mêmes goûts ou centres d'intérêt.
6. Vous éviterez de médire ou de raconter des ragots sur vos copines, publiquement.
7. Vous ne posterez pas de photos sur le compte de vos amis qui pourraient les ridiculiser ou leur faire du tort.
8. Vous étudierez soigneusement les paramètres de confidentialité et demanderez l'aide d'une grande sœur/cousine/copine mieux renseignée si vous ne vous y retrouvez pas.
9. Vous n'insulterez personne sur un réseau social (les insultes à caractère raciste ou homophobe, pour ne citer qu'elles, sont punies par la loi).
10. Si vous êtes victime d'insultes ou de cyberharcèlement, vous chercherez de l'aide et en parlerez à vos parents. C'est indispensable ! Ils peuvent vous aider à vous défendre car ils connaissent plus de choses que vous.

Tout contrôler ?

Nous sommes, pour la plupart d'entre nous (à part peut-être les plus jeunes), parfaitement conscientes des risques liés à l'usage des réseaux sociaux et nous maîtrisons les paramètres de confidentialité. Nous faisons très bien la différence entre vie publique et intimité… même si nous aimons jouer à la frontière ! Le succès de Snapchat en est la preuve : avec ce réseau, les photos que nous publions ne sont pas stockées, elles s'autodétruisent au bout du nombre de secondes que nous avons programmé. C'est juste une façon de partager quelque chose, sur le moment, sans risque. Attention cependant : quelqu'un de mal intentionné peut toujours s'arranger pour faire une capture d'écran de ce que nous envoyons. Il vaut mieux contrôler la liste des destinataires de ce type de message.

Les mauvais plans

Il nous arrive d'accepter en amis des gens que nous ne connaissons pas et de nous faire draguer. Banal, presque : ce n'est pas le plus grave, il suffit de supprimer les importuns de nos listes d'amis et de les bloquer pour qu'ils ne reviennent pas à la charge. Via les réseaux sociaux, nous sommes parfois confrontées à des propos ou des contenus bien plus choquants : soit sexuels, soit violents, racistes ou homophobes. Quand cela arrive, nous ne savons pas vraiment à qui en parler, en vrai s'entend. Seules 10 % des adolescentes s'en ouvrent à leurs parents. Premier réflexe à avoir : signaler la personne et la bloquer. Second : en parler autour de soi ! Il y a enfin le cas extrême du cyberharcèlement : nous sommes 18 % à reconnaître avoir déjà été insultées sur un réseau social. Souvent, c'est juste un *one shot*. Après tout, au collège aussi, les noms d'oiseau fusent de temps en temps. Sans gravité, sauf si cela nous blesse. Mais parfois cela devient systématique et l'outil qui nous permettait de nous affirmer, de nous sentir importantes, se transforme alors en piège qui nous détruit. Le cyberharcèlement peut prendre des formes différentes : insultes, mais aussi diffusion de fausses rumeurs sur notre compte, ou usurpation d'identité (quelqu'un se fait passer pour nous afin de nuire aux autres et du même coup nous dégrader). Quand cela arrive, malgré tous nos « amis », nous nous sentons bien seules… Certains jeunes sont si désemparés et si tristes qu'ils s'isolent dans la vraie vie, voire finissent par se suicider. C'est rare, mais avant d'en arriver à un tel désespoir, il faut chercher de l'aide !

+
Blog, p. 46
Chatter, p. 62..
Harcèlement scolaire, p. 150.
Internet, p. 168.
Médias, p. 206.

Respect

C'est une valeur que l'on aime mais qui est aussi un peu floue… et parfois difficile à mettre en pratique. Qui n'a jamais entendu cette phrase dans la bouche de ses parents : « Ne me manque pas de respect ! »

R

Qu'est-ce que c'est ?

Le respect, on en manque… mais ça se gagne aussi. C'est un sentiment que l'on éprouve spontanément devant les gens que l'on admire. Et que l'on doit à d'autres, qui ne nous font pourtant ni chaud ni froid, voire qui nous énervent ! Le respect n'est pas juste adressé aux personnes : respect des règles, des délais, des lieux, de la faune et de la flore, du silence… Oh là là, il y en a, des choses à respecter dans le monde ! Respect des opinions des autres, des droits, de la nation : il s'applique parfois à des notions abstraites. Enfin, il y a le respect de soi, de son corps et de sa parole : là encore, parfois, on a du mal à s'y contraindre… Quel est le lien entre tout cela ? On peut le découvrir quand on définit le respect comme de la considération : envers les autres, les règles, les principes, les croyances, ou juste soi-même. « Considérer », cela signifie reconnaître que quelque chose existe et en tenir compte.

Un principe de base

Le respect ne doit pas être confondu avec l'estime. On peut ne pas ressentir d'estime particulière pour quelqu'un, ou même être en colère contre lui, cela ne doit pas nous empêcher de le respecter. Cela se résume en une formule : traitons les autres comme nous voudrions qu'ils nous traitent nous-mêmes… Ce principe permet d'améliorer toutes les relations et de résoudre de nombreux problèmes. Vous êtes en conflit avec vos parents ? Ce n'est pas une raison pour les « traiter comme des chiens » : s'ils vous insultaient, apprécieriez-vous ? Et que penseriez-vous s'ils augmentaient le son de leur MP3 ou partaient en claquant la porte, alors que vous leur parliez ? Le respect ne passe pas seulement par les mots, mais aussi par nos attitudes, le ton de notre voix, et même nos silences ! Même quand on n'est pas d'accord, il faut parler et agir avec respect. Parce que c'est bien. Et aussi parce que c'est le meilleur moyen d'être entendue et considérée à son tour – voire d'obtenir gain de cause ! Testez la méthode sur vos parents lors de votre prochain conflit : elle est tout simplement miraculeuse ! Chacune de nos relations obéit à des codes. Certaines personnes ont de l'autorité sur nous (nos parents, nos profs). On doit les respecter parce que, d'abord, ce sont des êtres humains comme nous. Et il est important que nous leur fassions sentir que nous respectons en eux cette autorité : c'est-à-dire que nous la reconnaissons. Si nous le faisons, cela les rassure : ils sont alors plus enclins à nous faire confiance et à nous traiter d'égal à égal. Le respect n'est donc pas de la soumission : au contraire, on y gagne en liberté !

Une contrainte ?

Les règles et toutes ces choses que l'on doit respecter au quotidien nous pèsent : nous les éprouvons, justement, comme des entraves à notre liberté… ou plutôt à notre bon vouloir. Ce serait tellement chouette, un univers où on pourrait faire ce que l'on veut ! Vraiment ? Amusez-vous à imaginer durant quelques secondes le monde que cela engendrerait…

TU C KOI :-)

Si on vous manque de respect, résistez ! Ce n'est jamais acceptable. Mais ne vous défendez pas en imitant ceux qui se comportent ainsi : cela leur donnerait raison. Prenez vos distances et cherchez de l'aide : ce sont les deux armes les plus efficaces contre le manque de respect.

Un monde sans feux rouges, sans limites, sans lois, sans horaires, sans repères.
Les contraintes permettent aussi la liberté : elles construisent un espace à l'intérieur duquel il est possible de vivre en paix. Respecter les opinions et les droits d'autrui part du même principe. Si tout le monde l'applique, on peut vivre ensemble, sereinement, malgré nos différences. Beaucoup des problèmes actuels de notre société ne seraient-ils pas évités avec un peu plus de respect mutuel ?

Respect de soi

« Charité bien ordonnée commence par soi-même », dit le proverbe. C'est pareil pour le respect : il est plus facile d'en faire

preuve avec les autres quand on se respecte d'abord soi-même. Et là, ça se corse, surtout à l'adolescence, quand on se sent mal dans sa peau ! Parfois, on ne s'aime pas, voire on se déteste. On est tellement mal… qu'on veut se faire du mal. Mais rappelez-vous : le respect n'est pas la même chose que l'estime. Même lorsque l'on n'a pas confiance en soi et que l'on se trouve nulle, on doit se respecter. Cela passe d'abord par le b.a.-ba : soigner son apparence et son hygiène (c'est aussi une façon de respecter les autres en ne leur imposant pas un spectacle ou des odeurs désagréables). Prendre soin de ce qui nous appartient. C'est aussi ne pas nous imposer ou nous laisser imposer des actions que nous ne désirons pas ou qui peuvent nous dégrader. Il est parfois difficile, à notre âge, de savoir ce que nous voulons vraiment. Nos désirs sont flous. Dans le doute, il y a un truc imparable : écoutez votre instinct. S'il vous dit : « Ça craint »… eh bien, c'est que ça craint ! En outre, apprendre à vous respecter sera la meilleure façon… de vous faire respecter ! Par les garçons, par exemple.
Tout ce processus est rendu nettement plus complexe quand on grandit dans une famille où les adultes ne se respectent pas entre eux, ou ne nous respectent pas. Dans ce cas, chercher de l'aide à l'extérieur est la meilleure façon de s'en sortir. Quoi qu'il en soit, rappelez-vous le même principe qu'au début, mais inversé : ne vous faites jamais à vous-même ce que vous ne feriez pas aux autres. Ce sera un garde-fou, le temps d'aller mieux.

+
Autorité, p. 37
Moquerie, p. 218..
Profs, p. 264.

Secrets de filles

Les copines aussi, ça se respecte ! Souvent, quand on aime quelqu'un et qu'il n'existe pas de lien d'autorité entre nous, on se détend et on oublie certaines règles de politesse essentielles : savoir remercier, dire bonjour, au revoir, prendre des nouvelles quand on ne se voit pas ou quand sa copine a une échéance importante, ne pas l'envoyer sur les roses quand on est de mauvaise humeur, ne pas divulguer ses secrets… C'est aussi le respect qui permet de faire durer une relation ! Et ce qui vaut pour l'amitié vaut aussi pour l'amour, sachez-le…

Rire

R

Le jour du contrôle de maths, les élèves sont tendus. Le professeur se retourne pour écrire le sujet au tableau, et la classe découvre un poisson d'avril dans son dos. Détente. Tout le monde éclate de rire !

Osez la thérapie par le rire

Le rire est comme une douche fraîche sur les petits tracas du quotidien ! Il faut le consommer sans modération : ça fait du bien ! C'est un médicament de l'âme, car il permet de voir la vie du bon côté.
C'est aussi un baume pour le corps. En effet, le rire met en action le diaphragme, qui se contracte et se décontracte : l'organisme se détend, les nœuds qui sont à l'intérieur se desserrent. En riant, on emprunte un chemin détourné pour éviter l'autoroute du stress, de la tristesse et de la déprime. L'effet thérapeutique est garanti.

Le fou rire, ou rire du fou

Il arrive qu'on ne puisse plus s'arrêter de rire : c'est le fou rire. Il se déclenche sans prévenir quand une situation est tendue (pour différentes raisons : maladresse, conflit sous-jacent, timidité...).
Le corps se contracte et soudain, comme pour se libérer, on se met à rire. On ne peut pas toujours expliquer pourquoi on rit, justement parce que le fou rire sert seulement à lever les tensions.
Un rire non maîtrisé peut être gênant si le lieu n'est pas adapté. On a alors l'air d'une folle.
En général, on se souvient de ses fous rires et on peut en rire longtemps : le corps les garde en mémoire.

J'épate les copines

Le rire est-il vraiment le propre de l'homme comme l'écrivait Rabelais dans son ouvrage, *Gargantua* (1534) ? Autrement dit, les hommes sont-ils les seuls à rire ? Il paraît que si l'on chatouille un rat derrière la nuque, celui-ci se met à rire, mais comme les bruits émis sont des ultrasons, ils sont inaudibles pour nous.

LOL ; -)

Savez-vous ce que c'est qu'une baby-sitter ? C'est une adolescente qui doit se comporter comme une adulte pour que des adultes puissent se comporter comme des adolescents !

Le grain de sable dans l'engrenage

Quelqu'un tombe dans la rue et on rit : est-ce qu'on est cruelle ? Non, ce qui fait rire c'est que tout le monde était sérieux et occupé à des choses sérieuses. Puis quelqu'un est tombé et tout a changé. Rire à ce moment précis, c'est prendre plaisir aux imprévus de la vie.

Pouvoir rire de soi

Personne n'est parfait. Faire de l'autodérision, c'est prendre conscience de ses travers, de ses petites manies, de ses mensonges... c'est installer un peu de distance vis-à-vis de soi. On a le droit de rire de soi, c'est même conseillé : ça dédramatise les problèmes et ça peut aider à prendre la décision de changer...

+ **B**onheur, p. 48.
Humour, p. 157.

Romantique

Qu'est-ce que le romantisme ? Un idéal, une réalité ? Entre grands sentiments et petites attentions, le romantisme est-il une façon d'aimer liée au passé ou au contraire très actuelle ?

R

Une image très idéalisée

Lorsqu'on vous parle de romantisme, vous voyez l'élu de votre cœur vous offrir un superbe bouquet de fleurs, vous pensez à une balade en barque ou en gondole suivie d'un dîner aux chandelles, vous imaginez un coucher de soleil que vous admireriez lovée dans les bras de votre amoureux. Tout cela est très romantique en effet, ou du moins correspond à l'idée que l'on se fait du romantisme.

Dans cette vision idéale, l'amour s'écrirait avec un grand A, les sentiments seraient purs et sans nuages, l'amoureux serait galant. Une image qui ne reflète pas tout à fait la réalité.

Une réalité un peu différente

Dans les faits, être romantique ce n'est pas seulement rêver au prince charmant. C'est une sensibilité, une exaltation des sentiments qui poussent à prodiguer un mot gentil, un geste attentif, un regard bienveillant : une multitude de petits riens qui peuvent paraître anodins, mais qui font plaisir… à celui qui les reçoit comme à celui qui les donne.

Pas si ringard !

Pour certaines, le romantisme a un côté suranné, « vieillot », il évoque aussitôt un bouquet de fleurs fanées. L'excès de bons sentiments, les belles promesses, la dimension fleur bleue leur paraissent suspects… À chacun ses goûts ! Ce n'est pas parce qu'un garçon ou une fille font preuve de romantisme qu'ils sont faibles.
Au contraire ! Exprimer ainsi ses sentiments, sans se soucier de ce que les autres peuvent en penser, est une preuve de force d'âme. Comme le disait d'ailleurs George Sand[1], « celui qui a bon cœur n'est jamais sot ».
À méditer.

[1] Extrait de « François le Champi ». Dans son œuvre, cette femme de lettres a défendu l'amour sincère et personnifié les débordements du cœur romantique.

J'épate les copines

Le romantisme est un mouvement littéraire européen apparu à la fin du XVIIIe siècle en Angleterre et en Allemagne, puis au début du XIXe siècle en France. Les romantiques décident d'exprimer sensations et sentiments en abolissant les règles strictes de la littérature classique. Ce courant va influencer les artistes (peintres, musiciens…) et les intellectuels français.

- **Ses valeurs :** libération de l'art, libre expression de la sensibilité, exploration des extases et des tourments du cœur et de l'âme, évasion par le rêve, l'exotisme ou le passé, goût pour le mystère et le fantastique.
- **Ses auteurs phares :** Victor Hugo, Alphonse de Lamartine, Alfred de Vigny, Alfred de Musset, Gérard de Nerval, George Sand (dans quelques œuvres).

+ Prince charmant, p. 262.

Rondeurs

Votre point faible, ce sont les hanches, et il n'y a rien à faire ! Vous avez essayé les abdos, mais ces fichues poignées d'amour ne veulent pas partir. Pour autant, elles ne font pas de vous une fille sans charme. Alors pourquoi ne pas les assumer ?

Secrets de filles

Un peu d'élégance !

Les filles ont souvent tendance à cacher leurs rondeurs derrière des pulls et des jeans trop larges. Il faut être astucieuse, en mettant en valeur ce que vous avez de joli et en dissimulant le reste. N'ayez pas peur de porter des vêtements près du corps, mais non moulants. La poitrine est souvent un atout : un décolleté, un bustier ou un cache-cœur la feront joliment ressortir. En plein hiver, un col en V vaut mieux qu'un col roulé. Pour les hanches et les fesses, pourquoi ne pas opter pour une jupe noire droite et un peu fendue ? Pour dissimuler un peu vos cuisses, préférez un pantalon assez long et évasé. Le jean taille basse est à la mode, mais, si vos poignées d'amour dépassent, ce ne sera pas élégant.

Le trio hanches, fesses, cuisses

« Salut, petit boudin » et autres gentillesses : vous en avez marre de ces remarques blessantes ! C'est vrai qu'il est difficile d'assumer son physique, surtout à l'adolescence. Certaines filles sont trop grandes, d'autres ont le nez trop long. Votre complexe à vous, ce sont vos rondeurs. On nomme cellulite cet excès de graisse qui se fixe sur les hanches (les fameuses poignées d'amour), le ventre, les cuisses et les fesses.

Se poser la bonne question

Pour vos grands-parents, ces petites rondeurs sont un signe de bonne santé. De votre côté, vous pensez à l'été qui se profile et c'est la panique…
Avant d'entreprendre une interminable série d'abdominaux et de vous mettre au régime, demandez-vous ce qui vous pousse à le faire. Qu'est-ce qui ne va pas avec vos formes ?

Ne vous fiez pas aux magazines qui proposent des photos de filles très minces. Beaucoup de garçons préfèrent les formes arrondies, signe d'une féminité assumée, et la mode des squelettes est dépassée !

La fin des complexes

Des hanches ou des fesses un peu potelées n'enlèvent rien à la séduction. Mais soyez toujours honnête avec vous-même, car il ne faut pas cacher derrière ces rondeurs un problème de surpoids qui nécessite une prise en main sérieuse.
Pour savoir si c'est votre cas, reportez-vous au tableau ci-dessous pour connaître votre indice de masse corporelle (IMC). Il sera temps ensuite de prendre une décision.

- Votre IMC est inférieur à 18,5 : vous êtes considérée comme maigre.
- Votre IMC se situe entre 18,5 et 24,9 : vous êtes de corpulence normale.
- Votre IMC se situe entre 25 et 29,9 : vous êtes en surpoids.
- Votre IMC se situe entre 30 et 40 : vous présentez une obésité. Consultez votre médecin.

	45 kg	50 kg	55 kg	60 kg	65 kg	70 kg	75 kg	80 kg	85 kg	90 kg
1,50 m	20	22	24,4	26,6	28,8	31,1	33,3	35,5	37,7	40
1,55 m	18,7	20,8	22,9	24,9	27	29,1	31,2	33,3	35,4	37,5
1,60 m	17,5	19,5	21,5	23,4	25,3	27,3	29,2	31,2	33,2	35,1
1,65 m	16,5	18,3	20,3	22	24	25,9	27,7	29,6	31,4	33,3
1,70 m	15,5	17,3	18,9	20,7	22,4	24,1	25,8	27,5	29,3	31
1,75 m	15	16,3	18,3	19,6	21,6	23,3	25	26,6	28,3	30
1,80 m	13,8	15,4	16,9	18,5	20	21,6	23,1	24,7	26,2	27,7

Rougir

R

Piquer un fard ou devenir rouge comme une pivoine, cela vous dit quelque chose ? Pourquoi réagit-on ainsi ? Est-ce normal ? Et comment se maîtriser ?

Pourquoi rougit-on ?

Les situations dans lesquelles vous rougissez sont nombreuses : prendre la parole devant toute la classe, parler à des inconnus, engager la conversation avec un garçon qui vous plaît. Cette réaction désagréable est due au stress. Dans ces moments-là, le rythme cardiaque s'accélère et les vaisseaux se dilatent pour laisser passer plus de sang, ce qui crée des rougeurs, plus visibles sur le visage, où la peau est plus fine. Ce sont les personnes timides, sensibles ou émotives qui rougissent. Il ne faut pas en avoir honte, c'est une manifestation naturelle des émotions que l'on ressent. Généralement, cela s'estompe avec l'âge.

Des astuces

Ce trop-plein d'émotions vous gâche la vie ? Travaillez votre self-control, concentrez-vous sur ce que vous faites et avancez.

- Vous devez faire un exposé oral ? Pas de problème, organisez bien votre intervention avant, pensez à ce que vous devez dire ou faire et foncez. Ne vous laissez pas parasiter. Si vous rougissez, ce n'est pas grave, continuez !
- Si vous parlez à quelqu'un qui vous intimide, focalisez-vous sur la conversation. Si ça ne marche pas, imaginez cette personne dans une situation loufoque (aux toilettes par exemple) : ça dédramatise l'image que vous avez d'elle.
- Même si c'est difficile, affrontez le regard des autres, ne fuyez pas.
- Pour détendre l'atmosphère, n'hésitez pas à jouer la carte de l'humour.
- Portez un vêtement rouge, la couleur de vos joues se verra moins.

Une véritable phobie

Lorsque la peur de rougir en public devient une angoisse permanente, cela s'appelle l'éreutophobie. Environ 1 % de la population en souffrirait. En réalité, ce taux est probablement plus élevé chez les adolescents et les adultes jeunes (15-35 ans), et moins chez les plus de 35 ans. Le rougissement devient une obsession car il se voit, il est incontrôlable et imprévisible. Il est alors vécu comme une honte et rend les rapports sociaux très difficiles. Ce trouble peut devenir handicapant, car on préfère éviter les gens et s'isoler. Dans ce cas, faites du yoga ou envisagez une thérapie comportementale afin d'apprendre à anticiper et à gérer les situations de stress. Sinon, consultez un psychologue.

+ Complexes, p. 74.
Honte, p. 154.

Chacune son histoire

« Je rougis facilement et c'est gênant. Ça m'arrive souvent quand j'aborde un sujet délicat avec mes copines, mes profs ou ma famille. Impossible de cacher mes sentiments ! C'est très désagréable ! Pour me contenir, j'ai plusieurs petits trucs qui marchent bien. Je me contrôle, je respire, je tourne le sujet à la blague quand c'est possible. Et si un petit malin me dit "Julie, tu es toute rouge", je lui réponds "eh oui, je suis comme ça !" ou "mais dis-moi, tu es très observateur". Le tout avec le sourire, toujours ! Et ça marche. »

Julie, 14 ans

Rupture

Qu'on la provoque ou qu'on la subisse, une rupture est toujours douloureuse. Mais elle est la seule solution à une relation qui ne fonctionne plus. Alors que dire ? Et comment faire ?

Trop classe

Quand on veut quitter quelqu'un avec élégance, on se doit de lui donner des explications. Si on ne parvient pas à affronter son regard ou ses reproches, on peut toujours lui écrire une lettre ou un mail. S'y soustraire est une forme de lâcheté. La franchise est également réparatrice pour la personne qui part, car elle ne laisse pas de flou ni de non-dits peser sur les souvenirs.

Quand amour ne rime pas avec toujours

Les sentiments peuvent s'éteindre, on en fait parfois l'amère découverte. On n'est plus heureuse dans cette relation, on ne s'épanouit plus, on est triste, voire agressive, on s'éloigne et on finit par vouloir quitter l'autre.

Comment se dire adieu

Parfois, on repousse le moment de mettre fin à une liaison amoureuse parce qu'on sait que l'autre va souffrir. Hélas, il n'existe pas d'autre solution. Même si c'est compliqué, assumez jusqu'au bout et faites-le de vive voix, et en face, au cours d'une balade ou d'une soirée. Oubliez le téléphone, pire le SMS. La rupture à distance, c'est encore plus douloureux. On peut éviter la violence, mais il est difficile d'empêcher la douleur de celui qu'on abandonne. La situation est délicate, mais rien ne sert de culpabiliser, on ne contrôle pas ses sentiments. Il est impossible d'obliger son cœur à aimer. Et puis, à l'âge où la personnalité est en train de se construire, où rien n'est stable, il est difficile d'avoir des sentiments durables. Une rupture peut même « soulager ». On n'avait pas compris à quel point on étouffait, et combien on allait contre soi pour essayer de maintenir le bateau à flot. Quitter quelqu'un est un moment désagréable, et encore plus si l'autre pleure, supplie, demande pardon… Il faut se mettre à sa place : il veut sauver votre histoire. Soyez patiente, offrez-lui des explications claires, ne lui balancez pas tous ses défauts au visage, c'est dévastateur et vous n'avez rien à gagner à générer de la haine. Vous pouvez dire ce qui vous déplaît (« Tu ne fais pas attention à moi », « Tu es toujours avec tes copains »…), mais calmement et avec le plus grand respect. Il faut également savoir reconnaître ses torts : on est deux

> « Il est vraiment rare qu'on se quitte bien car, si on était bien, on ne se quitterait pas. »
>
> Marcel PROUST

Vu par les garçons

« Quand Camille m'a dit que c'était fini, je suis parti en courant, je n'avais pas envie d'en entendre plus. Mais Camille est une fille têtue, elle m'a écrit deux pages d'explications. Pendant longtemps, je ne les ai pas lues parce que j'avais envie d'espérer. Un jour où j'allais vraiment mal, j'ai ouvert la lettre et tout à coup je me suis senti mieux ! C'était comme si elle me donnait le droit de souffrir et en même temps le droit de guérir. »

Jonathan, 16 ans

Le premier garçon est très rarement celui avec lequel on va construire sa vie. La rupture, qu'on la provoque ou qu'on la subisse, représente un apprentissage de la vie, des relations humaines, des difficultés à vivre à deux. Avec le temps, on découvre ce qu'on attend de l'amour. On acquiert de la maturité, et un jour, grâce au bonheur des rencontres et grâce aux déceptions des ruptures, on est prête à accueillir celui avec lequel on va partager sa vie et fonder une famille.

dans une relation, et le malaise est rarement à sens unique. Votre amoureux se sentira moins humilié s'il voit que vous prenez votre part de responsabilité : « J'ai changé », « Je cherche autre chose »…

Quand on n'arrive pas à casser

Parfois, on sait parfaitement qu'il faudrait se quitter mais on n'y arrive pas. On est mal, on essaie de le cacher, on nie l'évidence. Il faut du courage pour mettre un point final à une histoire. La peur de se retrouver seule, de ne jamais plus aimer, de devoir affronter la vie sans l'autre, incite à poursuivre une histoire bancale. Peut-être faut-il se désintoxiquer progressivement. On peut provoquer une discussion sur les raisons qui poussent à être ensemble, et voir si elles sont valables. Prendre un peu de distance le temps de réfléchir, faire une pause, est préférable avant que la situation se détériore. Si l'on attend trop, les blessures risquent d'être plus profondes.

Peut-on rester amis ?

Quand on apprécie certaines qualités du garçon, on peut proposer de rester amis. Mais, s'il est encore amoureux, il risque d'espérer vous voir revenir vers lui. Il n'est peut-être pas encore capable de vous voir comme une amie. Garder une relation amicale est possible si l'autre accepte la rupture, ou lorsque l'idée de rompre est partagée. On peut tester la situation, mais, si elle fait souffrir ou empêche de passer à autre chose, mieux vaut prendre ses distances et rappeler quand on est remis.

Une expérience utile

À l'adolescence, une rupture n'est pas forcément très grave, même si elle est douloureuse. C'est l'âge où l'on se cherche, où l'on teste l'échange amoureux, où l'on commence à se confronter au sexe opposé. Les flirts sont des expériences nécessaires.

PAROLES DE STAR

« Je suis venu te dire que je m'en vais / Et tes larmes n'y pourront rien changer / Comme dit si bien Verlaine "au vent mauvais" / Je suis venu te dire que je m'en vais / Tu t'souviens des jours anciens et tu pleures / Tu suffoques, tu blêmis à présent qu'a sonné l'heure / Des adieux à jamais / Oui je suis au regret / De te dire que je m'en vais… »
Chanson de Serge Gainsbourg, chantée par Jane Birkin et plus récemment par Razorlight.

+
Chagrin d'amour, p. 57
Fidélité, p. 127.
Franchise, p. 133.
Jalousie, p. 179.
Sortir avec un garçon, p. 327.

Sac

Le sac est un accessoire indispensable pour une fille. En ville ou à l'école, que son contenu soit futile ou utile, impossible de sortir sans lui. La preuve !

S

Un objet symbolique et affectif

« Dans mon sac, il y a toute ma vie. Sans lui, je me sens toute nue ! » confie Émilie, 15 ans. Pourquoi un simple accessoire est-il aussi important ? Parce que vous mettez dedans tout ce dont vous avez besoin (portable, argent, carte d'identité, clés, maquillage, MP3, photos, mouchoirs, agenda…). Son contenu livre souvent des secrets sur votre vie, son style est révélateur de votre caractère et de votre look. Il contient ce que vous jugez essentiel, c'est donc un concentré de vous-même. Normal que vous ne puissiez plus vous en séparer. Certaines en ont d'ailleurs une véritable collection !

Le sac de cours

Cabas, sac porté en bandoulière ou sac à dos, choisissez votre camp ! Tania, 13 ans, ne comprend pas « les filles qui portent leurs gros classeurs à bout de bras dans des cabas ». Aurélie, 14 ans, au contraire, ne pourrait pas vivre sans son cabas : « Les sacs à dos, ça me rappelle mon enfance. C'est important pour moi aujourd'hui d'avoir un sac qui me plaît pour aller en cours. » Candice, 16 ans, adore les sacs à dos pour leur côté pratique (« j'ai pas mal de cahiers et de livres à transporter et, les bretelles, ça soulage ») mais aussi pour leur côté esthétique (« un à rayures, un noir avec plein de badges et un à fleurs, j'en ai trois pour changer de style »). Vous l'aurez compris, tout est affaire de goût !

Attention au vol

À cause de tout ce que vous mettez dedans, notamment votre argent ou votre téléphone portable, le sac est l'objet le plus convoité par les voleurs. Pour sauver la vie de votre sac ou de son contenu, voici quelques règles. Choisissez un sac qui se ferme. S'il n'a pas de zip ou de bouton, pensez à mettre vos objets de valeur dans une pochette fermée, bien au fond. Si, pour une soirée, vous optez pour une élégante pochette, gardez-la toujours à la main. L'idéal pour danser reste la pochette plate qui se porte en bandoulière, avec le strict nécessaire pour la soirée.

Secrets de filles

Que trouve-t-on dans votre sac ?

« Un mini-dictionnaire anglais- français, mon petit ami est anglais. »
Marine, 13 ans

« De la crème pour les mains, car j'ai une peau de crocodile. »
Élise, 14 ans

« Un bloc où je note des idées, car j'écris les chansons de mon groupe de musique. »
Aurore, 17 ans

« La petite peluche de ma meilleure amie, elle vient de déménager et elle est loin. »
Mila, 13 ans

« Un déodorant de poche, croyez-moi, on devrait toujours en avoir sur soi… »
Edwige, 16 ans

+ Accessoires, p. 8.
Soigner son look, p. 321.
Style, p. 335.

Santé

Un petit rhume de temps en temps, un mal de ventre quelquefois...
Les questions se bousculent dans la tête et les coups de blues sont fréquents.
Faut-il se soucier de sa santé ?

J'épate les copines

On pourrait sauver des vies ou éviter que des blessures ne s'aggravent si on connaissait les gestes à faire en cas d'accident ou de malaise. Il ne s'agit pas de s'improviser médecin, mais de passer un brevet de secourisme appelé « attestation de formation aux premiers secours » (AFPS) : on peut l'obtenir dès l'âge de 10 ans. Cette formation pratique coûte de 40 à 90 euros et elle est dispensée par des organismes habilités (la Croix-Rouge par exemple).

Santé = bien-être

La santé n'est pas à opposer à la maladie. Il s'agit d'une notion plus globale : c'est le bien-être physique, moral et social d'une personne (selon la définition donnée par l'Organisation mondiale de la santé).
Lorsque ce bien-être est menacé ou a disparu, le médecin traitant est souvent la personne la plus facile à rencontrer. Il oriente vers d'autres professionnels si besoin est. Sachez que vous avez le droit d'aller voir un médecin sans l'accord de vos parents et qu'il a le devoir de garder le secret de cette visite. Vous pouvez aussi parler de vos soucis au médecin scolaire. Attention, prendre un médicament n'est pas anodin, évitez l'automédication.

Une attention quotidienne

Pour conserver une bonne santé, il est important de manger de façon équilibrée, de pratiquer une activité physique, de bien dormir, de ne pas fumer, d'éviter l'alcool et les drogues, de se protéger contre les infections sexuellement transmissibles... Devant cette liste, on peut se dire : finis la vie et ses plaisirs ! Or, quand on est jeune, on a envie de se sentir vivant et pour cela on aime prendre des risques. Mais ce n'est pas avec sa santé qu'il faut jouer. Pour en être convaincue, regardez ceux qui souffrent de maladies graves ou chroniques.

Le poids de la maladie

Lorsque la maladie s'installe, il est difficile d'accepter que cela puisse durer. De plus, elle a souvent des répercussions bien plus larges que le fait d'être malade : elle complique la vie quotidienne et les traitements sont contraignants pour une adolescente éprise de liberté. On a tendance à les arrêter, ou à les prendre moins sérieusement, dès que la maladie recule. Quand vous sentez que vous craquez ou que le poids est trop lourd à porter, n'hésitez pas à tirer la sonnette d'alarme. Des programmes d'éducation thérapeutique ou des associations de patients peuvent vous aider à vivre mieux. N'hésitez pas à vous renseigner.

+ Handicap, p. 147.
Psychologue, p. 266.

FLASH SUR LE NET

En vous rendant sur le site de l'INPES, l'Institut national de prévention et d'éducation pour la santé, vous trouverez, dans la rubrique « catalogue », des dépliants à télécharger sur différents sujets de santé : www.inpes.sante.fr

Secrets de famille

**Toutes les familles cachent des secrets et des non-dits.
Lourds ou sans gravité, ils ont toujours des conséquences.
Ils se transmettent parfois d'une génération à l'autre. Faut-il les taire ou lever le voile ?**

Un secret dans l'air...

C'est toujours le même scénario. Vous évoquez la tante Josette, et tout le monde se lance des regards entendus ou bafouille des paroles incompréhensibles. Plus de doute, il y a baleine sous gravillon ! Vous ne savez pas très bien, même pas du tout, de quoi il retourne, mais vous en mettriez votre main à couper : il y a dans la famille un secret plus gros que la baleine en question. En fait, il est là sans être là, parce que, le propre du secret de famille, c'est qu'on ne peut pas le dire, mais qu'on ne peut pas non plus l'oublier. Alors, il erre comme un fantôme dans la maison et hante ses occupants. Certains secrets sont arrivés à vos oreilles comme des on-dit ou des « il paraît que ». Ils sont pour la plupart anodins et ne portent pas à conséquence ; ils sont juste quelquefois source de mystère pour toute la famille (est-ce que papi est bien le fils de mes arrière-grands-parents ou l'enfant que mon arrière-grand-mère a eu avec un Américain pendant la guerre ?). D'autres ont une teneur plus grave et peuvent affecter les relations entre les membres d'une famille, et cela sur plusieurs générations.

Des blessures profondes

Ces secrets de famille concernent pour l'essentiel les origines, les circonstances particulières d'une naissance (adoption, fécondation in vitro…), la sexualité, la stérilité, le divorce, la maladie mentale, le handicap, les transgressions morales ou juridiques, les revers de fortune, la mort… En fait, tout ce qui peut entacher l'image de la famille, tout ce dont elle a honte. Ils ne sont pas toujours dissimulés de façon volontaire. Une personne peut avoir vécu un traumatisme dont elle ne veut pas se souvenir,

J'épate les copines

Les grands moments de cinéma sont souvent marqués par de grandes révélations de secrets. Souvenez-vous de la réplique la plus connue du cinéma : « Luke, je suis ton père. » Merci, *Star Wars* ! Plus récemment, de nombreux films évoquent les (gros) mensonges que l'on fait et les (grands) secrets que l'on garde par amour : *Joyeuses funérailles*, de Frank Oz (2007), *Un secret*, de Claude Miller (2007), *Les Secrets*, de Raja Amari (2009), *City Island*, de Raymond De Felitta (2009), *Mères et filles*, de Julie Lopes-Curval (2009), *Secrets de famille*, de Curtis Crawford (2010), *Elle s'appelait Sarah*, de Gilles Paquet-Brenner (2010), *Love & Secrets*, d'Andrew Jarecki (2010) ou encore *Le Passé*, d'Asghar Farhadi (2013)…

Secrets de filles

L'acteur Jack Nicholson a découvert très tardivement que sa sœur aînée était en réalité sa mère, et que celle qu'il prenait pour sa mère était en réalité sa grand-mère. Le comédien Daniel Prévost n'a appris qu'à la cinquantaine le nom de son père, que sa mère lui avait caché car elle refusait obstinément de se souvenir qu'elle avait aimé un Kabyle. La petite-fille de l'écrivain François Mauriac n'a découvert qu'à la mort de sa mère le testament de son père, mort 30 ans plus tôt. La raison : il y exigeait qu'un disque de sa collection, *L'Hymne à l'amour* d'Édith Piaf, revienne à sa maîtresse. Cette vérité était insupportable pour son épouse et ne pouvait donc être révélée.

elle essaie de fuir la vérité par tous les moyens, parce qu'il est trop douloureux pour elle de se la rappeler.

La transmission

La vie de nos aïeux cachottiers aurait-elle des conséquences sur la nôtre ? Apparemment oui. Le secret dégringole d'une génération à la suivante. Ses détenteurs sont tiraillés entre l'envie de rester muets et le désir de tout révéler. Leurs enfants, qui n'ont aucune idée de la teneur du secret, sentent bien que quelque chose se trame. Les attitudes étranges, les phrases équivoques, les intonations, les mimiques, tous ces actes sont révélateurs. Puis vient la troisième génération, et le secret sur lequel on ne pouvait mettre de nom devient indicible : on n'y penserait même pas.
Le plus étonnant est que certaines personnes agissent sous l'emprise d'un secret dont elles ne connaissent pas l'existence. C'est souvent en fouillant dans le passé et avec l'aide d'un psychologue qu'on peut arriver à déterrer un secret profondément enfoui.

En parler pour dissiper le malaise

Le malaise provoqué par la présence d'un secret se dissipe quand on l'éclaircit. Plutôt que d'imaginer n'importe quoi (j'ai été adoptée, l'oncle Gérard est homosexuel…), mieux vaut demander des explications. Cela nécessite beaucoup de tact et de délicatesse. Si le secret remonte à plusieurs générations, il faut renoncer à le connaître, parce qu'on arrive rarement à percer un mystère lointain. En revanche, il faut guérir des conséquences de ce secret.

Découvrir un secret

- Cherchez à savoir, en étant consciente du fait qu'il va être difficile de découvrir la vérité.
- Recueillez des informations sur l'époque ou le lieu concernés : beaucoup de secrets de famille sont en effet liés à une catégorie sociale ou professionnelle, ainsi qu'à une époque ou une région.
- Interrogez votre mémoire pour retrouver les moments où vous avez eu l'impression qu'on vous cachait quelque chose. À défaut de connaître la vérité, faire part de ces questions est une façon de briser le silence.
- Questionnez vos ascendants sans jamais accuser qui que ce soit, car on ne peut savoir avec certitude qui a fabriqué le secret et pourquoi…

+
Adoption, p. 14.
Divorce, p. 101.
Homosexualité, p. 152.
Inceste, p. 161.
Psychologue, p. 288.
Suicide, p. 341.

TU C KOI :-)

L'Ancre des rêves, ou un secret de famille bien gardé entre le ressac des vagues et les profondeurs de l'océan. Ce conte fantastique écrit par Gaëlle Nohant (éditions Robert Laffont) nous invite à entrer dans la vie des Guérindel, Enogat et Ewan, les parents ; Benoît, Lunaire, Guinoux et le petit Samson, leurs quatre enfants. Les enfants n'ont pas le droit de s'approcher du bord de mer, dans un village dont la plupart des habitants sont des pêcheurs… Découvrez au fil des pages, à l'écoute des cauchemars qui assaillent chaque nuit les garçons, qui n'en disent mot, le secret que cache leur mère.

Sectes

Parce qu'elles recrutent des adeptes de plus en plus jeunes, il est essentiel de vous informer sur les sectes pour ne pas vous laisser prendre dans leurs filets.

S

Qu'est-ce qu'une secte ?

Tout d'abord, sachez distinguer mouvements religieux et sectes. Dans les premiers, il est question d'ouverture vers les autres, alors que dans une secte, c'est tout le contraire ! Ensuite, sachez qu'une secte, c'est un groupe de personnes qui cherchent à exercer un pouvoir sur vous en vous faisant opérer petit à petit une rupture avec vos repères, pour finalement vous isoler du monde extérieur (et de votre famille) et vous priver de tout sens critique. Enfin, sachez qu'il n'est pas facile de savoir à qui l'on a affaire au premier abord, surtout lorsqu'une secte se proclame « nouvelle religion » !
Même si les plus connues se nomment Église de scientologie, secte Moon, mouvement raëlien, Témoins de Jéhovah, Enfants de Dieu (aujourd'hui appelés La Famille), il en existe beaucoup d'autres (laïques, religieuses, sataniques). Vous trouverez des listes sur les sites des associations qui luttent contre les sectes (voir ci-contre). Parlez-en avec vos amis, vos parents, vos profs, documentez-vous. Ainsi, vous serez mieux armée face aux démarches de « recrutement » des sectes en tous genres.

De l'appât au piège : un mécanisme bien huilé

Au départ, cela vous semble attrayant, mais, si vous ne faites pas attention, vous risquez de vous trouver enfermée dans un engrenage dangereux. Jugez plutôt par vous-même :

- Pour recruter de nouveaux adeptes, une secte a recours à différentes techniques de séduction. Le tout sous couvert de l'épanouissement personnel, de la paix universelle ou du respect de l'environnement, par exemple. Vous vous posez des questions existentielles ? On vous propose d'y répondre facilement ! Vous vous sentez un peu perdue ? Pas de problème, on va vous aider à trouver votre voie ! Soyez donc prudente, surtout si l'on vous propose tout à coup la solution miracle à tous vos ennuis. Méfiez-vous, car ce genre de propositions peut venir de parfaits inconnus dans les lieux que vous fréquentez, d'e-mails ou de publicités alléchantes sur Internet, mais aussi de l'un de vos professeurs ou de l'une de vos connaissances.
- Pour vous faire adhérer à leur cause, les sectes prétendent que vous avez un fort potentiel mais que vous n'en êtes pas consciente. Elles vous disent qu'elles savent comment le révéler. À condition bien sûr que vous les rejoigniez vite ! Déclinez cette offre louche.
- Si vous êtes recrutée, s'ensuit une implication de plus en plus importante. Le but étant, à terme,

FLASH SUR LE NET @

Besoin d'informations et de soutien ?

- http://www.derives-sectes.gouv.fr : le site de la mission interministérielle de vigilance et de lutte contre les dérives sectaires. Vous y trouverez des informations sur les risques et les dangers encourus, ainsi qu'une carte interactive des personnes qui sauront vous conseiller et vous assister dans votre région.
- www.unadfi.org (Union nationale des associations de défense des familles et de l'individu victimes de sectes).
- www.ccmm.asso.fr (Centre contre les manipulations mentales). Il en existe plusieurs antennes dans toute la France.

> « Toute secte, en quelque genre que ce puisse être, est le ralliement du doute et de l'erreur. »
>
> VOLTAIRE

de vous accaparer complètement. En même temps, les membres de votre nouveau groupe ne manquent pas de vous prouver leur amitié, tout en prenant un peu plus de place dans votre cœur et surtout dans votre tête. Désormais, ils vous surveillent.

• L'organisation dans laquelle vous « évoluez » peu à peu est soumise à une autorité absolue : celle d'un gourou ou d'un groupe de personnes. Ils sont en haut de la pyramide et vous tout en bas. Là, rappelez-vous qu'un vrai maître spirituel a pour but de vous rendre autonome, de vous faire réfléchir pour aller de l'avant. Dans une secte, c'est l'inverse qui se produit : vous devenez peu à peu dépendante et, si vous luttez, on vous fait culpabiliser !

• Enfin, vous rompez vos relations avec l'extérieur. Vous vous isolez de votre famille, de vos amis, de votre ancienne vie. Coupée de tous vos repères, vous êtes devenue fragile, votre esprit critique s'est émoussé. C'est à partir de ce moment que l'enseignement de la secte que vous avez rejointe vous change. Il arrive que certaines personnes soient même dépossédées de leurs biens sans vraiment s'en rendre compte. À ce stade, il sera très difficile de sortir de la prison mentale dans laquelle on vous a emmurée. Parce qu'il faut déjà que vous vous en rendiez compte, ce qui est rarement le cas, et parce que vous êtes déconnectée du monde extérieur. Malgré tout, rien n'est jamais perdu !

+ Mal-être, p. 198.
Religion, p. 283.

Comment aider une amie à s'en sortir ?

• Halte aux idées reçues ! Tout d'abord, ce serait une erreur de penser que les victimes sont des personnes plus sensibles et donc plus fragiles. Aujourd'hui, tout le monde peut se laisser piéger par une secte. Les techniques de recrutement sont très élaborées et subtiles. Ne pensez pas que, parce qu'il est facile d'y entrer, il est simple d'en sortir. Ce n'est pas le cas : les victimes qui ont réussi à quitter une secte disent toutes qu'elles étaient comme endormies et surveillées par le groupe et son gourou.

• La marche à suivre, s'il vous semble que quelqu'un que vous connaissez appartient à une secte, est avant tout de ne pas perdre le contact. Cela vous paraît peut-être peu, et pourtant ce lien est vital ! Soyez à l'écoute, et surtout ne critiquez pas votre proche. Si vous le jugez, vous lui donnerez une occasion de vous tourner le dos. De plus, en l'écoutant, vous obtiendrez sans doute des informations sur sa situation, sur ce qu'il est en train de vivre. Il vous sera alors plus facile de vous renseigner auprès d'organisations et d'associations spécialisées dans la lutte contre les sectes. Enfin, dans la mesure du possible, aidez ce proche à conserver son esprit critique et sa curiosité : ce sont les meilleures armes pour sortir de ce cercle vicieux.

Séduction

La séduction, c'est toute une histoire. Certains disent que c'est même un art !
Vous trouvez ça compliqué et trop subtil ?
Pas de panique, découvrez les signes et les méthodes d'action.

S

Secrets de filles

Faites un point sur vos tenues. Il n'y a pas de secret, un jogging et des baskets, ce n'est pas très sexy ! L'apparence compte beaucoup, c'est un jeu d'équilibriste. Vous devez être à l'aise, rester vous-même et vous mettre en valeur sans être vulgaire. Puis, le jour J, évitez les approches trop directes, les conversations bateau et les déclarations d'amour hâtives qui montrent que vous êtes accro : vous allez le faire fuir !

Un jeu subtil

La séduction, c'est le moyen par lequel vous allez faire comprendre à un garçon qu'il vous plaît. Petits regards ou rentre-dedans ? À chacune sa méthode. Vous avez une seule certitude : ce n'est pas facile. Le problème reste de savoir comment faire, et d'éviter de se prendre dès la première tentative un bon râteau qui porte un coup au moral et à l'orgueil. Séduction rime certes avec détermination, mais aussi avec attention et discrétion !

D'abord un travail sur soi

Pour séduire, il faut s'affirmer et se valoriser, auprès des autres comme de soi-même. Si vous ne vous plaisez pas, vous aurez du mal à plaire à quelqu'un.
Être séduisante suppose d'être bien dans sa peau, de se sentir intéressante et attirante. Mettez donc vos atouts en valeur. Séduire, c'est aussi communiquer puisque, par définition, c'est vers un individu que l'on se tourne.
C'est d'autant plus délicat que chacun est différent et que le contexte n'est jamais le même.

Les signes

Dans la séduction, il y a des signes qui ne trompent pas. Les attitudes trahissent les sentiments.
Mais c'est aussi une façon de sentir si vous êtes sur la même longueur d'onde.

- Le sourire est un signe fort : c'est une invitation. Si vous faites la tête, personne ne viendra vous parler !
- Le regard est un élément qui permet d'être fixé : un long face-à-face les yeux dans les yeux n'a pas la même signification qu'un regard fuyant et timide ou un regard indifférent.
- La position du corps a aussi son importance. Si vous êtes repliée sur vous-même, ce n'est pas engageant, car c'est un signe de fermeture.

À chacune sa technique

En la matière, il n'existe pas de règles. Votre technique d'approche va dépendre de votre caractère et de votre façon d'être.

- Les plus entreprenantes optent pour une méthode directe, que ce soit à l'école, dans la rue ou lors d'une soirée. Là, il faut prendre son courage à deux mains et afficher ostensiblement ses intentions. Le résultat est immédiat : en général, on est assez vite fixée.
- Les timides pencheront plutôt pour une technique d'approche indirecte. Une belle lettre, c'est romantique et, contrairement à ce que l'on pense, ce n'est pas si ringard. La drague par SMS,

> « Ce n'est jamais quand on croit être en état de séduction qu'on séduit. »
> Emmanuelle BÉART

par téléphone ou grâce à un chat sur Internet, ça paraît plus simple encore pour engager une conversation. Vous évitez ainsi le regard, mais vous perdez du temps.

Le cas de l'allumeuse

Elle n'y va pas par quatre chemins. Elle a besoin de séduire, même si elle ne sait pas encore sur qui elle va chercher à exercer ses charmes. Lorsqu'elle va dans une soirée, sa tenue est provocante, hyper sexy, parfois à la limite du mauvais goût : robe un poil trop court et très moulante, décolleté plongeant, talons hauts, maquillage excessif. Elle se vieillit un peu, joue à la dame. Elle en fait trop, mais ça semble porter ses fruits ! On la regarde, certains l'invitent à danser, les autres sont médusés. Une chose est sûre, elle impressionne trop les timides et elle passe parfois pour une fille futile, superficielle.
Si vous n'avez pas le cran d'une allumeuse, rassurez-vous, on ne séduit pas qu'avec son physique, même si c'est la première chose qui se voit. On peut aussi plaire pour sa gentillesse, pour son humour, pour la profondeur de son discours…

Faire le premier pas

Une fille qui drague n'est pas obligatoirement une fille facile ! D'ailleurs, tous les garçons ne sont pas audacieux. Avec les coincés, ou ceux qui manquent de maturité et qui ne comprennent aucun signe, on peut prendre les choses en main. Autant le savoir : beaucoup d'entre eux adorent qu'on les sollicite, ça leur enlève une épine du pied. Alors, à vous de jouer !

+
Coup de foudre, p. 85.
Je t'aime, p. 181.
Lettres d'amour, p. 189.
Passion, p. 237.

QUIZ

Quelle séductrice êtes-vous ?

1 • Le matin, pour vous préparer, il vous faut :
- **a.** 1 heure pour vous habiller et vous maquiller.
- **b.** 30 minutes, c'est vite fait mais bien fait.
- **c.** 10 minutes, vous mettez ce qui vous tombe sous la main.

2 • Votre tenue préférée, c'est :
- **a.** Une petite jupe, un haut moulant et des talons.
- **b.** Plutôt un pantalon, mais classe !
- **c.** Un vieux jean et des baskets.

3 • Vous croisez le regard d'un garçon mignon dans la rue :
- **a.** Vous allez lui parler direct.
- **b.** Vous lui faites un petit sourire.
- **c.** Vous baissez les yeux.

4 • Pour un dîner en tête-à-tête, vous êtes plutôt :
- **a.** Resto.
- **b.** Pique-nique.
- **c.** Plateau télé.

5 • Pour votre anniversaire, vous préférez :
- **a.** Un dîner romantique.
- **b.** Une soirée-surprise avec les amis.
- **c.** Un cadeau simple.

Majorité de a : vous êtes une séductrice. Sûre de vous, vous êtes prête à faire le premier pas. Vous savez mettre en valeur vos qualités…
Majorité de b : vous n'êtes pas contre une rencontre, mais vous attendez des signes forts. Côté séduction, il faut faire des efforts.
Majorité de c : peu sûre de vous, vous êtes persuadée que personne ne vous.

Seins

S

Ça y est ! Vos seins pointent leurs mamelons !
C'est un grand moment et vous êtes fière !
En même temps, vous avez un peu peur de devenir une femme...

Pomme ou poire ?

La première transformation due à la puberté, pour les filles, c'est cette petite boule qui apparaît sous le mamelon : les seins commencent à pousser. Ils mettent au moins 4 ans à atteindre leur taille définitive, mais ils peuvent continuer de changer d'allure selon le poids, l'âge, les grossesses, l'allaitement… Alors, de quoi vos seins ont-ils l'air ? Sont-ils en forme de pomme, de poire, d'orange ? Regardent-ils en l'air ou baissent-ils la garde ? Sont-ils fermes ou mous ?

Des œufs au plat ?

Ils sont encore tout plats ? À chacune son rythme ! Ne vous inquiétez pas et ne comparez pas avec vos amies. Vos seins pousseront de toute façon ! Vous pouvez aussi n'avoir qu'un sein qui pousse : la croissance joue parfois de vilains tours, mais l'autre va se décider, c'est obligé. En revanche, il est vrai qu'une femme sur quatre a un sein plus petit que l'autre.

De trop petits seins ?

Ne vous inquiétez pas trop tôt : votre croissance n'est peut-être pas terminée. Même de petits seins sont un symbole de féminité : cette dernière ne réside pas seulement dans un 95 B. De plus, les fesses, les hanches, les cheveux, les pieds sont d'autres parties du corps tout aussi féminines… Le fait de se tenir voûtée peut donner l'impression qu'on a encore moins de seins. Donc tenez-vous droite, votre dos et votre petite poitrine seront mis en valeur.

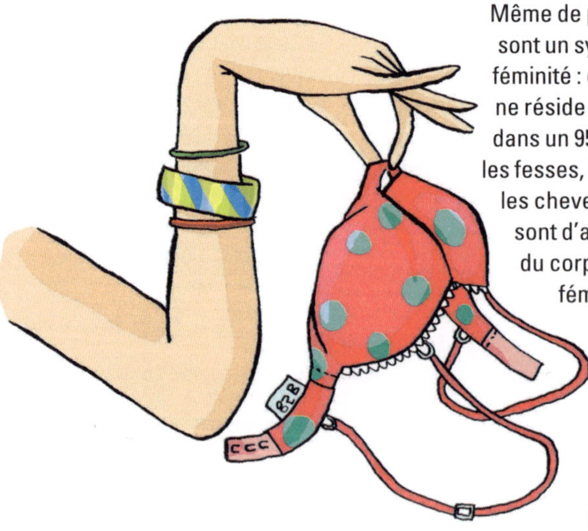

De trop gros seins ?

Il se peut que vos seins ne soient pas si gros que ça, que vous ayez juste cette impression parce que vous n'êtes pas habituée. Si vous n'avez pas encore fait dans votre tête le pas vers la femme que vous êtes en train de devenir, vous pouvez trouver gênant d'avoir des seins. Vous n'aimez pas le regard que les garçons portent sur votre nouvelle féminité, mais ils ne peuvent pas s'en empêcher !

AILLEURS DANS LE MONDE

Les Amazones : un monde à l'envers.
Dans la mythologie grecque, les Amazones (« celles qui n'ont pas de sein ») étaient un peuple de femmes guerrières. Pour se protéger des hommes et de leur intérêt pour le pouvoir, elles tuaient leurs enfants mâles ou les rendaient aveugles pour les utiliser comme serviteurs. Et elles se coupaient le sein droit pour mieux tirer à l'arc.

En conséquence, vous trouvez votre poitrine indécente et vous devenez très pudique. Donnez-vous un peu de temps pour faire connaissance avec ce nouveau corps. Et ne vous inclinez pas vers l'avant pour faire disparaître ces seins qui vous gênent. Vous risquez de vous faire mal au dos.

Vu par les garçons

« Moi j'aime bien les petits seins parce qu'ils peuvent tenir dans une main… » Lucas, 18 ans

« Moi je préfère les seins généreux, débordants, c'est très agréable de savoir qu'il faut du temps pour s'en occuper… » Théo, 19 ans

« J'ai une copine qui n'aime pas que je lui touche les seins. Bon, tant pis, il y a bien d'autres choses à faire ! » Gabriel, 20 ans

Choisir un soutien-gorge

Attention, même si l'on a des petits seins, il est conseillé de porter un soutien-gorge, sinon on risque de voir sa poitrine s'affaisser avec l'âge.
Le soutien-gorge doit être choisi selon deux critères :

- **le tour de poitrine**, qui se mesure au niveau de la pointe des seins (de 80 à 110) ;
- **la profondeur du bonnet**, qui correspond à la différence entre le tour de poitrine et le tour de buste, mesuré sous les seins (de A = 10 cm à F = 25 cm).

Ne prenez pas un soutien-gorge qui vous serre trop, il abîmerait votre poitrine, et réglez bien les bretelles.

Lors d'une activité sportive, les seins ont besoin d'un plus grand maintien : achetez un soutien-gorge spécial.

Embellir ses seins

- Le sein ne contient pas de muscles : qu'on se le dise ! Par contre, il y a des muscles en dessous (le grand et le petit pectoral), qu'il est possible de tonifier. Pour cela, on peut pratiquer quotidiennement ce petit exercice simple : les bras levés en équerre, placez vos paumes l'une contre l'autre et pressez-les par à-coups une vingtaine de fois.
- À la fin de la douche, aspergez-vous la poitrine d'eau fraîche pour tonifier la peau.
- Évitez d'exposer votre poitrine au soleil, ou alors faites-le très peu de temps et avec une protection maximale. La peau vieillit plus vite au soleil !
- Hydratez votre peau sans oublier les seins. Profitez-en pour les masser doucement : vous ferez mieux connaissance avec.

Affirmer sa féminité sans l'imposer
Les garçons sont attirés par les seins et oublient de vous regarder dans les yeux… Ils connaissent eux aussi leurs premiers émois d'hommes en devenir et ne les contrôlent peut-être pas toujours. Si vous êtes fière de votre poitrine et que vous avez envie de la mettre en valeur, tant mieux, mais méfiez-vous : une poitrine offerte peut pousser les garçons à commettre des gestes qui vous blesseront.

Mal aux seins

La croissance des seins peut être un peu douloureuse et provoquer des tiraillements.
Si vous êtes réglée, vos seins peuvent être sensibles, gonflés, quelques jours avant les règles.
Si cette gêne est trop importante, parlez-en à votre mère ou à votre médecin, qui vous proposera une solution.

+ Sous-vêtements, p. 330.
Style, p. 335.

Séries TV

Et si les séries pour ados avaient trouvé une seconde jeunesse ? Moins niaises et moins pleines de clichés, elles surfent sur la vague de leurs aînées. Un véritable phénomène.

S

Nouvelle génération

L'âge d'or de la jeunesse fortunée de *Beverly Hills* est-il révolu ? Finis l'amour et la beauté, les bons sentiments et la morale. Cela n'a pas empêché les scénaristes de profiter d'un glorieux passé, si l'on en croit le succès de… *90210 Beverly Hills : nouvelle génération*, entre 2008 et 2013 ! Héros et héroïnes ont mûri. Les chanteuses, les sorcières et les vampires ont fait leur entrée dans la danse. Les jeunes ont leurs faiblesses et leurs doutes, une famille parfois loin de ressembler à un modèle du genre et des amis un peu à côté de la plaque. Les blablas sans fin sur l'amitié et l'amour ont laissé place aux remises en question et aux interrogations sur le monde. On parle alcool, drogue, ambivalence sexuelle, désespoir amoureux… Même *Les Frères Scott* ont raccroché leurs maillots de basket après 9 saisons (la troisième plus longue série après *Beverly Hills* et *Smalville*, qui ont tenu 10 saisons). D'autres, pourtant connues, ont eu une vie plus éphémère, comme *Revenge* (annulation au bout de 4 saisons en 2015).

Success story

Les scénarios des séries sont bien souvent plus poussés que ceux des films, où règnent les suites et les trilogies. Un épisode dure 40 ou 50 minutes, et une saison dans les 23 ou 24 épisodes (si l'audimat ne vient pas mettre son grain de sable dans les rouages). Ainsi, ce n'est pas une histoire que l'on suit mais plusieurs, imbriquées les unes

AILLEURS DANS LE MONDE

Les Américains sont les maîtres incontestés en matière de séries TV. Après *La Petite Maison dans la prairie*, *Dallas* et *Beverly Hills*, les genres se sont complètement renouvelés. Les années 1990 ont été marquées par *Friends* pour l'humour, *X-Files* pour le fantastique, et *Buffy contre les vampires* pour le mélange des genres. Les années 2000 ont vu arriver des séries plus originales, comme *Six Feet Under*, *24 heures chrono*, qui se déroule en temps réel, *Prison Break*, ou *Desperate Housewives*. Et maintenant, les enquêtes font leur grand retour avec les énormes succès de *Sherlock*, *Mentalist*, *Castle*, *Person of Interest*. Mais aussi *House of Cards*, *Homeland* ou encore *Broadchurch*.

pas comme ma mère

Drôles de dames, *Starsky et Hutch*, *Ma sorcière bien-aimée*, *Mission impossible*, *21 Jump Street* (…). Acheter les droits d'une série pour l'adapter au cinéma est très courant, mais assez risqué. Que dire du film *Veronica Mars* (2014), qui est sorti 9 ans après la fin de la série et qui a la particularité d'avoir été financé par ses fans, qui réclamaient une suite après son arrêt brutal ? Sinon, pour les plus jeunes, *Hannah Montana* a aussi eu son film en 2009.

dans les autres. C'est drôle, c'est tragique, ça bouge sans arrêt, c'est un peu tout plein de vies en concentré et de problèmes en accéléré. Surtout, ce qu'il y a de bien dans les séries, contrairement à un film de 2 heures, c'est que la psychologie des protagonistes est dessinée au rythme des épisodes. Le clan des méchants et celui des gentils ne sont pas si nettement établis. Comme dans la vie, les gens mûrissent, font des erreurs, aiment, détestent… Et nous, on les adore, on les hait, on s'attache à eux. On vit et on frémit avec eux, on se raconte des histoires.

Chacune son histoire

« Je trouve qu'il n'y a plus vraiment de séries pour ados ou pour adultes. Je me souviens d'avoir regardé des séries de "jeunes" avec ma mère, et il m'arrive de mater *Les Experts* avec mes parents. En fait, les thèmes sont tellement différents qu'on peut aimer à la fois *Prison Break* et *Smallville*. Les séries d'adultes ressemblent plus à des films et sont assez violentes : l'enjeu n'est pas trop la vie des personnages mais plutôt les enquêtes à résoudre. On peut louper des épisodes et ne pas être perdue. Dans les séries, c'est plus compliqué. L'histoire est vraiment centrée sur la vie des personnages, donc il faut suivre ! On se prend vite au jeu. Ça m'arrive même de demander à ma mère d'enregistrer les épisodes quand je sais que je ne vais pas pouvoir être à la maison. Sinon, je demande à mes copines de me raconter. On s'amuse à imaginer nos réactions si on était à la place des personnages ! »

Lucie, 17 ans

Une auto-construction

Si les séries *Glee*, *Pretty Little Liars*, *Vampire Diaries*, *True Blood*, *Skins* ou encore *Teen Wolf* vous tiennent autant en haleine, c'est parce qu'elles répondent à vos attentes. Vous aimez leur ton décalé et leur humour, la façon de vivre des personnages, bien plus en adéquation avec votre vie. OK, vous regardez les séries parce qu'un paquet de ces héros qui défilent sur votre écran sont beaux comme des dieux (souvent ce sont de jeunes trentenaires, plutôt que des ados), mais vous aimez aussi suivre leurs aventures parce qu'ils traversent les mêmes difficultés que vous. Leurs angoisses ne se résument plus à leur tenue vestimentaire, à l'organisation de soirées ou à leurs amours. Leur vie n'est pas rose et leur souffrance est parfois « réelle ». Mais bien évidemment, si leur vie ressemble par certains côtés à la nôtre, ce n'est pas NOTRE réalité. Nous vivons un peu plus calmement au quotidien – heureusement d'ailleurs ! C'est vrai qu'à l'adolescence on cherche des modèles imaginaires auxquels s'identifier, et ces personnages vous servent de repères pour agir face à une situation familière ou inédite. La banalité des expériences ordinaires vécues par les jeunes héros est rassurante, et inversement, vous rêvez de vivre leurs histoires extraordinaires. En clair, ces personnages attachants vous aident à vous construire. L'adolescence est aussi une période durant laquelle les émotions sont exacerbées. Ainsi, vous vous impliquez à fond dès que quelque chose vous intéresse (activités sportives ou culturelles), et les séries n'échappent pas à la règle. Vous êtes autant fan d'un chanteur ou d'un acteur que d'un héros d'une série ! Ce qui vous plaît plus que tout, c'est de pouvoir en parler autour de vous. Que ce soit dans la cour du collège ou sur les réseaux sociaux, vous avez besoin de parler du dernier épisode, d'échanger vos points de vue, d'être connectée comme vos petits camarades !

Histoires en séries

Quoi de mieux, pelotonnée sur son canapé, que de « vibrer » pour la chorale de William Schuester, le professeur d'espagnol de *Glee* (qui s'arrête en 2015), dont les adolescents, sur fond de comédie musicale, traversent toutes les difficultés liées à cette période de la vie ; ou pour les vampires de T*rue Blood*, qui tentent de s'intégrer à la population ? Quant à la série du moment, *Pretty Little Liars*, comment échapper à ce groupe de quatre copines et ne pas en devenir accro ? Et comment ne pas s'identifier à Jenna Hamilton, *d'Awkward*, qui illustre bien la dure vie au lycée quand on n'est pas populaire ?

+ **S**tars, p. 333.
Téléréalité, p. 352.
Télévision, p. 353.

Serviettes hygiéniques

Pendant les règles, ce sont nos alliées même si parfois elles nous trahissent un peu ! Douces mais pas toujours discrètes, les serviettes peuvent être très chouettes… si on sait s'en servir. Enquête.

S

Secrets de filles

• Si le contact de la serviette provoque des picotements ou des irritations, n'hésitez pas à changer de marque et misez sur la qualité.
Dans les magasins bio, vous en trouverez en coton non traité.
• Pour rester fraîche, si vous le pouvez, rincez-vous la vulve quand vous changez de serviette.
• Portez une culotte en Stretch et des serviettes à rabats pour un bon maintien.
• En cas de canicule ou de classe surchauffée, changez-vous plus souvent pour éviter les petites odeurs.

Serviette mode d'emploi

• Tout commence au magasin… et pas dans la salle de bains !
Il faut savoir choisir sa taille de serviette selon l'abondance des règles. Un truc : n'hésitez pas à en prendre plusieurs modèles pour alterner selon les besoins. Ainsi, le format mini, ultraplat et léger à porter, est parfait pour le début ou la fin des règles, et les formats moyen ou super pour le milieu. Sur certains paquets, un picto représentant 2, 3 ou 4 gouttes indique le degré d'absorption.
Il existe des modèles à rabats et sans rabats. Avis à toutes : les rabats en plastique ne sont pas toujours agréables à l'entrejambe, mais ils permettent d'éviter les petites fuites sur le côté – et l'obsession de tacher sa culotte ou son pantalon !
Ne confondez pas les serviettes avec les protège-slips, insuffisants pour des règles normales.
• Deuxième étape : la pose. Rien de plus facile que de coller une serviette au fond de sa culotte ! Deux conseils cependant : prenez soin de bien la placer au centre de la culotte (pas trop en avant, même si vous croyez que le sang sort plutôt de ce côté) et veillez à ce qu'elle adhère correctement.

Inconvénients

• Elles sentiraient mauvais ? C'est vrai… si on ne les change pas assez souvent. Dans la journée, pensez à les renouveler toutes les 3 heures. Et rassurez-vous : aujourd'hui, les protections sont souvent parfumées et recouvertes d'un voile spécial qui draine le sang à l'intérieur, où il est stocké en vase clos. Du grand art !
• Elles ne sont pas discrètes… Certes, avec un jean ultra-moulant, ce n'est pas idéal ! Mais ce ne sont pas non plus des couches-culottes. Aujourd'hui, elles sont de plus en plus fines et passent incognito avec toutes sortes d'habits.
• On ne peut pas se baigner avec. Eh non ! Avec un maillot de bain, il vaut mieux porter un tampon (même si on ne va pas dans l'eau) !

Avantages sur les tampons

• Elles sont plus rassurantes, permettent de mieux contrôler son flux et de voir où l'on en est.
• Elles sont moins agressives que les tampons, qui ont tendance à assécher l'intérieur du vagin en absorbant toutes les sécrétions intérieures.
• Avec leurs différents formats, elles savent mieux s'adapter aux besoins de chacune. La nuit, elles sont souvent plus confortables. Le format nuit ou extra +, qui donne 12 heures d'autonomie, est d'ailleurs conseillé aux adeptes de la grasse matinée !
• Avec leurs jolis sachets colorés, elles se glissent avec élégance dans notre sac. Si celui-ci se renverse par inadvertance en classe, ce n'est pas la honte !

Sexe des garçons

Vous voulez tout, vraiment tout savoir sur le zizi ?
La constitution, la taille, le fonctionnement, les problèmes éventuels...
Alors, les filles, lisez vite ce qui suit.

S

En quoi c'est fait ?

Non, ce n'est pas un os, comme aimait à le croire Henri IV… Ce n'est pas non plus un muscle. Le pénis des garçons est un organe « caverneux ». En clair, il est creux ! Et cela explique aussi qu'au repos il est tout mou. Sous l'effet de l'excitation sexuelle, un drôle de phénomène (appelé érection) se produit. Du sang afflue dans la verge et la fait gonfler. À l'intérieur, le pénis est composé de petites alvéoles : un peu comme les trous d'une éponge ! Les savants les appellent des « lacs sanguins ». Quand elles sont pleines de sang, ces alvéoles se verrouillent par un mécanisme automatique. Résultat : la verge se tend, devient dure et se dresse. Voilà pour l'explication anatomique. Passons à l'aspect pratique.

Une partie très sensible

La peau qui recouvre la verge est ultrasensible : c'est la principale zone érogène des garçons (même s'ils en ont quelques autres). Mais la partie la plus sensitive de toutes est située à l'extrémité de la verge : au repos, elle est en général recouverte d'une peau, le prépuce. Lors de l'érection, cette peau se retrousse, mettant à nu une sorte de petite cloche : le gland. À noter que beaucoup de garçons, aujourd'hui, sont circoncis ; on leur a enlevé le prépuce quand ils étaient petits pour des raisons religieuses ou médicales. Chez pas mal de garçons, le gland est donc visible même au repos. Tout cela nous amène à l'essentiel : le sexe (et donc le plaisir) des garçons fonctionne de manière assez mécanique. Toute caresse, tout mouvement de va-et-vient le long du pénis et sur le gland amène, en général assez vite, un garçon à l'orgasme. C'est ce qui se produit lors de la pénétration, grâce au frottement contre les parois du vagin, mais aussi lorsqu'il se masturbe ou quand on le caresse. Au moment de l'orgasme, le pénis expulse un liquide blanc appelé le sperme, qui contient des spermatozoïdes. C'est l'éjaculation. Le pénis sécrète également un liquide transparent, le liquide séminal, qui, comme le sperme, contient des spermatozoïdes : il est important de le savoir pour se protéger.

La question de la taille

Pour les garçons, la taille du pénis est un symbole de virilité. Ils pensent que plus leur sexe

INTOX

On entend souvent dire que la taille du nez, des mains ou des pieds d'un garçon a un lien avec la taille de son pénis – autrement dit : un garçon avec un petit nez retroussé ou des doigts un peu courts aurait un tout petit sexe ! En fait, c'est 100 % bidon. Des études scientifiques ont été faites sur le sujet et ont montré qu'il n'y avait aucun rapport !

> « La séduction est de l'ordre du rituel, le sexe et le désir sont de l'ordre du naturel. »
>
> Jean BAUDRILLARD

QUIZ

1 • Les premières érections surviennent à l'âge de 1 an.
☐ vrai ☐ faux

2 • Les premières éjaculations ne se produisent qu'à la puberté.
☐ vrai ☐ faux

3 • Plus la quantité de sperme est abondante, plus le garçon a de plaisir.
☐ vrai ☐ faux

4 • Un pénis standard en érection fait 15 cm.
☐ vrai ☐ faux

5 • Et celui d'un gorille 23 cm…
☐ vrai ☐ faux

6 • Certains garçons naissent avec le pénis tordu.
☐ vrai ☐ faux

7 • La taille du pénis en érection grandit de façon proportionnelle à sa taille au repos.
☐ vrai ☐ faux

1. faux (ils en ont dès leur vie intra-utérine) – **2.** vrai (avant la puberté, les garçons peuvent avoir un orgasme en se masturbant, mais ils n'éjaculent pas) – **3.** faux (il peut même y avoir des éjaculations mécaniques, sans plaisir) – **4.** vrai – **5.** faux (il ne fait que 3 à 5 cm) – **6.** vrai (et ils sont nombreux) ! – **7.** faux (il y a des pénis qui ne changent pas de taille entre l'érection et le repos, d'autres dont la taille est multipliée par 10).

est long et gros, plus ils seront capables de donner du plaisir. Mais, en réalité, ça ne marche pas comme ça ! Car le sexe des filles fonctionne de façon différente. Le vagin est peu sensible à l'intérieur car il a peu de terminaisons nerveuses. Donc, peu importe la taille du pénis, ce qui compte, ce sont les caresses, le mouvement, le rythme, en bref la façon dont les garçons utilisent leur attribut. En moyenne, un pénis en érection mesure 13 à 15 cm de long et 3 à 4 cm de diamètre. Le vagin, quant à lui, mesure 8 à 10 cm de long et, quand on est vierge, il est tout serré. Mais il est très extensible : même un gros sexe ne risque pas de le déchirer !

Des problèmes ?

Le plaisir des garçons s'obtient de façon mécanique, ce qui ne fait pas d'eux des brutes épaisses. Chez eux, le désir et le plaisir dépendent aussi des sentiments. Lors de leurs premières relations, ils sont très émus. Ils craignent de ne pas réussir ou maîtrisent mal leur excitation. Cela peut occasionner de petits soucis.

• La panne : ils restent tout mollassons, tellement ils sont paralysés par leur timidité. Cela ne signifie pas qu'ils sont impuissants ou qu'ils ne vous désirent pas. Sachez aussi que l'excès d'alcool ou le joint ont tendance à diminuer l'érection.

• Ils éjaculent tout de suite : là, c'est un défaut de jeunesse. Les garçons peuvent se contrôler… mais cela s'apprend.

TU C KOI :-)

Il existe plus de 600 mots pour désigner le sexe des garçons : andouillette, asticot, bazar, beignet, biroute, bistouquette, bizourlou, boutifarre, chauve à col roulé, cigare à moustaches, joujou, pétard à fesses, tirliberly, zob, zoziau…
On en passe, des vertes et des pas mûres !

AILLEURS DANS LE MONDE

En Nouvelle-Guinée, les hommes de la tribu Arunta se font circoncire vers 13 ans et ont coutume d'offrir leur prépuce à leur sœur la plus proche. Celle-ci le fait sécher et le porte à son cou en pendentif : ça doit être très chic !

+ Amour physique, p. 27.
Garçons, p. 139.
Pratiques sexuelles, p. 257.

Sexisme

Être sexiste, cela veut dire attribuer un rôle bien défini à chacun des deux sexes dans la société. C'est valable à l'encontre des femmes, mais aussi des hommes !

Le sexisme est toujours d'actualité

Le combat des féministes au cours du siècle dernier a permis aux femmes d'acquérir peu à peu les mêmes droits que les hommes : droit de vote, droit au travail, droit de disposer de son corps et de ses sentiments.
Un grand pas a été fait, nous en sommes aujourd'hui les héritières. Malheureusement, le progrès des mentalités est toujours un peu en retard sur l'avancée des lois ! La preuve à notre échelle : dans chaque famille, plus de la moitié des filles de 11-12 ans aident leur mère dans les tâches ménagères au moins une heure par semaine. Seul un tiers de nos frères s'y colle, et quand ils le font, c'est une demi-heure à tout casser ! Pis : quand nous aidons, tout le monde trouve cela normal. Mais qu'un garçon passe un coup de balai et il est porté aux nues tel un héros ! Nos efforts compteraient-ils pour du beurre ? Accrochez-vous, les filles, vous rencontrerez bien d'autres inégalités dans votre vie de femme : salaire 30 % inférieur à celui des hommes à poste égal, plus d'emploi précaire, de CDD… Vous devrez en général assurer aussi. À la maison, les femmes actuelles consacrent deux fois plus de temps aux tâches ménagères que leurs chers conjoints (même quand elles ont par ailleurs un boulot à plein temps). Et que dire des piques que l'on amasse au quotidien, des sifflets, des mains baladeuses, des a priori dont nous sommes prisonnières, des blagues sur les blondes (passons, c'est un autre sujet !). Une fille doit être douce, réservée, pudique… Si elle fait preuve d'un peu d'initiative, elle est traitée de « nympho »… Eh oui ! Tandis que les coureurs de jupons, eux, expriment juste une saine virilité. Ah, je vous jure, ces hommes !
Bon, il ne s'agit pas de passer pour une fille aigrie et frustrée qui ne supporte plus le « sexe fort » (tiens, tiens…), car ce serait faire du sexisme à l'envers ! Chaque sexe a ses charmes. Un grain de machisme, un brin de minauderie pimentent toujours les relations entre filles et garçons.
Avec l'amour pour lier tout ça…

+ Féminisme, p. 123.

Secrets de filles

Pour en rigoler : organisez avec vos copines un concours des citations ou des petites phrases les plus sexistes. En voici une pour commencer :
« La femme est un animal aux cheveux longs et aux idées courtes. »
(Schopenhauer)

Et les garçons ?

Parfois, sans nous en rendre compte, nous véhiculons nous-mêmes des valeurs sexistes.
On attend du garçon qu'il prenne toujours les devants, qu'il nous paie le restau, nous offre des fleurs, nous couvre de cadeaux, nous protège, nous console… Et après on s'étonne qu'il nous demande de ne pas parler aux autres garçons ? Hum…
De plus en plus de garçons se sentent à l'étroit dans le rôle traditionnel que la société leur a dévolu. Beaucoup sont désireux d'entretenir des relations plus égalitaires avec les filles, de nous mitonner des petits plats, de jouer les papas poules plus tard, d'être séduits, désirés, aimés pour ce qu'ils sont… et pas seulement pour la fonction qu'ils représentent. Certes, il existe encore une minorité d'irréductibles mufles. Les filles, soyez futées. Évitez-les, tout simplement !

Shopping avec ma mère

« Faire les magasins ? C'est bien un truc de nanas ! » Et alors ? Rien de tel qu'un bon après-midi shopping pour rester tendance. Beaucoup d'entre vous partagent ce loisir avec leur mère. Des petits moments de complicité entre filles.

Journée shopping... prêtes ?

N'insistez pas, ils ne vous suivront pas ! Laissez vos hommes (frère, père et mari) à la maison. À eux le sport à la télévision, à vous les heures de shopping !
De toute façon, dans cette jungle de magasins, ils craqueraient au bout de quelques minutes. Entrer, regarder, choisir, essayer, acheter peut-être, sortir puis recommencer, des heures et des heures.
C'est bien une activité de filles, et sans doute le passe-temps favori de certaines d'entre vous. Pour rester à la mode et suivre les saisons, il faut enquêter sur le terrain, partir en mission et trouver la fringue tendance du moment !

Dis maman, ça me va ?

La première (bonne ?) raison pour aller faire du shopping, c'est de changer sa garde-robe. Vous n'avez plus rien à vous mettre… Terrible ! Mais, avant de vous précipiter, faites le point devant votre armoire. Évaluez ce qu'il vous manque et demandez l'avis de votre môman. Écoutez-la, elle peut être de très bon conseil. Surtout quand vous craquez pour une fringue, elle saura poser les bonnes questions, niveau lavage et entretien notamment, car tout de même, ça la concerne un peu !
Mais « faire les magasins », c'est aussi se balader sans pour autant acheter : faire du lèche-vitrines, flâner devant les devantures, aller en repérage, sentir l'air du temps. Et surtout partager un moment d'intimité avec votre mère, lui accorder une place dans votre emploi du temps, profiter de son expérience si, comme vous, elle ne sait pas résister à une jolie coupe ou à une belle paire de chaussures. Et pas d'arrière-pensée s'il vous plaît, si c'est votre maman qui paie, ne lui en demandez pas trop.
Et puis, quand vous en serez à l'essayage, l'avis de votre maman sera peut-être plus honnête et plus direct que celui d'une copine ou de la vendeuse. N'oubliez pas de préparer vos plus beaux arguments pour justifier que ce 1 000e top ait besoin de rejoindre les 999 autres dans l'armoire. Une mère, ça va aussi à l'essentiel. Vous risquez d'entendre souvent : « Tu en as vraiment besoin ? »

Le b.a.-ba

Faire du shopping, c'est toute une aventure, digne d'un épisode d'Indiana Jones ! Motivation et préparation sont les maîtres-mots.

Vu par les garçons

« Ça va peut-être faire sourire les filles, mais, avec mes potes, on aime bien traîner en ville et faire le tour des magasins. On ne va pas dans les boutiques de "papas", mais plutôt dans celles qui font des vêtements streetwear, à la mode. Par contre, on n'y passe pas des heures, contrairement aux filles ! En général, je sais ce que je cherche et je vais droit au but. Je ne vais pas en ville avec ma mère, mais ça m'arrive de l'accompagner aux courses et, alors, on achète quelques vêtements pour moi. »

Thomas, 16 ans

• Il n'est pas toujours facile de s'y retrouver, dans la jungle des boutiques. Avant de foncer tête baissée, réfléchissez à un itinéraire de « route de la mode ». Vous pouvez aussi marcher aux coups de cœur au fil de votre expédition, car l'intérêt du shopping est de tomber sur quelques imprévus !

• Pensez aussi à votre tenue de baroudeuse ès tendances, pas la peine d'enfiler la panoplie complète : si c'est l'hiver, un tee-shirt manches longues et un gros blouson suffisent. Vous serez plus à l'aise pour essayer, surtout si vous renouvelez l'opération plusieurs fois. Évitez aussi les collants, pas vraiment pratiques !

• Laissez de côté les habits trop petits et les chaussures qui font mal aux pieds. La mode, OK, les maux, non. Tout ça risque de croupir au fond d'un placard, et c'est maman qui ne va pas être contente !

• Enfin, ne transformez pas le magasin en champ de bataille. Soyez sympa, pensez à replier ou à replacer en rayon les articles que vous avez essayés.

TU C KOI :-)

Ces quatre livres de Sophie Kinsella sont réservés aux inconditionnelles. Dans l'ordre : *Confessions d'une accro du shopping, L'Accro du shopping à Manhattan, L'Accro du shopping dit oui et L'Accro du shopping a une sœur* (éditions Pocket). Vous ne pourrez plus vous passer de Becky Bloomwood, une jeune et jolie Londonienne de 25 ans complètement *shopaholic* (dingue de fringues). Rien ne peut contenir sa fièvre acheteuse, pas même son effrayant découvert. Sophie Kinsella était journaliste financière avant de conseiller ses lectrices (et peut-être quelques lecteurs) en matière de budget : un comble, non ? L'auteure n'hésite pas à avouer son péché mignon : « Je suis capable de mentir pour une fringue ! » La honte…

www.jachete.fr

Avec Internet, vous pouvez désormais faire vos emplettes, toujours avec votre maman, mais à la maison. Finis les embouteillages aux cabines d'essayage et les sacs pleins à craquer. Vous appartenez à la génération de la vente en ligne. Devant l'écran, quelques clics suffisent pour avoir accès à un large choix de fringues. Vous pouvez aussi trouver des articles épuisés en magasin ou à des prix intéressants.

Vous faites votre propre défilé à la maison, vous prenez votre temps, vous vous regardez des heures dans le miroir. C'est moins de contraintes, mais aussi plus de mauvaises surprises.On ne peut juger de la coupe ni apprécier la matière… et puis il faut renvoyer le colis quand cela ne va pas !

+ Mère, p. 211.
Mode, p. 216.
Soigner son look, p. 321.
Style, p. 335.

QUIZ

1 • Quelles sont les deux tailles commerciales les plus observées chez les femmes ?

2 • Quelles sont les pointures les plus répandues chez les femmes ?

3 • Combien de femmes ont du mal à trouver des vêtements à leur taille ?

1. 40 (20,6 %), puis 42 (16,6 %).
2. 38 et 37.
3. Une femme sur trois, d'après les résultats de la Campagne nationale de mensuration menée par l'Institut français du textile et de l'habillement.

Sida

35 ans après la découverte du VIH, le sida est toujours une maladie dont on ne guérit pas. Pour s'en protéger, il faut porter un préservatif lors d'un rapport sexuel et se faire dépister.

S

C'est quoi ?

Le sida, ou syndrome d'immunodéficience acquise, est la forme visible d'une infection causée par le VIH (Virus de l'immunodéficience humaine). Le virus attaque les lymphocytes, qui sont des cellules spécialisées dans la défense de l'organisme contre les microbes. Au fil du temps, ces cellules deviennent de moins en moins nombreuses, les défenses immunitaires sont très réduites et votre corps ne vous protège plus des autres maladies dites « opportunistes » (bactéries, parasites, champignons, virus…). Sans traitement pour ralentir l'évolution de l'infection, le sida se déclare plus ou moins rapidement. Aujourd'hui, on en meurt encore.

Être séropositif

Être séropositif, c'est être porteur du virus VIH. Mais ce n'est pas parce que l'on est infecté par le VIH que l'on est automatiquement malade du sida. En revanche, on est susceptible de transmettre le virus. Environ 150 000 personnes séropositives vivent en France aujourd'hui. Par ailleurs, on estime que 30 000 personnes seraient porteuses du virus sans le savoir. La France est l'un des pays les plus touchés en Europe, et l'Île-de-France la région la plus touchée. Malgré les efforts de prévention, l'épidémie ne recule pas : les chiffres de nouvelles contaminations sont seulement stables depuis 2007 (environ 6 400 en 2012).

La contamination

Pour qu'il y ait contamination, il faut avoir été en contact avec une personne séropositive. Pour passer d'une personne à une autre, il faut que le virus sorte du corps de la personne infectée par un liquide biologique et entre dans le corps de l'autre par une muqueuse ou une plaie ouverte. Les cinq liquides sont le sang, le sperme, le liquide pré-séminal (la petite goutte qui lubrifie le gland au début de l'érection), les sécrétions vaginales (qui lubrifient le vagin) et le lait maternel. Les huit muqueuses réceptives sont le vagin, la vulve (petites et grandes lèvres), le gland, l'anus, la bouche, les yeux, les oreilles et les narines.

La transmission

On est le plus souvent contaminé au cours d'un rapport sexuel non protégé, si l'un des deux partenaires est porteur du virus sans le savoir. On peut également l'être par voie sanguine, que ce soit lors de transfusions ou lors d'injections de drogues par voie veineuse (partage des aiguilles, des seringues, etc.). Enfin, la transmission se fait aussi de la mère à l'enfant. Les femmes séropositives peuvent transmettre le VIH à leur bébé pendant la grossesse, mais surtout au cours de l'accouchement et de l'allaitement.

INTOX

Malgré les informations diffusées régulièrement, certaines idées fausses continuent de circuler :

- La pilule, les spermicides, le stérilet, les implants, le retrait avant éjaculation, la pilule du lendemain ne protègent ni du VIH ni des autres IST. Seuls les préservatifs ont prouvé leur efficacité.
- Il n'existe aucun cas scientifiquement prouvé de transmission du VIH par la salive. Ni par la sueur, les larmes et l'urine.
- Le VIH ne peut en aucun cas se transmettre par simple contact ou en partageant des objets quotidiens comme les couverts, le linge, etc.
- Le VIH ne se transmet pas non plus par l'eau des piscines, les téléphones, les sièges des W-C, les piqûres de moustique, de punaise ou d'autres insectes, puisque le VIH se développe uniquement dans l'organisme humain.

TU C KOI :-)

L'association Solidarité Sida a été fondée il y a 20 ans par Antoine de Caunes et Luc Barruet. Aujourd'hui, ils sont toujours respectivement le président d'honneur et le directeur fondateur. Le mot d'ordre a toujours été le même : faire reculer le sida. « À la fois acteur de prévention, organisateur d'événements et partenaire d'associations communautaires à travers le monde, Solidarité Sida est une entité à multiples facettes qui se veut originale dans sa culture et ses principes d'action. » Une date à retenir : fin juin/début juillet, c'est le festival de la solidarité et de la musique Solidays (des concerts, des témoignages, des animations...). Incontournable ! Pourquoi ne profiteriez-vous pas de l'événement pour devenir bénévole dans l'association ? www.solidarite-sida.org - www.solidays.org

S'en protéger

La règle numéro un pour tout rapport sexuel est de porter un préservatif tant que vous et votre partenaire n'avez pas fait un dépistage. Ne prenez aucun risque. L'un ou l'autre peut être porteur du VIH, mais pas forcément malade du sida. Ensuite, faites le test tous les deux pour connaître votre statut sérologique : seule une prise de sang permet de détecter la présence du virus dans l'organisme. Cette démarche reste libre et volontaire. Ensuite seulement, vous pourrez envisager d'arrêter le préservatif si vous avez un autre moyen de contraception, bien sûr. Vous pouvez faire ce test lors d'une consultation d'information et de dépistage anonyme et gratuit (CIDAG), ou demander la prescription à votre médecin traitant. La prise de sang se fait dans n'importe quel laboratoire d'analyses médicales (il est remboursé par la Sécurité sociale). Si le test est positif, vous êtes contaminée par le virus du sida : vous bénéficierez alors d'un suivi médical adapté et approprié. Si le test est négatif, vous n'êtes pas contaminée par le virus du sida, mais le test de dépistage ne protège pas du VIH. Il faut donc éviter les comportements à risque.

Se soigner

Le sida se soigne, mais on n'en guérit pas. Aucun traitement ou projet de vaccin n'a, à ce jour, réussi à éradiquer le VIH. Les traitements peuvent ralentir ou arrêter son évolution, mais il reste présent dans l'organisme et peut se réactiver. Grâce à la recherche, des traitements sont aujourd'hui disponibles, les anti-rétroviraux (ARV), qui permettent de lutter contre la multiplication du virus, de soutenir le système immunitaire et de soigner les maladies opportunistes. Utilisés seuls, ils ont une efficacité limitée. Mais, associés entre eux ou à d'autres médicaments, ils sont plus performants : ce sont les trithérapies, ou multithérapies (association de plusieurs médicaments). Ces traitements permettent de prolonger l'existence de milliers de personnes vivant avec le VIH. Cependant ils ont de nombreux effets secondaires, souvent difficiles à vivre.

En parler

Vous avez oublié le préservatif lors d'un rapport sexuel ou celui-ci a craqué pendant l'acte... Et c'est la panique. Vous êtes envahie de questions et ça vous angoisse... Ne faites pas l'autruche, car c'est prendre des risques pour vous et éventuellement pour les autres. Vous pouvez tout de suite vous rendre dans le centre de dépistage le plus proche de chez vous. Pour toute question, pour une écoute ou un conseil, contactez Sida Info Service : www.sida-info-service.org ou par téléphone au 0800 840 800 (appel anonyme et gratuit).

AILLEURS DANS LE MONDE

Depuis les années 1990, le nombre annuel de nouveaux cas d'infection VIH (incidence) s'est stabilisé, même s'il continue d'augmenter dans certains pays. Plus de 35 millions de personnes sont aujourd'hui infectées dans le monde, dont 25 millions en Afrique subsaharienne, et 1 séropositif sur 4 ignore qu'il est porteur du virus. Malgré des progrès encourageants (changement des comportements et efficacité de la prévention), l'épidémie reste la 4e cause de mortalité dans le monde avec près de 1,5 million de décès chaque année. Le site du Programme commun des Nations unies sur le VIH/sida : www.unaids.org

+ IST, p. 175.
Pratiques sexuelles, p. 257.
Préservatif, p. 261.

Sms

S'envoyer des SMS est devenu une habitude pour toutes les générations. Pourtant, le Short Message Service, texto ou encore minimessage (les différents noms du SMS) serait en petite forme, voire totalement dépassé. Vraiment ?

Chacune son histoire

« Le langage SMS, c'est très pratique pour les textos car ça ne coûte pas cher à envoyer, mais je suis contre son utilisation à l'oral et dans les conversations écrites. On m'a déjà dit "lol" ou "mdr" et je trouve ça nul. On peut faire des phrases, c'est quand même pas compliqué. Sur les forums ou sur sur les réseaux sociaux, c'est pénible : c'est peut-être plus rapide pour celui qui écrit, mais celui qui lit le message doit faire un effort considérable. »

Laetitia, 16 ans

Un peu d'histoire

Parce qu'elle est jolie et étonnante ! Savez-vous comment le SMS a été inventé ? Ce sont des Finlandais qui ont mis au point cette technique (pour le compte de la marque Nokia quand même) au début des années 90. Le but ? Aider les personnes malentendantes.

La fin du SMS ?

Si les SMS traditionnels ont connu un succès incroyable (plus de 205 milliards de SMS ont été envoyés en France en 2016 !), nous ne pouvons que constater que depuis deux, trois ans, les applications de messagerie comme WhatsApp, SnapChat, WeChat, etc. accompagnent son déclin. Elles sont probablement en train de remplacer les SMS traditionnels qui, eux-mêmes, avaient remplacé les appels (désormais de plus en plus courts !).

Gare aux SMS surtaxés

Soyez vigilante : évitez le piège des SMS surtaxés qui vous permettent de voter pour votre star préférée à la télévision ou de télécharger sonneries et logos. Vous paierez un supplément. Beaucoup de sites Internet proposent d'envoyer gratuitement des SMS vers tous les opérateurs : là aussi, lisez bien les conditions, car vous risquez d'être assez rapidement inondée de messages publicitaires. Vous voilà prévenue !

Émoticônes, emoji et GIF

L'émoticône permet d'exprimer une émotion grâce à un dessin simple. Il est né de la typographie, le fameux premier smiley :-). L'emoji, lui, nous vient du Japon. Il s'agit de pictogrammes désormais mondialement répandus et directement intégrés au service de messagerie de nos téléphones. Quant au GIF, il désigne une petite animation créée à partir de plusieurs images. Nous nous en envoyons beaucoup pour illustrer un propos, faire des blagues… Une autre façon de communiquer ! Et demain ? Qu'allons-nous inventer ?

Ailleurs dans le monde

Les adolescents préfèrent les textos aux livres et aux magazines : c'est le constat d'une étude menée en Grande-Bretagne en 2012. Les SMS ont même détrôné les courriels. Il y a de quoi s'inquiéter car l'étude montre que les accros aux SMS sont moins susceptibles que les autres d'avoir un bon niveau de lecture. En effet, mieux on lit, mieux on écrit.

+ Chatter, p. 62.
Téléphone portable, p. 351.

Soigner son look

Avoir un look soigné suppose trois règles : veiller à son hygiène vestimentaire, savoir se mettre en valeur et adapter sa tenue aux circonstances.

S

Une bonne hygiène vestimentaire

Soigner son look, c'est avant tout prendre soin de soi. L'hygiène et la propreté en sont les bases incontournables. Comme on se lave tous les jours, on change de vêtements, on fait attention aux matières que l'on porte et on prend soin de sa garde-robe !

- Changez tous les jours de sous-vêtements (culotte, soutien-gorge) et de chaussettes. Faites de même avec les vêtements près du corps (tee-shirt, chemise…). Après une journée active, mieux vaut les laver. Vous pouvez porter à nouveau les pantalons, les jupes et les pulls quelques jours plus tard, à condition de les avoir bien aérés. Pensez à les laver après deux ou trois utilisations.
- En cas de transpiration excessive, de forte chaleur ou de stress, n'hésitez pas à emporter des vêtements de rechange ! Notamment, prévoyez une tenue spéciale pour le sport. À la fin du cours, après l'effort, prenez une douche avant de renfiler votre tenue de ville si c'est possible.
- Le choix des matières est également important dans ce contexte. On ne le répétera jamais assez : préférez les matières naturelles (lin, coton) aux fibres synthétiques (Nylon et autres) ! Ces dernières n'absorbent pas la transpiration et favorisent la macération, donc les mauvaises odeurs.
- Une dernière chose : vous n'êtes pas maniaque ni obsessionnelle, d'accord, mais ce n'est pas une raison pour laisser vos vêtements traîner sur le sol ! Surtout si vous souhaitez les remettre. Ils risquent d'être froissés, tachés voire déchirés. Mais peut-être aimez-vous le style « fripé chic » ?

Une question de morphologie

Parce que vous êtes unique, il est important de choisir des couleurs, des formes, des matières, des coupes et des accessoires qui mettent votre silhouette en valeur. Apprenez à vous connaître, atouts et défauts compris. Demandez conseil à vos proches si vous n'êtes pas sûre de vous. Ensuite, même si rien ne vaut une séance d'essayage, voici quelques pistes à suivre.

Trop classe

Quatre tenues pour quatre situations

- À la piscine : vous n'êtes pas à la plage, portez donc un maillot de bain une pièce plutôt qu'un deux-pièces.
- En cours de sport : évitez les jeans et les petites chaussures de filles, loin d'être pratiques pour courir un 100 mètres !
- Lors d'un entretien (examen, stage, job) : vous opterez plus tard pour le tailleur ; aujourd'hui, portez un pantalon noir, un top classique ou une chemise nette, avec une veste. Mais surtout pas de jean-baskets !
- Pour un mariage : bannissez la couleur crème et le blanc, cela pourrait vexer la mariée ! Pensez à une tenue habillée qui fasse bonne figure lors de la cérémonie à l'église et pendant la soirée.

Secrets de filles

Silhouette : les erreurs à ne pas commettre

Deux règles d'or :

- Tenez-vous droite en toute circonstance.
- N'en faites pas trop, quelle que soit votre morphologie.

Mais aussi :

- Ne reniez pas les couleurs ou les formes qui vous flattent sous prétexte qu'elles ne sont pas tendance.
- Ne portez pas de vêtements étriqués, ils boudinent les filles les plus minces.
- De même, portez des tops et des pulls de la bonne taille !
- Stop au string apparent et autres marques de sous-vêtements !
- Ne mélangez pas les couleurs à l'excès, vous risqueriez de vous faire remarquer… dans le mauvais sens du terme.
- Si vous avez pris ou perdu du poids, faites évoluer votre garde-robe en en tenant compte.

Vous êtes un peu maigre ?

« Faites l'oignon », c'est-à-dire jouez avec les superpositions, et ne portez pas de vêtements trop moulants ! Si vos jambes sont trop fines, arrondissez-les avec des couleurs plutôt que de porter du noir, qui les affinerait encore plus. Pensez aussi aux jupons et aux jupes longues, préférez les jupes plissées lorsqu'elles sont courtes. Côté accessoires, n'hésitez pas à porter des bottes larges, avec des boucles, par exemple.
Si votre poitrine est loin d'être voluptueuse, les pulls larges (mais pas trop quand même) ou les cols bateaux sont mieux adaptés.

Vous êtes ronde ?

Ne vous cachez pas sous des vêtements XXL ! Évitez les matières élastiques et préférez ce qui est fluide. Essayez le lin, par exemple. Vous avez des formes, alors pourquoi ne pas oser un petit décolleté ? Côté accessoires, bannissez les sacs en bandoulière : ils ne feraient que souligner vos rondeurs. Si vos hanches et vos fesses sont trop larges, pensez au noir, qui affine la silhouette. Portez des jupes plutôt longues avec des collants noirs. Pour ce qui est des pantalons, évitez les teintes claires et choisissez des modèles droits. Si votre ventre rond est source de complexes, optez pour des tops longs, des tuniques, des vestes et des chemises cintrées. En haut, choisissez plutôt des couleurs vives pour illuminer votre visage.

« Il n'y a plus de mode, rien que des vêtements. »
Karl LAGERFELD

PAROLES DE STAR

Lors d'une interview pour un magazine, Mary-Kate Olsen a déclaré : « Ce n'est pas glamour de suivre une tendance qui ne convient pas à sa morphologie. Le slim, ce n'est pas une bonne solution pour toutes les filles. On est sexy quand on est à l'aise dans ses vêtements.»
(Interview parue dans *Glamour* fin 2006)

Il existe aujourd'hui des soutiens-gorge rembourrés qui arrondissent les seins et d'autres avec des push-up qui les relèvent.

Vous êtes très grande ?
Dans ce cas, pensez aux contrastes de couleurs et de matières pour « casser la silhouette ». Évitez les tenues unies ou le total look noir, qui ne feraient que vous grandir encore. En revanche, si vos jambes sont longues, osez la minijupe. Qui mieux que vous pourrait la porter ? Les bijoux ronds et massifs ou les superpositions de bracelets sont pour vous. Côté sacs, investissez dans un modèle oversize !

Vous êtes petite ?
Préférez les cols en V plutôt que les chemises pour allonger votre buste. Affinez vos jambes avec des pantalons noirs ou étroits.
Pensez aussi aux chaussures à talons pour prendre de la hauteur, en les accordant à votre pantalon pour renforcer cette impression.
Côté accessoires, ne portez pas de grands sacs, ils souligneraient votre petite taille !

Une tenue adaptée à chaque circonstance

Aujourd'hui, il existe une grande liberté vestimentaire, cependant, ne soyons pas hypocrites, tout le monde juge l'autre en fonction de ses vêtements. Surtout lors d'un premier contact !
La présentation compte et elle n'est pas la même selon la situation ou les gens que vous rencontrez. Tori, 14 ans, en est bien consciente.
« Je ne m'habille pas de la même façon quand je vais chez mes copines, au collège, ou quand je me rends à une réunion de famille.
Car, si les gens s'en moquent ou font semblant, c'est moi qui suis mal à l'aise, je me sens en décalage. » En disant cela, Tori met en avant un point essentiel : les codes vestimentaires sont à la fois une question de savoir-vivre et un moyen de se faire accepter ! Porter une jupe au ras des fesses à l'école risque de vous attirer des remarques de vos professeurs.
Lou, qui est en alternance au lycée et en milieu professionnel, raconte : « En entreprise, je n'ai pas le choix. Si je veux m'intégrer, il faut que je me fonde dans la masse ! L'idéal est d'être sobre, classique et élégante. »
Il y a donc quelques règles à respecter, comme ne pas dévoiler ses charmes dans un lieu de culte ou se rendre à un entretien dans une tenue de sport. Lorsque vous êtes invitée à une soirée, n'hésitez pas à interroger la personne qui vous invite si vous ne souhaitez pas être en jean alors que toutes les autres ont mis une robe noire. Le secret du bon goût n'est pas seulement dans la qualité des vêtements et dans le soin qu'on y apporte, il consiste aussi à respecter les codes sans pour autant perdre son identité.

TU C KOI :-)

Au XVIIe siècle, la noblesse était loin d'avoir une bonne hygiène. Ces privilégiés avaient beau posséder plus de vêtements (ils en changeaient plusieurs fois par jour) et d'argent que les pauvres, rien n'y faisait ! À l'époque, les habits étaient secoués puis aspergés de parfum pour masquer les odeurs. Le liquide précieux était censé assainir, alors que l'eau était considérée comme nuisible puisque porteuse de maladies.

+ Hygiène intime, p. 160.
Odeurs corporelles, p. 228.
Style, p. 335.

S

Soirée pyjama

Bataille de polochons et fous rires en perspective !
Une soirée pyjama, ça se prépare.
Voici quelques idées pour passer une super veillée entre filles.

S

On s'organise...

- Invitez 2 ou 3 copines (plus si vous avez de la place). Et surtout, AUCUN garçon !
- Mettez en scène le lieu de l'opération : bougies (prudence, prudence !), encens, coussins et oreillers en quantité, lampe de poche.
- Balisez le terrain : interdiction d'entrer aux petits frères et sœurs ou aux parents, sauf en cas d'extrême urgence !
- Côté agapes, prévoyez des choses simples à grignoter et des douceurs (on oublie sa ligne, on est là pour s'amuser : de toute façon, rire et jouer, c'est faire du sport !) : boissons, tomates cerises, chips, bonbons…
- Préparez l'ambiance musicale : musique, clips vidéo…
- Et surtout, indispensable, pensez à la tenue de combat réglementaire : le pyjama !

... et on y va !

Une soirée pyjama, ça sert à se raconter des secrets entre amies, à faire des blagues, à vivre un moment intime et inoubliable entre filles. En dehors de la classique bataille de polochons, il y a plein de trucs pour s'amuser. Il suffit de prévoir le matériel un peu à l'avance.

- Rassemblez des magazines de beauté et de mode. Amusez-vous à les commenter et à faire les tests.
- Apportez toutes vos produits de beauté et de soin : faites-vous des masques au concombre, un super soin des ongles, jouez à être des esthéticiennes et des maquilleuses, organisez un défilé de mode (empruntez vêtements et accessoires à votre maman).
- Montez un spectacle : théâtre, karaoké, concours de danse… Fou rire garanti !
- Inventez des jeux de société, par exemple le jeu de la bouteille : découpez 4 cercles en carton et, sur chacun, inscrivez « le jour le plus beau », « la honte de ta vie », « le jour le plus drôle », « le jour le plus triste ». Disposez les cartons autour d'une bouteille en plastique vide et faites-la tourner ; chacune raconte un événement en fonction de la case sur laquelle elle tombe.
- Inventez des histoires à vous faire dresser les cheveux sur la tête : à raconter dans le noir (voilà l'utilité de la lampe de poche !).
- Terminez la soirée autour d'un bon film : mélo, comique ou film d'horreur selon vos envies.
- Enfin, tard dans la nuit, éteignez les lumières et continuez à discuter dans le noir jusqu'à tomber de sommeil…

+
Amitié, p. 21.
Fête, p. 126.
Maquillage, p. 202.
Potins, p. 256.

Solitude

La solitude est le fait d'être seul, que ce soit par choix ou non. C'est un sentiment que tout le monde éprouve un jour ou l'autre. Sachez qu'il n'est pas si difficile à vivre. Au contraire !

S

C'est l'angoisse

Pour Céline, 14 ans, « être seule, c'est la déprime ! Heureusement, à la maison il y a Internet et le téléphone. Je suis d'ailleurs devenue accro au "chat". Quand je discute en ligne, j'ai l'impression d'être avec des gens ». Comme Céline, vous ne supportez peut-être pas la solitude. Pour éviter « ces moments qui vous stressent », vous avez beaucoup d'idées : appeler des amies, organiser des sorties, faire partie d'un groupe de musique. L'essentiel étant d'avoir toujours du monde autour de soi. La vie sociale est importante, mais passer du temps en tête-à-tête avec soi-même permet aussi de mieux se connaître !

Un moyen de se ressourcer

Si Milan Kundera qualifie la solitude de « douce absence de regards », c'est parce que, lorsqu'on est seul, les autres ne nous voient pas. C'est un moment de repos, où l'on peut être soi-même et se ressourcer ! La solitude est également le meilleur moment pour développer ses passions et ses envies, celles qu'on ne partage pas avec ses amis. Savez-vous que J. K. Rowling, la célèbre auteure de *Harry Potter*, a écrit une bonne partie de la saga dans un café d'Édimbourg ? Ces longues heures loin de ses proches lui étaient nécessaires pour trouver des idées. Si elle avait passé tout son temps avec ses amis, *Harry Potter* n'existerait pas ! Essayez donc d'apprivoiser la solitude, elle est loin d'être aussi effrayante que vous le pensez.

La solitude au milieu des autres

N'avez-vous jamais éprouvé un profond sentiment de solitude alors même que vous étiez en compagnie ? Tout le monde a ressenti un jour cette impression désagréable – il n'y a rien d'anormal. Mais, si cela arrive souvent, c'est sans doute que vous vous sentez incomprise. Demandez-vous alors si votre relation avec les personnes que vous côtoyez est positive, si vous avez vraiment des choses à partager avec elles. Il est possible que vous les fréquentiez juste pour ne pas être seule. Réfléchissez. Souhaitez-vous continuer à les voir ou prendre un peu de distance, accepter un temps de solitude, et vous rendre disponible pour de nouvelles rencontres ? La solitude est parfois nécessaire pour mieux vivre en société.

Chacune son histoire

« Quand mes parents vont au cinéma, je reste seule et j'adore ça ! Plutôt que d'appeler mes copines, je prépare un plateau-télé et j'en profite pour faire des masques de beauté. Mmmh, quel bonheur ! »

Fatou, 14 ans

« Moi, j'habite à la campagne et j'aime me promener seule très tôt le matin. Juste pour rêver et prendre l'air. »

Laura, 11 ans

« Il m'arrive de manger toute seule à la cantine. Certains trouvent ça angoissant, moi non. Je prévois un bon livre, j'oublie le bruit et je passe un moment super agréable. »

Françoise, 14 ans

Sommeil

Vous avez du mal à sortir du lit le matin
et vous ne cessez de bâiller en cours ? Vous manquez de sommeil.
Bien dormir est indispensable pour rester en forme.

S

« Le sommeil est pour l'ensemble de l'homme ce que le remontage est à la pendule. »
Arthur SCHOPENHAUER

Dix heures par jour

Un chiffre : 8 % des adolescents somnolent au réveil ou bien dans la journée ! La raison : un manque de sommeil. « À l'adolescence, la durée minimum de sommeil doit se situer entre 8 et 9 heures, et l'heure limite de coucher ne devrait pas dépasser 22 heures. » Ça, c'est pour la recommandation, mais dans la réalité, impossible ! Entre les discussions interminables au téléphone, l'envoi de dizaines de SMS, les jeux sur la console, le surf sur Internet et les réseaux sociaux, le film à la télé et les devoirs, vous n'êtes pas prête à vous mettre au lit de bonne heure. Résultat : entre 15 et 19 ans, vous dormez en moyenne 7 h 37, vous vous couchez plutôt vers 23 h 04, mettez 29 minutes pour vous endormir et, le lendemain, debout à 7 h 10.

Le corps, une horloge bien réglée

Le sommeil est capital dans la vie de l'être humain. Au cours d'une nuit, on observe plusieurs phases qui comportent chacune plusieurs stades : un sommeil léger, durant lequel on est facilement réveillée ; un sommeil profond et réparateur ; puis un sommeil paradoxal, qui est la période des rêves et de la mise en mémoire des apprentissages. Bien dormir permet de recharger ses batteries, mais aussi d'apaiser les tensions accumulées, de stocker et d'organiser les informations acquises dans la journée. La mauvaise humeur, le manque de concentration et le stress sont souvent dus à un déficit de sommeil.

Pour un bon dodo

Interrompez toute activité intense 1 heure avant d'aller dormir, et respectez des horaires réguliers de lever et de coucher. Cela vaut pour la semaine, mais rien ne vous empêche de vous octroyer une grasse matinée le dimanche. Faites un peu de sport dans la journée pour vous détendre le corps et l'esprit, le soir, remplacez le café par de la tisane, et ne prenez pas de médicaments pour dormir sans avoir consulté un médecin. Pour savoir si votre temps de sommeil est suffisant, fiez-vous à ce signe : vous devez être en forme dans la journée !

LOL ;-)

Un conducteur épuisé par une longue route s'arrête sur un parking à l'entrée d'une ville, vers 6 heures du matin, pour dormir un peu. Il s'avère que c'est un lieu de passage pour tous les joggeurs du dimanche... Et, sur le coup de 7 heures, il est réveillé par un toc-toc à la vitre de la voiture : « Vous avez l'heure ? » demande le joggeur. « Il est 7 h 15 », répond le voyageur. Craignant que d'autres joggeurs ne le réveillent, il écrit « Je ne sais pas l'heure qu'il est ! » sur une feuille et la place en évidence sur son pare-brise. Puis il se rendort.
Un quart d'heure plus tard, on tape au carreau : « Monsieur, monsieur... Il est 7 h 30. »

+ Forme (avoir la), p. 130.

Sortir avec un garçon

Un garçon vous plaît, mais vous ne savez pas comment l'aborder ou lui faire comprendre que vous craquez pour lui ? Voici quelques astuces pour approcher le sexe opposé...

S

Le « rapprochement »

La situation se présente comme suit : un garçon de votre entourage vous fait craquer et vous aimeriez le lui faire comprendre.
Voici quelques astuces :

- Si vous n'avez jamais échangé un mot, trouvez un moyen de l'aborder de façon anodine et d'engager la conversation.
- Ensuite, si c'est possible, rapprochez-vous de son cercle d'amis. Cela vous permettra de savoir de quoi il parle, le genre d'activités qui lui plaît, et de voir si ça peut coller entre vous !
- Organisez des sorties en groupe, ou faites-vous inviter avec lui, ses amis ou les vôtres. Tâchez alors de vous rapprocher de lui et de partager des moments en solo.
- Pour savoir si vous lui plaisez, observez ses regards, ses gestes. Voyez s'il suit d'autres filles des yeux... Essayez de glaner des infos auprès de ses copains. Si c'est un tombeur, laissez tomber !
- Surtout, ne soyez pas collante, les garçons ont horreur de ça !
- Restez vous-même, ne jouez pas un rôle : vous devez lui plaire telle que vous êtes. Laissez-lui un peu de temps et, s'il reste de marbre, ne vous obstinez pas : vous n'êtes sans doute pas faits l'un pour l'autre. Et ne prenez pas ça pour un échec personnel !

La relation s'installe...

Bingo ! Vous avez décroché le gros lot. Il vous invite, vous fait les yeux doux... À ce moment-là, il est essentiel de ne pas trop en faire : pour un premier rendez-vous, soyez coquette mais sans excès. Prenez votre temps, vous n'êtes pas obligée de flirter avec lui dès le premier rendez-vous ! Laissez la relation s'installer, et n'hésitez pas à lui dire si c'est la première fois. Parlez !
Dans une relation, il est important de conserver son univers : ne faites pas tout avec lui, gardez vos copines, vos centres d'intérêt, votre jardin secret, pensez à vos études. Vous ne l'en attirerez que plus ! Montrez-vous inventive en proposant des idées de sortie, des films, des lectures. Ne l'étouffez pas avec votre jalousie ou en voulant le voir tout le temps.
Ne faites jamais ce dont vous n'avez pas envie, surtout sur le plan sexuel. Vous allez découvrir peu à peu ce qu'est une relation. Ce n'est pas toujours évident ! Ces expériences vous construisent, et la vie vous réserve encore plein de belles surprises !

TU C KOI :-)

Vous êtes complexée parce que vous n'êtes jamais sortie avec un garçon ? Pas de panique, il y a plein de filles qui n'ont jamais eu de flirt avant l'âge de 17 ans et qui, plus tard, ont une vie parfaitement épanouie. L'amour, ce n'est ni une compétition ni une course ! Mieux vaut attendre d'être prête et de trouver la bonne personne que de multiplier les expériences décevantes.

+ Garçons, p. 139.
Séduction, p. 306.

permission de Sortir

S

C'est un éternel sujet de clash avec les parents.
Pourtant, il y a des moyens de l'obtenir en douceur.
Il faut simplement les rassurer et se montrer digne de confiance.

C'est pour ton bien !

Nos parents sont des anxieux. Ils imaginent toujours le pire : rencontre avec des gens peu recommandables, abus d'alcool, violence… Bon, mettons-nous à leur place. Parfois on entend des choses pas gaies aux infos. C'est vrai qu'il y a des risques. Ils nous aiment et veulent nous protéger. Leur attitude stricte est une preuve d'amour. Imaginez qu'ils ne se soucient pas de nous : ce ne serait peut-être pas si chouette. Mais nous ne voulons pas vivre sous cloche ! Nous ne sommes plus des gamines inconscientes, nous revendiquons certaines libertés. Demander la permission, comme si on était des bébés, nous met mal à l'aise. Ce n'est pas en se fâchant qu'on obtient une autorisation. Il y a des moyens plus convaincants de s'y prendre.

La bonne stratégie

- Demandez l'autorisation de vos parents à l'avance, surtout lors de vos premières sorties. Ne les prenez jamais au dépourvu, ils risqueraient de refuser. Une soirée prévue 2 à 3 semaines avant fait plus sérieux, plus formel.
- Donnez-leur des détails sur la soirée : où elle aura lieu, chez qui, avec qui (si possible citez des noms d'amies qu'ils connaissent et apprécient).
- Précisez que vous resterez joignable à tout moment sur votre portable. Les premières fois, ils risquent de vous appeler une ou deux fois durant la soirée. Surtout, répondez ! Cela les rassurera et ils seront plus cool par la suite.
- Ne demandez pas l'impossible : par exemple, une permission de 2 heures du mat' dès la première fois. Fixez avec eux un horaire de retour raisonnable, et surtout respectez-le. Ainsi, ils vous feront confiance pour la fois suivante et vous gagnerez peu à peu quelques heures.
- Enfin, évitez de rentrer en titubant ! Le lendemain, parlez-leur de la soirée, faites-leur partager votre bonne humeur. Prouvez par votre attitude que tout s'est bien passé et qu'ils ont eu raison de vous faire confiance.

Secrets de filles

De la bonne façon d'« éduquer » vos parents…

- Formulez votre demande au bon moment : quand ils sont détendus, après leur avoir annoncé un bon résultat ou leur avoir rendu un service…
- Proposez-leur de venir vous chercher en voiture ou demandez-leur de l'argent pour un taxi.
- Donnez-leur le numéro de téléphone de la personne qui vous invite.
- Au début, n'espérez pas pouvoir sortir toutes les semaines. Commencez par un shopping avec les copines le samedi après-midi et rentrez bien à l'heure avant le dîner. Cela les habituera à vous voir partir et revenir…
- Dans une soirée bruyante, gardez votre portable sur vous avec le son au max et sur vibreur pour répondre si vos parents vous appellent.

Ils refusent ?

Surtout, ne vous braquez pas : si vous vous disputez, chacun va camper sur ses positions et il sera difficile de les faire changer d'avis. En plus, avant 15-16 ans, c'est normal que les parents aient du mal à vous laisser vagabonder dans la nature. Rappelez-leur que vous n'êtes plus une petite fille et prouvez votre autonomie : propreté, organisation, courses. Si vous vous montrez responsable, vos parents vous accorderont très certainement des libertés.

+ Conflits avec les parents, p. 78.
Punitions, p. 270.

Sourire

N'avez-vous jamais passé des heures devant le miroir pour trouver le bon sourire ? Naturel et pas trop crispé, celui qui vous fait un beau visage et vous donne envie de garder une photo ?

« N'attendez pas d'être heureux pour sourire, souriez plutôt afin d'être heureux. »

Edward L. KRAMER

Un sourire, c'est tout naturel

Cette expression du visage est innée chez l'homme : personne ne l'apprend et tout le monde en fait ! On sourit en moyenne 30 fois par jour de façon sincère, souvent sans s'en rendre compte. Car le sourire est inné et génétiquement déterminé. Un bébé sourit dès la sixième semaine de sa vie, et on dit qu'il reconnaît sa maman à son sourire. Dans le dictionnaire, on peut lire qu'il s'agit d'une expression rieuse marquée par de légers mouvements du visage et en particulier des lèvres. Vous utilisez pas moins de 17 muscles simultanément lorsque vous souriez !

Sourire, c'est vivre

Le sourire indique généralement un sentiment positif tel que le plaisir, l'amusement, la sympathie, l'affection. On dit d'une personne qu'elle a le sourire quand elle semble contente.
Mais on peut aussi sourire « de travers », ironiquement, faire un sourire forcé ; il y a même des sourires tristes, ceux qu'on fait après avoir pleuré quand une copine essaie de nous remonter le moral. On peut aussi sourire « entièrement » : tout le visage s'illumine, les yeux se plissent et les fossettes se dessinent.

PAROLES DE STAR

Après son triomphe dans la comédie musicale *Le Roi-Soleil*, le chanteur Emmanuel Moire sortait son premier album solo, *Là où je pars* (2006). Extrait de sa chanson *Le Sourire* : « Je donne un sourire sans savoir où ça le mène, s'il peut consoler, pour qu'il me revienne. Je donne un sourire et soudain on a le même, le temps d'essayer, tout vaut la peine. [...] Je donne un sourire et soudain on a le même, le temps d'essayer, tout sourire, la Terre devient l'Éden. »

Finalement, tout est prétexte à sourire. Et puis, c'est un bel atout de séduction, sinon vous ne passeriez pas autant de temps devant votre miroir.
Parole de spécialiste : c'est par le sourire qu'on entre en contact pour la première fois avec un inconnu… Donnez un sourire, c'est gratuit !

FLASH SUR LE NET

Qui suis-je ? J'ai un petit visage rond, tout jaune, avec deux yeux noirs et un large sourire. Je suis le smiley bien sûr :) ! Cette petite figurine ronde que vous utilisez à longueur de mails ou dans vos SMS est d'origine américaine et a plus de 40 ans ! Elle a été conçue en 1963 par un publicitaire engagé par une compagnie d'assurances pour remonter le moral de ses employés. Au début des années 1970, le petit personnage fait fureur sur les badges, les tasses à café, les autocollants avec le slogan « Have a happy day » (« Passez une bonne journée » en anglais). Aujourd'hui, il est partout sur Internet.

+ Dents, p. 90.
Hygiène, p. 158.

Sous-vêtements

Pourquoi ne pas mettre en valeur vos nouveaux atouts féminins en portant des dessous chics, chocs ou chastes...

S

Trop classe

Qu'ils soient raffinés ou passe-partout, n'oubliez pas de laver vos dessous ! Changez de culotte tous les jours et de soutien-gorge régulièrement !

Les dessous de l'histoire

Les sous-vêtements ont aussi leur histoire. Dévoilons-la !

Le soutien-gorge

À travers les siècles, la mode a balancé entre dévoiler la poitrine et l'effacer. Dans l'Antiquité romaine, par exemple, on portait la fascia pour stopper la croissance des seins ou le mamillare pour écraser la poitrine. Au XVe siècle, en revanche, on montrait volontiers la naissance de ses seins.

Le soutien-gorge fut inventé en 1913 par une jeune Américaine du nom de Caresse Crosby, qui vendit son idée à l'entreprise Warner's.

La culotte

Savez-vous que la culotte, le slip, les dessous n'existent que depuis un siècle ? Au XVIIIe siècle, il était même inconvenant qu'une dame porte des dessous. Seules les femmes âgées et malades, qui craignaient le froid, pouvaient en mettre ; les servantes aussi, quand elles devaient nettoyer les fenêtres, pour se cacher des regards indiscrets !

Au XIXe siècle, seules les filles de moins de 12 ans étaient libres de leurs mouvements (comme les garçons) grâce à leur culotte bouffante. Vint ensuite, au milieu du siècle, le temps des crinolines, des sortes de paniers métalliques portés sous les jupes. Gros inconvénient : chaque fois que les dames s'asseyaient ou se penchaient, leurs jambes et leur intimité étaient dévoilées à l'assemblée ! Les Françaises remédiaient à ce « détail » en adoptant les « indispensables », de longues gaines-culottes en coton. Ce n'est qu'au début du XXe siècle, dans les années 1930, que la culotte telle que nous la connaissons aujourd'hui s'est démocratisée et est entrée dans le quotidien des femmes.

Bien dans ses dessous

Aujourd'hui, il ne s'agit plus de savoir si oui ou non les femmes doivent porter des dessous, mais de savoir lesquels : formes, coloris, matières, il y a l'embarras du choix. L'essentiel est de se sentir à l'aise avec les sous-vêtements que l'on choisit ! Les montrer ? Il faut tout de même avoir une tenue décente et éviter les provocations (pas de string visible lors d'un examen : respect !). Choisissez des sous-vêtements qui ne vous torturent pas : si la ficelle du string vous irrite les fesses, laissez tomber ! Souffrir pour être belle est un adage dépassé depuis longtemps. De façon générale, privilégiez les matières naturelles (coton, soie...), qui sont douces à porter et ne font pas trop transpirer (contrairement aux matières synthétiques).

TU C KOI :-)

La culotte de demain sera capable de prévenir de l'arrivée des règles : elle changera de couleur 4 heures avant les premières pertes de sang.

Sachez choisir la bonne taille ! Enfin, mettez votre corps en valeur en adaptant la forme de vos sous-vêtements à vos formes et à votre tenue.

Des « hauts »...

Si vous ne voulez pas que vos seins s'affaissent, mieux vaut porter un soutien-gorge. Votre soutien-gorge n'est pas adapté à votre silhouette ou doit être réglé si les bretelles glissent ou vous rentrent dans la peau, si la bande arrière remonte et que le devant appuie sur le sternum, si les armatures vous laissent des marques... Selon sa forme, le soutien-gorge aura un effet différent.

- **Le modèle balconnet ou pigeonnant** rehausse les seins sans trop les couvrir : il est idéal lorsqu'on porte un décolleté arrondi. Il peut être rembourré ou non (on dit aussi paddé).
- **Le push-up**, lui, rapproche et remonte les seins, il est paddé et convient aux décolletés en V.
- **Le soutien-gorge en triangle** couvre bien les seins. Souvent sans armature, il est plutôt adapté aux petites poitrines.
- **Le soutien-gorge corbeille**, plus classique dans sa forme, maintient bien la poitrine. Il est idéal pour les seins généreux.
- **Le soutien-gorge à coque lisse** est invisible : les bonnets sont sans couture. Des coussinets peuvent être glissés à l'intérieur pour donner du volume aux seins.
- **Les bretelles** s'adaptent elles aussi : transparentes, amovibles ou transformables (on peut changer leur position selon la tenue). La « décoration » (dentelle, tulle, galons, rubans...) et la couleur sont importantes. Le choix est vaste, profitez-en et affirmez vos goûts.

... et des « bas »

Si vous vous sentez mal à l'aise dans votre petite culotte, si elle vous scie les cuisses ou l'aine, changez de taille ou de forme !

- **Le tanga et le string** dévoilent les fesses et sont parfaits sous les vêtements serrés (legging ou jupe moulante). Attention, ils peuvent provoquer des irritations et représentent un risque surtout pour les femmes sujettes aux infections urinaires et vaginales. Prenez-les une taille au-dessus.
- **Le modèle bikini** (ou coupe française) est idéal pour les filles qui trouvent que leurs hanches ne sont pas assez développées. Il découvre le ventre et descend un peu sur le haut des cuisses.
- **Le boxer** est un atout pour les filles qui désirent cacher leur culotte de cheval ou qui ont des fesses rondes. Il est très confortable avec les jeans. Le boxer français est une version qui associe le boxer et le tanga. Il est apprécié pour son confort et son côté sexy.
- **Le shorty** est fait pour celles qui ont des fesses plates, car il s'arrête un peu au-dessus du bas des fesses et leur donne un aspect rebondi.
- **La culotte brésilienne** (ou italienne) s'inspire du string, mais elle est aussi large devant que derrière.
- Il existe aussi le traditionnel **slip mini, midi ou maxi**. Attention, évitez les slips de couleur sous les vêtements blancs.

+ Fesses, p. 125.
Seins, p. 308..

Vu par les garçons

« Ce qui me fait kiffer, c'est les fesses plus que les seins ! C'est comme ça ! Alors je suis pour le string ! »

Siyavosh, 18 ans

« Je ne comprends pas comment une fille peut aimer se remonter les seins ou se les grossir avec des coussinets. Quand elles l'enlèvent, on est forcément un peu déçu, puisqu'il y en a moins qu'on ne pensait... Moi ça ne me dérange pas une petite poitrine, mais je préfère que la fille l'assume... »

Yannick, 19 ans

« On invente des tas de sous-vêtements, les nuisettes, les bas, les caracos, les strings... Mais bizarrement, pour moi ce ne sont que des artifices, ce qui me plaît le plus c'est la nudité. Simple, non ? »

Djamel, 19 ans

Sport

Vous avez envie de faire davantage de sport que les deux ou trois heures obligatoires prévues dans votre emploi du temps scolaire ? Rejoignez un club de sport.

S

INTOX

Contrairement à ce qui est indiqué sur les boîtes, les compléments alimentaires (poudre, gélules...) n'améliorent en rien les performances. Certains contiennent même des substances illicites. Or, le dopage est formellement interdit chez les sportifs et sévèrement réprimé. Un contrôle antidopage positif fait encourir à l'athlète deux ans d'interdiction de pratiquer son sport en compétition.

Du sport pour tous

Sachez que, dans toutes les villes, il existe des clubs de sport. Chacun est affilié à la fédération dont il dépend : football, natation, athlétisme, volley-ball…
Des animateurs et des entraîneurs sont là pour vous encadrer. Vous pouvez également prendre une licence scolaire à travers l'UNSS (Union nationale du sport scolaire). Dans votre collège, des cours de sport sont proposés en dehors de votre emploi du temps et sont encadrés par vos profs d'EPS.

On se motive !

La motivation est indispensable. Vous faites du sport pour vous et pas seulement pour faire comme les copines ou pour obéir à vos parents. Le sport ne se résume pas à une dépense d'énergie : il améliore la coordination des mouvements et les réflexes, développe des qualités morales comme le fair-play et entraîne une sensation de bien-être après l'effort. Un vrai bienfait !

Individuel ou collectif

Si vous avez un don particulier (endurance, rapidité, détente), optez pour un sport individuel. Si vous avez plutôt des qualités relationnelles, les sports d'équipe sont faits pour vous. Et, si vous êtes vraiment motivée, vous pouvez pratiquer les deux ! Mais attention, le sport doit rester un loisir et ne pas empiéter sur le temps passé à vos études.

Sport et santé

Pour vous inscrire dans un club de sport, vous devez obligatoirement passer une visite médicale afin qu'un éventuel problème soit décelé. Si votre croissance n'est pas achevée, vous devez éviter de faire de la musculation. De même, les sports d'endurance ne sont pas conseillés aux asthmatiques.

La plaie !

Vous êtes plutôt du genre à clamer que vous n'aimez pas ça et à vous traîner pour aller en cours d'EPS ? Vous déshabiller devant tout le monde n'est pas une de vos activités favorites, dribbler avec une balle non plus.
Allez, un petit effort… Découvrez le sport en dehors de l'école, seule ou avec une amie. Le choix de la discipline sera le vôtre. Vous verrez comme c'est agréable de se surpasser. La croissance est une période idéale pour habituer le corps à l'effort. De plus, vous vous sculpterez une silhouette de rêve, à faire pâlir les copines et rougir les garçons !

TU C KOI :-)

Dans chaque discipline sportive, les athlètes sont classés par catégorie d'âge et par sexe.
Les compétitions et les classements se font donc par niveau. Les benjamins ont 12-13 ans, les minimes 14-15, les cadets 16-17, les juniors 18-19, les espoirs 20-22. À partir de cet âge, on devient senior jusqu'à 40 ans, où l'on passe vétéran.

+
Croissance, p. 88.
Dos, p. 103.
Loisirs, p. 191.
Santé, p. 301.
Vacances en famille, p. 360.

Stars

Vous aimez leurs films, leur musique, leur look et leur beauté. Les stars vous impressionnent et vous inspirent. Grâce à elles, vous grandissez et vous construisez votre propre identité. À condition de ne pas tomber dans le piège des apparences !

S

Être fan : une star comme modèle

« L'actrice Scarlett Johansson me fait rêver, je collectionne tous les articles qui parlent d'elle, et pour m'habiller je m'inspire de ses goûts vestimentaires. D'ailleurs, certaines copines me disent que je lui ressemble un peu. Posez-moi n'importe quelle question sur elle, je suis incollable ! » s'exclame Lola (15 ans). Cette fan a trouvé son modèle. À l'adolescence, s'identifier à quelqu'un est important. Vous êtes en train de composer votre personnalité, mais vous vous détachez plus ou moins de vos parents et vous choisissez d'autres références. Finalement, comme le fait remarquer Lola en parlant de ressemblance, cette star, c'est un peu vous. Vous l'adorez et, au fond, vous rêvez d'être à sa place. Grâce à elle, vous vous évadez du quotidien, qui vous semble ennuyeux. Suivre un modèle aide à se construire, à condition de rester critique à son égard et de ne pas renier sa personnalité profonde.

1. Cet artiste américain, né en 1928 et décédé en 1987, est le pionnier du pop art, un mouvement artistique des années 1960.

Un rêve de célébrité

Vous rêvez de faire la couverture des magazines, de passer à la télévision, de devenir actrice, de vous produire sur scène, à moins que vous n'ayez envie de vous lancer dans une carrière de top model international. Dans les années 1960, Andy Warhol[1] déclarait : « Dans l'avenir, chacun aura son quart d'heure de gloire. » En effet, aujourd'hui, cette célébrité semble à portée de main. Vous pensez qu'il suffit de passer le casting de la prochaine émission musicale ou de téléréalité pour vous faire remarquer. Érika (13 ans) veut devenir chanteuse. « Ce serait un moyen d'exister. Mes parents et mes amis seraient fiers de moi et je pourrais enfin me consacrer à ma passion », explique-t-elle. Ce désir de reconnaissance est normal, surtout à cette période de la vie où vous avez besoin d'être aimée. Mais attention, les filles, c'est une illusion, soyez-en consciente. On ne devient pas célèbre grâce à son apparence, mais parce qu'on a du talent et qu'on travaille beaucoup. Les places sont rares, contrairement à l'idée qu'on peut se faire en regardant la télévision.

PAROLES DE STAR

- « La célébrité m'a apporté un gros avantage : les femmes qui me disent non sont plus belles qu'autrefois. » (Woody Allen)
- « Être une star ne m'intéresse pas. Mon objectif est d'être acteur. » (Leonardo DiCaprio)
- « La célébrité vous donne l'impression que tout le monde vous connaît, mais en réalité vous ne connaissez personne. » (Charlie Chaplin)
- « J'ai vingt ans de fortune et de célébrité derrière moi, j'estime être très bien placée pour dire ce qu'il en est. Tout le monde est obsédé par l'envie de la célébrité. Et moi, je dis que c'est une bêtise.» (Madonna)
- « J'ai su que j'étais devenu une star le jour où j'ai vu des gens récupérer mes vieilles chaussettes. » (George Clooney)

> « Le propre des grandes stars est de ne ressembler à personne. »
>
> Patrick CAUVIN

S

Un mirage ?

Plus qu'une image, une star est un mirage ! Cette apparente réussite et ce bonheur de façade exposés aux photographes sont factices. L'image que votre idole renvoie lors d'une interview n'est qu'une infime partie de ce qu'elle est vraiment. Parfois, il s'agit même d'un masque qui cache des problèmes ! Pensez à l'image de Marilyn Monroe, toujours joyeuse et pétillante sur les photos, et si malheureuse en réalité. Connaissez-vous bien la star que vous aimez tant ? Ses soucis, ses habitudes, son quotidien ? Non, bien sûr ! Parfois, il peut même vous arriver d'être déçue. C'est ce qu'a vécu Joy (13 ans) : « J'ai appris que mon chanteur préféré était raciste ! Un choc pour moi. Au début, je ne voulais pas y croire, mais c'était bien la réalité. Aujourd'hui, j'ai pris du recul, et j'ai décidé de ne plus suivre sa carrière. » L'image lisse de votre idole ne colle pas à la réalité. Ne l'idéalisez pas trop !

Gare aux fantasmes !

Soyez fan autant que vous voulez, mais ne vous coupez pas de la réalité. Même si cette star est importante dans votre vie parce qu'elle vous fait rêver, ménagez le plus de place possible à vos amis. Eux, ils sont bien réels et présents pour vous.
Vous avez besoin de communiquer, de partager, de recevoir, des échanges essentiels que votre relation à sens unique avec une célébrité ne peut vous apporter ! Ensuite, n'accordez pas trop d'importance aux apparences. À trop rester « en surface », vous risquez de ne plus savoir qui vous êtes. Gardez l'esprit critique pour mieux vous construire. Ce n'est pas parce que votre idole vient de faire un régime pour maigrir ou d'adopter un style vestimentaire très dénudé que vous devez en faire autant !
En amour, c'est la même chose. Ce magnifique apollon qui chante comme un dieu stimule votre imagination et alimente vos fantasmes ? Parfait ! Mais qui mieux qu'un véritable petit copain pourra vous apporter tout le reste ? On réussit mieux en se projetant dans la vie réelle que dans une vie fantasmée. Soyez concrète ! Les stars sont là juste pour ajouter un peu de paillettes à votre existence.

+ Chanter, p. 61.
Téléréalité, p. 352.
Télévision, p. 353.

Chacune son histoire

« J'ai envoyé une lettre d'amour au chanteur M. Pokora. Et vous savez quoi ? J'ai eu une réponse adorable de sa part !!!! Mais le reste, c'est privé. lol. »

Linda, 14 ans

« Le pire truc que j'ai fait, c'est d'attendre des heures sous la pluie avec mes copines pour acheter une place de concert. Quand je suis rentrée chez moi, mes parents ont halluciné, mais j'avais mon billet ! »

Mélie, 16 ans

Styles

Avis à toutes les fashionistas… et à celles qui contemplent leur armoire pendant des heures. Avant de vous ruiner dans les boutiques, posez-vous quelques questions. Car l'essentiel, c'est de trouver son style !

Trouver le sien

Inutile de se lamenter ou de complexer : à votre âge, on tâtonne pour identifier son style, car on ne se connaît pas encore très bien. On fait souvent partie du club des SSF (sans style fixe). C'est-à-dire qu'on achète un peu tout et n'importe quoi, au gré de l'humeur, de la tendance du moment, pour copier une copine ou ressembler à la star de ses rêves. En général, on se retrouve avec une garde-robe tellement kitsch et dépareillée qu'on ne sait même plus quoi se mettre le matin pour aller en cours. On finit par se rabattre sur le même vieux pull usé et le jean habituel. Vous parlez d'un style !

Mais c'est quoi « avoir du style » ? Contrairement à ce que pensent certaines fashion victims, ce n'est pas l'apanage de celles qui sont toujours à la pointe de la mode et qui suivent les tendances en vrais limiers. C'est, avant tout, savoir ce qui convient à sa morphologie (on n'est pas toutes faites sur le même modèle et tant mieux !), mais aussi ce qui s'accorde à son tempérament, à son mode de vie, à ses goûts, à son énergie. Accessoirement, c'est aussi savoir ce qui ne se fait pas pour ne pas avoir l'air ridicule !

Prêtes, les filles, pour le grand relooking ? C'est parti !

QUIZ

1 • La mode, pour vous, c'est quoi ?
- ☐ ✿ Un monde un peu artificiel…
- ☐ ★ Une façon de vous démarquer.
- ☐ ♥ Un moyen de vous faire plaisir.

2 • Comment définissez-vous votre tempérament ?
- ☐ ✿ Nature.
- ☐ ★ Rebelle.
- ☐ ♥ Branché et girly.

3 • Les tendances mode qui vous ont plu ces derniers temps :
- ☐ ✿ Les tuniques ethniques, les bottes à franges.
- ☐ ★ Le jean slim et le retour du perfecto.
- ☐ ♥ Les couleurs acidulées et la fourrure

4 • Vous êtes invitée à une soirée, que comptez-vous mettre ?
- ☐ ✿ La petite robe à bretelles qui vous va si bien.
- ☐ ★ Un truc qui déchire…
- ☐ ♥ Vous allez faire une virée shopping cet après-midi pour dénicher la tenue de vos rêves.

5 • Quelles sont vos activités préférées ?
- ☐ ✿ Lire, rêver, vous promener.
- ☐ ★ Écouter de la musique, créer.
- ☐ ♥ Passer du temps avec vos ami(e)s.

6 • Aux pieds, vous portez plutôt :
- ☐ ✿ Des ballerines.
- ☐ ★ Des Doc Martens ou des Converse.
- ☐ ♥ Des bottines.

7 • Quel est votre accessoire indispensable ?
- ☐ ✿ Une besace en toile.
- ☐ ★ Une ceinture cloutée.
- ☐ ♥ Un sac à main avec plein de poches.

8 • Comment aimez-vous les bijoux ?
- ☐ ✿ Genre gros sautoir à perles en bois, en corne…
- ☐ ★ En argent… et en forme de croix.
- ☐ ♥ Fantaisie.

9 • À quoi ressemble votre chambre ?
- ☐ ✿ Vous avez mis des citations qui vous touchent sur les murs.
- ☐ ★ Vous avez accroché des posters de rock-stars partout.
- ☐ ♥ Il y a des vêtements et des babioles qui traînent dans tous les coins.

Majorité de ✿ : vous vous rapprochez du style indie. (p. 321).

Majorité de ★ : vous avez la rock attitude (p. 323).

Majorité de ♥ : pas de doute, vous êtes casual chic ! (p. 325).

Le look indie

Au quiz, vous avez obtenu une majorité de ✿.
Sans artifices, indépendante, un brin sauvage, vous vous sentez proche de la nature et vous détestez la sophistication. Simplicité, fraîcheur, légèreté sont vos mots d'ordre. Bienvenue au club des filles indies ! Tendance folk ethnique, psychédélique ou bobo chic, voici tous nos conseils pour créer votre style.

Independent attitude !

• Le style indie, dans son esprit, s'inspire de la culture hippie-bohème créée par les jeunes qui se révoltaient contre l'ordre établi et soutenaient le Flower Power, dont la devise était « Peace and love » (« Faites l'amour, pas la guerre »). Le style indie actuel se démarque du look des anciens babas par ses emprunts à la culture néo-folk (très *country*) et post-punk (l'indie pop des années 1980, qui a fait son retour récemment), ainsi qu'aux modes ethniques (la *world mode*) et au grunge chic. Une fille indie est proche de la nature et défend la planète. Elle s'oppose à l'exploitation des pays en voie de développement. Et elle affiche les couleurs de ses convictions !

• D'autre part, les filles indies n'aiment pas les grandes enseignes, les marques et le conformisme de la mode en général. Elles préfèrent dénicher de petites fringues bon marché, chiner aux puces, dans les petites boutiques ou les vide-greniers.

Les basiques

Pour vous faire une garde-robe indie, il y a deux ou trois principes à respecter. Au niveau des matières, le naturel prime : adieu viscose, bonjour coton, lin, laine, dentelle… mais aussi cuir, daim et bois. La matière brute attire. Au niveau des motifs, les imprimés ont la cote. Enfin, la fille indie aime superposer les vêtements, mixer les genres et les coupes.

Afin d'éviter l'écueil de la grosse baba has-been, voici les pièces tendance à avoir dans votre armoire :

• Un jean destroy ou délavé, près du corps.
• Un short en jean court à franges, bien roots.
• Des chemises à carreaux.
• Des tee-shirts et débardeurs unis et basiques, ou tie and dye.

Secrets de filles

Pour vous faire une beauté bohème

• Laissez vos cheveux détachés, un brin emmêlés, naturels. Il faut qu'ils soient longs ou mi-longs.
• Placez une grosse fleur en tissu sur une barrette derrière une oreille.
• Les autres coiffures bohèmes sont le chignon faussement décoiffé et les tresses que vous pouvez ramener au-dessus de la tête pour un effet « Petite Maison dans la prairie ».
• Cultivez un maquillage léger, naturel. Les produits : crayon chocolat pour le contour des yeux ; fard ou blush ocre, brun, rosé ; gloss pailleté, orangé ou vieux rose pour les lèvres.

Flash sur le net

Blogs et sites Internet dans la mouvance indie (bijoux faits main, vêtements vintage…) :

- http://www.etsy.com/fr
- http://www.lulubyclo.fr

- Des blouses vintage colorées.
- Des robes rétro à imprimés fleuris.
- Des pantalons d'été en coton, fluides.
- Des robes blanches en dentelle ou en crochet (longues, courtes, tout se fait).
- Un gilet en dentelle ou en crochet (blanc aussi !).
- Une jupe à volants, au genou ou juste au-dessus, cintrée à la taille (bref : sixties !).
- Une salopette (large).
- Une veste à franges, façon cow-boy, et bien sûr une veste en jean.
- Et pour l'hiver : des pulls à grosses mailles côtelées ou torsadées, des petits chandails, des pantalons en velours colorés (rouge brique, vert pomme, bleu turquoise, tout est bon), des robes en laine ethniques, un châle ou mieux encore un poncho, et l'inévitable panoplie bonnet-écharpe en grosse laine.

Les accessoires

Sans eux, vous n'êtes pas indie.

- La besace frangée, à porter en bandoulière, les sacs cabas ou en raphia.
- La grosse ceinture en cuir marron à boucle usagée, très folk.
- Le chapeau de paille.
- Les bijoux : ils sont gros, avec des superpositions de matières. Les musts sont les broches, les sautoirs en perles (bois, corne, plastique), les bijoux ethniques en métal (style africain ou arabe), les lacets en cuir, les boucles d'oreilles en plumes, les bracelets qui s'entrechoquent.

Aux pieds

Dans votre placard à chaussures, on trouve : des mocassins, des espadrilles, des spartiates, des boots en daim frangées, de grosses bottes fourrées en laine, des compensées à semelle de bois ou de liège, des sabots, des sandales tressées.

Les tendances

Toutes les filles indies ne se ressemblent pas ! Ce look se décline encore selon des styles différents.

- En vogue, le style hippie-grunge-chic, qui a été mis au goût du jour par les sœurs Olsen (les égéries du look indie branché). Il nécessite de chiner dans les boutiques rétro ou dégriffées, et privilégie les lainages de couleur naturelle (terre, ocre, noir, blanc). Accessoire indispensable : les lunettes d'aviateur style années 1950.

Paroles de star

Mary-Kate Olsen, icône du style bobo, vous livre ses secrets :
« Pour le quotidien, le look à cultiver c'est jean troué, tunique en V par-dessus un débardeur, Converse ou tongs, plusieurs bracelets en perles ou en bois autour du poignet, lunettes mouche et cabas. Il faut éviter les coiffures trop élaborées. »
Ses bonnes adresses pour les accessoires : Claire's ou Mim.

Le style roots, ou folk ethnique, pour les filles nature et actives. Elles portent moins de jupes à fleurs et plus d'imprimés ethniques (africain, slave, indien) ou à carreaux, des jeans délavés et déchirés, une veste en daim, des santiags. Parfois un chapeau de cow-boy, très tendance en ce moment.

- Le style psychédélique, hérité des *seventies* : des tuniques aux couleurs qui claquent, des gros bijoux, des jupes de gitane. Ce look festif se démarque du style passe-muraille ambiant, mais est un peu passé de mode.

J'épate les copines

Customisez vos habits, vos accessoires. C'est une façon de personnaliser votre look pour être le moins conformiste possible. Vous trouverez plein de recettes de customisation, pour novices ou expertes, sur : http://www.madmoizelle.com/rubriques/tutos-diy

S

Vive la rock attitude !

Au quiz, vous avez obtenu une majorité de ★. Rebelle dans l'âme, vous avez horreur des filles à chichis et le romantisme vous fait bien rigoler. La tenue vestimentaire est pour vous un moyen de montrer votre différence, de choquer, mais aussi de vous amuser. Car vous comptez bien profiter de la jeunesse, quitte à déplaire aux gens bien-pensants !

Fiche d'identité

- Vous êtes une instinctive, pas une intellectuelle. Les idées, vous ne les élaborez pas, vous les éprouvez, vous les vivez. Vous faites tout à fond !
- Vous êtes une fille forte, fière, au caractère bien trempé, très indépendante, et qui n'a pas peur de dire ce qu'elle pense. Avec les garçons, vous ne vous laissez pas faire. Vous n'êtes certainement pas une fille-objet.
- Vous assumez votre féminité sans avoir besoin de l'exhiber. Les tops roses, le côté *Barbie girl*, super fashion, vous font vomir !
- La musique est très importante. Vous craquez pour le mode de vie créatif et festif des musiciens.

Les basiques

Une rockeuse qui se respecte ne fait pas dans le frou-frou. Elle affiche d'emblée la couleur, ou plutôt la non-couleur : le noir ! Les matières qu'elle préfère sont brutes et naturelles : le cuir, le jean, le coton. Les coupes sont droites, près du corps. Ce qui ne la dispense pas d'ajouter une touche de dentelle et de fantaisie, la coquetterie est toujours dans le détail.

La fille rock a une silhouette longiligne, androgyne (les rondes adopteront plus volontiers les styles apparentés gothique ou glam-rock). Pensez à Kate Moss : c'est l'icône rock absolue. Votre garde-robe comporte quelques indispensables :

- Des jeans slims, très moulants et surtout… noirs !
- Un perfecto bien cintré, pas trop long (il s'arrête à la taille) et, please, pas trop de fermetures éclair argentées, ça fait cheap !
- Des débardeurs en coton genre marcel sérigraphiés.
- Un tee-shirt à tête de mort, évidemment !
- Des petits tops en dentelle, en maille ajourée ou macramé, laissant le nombril à l'air.
- Des minirobes à la coupe droite, près du corps, en tissu fluide (crêpe, coton, soie)… à porter avec des bottes, pas des escarpins, pitié !
- Une minijupe en similicuir, super tendance, et noire, bien sûr.
- Des gilets masculins, noirs à paillettes argentées, par exemple.
- Un microshort en jean délavé, déchiré et/ou avec des franges, à porter avec des santiags.

Les accessoires

- La ceinture noire vernie, à boucle métallique argentée.
- Le sac en cuir noir clouté.
- Les croix en pendentifs ou les camées à tête de mort. En général, les bijoux doivent être noirs ou argentés (évitez le doré et les couleurs pop), privilégiez les chaînes, les boucles d'oreilles et les bagues en métal.
- Les mitaines en résille ou à pois.
- N'oubliez pas le iPod !
- Les chaussures sont des bottes montantes, style santiags ou Doc Martens, des tennis basses (Converse), des escarpins seulement pour les grands soirs,

J'épate les copines

Conseils pour accessoiriser votre tenue :

- Personnalisez sacs et vestes avec des badges (drapeau anglais et autres).
- Ou customisez-les en cousant des morceaux de tissu, façon patchwork. Faites de même avec vos Converse.

> “Ma girl touch ne passe ni par les tenues affriolantes, ni par les couleurs flashy. J'aime rester dans le noir, le cuir et le clou.”
>
> Avril LAVIGNE

FLASH SUR LE NET @

Il est parfois difficile de se fournir en vêtements originaux dans les grandes enseignes. Sur Internet, il y a plein de sites spécialisés où trouver son bonheur :

- http://www.indienboutique.fr/ pour les fans de rock pur !
- http://www.vente-rock-privee.com pour les goths !

rouges ou noirs vernis. Quand il fait chaud, la sandale est épurée (spartiate, tong), sans chichis.

Différents looks, un même esprit

La rock attitude, c'est une façon de se positionner par son look contre les adultes en costard-cravate ou tailleur-pantalon, ou contre les lolitas décervelées, genre Miley Cyrus. Ce n'est pas réservé aux fans de rock pur et dur. Il y a toutes sortes de styles qui s'y apparentent.

• **Le style gothique.** Moins à la mode aujourd'hui, il fait toujours cependant des adeptes. Il est difficile à cultiver : il faut se vêtir dans des boutiques spécialisées aux prix élevés. Le look gothique est motivé avant tout par la recherche esthétique. On imagine que les gothiques s'habillent en total look noir, mais c'est faux : ils aiment aussi les couleurs, notamment les filles, qui portent des collants à rayures rouges et noires, mais aussi jaunes, ou encore violets, etc. Victime de son succès, le gothique a été à une époque tellement populaire qu'il en est devenu un nouveau conformisme vestimentaire… ce que les vrais goths réprouvent !

• **Le style punk-rock**, d'inspiration fortement britannique (Vivienne Westwood, vous connaissez ?), est incarné par l'ex-top ultra-classe et ultra-rock Agyness Deyn. L'esprit et le style sont proches du look rock brut, avec un côté british en plus : l'écossais (en jupe, en écharpe) est une pièce maîtresse de la garde-robe punk, à côté des slims noirs. Le caban bleu marine a toute sa place près du perfecto. Les manteaux cintrés, les vestes bien coupées sont des éléments essentiels de la panoplie néo-punk, qui n'est pas à la portée de toutes les bourses…

• **Le style glam-rock :** c'est un look s'apparentant davantage au R'n'B, excentrique selon l'occasion. Jean moulant et bottines à talons aiguilles, ou jupe ultra-courte et baskets, blouson à capuche avec fausse fourrure, doudoune + accessoires oversize : grosses boucles d'oreilles, sacs géants… Telle est la panoplie de jour des divas R'n'B. Mais c'est la nuit que leur potentiel de tigresse se révèle véritablement : il est sexy et spectaculaire. Top décolleté, micro-jupe, glitter à fond (ça doit briller !), ou au contraire robe de sirène ultra-glamour, méga-lunettes de soleil (oui, oui, en pleine nuit), maxi-talons, maxi-bijoux : il faut que ça claque. Un style encore difficile à manier quand on est adolescente, car la frontière entre glamour et vulgarité est parfois mince… Mais attention, la panthère R'n'B a beau montrer ses atouts, n'y touche pas qui veut… ou alors, elle sort les griffes !

Secrets de filles

Pour vous faire une beauté rock

- Au niveau coupe, deux possibilités. Soit vous laissez vos cheveux libres, longs, et vous les lissez au fer, pour qu'ils soient ultra-raides. Optez pour des barrettes noires ou rouges, en strass à motifs sympas. Soit vous préférez la coupe courte à la garçonne, façon Agyness Deyn, qui en a lancé la mode, et vous vous teignez en blond platine : ça déchire. Gel obligatoire pour créer des mèches, évidemment.
- Faites-vous un œil charbonneux avec du khôl, de l'eye-liner.
- Si vous vous maquillez beaucoup les yeux, préférez un gloss rose naturel.
- Modérez-vous sur le blush. La beauté rock est pâle et fatale : vous ne devez pas avoir l'air d'une poupée russe ou d'une star du glamour trash.
- Adoptez un vernis coloré, violet, pourpre, noir, pour sortir en soirée.

Le look casual chic

Au quiz, vous avez obtenu une majorité de ♥.
Sociable, décontractée, vous aimez être dans le vent, capter les tendances, sans vous ruiner. Vous n'avez pas l'impression d'avoir un style extra-déterminé, et vous ne cherchez ni à choquer ni à vous affirmer démesurément à travers vos habits. Vous voulez simplement être à l'aise, jolie, et vous mettre en valeur.

Forgez votre style !

Votre problème, c'est que vous avez l'impression de ne pas en avoir. Le casual chic avance masqué, et pourtant il est follement dans le coup. Il repose sur une combinaison simple : assortir des pièces qui ne se portent pas forcément ensemble, casser les codes. Être élégante tout en restant décontractée. Le casual chic emprunte beaucoup au style *preppy*, très tendance en ce moment (le look des étudiantes des universités américaines), mais aussi au *retro vintage*. Il mixe des pièces rock et indies. Il marche par associations. Et ça fonctionne du feu de Dieu !

Les bons mix

Voici les pièces à shopper et comment les associer pour faire mouche :

Pour l'été :

• Une robe marinière longue + un chapeau de paille.
• Un haut marinière à manches longues + une salopette.
• La panoplie jean slim + chemise rayée classique + tennis ou mocassins.
• Les robes vintage, rétro + petit
• Cardigan en maille + babies.
• Le short taille haute + blouse + derbys noirs ou rouges.

Pour l'hiver :

• Composez-vous un look preppy style *Gossip Girl* avec : une veste blazer à gros boutons, une jupette au-dessus du genou, une blouse lavallière, des chaussettes montantes et des babies…
et n'oubliez pas le sac cartable, c'est l'accessoire indispensable !
• *Preppy rock* plutôt ? Qu'à cela ne tienne : slim noir, pull en maille blanche, chapeau en feutre noir, gilet en jean, lunettes de soleil + chelsea boots (les bottines basses, en cuir ou en daim, qu'on voit partout).
• *Preppy punk ?* Ce style est revenu à la mode, ces derniers temps. Pantalon à carreaux (ou genre tweed, anglais en tout cas, et à la coupe cigarette), chemise noire en mousseline, loafers aux pieds (sortes de chaussons de ville !), pendentif en croix.

Pour plus d'idées, vous pouvez aller jeter un œil du côté des tenues d'Alexa Chung, Sienna Miller, Sofia Coppola, Elle Fanning, Taylor Swift, Vanessa Hudgens ou Chloë Sevigny, qui sont les grandes prêtresses du style *preppy*.

Secrets de filles

Pour s'habiller chic sans se ruiner.

• Faites vos courses sur Internet et profitez des ventes privées. Sites branchés, mais accessibles : **Topshop**, **Asos** ou **Anna Sand**.
• À Paris, les boutiques **Guerrisol**, **Freep'n'Star**, **Kiliwatch** ou **Noir Kennedy** sont les repaires favoris des teenagers en quête d'identité.
• Les marques bon marché (H&M en tête) sortent régulièrement des collections dessinées par les grands créateurs. Allez-y dès le premier jour, sinon tout est dévalisé.
• Si vous avez le temps, faites des « occases » aux enchères sur e-Bay.

Suicide

Se donner la mort semble parfois être la seule issue face à une situation insupportable. Mieux connaître les signes précurseurs et les questions à poser peut vous permettre de sauver vos proches.

S

Un appel au secours

Deuxième cause de mortalité chez les moins de 25 ans, le suicide touche 1 000 adolescents par an, soit 3 par jour. Une étude de l'Inserm[1] révèle que 8 % des filles et 5 % des garçons font une tentative de suicide (TS) à l'adolescence. Cette tentative n'est pas à prendre à la légère. Il s'agit d'un « appel au secours ». La mortalité est deux fois plus importante chez les garçons, car ils utilisent des moyens plus violents et plus radicaux (pendaison, arme à feu…). Les filles préfèrent s'ouvrir les veines ou s'intoxiquer avec des médicaments. Après une première tentative, 30 à 50 % des jeunes récidivent.

Mourir ou stopper la souffrance ?

Le suicide est l'acte délibéré de se donner la mort. Souvent, un jeune y pense comme la seule solution possible à un problème. Il ne désire pas réellement mourir, il veut seulement mettre un terme au cauchemar qu'il vit. Chez les garçons, cela se traduit par des prises de risques, une violence accrue envers soi et envers les autres. Les filles ont plutôt tendance à répercuter cela sur la nourriture (anorexie, boulimie) et la prise de somnifères. Ces solutions de remplacement ne sont pas efficaces. Le moindre choc (dispute, mauvaise note, remontrance…) engendre le passage à l'acte.
Les raisons de vouloir se donner la mort sont nombreuses : échec, chagrin d'amour, contexte familial violent, dépression, abus sexuel, maltraitance…

Identifier les signes

Bien avant de passer à l'acte, l'adolescent lance des SOS. Certains sont clairement exprimés dans des expressions comme : « vous n'aurez plus à me supporter », « vous verrez quand je serai mort », « je n'en peux vraiment plus de cette vie », « je voudrais que cela s'arrête ». Les appels au secours peuvent prendre la forme de paroles, mais aussi de textes (lettre laissée aux proches pour expliquer son geste) ou de dessins.
Les manifestations de la crise psychique se traduisent par de la fatigue, de l'anxiété, de la tristesse, de l'agressivité, des sautes d'humeur, des malaises, des troubles du sommeil, un désintérêt pour les activités pratiquées, un repli sur soi, un sentiment d'échec et d'inutilité, une mauvaise image de soi, un sentiment de dévalorisation, des troubles de la mémoire, des dérèglements alimentaires… Certains comportements précurseurs peuvent également alerter l'entourage : don d'objets auxquels l'adolescent tenait particulièrement, absentéisme scolaire, ivresse répétée, consommation excessive de drogues, fugues, délinquance, conduites à risques…

INTOX

Il existe de nombreuses idées fausses sur le suicide, contre lesquelles il faut lutter :

- Le suicide, c'est héréditaire.
- Il n'y a que les fous qui se suicident.
- S'il en parle, il ne le fera pas.
- S'il veut se suicider, personne ne peut l'en empêcher.
- En parler, c'est le provoquer.

[1] Institut national de la santé et de la recherche médicale.

Aider une amie en danger

Pour aider une amie qui songe au suicide :

- Écoutez-la. Faites-la parler de son ras-le-bol, de son envie d'en finir. Ne la jugez pas. Ne lui dites surtout pas de se secouer car elle a tout pour être heureuse. Elle souffre vraiment, elle n'exerce pas un chantage affectif.
- Faites-lui part de votre tristesse et de votre inquiétude de la voir si mal, de votre envie de l'aider.
- Essayez de savoir qui est au courant de cette situation et qui pourrait l'aider. Tentez de la convaincre d'en parler à un membre de sa famille, à un enseignant, ou de consulter l'infirmière scolaire, un médecin ou un psychologue. Donnez-lui les numéros de téléphone auxquels elle peut s'adresser pour parler anonymement avec des spécialistes et trouver des réponses à ses questions.
- Si vous réussissez à parler avec elle du suicide, insistez sur le caractère irréversible de la mort. Ne la laissez pas seule, prenez-lui ses médicaments et prévenez ses proches même si votre amie vous a fait jurer de garder le secret. Parler pour aider n'est pas une trahison.

AILLEURS DANS LE MONDE

Le suicide n'est pas perçu de la même manière selon les cultures. Immoral et déshonorant dans les sociétés occidentales, il sert à retrouver un honneur perdu dans plusieurs pays d'Asie. Au Japon, si une personne ne peut s'acquitter d'une obligation ou d'une dette, le sentiment d'indignité et la honte la poussent au suicide. Se faire hara-kiri est alors une autopunition vécue comme la seule issue honorable.

Secrets de filles

Les questions à poser pour savoir si une amie est au bord du suicide

- Est-ce que tu dors mal ?
- Est-ce que tu manges n'importe quoi ?
- Est-ce que tu t'es mise à boire ou à fumer plus que d'habitude ?
- Es-tu attirée par la drogue ?
- As-tu peur de chaque nouvelle difficulté ?
- Te sens-tu en situation d'échec permanente ?
- Te sens-tu seule ou incomprise ?
- As-tu encore des envies ?

+
Adolescence, p. 12.
Anorexie, p. 32.
Beau-parent, p. 40.
Blues, p. 47.
Boulimie, p. 50.
Dépression, p. 92.
Mort, p. 219.
Psychologue, p. 266.

Susceptible

Une remarque sur votre physique, votre look ou votre comportement vous fait réagir ? Vous êtes facilement vexée ? Ne cherchez pas plus loin : vous êtes susceptible.

Chacune son histoire

« C'est bizarre, moi je suis susceptible uniquement avec ma mère. Il suffit qu'elle me dise quelque chose sur mon look et ça part ! Elle n'y comprend rien de toute façon. » Lola, 16 ans

« Je ne supporte pas mon nez. Je crois que certains garçons l'ont compris et n'arrêtent pas de me chercher sur le sujet. Ça me met hors de moi ! » Garance, 14 ans

« J'ai déjà fait la tête pendant un mois à ma meilleure copine, parce qu'elle avait eu le malheur de me dire que j'avais pris du poids pendant les vacances. C'était trop bête. » Li, 13 ans

Sensible au regard des autres

Pendant l'adolescence, vous êtes plus fragile sur les questions d'apparence ou d'identité. D'un côté, les compliments vous donnent des ailes, de l'autre les critiques auraient plutôt tendance à vous déstabiliser. Vous êtes sensible à l'opinion des autres, comme tout le monde, vous voulez donner une bonne image de vous. De plus, votre caractère est en train de se forger, alors il est logique que vous vous sentiez vulnérable quand il s'agit de votre apparence, de votre manière de parler ou de vos goûts. C'est une question d'assurance. Avec un peu plus de maturité, les doutes s'estomperont et les complexes aussi.

Colère ou tristesse

Une vexation engendre deux types de réactions. La première est de répondre par une attaque directe. Dans ce cas, pas de pitié, vous critiquez à votre tour ou vous vous énervez contre « l'adversaire », voire contre la terre entière. La seconde manière de réagir consiste à jouer la légèreté ou à feindre l'indifférence. Ensuite, vous partez ruminer votre peine dans un coin tout en vous posant des milliers de questions. La petite critique anodine se transforme alors en un monstre qui vous ronge de l'intérieur. Suivant les circonstances, vous oscillez entre la colère contre les autres, parfois contre vous-même, et la tristesse, une tristesse si pesante qu'elle vous semble proche du désespoir. Prenez un moment pour réfléchir, et dédramatisez la situation ! Parlez-en avec votre sœur, avec une amie, avec votre mère, afin d'être rassurée ou de comprendre la critique.

Comment s'en sortir ?

Règle n° 1 : ayez confiance en vous. Si vous vous appréciez, vous serez moins affectée par une remarque. Prenez soin de vous et faites-vous plaisir.

Règle n° 2 : ne vous remettez pas en question après chaque critique. Certaines sont gratuites, n'ont aucun fondement et donc ne vous servent à rien, sauf à vous énerver.

Règle n° 3 : si vous êtes vraiment blessée par certains mots, parce qu'ils frappent en plein dans le mille de vos complexes, expliquez-le à celui ou à celle qui vous a heurtée. Les véritables amis sauront en tenir compte et peut-être même s'excuser.

Règle n° 4 : n'oubliez jamais de respecter les autres, pour qu'on vous respecte en retour. À l'agressivité, préférez le dialogue.

+
Bouder, p. 49.
Caractère, p. 54.
Complexes, p. 74.
Confiance, p. 76.

Système D (DIY)

S

Vos vêtements ont triste mine ? Ne les jetez plus, customisez-les ! Une découpe par-ci, quelques paillettes par-là, un peu de couture, et voilà vos propres « éditions limitées ».

J'épate les copines

Le DIY est à la mode. DIY ? Do It Yourself bien sûr ! Des dizaines de filles consacrent des blogs au « fait maison » et à la customisation des vêtements. Vous trouverez sur la Toile et les réseaux sociaux les bons plans, les exemples et le matériel nécessaire:

- Tenues, conseils, tutos, DIY pour tous les ados : https://www.facebook.com/Conseils.For.girls
- Les conseils d'ados de Nanoush : http://lesconseilsdenanoush.over-blog.com (catégories DIY)
- Conseils ado fille : http://conseil-ado-fille.skyrock.com/tags/d5EL5ea4Gdc-DIY.html (articles tagés DIY)
- Des idées pour customiser vos vêtements et créer votre propre look ! www.hellocoton.fr/ (rubrique Créa Déco, catégorie DIY)

Donner vie à ses envies

La customisation permet de créer un vêtement unique, une version revue et corrigée d'une fripe tachée ou abîmée ou de chaussures bon marché qui manquent de personnalité. Pas la peine d'avoir un gros budget pour se lancer dans la « custo ». Un tee-shirt basique, un sac tout simple et des ballerines sans prétention seront parfaits pour commencer et s'entraîner. Une fois « détournés », ces articles feront votre fierté, car vous les aurez transformés vous-même. Un seul mot d'ordre : osez !

Les bons outils

Tout d'abord, équipez-vous du matériel (réduit) nécessaire à vos créations : ciseaux, crayon, règle, aiguille, fil transparent (idéal pour les débutantes, il est invisible et s'adapte à toutes les couleurs), colle et peinture pour textile. Ensuite, choisissez des accessoires simples : paillettes, boutons, sequins, plumes, fleurs en feutrine, transferts, pochoirs.

Des idées à suivre

Vous manquez d'inspiration ? Gardez les yeux ouverts : vitrines, magazines ou simplement filles croisées dans la rue… Prenez exemple, ajoutez votre touche et c'est parti !
Un sac peut être personnalisé avec des fleurs en feutrine, un grand pochoir et un galon le long de la fermeture. Pour vos ballerines défraîchies : un peu de peinture, une broche en chutes de tissu et le tour est joué. Pour souligner un débardeur classique, quelques sequins et un fin ruban de satin (cousez des passants sur les côtés, sous la poitrine).

Flash sur le net @

Pour customiser, on prend des vieux vêtements et on y ajoute souvent des accessoires. Mais où trouver le matériel adéquat (ciseaux de couture, découd-vite, mètre ruban, épingles…) ? En mercerie, dans votre ville (demandez à votre maman, elle doit connaître l'adresse) ou sur Internet. Voici quelques bonnes adresses : www.rascol.com, www.etsy.com, www.creavea.com, www.toutacreer.fr, www.perlesandco.com

Taille

Vous êtes obligée de vous pencher
ou de vous mettre sur la pointe des pieds pour embrasser vos copines.
Pourquoi avez-vous des tailles si différentes ?

Un héritage familial ?

On constate une augmentation de la taille des populations dans les pays industrialisés d'Europe : elles gagnent 2,8 cm tous les 10 ans. Ce phénomène est sans doute dû à une meilleure hygiène de vie (alimentation, médecine...). La taille moyenne des femmes est aujourd'hui de 1,63 m.
Les filles grandissent beaucoup avant d'être réglées puis, lorsque les règles sont régulières, la croissance ralentit. Pendant la puberté, on peut prendre jusqu'à 20 cm.
La taille est en partie génétique : si l'on est d'une famille de grands, on a de bonnes chances d'être grande, et inversement dans les familles de petits.
Mais il peut arriver que l'on ne grandisse pas à cause de problèmes de santé (dérèglement hormonal, problèmes digestifs, malnutrition...). Avant de s'inquiéter, il faut attendre la fin de la croissance, car on peut grandir d'un coup !

Pas juste une question de centimètres !

On peut être petite en taille et grande dans sa tête. Grandir, c'est apprendre à vivre de façon autonome, faire ses propres expériences, acquérir des connaissances, savoir aller vers l'autre, faire face à des événements heureux ou difficiles, s'accepter telle que l'on est, sans se résigner mais en étant consciente de ses forces et de ses faiblesses... N'est-ce pas le plus important ?

Qui est-on ?

L'image que vous vous étiez faite de la femme que vous alliez devenir ne correspond peut-être pas à ce que vous êtes devenue. Vous vous trouvez trop petite ou trop grande ? Sachez qu'il n'y a pas de taille idéale pour faire de vous une jeune femme. La féminité réside aussi dans une manière d'être. Outre les seins, les fesses et les hanches, les cheveux, les mains ou les épaules peuvent dessiner une féminité.
« On ne naît pas femme, on le devient », disait Simone de Beauvoir, et devenir la femme dans laquelle on se sent le mieux est une quête très intéressante (mais ce n'est pas l'affaire de quelques jours !).
Il est naturel d'avoir du mal à accepter son corps quand celui-ci change sans arrêt. Vous étiez petite, puis soudain

> « Je n'ai jamais trouvé aucun lien entre la taille et la grandeur. »
>
> Woody ALLEN

Vu par les garçons

« Moi, j'aime les femmes petites parce que je suis grand. Comme ça, j'ai l'impression de pouvoir les protéger. »

Corentin, 18 ans

« Je préfère les femmes grandes, elles ne me font pas peur comme à certains de mes copains. Avec elles, je me sens d'égal à égale. »

Arsène, 17 ans

vous êtes grande. Vous étiez ronde, puis soudain vous mincissez ! Grandir vous réserve sans cesse des surprises plus ou moins agréables : par exemple, les jambes s'allongent avant le torse. Alors, comment faire ?

• Approfondir la découverte de son corps, et remplacer peu à peu l'image idéale qu'on avait de soi par une représentation plus réelle.
• En parler avec les autres, qui nous voient différemment et peuvent nous aider à accepter ce que l'on est.

Vous vous trouvez trop petite

• Pratiquer le stretching, le basket, le volley, l'escalade peut aider à gagner des centimètres.
• La façon dont vous vous habillez peut également affiner votre silhouette et vous grandir. Par exemple, au lieu de vos éternelles baskets, portez des chaussures avec des petits talons.
• Réfléchissez à vos atouts, physiques, psychologiques et relationnels. Dressez-en une liste à laquelle vous pourrez vous reporter quand vous manquerez d'assurance.
• Et, pour vous faire remarquer, cultivez l'humour et la gentillesse !

Vous vous trouvez trop grande

Vous ne savez pas quoi faire de vos grands bras et de vos longues jambes, vous vous sentez gauche, gênée.

• Vous pouvez gagner de l'aisance en pratiquant un sport, mais aussi des activités qui mettent le corps en jeu : théâtre, yoga, certains arts martiaux… Vous apprendrez à vous déplacer, à mesurer l'effet que vous produisez sur l'autre, à adopter de bonnes postures (et à ne pas vous voûter !).
• Bien choisir son look peut aussi vous aider à mieux accepter votre silhouette.
• Et, si vous avez encore un doute, lisez le livre de Nicolas Herpin intitulé *Le Pouvoir des grands*, de l'influence de la taille des hommes sur leur statut social (éditions La Découverte), vous serez totalement rassurée.

Les mots qui tuent !

Vous ne vous trouviez pas spécialement « grande asperge » ou « bébé Cadum », mais quelqu'un vous a fait cette remarque. Avec vos tonnes de doutes et votre peur de ne pas être aimée, vous avez pris cette critique pour argent comptant. Les gens parlent beaucoup, ils peuvent dire tout et son contraire dans la même journée ! Par ailleurs, se mettre dans la peau de l'autre peut aider à comprendre pourquoi il a eu cette parole malheureuse : il est lui-même complexé, vous l'attirez, mais votre taille lui semble un obstacle, il voulait épater ses copains… Vous avez le droit de répondre ! Sans être agressive, avec humour si possible, exprimez votre façon de penser.

TU C KOI :-)

Les éditions de La Martinière ont demandé à différents auteurs de raconter leur enfance et de parler des problèmes qu'ils ont rencontrés. Yaël Hassan a choisi de raconter dans *Hé, petite !* comment sa petite taille l'a fait souffrir (sarcasmes, tests médicaux…). Pourtant Yaël ne baisse pas les bras : elle se bat et s'impose à sa manière…

+ **C**omplexes, p. 74.
Croissance, p. 88.
Style, p. 335.

Tampons

Beaucoup d'idées fausses circulent à propos des tampons, et certaines d'entre nous n'osent pas les utiliser. Pourtant, ils ont plein d'avantages. Explications.

Un ami doux et discret

Un tampon, c'est un petit cône en coton de 5 cm de long et 1 cm de diamètre environ. Il se glisse dans le vagin et absorbe le sang commeune éponge, en gonflant peu à peu. Il peut doubler de volume, mais il n'y a aucune crainte à avoir : il ne grossira jamais au point de déformer le vagin ou de ne plus pouvoir sortir ! Au contraire, les tampons sont faits d'une matière moelleuse et recouverts d'un voile soyeux qui les rend faciles à poser et à enlever, sans douleur.
Le tampon a un grand avantage sur la serviette hygiénique : il est beaucoup plus discret. Il permet de porter des vêtements près du corps ou de faire du sport sans être gênée par le frottement d'une serviette. Et surtout, il est idéal pour aller à la piscine ou à la plage pendant ses règles. Dernier atout : le tampon capte le sang avant qu'il s'écoule hors du vagin, et permet d'éviter les odeurs incommodantes.

Un seul inconvénient

En fait, l'unique inconvénient du tampon est qu'il est tellement discret qu'on l'oublie parfois ! Or, il est très important de le changer toutes les 3 ou 4 heures pour éviter irritations ou infections. Lorsqu'on le garde 12 heures, il existe un risque d'infection (faible) qu'on appelle syndrome du choc toxique. Cependant, la nuit, l'écoulement du sang est ralenti et le port du tampon est possible. Si vos règles sont très abondantes, réservez-le pour la journée et portez une serviette pour dormir.

Comment l'installer...

Il suffit de suivre ces consignes.

- Lavez-vous bien les mains avant de commencer.
- Détendez-vous. Plus on est relax, plus c'est facile !
- Adoptez la position qui vous semble la plus naturelle : debout jambes fléchies, assise, accroupie, ou un pied posé en hauteur.
- Glissez le tampon avec l'index (ou l'applicateur) en le poussant délicatement en biais jusqu'à ce qu'il soit bien enfoncé, tout en laissant dépasser la ficelle.
- Voilà, c'est fait. N'oubliez pas de vous laver à nouveau les mains !

Au début, la difficulté consiste à détendre ses muscles et à bien l'orienter. Sinon, il ressort en gonflant ou on le sent et ce n'est pas confortable. Un tampon bien posé se laisse oublier totalement, car il est adapté à l'anatomie.
En plus, il existe des mini-tampons pour les toutes jeunes filles.
La première fois, posez-le le 2e jour des règles, quand le flux est abondant, ça glissera mieux, ou entraînez-vous en dehors des règles en l'enduisant de vaseline. Il arrive, mais c'est très rare, que l'anatomie ne s'y prête pas : si on a un doute, on peut en parler à son gynécologue.

INTOX

Certaines mauvaises langues disent que les tampons font perdre leur virginité aux jeunes filles en déchirant l'hymen. C'est faux ! L'hymen est une membrane souple, percée d'un petit trou au centre (par lequel les règles s'écoulent) et qui s'élargit sans se rompre au passage du tampon.

... et comment l'enlever

Il suffit de tirer sur la ficelle ! Pas de panique si vous ne la trouvez pas, elle ne peut pas être loin. Un tampon ne peut pas se perdre dans le vagin ni monter dans l'utérus, car celui-ci est fermé par un col bien serré ! Enfin, si vous ne vous habituez pas aux tampons, ce n'est pas grave : choisissez la protection avec laquelle vous vous sentez le mieux.

+ **S**erviettes hygiéniques, p. 312.
Vagin, p. 362..

Tatouages

Toutes nos stars préférées en portent… et parfois même nos parents, nos oncles, nos tantes ! Le tatouage est dans l'air du temps. Alors pourquoi pas nous ?

Un choix pour la vie

Autant le savoir, les tatouages sont interdits aux moins de 16 ans et, entre 16 et 18 ans, le tatoueur demande une autorisation écrite des parents. C'est la loi !
Lorsqu'on a l'âge, il faut cependant bien réfléchir. Quelles sont nos motivations ? Si c'est juste pour suivre un effet de mode, c'est bof. D'autant que la mode se démode… Beaucoup d'entre nous le font aussi pour couper le cordon, s'émanciper – c'est une façon d'affirmer son identité. Mais on peut accomplir ce processus d'une autre manière… Enfin, nous pouvons désirer laisser une trace, sur notre corps, de quelque chose d'important, qui compte à nos yeux.

On inscrit un dessin, une phrase, un mot, une date… Avant de sauter le pas, il faut que nous soyons sûres que cette marque a un sens durable et qu'elle nous correspond. En effet, les pigments utilisés par les tatoueurs sont quasiment indélébiles : pour les effacer, il faut subir une opération au laser coûteuse, douloureuse et qui laisse de vilaines cicatrices ! Dans 10 ans, 5 ans, ou même l'année prochaine, est-ce que vous aimerez encore le dragon cracheur de feu qui orne votre omoplate ? Est-ce vraiment une bonne idée de graver les initiales de votre fiancé actuel sur votre poignet ? Pensez au motif, à la taille du tatouage et surtout à la partie du corps que vous souhaitez orner. Certaines sont plus visibles que d'autres : bras, épaule, décolleté. L'exercice de certaines professions, plus tard, vous obligera à masquer ces tatouages (et donc à être toujours très habillée !). Gare aussi aux parties du corps exposées aux variations de poids, comme le ventre, qui se distend avec la grossesse… ce qui peut modifier l'aspect du tatouage, même après, voire le déformer. Enfin, prenez garde aux conditions d'hygiène : Choisissez un professionnel et n'hésitez pas à visiter les locaux avant le jour J : le matériel doit être à usage unique et stérilisé avant emploi, les bouteilles d'encre neuves, et le tatoueur doit porter des gants stériles en latex. Sans ces mesures, il existe un risque de transmission de virus (sida, hépatite C ou autres IST).

D'autres solutions

Les tatouages temporaires sont bien pratiques, car on peut en changer sans s'inquiéter des conséquences et sans souffrir le martyre pendant la pose. Vous les trouverez dans les grands magasins, les boutiques de cosmétiques, ou sur Internet.
Le fini est précis et les motifs sont sympas. Le temps des vacances, vous pouvez aussi vous faire faire un tatouage au henné, juste pour un soir ou pour 2 à 3 semaines.
Mais attention : le henné noir (utilisé par les tatoueurs des clubs de vacances) contient de la paraphénylène diamine (PDD), un produit toxique interdit en France qui provoque de graves allergies et laisse parfois des cicatrices.
Optez pour le henné brun (naturel).
Il existe des kits de henné, vendus en France : à poser soi-même, avec les copines, pour s'amuser !

+ IST, p. 175.
Peau, p. 238.

Téléchargement

Le téléchargement est une opération qui consiste à transférer des données depuis Internet vers votre ordinateur. Dans certains cas il est légal, dans d'autres non.

C'est légal

Chaque œuvre est protégée par un droit d'auteur, qu'elle soit vidéo, audio, écrite ou visuelle. Respecter le travail des artistes et des équipes qui ont créé des œuvres, c'est important. Le téléchargement est légal si l'auteur de l'œuvre l'autorise gratuitement ou moyennant paiement. Pour télécharger légalement des films, des logiciels ou des chansons, vous pouvez passer par des sites de vente en ligne, créés à cet effet. Dans ce cas, pensez à conserver le certificat, un fichier joint lors du téléchargement qui prouve que vous avez acheté et non piraté l'œuvre. Certains artistes, souvent pour se faire connaître, mettent gratuitement leurs œuvres à la disposition des internautes. Vous pouvez donc les télécharger sans problème. Si vous achetez un CD ou un fichier téléchargé et que vous souhaitez en faire une copie, c'est possible, à condition de ne pas la distribuer ni la revendre. Enfin, d'autres sites Internet ou réseaux (par la télévision ou par la téléphonie 3G et 4G) autorisent des téléchargements de vidéos à la demande, de musiques ou jeux en 3D. Le principe est de commander des films, des séries ou des émissions de TV qui sont stockés sur des serveurs pour un temps prédéterminé. C'est souvent payant à l'unité ou par un forfait.

C'est illégal

Imaginez que vous tourniez une vidéo ou que vous preniez une superbe photo. Quelle serait votre réaction si quelqu'un l'ayant en sa possession la rendait accessible sur Internet gratuitement et sans votre consentement ? Vous ne seriez sans doute pas d'accord. Voilà pourquoi ne pas payer pour voir une série ou écouter une chanson, ou ne pas y être autorisé, est un délit assimilé à la contrefaçon. Il est souvent illégal de télécharger les contenus mis à disposition gratuitement sur des plateformes d'échange et de partage de fichiers ou de vidéos, ou sur des blogs, dans la mesure où ceux qui les y ont téléchargés ne disposent pas des droits d'auteur. C'est là tout le problème du peer-to-peer (grâce à un logiciel, vous mettez en commun vos fichiers avec d'autres internautes via votre ordinateur).

Attention, infractions

Cette utilisation est réprimée par une autorité de contrôle, qui a été instituée en France pour enrayer le piratage :

FLASH SUR LE NET @

Le streaming légal et gratuit

Il est tout à fait possible d'écouter ou de visionner des contenus en streaming légalement et gratuitement : sur des plateformes de diffusion de vidéos généralistes (YouTube, Dailymotion, Vimeo...), sur des sites de musique (Deezer, Spotify, MusicMe...), sur les réseaux sociaux (Myspace, Facebook...), ainsi que sur les sites Internet des chaînes de télévision (Replay) et des radios (Podcast).

T

pas comme ma mère

L'effet téléchargement chez les jeunes ados

Avant, il n'y avait pas Internet. Alors, pour voir des films, on s'échangeait les cassettes vidéo, voire on les copiait avec des doubles magnétoscopes. Puis sont apparus les DVD, alors on se les échangeait et on les gravait… Puis le numérique, la TNT et les nouvelles technologies ont tout balayé (ou presque) sur leur passage. Les cassettes vidéo ont disparu, le marché du DVD est à l'agonie et le Blu-ray n'a pas compensé cette chute. Durant les années 2000-2010, le téléchargement illégal a battu son plein. Mais, avec l'arrivée du streaming et certainement la crainte d'Hadopi, les adolescents téléchargent moins de films et de séries (28 % chez les 13-15 ans). Seuls les jeunes de 11-13 ans continuent de le faire de façon importante (44 %), selon le 5e baromètre *Enfants et Internet* (2011). Le téléchargement de musique est aussi en nette baisse chez les plus âgés : 65 % des 15-17 ans (contre 75 % en 2010) et 56 % des 13-15 ans (contre 69 % en 2010). En revanche, le chiffre explose chez les plus jeunes, puisque 83 % des 11-13 ans disent encore télécharger de la musique (contre 48 % en 2010).

l'Hadopi, Haute Autorité pour la diffusion des œuvres et la protection des droits sur Internet. On trouve sur www.offrelegale.fr le catalogue des sites proposant des offres labellisées par l'Hadopi. La procédure est alors dite de « réponse graduée » : cela va de l'avertissement par mail à la lettre recommandée, jusqu'aux poursuites pénales (amende jusqu'à 1 500 euros). Il y a aussi la procédure de contrefaçon, plus grave, qui vise la personne ayant effectivement diffusé sur Internet des œuvres protégées. Là, c'est un délit, et la peine encourue est de 3 ans de prison et 300 000 euros d'amende.

Le streaming, nouvelle arme des pirates

Un nouveau mode de diffusion en flux, pratique et rapide, le streaming, a fait son apparition. C'est la possibilité de voir des films ou d'écouter de la musique sur son écran d'ordinateur en un seul clic, sans les télécharger. Beaucoup de sites légaux de partage de fichiers s'en servent et désormais des plateformes par abonnement (comme Netflix, le géant du streaming vidéo). Des chaînes de télévision s'y sont mises également, comme Canal + avec Canalplay (films et séries TV en illimité). Là où le streaming pose problème, c'est lorsqu'il vous permet de regarder une œuvre dont les droits n'ont pas été accordés à celui qui la publie. Les sites proposant ce type de contenu fleurissent actuellement sur la Toile. Soyez donc vigilante sur ce point.

TU C KOI :-)

Les œuvres gratuites
Une œuvre libre de droits peut être partagée légalement sur des réseaux de partage de fichiers. Entrent dans cette catégorie les fameux « logiciels libres de droits » ou toute œuvre sous licence de type Creative Commons.
Le téléchargement gratuit est également légal en France dans le cas d'œuvres dont les auteurs sont morts il y a plus de 70 ans, et dont les droits d'auteur sont alors « tombés dans le domaine public ».

Audio, p. 35.
Musique, p. 220.
Ordinateur, p. 230.
Télévision, p. 353.

Téléphone portable

Pouvoir téléphoner à ses copines toute la soirée, envoyer des dizaines de SMS par jour… Le pied ! Mais attention à ne pas en devenir trop dépendante.

T

Un couteau suisse des temps modernes

Depuis quelques années, la technologie évolue très rapidement et le téléphone portable n'y a pas échappé. Le portable est presque même devenu ringard : on parle désormais de smartphone, généralement ultra-performant, et le changement de nom ne vous a pas rendue moins accro. Dur, dur de lâcher son téléphone. Il est comme le 6e doigt de votre main tant on a l'impression qu'il y est greffé ! Pour certaines, on frôle le symptôme de la dépendance. La peur d'être séparée de son mobile a même un nom : c'est la nomophobie. 80 % des jeunes de 14 ans et 92 % des jeunes de 15 ans possèdent et utilisent un téléphone portable. C'est majoritairement entre 11 et 14 ans que vous avez votre premier mobile. Parmi toutes les fonctionnalités, vous utilisez surtout votre portable pour jouer et pour téléphoner à vos copains et copines. La fonction SMS est privilégiée, ainsi que la fonction photo.

Garder le contact

Pendant les années collège, le plus important est de garder le contact avec vos amis, même si vos échanges ne sont pas d'un grand intérêt. Malgré le coût engagé sur une longue durée, les parents sont toujours prêts à financer votre portable afin de pouvoir vous joindre facilement. Votre autonomie est néanmoins limitée, car ce sont eux, en général, qui paient les factures, directement ou indirectement, en vous donnant de l'argent de poche. Vous devez trouver un compromis afin d'éviter les crises. Les MVNO (opérateurs virtuels, comme Virgin Mobile et Universal Mobile) et les forfaits bloqués ont la cote auprès des 11-24 ans. Les options « multimédia illimité » et « appels illimités » sont prisées. Mais le choix est loin d'être simple, face à la multitude des opérateurs et aux différents systèmes de facturation. Avant d'opter pour le forfait ou la carte, réfléchissez bien à l'usage que vous voulez faire de votre portable.

Avec modération

Vous y êtes tellement accro que vous n'imaginez pas vivre sans, au point de devenir anxieuse, comme si c'était vital d'avoir son portable en permanence ! Mais l'hyper-connexion n'est pas sans risque (maux de tête, troubles auditifs, picotements de la peau, clignotements oculaires, pertes de mémoire, troubles de la concentration…). Beaucoup d'entre vous ne les éteignent pas la nuit sans en mesurer les conséquences : mauvaises ondes, insomnies, sommeil entrecoupé dès l'arrivée d'un message, etc. Des chercheurs américains ont même démontré que les résultats scolaires pâtissent également d'un usage excessif du smartphone. Même si vous avez besoin de joindre sans arrêt votre bande de copains, n'oubliez pas que, dans les collèges, les portables sont interdits. N'essayez pas de prendre vos profs en photo pour les mettre sur votre blog ou d'envoyer un SMS pendant les cours. D'importantes sanctions sont prévues dans les règlements.

AILLEURS DANS LE MONDE

Les jeunes Américains entre 13 et 17 ans envoient et reçoivent plus de 3 000 textos par mois (+ de 4 000 pour les filles), soit plus de 100 textos par jour.

+
Argent, p. 33.
Audio, p. 35.
SMS, p. 320.

Téléréalité

Ce type de programme crée des stars sur mesure et sort de l'anonymat des personnes ordinaires. C'est d'autant plus amusant que, souvent, c'est vous qui décidez !

T

Un phénomène

Lancée le 26 avril 2001, *Loft Story* fut la première émission de téléréalité diffusée en France. Ce type d'émission amuse autant qu'il irrite. Dans les deux cas, vous ne pouvez pas passer à côté car, au collège, tout le monde en parle. Pour ne pas s'exclure des conversations, il faut bien suivre. Donner son avis, c'est à la fois faire comme tout le monde et montrer sa différence.

Vous êtes séduite...

La téléréalité vous attire ? C'est normal, elle joue sur l'affectif et le côté voyeuriste qui sommeille en chacun de nous. Dans une émission de téléréalité, l'objectif est de vous plaire. Cela vous amuse de voir des « people » se dévoiler ou une jeune fille qui menait jusque-là une vie ordinaire devenir célèbre. Même si cette notoriété est malheureusement artificielle pour beaucoup de participants.

... et prise au piège

Ces émissions mettent en scène des individus dans leurs échanges relationnels. On assiste à leurs conflits, on partage leurs amitiés, leurs histoires d'amour… C'est une façon d'observer les rapports humains, même s'il ne faut pas perdre de vue que tout cela reste une émission de télé savamment orchestrée. Tout est fait pour qu'on se prenne au jeu. En effet, pour sauver votre chanteuse préférée de l'élimination, vous vous précipitez afin de voter par SMS.

TU C KOI :-)

Le terme « téléréalité » recouvre différents concepts. Petit tour d'horizon des genres :

- émissions « mode de vie », où l'on fait appel à des experts pour garder vos enfants, refaire votre maison ou vous faire progresser en cuisine ;
- émissions « séduction », dans lesquelles vous pouvez trouver l'âme sœur ;
- émissions « chanson », où des candidats sont en compétition pour enregistrer un album ;
- émissions « jeux », dans lesquelles le but est d'éliminer ses adversaires dans un univers particulier (forêt, maison, ferme, île presque déserte...).

Vous tombez dans le piège de la téléréalité ! Son pouvoir consiste à vous faire croire que vous êtes indispensable. Mais elle dissimule en « réalité » une formidable machine à gagner de l'argent.

AILLEURS DANS LE MONDE

Le concept existe depuis les années 1970 aux États-Unis : *An American Family* s'introduit alors dans la vie privée des spectateurs pour relater en douze épisodes le divorce d'une famille californienne. Il faut attendre 1999 et *Big Brother*, produit par une société néerlandaise, pour que le phénomène envahisse la planète. Le principe : filmer des personnes 24 heures sur 24 hors de chez elles.

+ **S**tars, p. 333.
Télévision, p. 353.

Télévision

Vous pouvez passer plus de 2 h 30 par jour devant la télé ! Mais avec la diversification des équipements, elle n'occupe plus la même place dans votre vie.

« *Le livre t'inspire, la télévision t'aspire.* »
Paul CARVEL

Des médias et des contenus

L'offre de programmes à la télévision a beaucoup évolué ces dernières années. Elle a dû s'adapter à l'arrivée des nouveaux équipements nomades et personnels connectés (smartphones, tablettes). Conséquence : sur 98 % des foyers équipés d'un téléviseur, 1 sur 2 est connecté à Internet. Sur les chaînes historiques, les fictions jeunesse de fin d'après-midi ont été supprimées ; sur la TNT sont apparues des chaînes dédiées à l'animation et à la musique (W9, NRJ12, HD1 et 6Ter) ; enfin, sur la télé payante, 4 chaînes sont exclusivement réservées aux adolescents. Désormais, vous passez presque autant de temps à surfer sur Internet, à utiliser votre téléphone portable et à faire des jeux vidéo (25 %) qu'à regarder la télévision (37 %), alors qu'avant cette dernière occupait nettement plus votre quotidien (41 % contre 16 % pour les trois activités citées précédemment).

Télé je t'aime, télé je t'adore !

Quel meilleur moment que celui où l'on tombe sur le canapé après une grande journée de cours... juste avant d'allumer la télévision ! Chez les jeunes, le temps passé devant le petit écran croît avec l'âge : celui des 4-14 ans s'établit à 2 h 09 et celui des 15-34 ans à 2 h 37 par jour. Dans certaines familles, il est même allumé en permanence, en bruit de fond. C'est souvent un moyen facile de combler un vide, de pallier l'ennui. Mais gare à la dépendance : plus vous regardez la télé, plus vous risquez de vous ennuyer sans elle.

Un virus contre l'activité

La télévision ne réclame pas une attention soutenue, et vous la considérez comme un moment de repos. Avoir envie de se détendre est une chose, ne plus avoir d'énergie pour entreprendre une activité en est une autre. Quand vous êtes affalée sur le canapé devant une émission captée au hasard, c'est d'une certaine façon du temps que vous vous volez à vous-même. Vous pourriez le consacrer à une activité sportive, à la lecture d'un bon roman ou d'une bonne BD, ou en profiter pour échanger avec vos frères et sœurs ou vos amis... Passer un trop grand nombre d'heures devant l'écran accentue votre passivité, mais aussi votre envie de grignoter.

Libre de choisir

La télévision offre une véritable ouverture sur le monde, pourquoi n'en profiteriez-vous pas ? En dehors des séries et des jeux, c'est une mine d'informations à travers les journaux télévisés, les documentaires, les débats. Vous êtes curieuse ? Alors, au lieu de choisir la facilité, osez vous aventurer sur d'autres chaînes. Vous aurez le sentiment d'être maîtresse de vos choix, et non plus une machine à ingurgiter des séries américaines, de la téléréalité et de la publicité.

+ Séries TV, p. 310.
Téléréalité, p. 352.

Timidité

T

Vous n'aimez pas prendre la parole, parler à des inconnus ou vous faire remarquer ? Vous êtes timide, et vous n'êtes pas la seule ! De nombreuses personnes le sont, mais ne le montrent pas.

Un handicap pour communiquer

Vous doutez de vous et vous perdez vos moyens lorsque vous quittez un milieu familier. À la moindre action ou parole, vous avez l'impression que tous les yeux sont rivés sur vous, que l'on vous juge. Par conséquent, en public, il vous est plus difficile de communiquer. Éprouver de l'appréhension face à l'inconnu est normal. Cela arrive à tout le monde à un moment donné. Mais chacune le vit à différents degrés : ça peut aller du simple trac jusqu'à la timidité maladive. Dans ce dernier cas, la gêne peut devenir un handicap pour vos relations avec les autres. Pis, la timidité vous fait rater certaines occasions : aller à une soirée, rencontrer le garçon qui vous plaît, donner la bonne réponse que vous seule connaissez dans la classe…

Une question d'assurance

Finalement, être timide, c'est manquer d'assurance. C'est lié à l'image que l'on renvoie aux autres. Kant[1] a écrit : « L'aplomb insolent n'est que l'apparence de l'assurance. » Peu de gens sont complètement sûrs d'eux, mais chacun possède des astuces pour le masquer.

Les différents masques de la timidité

N'avez-vous jamais entendu quelqu'un vous dire : « On pense que je suis froide et hautaine alors que je suis en réalité quelqu'un de timide » ? Cette remarque conforte l'idée que la timidité est étroitement liée à l'apparence. Cette personne se cache derrière le masque de la froideur et de la distance. Comment fait-elle ? Elle protège sa sensibilité. Peut-être en faites-vous autant sans le savoir ? Voici une liste des masques les plus répandus chez les timides : la retenue, l'agressivité, la susceptibilité, l'impertinence, l'agitation, l'hyperactivité.

Secrets de filles

Comment aborder un garçon qui vous plaît

Procédez par étapes, cela rassurera la timide qui est en vous.

- Lorsque vous le voyez, essayez de croiser son regard.
- S'il vous regarde aussi, ne fuyez pas son regard : au contraire.
- La fois suivante, recommencez, vous serez un peu plus à l'aise.
- C'est sûr, il vous a remarquée ? Il vous sourit ? Rendez-lui son sourire.
- S'il ne vous aborde toujours pas, armez-vous de courage et allez lui parler. Il se peut qu'il soit encore plus timide que vous !

Vous l'aurez compris, un timide peut donc se cacher derrière de multiples attitudes. Vous pensez toujours être la seule timide, après la lecture de ce paragraphe ?

Internet et timidité

Les « chats » sur le Web sont un lieu parfait pour échanger avec de nouvelles personnes, surtout lorsqu'on est timide. Dans la réalité, cet exercice vous stresserait, mais, derrière l'écran, vous êtes en confiance. Plus de complexes, car votre interlocuteur ne vous voit pas, ne vous entend pas ; il vous lit, et vous avez le temps de peser les mots. Oubliés les boutons, les kilos en trop, la voix qui déraille à la moindre émotion ! Vous êtes libre, ou presque. Grâce à Internet, vous pouvez enfin « rencontrer l'autre dans des conditions normales ». Enfin presque car, si les chatteurs sont bien réels, la rencontre reste virtuelle, ne l'oubliez jamais ! Considérez ces discussions comme un moyen de gagner de l'assurance pour être plus à l'aise dans la vie réelle. Vous pouvez aussi en profiter pour aborder des sujets dont vous n'osez pas parler habituellement. Mais attention à ne pas passer trop de temps seule devant l'ordinateur, cela aurait l'effet contraire de celui que vous recherchez : vous isoler.

Comment vaincre la timidité ?

La timidité se soigne et c'est une bonne nouvelle ! Pour cela, il faut travailler dans deux directions : la réassurance et l'entraînement à vaincre les situations difficiles.

Pour vous rassurer

- Dites à vos proches qu'une situation ou une personne vous déstabilise. Ils sauront trouver les mots pour vous soutenir.
- Sachez que les gens ne traquent pas le moindre de vos défauts. Ces regards que vous sentez peser sur vous sont l'expression de vos doutes, rien d'autre.
- Ne soyez pas gênée par votre timidité. Il n'y a pas de honte à rougir ou à bafouiller. Consolez-vous en observant le visage et l'attitude des autres, vous verrez que chacun a des défauts, des tics, des gestes qui témoignent d'un malaise.
- Les timides sont de grands sensibles. Pourquoi ne pas mettre cet atout à profit dans un domaine artistique ?
- Apprenez à vous apprécier et la confiance grandira.

Pour vous entraîner

- Adressez la parole aux inconnus, demandez un renseignement dans la rue. Dites bonjour à vos voisins, à vos camarades de classe, sans baisser les yeux et en souriant. À la cantine, n'hésitez pas à aborder une fille qui a l'air sympa, en lui demandant par exemple où elle a acheté ses chaussures.
- Un exposé ou une épreuve orale vous angoisse ? Préparez-vous. Juste avant, parlez de votre stress avec vos camarades, vous verrez qu'ils vous comprennent car ils ressentent la même chose quand c'est leur tour. Et, au moment de l'épreuve, respirez et lancez-vous ! Votre public sera indulgent et compatissant, car il n'a guère envie d'être à votre place.
- Ne refusez pas une invitation à une fête ou un rendez-vous parce que vous avez peur d'être mal à l'aise. Respirez et dites : « Oui, avec plaisir ! »
- Prenez la parole en classe de temps en temps, d'abord pour des réponses courtes, puis sur les sujets que vous maîtrisez. Vous gagnerez en assurance à chaque nouvelle intervention.

T

PAROLES DE STAR

Hermione Granger a bien grandi ! Emma Watson[2], la star de la saga Harry Potter, est en fait timide et introvertie. C'est ce qu'elle a dévoilé dans une interview au magazine Wonderland en avril 2014 : « La vérité est que je suis quelqu'un de très timide, malade en société, une personne introvertie. Vous me verriez en soirée, je suis tellement anxieuse ! Je ressens une vraie pression lorsque je rencontre de nouvelles personnes parce que je suis très consciente de ce qu'elles attendent. Cela rend les relations sociales difficiles. Ce qui ne veut pas dire que, lorsque je suis en petit groupe, entourée de mes amis, je n'aime pas danser et m'amuser. Je suis juste très réaliste sur ce que je suis en public. »

[1] Philosophe allemand du XVIIIe siècle.

[2] L'actrice britannique Emma Watson est née le 15 avril 1990 à Paris. Elle est aussi mannequin et styliste.

+
Complexes, p. 74.
Confiance, p. 76.
Effort, p. 112.
Honte, p. 154.

Trahison

Amertume, déception, colère : la trahison suscite des sentiments extrêmes. Mais elle apprend aussi à reconnaître les personnes de confiance... et à ne pas trahir à notre tour.

Qui n'a jamais trahi ?

Honnêtement, pouvez-vous affirmer que vous n'avez jamais commis de petite trahison ? N'avez-vous jamais répété une confidence qu'une copine vous avait fait jurer de garder pour vous ? N'avez-vous jamais colporté une médisance sur quelqu'un qui, pourtant, vous considère comme une amie ? Et avez-vous toujours été fidèle à 100 % ? Les petites trahisons sont courantes. Elles ne sont pas le reflet d'une méchanceté viscérale ni d'une volonté de nuire, elles sont simplement celui de la faiblesse humaine. Eh oui, nous ne sommes pas des saintes ! Être victime d'une de ces petites trahisons renverse un peu les rôles. Là, on rigole nettement moins ! Mais, avant de jeter la pierre et de hurler vengeance, il faut se remémorer les moments où on ne s'est pas forcément bien conduite. Gardons notre sens de l'humour, même s'il est noir. Apprenons plutôt à ne pas divulguer nos secrets à n'importe qui, à ne pas placer notre cœur entre les mains (et les oreilles) du premier venu…

Haute trahison

Il y a petite et grande trahison. Et là, tout prend une autre dimension. Quand un être cher, notre meilleure amie, notre amoureux, quelqu'un qu'on fréquente depuis longtemps et en qui on a entière confiance nous fait défaut, le monde entier s'écroule. Tout ce en quoi l'on croyait en prend un coup. Être trahie, c'est perdre quelqu'un, se sentir abandonnée. Au-delà de la tristesse, on éprouve un sentiment d'échec. Cela signifie qu'on s'est trompée sur quelqu'un. On se dégoûte un peu et on se sent nulle. Attention, les filles, la dépression guette !

> « Dire le secret d'autrui est **une trahison**, dire le sien est une sottise. »
>
> VOLTAIRE

+
Chagrin d'amitié, p. 55.
Chagrin d'amour, p. 57.
Fidélité, p. 127.

Souffrance et réconfort

Certes, c'est un échec. Oui, c'est une déception. Mais on n'est jamais seule au monde. Il y a d'autres êtres autour de nous : notre propre famille d'abord, qui nous trahit rarement ; et des personnes auxquelles on ne prêtait pas attention jusqu'ici. Des personnes qui méritent d'être connues, dignes de confiance. Il suffit de les trouver… ou de les remarquer. Être trahies ne doit pas nous rendre cyniques, nous dégoûter de la vie, mais au contraire, quelque part, nous rendre plus humbles. Moins aptes à trahir à notre tour. C'est toujours en souffrant un peu qu'on apprend à goûter le bonheur et à en donner aux autres. Si ça, ce n'est pas de la philosophie !

Chacune son histoire

« Quand j'étais petite, mes parents étaient plutôt pudiques. Il était rare que je les voie nus. Puis ils ont rencontré un couple d'amis avec lesquels nous sommes partis en vacances. Mais voilà, ce couple faisait du naturisme et mes parents se sont laissé tenter ! Pour moi, ce fut terrible ! Je les voyais allongés nus avec leurs amis, avec le fils de ces amis, qui n'avait semble-t-il aucune pudeur ! J'étais dégoûtée. Je gardais mon maillot et je me sentais nulle. À voir tous ces gens sans gêne, je me demandais si j'étais normale, si je n'avais pas un problème avec mon corps ! »

Safia, 15 ans

Transgression

Quand on dépasse les bornes, il n'y a plus de limites ! C'est bien connu. Mais il y a d'autres façons d'affirmer votre personnalité que de désobéir en permanence.

Dépasser les limites

Transgresser une obligation, un ordre, les règles morales ou éthiques d'une société, parfois une loi… c'est ne pas les respecter. En clair, vous dépassez les limites, vous franchissez une ligne interdite en remettant en question la loi ou l'usage : fumer sa première cigarette en douce à la sortie du collège, aller voir un film alors que vos parents vous l'ont défendu, traîner en ville alors que vous avez promis de rester à la maison pour faire vos devoirs…

Chacune son histoire

« Mes parents m'avaient autorisée à sortir le samedi soir à condition que je leur laisse un numéro de téléphone et une adresse. Un jour, on a voulu aller en boîte. Sauf qu'on n'est pas rentrés à l'heure prévue. Mes parents ont appelé chez ma copine et ont appris qu'il n'y avait pas de soirée. Le lendemain, je me suis pris un savon. Ils étaient déçus que j'ai trahi leur confiance et m'ont interdit de sortir jusqu'à la fin de l'année. J'ai compris qu'il ne fallait plus abuser… » Léa, 16 ans

Affirmer sa personnalité

La transgression des interdits correspond à un moment important de la formation de la personnalité. Vous avez décidé de remettre en question toutes les valeurs que les adultes vous ont transmises depuis l'enfance. Pendant des années, elles allaient de soi, mais plus maintenant ! La transgression permet de tester les limites que votre famille ou vos professeurs vous ont fixées. Pour être complètement honnête, c'est aussi une façon de tester leur résistance…

LOL ;-)

Une blague à l'intention de celles qui seraient tentées de ne pas respecter les limitations de vitesse !
Sur l'autoroute, un radar enregistre une Ferrari à 19 km/h.
Le policier arrête la voiture pour demander des explications.
Au volant, une blonde lui répond : « Je respecte les limites de vitesse indiquées sur les panneaux. Il y a écrit A 19, alors je vais à 19… » Le policier répond en souriant : « Mais non, A 19, c'est le numéro de l'autoroute ! » Et, en regardant la passagère, il ajoute : « Et vous devriez vous dépêcher, car votre amie a l'air malade. Elle est toute blanche… » Alors la blonde : « Je crois que c'est parce qu'on vient de quitter l'A 313 ! »

> « S'il fallait étudier toutes les lois, on n'aurait pas le temps de les transgresser. »
>
> GOETHE

Vous avez besoin de vous faire remarquer, d'entrer en conflit, pour affirmer votre personnalité. Alors, vous avez droit à la charmante remarque de votre grande sœur : « Arrête de faire ta rebelle ! » Oui, mais à votre âge, c'est un besoin.

Revendiquer sa liberté

Il suffit qu'on vous interdise quelque chose pour que vous en ayez envie. Ça marche aussi bien avec un DVD ou une sortie avec les copines qu'avec les régimes. On vous dit d'éviter le chocolat et, soudainement, vous vous précipitez sur a tablette ! L'interdiction entraîne la tentation et donc la transgression. Combien de fois vous a-t-on répété que fumer était mauvais pour la santé ? Sauf que tant que vous n'aurez pas essayé… Vous révolter, c'est affirmer que vous êtes libre et que vous existez par vous-même.

Donnant-donnant

Remettre en cause des règles, c'est aussi accepter que vos parents cherchent à les maintenir. Il faut donc discuter. Négocier plutôt ! Vous êtes la reine en la matière : une bonne note en échange d'une sortie, un scooter en échange d'un passage en classe supérieure… Si vous faites preuve de maturité, vos parents seront peut-être plus souples. Gare à vous si vous les décevez ! Vous passez un « contrat », ne trahissez pas leur confiance.

J'épate les copines

La littérature regorge de héros qui se sont élevés contre la tyrannie de leur temps : Don Quichotte, Zorro, les héros de comics, les super héros que sont Batman, Spider-Man ou Superman. L'un des plus célèbres hors-la-loi reste sûrement Robin des bois. La première version complète de son histoire apparaît dans une ballade anglaise du XVᵉ siècle. On y retrouve le shérif de Nottingham et Petit Jean, mais pas encore Belle Marianne. La question demeure de savoir s'il a réellement existé.

Limiter les risques

Vouloir faire comme les copines pour être intégrée dans la bande a ses limites. Cela peut vous emmener très loin et se révéler dangereux. Transgresser les petites règles du quotidien est une chose, enfreindre la loi ou mettre votre santé en péril en est une autre. Voler dans un magasin, circuler en scooter sans casque, avoir une relation sexuelle non protégée… ce ne sont pas vraiment des risques à prendre pour vous démarquer. Ces transgressions vont, tôt ou tard, se retourner contre vous. En vous mettant en garde, vos parents ne font que vous protéger.

pas comme ma mère

Les rites de passage, qui marquent la transition entre l'adolescence et l'âge adulte, ont évolué au fil du temps. Avant, le baccalauréat et les diplômes, le premier emploi, le service militaire pour les garçons, marquaient ce passage. Aujourd'hui, avec l'augmentation de la durée des études, le chômage, des repères moins fixes, les adolescents se créent de nouveaux rites : se trouver un stage, travailler pour une association, organiser une soirée, choisir des sous-vêtements plus féminins… Souvent, la transgression remplace cette absence de rites (fumer une cigarette, boire de l'alcool…).

Triche

Laquelle d'entre vous n'a jamais écrit dans le creux de sa main une date ou une formule en vue d'un devoir de mathématiques ? Faire des antisèches, c'est la méthode pour ne pas réviser ses contrôles et s'assurer une bonne note. Mais à quel prix ?

L'art de la combine

La triche en classe, vous connaissez : soit pour l'avoir pratiquée au moins une fois, soit comme simple témoin ! Jeter un œil sur la copie du voisin, saturer la mémoire de sa calculatrice, dissimuler ses notes dans ses feuilles de brouillon, gommer une règle transparente puis écrire ses antisèches dessus au crayon à papier… Pour celles qui manquent d'imagination, de nombreux sites Internet proposent toutes sortes de combines, des plus simples aux plus risquées !

Fainéante ou anxieuse ?

Tricher, c'est s'assurer une bonne note sans réviser, à condition de ne pas se faire prendre !
Il y a les petites tricheuses, qui anticipent une perte de mémoire ou qui veulent se rassurer en écrivant une date ou une formule sur leur gomme, celles qui fraudent par fainéantise, et celles qui ont simplement peur de l'échec et se mettent une pression trop forte.

Résister à la tentation

Heureusement, tout le monde ne triche pas. Les fraudeurs sont une minorité, surtout lors des examens officiels, car les sanctions peuvent être très lourdes. Pendant l'année scolaire, par contre, la triche est plus fréquente. Mais cela signifie souvent du stress, une perte de temps et des efforts supplémentaires : recopier ses cours sur des bouts de papier prend parfois autant de temps que de bien les apprendre !

TU C KOI :-)

Tricher à un examen peut vous coûter très cher
À l'école, les sanctions sont sévères mais pas dramatiques : 0 à l'épreuve, note divisée par deux, devoir à recommencer, blâme et souvent inscription dans le dossier scolaire… Mais, quand il s'agit de fraude lors d'un examen officiel, type baccalauréat, l'éventail des sanctions varie selon la gravité des faits reprochés : vous risquez alors l'annulation de l'épreuve (vous aurez la note de 0), l'annulation de l'examen, le retrait du diplôme ; jusqu'à une interdiction de repasser le bac pendant 5 ans maximum, voire une interdiction de vous inscrire dans un établissement public du supérieur. Sans parler de l'amende éventuelle pouvant aller jusqu'à 9 000 euros et/ou 3 ans d'emprisonnement.

Vu par les garçons

« Je suis en seconde et je me suis fait prendre en train de tricher. Je suis un peu dépité, mais je mérite mes deux 0/20 et mon avertissement. Le CPE m'a demandé si je trichais souvent et m'a fait promettre d'arrêter. Dans les autres matières que maths et chimie, j'atteins facilement 10/20 sans tricher, donc bon… Je vais arrêter de me prendre la tête, en clair ne plus faire d'antisèches ! »

Julien, 16 ans

+ **R**ébellion, p. 277.
Transgression, p. 357.

Vacances en famille

Les grasses matinées, les copains, les rencontres, les sorties… Après une année scolaire intense, vous avez besoin de vacances… mais vous partez en famille. La galère ?

Au programme : farniente

Les vacances d'été, enfin ! Ils sont là : deux mois pleins à profiter des copains, du soleil, des sorties. Et surtout se lever tard, paresser toute la journée puis recharger ses batteries pour faire la fête. C'est aussi le moment de profiter de tout ce temps pour bouquiner, rêver, faire du sport, rencontrer de nouvelles têtes, se reposer, mais aussi, si vous n'avez pas brillé pendant l'année, de vous atteler à remplir des cahiers de vacances et à bosser vos maths. Dur ! Mais, pour l'heure, une question vous turlupine : et les parents ? Car ça vous démange de leur dire qu'ils ne font pas partie de votre décor estival…

Comme une envie de liberté…

Alors, vous n'hésitez pas à tirer une tronche pas possible quand ils vous disent avec un grand sourire qu'ils ont loué la même maison au bord de la mer, celle que vous aimez depuis votre enfance. Mais, cette année, vous n'êtes pas partante pour des vacances en famille. Vous voulez vivre à votre propre rythme, faire ce qui vous chante, avoir droit au farniente à toute heure. Marre des sorties avec papa-maman et toute la smala ? Voyez le bon côté des choses, parce que vous savez très bien que vos parents ne vous laisseront pas filer

Chacune son histoire

« Avec ma sœur et mes parents, nous partons depuis que je suis toute petite en camping-car. Chaque année, il y a une nouvelle destination, en France ou en Europe. Je préfère quand il y a la mer, c'est plus sympa : après la route, on peut aller se baigner. Ce n'est pas si dur que ça de se retrouver à quatre dans un petit espace. L'été, il fait souvent beau, donc on est tout le temps dehors et, quand les parents roulent, on se repose. C'est enrichissant, car on découvre plein de nouvelles choses à chaque voyage. »

Agathe, 14 ans

Flash sur le net @

De nombreux organismes proposent des séjours sportifs, linguistiques ou culturels. En voici quelques-uns :

- www.vacances-pour-enfants.org : leader européen des colonies de vacances et des camps pour les jeunes de 4 à 17 ans.
- www.ucpa-vacances.com : l'UCPA des séjours plutôt orientés vers des activités sportives, en France et dans le monde. Pour ados, adultes, débutants ou experts.
- www.capjuniors.com : séjours sportifs, culturels ou de découverte, en France et dans le monde.
- www.telligo.fr : Aventure scientifique propose des séjours à thème pour les 6-18 ans.
- www.planete-sciences.org : Planète Sciences propose des séjours de vacances incluant activités scientifiques et techniques expérimentales.
- www.sans-frontieres.fr : si vous avez envie de partager votre « esprit du voyage », le monde s'ouvre à vous.
- www.archeopourtous.org : séjour découverte du métier d'archéologue pour les 11-14 ans.

Secrets de filles

Si vous faites régulièrement du baby-sitting pour la même famille, pourquoi ne pas lui proposer vos services pendant l'été ? Les parents peuvent être intéressés que vous les accompagniez pendant une semaine de leurs vacances. Vous gardez leurs petits et ils se reposent. Vous définissez un planning avec eux et, pendant votre temps libre, vous en profitez. Vous ne serez peut-être pas payée, mais en échange vous serez logée, nourrie, blanchie ! À l'étranger, vous pouvez faire jeune fille au pair. C'est aussi du baby-sitting, mais avec un cours de langue en supplément !

les cheveux au vent avec vos potes avant vos 16-17 ans, voire votre majorité. Tout ça, c'est bien en théorie mais, dans les faits, vous n'avez pas le choix : séjour forcé chez mamie et pas de discussion ! Ça ne vous tente pas au premier abord, mais pensez que les vacances sont l'un des seuls moments que vous passez en famille, loin du quotidien. Plus détendus et ouverts, vos parents se montrent sous un autre jour. Profitez-en pour les redécouvrir, partager des choses… et leur glisser à l'oreille quelques idées pour l'année prochaine.

L'été de tous les compromis

C'est le mot à retenir, à répéter et à utiliser avec finesse : com-pro-mis. Car, si vous voulez partir sans vos parents, il va falloir négocier très serré ! Préparez le terrain assez longtemps à l'avance et pas à la dernière minute, sinon vous risquez de les braquer. Montrez-leur que vous savez être autonome et vous occuper de vous. Ne vous attendez pas à des miracles, ils vont résister un bout de temps. C'est là que vous pouvez sortir la carte du compromis : acceptez de partir avec eux, et demandez si vous pouvez passer quelques semaines d'été « ailleurs ». Ici, pareil : pas de projets farfelus, mais des vacances chez une copine, un séjour organisé, etc.

Des séjours en pagaille

Votre séjour doit être préparé en détail : lieu, dates, prix. Il existe des tas de voyages organisés sympas : stage de danse, séjour sportif, linguistique ou culturel… Cependant, cela coûte un peu cher ! Dans ce cas, sur votre lieu de vacances, pensez aux centres de loisirs. Vous trouverez de multiples activités pour occuper vos journées tout en étant avec vos parents. C'est le début de la liberté !
Et, pourquoi pas, vous pouvez avoir envie de trouver un petit boulot d'été pour gagner de quoi partir et prendre un peu plus d'autonomie, ou bien de faire du bénévolat.

+
Bénévolat, p. 44.
Famille, p. 116.
Petits boulots, p. 244.

Vu par les garçons

« Mes parents ne me laissent pas encore partir seul avec des copains. Quand on va au bord de la mer, je peux sortir du camping et traîner un peu le soir dans le centre-ville ou rester sur la plage avec les copains. Ils ont moins peur que pour ma sœur, sûrement parce que je suis un garçon. Ils me font confiance, je ne dois pas les décevoir. »

Thomas, 16 ans

Vagin

Les filles ont beaucoup plus de mal que les garçons à bien connaître leur anatomie. Tout est caché et un peu mystérieux... Si on partait à la découverte de son corps ?

V

Ce qui est visible...

Pour mener cette enquête très intime, il faut d'abord se munir d'un outil : un miroir. Plaçons-le entre les cuisses. Que voit-on ? La partie visible de l'anatomie, la vulve. Elle est composée de replis de peau qu'on appelle les lèvres. Celles qui sont situées le plus à l'extérieur sont nommées les grandes lèvres, celles de l'intérieur les petites lèvres – mais, chez beaucoup de filles, les prétendues petites lèvres dépassent des grandes : pas de complexes à avoir là-dessus ! En écartant les petites lèvres, on découvre une sorte de vestibule. À l'avant, les petites lèvres se rejoignent pour former un capuchon qui protège un minuscule bout de peau tout rose : le clitoris. En redescendant vers l'arrière, on remarque deux orifices : un tout petit vers l'avant, qui passe souvent inaperçu, celui par lequel on urine ! Et, juste au-dessous, un autre un peu plus large et visible : l'entrée du vagin.

Une petite grotte

Vous le savez toutes : si l'on n'a jamais eu de rapport sexuel, le vagin est fermé par l'hymen, une membrane très fine (de 1 à 3 mm) située juste à l'entrée du vagin. Mais la nature est bien faite : au centre, cette membrane est percée d'un petit trou qui permet au sang des règles de s'écouler et qui peut s'élargir pour laisser passer un tampon.
À l'intérieur, le vagin ressemble à une caverne. Il mesure environ 7 à 10 cm de long chez la femme (chez la jeune fille, il est un peu plus court). L'entrée forme un tunnel assez étroit dont les parois sont serrées l'une contre l'autre. Mais, plus au fond, le tunnel s'élargit en une véritable petite cavité. Peut-être avez-vous déjà eu l'occasion d'en toucher l'intérieur en posant un tampon : la peau qui tapisse ses parois est toute molletonnée. En fait, elle est très similaire à la peau qui recouvre l'intérieur des joues. C'est une muqueuse humide, riche en vaisseaux sanguins, mais très élastique et plus solide qu'on ne le croit !

FLASH SUR LE NET @

Si vous voulez en savoir plus sur le vagin, ce site Internet pourra vous aider :
• http://www.inpes.sante.fr/CFESBases/catalogue/pdf/601.pdf

Qu'y a-t-il après le vagin ?

Le fond du vagin communique avec une poche en forme de poire : l'utérus. C'est le futur nid des bébés, un organe très important de l'anatomie féminine. Rassurez-vous : le vagin n'est pas ouvert directement sur l'utérus ! L'entrée de ce dernier est entourée d'un muscle spécial, appelé col, bien serré et qui le protège. Mais il peut aussi se détendre pour laisser filtrer les spermatozoïdes ou permettre le passage d'un bébé à la naissance.Le vagin, c'est donc la nature profonde de la fille. On peut en être fière ! Ce n'est pas un simple trou : c'est une petite caverne d'Ali Baba, très bien conçue pour vivre ensuite une vie de femme épanouie.

TU C KOI :-)

L'entrée du vagin peut vous sembler très serrée et contractée. C'est normal quand on est une jeune fille. Mais n'ayez pas peur, la peau et les parois du vagin sont très élastiques. Rappelez-vous : un vagin est capable de laisser passer un bébé à la naissance ! Lors des rapports sexuels, il peut donc accueillir un pénis de garçon sans se déchirer !

Végétarienne

Écœurée par les conditions d'élevage des animaux ou pour suivre vos amies, vous avez décidé de ne plus manger de viande. Un conseil : ne négligez pas votre santé !

V

PAROLES DE STAR

L'actrice Natalie Portman (*Thor : le monde des ténèbres*, *Black Swan*), qui est aussi l'épouse du danseur français Benjamin Millepied, est devenue végétarienne à l'âge de 8 ans ! Adepte du véganisme, elle s'en est juste écartée le temps de sa grossesse.

Végétarien, végétalien ?

Être végétarienne, c'est choisir de ne plus manger aucune chair animale. La viande, les volailles, le poisson et les crustacés sont bannis, mais pas les produits issus des animaux comme les œufs ou les produits laitiers. Les régimes sont plus ou moins stricts. Certaines mangent du poisson, d'autres s'interdisent les laitages. Les plus extrêmes sont végétaliennes et se nourrissent exclusivement de végétaux.

Un choix personnel

On devient végétarienne pour différentes raisons. Il peut s'agir d'une habitude familiale, si vos parents ne vous ont pas fait manger de viande parce qu'ils sont eux-mêmes végétariens. Certaines filles n'en mangent pas parce qu'elle est difficile à éliminer par l'organisme. D'autres invoquent une religion, une morale ou une éthique, comme le respect de la vie animale, et se disent opposées aux conditions d'élevage des animaux.

Attention aux carences !

Suivre un régime végétarien équilibré n'est a priori pas mauvais pour la santé, si vous n'excluez pas trop d'aliments. Les produits animaux contiennent les principaux nutriments nécessaires à l'organisme, comme le fer, le calcium, les protéines, certaines vitamines. Il faut donc veiller à retrouver ces éléments dans les repas. Si la viande ou le poisson ne peuvent plus vous les apporter, les produits laitiers, les dérivés des céréales (pain, farine, pâtes, semoule, riz…), les œufs et les légumes secs (haricots blancs ou rouges…) sont une bonne alternative. Les fruits et les légumes sont indispensables mais insuffisants. Surveillez bien votre forme : si vous vous sentez fatiguée, parlez-en à votre médecin. Dans tous les cas, il est conseillé d'aller voir un nutritionniste ou une diététicienne avant de commencer un régime végétarien.

TU C KOI :-)

Un mode de vie plus abouti dépasse le végétarisme et le végétalisme : le véganisme, qui est fondé sur le refus de l'exploitation animale. Les filles qui le pratiquent sont véganes. Au-delà d'un régime alimentaire végétalien, le véganisme exclut la consommation et l'utilisation de tout produit issu des animaux, les tests faits sur eux (cosmétique, vêtements…), mais aussi leur utilisation pour les loisirs, le travail…

+ Alimentation, p. 17.
Régime, p. 280.

Ventre

Il gargouille quand il a faim, il s'y loge une drôle de sensation quand on a peur, il fait mal parfois, il reçoit les coups, les coups de poing ou les coups de foudre...

V

La machine digestive

Sous la peau du ventre se cache une véritable usine qui procure à l'organisme les ressources lui permettant de bien fonctionner. Le système digestif est magique et incroyable, comme tout le mécanisme du corps humain !

Des maux de ventre

Le syndrome prémenstruel : avant les règles, il peut arriver qu'on ait mal au ventre parce que l'utérus se contracte. Ce signe fait partie des symptômes prémenstruels. La douleur est parfois insupportable : n'hésitez pas à demander conseil.

Les ballonnements (aérophagie) : ils peuvent eux aussi être responsables de maux de ventre. De l'air est présent en excès dans l'estomac ou dans les intestins. Mâcher du chewing-gum trop souvent, boire trop de boissons gazeuses, manger trop de crudités ou d'aliments qui fermentent tels que le chou, les oignons, etc., manger trop vite ou dans le stress, tout cela entraîne un surplus d'air. En perdant ces mauvaises habitudes, on peut faire disparaître le phénomène ! S'il persiste, des médicaments existent.

La constipation : ne pas aller à la selle pendant 2 ou 3 jours peut donner mal au ventre. Ne choisissez pas de vous soigner avec des laxatifs, vous risqueriez de rendre votre organisme encore plus paresseux. Pendant quelques jours, mangez plus de fibres que d'habitude (sans en abuser) : endives, carottes, pain complet… L'activité physique combat elle aussi la constipation et les ballonnements.

Le stress : le mal de ventre peut être dû au trac ou à l'angoisse. Essayez de trouver une méthode pour vous détendre : par exemple le yoga, la méditation, la dépense physique (courir un 100 m), la pratique d'un art (écriture, graphisme), ou simplement le cri primal (mais prévenez votre entourage avant !).

Trop classe

La mode des tee-shirts courts est un éternel recommencement ! Même si le nom change – on parle maintenant de crop tee-shirt, un tee-shirt large et court –, le nombril est de toute façon à l'air ! Vous pouvez donc en profiter pour le mettre en valeur avec de jolis bijoux, sans avoir recours au piercing. Il existe des pendentifs avec un clip (fleur, cœur, elfe…) ou des pierres à coller (imitation diamant ou fausse pierre) qui peuvent l'habiller élégamment. Les faux tatouages se posent autour ou à côté du nombril.

Avoir un ventre plat

Commencez par résoudre vos problèmes de santé. Sachez que le ventre abrite non seulement des organes mais aussi des muscles, les abdominaux, et qu'il est nécessaire de les faire travailler en faisant du vélo, de l'aquagym… Comme pour les fesses, les exercices de type abdos-fessiers sont excellents, l'idéal étant de les pratiquer 20 minutes par jour. L'alimentation joue aussi un rôle.
Il n'est pas question de régimes draconiens, mais d'équilibre alimentaire. Évitez les graisses et les sucreries. Et surtout, buvez de l'eau !

+ Piercings, p. 246.
Vergetures, p. 365.

Vergetures

Horreur ! Depuis quelque temps, vous avez remarqué des stries bizarres, de couleur rose ou violette, sur vos hanches, vos cuisses ou vos seins. Que se passe-t-il ? Comment les effacer ?

V

Secrets de filles

Pour prévenir les vergetures…

- Évitez les régimes yo-yo et les crises de boulimie !
- Si vous avez de l'eczéma, n'y allez pas trop fort avec la cortisone : c'est un produit connu pour favoriser les vergetures.
- Si vous avez la peau fragile (rousse, blonde), ne vous faites pas griller au soleil !

… et pour les camoufler

- Pensez à l'autobronzant : inoffensif, et parfait pour tout cacher.
- N'exposez pas au soleil vos vergetures récentes, violettes. Gardez-les à l'ombre pendant 1 an pour qu'elles pâlissent plus vite.

Une peau de zèbre ?

- Rassurez-vous : vous n'allez pas vous transformer en zèbre rose ! Ces petites stries restent toujours localisées à des endroits précis du corps : les seins, les hanches, les fesses, les cuisses, le ventre… bref, les rondeurs !
- Vous n'êtes pas la seule dans ce cas. À la puberté, beaucoup de filles se découvrent des vergetures. Elles apparaissent sous l'effet des hormones, quand le corps s'arrondit, ou quand on prend un peu de poids en craquant sur le chocolat ! Ce n'est pas un problème qui touche seulement les femmes âgées ou enceintes : 80 % des filles ont des vergetures bien avant 30 ans et leur premier enfant…
- Quand elles apparaissent, les vergetures sont de couleur rose, lilas, violette ou parfois pivoine. De jolis noms de fleurs qui masquent une réalité que vous trouvez sans doute assez moche… Mais, avec le temps, sachez qu'elles vont pâlir et devenir blanc nacré, presque invisibles. N'ayez pas de complexes : ça ne vous empêchera pas d'être aimée et désirée par les garçons… qui d'ailleurs en ont souvent, eux aussi (plutôt sur le dos, pour les observatrices) !

Des marques indélébiles

Les vergetures sont de petites cicatrices de la peau, dont le derme s'est déchiré en profondeur sous l'effet d'une pression. Cela se produit quand on prend du poids, mais aussi quand on en perd de façon soudaine. En outre, les hormones de la puberté fragilisent la peau. Mais qui dit cicatrice dit aussi… indélébile. Eh oui, c'est ça la tuile : les vergetures, ça ne part pas ! Elles s'estompent, c'est tout. Certaines crèmes à base de vitamine A acide (les mêmes que pour l'acné !) ou de vitamine E peuvent faire de petits miracles. Si le problème vous dépasse, consultez un dermatologue, qui vous donnera un traitement adapté. Dans le pire des cas, sachez qu'il existe une technique de dermabrasion aux cristaux très efficace ; mais elle est plutôt réservée aux femmes adultes qui en ont vraiment beaucoup. Alors patience… et ne vous faites pas de rides pour quelques stries quasi invisibles !

Mieux vaut prévenir

En revanche, il existe des moyens préventifs. Oubliez les crèmes spéciales, super chères, vendues dans le commerce : elles sont inefficaces. Par contre, pensez à vous enduire régulièrement de crème hydratante, en massant les parties à risque.

Vernis à ongles

Il est loin le temps où porter du vernis quand on était ado faisait vulgaire. Aujourd'hui, on les adore : fluo, pailletés, acidulés, de couleurs différentes, avec des motifs... Mode d'emploi pour avoir de jolis doigts (et orteils) !

L'embarras du choix

Le vernis, ça ne coûte pas très cher et il en existe de toutes sortes. Si c'est votre première fois, rappelez-vous cependant un principe : à votre âge, les vernis ultra-rouges ne sont pas l'idéal. Pour tout dire, ça fait vieille ! Et puis c'est casse-gueule : il faut être très douée pour savoir correctement les poser. Bon. Une fois cette précaution prise, vous êtes libre ! Amusez-vous, testez des couleurs sympas, fraîches, acidulées. Suivez les saisons, vos humeurs. Il existe aujourd'hui, dans les rayonnages, des vernis spécifiquement destinés aux adolescentes : ils ne sont pas difficiles à repérer, ce sont les plus pop ! Nous aimons en changer selon les occasions. Au quotidien, pour le collège, on peut essayer de choisir un vernis discret. Mais, pour le week-end ou les vacances, place à la créativité. Alternez les teintes, jouez des superpositions, créez des motifs : le nail art fait de plus en plus d'émules, même s'il exige un peu de… doigté ! Pour les soirées, enfin, lâchez-vous avec les vernis pailletés, les couleurs flashy ! Pour les orteils, on opte en général pour plus de sobriété, mais là encore suivre les saisons est de mise.

Secrets de filles

À posséder absolument

- Une boîte de bâtonnets en buis.
- Des limes en carton (elles agressent moins l'ongle que les limes en fer).
- Une pince ou des petits ciseaux.
- Un vernis transparent fortifiant.
- Un dissolvant doux (à base d'extrait d'avocat).
- Une crème hydratante ou de l'huile d'amande douce.
- Pour les perfectionnistes, une lotion émolliente anticuticules.

Étape 1 : la mise en condition

Voilà, vos emplettes sont faites. Mais pas de précipitation ! Il ne s'agit pas de poser le vernis sur de vilains ongles mal limés. Ce n'est pas un cache-misère. Au contraire : si vous vous faites les ongles sans les préparer, on verra encore plus leurs défauts ! Installez-vous, avec un bon CD en musique de fond, et prévoyez une heure de tranquillité.

- Commencez par le limage. Si vos ongles de pieds sont longs, utilisez un coupe-ongles, puis peaufinez à la lime. Pour les mains, oubliez le coupe-ongles. Attention, pour ne pas avoir des ongles cassants ou qui se dédoublent, limez toujours de l'extérieur vers le milieu, en suivant le contour naturel du doigt ou de l'orteil (rond, ovale ou carré). Évitez les va-et-vient, et ne limez jamais les côtés !
- N'hésitez pas à les limer court, en ne laissant que 2 à 3 mm de blanc. À votre âge, les ongles longs, ça fait vulgaire et ce n'est pas à la mode !
- Ensuite, polissez le dessus de vos ongles, avec un polissoir spécial, pour éviter les stries et les irrégularités.
- Ce n'est pas fini : trempez vos ongles dans un bain d'eau tiède savonneuse pendant 5 minutes.

J'épate les copines

En suivant les conseils prodigués par des sites ou des blogueuses spécialisées dans le nail art :
- http://conseil-ado-fille.skyrock.com/3185506911-Tutos-nail-art.html
- http://lesconseilsdenanoush.over-blog.com/tag/vernis/
- www.nail-art.fr
- sur les faux ongles : http://www.madmoizelle.com/faux-ongles-impress-170168

- Passez un bâtonnet de buis sous chaque ongle pour enlever les saletés.
- Toujours avec le bâtonnet, repoussez délicatement vers le bas les cuticules qui se forment à la base des ongles. Ne les coupez jamais : elles repousseraient de plus belle !
- Avec une pince, coupez les envies (les petites peaux mortes qui se forment sur les côtés).
- Rincez et séchez. Pour renforcer vos ongles s'ils sont mous et augmenter la tenue du vernis, vous pouvez les couvrir d'une base fortifiante. Laissez bien sécher avant de passer à l'étape suivante.

Étape 2 : la pose du vernis

Le grand moment est arrivé ! Vous tremblez ? Détendez-vous et suivez notre technique. Trempez le pinceau dans le flacon, essuyez un peu sur le bord, puis appliquez trois coups de pinceau continus du bas de l'ongle jusqu'en haut : un au centre, puis deux sur les côtés. Et pas plus, pour éviter les surplus, même s'il y a des endroits qui sont restés blancs. Quand la première couche sera sèche, vous pourrez en poser une deuxième pour un résultat uniforme.

Étape 3 : et après ?

Si vous en restez là, votre vernis ne fera pas long feu ! Écaillage ou ongle cassé garantis dans les 48 heures. Tous ces efforts pour si peu, c'est démoralisant. Pour garantir la durée de vie de votre vernis et la santé de vos ongles, quelques mesures suffisent.
- Déposez une couche de vernis transparent sur le vernis coloré lorsqu'il est sec.
- Continuez à entretenir vos ongles, même s'ils sont vernis, en les massant régulièrement avec une crème hydratante ou de l'huile d'amande douce.
- Si le vernis s'écaille un peu, repassez simplement une couche sans tout enlever.
- Une fois par semaine, répétez toute l'opération. Nettoyez vos ongles au dissolvant, puis reprenez les étapes 1 et 2.

Là, c'est sûr, vous aurez des ongles de princesse !

Et les faux ongles ?

Il en existe deux catégories : les fantaisie, vendus en kit et bon marché (entre 4 et 15 euros), qui se posent en soulevant une languette : dessous ils sont autoadhésifs. Leur durée de vie n'est pas très longue, mais pour une soirée, c'est top ! Le seul inconvénient : on a un peu l'impression d'avoir des corn-flakes au bout des doigts. Et attention au moment de les enlever : jamais d'un coup (pour ne pas s'arracher le vrai ongle, en dessous !).
Pour les ongles abîmés, rongés, il existe la solution des faux ongles en résine ou en gel. Ils se vendent en kit à poser soi-même ou se font en institut. On peut ensuite les vernir et les limer, comme des vrais. Il faut faire des retouches toutes les trois semaines pour combler le vide, causé par la croissance de nos ongles en dessous. Attention cependant à la qualité du produit utilisé. Et même les meilleurs ont tendance à fragiliser nos ongles naturels, à la longue…

TU C KOI :-)

Pour de jolis ongles au naturel
- Pour les blanchir, enfoncez-les dans un citron.
- Ils sont cassants ? Plongez-les dans de l'huile d'olive tiède.
- Ils se dédoublent ? Fortifiez-les avec de l'huile de ricin ou de l'huile de germe de blé.
- Mangez des laitages, des fruits, des légumes et du poisson.

+
Beau-parent, p. 40.
Inceste, p. 161.
Secrets de famille, p. 302.

Viol

C'est notre terreur, et parfois une réalité traumatisante.
Attention : le viol n'implique pas toujours pénétration.
Il existe une multitude d'abus sexuels qu'il ne faut pas passer sous silence !

Secrets de filles

En cas d'abus sexuel ou de viol

- Parlez-en immédiatement à vos parents.
- Contactez un médecin : le Code pénal autorise la levée du secret médical en cas de preuves de sévices ou d'abus sexuels.
- Déposez plainte à la gendarmerie. L'accord parental n'est pas obligatoire.
- Appelez le 119 (Allô Enfance en danger), disponible 24 heures sur 24 ou le 0800 05 95 95 (Viols Femmes Informations), une association qui lutte contre les violences sexuelles infligées aux femmes et aux mineurs.
- Ne vous dites pas : « Est-ce que ce n'est pas un peu de ma faute ? » ; « Est-ce que je n'aurais pas pu l'éviter ? » ; « Est-ce que, dans ma situation, quelqu'un d'autre aurait réussi à résister ? », ça ne sert qu'à vous culpabiliser.

La violence sexuelle

Le viol, c'est violent… mais il existe aussi des abus sexuels qui n'impliquent pas la violence. Sont employées la contrainte, parfois même la gentillesse, la douceur. La loi définit l'abus sexuel comme « toute participation d'un enfant ou d'un adolescent à des activités sexuelles qu'il n'est pas en mesure de comprendre, qui sont inappropriées à son âge et à son développement psychosexuel, qu'il subit sous la contrainte, par violence ou séduction, ou qui transgressent les tabous sociaux ». Cela recouvre l'exhibitionnisme, toute forme de dénudement, les baisers, les caresses, les attouchements sur les parties génitales, la demande de masturbation, l'exposition à des images pornographiques… et bien sûr le viol ou la tentative de viol. Violer, c'est contraindre quelqu'un par la violence, la menace ou la surprise à des rapports sexuels non consentis (cela inclut toute forme de pénétration).
En France, l'âge du consentement sexuel est fixé à 15 ans. Avant cet âge, selon la loi, nous n'avons pas la maturité nécessaire pour faire des choix. Si notre petit copain un peu plus âgé (même s'il est mineur) veut faire l'amour et que nous acceptons, son acte est considéré comme un viol !
La plupart des abus sexuels et des viols sont commis par des proches, certains sous l'emprise de l'alcool ou d'autres substances.

La honte

Une violence sexuelle est une atteinte grave à la personne et elle est durement punie (15 à 20 ans de prison pour un viol, 5 à 10 ans et 75 000 à 150 000 euros d'amende pour abus sexuels). Les peines sont encore plus lourdes si l'auteur des faits est en situation d'autorité vis-à-vis de sa victime : si c'est un prof ou un parent, par exemple. Plus que la souffrance physique, c'est l'humiliation psychologique qui laisse des séquelles : on se sent souillée et méprisée. La honte, la culpabilité, la crainte des conséquences empêchent souvent de porter plainte ou d'en parler. C'est une erreur : il est plus facile de se remettre d'une telle agression quand elle est reconnue publiquement et poursuivie. Il est alors possible de vivre une vie épanouie.

+ Violence, p. 369.

Violence

Insultes, coups, abus sexuel, menaces, racket… À entendre les médias, les violences seraient de plus en plus fréquentes chez les ados. Que faut-il en penser ? Comment réagir quand on y est confrontée ?

V

Comment ça marche ?

« L'homme est un loup pour l'homme » a dit Hobbes, un philosophe célèbre. Et c'est vrai que nous ne sommes pas des agneaux ! L'être humain a une dose de violence en lui. C'est un mécanisme de défense, qui peut prendre une allure offensive pour faire valoir ses intérêts quand on les sent menacés. De tout temps, les guerres ont existé, mais aussi la castagne dans les cours d'école… et les crêpages de chignon entre filles. Car il ne faut pas croire que nous soyons épargnées. Les filles aussi ont la rage… même si, souvent, elles l'expriment de façon plus mesurée.
Avec le temps, nous avons appris à canaliser cette violence, à la défouler par d'autres biais, comme le cinéma ou le sport (les compétitions sportives sont des formes d'affrontement). Pour vivre en harmonie dans la société, on ne peut laisser libre cours à sa colère.

TU C KOI :-)

Selon les derniers chiffres de l'Éducation nationale (2014), ça ne va pas si mal parmi les jeunes ! 9 collégiens sur 10 se sentent bien dans leur collège... malgré la présence de violences.

- 57 % ont déjà été victimes de violence verbale (insultes ou autres).
- 39 % sont affublés de sobriquets dont ils souffrent.
- 37 % sont victimes de mises à l'écart.
- 36 % sont victimes de violences physiques légères (type bousculade).
- Seuls 3 % sont agressés gravement (coups).
- 7 % dénoncent des violences de type sexuel.
- La cyberviolence touche 21 % des collégiennes (plus que les garçons). 4,5 % se disent même victimes de cyberharcèlement (lorsque la violence se répète et devient envahissante).

Le phénomène est en forte hausse : attention !

Une violence contenue

On entend souvent dire que la société est de plus en plus violente. Pourtant, autrefois, la guerre sévissait environ tous les 30 ans ! Aujourd'hui (dans notre pays), nous vivons en paix et notre société est plutôt pacifiste. Autrefois, dans les familles et à l'école, les punitions corporelles étaient admises. Aujourd'hui, elles sont punies par la loi. Les relations quotidiennes avec nos proches (parents et profs) en sont théoriquement adoucies. Cependant, il suffit d'allumer la télé, et on n'entend parler que de violences.
Attentats terroristes, appels au jihad, violences dans les cités, enlèvements, pédophilie, actes ou injures racistes, agressions de profs : à en croire les médias, la violence serait partout – et très développée chez nous, les jeunes !
On accuse, en vrac : les jeux vidéo (trop sanglants), la pauvreté, l'exclusion sociale…
En milieu scolaire, de nouvelles formes de violence se sont développées : racket, happy slaping, harcèlement, jeux de bouc émissaire, cyberviolence.
On entend aussi parler de suicides d'adolescents, de scarifications, d'anorexie, de boulimie, de drogues : des violences réelles, mais exercées contre soi-même.
Cette société en apparence pacifiste et policée, où se posent parallèlement des problèmes d'emploi et de précarité, incite sans doute à une forme de

Secrets de filles

Pour ne pas céder à la violence

- Si on vous insulte gratuitement, ne répliquez pas, tournez les talons.
- Si vous êtes soumise à un chantage de la part d'une petite terreur de l'école ou d'un groupe, faites-le savoir autour de vous.
- Évitez de regarder dans les yeux les personnes que vous sentez malintentionnées.
- Refusez d'agir sous la contrainte : échappez-vous le plus vite possible.
- Si vous êtes victime d'une violence physique ou sexuelle, confiez-vous à quelqu'un : ne gardez surtout pas le secret.
- Évitez de vous laisser aller à la violence. Si la moutarde vous monte au nez, isolez-vous, soufflez un bon coup, défoulez-vous en boxant votre oreiller.

violence sournoise, qui éclate parfois au grand jour comme une Cocotte-Minute qui explose ! Et, dans les familles, si les coups ne sont plus permis, combien d'humiliations, d'insultes ont-elles cours des parents vers leurs enfants… ou l'inverse !

Comment y faire face ?

Notre réaction doit être la même que l'on en soit victime, témoin ou auteur : il faut en parler. Plus on passe la violence sous silence, plus elle s'exacerbe.

- Être violent traduit un profond mal-être, une impossibilité à s'exprimer d'une autre façon. C'est aussi une façon de se rebeller, de se défendre contre un environnement jugé hostile. Mais la violence n'est pas une solution, elle accentue le malaise et met à l'écart. C'est un cercle vicieux, la colère se nourrit de la colère. Notamment en famille : insulter ses parents plutôt que de leur dire ce qui ne va pas ou de chercher à en parler à des tiers ne peut pas arranger la situation. Claquer les portes ou détruire du matériel est aussi une violence, détournée sur les objets (celui qui doit payer pour réparer est une victime). Exercer une violence contre soi est une tactique défensive fréquente chez les filles. Mais nous ne sommes pas des monstres : en parler aide à sortir de cette spirale infernale !
- Qu'elle soit verbale, morale, physique ou sexuelle, la violence traumatise, amoindrit. Difficile de la dénoncer lorsqu'on en est victime. On en ressent un peu de culpabilité, comme si quelque chose en nous l'avait provoquée, comme si nous en étions un peu responsable. NON ! Il faut en parler à quelqu'un de confiance (parent, amie) ou à un tiers extérieur à la situation (assistante sociale, psychologue scolaire…).
- Être témoin pose aussi problème : on a peur des représailles, ou on est liée à ceux qui la pratiquent et prise dans des conflits de loyauté. On craint de passer pour une rapporteuse. On se dit qu'on n'a rien à voir avec cette brutalité ? FAUX ! En être témoin sans porter secours nous rend complice. Sans se mettre en danger, il faut la signaler. Ce n'est pas en ignorant la violence (la sienne ou celle des autres) qu'on y mettra fin !

TU C KOI :-)

Le harcèlement est beaucoup plus difficile à détecter (et donc à dénoncer) que la violence car il est plus sournois : paroles intimidantes, menaces, bousculades, mises à l'écart, vols, dégradations de matériel… La victime est seule. Souvent, même les adultes du collège disent qu'ils ne peuvent rien faire. Depuis quelques années, le harcèlement peut aussi prendre la forme d'une cyber-intimidation : SMS d'injures ou de menaces, appels silencieux, commentaires sur les blogs, diffusion de rumeurs… Victime ? Témoin ? Appelez le numéro vert Jeunes Violence Écoute, gratuit et anonyme : 0808 807 700. Vous pouvez être aidée.

+ Racisme, p. 272.
Viol, p. 368.

Virginité

La première fois est un passage important dans votre vie de fille. Il est donc normal de se poser des questions et d'avoir peur de franchir ce cap.

Être vierge

La virginité est le fait d'être vierge, c'est-à-dire de n'avoir jamais fait l'amour. Si, en moyenne, les filles ont leur premier rapport sexuel vers 17 ans, cela ne veut pas du tout dire que, passé cet âge-là, il faut perdre son « pucelage ». Dans ce domaine, il n'y a pas de règle ! L'essentiel est de se sentir prête avant d'aller plus loin. Surtout, ne laissez personne vous contraindre, que ce soit des camarades de classe qui « l'ont déjà fait » ou des garçons trop pressants. Il ne faut pas sacrifier la première fois – si importante – sur un coup de tête. Soyez vous-même, et fière de vos choix.

La rupture de l'hymen

Lorsqu'on parle de virginité, il est impossible de ne pas évoquer l'hymen, cette mince membrane qui referme en partie l'entrée du vagin. Intact, il possède un petit trou qui laisse passer le flux des règles. L'hymen se rompt lorsque le sexe du garçon en érection entre dans le vagin, ce qui peut provoquer un petit saignement. Vous avez peur d'avoir mal la première fois ? C'est normal, vous êtes nombreuses à appréhender l'idée de pénétration. Pour que tout se passe bien, prenez votre temps. Plus vous serez détendue et plus ce sera facile.
Enfin, sachez que certaines pratiques sportives, comme la danse, la gymnastique ou l'équitation, peuvent faire céder l'hymen bien avant le premier rapport sexuel.

Vous êtes vraiment prête si :

- Vous vous sentez bien avec lui, c'est évident, ce garçon est le bon.
- Vous ne le faites pas pour lui faire plaisir ou pour le garder.
- Vous ne passez pas à l'acte pour faire comme vos amies.
- Vous avez envie de lui, vous sentez le désir monter en sa présence.
- Vous commencez à bien vous connaître et pas juste physiquement.
- Votre relation est sincère : votre couple communique et vous vous faites confiance.
- Vous avez déjà abordé le thème du préservatif ensemble ou vous allez le faire.
- Vous savez qu'il sera doux, prévenant et rassurant le moment venu.
- Vous souhaitez vraiment lui donner cette preuve d'amour.

+ Amour physique, p. 27.

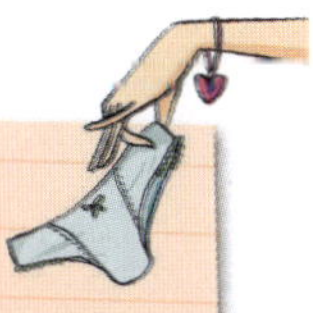

Chacune son histoire

« Je suis musulmane. Pour mes parents et pour moi, c'est normal de rester vierge jusqu'au mariage. Pourquoi faire l'amour avec le premier venu ? Mes copines ne comprennent pas toutes : "Imagine que tu découvres que tu t'es mariée avec un garçon avec lequel tu ne t'entends pas au lit ?" m'ont-elles déjà dit. Moi, je pense que si on s'aime vraiment, il n'y aura pas de problème. Autre chose, ce n'est pas parce qu'on ne couche pas qu'on est laide et bête. Au contraire, j'ai pas mal de succès, mais je suis fidèle à moi-même. »

Myriam, 18 ans

Vivre à l'étranger

Tout laisser pour recommencer dans un pays où on ne connaît ni la langue ni les gens, c'est difficile quand on est adolescente. Mais, une fois l'adaptation passée, c'est une chance.

Un gros bouleversement

Partir vivre avec ses parents à l'étranger porte un nom : l'expatriation. Si c'est une occasion merveilleuse, elle n'est pas sans difficulté pour vous. Un déménagement est souvent mal accepté. C'est normal, vous avez vos amis, votre famille, vos habitudes, vos activités, et vous n'avez pas envie d'en changer. Alors vous pouvez perdre confiance en vous, vous replier sur vous-même. Vous êtes plus agressive, parfois démotivée, désintéressée, vous changez souvent d'humeur… Tout changement implique des pertes, c'est certain. Mais, avec Internet, la distance et la durée de l'absence se font moins sentir. Vous gardez le contact d'un pays à l'autre avec votre famille et vos amis grâce à Facebook ou Skype, par exemple.

Secrets de filles

Pour profiter à fond de l'expatriation, suivez les conseils de filles comme vous :

- Essayez de trouver au plus vite un moyen de communication avec vos amis en France, parce que les premiers mois sont durs à vivre. Mais n'oubliez pas de vous investir dans votre nouvelle vie.
- Évitez d'anticiper ce que vous allez vivre à l'étranger.
- Construire sa vie dans un pays étranger peut devenir un atout déterminant dans votre réussite, tant scolaire que professionnelle.

Un temps d'adaptation

Entre l'annonce du départ et votre intégration, de longues semaines vont passer et il faut l'accepter. Mais ce qui est compliqué pour vous l'est aussi pour vos parents, qui ressentent votre malaise. Ne rechignez pas à vous plonger dans la langue du pays : c'est important pour nouer le contact. Elle est souvent une barrière au début, mais la communication se fait finalement très vite.

Chacune son histoire

« Déménager pour le Canada fut un déchirement. J'avais mes repères, ma famille, mes amies, et tout à coup mes parents nous ont appris qu'on partait pendant 3 ans. J'ai mis du temps à l'accepter. »

Justine, 16 ans.

« Voyager, c'est génial ! J'adore découvrir de nouveaux pays. Je me fais des amis un peu partout. C'est vrai qu'à chaque fois qu'on part on en laisse, mais on en retrouve d'autres. »

Aubane, 14 ans.

Citoyenne du monde

Vivre à l'étranger est très enrichissant et cela va se ressentir dans votre façon de vous construire. Cela va vous apporter beaucoup en termes d'ouverture d'esprit, de tolérance, de compréhension et d'acceptation de la différence. Vous développerez plus rapidement votre curiosité et d'une certaine façon votre indépendance.

+ Petits boulots, p. 244.

port du Voile

Le port du voile est un sujet polémique et complexe. Difficile de mettre tout le monde d'accord ! Pour vous aider à y voir plus clair, voici quelques clés.

V

Ce que dit la loi

Depuis le 11 octobre 2010, la loi interdit de revêtir en public une tenue destinée à dissimuler le visage, notamment à l'aide d'un masque, d'une cagoule ou d'un voile intégral (comme le *niqab* et la *burqa*, qui cachent entièrement le corps, y compris les yeux derrière un tissu à mailles). Son non-respect peut entraîner une amende de 150 euros et l'obligation d'accomplir le stage de citoyenneté. La loi de 2004 est, quant à elle, toujours en vigueur : elle interdit dans les établissements publics le port de signes religieux ostensibles. Voici son contenu (art. L. 141-5-1) : « Dans les écoles, les collèges et les lycées publics, le port de signes ou de tenues par lesquels les élèves manifestent ostensiblement une appartenance religieuse est interdit.
Le règlement intérieur rappelle que la mise en œuvre d'une procédure disciplinaire est précédée d'un dialogue avec l'élève. » En revanche, la loi ne remet pas en cause le droit des élèves de porter des signes religieux discrets. Depuis son application, les avis à son sujet sont partagés. Sachez que l'adverbe « ostensiblement » définit la « volonté de se faire remarquer », un terme assez confus, dont le sens varie selon l'interprétation qu'on en fait.

L'avis des jeunes filles musulmanes

Il diffère selon les filles.

- D'un côté, il y a celles qui interprètent le Coran à la lettre. Pour elles, le *hidjab* (voile) doit être porté pour protéger leur intimité du regard des hommes.
- C'est une question de pudeur, de dignité, d'honneur et de modestie », ajoute Amel (16 ans). Certaines pensent qu'il faut aussi se « voiler » les mains et le visage, d'autres (la majorité) estiment que couvrir son corps et sa tête suffit.
- De l'autre, des jeunes filles pensent que cette parole du Coran doit être appliquée dans l'esprit. Il leur est donc possible de retirer le voile à condition de rester pudiques, comme le demande la religion musulmane. Rabia (13 ans) explique : « La foi, c'est dans la tête, ce n'est pas une étiquette que l'on porte sur soi. »

L'avis des jeunes filles occidentales

En Occident, les femmes luttent pour la parité, l'émancipation et l'égalité avec les hommes. Il est donc difficile de comprendre, si vous n'êtes pas musulmane, pourquoi dans d'autres cultures les femmes doivent se « cacher » ou « s'effacer » derrière un voile. Avant de juger, rappelez-vous qu'il faut toujours respecter l'autre. Ce à quoi Marie-Anne (11 ans) répond : « Le respect ? O.K., j'espère juste que les filles qui portent le voile dans mon collège le font par choix et non par obligation. » Illona (14 ans), quant à elle, ne voit pas « en quoi ça dérange. Le voile n'empêche pas mes camarades de rigoler ni d'étudier. En cours de gym ou à la piscine, elles s'adaptent ! ». Évitez donc les stéréotypes et parlez-en avec celles qui le portent !

TU C KOI :-)

Connaissez-vous la différence entre le *hidjab* et le *niqab* ?
Le premier définit en arabe le voile de manière générale. Il s'agit le plus souvent d'un foulard qui recouvre la tête et les épaules. Le *niqab* est, quant à lui, un voile intégral noir ne laissant apparaître que les yeux.

+ Racisme, p. 272.
Viol, p. 368.

Voix

Aiguë, grave, rauque, tonitruante, puérile, traînante, chantante… notre voix nous donne souvent des complexes. On ne la maîtrise pas : elle nous trahit, déraille ou nous fait défaut aux moments clés. Mais savez-vous qu'il existe des trucs tout simples pour l'améliorer ?

Secrets de filles

Pour apprivoiser votre voix

- Exercez-vous devant un miroir. Surveillez vos gestes et votre respiration.
- Enregistrez-vous au téléphone. Vous entendrez votre voix naturelle et pourrez corriger ses défauts.
- Si votre accent ne vous plaît pas, imprégnez-vous des émissions radio ou télé. Répétez un texte jusqu'à ce que votre voix ait le bon timbre.
- Travaillez l'articulation en lisant à pleine voix, un crayon entre les lèvres.
- Prononcez des alexandrins en un seul souffle en détachant les syllabes.

À chacune sa voix

On ne choisit pas sa voix.

- La nature nous dote de cordes vocales plus ou moins fines. Certaines d'entre nous ont une voix de soprano, haut perchée, d'autres une voix de basse. On peut améliorer mais non modifier son timbre.

La voix raconte aussi notre histoire.

- La façon dont on s'en sert est souvent liée à sa région d'origine. Elle peut ainsi prendre un accent chantant dans le midi de la France ou un peu traînant en Suisse. Et elle s'adapte à la langue que l'on parle : elle est basse et forte en Amérique latine, aiguë et nasale en Asie.
- On a aussi des habitudes de langage héritées du milieu familial. Quand on grandit au milieu de gens qui parlent fort, on les imite. Il faut bien se faire entendre !
- Enfin, le tempérament joue un rôle : la voix est différente selon que l'on est souris ou tigresse.

Corriger sa voix

Rassurez-vous, la voix se travaille. On peut se débarrasser d'un accent que l'on trouve ridicule ou d'une intonation un peu vulgaire. On peut apprendre à parler plus fort, plus bas, moins vite. Rien de pis qu'une jolie fille à la voix de stentor ! Rien de plus gênant que de rester sans voix (à cause du trac) ou de parler comme une petite fille à l'âge adulte.

La voix est une question d'attitude. Elle est liée à la posture, à la respiration, à la gestuelle – tous les profs de théâtre ou de chant le disent ! Poser sa voix repose sur une participation de tout le corps.

- Se camper sur ses deux pieds, ne pas se déhancher ou croiser les jambes quand on est assise.
- Se redresser, thorax vers l'avant. Desserrer les poings, détendre les épaules si on est crispée. Garder les mains le long du corps, éviter les grands gestes.
- Regarder son interlocuteur (pour un exposé en classe, ne fixez pas votre papier). Le regard porte la voix et la stabilise.
- Respirer par le ventre. Inspirer, puis parler sur l'expiration. Reprendre son souffle entre les phrases en marquant des pauses.
- Articuler et parler lentement.

Attention à la voix de bouledogue !

Quand le moral n'y est pas, on a tendance à jouer au chien méchant, à user d'un ton cassant pour s'adresser à son entourage. Attention, le pli est vite pris et on finit par irriter les autres. L'art de la communication consiste à dire son mécontentement d'une voix normale et d'un ton respectueux, quitte à aller boxer son oreiller ou crier à l'extérieur. Il faut donner de la voix, mais à bon escient.

Vol (racket)

Si quelqu'un, à l'école ou dans votre quartier, vous a menacée ou intimidée pour s'emparer d'une chose qui vous appartenait… et que vous la lui avez donnée, vous avez été victime de racket.

TU C KOI :-)

Le racket est, légalement, passible d'une peine pouvant aller jusqu'à sept ans de prison et 100 000 euros d'amende. Au-dessous de 16 ans, les coupables risquent surtout des sanctions éducatives ou un placement en centre spécialisé. En tout cas, le fait de paraître devant le juge refroidit tout de suite leurs ardeurs !

Une vraie violence

Quand on est victime de racket, on préfère minimiser l'acte. Il est souvent commis par quelqu'un de proche qui exerce une emprise sur nous ou bien par un groupe, et on espère alors intégrer la bande, bénéficier d'une protection. La loi définit le racket comme un « acte d'extorsion » : ce n'est pas un simple vol, c'est une façon de soumettre quelqu'un à son pouvoir, et c'est donc un acte de violence. C'est pourquoi il est si difficile d'en parler, parce que ça nous place en position de victime, un rôle peu agréable à endosser ! On se sent nulle, humiliée – pas facile de dire à ses parents ou à ses amies : « Je me fais avoir ! » Souvent, on se sent coupable, on se dit qu'on l'a mérité parce qu'on est faible. On a peur des représailles et on craint de passer pour une rapporteuse ! Alors on préfère régler le problème seule.

Un cercle vicieux

Mais le racket est comme le chantage dans les films : le maître chanteur est toujours plus gourmand ! Ainsi, on est amenée à donner son portable, sa montre, son argent… et même à voler ses parents pour approvisionner l'avidité sans fond du maître racketteur. Dans votre tête, c'est alors vous la voleuse. NON ! Vous êtes victime de manipulation.

Que faire ?

Pour en sortir, il faut en parler : à ses parents, à un professeur, au proviseur. Ce dernier doit être informé (même si l'acte a lieu à la sortie de l'école), afin de sanctionner les coupables et de les exclure.
Il est également conseillé de porter plainte au commissariat, car le racket est assimilé à un vol avec violence.
Sachez que les racketteurs sont des lâches. L'expérience prouve que, une fois dénoncés, ils ne passent plus à l'acte, toute leur superbe s'effondre d'un coup. Tout ça n'était que du bluff !

+ Violence, p. 309.

Secrets de filles

Pour éviter le racket

- Ne venez pas à l'école avec des objets de valeur.
- N'ayez pas beaucoup d'argent sur vous et ne l'exhibez pas.
- Évitez de rester dans le sillage des chefs de bande.
- Si l'ambiance à l'école vous paraît glauque, circulez partout avec des copines.

Vulgarité

Inutile de vous faire un dessin : les filles vulgaires, vous voyez à quoi elles ressemblent. Aujourd'hui, elles courent les rues, s'affichent dans les clips et font la une des tabloïds. Alors qu'est-ce que c'est exactement, la vulgarité ?

Un concept qui a changé

Cette notion est difficile à définir car elle ne signifie plus la même chose qu'avant. Vulgaire vient du mot latin *vulgus* : autrefois, il désignait le bas peuple – en clair, les pauvres. C'est l'équivalent de ce qu'on appelle aujourd'hui « être popu ». Jadis, une fille qui sortait « en cheveux » dans la rue (c'est-à-dire sans chapeau), qui ne mâchait pas ses mots et qui avait la gouaille, genre Édith Piaf dans *La Môme*, était jugée vulgaire. Aujourd'hui, c'est différent. Non que multiplier les gros mots (ou parler kaïra…) soit devenu un signe particulier d'élégance. Mais la vulgarité n'est plus seulement liée à la classe sociale et au vocabulaire. Chez la femme, cela désigne un manque de pudeur, une façon de s'habiller, de se mouvoir… Cela tient aussi à ce qu'elle peut raconter de sa propre vie. En bref : pour échapper à la vulgarité, une femme ne doit pas trop se dévoiler !

À notre échelle

En tant qu'ado, à une époque où l'on cherche son style, reste qu'on se pose des questions. Pour plaire aux garçons ou devenir « populaire » (un concept à la mode, qui n'est pas très éloigné du « popu » évoqué plus haut, tiens, tiens…), on peut être tentée d'imiter (plus ou moins bien) ces stars qui se déhanchent sur YouTube. Ou bien, réaction inverse, on peut se draper dans sa dignité et cultiver un look de jeune fille de bonne famille, pour se faire respecter (toujours des garçons !).
Cependant, ne jouons pas aux saintes nitouches : nous rêvons toutes d'être jolies et attirantes. De mettre nos atouts en valeur. Voire de twerker à l'occasion ou de nous réaliser, quitte à déplaire à certains ! Ce qui ne veut pas dire que nous sommes des filles faciles, hystériques ou autres jolis petits adjectifs destinés à nous casser. Alors si nous pensions à nous d'abord ? Et pas aux garçons, à ce qui leur plairait ou pas ! La vraie vulgarité, ne serait-ce pas justement de faire des choses que nous ne ressentons pas vraiment ? D'être de pâles copies des stars : des starlettes en somme, comme celles de la téléréalité, qui sont pour le coup vraiment vulgaires et souvent mal dans leur peau ? La vulgarité, c'est aussi un manque d'authenticité. Une façon de tout miser sur son physique, par exemple. De vouloir séduire à tout prix. Le meilleur antidote à la vulgarité, c'est être soi-même, développer ses talents et réussir ce qui nous tient à cœur ! Le reste est un détail.

+
Allure, p. 19.
Séduction, p. 306.
Soigner son look, p. 321.

Vu par les garçons

« Pour moi, la vulgarité, c'est une certaine façon de se comporter, un manque de respect à l'égard des autres et envers soi-même. Une question d'éducation aussi. La vulgarité, ce n'est pas subtil comme méthode. C'est y aller au marteau-piqueur… Les filles vulgaires se plaignent qu'on ne les respecte pas, mais il faut voir comment elles s'y prennent. Pour moi, le contraire de la vulgarité, c'est le charme. »

Mathias, 17 ans

Adresses et numéros utiles

Sites Internet

- **Beauté**
  www.aufeminin.com
- **Biodiversité**
  http://vigienature.mnhn.fr
- **Conseils de jeunes**
  http://anacej.asso.fr
- **Vos droits**
  www.service-public.fr
- **Droits de l'enfant**
  www.droitsenfant.fr
- **Harcèlement**
  www.netecoute.fr
  www.nonauharcelement.education.gouv.fr
- **Homosexualité**
  www.ligneazur.org
- **Humour**
  www.blague.info
  www.humour-blague.com
- **Internet**
  www.netecoute.fr
- **Planning familial**
  www.planning-familial.org
- **Santé**
  www.filsantejeunes.com
  www.inpes.sante.fr
  www.doctissimo.fr
  www.onmeda.fr
- **Sectes**
  www.derives-sectes.gouv.fr

- **Shopping en ligne**
  www.indienboutique.fr
- **Sida**
  www.sida-info-service.org
  www.solidarite-sida.org
  www.solidays.org
- **Violence à l'école**
  www.allo119.gouv.fr

Services d'aide par téléphone

- **Allô Enfance en Danger**
  Ouvert 7 jours sur 7, 24 h sur 24
  Les appels concernent en majorité **les mauvais traitements et les abus sexuels**
  Tél. : 119 (numéro gratuit)
  www.allo119.gouv.fr

- **Croix-Rouge Écoute**
  Du lundi au vendredi
  de 10 h à 22 h ;
  le week-end de 12 h à 18 h.
  Tél. : 0 800 858 858 (numéro vert).

- **Fil Santé Jeunes**
  Ouvert 7 jours sur 7,
  de 9 h à 23 h.
  Tél. : 0800 235 236. Appel gratuit et anonyme.

- **Homosexualité**
  Ligne Azur : 0810 20 30 40
  Tous les jours de 8h à 23h.
  Prix d'un appel local
  à partir d'une ligne fixe.

- **Net écoute**
  Numéro vert national
  0 800 200 000 pour la protection des mineurs sur Internet, anonyme et confidentiel.

- **SOS Amitié**
  Ouvert 7 jours sur 7, 24 h sur 24
  Tél. : 09 72 39 40 50.
  www.sos-amitie.com

- **SOS Dépression**
  Ouvert 7 jours sur 7, 24 h sur 24
  Tél. : 0 890 07 72 53 (0,80€/min + prix appel).

- **Suicide Écoute**
  Ouvert 7 jours sur 7, 24 h sur 24
  Tél. : 01 45 39 40 00
  https://suicideecoute.pads.fr/

Organismes

- **Fédération des centres médico-psycho-pédagogiques (CMPP)**
  36-40, rue de Romainville
  75019 Paris
  Tél. : 01 42 38 20 71
  www.fdcmpp.fr

- **Centre d'information et de documentation jeunesse (CIDJ)**
  101, quai Branly
  75740 Paris Cedex 15
  Tél. : 01 44 49 12 00
  www.cidj.com

- **La Maison de Solenn, maison des adolescents**
  97, boulevard de Port-Royal
  75679 Paris Cedex 14
  Tél. : 01 58 41 24 24
  www.mda.aphp.fr

- **Mrap (Mouvement contre le racisme et pour l'amitié entre les peuples)**
  43, boulevard Magenta
  75010 Paris
  Tél. : 01 53 38 99 99
  www.mrap.fr

Index

Les folios en italique renvoient aux pages où le sujet est principalement traité.